AUTO UNION

IM ZEICHEN DER VIER RINGE

1873 – 1945

Band I

von

Hans-Rüdiger Etzold

Ewald Rother

Thomas Erdmann

IM ZEICHEN DER VIER RINGE

Bildnachweis:
Auto Union GmbH, Ingolstadt; Frieder Bach, Chemnitz; BMW AG, München;
Bundesarchiv, Koblenz; Continental AG, Hannover; Deutsches Museum, München;
Thomas Erdmann, Ingolstadt; Ralf Hornung, Ingolstadt; Mirko Jedlicka, Prag;
Prof. Dr. Peter Kirchberg, Dresden; Mercedes-Benz AG, Stuttgart;
Dr. Gerhard Mirsching, Schondorf a. Ammersee; NSU GmbH, Neckarsulm;
Jürgen Pönisch, Zwickau; Porsche AG, Stuttgart; Preußischer Kulturbesitz, Berlin;
Dr. Ove Rasmussen, Maintal; Siegfried Rauch, Hiltpoltstein; Herbert Rothen, Bern;
Wolff & Tritschler, Offenburg; Stiftung Volkswagen, Auto-Museum, Wolfsburg;

Literaturliste:
Autoren-Kollektiv Schubert, Karl-Heinz; Rappe, Gerda; Horsch, Holger; Heckert-Werker machen Geschichte, Berlin 1987
Bach, Frieder; Lange, Waldemar; Rauch, Siegfried: DKW und MZ, Zwei Marken – eine Geschichte, Stuttgart 1992
Bade, Wilfrid: Das Auto erobert die Welt, Berlin 1938
Beinhorn, Elly: Bernd Rosemeyer - Mein Mann, der Rennfahrer, München-Berlin 1987
Burnham, James: Das Regime der Manager, Stuttgart 1951
Buschmann, Arno (Hrsg.): Das Auto - mein Leben. Von August Horch bis heute, Stuttgart 1983
Cancellieri, Gianni; De Agostini, Cesare; Schröder, Martin: Auto Union – Die großen Rennen 1934 - 39, Hannover 1979
Deutscher Bundestag, Presse und Informationszentrum (Hrsg.): Fragen an die deutsche Geschichte, Bonn 1984
Eckermann, Erik: Vom Dampfwagen zum Auto, Reinbeck 1981
Etzold, Hans-Rüdiger: Der Käfer II - Eine Dokumentation. Die Käfer-Entwicklung von 1934 bis heute.
Vom Urmodell zum Weltmeister, Zug, 4. Auflage, 1989
Heyde, Ludwig: Abriss der Sozialpolitik, Heidelberg 1951
Horch, August: Ich baute Autos, Berlin 1937
Kirchberg, Peter: Bildatlas Auto Union, Berlin 1987
Kirchberg, Peter: Die technisch-konstruktive Entwicklung der Audi-Kraftfahrzeuge von 1909 bis 1939,
Expertise, Hochschule für Verkehrswesen ›Friedrich List‹, Dresden 1988
Kirchberg, Peter: Die technisch-konstruktive Entwicklung der DKW-Kraftfahrzeuge und -Motoren,
Expertise, Hochschule für Verkehrswesen ›Friedrich List‹, Dresden 1987
Kirchberg, Peter: Entwicklungstendenzen der deutschen Kraftfahrzeugindustrie 1929 - 1939.
Gezeigt am Beispiel der Auto Union AG Chemnitz. Diss., Hochschule für Verkehrswesen ›Friedrich List‹, Dresden 1964
Kirchberg, Peter: Grand-Prix-Report Auto Union, Berlin 1984
Kirchberg, Peter: Horch-Audi-DKW-IFA, 80 Jahre Geschichte der Autos aus Zwickau, Berlin 1985
Knittel, Stefan: Auto Union Grand-Prix-Wagen, München 1980
Krause-Straßburg, Jonny: Auto Union, Festschrift zur Inbetriebnahme des Verwaltungsgebäudes der Auto Union, Chemnitz 1936
Matschoss, Carl: Vom Werden der Wanderer-Werke, Berlin 1935
Maurer, Hermann: Das Zusammenschlußproblem der deutschen Automobilindustrie mit besonderer
Berücksichtigung der Auto Union AG. Diss., Universität Zürich, 1936
Mirsching, Gerhard: Wanderer – Die Geschichte des Hauses Wanderer und seine Automobile, Lübbecke 1981
Nixon, Chris: Racing the Silver Arrows, London 1986
Kupelian, Yvette und Jacques: Audi, Auto Union, Overijse/Belgien 1987
Oswald, Werner: Alle Audi-Automobile von 1910 - 1980, Stuttgart 1980
Oswald, Werner: Alle Horch-Automobile von 1900 - 1945, Stuttgart 1979
Rauch, Siegfried: DKW – Die Geschichte einer Weltmarke, Stuttgart 1983
Schneider, Peter: NSU 1873 - 1984. Vom Hochrad zum Automobil, Stuttgart 1985
Seherr-Thoss, Hans C. Graf von: Die Deutsche Automobilindustrie; eine Dokumentation von 1886 bis 1979, Stuttgart 1979
Winklhofer, Johann: Erinnerungen an mein Leben, München 1940

Archive:
Auto Union GmbH, Ingolstadt; Mercedes-Benz AG; NSU GmbH, Neckarsulm;
Staatsarchiv Dresden, Dresden; National Archives, Washington

Edition quattro GmbH

ISBN 3-7688-0778-9
© Copyright 1992 by AUDI AG, Öffentlichkeitsarbeit
Alle Rechte bei der AUDI AG, Ingolstadt. Nachdrucke und Bildrechte nur mit Genehmigung der AUDI AG.

Konzeption, Layout und Satz: Grafikbüro Rolf Seufferle, Peterhans Pfaffmann
Druck: Druckerei & Großbuchbinderei Wilhelm Röck, Weinsberg
Printed in Germany

AUTO UNION

Ich bin es gewesen,
welcher in Sachsen die Automobilfabrikation ins Leben rief
und diese Fabrikation zu großer Höhe brachte.

August Horch

IM ZEICHEN DER VIER RINGE

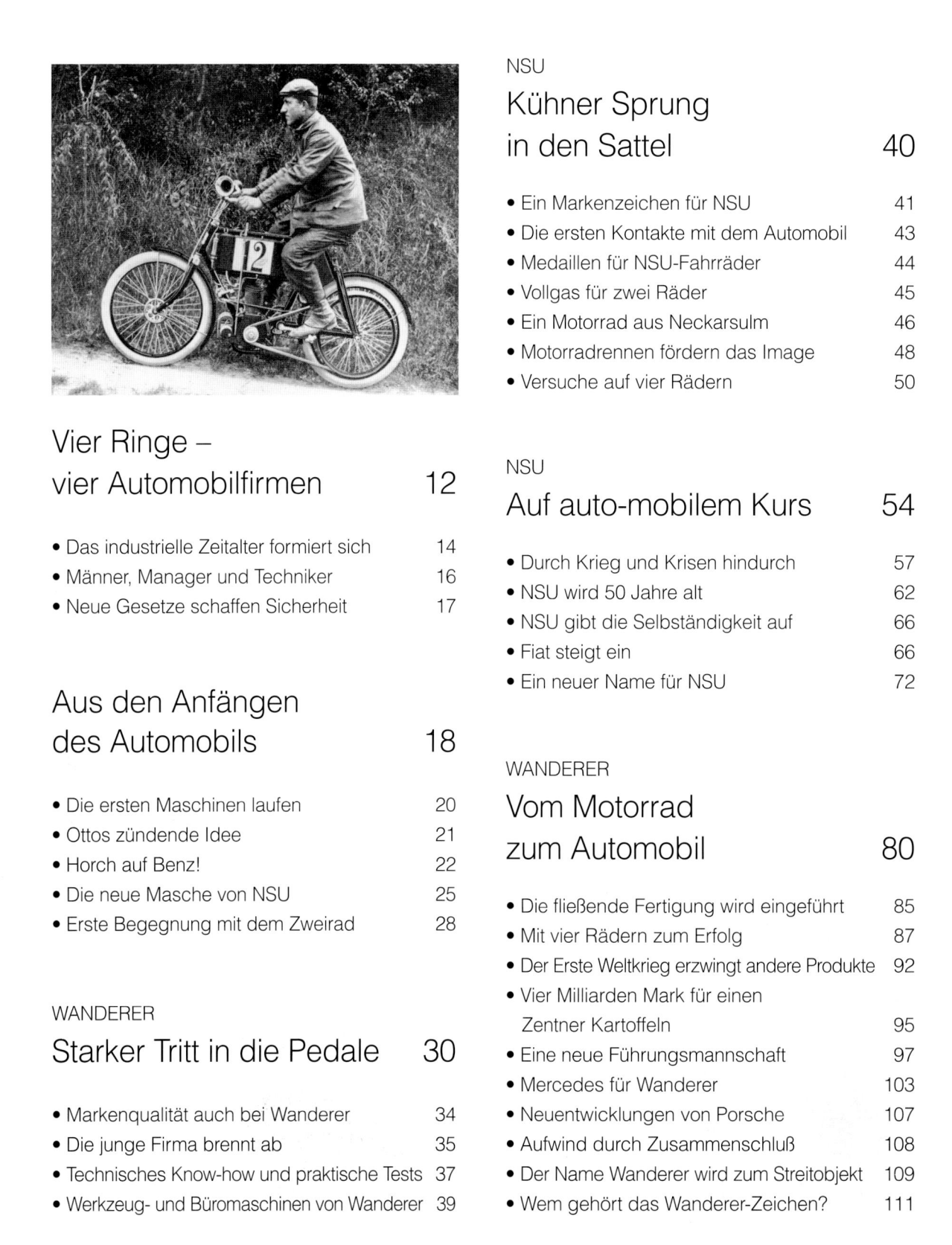

Vier Ringe – vier Automobilfirmen   12

- Das industrielle Zeitalter formiert sich   14
- Männer, Manager und Techniker   16
- Neue Gesetze schaffen Sicherheit   17

Aus den Anfängen des Automobils   18

- Die ersten Maschinen laufen   20
- Ottos zündende Idee   21
- Horch auf Benz!   22
- Die neue Masche von NSU   25
- Erste Begegnung mit dem Zweirad   28

WANDERER
Starker Tritt in die Pedale   30

- Markenqualität auch bei Wanderer   34
- Die junge Firma brennt ab   35
- Technisches Know-how und praktische Tests   37
- Werkzeug- und Büromaschinen von Wanderer   39

NSU
Kühner Sprung in den Sattel   40

- Ein Markenzeichen für NSU   41
- Die ersten Kontakte mit dem Automobil   43
- Medaillen für NSU-Fahrräder   44
- Vollgas für zwei Räder   45
- Ein Motorrad aus Neckarsulm   46
- Motorradrennen fördern das Image   48
- Versuche auf vier Rädern   50

NSU
Auf auto-mobilem Kurs   54

- Durch Krieg und Krisen hindurch   57
- NSU wird 50 Jahre alt   62
- NSU gibt die Selbständigkeit auf   66
- Fiat steigt ein   66
- Ein neuer Name für NSU   72

WANDERER
Vom Motorrad zum Automobil   80

- Die fließende Fertigung wird eingeführt   85
- Mit vier Rädern zum Erfolg   87
- Der Erste Weltkrieg erzwingt andere Produkte   92
- Vier Milliarden Mark für einen Zentner Kartoffeln   95
- Eine neue Führungsmannschaft   97
- Mercedes für Wanderer   103
- Neuentwicklungen von Porsche   107
- Aufwind durch Zusammenschluß   108
- Der Name Wanderer wird zum Streitobjekt   109
- Wem gehört das Wanderer-Zeichen?   111

INHALT

HORCH
Ich weiß, was ich will!   114

- Horch macht sich selbständig   116
- Horchs erster Motor   118
- Das eigene Getriebe wird entwickelt   119
- Mit 4 bis 5 horse-power fing es an   120
- Ein offener Wagen im Stil der Zeit   121
- Die Kapitaldecke reicht nicht aus   124
- Neuer Startversuch mit neuem Partner   127
- Die Neuentwicklungen nehmen zu   130
- Patente Lösungen bieten sich an   130
- Der neue Betriebsleiter kommt   131
- Die manuelle Fertigung ist nicht mehr zeitgemäß   132
- Mit neuen Partnern wird eine AG gegründet   133
- Die Kosten laufen davon   136
- Großer Erfolg bei der Herkomer-Wettfahrt   138
- Streiks lähmen die Firma   142
- Die Aktionäre sind unzufrieden   145
- Horch ohne Horch   148
- Paul Daimler entwickelt für Horch   152
- Neue Führungskräfte   156
- In die roten Zahlen   161

AUGUST HORCH
Neuanfang mit Audi   164

- Horch ist Audi   167
- Die neue Autogeneration   169
- Verschiedene Audi-Modelle für das Heer   173
- Audi Automobilwerke AG Zwickau   179
- Ein Panzerwagen entsteht   183
- Die Revolution verändert die politische Lage   185
- Audi – die Nummer Eins   189
- Eine unheilvolle Depesche   195

IM ZEICHEN DER VIER RINGE

Auf dem Weg nach Chemnitz 244

- Die Situation bei DKW 245
- Die Situation bei Audi 247
- Die Situation bei Horch 248
- Die Situation bei Wanderer 249
- Planspiele: Wer lehnt sich an wen an? 250
- Die politische Lage 251
- Erste Fusionsgespräche 251
- Das Kreditgebaren der Sächsischen Staatsbank 253
- Rasmussen als Finanzjongleur 255
- Das Aktienkapital wird neu geordnet 257
- Eine Holdinggesellschaft für die Finanzen 259
- Die Politiker sanieren mit 260
- Die Bürgschaft wird zugesichert 261
- Klare Linie im Fusionskonzept 262
- Vier Ringe - vier Trümpfe
  Die Auto Union ist geboren 264

DKW
Dänischer Import 202

- Ein Dampfkraftwagen entsteht 204
- Vom Spielzeug zum Kraftpaket 206
- Der Hilfsmotor für das Fahrrad 210
- Ruppe geht und Golem kommt 213
- Zwei kreative Männer stoßen zu DKW 214
- Mit neuen Typen noch erfolgreicher 217
- Auf Umwegen zum DKW-Automobil 226
- Ein gelungener DKW-Personenwagen 228
- Der P 15 von DKW 230
- Ein stärkerer Motor muß her 233
- Ein Volksauto entsteht: Der DKW Frontwagen 235
- Das erste Rennen mit dem DKW F1 237
- Die DKW-Front-Serie läuft an 238
- Viele Karosserie-Varianten für den F1 240
- Der F1 im Renneinsatz 241
- Die Talfahrt beginnt 243

Vier Marken – ein Unternehmen 266

- Das Exportgeschäft wird ausgebaut 270
- Der Vertrieb wird umstrukturiert 277
- Eine neue Hauptverwaltung 280

INHALT

Die Modellpalette der Auto Union — 282

- Elegantes von Audi — 285
- Preiswertes von DKW — 291
- DKW-Motorräder von der Auto Union — 301
- DKW-Aggregate für andere Firmen — 303
- Luxus von Horch — 305
- Bewährtes von Wanderer — 313

Konflikte in der Führungsspitze — 320

- William Werner profiliert sich — 322
- Wechsel im Aufsichtsrat — 324
- Die Auto Union ohne Rasmussen — 326
- Ein Prozeß gegen die Auto Union — 330
- Rasmussen bleibt weiter aktiv — 332

GRAND MIT VIER RINGEN

Die großen Rennerfolge der Auto Union — 334

- Porsche entwickelt mit — 337
- Baron von Oertzen führt Gespräche mit Hitler — 339
- Fahrversuche auf der Avus — 343
- Weitere Weltrekorde — 345
- Ein Komet steigt auf — 347
- A star is born — 348
- Noch liegt Mercedes vorn — 350
- Zehn Siege für die Auto Union — 353
- Rekordversuche auf der Autobahn — 359
- Eine neue Generation Auto Union-Rennwagen — 363
- Gelände und Zuverlässigkeitssport in den dreißiger Jahren — 367
- DKW-Motorräder im Renn- und Geländesport — 369
- Die sportlichen Erfolge der Auto Union-Rennwagen von 1934 bis 1939 — 372

Die Jahre im Krieg — 376

- Die Politik beeinflußt das Modell-Programm — 377
- Der Krieg bestimmt das Schicksal der Auto Union — 381
- Die Wehrmacht fordert neue Produkte — 382
- Mitarbeiter im Krieg — 385
- Die Auto Union im Untergrund — 386
- Die wirtschaftliche Bilanz — 395
- NSU bleibt vom Krieg nicht verschont — 396
- Das NSU-Modellprogramm im Krieg — 396
- Die Produktion wird ausgebaut — 399

Die Auto Union in der Krise — 402

- Epilog — 409

VORWORT

Audi, das Ingolstädter Automobilunternehmen, kann auf eine faszinierende, facettenreiche und über achtzigjährige Unternehmensgeschichte zurückblicken. Die firmengeschichtliche Entwicklung dieser Marke ist in ihrer Vielseitigkeit einmalig und ein Zeitdokument der deutschen Automobilindustrie.

Vier Ringe zieren die Autos aus Ingolstadt. Sie stehen für vier sächsische Automobilmarken, die 1932 zur Auto Union zusammenfanden: Audi, DKW, Horch und Wanderer. Neben diesen vier sächsischen Automobil- und Motorradunternehmen kreuzten bis heute auch die Firmen Daimler-Benz, Volkswagen und NSU den Unternehmensweg von Audi. Die Unternehmensgeschichte ist also auch die Geschichte der deutschen Automobilindustrie.

Die Tradition der Marke Audi reicht bis in das Jahr 1899 zurück, als August Horch sein erstes Automobilunternehmen gründete. Unstimmigkeiten mit der Geschäftsführung waren es, die den Autopionier veranlaßten, 1909 das von ihm gegründete Automobilunternehmen zu verlassen und einen Neuanfang zu wagen. Da er dem neuen Unternehmen seinen eigenen Namen nicht geben durfte, übersetzte er ›Horch‹ ins Lateinische. Audi war geboren.

Audi ist also Horch und Horch ist Audi. Die neue Marke konnte auf die reichen Erfahrungen des Automobilpioniers zurückgreifen, der seine automobilen Kenntnisse unter anderem auch bei dem Urahn der Automobilentwicklung, Karl Benz, erworben hatte. Mithin, Horch hat die Kraftfahrzeugtechnik von den ersten Entwicklungen an wesentlich mitgestaltet.

Im Verlauf seiner traditionsreichen Geschichte hat Audi immer wieder durch zukunftsweisende Entwicklungen den automobilen Fortschritt entscheidend beeinflußt: Frontantrieb, Fünfzylindermotor, quattro-Antrieb, Vollverzinkung und das Sicherheitssystem procon-ten. 1991 präsentierte Audi der Öffentlichkeit den AVUS quattro, eine Studie mit Aluminiumkarosserie. Im AVUS quattro sind stilistische Merkmale der Auto Union-Rennwagen nach Erkenntnissen und Erfordernissen von heute modifiziert und mit zukunftsweisender Technik kombiniert worden.

VORWORT

Die wirtschaftlichen Probleme der zwanziger Jahre trafen insbesondere auch die deutsche Automobilindustrie. Insolvenzen und Liquidationen waren die Folge. Auch die beiden von August Horch gegründeten Automobilunternehmen gerieten in wirtschaftliche Schwierigkeiten.

Durch Übernahme des Audi-Aktienpaketes gelangte dieses Unternehmen 1928 an den Automobil- und Motorrad-Produzenten Jörgen Skafte Rasmussen, dessen Marke DKW in Deutschland die Volksmotorisierung mit einleitete. Trotz des Firmenverbundes gerieten DKW und Audi jedoch auch in wirtschaftliche Schwierigkeiten.

Erst unter dem Zeichen der Auto Union, den Vier Ringen, konnten die sächsischen Automobilfirmen – Audi, DKW, Horch und Wanderer – überleben. Das neue Unternehmen prosperierte und wurde Deutschlands zweitgrößter Automobilproduzent und weltgrößter Hersteller von Motorrädern. Der schnelle Aufstieg der jungen Automobilfirma war nicht zuletzt auch auf die Erfolge der Auto Union-Rennwagen zurückzuführen. Sie eilten auf den Rennpisten der Welt von Sieg zu Sieg und verschafften dem neuen Konzern internationales Ansehen.

Durch die Auto Union war in Deutschland ein Konzern entstanden, der ein breites Marktsegment präsentierte: Vom Motorrad über das Volksauto und den Mittelklassewagen bis hin zum Luxusautomobil. Erst der Krieg bremste den Aufschwung und sorgte für ein Ende des sächsischen Konzerns, nicht aber für die Marke Audi. Der Basis in ihrer sächsischen Heimat beraubt, fand die Auto Union nach dem Krieg in Ingolstadt die Möglichkeit zum Neuaufbau.

Das Unternehmen NSU, dessen Ursprung auf das Jahr 1873 zurückgeht, hatte über die Strickmaschine, das Fahrrad und das Motorrad den Weg zum Automobil gefunden. Die Firma hatte aufgrund ihrer Produktpalette zwar Berührungspunkte zu den sächsischen Automobilfirmen, zu einer Firmenehe kam es damals jedoch nicht. Und dennoch gehört NSU dazu; denn 1969 kam es zur Fusion mit der Ingolstädter Auto Union zur ›Audi NSU Auto Union‹.

Wirtschaftsgeschichte ist immer auch die Geschichte von Personen, ihren Vorlieben, ihren richtungsweisenden Handlungen, ihren Verdiensten oder Irrtümern. Der Name Audi verbindet viele überragende Männer der Automobilgeschichte in der gleichen Zielrichtung: Die Begeisterung für zukunftsweisende Automobiltechnik.

Von allen Automobilfirmen, die im Laufe der Jahre in irgendeiner Form mit Audi unternehmerisch verbunden waren, gibt es umfangreiches Schriftmaterial. Was es bislang noch nicht gab, ist eine in sich geschlossene Unternehmensgeschichte der AUDI AG. Bis 1945 ist die Geschichte im vorliegenden Band jetzt aufgearbeitet. Zweifellos hätte das Material ausgereicht, jedem einzelnen Unternehmen einen eigenen Band zu widmen. Die Zielsetzung dieser Dokumentation war es jedoch, die Unternehmensgeschichte umfassend und dennoch kompakt darzustellen.

Viele Archive haben für dieses Firmen-Protokoll ihr Material zur Verfügung gestellt, viele ehemalige Mitarbeiter haben aus der Erinnerung erzählt, wie sie die Zeit im Unternehmen erlebt und mitgestaltet haben. Ihnen gilt unser besonderer Dank.

Der vorliegende Band umfaßt die Jahre von 1873 bis 1945.

Im Zeichen der Vier Ringe

Ingolstadt im September 1992
Die Autoren

VIER RINGE — VIER AUTOMOBILFIRMEN

VIER RINGE VIER AUTOMOBILFIRMEN

In den Vier Ringen vereint sich 1932 die Tradition von vier sächsischen Automobilfirmen, deren Anfänge teilweise bis in die Gründerjahre zurückreichen: Audi – DKW – Horch – Wanderer.

Als die Vier Ringe zum Firmen-Emblem wurden, waren die fünf olympischen Ringe besonders stark in das Bewußtsein der Öffentlichkeit gerückt. Die olympische Ring-Kombination symbolisiert die fünf Erdteile, aus denen die Jugend der Welt 1932 zu den friedlichen Spielen nach Los Angeles und vier Jahre später nach Berlin gerufen wurde.

Mitte der dreißiger Jahre sorgten die Rennwagen der Auto Union unter dem Zeichen der Vier Ringe durch ihre großartigen Sporterfolge in nationalen und internationalen Rennen auf der ganzen Welt dafür, daß das Firmenzeichen ein für allemal in Verbindung mit Automobilen und Motorrädern gesetzt wird.

Am Fahrzeug stehen die Vier Ringe heute für Wertarbeit, Sicherheit, Eleganz und technischen Fortschritt.

1932, als sich die vier sächsischen Automobilfirmen unter den Vier Ringen vereinten, stand in den einzelnen Ringen noch der jeweilige Firmenname. Die Embleme waren Wappen gleich.

Als sich am 29 Juni 1932 die sächsischen Automobilunternehmen Audi, DKW, Horch und Wanderer zusammenschlossen, taten sie dies unter dem Zeichen der Vier Ringe. Jeder Ring symbolisierte eine der vier sächsischen Automobilmarken. Seither haben die Vier Ringe auf der ganzen Welt einen guten Klang. Sie sind, Ende des zwanzigsten Jahrhunderts, als Markenzeichen von Audi zum Symbol für technisch fortschrittliche, formschöne Autos geworden.

Die Vier Ringe sind zum Symbol geworden. Für die Vier Ringe war der Kreis wiederum symbolisch. Erinnerungen an die Lateinstunden werden wach: »Noli turbare circulos meos« soll der alte Archimedes gesagt haben, als römische Soldaten ihn bei seinen Experimenten und mathematischen Berechnungen gestört haben. Mit ihren langen Schatten haben sie die Konturen seiner in den Sand gezeichneten Kreise verdeckt. Ein gebildeter Mann, dieser Grieche, der in seiner Zweitsprache sich jegliche Störung tunlichst verboten hat. Derjenige, der sich die Sache mit den Vier Ringen für die Auto Union ausgedacht hat, muß ein gebildeter Mann gewesen sein und Psychologe obendrein.

Unser Zeitzeuge, Baron von Oertzen, tätig in den Führungsspitzen von Wanderer und der Auto Union, den wir befragten, wer auf die Idee mit den Vier Ringen gekommen sei, würde es auf seinen

VIER RINGE — VIER AUTOMOBILFIRMEN

Eid nehmen, jetzt, 1988, noch mit vierundneunzig Jahren: »Ich könnte es beschwören, daß die Idee mit den Vier Ringen von mir stammt, ich bin sowieso ein kreativer Mensch. Damals bei Wanderer, das große geflügelte W, das für Wanderer stand, stammt aus meinem Kopf.« Und seine Frau bestätigt: »Das kann klar behauptet werden. Mein Mann war Flieger im Ersten Weltkrieg. Und auch die Flügelfedern an dem großen W für Wanderer, das war seine Idee.« Wir wollen den Zeitzeugen, dessen Selbstbewußtsein ungebrochen ist, nicht zum Meineid verführen.

Unser zweiter wichtiger Zeitzeuge, Ove Rasmussen, Sohn von Jörgen Skafte Rasmussen, dem Begründer von DKW, ebenfalls aktiv in der Automobilbranche gewesen, zwanzig Jahre jünger als der erste, und als Junior ein wenig im Schatten seines berühmten Vaters stehend, hakt kritisch nach: »Nein, die Idee mit den Vier Ringen kann keiner für sich alleine in Anspruch nehmen. Die hat sich in vielen Gesprächen entwickelt. Sie war plötzlich da. Anregungen sind sicher auch durch die Olympia-Ringe dagewesen und sicherlich auch durch das Krupp-Zeichen mit den drei Ringen. Das kann man nicht genau nachzeichnen, wie das gewesen ist. Vielleicht hat einer, rein zufällig, die Namen der vier Automobilfabriken, die sich zusammenschließen sollten, in der Rangfolge nebeneinander auf ein Blatt Papier geschrieben und dann, wie das so ist, jeweils einen Ring um den einzelnen Firmennamen gemalt. Fertig. Und irgendeiner in der Runde wird dann gesagt haben: ›Das ist ja prima!‹ Und das neue Firmenzeichen war geboren. Aber auf meinen Eid will ich das nicht nehmen.«

Die ›ADAC-Motorwelt‹ informiert im August-Heft von 1969 über die Auto Union: »Diese Firma entstand im Jahre 1932, in einer Zeit tiefer wirtschaftlicher Depression, durch den Zusammenschluß der vier sächsischen Autowerke Horch, Audi, Wanderer und DKW. Initiator war dabei ein Herr Dr. Richard Bruhn. Er hatte auch die Idee, als Markenzeichen vier ineinandergeschlungene Ringe zu nehmen, für jedes der vier Werke einen. Dabei stützte er sich auf das Symbol für die Olympischen Spiele, das ja fünf Ringe zeigt, für jeden Erdteil einen. Da bereits in den Jahren 1930/31 die Spiele für 1936 nach Deutschland vergeben worden waren, hatte das Ringe-Emblem große Popularität hierzulande, und davon hat dann Auto Union ein wenig profitiert.«

So muß vorerst ungeklärt bleiben, wer verantwortlich für das Signum ist. Es steht für Marken, Qualität und vor allem für diejenigen Menschen, die einst und jetzt für diese Qualität verantwortlich zeichneten und auch heute dafür einstehen. Die Vier Ringe: dem Phönix gleich, der aus der Asche nach 1945 wieder aufgestiegen ist!

DAS INDUSTRIELLE ZEITALTER FORMIERT SICH

Die Vier Ringe symbolisieren auch etwas anderes: Wirkungskreise, die im Laufe der Zeit gezirkelt wurden, von einem Mittelpunkt aus. Männer standen und stehen in diesem Mittelpunkt und ziehen ihre Kreise. Sie stecken ihren Wirkungskreis ab. Jeder sticht seinen Zirkel ein und zieht seinen eigenen Kreis. Die überschneiden sich manchmal mehr oder minder, das kann zu Konflikten führen.

Die Zirkelstecher können zumindest in zweifacher Weise ausgemacht werden. Sie nennen sich Technischer oder Kaufmännischer Direktor, haben ihren Sessel im Vorstand, im Direktorium, im Aufsichtsrat. Je größer die Unternehmung, desto größer der Kompetenzanspruch des einzelnen. Kompetenzgerangel mit recht unterschiedlichen Auswirkungen sind an der Tagesordnung. Die Tagesordnung wird aber nicht allein bestimmt von den kompetenten Männern und solchen, die sich dafür halten. Sie wird wesentlich mitbestimmt von den Zeitläufen. Die haben unterschiedliche Namen wie ›Politische Lage‹, ›Wirtschaftliche Situation‹.

Aber, und das ist besonders wichtig, Zeitläufe werden auch bestimmt durch Technik und durch Persönlichkeiten, die technische Erfindungen gemacht und sie breiten Bevölkerungsschichten näher gebracht haben.

AUDI – DKW – HORCH – WANDERER

Für die Entwicklung der Vier-Ringe-Firma stehen viele Persönlichkeiten. Vier seien, symbolisch, genannt: Horch, Rasmussen, Bruhn und Hahn.

Technik zur Erleichterung menschlichen Daseins! Diese Absicht ist leider von allzu vielen Menschen nicht begriffen worden. Das Jahr 1873, mit dem unsere Firmen-Vorgeschichte und die von NSU beginnt, ist als Abschluß der Industrialisierungsphase anzusehen, die 1835 begonnen hatte. Wieso NSU, wo ist der Ring dieser Firma? Auch sie wurde, wenn auch viel später, nämlich 1969, in den Kreis der Vier Ringe aufgenommen, vereint zur Audi NSU Auto Union AG, der heutigen AUDI AG in Ingolstadt.

Die peniblen Wissenschaftler können sich nicht einig werden über den Zeitpunkt des Aufbruchs zur Industrialisierung in Deutschland. Die einen sagen, etwa um 1850, weil sich hier die ersten Kriterien der Industrialisierung zeigen: Die Nettoinvestitionen nehmen zu, das Nettosozialprodukt weniger; das wirtschaftliche Wachstum wird stark beschleunigt. Und schließlich wird ein politischer, sozialer und institutioneller Rahmen geschaffen, der die Grundlage für ein kontinuierliches Wachstum bieten soll. Für Deutschland sind das Metallgewerbe und der Eisenbahnbau zwar von entscheidender Bedeutung, aber sie sind kein führender Sektor wie in England oder Amerika beispielsweise die Textilindustrie. Die anderen sagen, daß der Beginn der industriellen Entwicklung in der Mitte der dreißiger Jahre des 19. Jahrhunderts anzusetzen sei. Auch sie haben ihre Kriterien und Gründe, aber das sind andere und ihre Rangfolge ist eben auch anders: An erster Stelle steht bei ihnen der soziale Bereich.

In diesen knapp vierzig Jahren bilden sich unterschiedlichste Denkstile heraus. Auch unsere Firmengeschichte wird Denkstile von Personen und Persönlichkeiten aufzeigen müssen, die schicksalhafte Entscheidungen getroffen und damit der Geschichte des Werkes, der Firma, ihren Stempel aufgedrückt haben. Auch die ›Maschinenstürmer‹ waren Gefangene ihres Denkstils: Technik selbst ist nie von sich aus menschenfeindlich gewesen. Es ist der Mensch, der es nicht immer versteht, mit ihr menschenwürdig umzugehen.

Wie sieht es nun mit der Bewußtseinsbildung in der Zeit der Industrialisierung und der ›Industriellen Revolution‹ aus? Schlägt man in Geschichtsbüchern nach, so stellt man fest, daß im 17. bis 19. Jahrhundert mit ›Industrie‹ der Gewerbefleiß in Deutschland bezeichnet wurde. Gemeint war damit jede menschliche Tätigkeit in allen Wirtschaftszweigen. Im 19. Jahrhundert wird das etwas differenzierter gesehen: Industrie ist maschinenorientierte Arbeit im gewerblichen Bereich, und Industrialisierung bezeichnet den Übergang von der handarbeitsorientierten zur maschinenorientierten Tätigkeit. So wird etwa jedes Großgewerbe als Industrie bezeichnet, unabhängig vom technischen Standard seiner Produktion.

Im Industriesystem schafft die Arbeit einen neuen Wert und begründet den Wohlstand des Menschen. Dieses ist der Ansatzpunkt für den ›Mehrwert der Arbeit‹ (K. Marx). Er wird auch erreicht durch den Wechsel vom Hand- oder Tierantrieb zum mechanischen Antrieb, etwa durch die Dampfmaschine: So wird das Spinnrad ersetzt durch die Spinnmaschine, der Handwebstuhl durch den Maschinenwebstuhl. Für die Eisenerzeugung werden unter anderem Hochöfen entwickelt und für die Verarbeitung des Stahls Walzwerke. Stahl- und Stahlblechproduktion werden später bedeutsam für den Auto-Karosseriebau.

Mit dem Einsatz von immer mehr Maschinen wurde in Deutschland die Industrialisierung am Ende des 18. Jahrhunderts verstärkt vorangetrieben. Rauchende Schlote waren Ausdruck einer prosperierenden Industrie. Der Holzschnitt von 1876 zeigt das Burbacher Hüttenwerk bei Saarbrücken.

Transmissionsriemen waren die treibende Kraft für den Antrieb der unterschiedlichsten Maschinen. Hier ein Blick in den Maschinenraum der Horch-Werke von 1920.

Das ist die Zeit, in der man von der Industriellen Revolution spricht, weil die Industrialisierung in wenigen Jahren recht stürmisch verläuft und die Menschen in Atem hält, neue Hoffnung bei ihnen aufkommen läßt, aber auch Befürchtungen: Das alte, gewohnte und vertraute Leben wird man so nicht weiterführen können. Existenzangst stellt sich ein. In Europa und in den USA findet der Aufbruch zur Industrialisierung statt. Die vermögenslose und deshalb lohnabhängige Arbeiterschaft, der Vierte Stand, bildet sich heraus.

MÄNNER, MANAGER UND TECHNIKER

Die Bestimmung des Begriffs Arbeiter ist von den Zeitverhältnissen abhängig. Der Arbeiter war Tagelöhner, Hand- und Fabrikarbeiter, eben Nichtbesitzender, Proletarier. Später, im Dritten Reich, wurde im Sinne der Überbrückung von Standesgegensätzen, wie sie sich fast zwangsläufig zwischen Arbeitern und Angestellten ergaben, daraus der Arbeiter der Stirn und der Faust. Er verrichtet Arbeit in der fremden Wirtschaft im Dienste des Arbeitgebers, Arbeitsherrn, Brotherrn und für diese selbst. Der Arbeiter, weil er keine Produktionsmittel besitzt, muß deshalb seine Arbeitskraft verkaufen, damit er und seine Familie existieren können.

Die geistige Entwicklung im neunzehnten Jahrhundert wird vorwiegend vom Bürgertum getragen und tritt im Zusammenhang mit fortschreitender Technisierung und Industrialisierung auf. Aber gleichzeitig breitet sich der Sozialismus marxistischer Prägung aus und mit ihm eine materialistische Grundhaltung: Die Produktionsmittel bestimmen die Wirtschaftsform, diese wiederum die gesellschaftliche Struktur, Politik und Kultur. Natürliche Gleichheit aller Menschen ist die Forderung jener Zeit. Die Handarbeiter aber fühlen sich ausgebeutet. Was die wenigsten wissen: Der Klassenkampf gegen die Ausbeuter, die Kapitalisten, ist der machtvoll geäußerte Anspruch auf Gleichberechtigung und Bildung. Kapitalisten, das sind diejenigen, die aufgrund günstiger Zeitläufe wirtschaftlich stark geworden sind. Dieser Denkstil prägt sich ein. Der Kapitalist als Ausbeuter. Das wird zum Schimpfwort. Bis heute noch.

Der Vierte Stand, die Industriearbeiterschaft, kämpft um politische Anerkennung. Da rumort es in den menschenunwürdigen Wohnstätten der Proletarier. Die sprunghaft anwachsenden Großstädte zeugen vom Wohnungselend der in Deutschland zwischen 1800 und 1910 von 25 auf 65 Millionen angewachsenen Bevölkerung. Der Friede, als soziales, nationales und internationales Problem, dringt langsam aber sicher ins Bewußtsein der Politiker und Staatsmänner ein. Was ebenfalls wenig bekannt ist, daß nämlich fortschreitende Technisierung und Industrialisierung, also die gesamtwirtschaftliche Entwicklung, die Frage nach der sozialen Befriedung der Menschen erst aufgeworfen haben.

Kennzeichen für den wirtschaftlichen Aufschwung der damaligen Zeit sind die Gründung der Hamburg-Amerika-Linie 1851, der Darmstädter Bank für Handel und Gewerbe 1853 und des Norddeutschen Lloyd 1857. Die deutsche Wirtschaft greift hinaus in die Welt, und der einstige Privatbesitz geht in Aktiengesellschaften über.

Ein für Deutschland beispielloser Aufstieg beginnt: Der Agrarstaat wandelt sich zum Industriestaat.

NEUE GESETZE SCHAFFEN SICHERHEIT

Mit kühner Berechnung und heißem Herzen schafft der Kanzler Bismarck die Probleme, die Kleinkriege, siegreich beiseite; auch den von 1870/71 gegen Frankreich. Als dann am 18. Januar 1871 im Spiegelsaal von Versailles, an der Stätte Ludwig des Vierzehnten, der greise Wilhelm I. als Kaiser des Zweiten Deutschen Kaiserreichs ausgerufen wird, da steht Otto von Bismarck, der das alles eingefädelt hat, still beiseite. Die Anwesenden hätten ja wohl erwarten können, und Otto von Bismarck auch, daß der Kaiser ihm bei dieser Gelegenheit ein offizielles Wort des Dankes gesagt hätte. Nichts davon. Majestät hat ihn den heimlichen Kaiser spielen lassen. Das war sein größter Dank. Und dann hat er zu regieren begonnen, mit eisernem Besen. Deshalb auch als eiserner Kanzler so genannt. Er hat sich oft angelegt mit den Parteien, vor allem mit den Sozialisten und den Katholiken. Aber es ist etwas dabei herausgekommen für den inneren Ausbau des Reiches: Vereinheitlichung des Rechts und der Wirtschaft auf liberaler Grundlage. Das Strafgesetzbuch (1872) und auch die Maß-, Gewichts- und Münzgesetze (1873) sprechen dafür. Die Rechtspflege und die Gerichtsbarkeit werden vereinheitlicht und administrativ geordnet in Amts-, Landes- und Oberlandesgerichte. Und damit jedermann weiß, was er zu tun und zu lassen habe, kann er sich ab 1900 das Bürgerliche Gesetzbuch kaufen und sich danach richten.

Gesetze über Gesetze werden erlassen. Auch für unsere Manager, die künftigen, sind einige Gesetze dabei, auf die sie sich später werden stützen können, wenn sie ihre Unternehmungen gründen und erweitern wollen. Von 1870 bis 1873 entstehen in Deutschland eintausendundachtzehn neue Aktiengesellschaften. Es werden die Firmen NSU (1873) und Wanderer (1885) gegründet. Und noch vor der Jahrhundertwende die Firma Horch (1899). DKW (1904) und Audi (1909) entstehen, als die Räder längst das Laufen gelernt hatten.

Die Industrialisierung schuf bei der arbeitenden Bevölkerung völlig neue Strukturen und Abhängigkeiten. Um den arbeitenden Menschen besser abzusichern, schuf Reichskanzler Otto von Bismarck am Ausgang des 19. Jahrhunderts Gesetze zur Sozialversicherung. Sie regelten erstmals die Kranken-, Unfall-, Invaliden- und Altersversicherung.

AUS DEN ANFÄNGEN DES AUTOMOBILS

DIE MOBILITÄT DER MENSCHEN NIMMT ZU

AUS DEN ANFÄNGEN DES AUTOMOBILS

Das technische Zeitalter förderte überall in Europa die Erfinder und Konstrukteure von selbstfahrenden Wagen. Doch wer kennt heutzutage noch den französischen Ingenieur Nicolas Joseph Cugnot, der von 1725 bis 1804 lebte und der im Alter von neunzehn Jahren einen Dampflastwagen baute? Obwohl dieses damals schon als monströs zu bezeichnende Gefährt seine Funktionstüchtigkeit bewiesen hat – größere Verbreitung und Weiterentwicklung war ihm nicht beschieden.

England kann für sich in Anspruch nehmen, das erste motorisierte Taxi hervorgebracht zu haben. Selbstverständlich mit Dampfantrieb. Aber auch an den Namen von Richard Trevithick, der an Hochdruckdampfmaschinen herumexperimentierte, erinnert sich kaum jemand. Tatsache ist, daß 1803 in London sein Dampfmobil zur Personenbeförderung eingesetzt wurde. Doch auch das blieb vorerst nur eine Episode. Diesmal nicht wegen der ignoranten Politiker, sondern wegen der ignoranten Ingenieure. Die wollten viel lieber die lukrativen Lokomotiven und Dampfschiffe weiterentwickeln. Als sich dann doch das Straßen-

Horch ist am Ziel seiner Träume. 1901 kann er seine erste, eigene Automobil-Konstruktion vorführen. Das Bild (links) zeigt ihn 1902 mit seiner zweiten Automobil-Konstruktion, dem ›Kardanwagen‹.

Der Dampfwagen von J. Cugnot

Dampfmobil durchzusetzen begann, rief es die Administration und auch die Bevölkerung auf den Plan: »Welch ein Radau ist das, das hält man ja im Kopf nicht aus. Und die armen Pferde, die werden ja scheu, wenn solch ein Mobil fauchend und zischend wie ein feuriger Drache auf unseren Straßen rumfährt und die Fahrbahndecke zerstört!« Die Straßeninspektoren – eine eigens aus diesem Anlaß geschaffene Beamtenposition – und die Pferdebesitzer schlossen sich zu einer – heute würde man sagen – Bürgerinitiative mit der

AUS DEN ANFÄNGEN DES AUTOMOBILS

Richard Trevithick konstruierte ein mit Dampf betriebenes Auto, das 1803 in London als Taxi eingesetzt wurde.

Der Franzose Albert de Dion entwickelte 1883 durch Verwendung eines Rohrrahmens einen für damalige Verhältnisse recht schlanken Dampfwagen.

übrigen Bevölkerung zusammen, die ordentlich Druck macht. Schleunigst muß ein Gesetz her, das fast einstimmig verabschiedet wird: Der Red-Flag-Act von 1865. Seine wichtigsten Bestimmungen: Höchstgeschwindigkeit außerhalb der Ortschaften 4 Meilen in der Stunde (etwa 6,4 Kilometer), und innerhalb von Ortschaften 2 Meilen (etwa 3,2 Kilometer). Und natürlich Gewichtsbeschränkungen für die Fahrzeuge, mit Rücksicht auf die Straßen. Und damit auch niemand, weder Mensch noch Tier, zu Schaden komme, muß ein Mann mit einer roten Fahne (deshalb ›red flag‹) dem Fahrzeug warnend vorausschreiten. So rücksichtsvoll war man gegenüber der Kreatur in jener Zeit. Nicht aber gegenüber der englischen Industrie. Mit dem Red-Flag-Act zeigte man ihr die ›Rote Karte‹. Das hatte für sie verheerende Folgen. Jegliche konstruktive und kreative Idee der auto-mobilen Männer blieb für viele Jahre eingefroren. Schlimmer noch: Die Franzosen gelangten dadurch in eine ›auto-mobile Vormachtstellung‹. Eigentlich schon kurz nach dem verlorenen deutsch-französischen Krieg 1871 und der Abtretung Elsaß-Lothringens an Deutschland. Das alles haben die auto-mobilen Männer Frankreichs verkraftet. Sie haben sich nicht schocken lassen von den verlorenen Schlachten bei Metz und Sedan und dem Aufstand der Pariser Kommune. Die auto-mobilen Männer Frankreichs haben in ihren Werkstätten weiter geplant und konstruiert. Ihr Patriotismus hat sie angetrieben. Den technischen Fortschritt haben sie wörtlich genommen. Fortschritt gleich Fortbewegung. Und die sollte natürlich leicht erfolgen. Nicht so viel Ballast mit sich herumschleppen, das sagte sich zum Beispiel Albert de Dion, der von 1856 bis 1946 lebte und auch deutsche Automobile kennen und schätzen gelernt hat. Er sagte sich, daß man das, was schon erfunden war, nicht neu erfinden müsse. Deshalb übernahm er 1883 vom Fahrradbau den Rohrrahmen, die Gabellenkung und die Drahtspeichenräder. Das spart Gewicht und macht die Dampfmobile beweglicher. Aber nicht beweglich genug, um breitere Käuferschichten anzulocken. Also muß ein völlig neuer Motor her, der bedienungsfreundlich ist. Am besten wäre eine Gasmaschine, richtiger: eine Verbrennungskraftmaschine, die mit Gas betrieben werden kann.

DIE ERSTEN MASCHINEN LAUFEN

1801 läßt sich der Franzose Philippe Lebon d'Humbersin seinen doppeltwirkenden Zweitaktmotor schützen. Er hatte die zündende Idee mit der Verbrennung einer stark vorverdichteten Gas-Luft-Mischung, die, durch einen elektrischen Funken gezündet, eine Explosion erzeugt und die Kolben in Bewegung bringt. In der Tat Knall und Fall. Aber die Technik war damals noch nicht so weit. Zweitakt-Motor! War da nicht was mit DKW-Zweitaktmotoren? Ja, sicher. Aber erst später und dann auch viel besser. Fest steht, daß Lebon (1769-1804) als Erfinder der Gasmaschine und der Funkenzündung zu gelten hat. Erst dem Schweizer Isaac de Rivaz (1752-1829) gelingt es, mit einem solchen Motor, unabhängig von Lebon, ein Straßenfahrzeug zu entwickeln. Davon zeugt ein französisches Patent von 1807. Dem Belgier Jean-Joseph-Étienne Lenoir (1822-1900) gelingt

1860 ein wesentlich verbesserter Gasmotor. Das war eine ziemlich funktionstüchtige Maschine und wurde auch von einigen Fabrikanten in Paris in 300 bis 400 Exemplaren hergestellt. Sie war dennoch nicht mit der Leistungsqualität der Dampfmaschine zu vergleichen. Sie verbrauchte zuviel Schmieröl und zuviel Gas, weil die Vorverdichtung fehlte. Rund lief sie auch nicht. Bei der Verwendung als Antriebsaggregat für Straßenfahrzeuge fiel sie durch, weil zudem die Gaserzeugung technisch zu aufwendig und somit zu kompliziert war. Außerdem war sie viel zu klein. Der Gasmotorwagen, mit dem sich Lenoir 1863 auf die Straße wagte, kann deshalb nur eine sehr geringe Reichweite gehabt haben.

OTTOS ZÜNDENDE IDEE

Die Werbekampagne in Europa für den Lenoir-Motor war außerordentlich aufwendig. Das war mehr Reklamerummel. Und das ärgerte Nikolaus August Otto, ehrbarer Kaufmann aus Köln (1832-1891). Nicht nur ihn allein, aber ihn besonders. Er beschloß, sich das Aggregat mal näher anzusehen und, wenn möglich, zu verbessern. Da fand er eine ganze Menge Verbesserungswürdiges. Weil er aber, wie er in seinem Patentgesuch von 1861 vermerkte, an eine Maschine »zur Fortbewegung von Gefährten auf Landstraßen« dachte, sollte und mußte diese unabhängig vom Leuchtgas sein. Das konnte man nicht gerade dort erhalten, wo man es auf der Fahrtstrecke benötigte. Also mußte ein flüssiger Brennstoff her. Spiritus oder ähnlich Brennbares. Seine weiteren experimentellen Untersuchungen zeigten, daß die Gas-Luftmischung komprimiert und zum Zeitpunkt des höchsten Verdichtungsdrucks, also in dem Augenblick, wo der Kolben wieder nach unten umkehren soll, exakt gezündet werden muß.

Otto baut 1862 einen Vierzylinder-Motor zu Versuchszwecken, um seine Theorien praktisch zu erproben und sie zu Konstruktionsanweisungen werden zu lassen. Dabei macht er zwei Erfahrungen, die ihn für eine Zeitlang entmutigen. Erstens: Die Zündstöße sind so heftig, daß sie den Motor zerstören. Zweitens: Wer den Schaden hat, braucht für den Spott nicht zu sorgen. Die Spötter, die neidvoll durch Ritzen und Spalten seiner Werkstatt äugten, in der Manier der kleinen Werksspione, haben dann ironisch behauptet, Otto sei der wirkliche Erfinder des Explosionsmotors, denn der sei tatsächlich explodiert und auseinandergeflogen. Weil er aber nicht untätig sein wollte und von seiner Idee des automobilen Motors besessen war, bastelte er an atmosphärischen Gasmaschinen herum und übersah dabei, daß die viel zu groß und deshalb für den Einbau in Straßenfahrzeuge ungeeignet waren. Also, Finger weg. Seine Firma, als N. A. Otto & Cie. zusammen mit Eugen Langen 1864 gegründet und 1872 in die Gasmotoren-Fabrik Deutz AG umgewandelt, schrieb wegen rückläufigen Absatzes schon einige Zeit rote Zahlen.

14 Jahre später, nach dem Otto wegen des danebengegangenen Experiments so maßlos enttäuscht war, gelang ihm 1876 ein ›genialischer Wurf‹. Sein neuer, gasgetriebener Einzylinder-Viertakt-Motor brachte prompt drei Pferdestärken auf die Welle. Der Kniff dabei war: Eine besondere Vorrichtung, ein sogenannter Aussetzregler, stellte immer dann die Gaszufuhr ab, wenn bei Entlastung die Drehzahl anstieg. Wenn man dann noch so einen guten Mitarbeiter hat wie Wilhelm Maybach (1846-1929), der den Otto-Motor durch einen Zentrifugalregler und durch den Einbau einer Schubstange zur Übertragung der Kraft des Kolbens auf die Kurbelwelle verbessert, was will man mehr? Das ist Qualitätsarbeit, die auch in unseren Jahren noch voll funktionstüchtig ist. Nur mit den Patentierungen hat Otto Pech gehabt. Der Versuch, sich den Viertaktmotor patentieren zu lassen, scheitert am Urteil des Reichsgerichts vom 30. Januar 1886, das er wegen Verletzung seines Patents 532 vom 8. August 1877 angerufen hatte. Das Gericht wies nach, daß der französische Ingenieur Beau de Rochas schon 1861 das Viertakt-Prinzip in Einzelheiten beschrieben hatte. Aber er hat weder seine Bedeutung erkannt noch entsprechende Motoren nach diesem Prinzip gebaut.

Nikolaus August Otto hatte die zündende Idee. 1862 baute er zu Versuchszwecken einen Vierzylinder-Motor. Ihm zu Ehren werden heute noch die benzingetriebenen Motoren auch als ›Ottomotor‹ bezeichnet.

Wilhelm Maybach erfand den Vergaser und war maßgeblich an der Entwicklung des Benzinmotors beteiligt. 1895 wurde Maybach Direktor der Daimler-Motoren-Gesellschaft.

Was soll's? Otto konnte mit dieser Entscheidung weiterleben. Er hat dann das lange Suchen nach einem vielfach verwendbaren Antriebsaggregat für Handwerker, Werkstätten und Automobile beendet. Eine Ehre ist ihm jedoch geblieben: Noch heute gilt er in der ganzen Welt als Erfinder des Viertaktmotors.

Dieses Patent 532 machte Gottlieb Daimler (1834-1900) und seinem Mitarbeiter Wilhelm Maybach bei ihren Experimenten zu schaffen, denn es war zu jener Zeit noch nicht freigegeben. Um heimlich mit ihren Motoren weiter experimentieren zu können, kauften sie 1882 in Cannstatt eine Villa. Auf dem Grundstück befand sich ein alter Schuppen, der wurde zu einer Versuchswerkstatt umgemodelt, und dann ging es los. Ideen wurden entwickelt und in Experimenten erprobt. Daimler wollte leichtere Motoren für Straßenfahrzeuge, er wollte mit ihnen auch aufs Wasser und in die Luft. Das Ergebnis von 1886 kennen wir inzwischen alle, die erste sogenannte Motorkutsche, der Urahn unserer Automobile.

HORCH AUF BENZ!

Scheinbar unabhängig von den Cannstättern – man weiß es nicht genau – hat in Mannheim-Ladenburg Karl Benz seinen Straßenfahrzeugbau betrieben. Heute würde man sagen, ›im ganzheitlichen Sinne‹ und schon mit ästhetischem Anspruch. Das Fahrzeug sollte ein typisches, ihm eigenes Aussehen, ein Gesicht erhalten. Als organische Einheit sollte es erscheinen. Also macht sich Benz daran, ein spezielles Fahrwerk zu entwickeln: Leichtbauweise, Zahnstangenlenkung, Ausgleichsgetriebe. Stahlrohrrahmen und Speichenräder drängen den wuchtigen Motorklotz optisch zurück. Zum ersten Male spricht man, generell im technischen Konstruktionsbereich, von Eleganz.

Horch auf Benz! So sagte sich vermutlich August Horch, der im Zeichen der Vier Ringe zukünftig zwei Ringe beisteuern wird. Nur wußte er das damals noch nicht, als er zu Karl Benz in die Lehre ging, um ›mit den Augen zu stehlen‹, was im

Im Fond sitzt Gottlieb Daimler, am Steuer sein Sohn Adolf. Sie fahren in Daimlers ersten ›Motorkutsche‹ von 1886.

juristischen Sinne ja kein Delikt war. Durch die Vorstellung von Motorrädern der Firma Hildebrand & Wolfmüller 1896 in Leipzig neugierig gemacht, stellte er die Frage, ob denn schon brauchbare Wagen mit Motoren gebaut würden, und erhielt die Antwort: »Ja, bei Daimler in Stuttgart und Benz in Mannheim. Aber das ist noch nichts Rechtes.« Skepsis bei den sogenannten Experten, und nicht nur bei ihnen. Die kurze, aber präzise Anfrage bei der Firma Benz, ob man da mitarbeiten könne, da man ja schon entsprechende Vorerfahrungen habe, wird positiv beschieden.

Zeitgeschichte wird plastisch durch Horchs Schilderung in seinem Bekennerwerk: ›Das Auto – mein Leben‹. »Als ich mich bei Herrn Benz meldete, teilte er mir mit, ich sei zunächst Assistent vom Betriebsleiter im Motorenbau. Schon am ersten Tage passierte mir etwas Eigenartiges. In der Mittagsstunde fiel mir ein, daß ich mir doch einmal den Betrieb im Motorwagenbau ansehen könnte. Ich ging an das Tor, drückte auf den Griff, und siehe da, es war verschlossen. Ich klopfte, die Tür ging etwas auf und ein Mann erschien im Spalt der Tür. Der Mann frug mich mit mißtrauischem Gesicht, was ich wollte. Ich antwortete: ›Sie sind wohl

DIE MOBILITÄT DER MENSCHEN NIMMT ZU

hier der Meister?‹ ›Jawohl, ich bin Meister Spittler.‹ ›Schließen Sie denn immer hier zu?‹ sagte ich. ›Kann ich den Betrieb einmal ansehen?‹ Meister Spittler musterte mich wie einen Einbrecher. Dann zog er mißbilligend die Augenbrauen hoch und sagte kurz, daran sei nicht zu denken. Erst müsse Herr Benz seine Erlaubnis dazu geben. Ich war vollkommen verdutzt. ›Aber hören Sie doch, Herr Spittler... ich bin doch hier in der Firma angestellt! Und vielleicht bin ich über kurz oder lang ... sogar Ihr Vorgesetzter!‹ Ich sah, wie es in Meister Spittlers Gesicht zu wühlen begann, anscheinend war er dieser Lage doch nicht ganz gewachsen. Schließlich, nach einiger Überlegung, rang er sich zu einem schweren Entschluß durch. ›Also kommen Sie rein‹, knurrte er, ›aber weiter geht mich die Sach nichts an. Die Folgen müsse Sie allein auf sich nehme.‹ Ich habe Herrn Spittler das fest versprochen und durfte jetzt eintreten. Und weil es mir im Leben immer so gegangen ist, daß ich Räume, die für gewöhnliche Sterbliche sonst unzugänglich waren, immer mit einer ebenso großen, respektvollen Scheu wie schweigender Andacht betrat, so ging ich auch jetzt durch die geheiligten Stätten des Motorwagenbaues innerlich absolut und äußerlich beinahe auf Zehenspitzen. Dazu kam, daß ich zum ersten Mal eine Anlage sehen durfte, in der die höchsten technischen Träume für mich verwirklicht wurden. Trotz seiner Großzügigkeit, mit der er mich eingelassen hatte, ließ mich Meister Spittler nicht aus den Augen und nicht von seiner Seite. Aber es dauerte nicht lange, da tauchte, veranlaßt durch meine wahrscheinlich sehr ehrfürchtigen Fragen, ein Schimmer des Vertrauens in seinem verschlossenen Gesicht auf. Er begann lebhafter zu werden und zeigte mir den Motoren- und Getriebebau. Ich konnte sehen, wie die Aggregate in die Wagen eingebaut wurden, und ich erkannte bald, daß die Firma Benz alles, was sie brauchte, selber herstellte.

Von den Arbeitern, die ich hier am Werke sah, erhielt ich einen geradezu großartigen Eindruck. Sie bildeten eine Auslese dessen, was ich bisher an Spezialarbeitern erlebt hatte, es waren lauter außerordentlich intelligente Leute.

Über eine Stunde wanderte ich umher, und je länger ich verweilte, je genauer ich erkannte, was hier im Werden war, desto stolzer wurde ich auf meine neue Firma, und desto zuversichtlicher war ich. Es erschien mir nicht im geringsten mehr zweifelhaft, daß ich einmal gerade hier, in diesen geheimnisvollen Werkstätten, mitarbeiten würde. Ich reckte mich unwillkürlich um sämtliche Zentimeter, deren ich fähig war, in die Höhe. Der Gedanke kam mir, das dürfte hier mein Aufstieg in meinem Leben bedeuten. Und als das Tor sich wieder hinter mir schloß, ging ich hochaufgerichtet und angefüllt von Ehrgeiz, Energie und Zukunftsfreude weiter und prallte auf Papa Benz. ›Wo komme Sie denn her? Was habe Sie denn da drinne gemacht?‹ ›Ich habe mir den Betrieb angesehen, Herr Benz, schließlich...‹ ›Was schließlich!‹ fuhr mir Papa Benz über den Mund. ›Schließlich habe Sie sich da drinne gar nix anzusehe! Lasse Sie das gefälligst in Zukunft sei und warte Sie ab, bis Sie dazu gerufe werde!‹ Ich habe mir den Anpfiff gemerkt. Niemals mehr bin ich in den Wagenbau gegangen. Und wenn einmal ein Wagen im Hof stand, bin ich, ohne überhaupt hinzusehen, an ihm vorbeistolziert, als wäre er aus Luft.

Das dauerte ungefähr vier Monate. Während dieser Zeit lernte ich den sehr fortgeschrittenen Gasmotorenbau bei Benz gründlich kennen. Eines Tages wurde ich ins Chefbüro gerufen. Dort saßen Herr Benz und seine beiden Teilhaber, die Herren Ganß und von Fischer. Papa Benz sah mich ruhig an, dann sagte er: ›So, von morge ab übernehmen Sie den Betrieb von dem Motore'wage'bau!‹ Ich muß gestehen, daß ich etwas erstaunt war.

›Herr Benz, das ist ja heiter! Jetzt soll ich auf einmal den Betrieb übernehmen und habe keine Ahnung davon! Sie selber haben mir verboten, den Betrieb überhaupt anzusehen, und ich habe mich auch nicht mehr darum gekümmert. Ich habe im Gegenteil alles vermieden, um auch nur eine Kleinigkeit vom Wagenbau zu lernen, das ist ja heiter.‹ Papa Benz fuhr auf: ›Was soll denn da heiter sein, möcht ich wisse! Ich hab Sie die ganze Zeit beobachtet, Herr Horch! Und ich bin

Karl Benz schuf unabhängig von Gottlieb Daimler 1885 einen Kraftwagen, der von einem Einzylinder-Viertaktmotor angetrieben wurde.

August Horch ging bei Karl Benz in die ›Lehre‹. Auf der Abbildung von 1897 sitzt Betriebsleiter Horch mitten in der ersten Reihe unter seinen Mitarbeitern.

der Meinung, daß Sie den Betrieb übernehme werde. Und wenn Sie meine, Sie verstehe noch nicht genug davon, dann bin ich noch da, um Sie zu instruiere.‹

Herrlich, diese Sprache! Harmonisch, dieses beinahe familiäre ›technische‹ und respektvolle Vater-Sohn-Verhältnis von Benz zu Horch! Ausgewogen, diese Mischung von Emotionalität und Ratio bei August Horch! Eine vielleicht ungewollte Selbstcharakteristik, über die geschrieben stehen könnte: Je veux dominer! In freier Übersetzung: Ich will kompetent sein! Papa Benz als Talente-Schmied! Der Chronist, der solches schreibt, könnte in Euphorie geraten: ›Automobile‹ Sternstunde für das künftige Zeichen der Vier Ringe! Und er hätte noch nicht einmal so unrecht.

Auch die auto-mobilen Männer hatten ihre Vorläufer und Vorbilder. Im Zeichen der Vier Ringe sind sie die ›Vormänner‹, gleich denen in den Rettungsbooten, zur Rettung Schiffbrüchiger. Sie haben das Ruder in die Hand genommen, sind dem Rat der Zeit gefolgt. Dieser sagte: Mache Dich selbständig, wann immer es Dir möglich ist.

Jetzt ist es an der Zeit und noch ist Zeit dazu! Ihre Auto-Mobilität ist anders zu deuten. Der ahnende Blick ist zwar nicht auf das Automobil gerichtet. Das war noch gar nicht deutlich genug im Bewußtsein, höchstens als Wunschvorstellung hier und dort in den Köpfen von einzelnen. ›Automobil sein‹, darin drückt sich zuallererst der Wunsch aus, selbständig zu sein, etwas eigenverantwortlich zu unternehmen.

Selbständig-Sein heißt das eine Zauberwort, Industrialisierung das andere. Die Zeit fordert gerade dazu auf: Sei selbständig und flexibel. Nicht mehr nur Lohnarbeiter sein. Die Maschinentechnik hilft Dir dabei. Die Wirtschaft sollte sich frei entfalten können. Dazu war ja das Geld der sogenannten französischen Kriegskontributionen vorhanden. Banken stiegen sogar in den Anlageboom mit ein. Wirtschaft, Geld und Macht gingen eine Kameraderie ein, um sich gegenseitig zu stützen. Und das in der Erwartung von wirtschaftlicher Prosperität der Gründerjahre.

Zwischen 1870 und 1872 wandelt sich der deutsche Staat von einer vornehmlich agrarwirtschaftlich ausgerichteten Nation zur zweitstärksten Industriemacht. Um ein Drittel stieg die Industrieproduktion, um mehr als 40 Prozent die von Roheisen. 80 Prozent mehr erreichte die Stahlproduktion, weil verbesserte Verarbeitungsmethoden durch die Thomas-Birne, die Bessemer-Methode und das Siemens-Martin-Verfahren dieses ermöglichten. Man mußte nach neuen Erzlagern suchen und erschloß auch diejenigen, die weniger geeignet erschienen. Kohle galt als wichtigster Rohstoff und wurde deshalb in verstärktem Maße gefördert. Mit Macht wird die Hoch-Industrialisierung eingeleitet. Der Maschinenbau aber bleibt die traditionelle Schrittmacher-Industrie. Der Übergang zu Großbetrieben und, je nach Branche, eine unterschiedliche Spezialisierung finden fast hektisch statt. Die Produktion von Maschinen nur einer einzigen Art schien zwar ein starkes Bein zu sein. Aber auch mit nur einem starken Bein kann man leicht ins Wanken geraten.

Unsere auto-mobilen Männer, die später dann im Zeichen der Vier Ringe ihre Ziele verwirklichten, haben das glücklicherweise zur rechten Zeit erkannt und schufen sich alsbald ein zweites Standbein. Sie haben Weitblick bewiesen. In der Tat waren sie auto-mobil.

In jenen Jahren erlebte ein völlig neuer Industriezweig einen ungeahnten Aufschwung: Die chemische Industrie. Das erscheint auf den ersten Blick auch plausibel; denn die Textilindustrie hatte gewaltig expandiert, seitdem Elsaß-Lothringen nach 1871 ›annektiert‹ worden war. Gewinner: Die deutsche Textilindustrie. Ein Plus von 56 Prozent bei Spindeln, von 88 Prozent bei den Webstühlen und von 100 Prozent bei den Maschinen, welche die Baumwollstoffe bedruckten. Zweiter Gewinner: Die Chemie-Industrie. Schwefelsäure, Soda und Chlor, das waren die Chemikalien, um die Baumwolle waschen und bleichen zu können.

DIE NEUE MASCHE VON NSU

Strickmaschinen! Jawohl, das ist die neue ›Masche‹, so dachten sich, wie viele andere Männer mit unternehmerischem Geist, auch Christian Schmidt und Heinrich Stoll, als sie 1873 in Riedlingen an der Donau ihre Mechanische Werkstätte zur Herstellung von Strickmaschinen gründeten, aus denen sich später die Neckarsulmer Fahrradwerke AG (NSU) entwickelte. Ihr Name wird immer mit NSU-Fahr- und NSU-Motorrädern verbunden bleiben. Und auch mit der Auto Union, obwohl NSU keinen eigenen Ring zu den Vier Ringen beigesteuert hat.

Beide Mechaniker wären keine echten Schwaben, hätten sie nicht sofort ihre Chance genutzt: Mit Textilmaschinen kann man zu dieser Zeit Geld verdienen, weil die Textilindustrie in Südwürttemberg gerade beginnt, einen großen Aufschwung zu nehmen. Der wiederum ist die Folge einer Neuordnung der wirtschaftlichen Verhältnisse und der Wirtschaftsstruktur, die nur deshalb möglich war, weil Fürst Bismarck das zersplitterte Deutschland vereinigen konnte.

Die beiden Männer übernehmen am 27. Juli 1873, in der Zeit der sogenannten Gründerjahre, vertraglich die Wagmühle, die auf einer Insel im Donaukanal im oberschwäbischen Riedlingen steht. Sie haben sich das gut überlegt: Ein Fabrikant, Ferdinand Gröber, hatte hier zuvor Strickmaschinen produziert, die so perfekt konstruiert waren, daß sie mit Goldmedaillen ausgezeichnet wurden und sich gut verkaufen ließen. Von dieser Zeit an produzieren Schmidt und Stoll solche Maschinen in eigener Regie. Wenn auch die eigene Kapitaldecke nicht sonderlich dick war, zur Anschaffung einer größeren Drehbank englischen Fabrikats langte das Geld allemal. Diese Drehbank galt als besonders gut, weil sie universell einsetzbar war: drehen, bohren, Gewinde schneiden, teilen, schrubben, fräsen, polieren, ausrichten und vieles mehr. In des Wortes wahrster Bedeutung eine Universalmaschine. Die Werkstatt war klein. Es wäre vermessen, von einer Fabrik reden zu wollen. Die Unterbringung und Anordnung

Christian Schmidt gründete eine Strickmaschinenfabrik, aus der einige Jahre später die Neckarsulmer Fahrradwerke entstanden.

In der Wagmühle von Riedlingen nahmen Christian Schmidt und sein Partner Heinrich Stoll 1873 die Fabrikation von Strickmaschinen auf.

der Maschinen, Geräte und Materialien wurde allein bestimmt durch die Räumlichkeiten dieses gemieteten Gebäudes. Im Dachgeschoß befand sich das sogenannte Magazin, peinlich geordnet und sortiert. Im ersten Stock wurde im einzigen Raum das Kontor eingerichtet. Unten befand sich die Werkstatt, in der die englische Drehbank den größten Platz einnahm. Sie war das Herzstück und wurde von allen bewundert und liebevoll gepflegt. Mit ihr bearbeitete man etwa 75 Prozent der für den Bau von Strickmaschinen benötigten Teile.

Trotz der bescheiden zu nennenden maschinellen Ausrüstung, aber wegen des schon damals sprichwörtlich gewordenen schwäbischen Fleißes, erzielen die beiden Mechaniker die ihren Möglichkeiten entsprechenden Verkaufserfolge. Und die wollen sie noch vergrößern. In ihrem Expansionsdrang beschließen Schmidt und Stoll noch im Jahr ihrer Betriebsgründung, nach Wien zu gehen, um dort auf einer Handels- und Gewerbeausstellung ihre Fabrikate vorzuführen und persönlich für sie zu werben. Das war sehr mutig und geschieht mit einem derartigen Erfolg, daß sich die Fabrik bald als zu klein erweist. Das alte Wasserrad der Mühle, das, vom Donaukanal gespeist, über Transmissionen die Maschinen antreibt, kann nicht mehr die erforderliche Energie erzeugen. Man muß sich nach völlig neuen Möglichkeiten umschauen!

Können sich die beiden Partner bei der Zukunftsplanung nicht auf einen Nenner einigen? Schon seit einiger Zeit rumorte es zwischen ihnen.

Auch im Reich rumorte es. Zur Zeit ihrer Firmengründung setzte gerade der wirtschaftliche Rückschlag ein. Ungesunde Überproduktion und Spekulationen führten zu Massenentlassungen und Lohnminderungen. Die Wirtschaftsexperten und die Politiker haben sich da doch erheblich verkalkuliert, als sie annahmen, daß der erweiterte Binnenmarkt auch den Absatzaussichten entspräche. Es ist deshalb verständlich, daß sich die bestehenden sozialen und politischen Spannungen erheblich verschärfen. Auch die mehr privaten Spannungen zwischen den beiden Freunden verschärfen sich. Die Freundschaft zwischen Schmidt und Stoll zerbricht, das Wasserrad der alten Wagmühle aber nicht. Es wird noch für einige Zeit eine Rolle spielen müssen.

DIE MOBILITÄT DER MENSCHEN NIMMT ZU

Wenige Jahre später eröffnet Heinrich Stoll in Reutlingen seinen eigenen Betrieb, Christian Schmidt macht sich derweilen auf ›zu neuen Ufern‹. Das ist wörtlich zu verstehen, und er findet sie an dem kleinen Bach Sulm, der in den Neckar mündet und der Oberamtsstadt den Namen gab, Neckarsulm, das fälschlicherweise als das Ulm des Neckars bezeichnet wird.

Und wieder ist es eine Mühle, eine ziemlich heruntergekommene, fast schon Ruine zu nennende Säge- und Gipsmühle, die Christian Schmidt am 1. April 1880 für sage und schreibe 18.000 Goldmark erwirbt. Problematisch bleibt der Antrieb durch das Wasserrad. Der ist kaum stärker als der des Donaukanals in Riedlingen. Mühsam schaufelt das Rad zwischen vier bis sechs Pferdestärken auf die Wellen. In strengen Wintern war es durch das Eis blockiert und mußte freigehackt werden.

Aber das sind Blockaden, die noch mit eigenen Kräften und durch verschiedene Umbauten behoben werden konnten. Hingegen ist man anderen Schwierigkeiten ausgeliefert. Was soll man machen, wenn einem ›wegen widerrechtlichen Anspannens des Wassers‹ durch den Prozeß eines vermutlich neidischen und händelsüchtigen Müllers aus der Nachbarschaft das ›Wasser abgegraben‹ werden soll und dazu das Bett der Sulm bei anhaltendem starkem Regen die aus den Löwensteiner Bergen zugeführten Wassermassen nicht aufnehmen kann? Das alles hemmt die Produktion, die Ende Juni 1880 aufgenommen wird.

Vielfältig sind die Sorgen. Die Arbeit ist hart. Sie kostet Kraft und Gesundheit. Nur ist sie nicht aufgezwungen von Fremden, sie geschieht im unternehmerischen Geist der Gründerjahre. Viel Eigeninitiative und Standvermögen verlangt sie den Menschen ab. Optimistischer Zukunftsglaube treibt sie an. Diesem Antrieb scheint Christian Schmidt physisch nicht gewachsen zu sein, sicherlich auch psychisch nicht. Geldsorgen bedrücken ihn zusätzlich.

Schmidt ist Kleinunternehmer, auf staatliche Unterstützung kann er nicht hoffen. Er kratzt bei Verwandten ein Kapital von etwa 50.000 Mark zusammen und gründet 1884 eine Aktiengesellschaft mit der Bezeichnung: Neckarsulmer Strickmaschinenfabrik AG (NSU).

Das ›Schwabenalter‹ von vierzig Lebensjahren hat Christian Schmidt knapp verfehlt. Im Februar 1884 stirbt er. ›Manager-Tod‹ würde man heute sagen. Nur gut, daß schon seit geraumer Zeit sein junger Schwager, Gottlob Banzhaf, 1858 in Illingen geboren, sich in die Geschäftsleitung als kaufmännischer Gehilfe eingearbeitet hatte. Nun wird er der erste Direktor des Unternehmens und sein moralischer Bürge. Und weil er zudem ein angemessenes Aktienkapital übernimmt, ist die materielle Stütze ebenfalls gegeben. Vom Familiensinn zeugt gleichfalls, daß von Beginn an der Bruder von Christian, der Maschineningenieur Professor Carl Schmidt in Stuttgart der verläßliche technische Berater war. Nur drei Jahre nach dem Tode seines Bruders stirbt auch er, und man mußte lange suchen, bis für ihn der entsprechend qualifizierte Nachfolger gefunden war. Aber dann kann endlich die technische Leitung mit dem Ingenieur Ludwig Zeidler aus Hehlen/Braunschweig, Jahrgang 1852, besetzt werden. Mit Banzhaf bildet er ein gutes Gespann, das mit den vielen Schwierigkeiten, allerdings unter großer Anstrengung, fertig zu werden glaubte. Doch da beginnt es weiter zu kriseln, wegen Österreich. Das war damals Hauptabsatzgebiet für die Strickmaschinen. Der Geschäftsvertreter der Neckarsulmer aus Wien hatte bislang tüchtig Strickmaschinen verkauft. An ihm lag es nicht, daß der Absatz stetig, aber sicher zurückging. Was konnte er schon dagegen machen, daß 1885 die Einfuhrzölle für

In der in Neckarsulm liegenden Brunner'schen Sägemühle fand Christian Schmidt 1880 ein neues Domizil für seine Strickmaschinenfabrik.

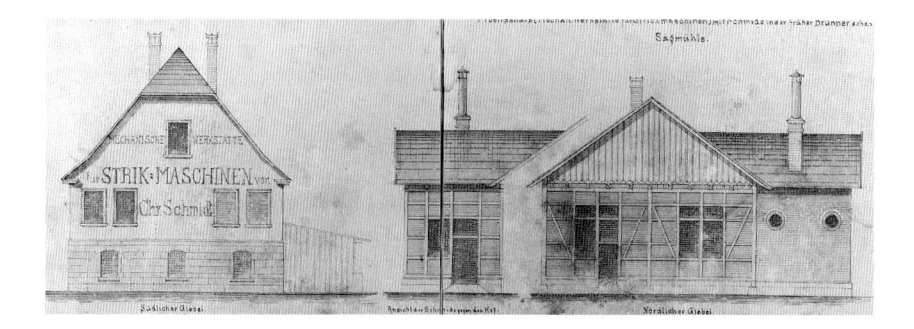

AUS DEN ANFÄNGEN DES AUTOMOBILS

Gottlob Banzhaf übernahm nach dem Tod von Christian Schmidt die Leitung der Strickmaschinenfabrik.

Strickmaschinen von Österreich drastisch erhöht wurden? Und dann war da noch die kapitalstarke deutsche Konkurrenz. Die konnte es sich leisten, in Österreich Filialfabriken zu gründen. Die hatten ein dickes Portemonnaie. Dagegen sah der Geldbeutel der Neckarsulmer geradezu schwindsüchtig aus. Verzweifelt suchte man nach etwas Neuem, mit dem man den Absatz hätte steigern können. Wie wär's denn mit einer Büchse zum Wandern und Baden, wasserdicht und schwimmfähig, in die man die wertvollen Habseligkeiten verstauen und bei sich tragen könnte? Aber wer geht in solchen Zeiten schon gerne ›baden‹? Die Schwimmbüchse verschwand recht bald aus dem Produktionsprogramm, und Gottlob Banzhaf dachte bei sich im stillen: »Auf den nächsten Zug, der hier vorbeikommt und in die vielversprechende technische Zukunft fährt, da springen wir mit Begeisterung auf.«

Er hat die Augen aufgehalten, ist tatsächlich aufgesprungen. Nicht auf den Zug, auf das Fahrrad ist er aufgesprungen, wie einige andere auto-mobile Männer auch, bevor sie den Motor zur Fortbewegung entdeckten. Hätte er das nicht so gemacht, würden wir heute NSU nicht mehr kennen.

ERSTE BEGEGNUNG MIT DEM ZWEIRAD

Per Pedes cum Pedale. Sicherlich ist diese Aussage für Lateiner und humanistisch Gebildete eine Zumutung. Aber sie ist ja nur technisch gemeint: Fahren mit Fußpedal-Antrieb auf dem Fahrrad. Sozusagen ein Werbegag, um das Radfahren auch in Deutschland populär zu machen. Wir können diesen Werbeslogan leider nicht dem weiland bekannten Kammerherrn Drais zuschreiben; denn dieser hat nur das Lauf-Rad erfunden, noch nicht das Fahr-Rad.

Die Geschichte der Entwicklung vom Zweirad zum Lenkrad ist technisch faszinierend. Sie ist vor allem reizvoll für Tüftler, Erfinder, Techniker und Konstrukteure. Schließlich bereitet sie ja den Fort-Schritt vom Antrieb per pedes bis hin zur Motorisierung vor. Dem Wunsche der Menschen, sich schneller und vor allem leichter fortzubewegen, als es die eigenen Füße gestatten, kommen die Techniker entgegen: Laufen und Reiten zugleich und ebenso schnell wie ein Pferd.

Auf der Suche nach den Anfängen des Zweirades finden wir um 1790 in Frankreich Zweiradgefährte, auf denen man reiten kann, doch mußte man sich weiterhin mit den Füßen auf den Boden tretend, also laufend, fortbewegen. Lenkbar waren diese manchmal vorne mit einem Pferdekopf geschmückten Apparate auch nicht. Diese Laufräder wurden ›Célérifères‹ genannt, weil sie den aufsitzenden Fahrer schnell davontrugen.

Die Zeit der Aufklärung, die den Fortschritt der Naturwissenschaften und des Rationalismus vorantrieb, schafft eine neue Sachlichkeit. Die französische Laufmaschine erhält einen Namen, der auch ihr Funktionieren beschreibt: Véloci (té) -Péd (ale) = schnelles Fahren mit dem Rad durch Fußtreten. Und der Velocipede auf dem Velociped wird Schnellfüßer genannt.

Das Laufrad des Forstmeisters und badischen Kammerherrn, Freiherr Drais von Sauerbronn, ist das erste lenkbare Fahrrad der Geschichte. Es ist eine Weiterentwicklung der Erfindung des Franzosen J. N. Niepce. Die von Drais 1817 konstruierte zweirädrige Maschine hat Geschichte gemacht. Sie besaß vorne eine hölzerne Armstütze, damit der Fahrer zumindest einen Teil seines Körpergewichts abstützen konnte, während er sich, auf einem recht unbequemen Sattel sitzend, vom Boden abwechselnd mit seinen Füßen abstieß. Mit einem Handhebel konnte das in einer Gabel befestigte Vorderrad gelenkt werden.

1818 ist die Draisine durch den Kutschenmacher Denis Johnson in England bekannt geworden. Ein Jahr später hat Johnson auch ein Fahrrad für Damen entwickelt. Landbriefträger wurden ebenfalls mit einem solchen Gefährt ausgestattet. Weil es aber zu teuer war und der einfache Mann es nicht kaufen konnte, erhielt es den Spottnamen ›Dandy-Pferd‹ oder ›Hobby-Horse‹.

Drais hat in Deutschland keinen Erfolg gehabt, wohl aber seine nach England exportierte Idee. Vielleicht hat er sich selbst im Wege gestanden.

DIE MOBILITÄT DER MENSCHEN NIMMT ZU

Sein oft ungebührliches und aufsehenerregendes Verhalten bei seinen Straßenfahrten, die er oftmals auch in volltrunkenem Zustand unternahm, entsprach sicherlich nicht der Würde eines Kammerherrn. Im Alter von sechsundsechzig Jahren verstarb Karl Drais am 10. Dezember 1851 in einem Armenhaus in Karlsruhe. Der Deutsche Radfahrerbund hat ihm als Pionier des Fahrrades 1893 in Karlsruhe ein Denkmal gesetzt.

Zum richtigen Fahrrad wurde das Laufrad erst durch die Erfindung der Tretkurbel. Sie wurde in Deutschland gleich zweimal und unabhängig voneinander erfunden. Einmal hat sie ein gewisser Milius aus Thüringen 1845 an seinem Fahrzeug angebracht, und ein weiteres Mal 1853 ein Ph. M. Fischer in Schweinfurt. Der hat seine Maschine für geschäftliche Zwecke genutzt. Das war dann das erste richtige Fahrrad.

Da bekanntlich aller guten Dinge drei sind, hat der Franzose Ernest Michaux das Fahrrad noch einmal erfunden, allerdings mit einigen entscheidenden Verbesserungen. Er sagte sich: »Zum schnellen Fahren gehören auch Bremsen.« Also konstruierte er eine Reifen-Reibbremse.

Weil die Straßen zu damaliger Zeit uneben waren und viele Löcher aufwiesen, hat er auch den Sattel gefedert. Das waren dann sozusagen die ersten Stoßdämpfer, auf die unsere auto-mobilen Männer irgendwann einmal zurückkommen würden. Ein weiterer Fahrrad-Erfinder war der spätere Mitarbeiter von Michaux, Lallement, der die gleiche Idee 1863 noch einmal entwickelte und verwirklichte.

Obwohl die Straßen auch in anderen Ländern mehr aus Löchern als aus ebener Fahrbahn bestanden, folgte man ebenfalls begeistert der Idee des Radfahrens. Das war dann ein richtiggehendes Stoßgeschäft. Da wurde man ordentlich durchgeschüttelt, trotz vielfältiger Abfederungsversuche. Die Jugend ließ sich kaum von solchen Stößen beeindrucken. Neben den Namen Dandy-Pferd und Hobby-Horse kam jetzt noch die Bezeichnung Knochenschüttler (Boneshaker) hinzu.

Wie so oft, wenn es die Zeitläufe nicht zulassen, verschwinden geniale Gedanken und geniale Männer, die sie hervorgebracht haben, spurlos in der Versenkung. Die nach dem deutsch-französischen Krieg 1871 in Frankreich einsetzende Wirtschaftskrise und ein verlorener Prozeß gegen Lallement, bei dem es vermutlich um sogenannte Erfinderrechte ging, treiben Michaux in die Verarmung. Er teilt also in gewisser Weise sein Schicksal mit dem des Freiherrn von Drais.

In England sind dagegen clevere Männer am Werke. Sie ersetzen das Holzgestell durch einen Stahlrahmen. Damit man noch höhere Geschwindigkeiten erzielen kann, wird das Vorderrad größer, das Hinterrad immer kleiner. Es ist schließlich nur noch ein Stützrad. Mit jeder Kurbelumdrehung dreht sich auch das Vorderrad einmal. Bei einem Durchmesser von etwa zwei Metern kann man jedesmal etwas über sechs Meter zurücklegen. Auf ebener Strecke ist das einfach. Anstrengend wird es erst, wenn es bergan geht. Da wird man wohl so etwas ähnliches wie eine Übersetzung dazu erfinden müssen. Dieser Gedanke liegt noch in ziemlich weiter Ferne. Auf jeden Fall ist erst einmal das Hochrad da. Die sportbegeisterte Jugend nimmt es spontan an. Die Sportorganisationen, die sich bald bilden, sind die besten Werbeträger. Im englischen Coventry entsteht eine regelrechte Fahrrad-Industrie. Von hier aus wird das Fahrrad seinen Siegeszug in die Welt antreten.

Auch einige unserer auto-mobilen Männer gehen schrittweise den konstruktiven Weg vom Zweirad zum Lenkrad. Nur August Horch nicht. Denn mit seiner Firma, die er gründete, hat er sich gleich hinter das Volant gesetzt.

Freiherr Drais von Sauerbronn, großherzoglicher, badischer Forstmeister und Professor der Mechanik, erfindet 1817 seine Schnellaufmaschine.

STARKER TRITT IN DIE PEDALE

STARKER TRITT IN DIE PEDALE

Mitbestimmend für die Firmengründung des Johann Baptist Winklhofer, dessen spätere Firma Wanderer auch einmal im Zeichen der Vier Ringe stehen wird, ist seine Begegnung mit dem Drais'schen Laufrad.

Auf eindringliches Zureden seiner Söhne verfaßt er mit achtzig Jahren, 1939, seine Lebenserinnerungen, in denen er die wichtigsten Stationen seines Lebens beschreibt. Seine Erinnerungen sind Erfahrungen, die er nicht nur seinen Söhnen alleine weitergeben will. Sie sollen auch Ermutigung für alle jungen und besonders strebsamen Menschen sein, die erkennen sollen, »daß auch aus einem armen Burschen etwas werden kann, wenn er nur ordentlich, treu und fleißig ist und seinen Beruf versteht.«

München-Haidhausen, Winklhofer ist gerade sieben Jahre alt, er erinnert sich: »Der 1866er Krieg hatte eben begonnen. Ich trieb mich viel auf den Straßen herum. Aus dieser Zeit datiert meine erste Begegnung mit dem Fahrrade. Wir wohnten in der Karlstraße, gegenüber der damals dort befindlichen Ratgeberschen Waggonfabrik. Einer der kleinen Söhne des Besitzers hatte ein genau nach dem Modell des Erfinders Drais gebautes Fahrrad. Es war ganz aus Holz gemacht, hatte gleich hohe Räder und keine Kurbeln. Damit fuhr er auf dem gepflasterten Fußwege vor der langgestreckten Fabrik hin und her. Wir Nachbarskinder hätten das neumodische Ding auch gerne

Am Hochrad stehen die beiden Firmengründer Adolf Jaenicke und Johann Baptist Winklhofer, die 1885 ihr Velociped-Depot gründeten.

In Ingolstadt wurde 1881 ein Bicycle-Klub gegründet, dessen Mitbegründer Johann Baptist Winklhofer war.

einmal probiert. Aber so weit ging die Freundschaft leider nicht; wir durften nur daneben herlaufen.« Sehnsüchte, technische Wißbegier, handwerkliches Geschick und Zufälle bestimmen Winklhofers weitere kreative Aktivität.

1880 kaufte er seine ersten Fahrradteile: »So entdeckte ich, daß der Meister Hoffmann Besitzer eines selbstgebauten Fahrrades war, allerdings eines solchen von noch sehr primitiver Konstruktion. Der Wunsch, auch ein solches Rad, aber von besserer Qualität, zu besitzen, wurde in mir nun immer stärker. Von Hoffmann hatte ich erfahren, daß eben in München die ersten englischen Fahrräder eingetroffen waren und bei Heimerl in der Holzstraße zu kaufen seien. Dazu reichte aber meine Kasse nicht; aber ich bezog von dieser Firma die einzelnen rohen Teile zu einem solchen Rade und fing an, dieselben zusammenzubauen. Fertiggestellt wurde dieses, mein erstes Rad, allerdings erst gut ein Jahr später in Ingolstadt in der Werkstätte des Militärbüchsenmachers Willner. Aber der Anfang zum späteren Fahrradfabrikanten war gemacht, was ich damals noch nicht ahnte.« Dann folgt die knappe Konstruktionsbeschreibung und die bescheidene, dennoch stolze Erfolgsmeldung: »Besonders erwähnen möchte ich, daß dieses Rad nur im Hinterrade auf Kugeln lief. Im Vorderrad waren Rollenlager, die ich selbst anfertigte, und die sehr leicht liefen, allerdings nicht nachstellbar waren.

Wer sich um die Jahrhundertwende ein Fahrrad leisten konnte, schloß sich meistens auch einem Klub an. Hier die Mitglieder des Ingolstädter Velociped-Klubs vor ihrem Vereinsheim.

Johann Willner, Waffenmeister und Fahrradkonstrukteur, eröffnete 1880 das erste Ingolstädter Fahrradgeschäft.

Inzwischen wurde in Ingolstadt auch ein Bicycle-Klub gegründet, dem ich als Mitbegründer angehörte. Später bauten wir auch eine Rennbahn, und ich habe auf dieser und auf anderen Bahnen viele Preise für den Klub errungen. Auch nach Berlin ging ich für den Klub und bekam in Charlottenburg am 28. September 1881, nach einem vorangegangenen schweren Sturz in einem Rennen über 2 englische Meilen (3.218 m) den 2. Preis mit einer Viertelradlänge Abstand gegen den Engländer Mr. S. Walker. 1882 gewann ich im Gauverbandsrennen des Münchner Velociped-Clubs von 1869 den 1. Preis.«

Noch ist für Winklhofer die Konstruktion von Fahrrädern nicht aktuell: »Im Laufe des Winters 1883 und Frühjahrs 1884 baute ich so nebenbei in der Werkstätte des vorgenannten Militärbüchsenmachers Willner aus gekauften Rohteilen noch 4 weitere Hochräder zusammen.« Auf Bestellung, natürlich! Und natürlich waren Winklhofers Rennerfolge für ihn selbst wie auch für das Fahrrad recht werbewirksam: »Durch die erwähnten Rennerfolge war die Nähmaschinenfirma Chr. N. Schad in München, welche eben angefangen hatte, auch englische Fahrräder zu verkaufen, auf mich aufmerksam geworden und machte mir das Angebot, bei ihr als Fahrlehrer und Fahrradverkäufer einzutreten. Zunächst wurde ich nach Lindau, dann nach Berchtesgaden gesandt, um dort Lehrkurse abzuhalten und Räder zu verkaufen. Im letzteren Orte hatte ich das Pech, einen steilen Berg herab zum Sturze zu kommen. Ich hatte einige Tage eine stark aufgeschwollene Nase, was meine Schüler durchaus nicht zur Bestellung eines Fahrrades anregte. Dennoch schloß das Geschäft in beiden Orten nicht schlecht ab.«

Nach weiteren Lehrkursen in Schongau und Hof soll Winklhofer in Zwickau nach dem Rechten sehen, weil dort zwar Fahrräder verkauft werden, aber kein Geld eingeht: »Unter den von meinem Vorgänger übernommenen Fahrschülern, die ihr erhaltenes Rad noch nicht bezahlt hatten, befand sich auch ein Herr Jaenicke, dem ich sofort klar machte, was jetzt von seiner Seite zu tun sei, um ihm meine Freundschaft zu erhalten. Dies hat ihm doch sehr imponiert; denn nach Beendigung meiner Aufgabe in Zwickau machte er mir das Angebot, mit ihm zusammen in Chemnitz, seiner Vaterstadt, ein ähnliches Geschäft zu gründen, wie das der Firma Schad sei, bei welcher ich zur Zeit angestellt war. Dazu hatte ich keine große Lust; aber ich wollte mir diese Sache gut überlegen.« Winklhofer holt, nach München zurückgekehrt, die Meinung seines Chefs ein. Doch der Herr Schad rät ab: »Was woll'ns denn bei dene Sachsen, bleims doch bei mir, da hams es doch a ganz schön!« Winklhofer ist mit diesem Bescheid zufrieden und schreibt postwendend Herrn Jaenicke ab: »Ich ging nun in Urlaub nach meinem früheren Wohnsitz Ingolstadt, um dort meine alten Bekannten aufzusuchen und hielt diese Angelegenheit für erledigt. Aber wie erstaunt war ich, als ungefähr acht Tage später die Tür zu meiner Wohnung aufging und Herr Jaenicke selbst eintrat. Er beklagte sehr, daß ich nun nicht nach Chemnitz kommen wollte. Er habe im festen Vertrauen darauf, daß ich auf seinen Plan eingehen würde, bereits eine Werkstätte gemietet, Werkzeuge und bereits eine Drehbank und so weiter bestellt und jetzt dürfe ich ihn nicht sitzen lassen.« Das sieht Winklhofer selbstverständlich ein, will aber zuvor doch noch einmal mit dem alten Herrn Schad sprechen: »Herr Schad war in Urlaub gefahren und deshalb eine neue Aussprache unmöglich. Einer seiner Söhne betrachtete die ganze Sache als eine Zudringlichkeit von mir an und kanzelte mich derartig ab, daß ich nun auch ärgerlich wurde, mich für Chemnitz entschied und am anderen Morgen unter Hinterlassung eines Teiles meines Gehaltes nach dort abreiste. Wäre der alte Herr Schad dagewesen, hätte ich dies sicherlich nicht getan, denn ich hatte ihn sehr gerne. Mein Lebensweg war nun durch diesen Zufall für immer entschieden. Aber eine große Enttäuschung erwartete mich in Chemnitz! Als ich dort eintraf, mußte mir Herr Jaenicke eingestehen, daß er weder eine Werkstätte gemietet noch eine Drehbank bestellt habe. Er habe alles nur gesagt, um mich zu dem Ent-

In der Poststraße 38 von Chemnitz hatten Winklhofer & Jaenicke ihr ›Velociped-Depôt‹.

schlusse zu bringen, nach Chemnitz zu kommen, denn er habe längst bemerkt, daß ich dazu nicht viel Lust hatte. Diese Enthüllung war für mich niederschmetternd! Aber es gab keinen Rückweg mehr, denn alle Brücken hatte ich hinter mir abgebrochen. Ich mußte mich in mein Schicksal ergeben. Und es nahm seinen Lauf, aber zum Guten für uns beide!«

Nach diesen Anlaufschwierigkeiten wird am 26. Februar 1885 folgende Firma beim Königlichen Amtsgericht in Chemnitz eingetragen: Chemnitzer Velociped-Depot, Winklhofer & Jaenicke.

Die kleine Werkstatt befindet sich in der Poststraße 38 in Chemnitz. Noch denkt man nicht an eine eigene Fahrradproduktion, sondern verkauft die englischen Rudge-Hochräder und führt Reparaturen aus. Damals war es in dieser Branche üblich, aus Bausätzen und Einzelteilen, die man aus England bezog, Fahrräder in eigenen Werkstätten zusammenzubauen.

MARKENQUALITÄT AUCH BEI WANDERER

Eine Reihe teils ungeordneter Gedanken schießen durch den Kopf von Johann Baptist Winklhofer. »Ein Zeichen muß her, daran man uns und unsere Fabrikate erkennen kann.« Noch nehmen sie nicht konkrete Gestalt an, sie sind unterschwellig aber wohl vorhanden. Zunächst denkt Winklhofer an die weitere Entwicklung seines Fahrrad-Depots: »Nur schüchtern wagten wir an eine spätere Fabrikation von Fahrrädern zu denken. Jedenfalls war ich selbst von allem Anfange an fest entschlossen, streng darauf zu sehen, daß alles, was wir machten, nur von allerbester Qualität sein soll. Denn ich ahnte schon damals, daß wir unter Befolgung dieses obersten Grundsatzes vorwärts kommen könnten. Ich stellte mir unsere Zukunft überhaupt nicht leicht vor. Unsere Mittel waren sehr beschränkt. Ich brachte nach Chemnitz an Bargeld ersparte 600 Mark und einen Parallelschraubstock von Boley in Eßlingen mit. Mein Partner konnte einige tausend Mark beisteuern, die ihm Verwandte geliehen hatten.«

In der ersten Anzeige der in Chemnitz ansässigen Firma Winklhofer & Jaenicke weist diese darauf hin, daß sie die begehrten Rudge-Fahrräder aus England führt.

Das erste Chemnitzer Firmenzeichen von Winklhofer & Jaenicke glich einem Wappen.

Die klar gegliederte Arbeitsteilung ist den Verhältnissen entsprechend abgestimmt. Partner Jaenicke leitet die Reparaturwerkstatt, welche die ersten Einnahmen brachte. Winklhofer verkauft die neuen Räder, übernimmt die Schreibarbeiten und die Buchführung. Es zahlte sich aus, daß er in Ingolstadt seinerzeit Kurse für Buchhaltung besucht und sogar Schönschreibunterricht genommen hatte. Sein Verkaufstalent war schon bei der Firma Schad entwickelt worden: »Es war sehr wertvoll, daß wir für diese Arbeiten zunächst keine fremde Kraft brauchten. Unsere ersten Verkäufe der neuen englischen Räder machten wir an Mitgliedern des 1. Chemnitzer Bicycle-Clubs, welchem wir beigetreten waren. Dann besuchte ich die Clubabende auswärtiger Clubs und war dort bald gut eingeführt und beliebt. Wenn ein neues Mitglied ein Rad kaufen wollte, wurde mir dies sofort mitgeteilt. Am anderen Tage war ich schon dort und machte in den meisten Fällen auch das Geschäft. Dafür trat ich dann, wenn diese Clubs eine Festlichkeit hatten, bei diesen als Kunstfahrer oder

auch als Rennfahrer auf, ganz wie es gewünscht wurde. Alle diese Touren machte ich in der ersten Zeit per Rad, was zwei Vorteile für uns waren. Erstens sparte ich dabei für das Geschäft Spesen und konnte mich nebenbei für Rennen trainieren.«
Bei solcher Strategie mußte ja das Geschäft weiter florieren. Vom Familienbetrieb teilt Winklhofer schlitzohrig Privates und Anekdotisches mit: »Das erste von uns in der Werkstätte auf der Poststraße gebaute Rad war von Miß Ellin bestellt, einer englischen Artistin, welche zu dieser Zeit im sogenannten Mosella-Saale in Chemnitz als Kunstfahrerin mit großem Erfolg auftrat. Miß Ellin war ein gut gewachsenes, hübsches Mädchen und gefiel mir sehr, schon deshalb, weil sie das bestellte Rad sofort bar bezahlte. Aber ich hatte schweren Verdacht, daß sie gar nicht in England, sondern in einer kleinen Stadt in Sachsen geboren war. Inzwischen war ich in die Familie meines Teilhabers Jaenicke eingeführt worden und heiratete am 6. September 1886 dessen Schwester Johanna.«
Zuvor, am 1. Februar 1886, ist man nach einem knappen Jahr von der Poststraße in größere Räume in die Theaterstraße 14 umgezogen. Die Zahl der Mitarbeiter war auf 22 angewachsen und die Fabrikation von eigenen Fahrrädern begann. Zum Jahresende sind 100 Hochräder verkauft. Winklhofer findet den neuen Namen, der Weltgeltung erringen sollte: Wanderer.

Dieser Name hat Aufforderungscharakter und soll zum Fahrradwandern anregen, soll ins Freie hinausführen, in die schöne Natur. Natur und Freiheit.

Ein Symbol muß her. Es muß signalisieren: »Frei wie ein Vogel und elegant und wendig wie ein Mauersegler! Das ist es, so soll sich auch ein Wanderer-Fahrer fühlen.« Der Vogel im Firmenwappen, das nach diesen Gedanken entwickelt wurde, ist eine Schwalbe. Fahrräder mit der Schwalbe vorne am Rahmen sind begehrte Fabrikate.

Unter diesem neuen, schwungvollen Zeichen und, seit dem 4. Januar 1887 mit dem neuen Firmennamen, fuhren die Qualitäts-Fahrräder in alle Welt: Chemnitzer Velociped-Fabrik, Winklhofer & Jaenicke.

DIE JUNGE FIRMA BRENNT AB

Sicherheit hat Vorrang! Ein guter Grundsatz, der für Fahrräder gilt, aber leider nicht für die Fabrik, denn am 1. April 1887 brennt sie ab. Winklhofer ist tief betroffen: »Da, in der Nacht vom 31. März auf 1. April, werden unsere Werkstätten durch eine Feuersbrunst vollständig zerstört, wobei auch der ganze im Winter hergestellte Vorrat an fertigen Hochrädern verbrannte. Das war ein schwerer Schlag für uns, und ich war nahe daran, den Mut zur Weiterarbeit zu verlieren. Aber schon am 17. April bezogen wir die neugemieteten Fabrikräume Hartmannstraße 11, wo wir unsere Fabrikation weiter ausdehnen und rationell betreiben konnten.«

Das noch junge Unternehmen, das sich ständig erweiterte, mußte finanziell auf noch sicherere Beine gestellt werden. Die Mietpreise in Chemnitz waren sehr hoch. Keine Chance dort für Wanderer. Auch räumlich nicht. Also suchte man woanders nach preisgünstigen Entfaltungsmöglichkeiten.

Durch die 1887 erfolgte Übersiedlung in die Hartmannstraße 11 gab es wesentlich bessere Voraussetzungen für eine Ausdehnung der Fabrikation. Im Flachbau waren die wichtigsten Werkstätten untergebracht; das dreistöckige, rechte Gebäude wurde als Lager und Werkstatt genutzt.

STARKER TRITT IN DIE PEDALE

Um 1896 hatte sich das Fahrrad als praktisches Transportmittel für Menschen und kleinere Lasten durchgesetzt. Rechtzeitig zur aufkommenden Hochkonjunktur hatten Winklhofer & Jaenicke 1895 ein weiteres Werk in Schönau bezogen. Eine 100 PS leistende Dampfmaschine versorgte die Fertigungsmaschinen mit Antriebskraft.

Schönau, ein nur knapp drei Kilometer entfernter Vorort von Chemnitz, bot nahezu ideale Möglichkeiten für die Produktionserweiterung. Die Verbindung nach Chemnitz war kein Problem, die Anbindung an die Ost-West-Eisenbahnlinie Dresden-Zwickau war auch vorhanden. Auf die in Chemnitz wohnenden hochqualifizierten Mitarbeiter mußte man bei Wanderer nicht verzichten. Man konnte und wollte das auch nicht, denn gerade sie hatten den guten Ruf der Qualitätserzeugnisse begründet.

Wanderer zog am 1. Oktober 1895 in die neuen Werkshallen in Schönau ein. Optimismus verbreitete sich, die Brandkatastrophe hatte sich psychisch nicht ausgewirkt. Man war voller Optimismus. Immerhin berechtigten Produktion und Absatz der letzten Jahre hierzu. Die verkauften Stückzahlen sprechen für sich:

1890	467 Fahrräder
1892	1.359 Fahrräder
1895	3.136 Fahrräder

Eine erfreuliche Bilanz. Sollte es so weitergehen und der Absatz sich weiter günstig entwickeln, mußte man daran denken, zusätzlich neue Maschinen anzuschaffen. Was aber tut man, wenn der eigene Geldbeutel hierfür zu schmal ist? Man gründet eine Aktiengesellschaft, um an neues Kapital zu kommen. Andere hatten es vorexerziert. Das klappte bei Wanderer ebenfalls. Am 15. Mai 1896 wurde die Firma in eine Aktiengesellschaft umgewandelt. Die Dresdner Bank AG hat kräftig mitgeholfen. Das Unternehmen hieß nun:

Wanderer
Fahrradwerke
Aktiengesellschaft
vorm. Winklhofer – Jaenicke
Schönau-Chemnitz

Die Belegschaft zählt schon 375 Mitarbeiter. Vorstandsvorsitzende der neuen Aktiengesellschaft werden Johann Baptist Winklhofer und Richard Adolf Jaenicke. Der geht aber schon am 30. September 1897 in den Ruhestand nach

Dresden. Winklhofer ist alleiniger Chef. 1.100.000 Reichsmark Grundkapital ist momentan ausreichend; drei Kapitalerhöhungen müssen in der Zeit bis 1912 vorgenommen werden, um die Produktionseinrichtungen zu erweitern und vorhandene Produktionsanlagen zu rationalisieren.

Die Hochräder werden 1888 durch sogenannte Niederräder abgelöst. Das Sicherheits-Zweirad Nr. 1 von Wanderer stellt den Urtyp des modernen Fahrrades dar. Aber das haben die Neckarsulmer von ihrem Produkt 1888 auch behauptet.

Bei Wanderer herrschte ein völlig neues und ungewöhnliches Prinzip vor: Die technischen Einrichtungen des Fahrrades sollen so konstruiert und leicht zu handhaben sein, daß der Fahrer beim Fahren und besonders auch in heiklen Situationen Sicherheit für sich und andere Verkehrsteilnehmer produzieren kann.

Dieses für die damalige Zeit ungewöhnliche Prinzip der Produktion von Sicherheit hat für die Konstruktion aller Fahrzeuge uneingeschränkte Geltung und wird heute leider weniger allgemeinverständlich und weniger praktikabel als aktive und passive Sicherheit beschrieben. Durch eine Wanderer-Konstruktion sollte das leidige Problem mit dem Kettenschutz und der manchmal abspringenden Kette gelöst werden. Ja, man wollte auf die Kette völlig verzichten. Bei dem von Wanderer daraufhin entwickelten kettenlosen Fahrrad erfolgte die Kraftübertragung über eine Kardanwelle, die in das waagerecht nach hinten führende Rahmenrohr eingekapselt war. Soll Sicherheit in diesem Sinne durch den Radfahrer produziert werden, dann müssen auch technische Details entsprechend konzipiert werden.

TECHNISCHES KNOW-HOW UND PRAKTISCHE TESTS

Zum Glück sind noch Archivunterlagen vorhanden, welche die technische Präzisionsarbeit beschreiben. Um eine günstige Kraftübertragung von den Pedalen zu erreichen, wurde beim Niederrad die Kurbelwelle zwischen die Räder gelegt und die Kraftübertragung von einer Kette vorgenommen. Das Zahnrad hatte eine sehr große Teilung. Bei der Kette wurden die Zwischenräume durch Blöcke aufgefüllt. Weil das aber eine zu große Reibung zwischen Kettenrad und Kette erzeugte, wurde die sogenannte Blockkette 1889 durch die Rollenkette ersetzt. Sie zeichnet sich durch einen erheblich leichteren Gang aus. Versuche mit einem kettenlosen Fahrrad wurden nicht weiter verfolgt, weil der Antrieb über zwei Kegelräderpaare auf das Hinterrad nicht elastisch genug war.

Das mit Kreuzrahmen ausgerüstete Wanderer-Niederrad von 1888 wurde als ›Sicherheits-Fahrrad‹ angeboten.

Winklhofer will wissen, ob die neuen Rollenketten besser sind als die Blockketten: »Um ganz sicher zu gehen, unternehme ich Ende 1897 zusammen mit unserem späteren Direktor Schneider eine sechstägige Probefahrt durch Sachsen-Thüringen. Nach Ablauf dieser Zeit hatten wir 600 Kilometer hinter uns gebracht und wußten nun bestimmt, daß diese Ketten besser waren als die Blockketten.

Ich war immer für praktische Erfahrung, die sich auch hier bewährte. Wie genau wir es nahmen, zeigt folgender Vorfall: Als wir von einer Probefahrt zurückkamen und uns Schönau näherten, zeigte sich, daß uns von den vorgehabten 600 Kilometern noch zirka 20 km fehlten. Obwohl wir schon recht müde waren, fuhren wir einfach wieder 10 Kilometer zurück, und die 600 waren nun erreicht.«

Für die Laufräder wurden zunächst sogenannte Radialspeichen verwendet. Seit 1897 benutzte man nur die auf Zug beanspruchten Tangentialspeichen. Hatte man die Speichen noch bis 1892 durch die Felgen gesteckt und in den Naben fest-

STARKER TRITT IN DIE PEDALE

Ende der achtziger Jahre zeichnete sich ab, daß dem Niederrad mit angetriebenem Hinterrad die Zukunft gehörte. Hier erprobt der begeisterte Fahrradfahrer Johann Baptist Winklhofer eines der ersten Wanderer-Niederräder. Obwohl die Niederräder wesentlich einfacher zu lenken und zu fahren waren, blieb das Wanderer Hochrad noch bis 1892 im Verkaufsprogramm.

Um die Jahrhundertwende entwickelte Wanderer diese Doppelübersetzungsnabe mit Freilauf und Rücktrittbremse.

geschraubt, so steckte man die Speichen ab 1893 durch die Naben und befestigte sie mit Nippeln an den Felgen. Da konnten sie dann nachgespannt und das Rad gerichtet werden, wenn man mal einen Achter hineingefahren hatte.

Zu den wichtigsten Neuerungen gehört auch der Freilauf. Zugleich wurden auch wirksame Bremsen benötigt. Außer einer Breitlaufnaben-Innenbremse wurde ab 1902 eine Doppel-Übersetzungsnabe mit Rücktrittbremse konstruiert, die als Außenbremse auf den Reifen des Hinterrades wirkte. Das war das grundlegende Patent Nr. 131 486. 1907 wurde diese Nabe zur Doppelübersetzungsnabe mit Rücktritt-Innenbremse weiterentwickelt. Kein Erzeugnis verließ das Werk, das nicht gründlich auf Herz und Nieren erprobt war. Deutsche Qualitätsarbeit weckt Vertrauen und macht sich einen Namen.

Nach dem englischen Markenschutzgesetz von 1887 müssen eingeführte deutsche Waren die Handelsbezeichnung ›Made in Germany‹ führen. Diese als Abwehrmaßnahme eingeführte Auflage entwickelte sich zum Bumerang für die Engländer, bürgt sie doch hinfort für Präzision und Verläßlichkeit der deutschen Fabrikate. Wenn schon keine englische technische Vorherrschaft mehr, dann wenigstens eine technisch-sprachliche. So ist es damals schon ›in‹ oder ›up to date‹, daß man das sich zur Weltsprache mausernde Englisch zur Technikersprache erhob. Das klang gelehrt und weltgewandt zugleich. Nun denn: Man fuhr auf einem Rover und war sich nicht bewußt, daß ›Rover‹ schlicht Wanderer hieß. Bicycle wiederum klang vornehmer als Fahrrad.

Tyre war der Reifen, und wenn er gepolstert war, hieß er Cushiontyre. Auch der Wanderer-Katalog von 1894 gab sich weltgewandt. Der staubdichte Ölkasten wurde als Carters-Gear-Case angepriesen und Puncture-Proof-Band war die vor Nadelstichen schützende Einlage zwischen Luftschlauch und Reifen. Wurde ein Spezial-Fahrradreifen benötigt, der griffig war und nicht wegrutschte oder ausglitt, forderte man einfach einen Non-Slipping-Cover. Konsequenterweise mußte man dann auch Freewheel sagen, wenn das schlichte deutsche Wort Freilauf nicht mehr genügte. Alle Eindeutschungsversuche, von einigen Germanisten voller Eifer betrieben, fruchteten wenig. Erfreulicherweise, sonst würden wir heute möglicherweise von einem Viertopf-Zerknall-Treibling sprechen, wenn wir den Vierzylinder-Ottomotor meinen.

WERKZEUG- UND BÜROMASCHINEN VON WANDERER

Winklhofer beobachtet den Markt weiterhin mit wachen Augen: »Schon seit Bestehen des Werkes beunruhigte mich die Sorge, was aus demselben einmal werden sollte, wenn durch in späteren Jahren einmal eintretende Überproduktion die Preise fallen und die Fahrradbranche unrentabel werde. Meine Hauptaufgabe sah ich daher darin, für die Aufnahme neuer Branchen besorgt zu sein, um in diesem Fall Ersatz für die Fahrräder zu haben.«

Im Werk herrscht die Einsicht vor, daß nichts uferlos und unüberlegt produziert werden sollte, was man von der Firma verlangte. Sehr ökonomisch und rationell wurden neue Arbeitsgebiete aus bereits Vorhandenem entwickelt. Notwendigkeiten und Betriebserfahrungen führten zu Härteöfen, die zunächst nur für den eigenen Bedarf hergestellt, dann aber auch den eng befreundeten Firmen auf Bestellung hin geliefert wurden. Größere Bedeutung erlangten aber vor allem jene Werkzeugmaschinen, die für den Eigenbedarf entwickelt wurden.

Hierbei handelte es sich in erster Linie um Fräsmaschinen, die gerade für den Fahrradbau eine wirtschaftliche Bearbeitungsweise zuließen. Obwohl deren Entwicklung einerseits etliches Geld kostete, hätte man andererseits bei Auftragsvergabe an eine andere Firma die besonders streng gehüteten Fabrikationserfahrungen preisgeben müssen.

Damals galt es als selbstverständlich, daß jede Werkzeugmaschinenfabrik möglichst alle Arten bauen müsse, wenn sie ihrem Ruf gerecht werden wollte. Dazu gehörte auch, daß nach besonderen, von den Kunden vorgeschriebenen Maßen gebaut wurde. Die Wanderer-Werke haben sich zunächst auf die Fräsmaschine beschränkt und gleichzeitig durch Reihenfertigung von Spezialtypen an den Verkauf gedacht. Man hat durch technische Perfektion und Universalität Kundenwünsche geweckt und solche nicht einfach nur befriedigt. Winklhofer hat das sinngemäß so angeordnet, und er hat noch weiter vorausgeschaut, als 1900 die allgemeine Wirtschaftskrise eintrat, die Wanderer-Werke aber ein Jahr später schon wieder 42 Prozent mehr Fahrräder lieferten als ein Jahr zuvor. »Als weiteren Artikel nahmen wir nach jahrelanger Vorbereitung 1903 den Bau von Schreibmaschinen auf. 1909 wird mit der Konstruktion von Addier- und Subtrahierungsmaschinen begonnen.«

Auf der Suche nach Neuem und Zweckmäßigem hat Winklhofer auf seiner Reise nach Amerika die künftige Bedeutung der Schreibmaschine erkannt. 1903 wird in den Wanderer-Werken das erste Modell entwickelt und ein Jahr darauf erschien die erste Maschine mit dem Namen Continental. Sie war, wie man zu sagen pflegte, von Anfang an ein Renner. Vierunddreißig davon konnten im Jahr darauf verkauft werden. Die Nachfrage wurde so groß, daß 1905 ein halbes Jahr lang Sonderschichten von 6 Uhr früh bis spät abends um 10 Uhr eingelegt werden mußten, um 680 Stück zu montieren. Dann ging es steil hinauf mit den Produktionszahlen: 1906 sind es 1.780, 1907 schon mehr als 4.000 Schreibmaschinen. Im Jahr 1934 werden die Wanderer-Werke stolz verkünden können: »Die Continental-Schreibmaschine mit der Herstellungsnummer 500.000 hat die Wanderer-Werke verlassen.«

1916 wird der Öffentlichkeit das erste serienreife Modell der Continental-Additionsmaschine vorgestellt. Unter dem gleichen Namen Continental wird die Buchungsmaschine entwickelt. Die Wanderer-Werke stehen in dieser Zeit also auf drei kräftigen Beinen, die alle – auch einzeln gesehen – Zukunft haben und den Umsatz kräftig steigen lassen werden.

Im Zeichen der Vier Ringe ist bei den Wanderer-Werken jedoch der Weg vom Zweirad zum Lenkrad entscheidend. Der führt aber über das motorisierte Zweirad. Obwohl der Motorradbau bei Wanderer schon 1902 beginnt, erwähnt ihn J. B. Winklhofer in seinen Lebenserinnerungen nicht, sondern erinnert an den Bau des kleinen Wagens, den er 1911 selbst angeregt hat. Auch der wird Geschichte machen.

KÜHNER SPRUNG IN DEN SATTEL

KÜHNER SPRUNG IN DEN SATTEL

Gottlob Banzhaf, nunmehr kaufmännischer Direktor (1884) der Neckarsulmer Strickmaschinen-Fabrik AG und junger Schwager des verstorbenen Christian Schmidt, hat sich kühn in den Sattel geschwungen, als es mit der Strickmaschinen-Produktion nicht mehr so recht klappte und deutlich wurde, daß die Fahrradproduktion ein lohnendes Geschäft werden kann. Seine Parole hieß: Ein Hoch dem Hoch-Rad! Das erste entstand 1886 und erhielt den Namen Germania. Nationaler Stolz stand Pate bei der Namensgebung.

Trotz Hartgummibereifung wurde das NSU-Germania-Rad ein Erfolg. Kenner wissen eben Qualität und Verarbeitung zu schätzen. Zum Germania-Rad gesellte sich im Sommer 1886 das Dreirad ›Merkur‹, genannt nach dem griechischen Gott des Handels. Es hatte eine ganz normale Lenkstange und einen Bremshebel, der über ein Gestänge auf das kleinere Vorderrad wirkte; dazu einen für die damalige Zeit bequem zu nennenden Sattel.

Dreißig Jahre vor der Jahrhundertwende schießen in Deutschland die Fahrradfirmen wie Pilze aus dem Boden. Zuerst verkaufte man englische Räder oder, wenn man mehr wagte, baute man sie selbst aus Einzelteilen in Werkstätten zusammen. Nur vereinzelt bewiesen Firmen den Mut, mit Eigenkonstruktionen gegen die mächtige englische Fahrradindustrie anzukommen. Sehr vorsichtig, fast zögerlich, begann eine eigene deutsche Fahrradproduktion. Man baute Bewährtes nach, lehnte sich an erfolgreiche Vorbilder an. Manchmal waren das auch nur Plagiate. Diebstahl geistigen Eigentums nannten das diejenigen, die zuerst gedacht, entwickelt und erfunden hatten. Sie traten vermehrt auf den Plan und versuchten, sich zu wehren.

Erst die nationalen Patentrechte, so auch das deutsche Patentgesetz vom 7. April 1891, schützen sowohl neue Erfindungen, die eine gewerbliche Verwendung gestatten, als auch Waren- und Firmenzeichen, die ihre Schutzwürdigkeit nachgewiesen haben, deren sich ein Händler oder Fabrikant in seinem Geschäftsbetrieb bedient. Er drückt damit eine Qualitätsgarantie aus und will eine deutliche Unterscheidung seiner Produkte von denen anderer erreichen. Das Warenzeichen wird in die Zeichenrolle beim Patentamt eingetragen und gilt somit als geschützt. Auch das Zeichen der Vier Ringe ist bis heute geschützt. Keine andere Firma darf es verwenden.

EIN MARKENZEICHEN FÜR NSU

»Wir müssen auch ein Markenzeichen haben, das ins Auge fällt«, so dachten die Männer in Neckarsulm und sannen darüber nach, wie es wohl aussehen könne. Einer von ihnen muß etwas von Heraldik verstanden haben und erinnerte

NSU gehörte zu den frühen Unternehmen, die rechtzeitig die neuen technischen Trends erkannten und entsprechend handelten: Von der Strickmaschine zum Hochrad, vom Niederrad zum Motorrad, das kurz nach der Jahrhundertwende in Neckarsulm produziert wurde. Das Foto zeigt den Sohn des Firmengründers und technischen Direktor bei NSU von 1903 bis 1910, Karl Schmidt, auf einem 4 PS NSU-Motorrad von 1909.

KÜHNER SPRUNG IN DEN SATTEL

Das NSU-Firmenzeichen von 1892 mit einem gezeichneten Hirschhorn signalisierte dem Betrachter nicht, daß das Unternehmen Fahrräder produzierte.

NSU-Fahrräder aus der Zeit um 1896. Wichtigstes Fahrradzubehör jener Jahre war die am Lenker angebrachte ›Hundepeitsche‹.

sich, daß das Hirschhorn und der Dreiberg schon von jeher die klassischen Formen waren. Auch das Württemberger Staatswappen trug drei Hirschstangen. Er lieh sich einfach eine davon aus, stilisierte sie ein wenig, und nach einigen Überlegungen mit den anderen Arbeitskollegen wurden die Buchstaben – N – für den Neckar und – SU – für die Sulm in das Hirschhorn eingesetzt. Das Markenzeichen NSU war geboren und seit 1892 geschützt.

Auf der Stanley Show 1892 in London wurden die Neckarsulmer Qualitätsprodukte gezeigt und vorgeführt und waren zu einer nicht zu unterschätzenden Konkurrenz für die englischen Fabrikate geworden. Sie fanden als Cycle-Works-Neckarsulm Germany unter dem Zeichen NSU im Hirschhorn weltweite Beachtung. Das hatten sie auch redlich verdient, denn in ihnen wurde fortschrittliches Denken und Handeln deutlich.

Dem Merkur-Dreirad von 1886 folgten zwei Jahre später die Konstruktionen von sogenannten Sicherheitsfahrrädern. Man lag genau im Trend mit den Modellen Känguruh, Antilope, Gazelle, Pfeil und Diana. Ihre Ähnlichkeit mit dem heutigen Fahrrad ist verblüffend. Das Unternehmen NSU nimmt einen steilen Aufschwung. Die Nachfrage ist kaum zu befriedigen, und es müssen zusätzliche Mitarbeiter eingestellt werden. 1888 war der Betrieb erweitert und modernisiert worden und eine eigene Verkupferungs- und Vernickelungsanlage einschließlich Poliererei wurden in Betrieb genommen.

1889 hatten mittlerweile sechzig Mitarbeiter alle Hände voll zu tun. Sie produzierten in diesem Jahr 200 Fahrräder. Das war für damalige Verhältnisse eine ganze Menge. Dagegen wurden nur noch relativ wenig Strickmaschinen hergestellt. Die Entwicklung zum Großunternehmen war unaufhaltsam. Mit berechtigtem Stolz wurde festgestellt: »Das Jahr 1892 war ein gelungener Start unter dem neuen Markenzeichen.«

Die Sicherheitsfahrräder wurden fortlaufend technisch verbessert. Es war möglich, die Kette nachzuspannen, und das leidige Problem des Ölverlustes und der Staubabdeckung beim Kugellager des Pedals wurde durch das NSU-Kugelpedal gelöst. Und nur, weil man es aus unerfindlichen Gründen versäumt hatte, sich diese bedeutsame Konstruktion patentieren zu lassen, war der lachende Dritte die ausländische Konkurrenz, die ohne eigene geistige Investition einfach nachbaute. Wo es hinsichtlich der Stabilität des Fahrradrahmens etwas zu verbessern gab, tat man es. Sicherheit wurde groß geschrieben. 1896 wurde der aus nur einem geschweiften Rohr bestehende Rahmen der Damenräder durch ein zweites Rohr verstärkt. Das Tourenrad Pfeil I besaß ja schon das waagerechte obere Rahmenrohr, das bis heute bei den meisten Fahrrädern beibehalten worden ist. Innenlötung hieß das neue Verfahren, um die soeben aufgekommenen Stahlrohr- und Stahlblechmuffen in die Rohre einzuführen und hart zu verlöten. Solches Verfahren ermöglichte eine rationale Produktion. Doch auch elegant sollten die Fahrräder von NSU aussehen und deshalb zierten bei den Modellen der gehobeneren Klasse Goldlinien den schwarz emaillierten Rahmen.

Für die Pannen-Reparatur wurde eine wesentliche Erleichterung eingeführt: Der Pneumatikreifen erhielt einen Wulst und konnte zusammen mit dem Luftschlauch ohne große Schwierigkeiten auf die Felge gezogen und ebenso leicht wieder abgenommen werden. Damit entfiel die lästige und schmierige Festkleberei des Reifens auf die Felge.

DIE ERSTEN KONTAKTE MIT DEM AUTOMOBIL

Ludwig Zeidler, technisch weitblickender Direktor von NSU und rechte Hand von Gottlob Banzhaf, hat nach dem frühen Tod des Firmengründers Christian Schmidt 1896 dessen Witwe geheiratet. Das war bedeutsam für ihn und kennzeichnet den im Unternehmen verwirklichten Familiensinn. Da ging es gradlinig zu. Nicht so gradlinig waren die Zeitläufe. Das Reich befand sich in einer politischen Umwälzung und hatte 1888 drei Kaiser in einem einzigen Jahr erlebt: Wilhelm I., Friedrich III., nur für knappe neunundneunzig Tage, und Wilhelm II.

Im gleichen Jahr, als hätten sie sich gesucht und gefunden, treffen Gottlieb Daimler und Ludwig Zeidler zusammen. Daimler arbeitete noch in Cannstatt in einem Rahmen, der als kleinhandwerklich bezeichnet werden muß. Er ist 1888 dabei, den später in der ganzen Welt berühmt gewordenen Stahlradwagen zu entwerfen. Dieser, ausgerüstet mit einem V-Zweizylinder-Motor, sollte nicht mehr an einen motorisierten Kutschwagen erinnern, sondern ein richtiges Automobil darstellen. Das war aber leichter gesagt als getan. Deshalb hielten Gottlieb Daimler und Wilhelm Maybach, der damals schon so eine Art Chefkonstrukteur bei ihm war, nach einem soliden Handwerksbetrieb Ausschau.

Es hatte sich mittlerweile herumgesprochen, daß die Neckarsulmer als erste Fahrradfabrik in Württemberg sehr gute Laufräder und Stahlrohrrahmen äußerst rationell herstellen konnten. Daimlers Betrieb war dazu nicht in der Lage.

Der Kontakt zu Ludwig Zeidler war fast zwangsläufig. Der legte seine bis ins kleinste technische Detail ausgeklügelten Rahmen-Zeichnungen am 1. Dezember 1888 vor.

Technisch versiert, wie Zeidler nun einmal war, hat er gleich zwei praktikable Neuerungen angebracht: Eine Gelenksteuerung, über die, der späteren Achsschenkellenkung ähnlich, die beiden vorderen Räder gelenkt werden konnten.

Einen anderen Vorteil sah Zeidler darin, daß in seinem Rahmen das Kühlwasser des Motors zirkulieren konnte.

Daimler und Maybach waren des Lobes voll, und zwanzig Daimler-Stahlradwagen wurden in der Neckarsulmer Strickmaschinenfabrik gebaut. Doch nicht nur diese. Da sich Qualität herumspricht, bestellte die französische Firma Peugeot ebenfalls Fahrgestelle in Neckarsulm, in die sie Daimler-Motoren einbaute.

Daimlers graziler Stahlradwagen, 1889 von NSU produziert, bildete eine organische Einheit von Fahrgestell und Motor. Das Fahrgestell bestand aus einem Rahmen von Stahlrohren, die zugleich dem Umlauf des Kühlwassers dienten. Die Vorderräder wurden, wie bei den Fahrrädern üblich, einzeln in drehbaren Gabeln gelagert. Eine Rutschkupplung am rechten Hinterrad sorgte für die erforderliche Differentialwirkung an den Hinterrädern.

MEDAILLEN FÜR NSU-FAHRRÄDER

In Neckarsulm heimste man Lob und auch Preise ein: Goldene Medaille für die NSU-Fahrräder auf der Stuttgarter Ausstellung für Elektrotechnik und Kunstgewerbe 1896. In den Ausstellungsnachrichten schwärmt der Berichterstatter:

»Ein Bild vom heutigen Stand der Fahrradtechnik zu geben, hat sich die Neckarsulmer Ausstellung 1896 in besonders instruktiver Weise angelegen sein lassen. Wohl konnte sie nicht die Maschinen vor Augen führen, welche zur Herstellung der Radbestandteile dienen, mehrfach Spezialmaschinen, welche ihr geistiges Eigentum sind, aber wir sehen die Fabrikate auf den verschiedenen Stufen ihrer Vollendung vom Rohguß bis zum letzten Feinschliff; wir sehen insbesondere die Rohteile im Durchschnitt dargestellt, wir sehen ins Innere der Rohrverbindungen, der Naben, Kugellager, um überall die raffinierteste Verknüpfung von Festigkeit und Leichtigkeit zu bewundern und uns zu überzeugen, daß hinter dem gefälligen, handlich leichten Fahrzeug mehr Kunst und Arbeit steckt, als der Laie ihm ansieht und als noch vor wenigen Jahrzehnten denkbar war. Da liegt ein Stahlrohr und legt die Probe seiner Verbindungsfestigkeit ab. Bei 50 cm Länge, 32 mm Durchmesser und nur 0,6 mm Wandstärke zeigt es mit einer Belastung von vier Zentnern nur wenige Millimeter elastische Einbiegung. Die aufgelegten Proben von Zerreißung, Verbiegung, Stauchung lassen deutlich die feinsinnige Beschaffenheit des Materials, die Güte der Rohre erkennen. Einem Perpetuum mobile gleich dreht sich das über dem Ausstellungsplatz schwebende Fahrrad, ein Beweis für die annähernde Vernichtung der Achsenreibung in den staubsicheren Kugellagern, eine Spezialität der Neckarsulmer Fabrik, mit welcher sie den Weltmarkt erobert hat.«

Den Weltmarkt hat sich auch das 1898 erfundene NSU-Variant-Tretlagergetriebe erobert. Das hatten sich die Neckarsulmer sogleich in vielen Ländern patentieren lassen. Die Idee war auch patentwürdig, denn während der Fahrt konnte vom ersten in den zweiten Gang geschaltet werden. Diese Art Wechselgetriebe war in das Tretlagergehäuse eingebaut und sparte viel Kraft. Dafür war eine weitere Medaille beim Touring-Club de France bei der Pyrenäen-Gebirgsfahrt am 17. August 1902 fällig.

Die ewige Strampelei auf dem Fahrrad, auch wenn das Rad frei lief und es eigentlich nichts zu Strampeln gab, hatten die Neckarsulmer bald satt. Sie ersannen die Freilaufnabe mit Rücktritt und haben sie als eine der ersten Fahrradfabriken in Deutschland selbst fabriziert.

Ideen brauchen Raum, damit sie auch praktisch umgesetzt werden können. Immer wieder gab es an den Fahrrädern etwas zu verbessern und weiter zu entwickeln. Deshalb mußten neue Werkzeugmaschinen und der nötige Raum her. 1892 wurde neu gebaut und der Maschinenpark um 144 auf 294 Werkzeugmaschinen vergrößert. Zu eng geworden war auch das Statut der Gesellschaft, das seinerzeit für eine Art überschaubaren Familienbetrieb angemessen erschien. Es stammte aus dem Jahre 1884, als die Firma zu einer Aktiengesellschaft umgewandelt wurde. Aber der Kreis der Aktionäre war mit den Jahren größer geworden und die Firmenverhältnisse ebenfalls.

Auf der Pariser Weltausstellung im Jahr 1900 war NSU mit den preisgekrönten Fahrrädern vertreten.

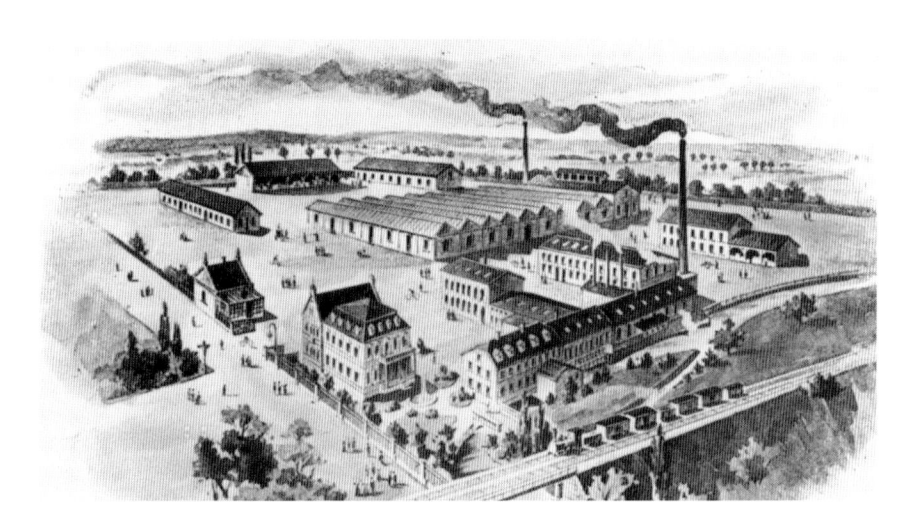

420 Mann Belegschaft zählte man jetzt. Die Wandlung zum Großbetrieb war eigentlich schon vollzogen. Also mußte alles neu aufeinander abgestimmt werden. Das Aktienkapital wurde auf eine Million Mark erhöht, und das Unternehmen erhielt 1887 den Namen, der ihm gebührte: Nekkarsulmer Fahrradwerke, Aktiengesellschaft.

Nur noch ein Jahr lang blieb die Geschäftslage günstig. Die ersten dunklen Wolken am Absatzhorizont wurden nicht beachtet. Warum auch? Was hatte man zu befürchten, da doch die englischen Fahrräder fast gänzlich vom deutschen Markt verdrängt worden waren? Hatte das Sonnenbad im Erfolg den Realitätsblick geblendet? Plötzlich war sie da, die inländische Konkurrenz und drückte mächtig auf die Preise.

Die NSU-Qualitätsräder hatten ihren Preis! Auf den Markt, der kaum noch die gewaltig gesteigerte Produktion aufnehmen konnte, drängten nun die Amerikaner mit ihren billig und massenweise erzeugten Fahrradteilen. Die eigenen Fertigteile waren nur noch schwerlich abzusetzen.

Hatte man in Neckarsulm womöglich mit 5.281 im Jahr 1900 produzierten Fahrrädern und etwa 25 Modellen doch zu stark in die Pedale getreten? Im Angebot waren unter anderem verzeichnet: 7 Touren-, 4 Damen- und 3 Halbrennräder, 1 Rennrad, 1 Knabenrad, 3 Tandems, 3 Transport-Dreiräder und 1 Handwagen. An und für sich eine tolle Verkaufspalette. Von dem, was man später Marketing nennen wird, aber keine Spur. »Wir haben uns zu weit vorgewagt!«, das ist die relativ späte Erkenntnis in Neckarsulm, verbunden mit der Einsicht, daß wohl das Fahrradgeschäft kaum mehr eine sichere Sache sein könnte, auch wenn sich das Unternehmen ›Königlicher Württembergischer Hoflieferant‹ nennen durfte. Ein zusätzliches, neues Produkt muß her. Und was bietet sich in Neckarsulm da an? Die natürliche Verbindung von Motor und Fahrrad zum Motorrad.

Ende des letzten Jahrhunderts verfügten die Neckarsulmer Fahrradwerke über großzügige Betriebsgebäude.

Ingenieur Ludwig Zeidler heiratete die Witwe des Firmengründers Christian Schmidt. Zeidler konstruierte für Gottlieb Daimler 1888 den Stahlradwagen.

VOLLGAS FÜR ZWEI RÄDER

Verschiedene Fahrradfirmen haben auf den immer geringer werdenden Absatz von Fahrrädern mutig reagiert, indem sie nach neuen Produkten Ausschau hielten, die auch die Massen reizten und die auch für sie erschwinglich waren. Was heißt erschwinglich? Was der eine sich leisten kann, darauf muß der andere womöglich verzichten. Natürlich sollte es etwas sein, das fahrbar war, aber nicht so teuer wie die damals schon in Mode gekommenen Automobile. Die konnten sich vorerst nur die Betuchten leisten. Wie wär's denn mit einem motorisierten Drahtesel, wie das Fahrrad liebevoll bezeichnet wurde?

Ludwig Zeidler von NSU hatte da schon gewisse Vorstellungen, damals, als er für den Stahlradwagen von Daimler die Konstruktionszeichnungen lieferte. Es müßten halt nur zwei Räder sein. Solch ein motorisiertes Zweirad mußte nicht unbedingt eine Konkurrenz für das Fahrrad bedeuten. Das würde sich auch neben einem künftigen Motorrad halten können.

Auch bei Wanderer in Chemnitz stellte man sich die Frage, ob man nicht einen kleinen Benzinmotor in die sowieso schon vorhandenen Fahrräder einbauen sollte. Die Freunde von Wanderer und auch von NSU hatten schon seit längerer Zeit ihre diesbezüglichen Wünsche angemeldet. Mit den Erfahrungen, die beide Firmen hatten, würde das zu machen sein.

Bekannt waren natürlich schon das Motorrad von Daimler und Maybach und auch das von Hildebrandt & Wolfmüller. Aber das waren wohl

So sah 1901 das erste NSU-Motorrad aus, das mit einem 1,5 PS Zedel-Motor ausgerüstet war.

Um die Motormontage für die Arbeiter zu erleichtern, hingen die Motorräder an langen Stangen. Der Saal für die Motormontage war 1904 1.300 Quadratmeter groß.

die berühmten Eintagsfliegen. Weder in Deutschland noch in Frankreich waren solche Vehikel in größeren Stückzahlen gebaut worden. Das war nicht der Rede wert. Um die Jahrhundertwende war das Motorrad in breiten Kreisen noch völlig unbekannt. Das sollte und mußte anders werden.

EIN MOTORRAD AUS NECKARSULM

NSU begann 1901 mit dem Bau der ersten Neckarsulm-Motorräder. Die hatten allerdings noch kein Getriebe, sondern einen Riemen, der die Kraft von dem in der Mitte angebrachten Motor direkt auf die am Hinterrad anmontierte, sogenannte Scheibe übertrug. Damit sich auch der eingefleischte Fahrradfahrer in den Motorradsattel schwingen konnte, behielt man die gewohnten Pedale und den Freilauf-Zahnkranz bei, so daß das Motorrad auch als gewöhnliches Fahrrad gefahren werden konnte, wenn beispielsweise der Sprit ausging. Das kam schon mal vor, und man mußte bis zur nächsten Apotheke strampeln.

Der Motor war importiert und von Schweizer Präzision, hieß Zedel und leistete knapp 1,5 Pferdestärken. Es war ein luftgekühlter Einzylinder mit Oberflächenvergaser. Er war zunächst schräg am unteren Teil des Rahmens angebracht, seit 1902 wurde er senkrecht eingebaut. Immerhin erreichte man mit ihm bis zu 40 Kilometer in der Stunde. Ein Trockenelement sorgte für die Zündung. Das sollte für eine Fahrstrecke von etwa zweitausend Kilometer reichen. Der Verbrennungsablauf des Motors war eher unbefriedigend und konnte erst mit der von Robert Bosch erfundenen Magnetzündung, die ab 1902 eingebaut wurde, die Ansprüche auf Zuverlässigkeit befriedigen.

Nach den ersten Ausfahrten stiegen die Ansprüche der Kunden, sie wollten mehr Leistung. Dabei waren die kleinen Zedels doch erstaunlich leistungsfähig und dem Fahrrad angepaßt. Nun sollte es umgekehrt gehen: Das Fahrrad mußte dem Motor angepaßt werden. Die Neckarsulmer schafften sich deshalb Spezialmaschinen an, mit denen dann 1903 die eigene Motorenfabrikation aufgenommen wurde.

Der erste selbstentwickelte Motor war ein Einzylinder, leistete 2 PS und besaß ein automatisches Einlaßventil. Die konstruktive Neuerung, welche die Bezeichnung Motorrad rechtfertigte, war nunmehr der Motor als integriertes Bauteil des Rahmens. ›Motor-Zweirad‹, sagten die NSU-Leute. Und nach der Devise, nur das Beste und Schnellste findet seinen Käufer, stiegen die PS-Zahlen. Mit dem 3,5-PS-Motor konnte eine Geschwindigkeit von nahezu 60 Stundenkilometer erreicht werden. Das war schon ein kräftiger Leistungsschub, der im Firmenprospekt entsprechend gewürdigt wurde: »Wir haben uns entschlossen, für nervenstarke Fahrer ein dreipferdiges Motorrad zu bauen, das sehr schnell ist. Man kann aber auch langsam damit fahren.«

Zur Verkaufsstrategie gehörten die verschiedensten Maßnahmen, um das Interesse für dieses neue Verkehrsmittel zu wecken. Da alle prospekt-

und anzeigenmäßigen Anpreisungen nur schlichte Versprechungen bleiben mußten, weckte eine betriebseigene Prüf- und Vorführungsbahn die natürliche Neugier der potentiellen Kunden. Gebaut wurde diese allerdings in erster Linie für die Vertreterschaft, heute würde man Repräsentanten sagen, die noch unkundig in der Bedienung und Wartung des Motorrades war. Ihr mußte erst einmal gezeigt werden, wie man mit so einem schnellen Gefährt umgeht, wie man es anläßt und auch reparieren kann. Bei den Kunden hatte das wiederum den Vorteil, daß ihnen kein Fahrzeug in die Hand gegeben wurde, das nicht zuvor auf dieser Teststrecke stundenlang erprobt worden war. Qualität spricht sich schnell herum. Zwei Drittel der Neckarsulmer Motorrad-Produktionen rollte ins Ausland. Dort war der Siegeslauf der NSU-Motorräder nicht aufzuhalten. Noch ehe die Engländer daran dachten, eine eigene Motorradfabrik aufzubauen, kurvten die Neckarsulmer auf dem englischen Markt herum und leisteten Pionierarbeit. Selbst in Deutsch-Südwestafrika wirbelte das Neckarsulmer motorisierte Zweirad den Sand auf und wurde dort schnell zu einem beliebten Fortbewegungsmittel.

In Deutschland übte man vornehme Zurückhaltung. Die machte sich besonders bei der weiteren Entwicklung durch rigide gesetzliche Vorschriften störend bemerkbar.

Pionierarbeit wurde in jener Zeit zweifellos geleistet. Fast jeden Monat wurde verändert und verbessert, was sich aus der Fahrpraxis ergab. 1905 brachte es ein Modell, das mit einer Kette angetrieben wurde, auf 4 PS. Es wies die heute auch übliche quadratische Auslegung von Bohrung und Hub auf. Im gleichen Jahr wurde erstmals die federnde Vordergabel eingeführt. Über eine eigens hierfür gebaute sechzehnstufige Treppe fuhr Chef-Einfahrer Martin Geiger das Rad hinauf, und Direktor Carl Schwarz, Betriebsleiter Karl Kohler und Direktor Karl Schmidt sahen kritisch zu. Die fortschrittliche Pedalrücktritt-Felgenbremse und

Ein NSU-Vertreter demonstriert in Britisch-Indien den Einheimischen kurz nach der Jahrhundertwende die Vorzüge des neuen, motorgetriebenen NSU-Transportmittels.

die Leerlauf-Kupplung wurden sofort durch Gebrauchsmuster geschützt. Der Ideenreichtum nahm kein Ende, in Neckarsulm waren Könner am Werk. 1906 wurde die NSU-Doppelübersetzung angeboten. Das war ein Zweiganggetriebe, das in die Motor-Antriebsnabe eingebaut war und selbstverständlich problemlos funktionierte. Dann kamen die ersten V-Zweizylindermodelle heraus, die zwischen 3 bis 5,5 PS Leistung brachten.

Die NSU-Motorräder waren typische Einsitzer. Es ist aber nicht gut, daß der Mensch allein sei, so dachte man nicht gerade biblisch, aber sozial. Darum sollte noch jemand mitfahren können. Seite an Seite und besser geschützt als der Lenker des Motorrades. Also wurde ein Spezialmodell für Seitenwagen gebaut. Erst später kam der Soziussattel hinzu, nachdem auch am Rahmen einiges verstärkt wurde. Dann erst brach die Zeit der weiblichen Begleiter an, die liebevoll und auch aus Sicherheitsgründen ihre beiden Arme von hinten um die Männerbrust des Fahrers schlingen.

Seitdem eigene Motorräder fabriziert wurden, hatten die Neckarsulmer Hochkonjunktur. Die Fahrräder liefen selbstverständlich mit. 1902 waren es 5.348 und 1907 stolze 13.858. Auch der Absatz von Motorrädern konnte sich sehen lassen. Im gleichen Zeitraum wuchs ihre Zahl von 474 auf 2.228 an.

Die sich mächtig aufschwingende Motorradfabrik konnte sich glücklich schätzen, seit 1903 einen Mann an ihrer Spitze zu sehen, der theoretische und technische Kompetenz in sich vereinigte: Oberingenieur Karl Schmidt, der Sohn des 1884 verstorbenen Firmengründers. Er war bis 1910 technischer Leiter und Initiator des Motorradbaus bei NSU. Bei Gottlieb Daimler war er in die Lehre gegangen. Seinen Wunsch nach Selbständigkeit und Unabhängigkeit hat er sich 1910 erfüllt. In Heilbronn gründete er seine eigene Firma, die Kolben Schmidt AG, die bis heute nicht nur in Baden-Württemberg, sondern weit über die Landesgrenzen hinaus und im Ausland bekannt geworden ist. Nach einem schaffensreichen Leben verstarb er 78jährig am 7. Mai 1954 und wurde im Grabe seines Vaters, Christian Schmidt, auf dem Friedhof in Neckarsulm beigesetzt. Nachfolger von Karl Schmidt bei NSU wird Carl Schwarz, der 1899 zum Prokuristen und dann zum kaufmännischen Direktor ernannt wurde.

MOTORRADRENNEN FÖRDERN DAS IMAGE

Ja, tollkühn waren sie schon, die Knattermaxen, die bei motorsportlichen Veranstaltungen ihre Kurven drehten und somit dem Motorrad die erforderliche Popularität verschafften. Als 1901 im Hippodrom zu Frankfurt am Main um die Wette gefahren wurde, ist das als Geburtswehe des Motorradrennsports zu bezeichnen. Richtig los – und das war die Geburtsstunde – ging es 1904 mit einem Bahnrennen in Ludwigshafen.

Selbstverständlich sind es hier die NSU-Motorräder, die nach einem kurzen Tritt auf die Pedale förmlich losschießen und die anderen mehrfach überrunden. Bei solchen Gelegenheiten konnte sich dann der Frankfurter Kaufmann und NSU-Fahrer Max Link seine Brust mit Sieger-Orden und Sieger-Ehrenzeichen schmücken, auch ließ er sich gern vom begeisterten Publikum feiern und zu neuen Taten anfeuern. »Er hat seine Gegner gelinkt«, soll mit Anspielung auf seinen Namen geäußert worden sein, wenn er wieder einmal einen Konkurrenten besiegt hatte.

Als noch tollkühner galt es, wenn Wilhelm Glöckler mit einer 2-PS-Neckarsulm 1.600 Fahrtkilometer auf Landstraßen durch Süddeutschland bis in die Schweiz bewältigte und dabei drei mehr als zweitausend Meter hohe Alpenpässe bezwang. Goldene Medaillen errangen die NSU-Motorräder bei der erstmals ausgeschriebenen Staffettenfahrt Stuttgart-Kiel. Mit dieser Fahrt sollte Prinz Heinrich von Preußen geehrt werden. Der fühlte sich auch wirklich geehrt und ließ dann später noch weitere Prinz-Heinrich-Fahrten zu.

Auch der Chef-Einfahrer von NSU hatte Blut geleckt, wie man so zu sagen pflegt, wenn jemand sich selbst und anderen etwas beweisen will, weil man das von ihm erwartet. Das gelang ihm auch. Völlig unblutig, das heißt ohne Unfall und Defekte an seiner Maschine, wird Martin Gei-

Gertrude Eisemann, eine der ersten Frauen, die im Motorradsport aktiv wurden, gewann 1905 auf ihrem 2 PS-NSU-Motorrad die Fernfahrt Eisenach-Berlin-Eisenach.

ger souveräner Sieger der Prüfungsfahrt 1904 auf den 880 Meter hohen Feldberg im Taunus. Dabei mußten seine Maschine und er eine Steigung bis zu 12 Prozent bewältigen. Mit einer Durchschnittsgeschwindigkeit von 38 Stundenkilometern schafft er die knapp zehn Kilometer lange Rennstrecke.

Women to the front! So dachte sich auch Frau Eisemann aus Hamburg, allerdings sportlich und nicht kriegerisch, als sie sich für die Fernfahrt Eisenach-Berlin-Eisenach anmeldete. Nach dem guten alten Sprichwort, wonach die Letzten die Ersten sein sollen, startete sie als letzte auf ihrem 2-PS-Motorrad. Dann begann eine wilde Aufholjagd gegenüber den mehr als 60 Teilnehmern, die außerdem dreifach mehr Leistung im Zylinder hatten. Dennoch: Sie war im Sattel die schnellste und die erste Amazone, die im Motorradsport aktiv geworden ist.

Weil NSU-Fahrer stets über Maschinen verfügten, die auf dem aktuellsten technischen Stand waren, war es selbstverständlich, daß sie auch im Ausland Sieg auf Sieg herausfuhren. So auch 1905 bei der Eintausend-Kilometer-Fernfahrt von Mailand nach Brescia. Die drei Fahrer des NSU-Teams bewältigten die schwierige Hochgebirgsstrecke mit Bravour und trafen geschlossen am Ziel ein. Voller Stolz nahmen sie den begehrten Florio-Pokal in Empfang.

Vom aktuellen technischen Stand zeugte auch die 1904 entwickelte Spezialmaschine. Sie war ein sogenannter Halbrenner und besaß als einziges NSU-Motorrad einen rechtsseitigen Keilriemenantrieb. Den Versuch mit einer wassergekühlten 1,0 Liter Zweizylindermaschine mit 7,5 PS Leistung gab man 1906 auf und verwendete künftig dieses Kühlprinzip nur noch für solche Räder, mit denen Lasten befördert werden konnten.

KÜHNER SPRUNG IN DEN SATTEL

Das NSU-Lastendreirad kostete 1905 in Österreich 2.450 Kreuzer und wurde so angepriesen: »Wie das Motor-Transportdreirad mit luftgekühltem Motor an Orten mit wenig koupiertem Terrain die weitgehendste Verbreitung gefunden hat, so dürfte sich das Fuhrwerk mit wassergekühltem 4-PS-Einzylindermotor für einen raschen und modernen, mit großer Reklame verbundenen Gepäcktransport in Städten mit bergigen Straßen gut einführen.«

Runter mit den Pfunden, sagte man sich bei der Entwicklung eines leichten Rennmotorrades, das nur 33 Kilogramm wog. Es war mit 1,5 PS eine Weiterentwicklung der 1907 mit 1,1 PS ausgelegten Tourenmaschine. Dieses Modell besaß ein sogenanntes Schnüffel-Einlaßventil. Das öffnete sich selbständig durch den herabgehenden Kolben und den entstehenden Unterdruck. Das Ventil wurde durch eine kleine Feder auf den Ventilsitz zurückgeholt. Für das Auslaßventil hatte Gottlieb Daimler eine Kurvensteuerung statt einer Nockensteuerung für seinen ersten Viertakter ausgetüftelt: Eine mit einem Hebelarm verbundene Kulisse glitt in einem Nutensystem, das an der rechten Kurbelwange angebracht war. Der Dreh dabei: Das Ventil war bei ungefähr 360 Kurbelgraden geschlossen. Die Kulisse glitt erst im letzten Teil der Umdrehung in die äußere Bahn und öffnete dann das Auslaßventil.

Was dem technischen Laien unverständlich und kompliziert erscheint, war für die Neckarsulmer das Selbstverständlichste von der Welt: Der kleinste NSU-Flitzer arbeitete jedenfalls nach diesem Prinzip und hatte einen außergewöhnlich geringen Ventilhub von nur 12 Millimetern!

1905 stieg die Belegschaft auf 796 Mitarbeiter an, die Zahl der Werkzeugmaschinen auf 525. Durch wiederholte Geländeankäufe dehnte sich das Werk auf 44.115 Quadratmeter aus. Die Firma hatte vorsorglich schon in Leipzig, Berlin, Königsberg, Zürich, Paris, London und Moskau Verkaufsfilialen eingerichtet. Nun kamen noch die von Düsseldorf und Hamburg hinzu. NSU war wahrhaftig international präsent.

Auf die Wasserkraft konnte und mußte man verzichten. Die neue erforderliche Betriebskraft wurde durch eine Dampfmaschine von 760 Pferdestärken gewonnen. So ausgerüstet, konnten die Neckarsulmer nun auch an die Autofabrikation denken. Die Experimentierphase des Automobils schien abgeschlossen, seine rationelle Herstellung möglich zu sein.

VERSUCHE AUF VIER RÄDERN

Beim Motorradbau mußte in den Anfängen ein Fremdmotor herhalten, beim Autobau eine Lizenz. Eigenes wollte man noch nicht auf vier Räder stellen. Die Blicke richteten sich 1905 über die Landesgrenzen gen Belgien. Dort blühte die Autoindustrie recht augenfällig. Die belgischen Pipe-Wagen machten einen vertrauenerweckenden Eindruck. Dieser wurde noch dadurch verstärkt, daß der Chefkonstrukteur bei Pipe ein Deutscher war. Er hieß Pfänder und war ehemals einer der engsten Mitarbeiter von Daimler und Maybach in Cannstatt. Das war eine gute Adresse. Denken und Handeln war eins, und die Lizenzvergabe war perfekt. Aber das, was sonst noch erforderlich schien, war nicht perfekt. Am Fahrzeug war technisch eigentlich gar nichts auszusetzen. Es hatte, wie sich gar bald herausstellte, nur einen Fehler, der allerdings entscheidend war: Der Wagen war eine ziemlich große Luxuskarosse und ließ sich schlecht verkaufen. Wer konnte sich einen solchen ›Edelschlitten‹ zur damaligen Zeit schon leisten?

NSU hatte sich mit Fahr- und Motorrädern einen Namen gemacht und Weltgeltung erlangt. Man galt als etabliert. Mit dem Autobau beschritt man Neuland, die Erfahrung fehlte, besonders bei der Verkaufsstrategie. Vertrauen konnte man nur mit einem eigenen und für den Markt geeigneten

NSU

Von der belgischen Firma Pipe erhielt NSU eine Lizenz zum Nachbau dieses Wagens. Das NSU-Pipe-Modell kam 1905 auf den Markt; es wurde jedoch wegen seiner großen Luxuskarosserie kein Verkaufserfolg.

vierrädrigen Produkt erwecken. Also umdisponieren und im kleinen Gang mit Eigenkonstruktionen anfahren. Vor allem erst einmal bei den Pipe-Wagen den Gang wieder rausnehmen und langsam ausrollen lassen. In der Zwischenzeit hatten die Neckarsulmer sich noch einmal, wie später des öfteren, auf den Motorradbau zurückbesonnen und bauten ein Fahrzeug für die Waren- und Personenbeförderung. Das erste Ergebnis war das dreirädrige Sulmobil, das die Lücke zwischen den teuren und recht funktionstüchtigen großen Wagen und den recht billigen, aber meist doch sehr störanfälligen leichten Wagen, ausfüllen sollte.

Das Sulmobil war ein Dreirad mit Vorderradantrieb, ausgerüstet mit einem luftgekühlten Einzylinder-Motorradmotor von 3,5 PS und Dreigang-Wechselgetriebe, Konuskupplung und Kettenantrieb. Dieses Fahrzeug konnte sich ebensowenig durchsetzen wie der nebenher gebaute 6/8-PS-Einzylinder-Motorwagen mit vier Rädern für Lasten bis zu 350 Kilogramm. Er hatte drei Gänge und einen Rückwärtsgang. Beide Typen brachten zu geringe Leistung und waren nur bedingt verwendungsfähig. Auffällig ist hier die Typen-Bezeichnung 6/8 PS. Sie ist Kennzeichen für die Berechnung sogenannter Steuer-PS, welche durch das seit dem 1. Juli 1906 wirksam gewordene Steuergesetz festgesetzt wurden. Die Berechnung der Steuer-PS war hubraumbezogen: 1 Steuer-PS = 262 ccm. Die erste Zahl kennzeichnete von nun an die Steuer-PS, die zweite Zahl die Leistungs-PS.

Die Fabrikdirektoren Karl Schmidt und Carl Schwarz zeigten sich einsichtig. Die Lizenz für die Pipe-Wagen wurde zurückgegeben, und beide überlegten den Bau eines kleinen, vollwertigen Automobils. Das mußte in der Mittelklasse angesiedelt sein, sollte einen Vierzylindermotor haben

Das Sulmobil von 1905 mit einem 3,5-PS-Einzylindermotor war das erste, selbst konstruierte NSU-Automobil. Es konnte sich jedoch am Markt wegen der geringen Leistung und der eingeschränkten Nutzungsmöglichkeit nicht durchsetzen.

KÜHNER SPRUNG IN DEN SATTEL

Das Sulmobil wurde auch als Transportfahrzeug angeboten. Der luftgekühlte Einzylindermotor übertrug seine 3,5 PS per Kette auf das Vorderrad.

Dieser Händler verkaufte im Frühjahr 1906 neben den NSU-Fahr- und Motorrädern auch schon die ersten Neckarsulmer Motorwagen.

und nicht mehr den bisher bei kleineren Autos verwendeten Zweizylinder. Das neue Auto mußte original und originell sein wie alles, was bei NSU gebaut wurde.

Der erste 1906 gebaute Original Neckarsulmer Motorwagen war ein richtiges Auto, das den Namen verdiente. Es gab dieses Modell in verschiedenen Ausführungen, mit zwei und vier Sitzen und technisch natürlich auf dem neuesten Stand: Der wassergekühlte Vierzylinder-Motor hatte 1307 ccm, erzielte eine Leistung von 10 PS und brachte immerhin in der Spitze 60 Stundenkilometer. Das konnte man dem solide gebauten Motor getrost zumuten. Die Zylinder waren nach damaligem Brauch paarweise gegossen. Zwei unten liegende Nockenwellen steuerten über Stoßstangen und Kipphebel zwei schräg im Zylinderkopf hängende Ventile. Vorn über dem Motor war der Brennstofftank installiert.

Die Standardkarosserie war direkt sportlich: Ohne Verdeck, ohne seitliche Einstiegtüren und ohne Windschutzscheibe. Also nach allen Seiten hin offen. Der Radstand betrug exakt zwei Meter, das Eigengewicht 600 Kilogramm. Das Zubehör war vom Feinsten: Zwei Petroleumlaternen, Ballonhupe, komplettes Werkzeug und Pneumatik-Flickmaterial. Für 5.800 Mark war man glücklicher Besitzer dieses Zweisitzers.

Aus zwei mach sechs! Die Parallelentwicklung zum Zweisitzer war der Typ 15/24 PS mit Vierganggetriebe und genügend Platz für sechs Personen. Offen wie der Zweisitzer, jedoch mit einem schönen Klappverdeck. Allerdings auch in der Serienausführung ohne Windschutzscheibe bei einem Spitzentempo von knapp 70 Stundenkilometer. Es war halt schick, beim Autofahren eine Brille aufzusetzen und diese dann sozusagen als automobiles Erkennungszeichen über die Stirn auf die Kopfhaube zu streifen, wenn man mit stolzgeschwellter Brust auf den Straßen als Fußgänger flanierte. Typisches äußeres Kennzeichen vom Auto-Ego, einem neuen Menschentyp, über den noch zu reden sein wird.

NSU-Vierzylinder-Motorwagen von 1907 als Doppel-Phaeton. Der Vierzylindermotor leistete 20 PS.

Dem Menschen mit dem Automobil ein technisch interessantes und zuverlässiges Verkehrsmittel zur Verfügung zu stellen, war oberstes Prinzip bei NSU. Auf der Automobilausstellung 1908 in Berlin präsentierten die Neckarsulmer drei neue Motorwagen mit Vierzylindermotoren. Diese neue Modellserie war in Leistung und Hubraum gut abgestuft: Der kleinste Vierzylindermotor leistete 12 PS aus einer Hubraumgröße von 1.540 ccm. Der nächstgrößere Motor kam auf 15 PS bei einer Hubraumgröße von 1.800 ccm. Das Spitzentriebwerk dieser Baureihe, der Vierzylinder mit 2.609 ccm Hubraum, bot eine Motorleistung von 20 PS, die bei 1.400 Umdrehungen in der Minute erzielt wurden.

Die Neckarsulmer lagen im Trend mit ihrem Vierzylinder-Reihenmotor, dessen T-Zylinderkopf seitengesteuerte Ventile und die Baggerschmierung aufwies. Der schon bekannte, obengesteuerte Motor mit hängenden Ventilen galt den NSU-Technikern noch als zu kompliziert für Gebrauchsfahrzeuge.

Mit den neuen Modellen 6/12 PS, 8/15 PS und 10/20 PS präsentierte das Unternehmen auch eine wichtige Modellverbesserung: Das bei harter Beanspruchung öfter vorkommende Festbrennen der Ventile wurde durch konstruktive Maßnahmen behoben. Schließlich sorgte man auch dafür, daß der Kolbenvergaser bei kühlem Wetter intensiv vorgeheizt wurde.

Im Trend lag man auch bei den Karosserien. Von der jungen Automobilfirma wurden die unterschiedlichsten Typen für die Personen- und Warenbeförderung angeboten. Ein besonders auffälliges Modell dieser Baureihe war ohne Zweifel der elegante 10/20 PS als Doppel-Phaeton.

NSU hat die Ziellinie des Weges vom Zweirad zum Lenkrad erfolgreich durchfahren. Fahrrad- und Motorradbau entwickelten sich parallel dazu. Noch immer hießen die Wagen nicht eindeutig NSU. Mitunter wurde das Hirschhorn-Zeichen verwendet oder das Kürzel ›NSU‹ oder auch nur ›Neckarsulm‹. In den Prospekten hieß es: Neckarsulmer Fahrradwerke AG, Königliche Hoflieferanten. Mit berechtigtem Stolz wurde in den Werbeschriften vermerkt: »Die Motorwagen sind mit den modernsten Errungenschaften der Neuzeit ausgerüstet. Der Beweis hierfür wird auf den künftigen Langstrecken- und Zuverlässigkeitsfahrten zu erbringen sein.«

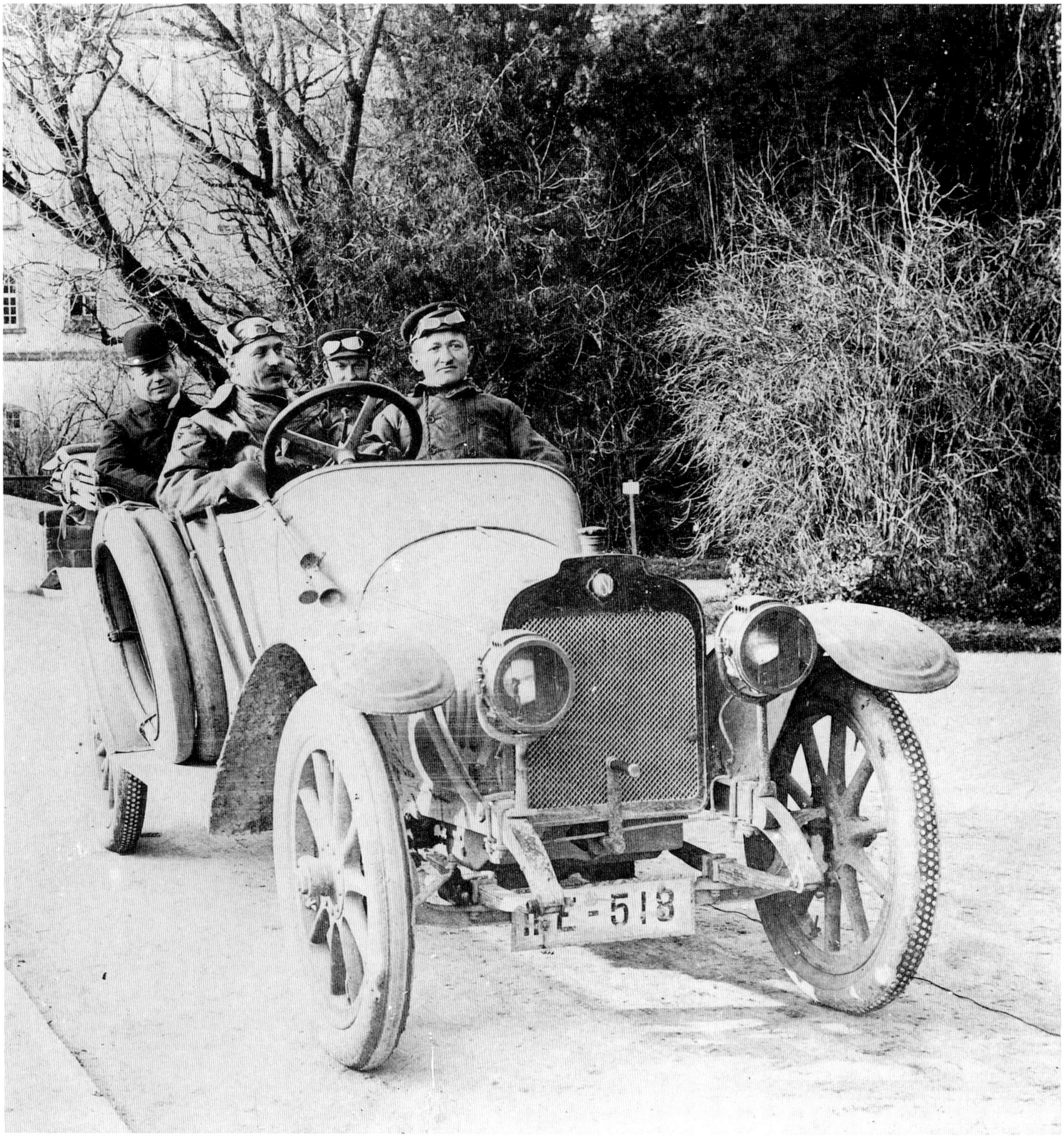

E - 518

AUF AUTO-MOBILEM KURS

Am Beginn des neuen Jahrhunderts wenden in Neckarsulm die leitenden Chefs Banzhaf und Zeidler den Blick zielgerichtet in die Zukunft: Die motorisierte Mobilität der ›Massen‹ soll mit Macht und Energie eingeleitet werden! Die zunächst sprunghafte Aufwärtsentwicklung des Unternehmens war allerdings in der Vorkriegszeit bis 1911 etwas ins Stocken geraten. Erste Anzeichen für einen neuen Aufschwung gab es dann um 1910, als Umsatz, Produktion und damit die Gewinne deutlich stiegen. Immerhin wurden jetzt jährlich 12.000 bis 13.000 Fahrräder hergestellt, die Motorradproduktion, seit 1901 im Programm, wuchs ebenfalls. Schließlich kam seit 1905 noch die Herstellung von Motor-Wagen hinzu, die schon im Vorkriegsjahr 1913 auf über 400 Fahrzeuge angestiegen war. Der Betrieb schien fast aus den Nähten zu platzen, so daß man um eine Erweiterung nicht herumkam.

Zu Beginn des Krieges 1914 betrug die bebaute Betriebsfläche 82.854 Quadratmeter. Nahezu 1.000 durch Dampfkraft betriebene Werkzeugmaschinen, damals ein Maß für die Produktivität, waren aufgestellt. Im Zuge der Betriebserweiterung war auch eine Aufstockung des Aktienkapitals erforderlich, das jetzt 3,6 Millionen Mark beträgt. Die neue Firmenbezeichnung – Neckarsulmer Fahrzeugwerke AG – macht deutlich, daß die Schwaben sich zu einer ansehnlichen Fahrzeugfabrik gemausert haben. In alle Welt ging der Export.

NSU hatte es geschafft. Der Unternehmensleitung war es gelungen, aus der ehemaligen Strickmaschinenfabrik ein florierendes Fahrzeug-Unternehmen zu formen. Der neue Firmenname ›Neckarsulmer Fahrzeugwerke‹ verdeutlicht das Produktangebot: Fahrräder, Motorräder und Automobile. Das Foto zeigt Direktor Fritz Gehr (links) im Fond des NSU 10/30 PS von 1911.

Die USA, Skandinavien, Rußland, England, Frankreich, Belgien, Österreich und Holland schätzten die Produkte von NSU hoch ein. Selbst in der fernen Türkei wurde NSU zu einem Markenbegriff.

Gefertigt werden, seit 1909 sogar in ›Groß-Serienfabrikation‹, in den Jahren zwischen 1905 und 1928 technisch recht unterschiedliche Fahrzeugmodelle, wie die Tabelle auf der folgenden Seite deutlich macht.

Der Geschäftsbericht der 30. ordentlichen Generalversammlung, die am Freitag, dem 26. Januar 1916, vormittags 11 Uhr im Neckarhotel/Heilbronn stattfand, läßt die durch den Krieg erzwungene Rückwendung von der Internationalität zur Nationalität – sagen die einen, zum Nationalismus, sagen die anderen – deutlich erkennen. Das ist jedoch eine Frage der Interpretation jener Passage, die zeigt, daß das Werk jetzt ganz eindeutig im Dienste der Kriegsrüstung steht, »so daß wir zuletzt nur noch Bestellungen vom Heer ausführen konnten und dieses unser alleiniger Abnehmer war.«

Einberufungen zum Militär reißen Lücken in die Arbeitnehmerschaft. Diese werden durch die Einstellung weiblicher Arbeitskräfte, ungelernter Arbeiter und die Zuweisung von Kriegsgefangenen ausgefüllt. Das drückt notwendigerweise auch auf die Qualität der Erzeugnisse. ›Kriegsware‹ ist in jenen Jahren und unter den gebotenen Umständen auch eine allgemeine Qualitätsbezeichnung.

AUF AUTO-MOBILEM KURS

Jahr	Typ	Hubraum in ccm	Zylinder
1905/06	Sulmobil IV, 3,5 PS	454	1
1905/06	Sulmobil III, 5,5 PS	795	2
1905	Pipe Lizenz	28 + 50 PS	
1906	6/8 PS	keine Daten	1
1906	6/10 PS	1307	4
1906	15/24 PS	3925	4
1907	6/12 PS	1540	4
1907/08	8/15 PS	1800	4
1907/08	10/20 PS	2609	4
1909	25/40 PS	6490	6
1909	5/10 PS	1104	2
1909	5/10 PS	1130	4
1909	6/14 PS	1554	4
1909	9/18 PS	2209	4
1909	10/22 PS	2608	4
1911	5/11 PS	1103/1766	2 + 4
1911	9/22 PS	2609	4
1911	10/30 PS	2609	4
1911	13/40 PS	3398	4
1912	6/18 PS	1554	4
1912	8/24 PS	2110	4
1913	5/12 PS	1200	4
1913	13/35 PS	3398	4
1914	5/15 PS	1231	4
1921	14/40 PS	3607	4
1923	5/30 PS	1307	4
1925	5/25 PS	1307	4
1925	8/40 PS	2101	4
1928	6/30 PS	1724	6
1928	7/34 PS	1792	6

NSU-Direktor G. Banzhaf (rechts) als erfolgreicher Teilnehmer der Prinz-Heinrich-Fahrt von 1910 auf einem 10/20 PS Neckarsulmer-Motorwagen. NSU hatte bei der Wettfahrt drei Automobile eingesetzt, die alle strafpunktfrei das Ziel erreichten.

Der Geschäftsbericht 1914/15 verzeichnet eine Rücklagenbildung von einer Million Mark für die Kriegsgewinnsteuer. Der Kriegsreservefonds von 250.000 Mark, der schon 1913/14 angelegt wurde, wird in diese Rücklage eingebracht. Die Aktionäre erhalten im Geschäftsjahr 1914/15 12 Prozent Dividende auf das Grundkapital von 3.600.000 Mark. Für den Aufsichtsrat unterzeichnen Richard Rümelin, für den Vorstand Fritz Gehr und Georg Schwarz den Geschäftsbericht.

Dr.-Ing. h. c. Georg Schwarz, schon seit 1912 technischer Direktor in Neckarsulm, ist nach Zeidler die zweite glückliche Besetzung des technischen Managements bei NSU. Der aus dem Großkraftmaschinenbau kommende Praktiker hat sich seine Sporen in renommierten Betrieben verdient: Drei Jahre war er bei Daimler in Cannstatt, seit 1904 technischer Direktor der Fahrzeugfabrik Eisenach. Er zeichnet verantwortlich für den Ausbau der Fabrikanlagen und bestimmt die erfolgreichen Konstruktionsmerkmale der NSU-Produkte entscheidend: Hohe Betriebssicherheit und geringes Gewicht. Georg Schwarz hat sehr früh darauf geachtet, daß die einzelnen Maschinenteile für die Wartung zugänglich sein mußten. Der überzeugende Beweis für seine technischen Leistungen waren jedoch die Automobil-Rennerfolge auf der Avus in Berlin 1923. Wegen seiner Verdienste um die Entwicklung der Kraftfahrzeugindustrie wurde Georg Schwarz von der Technischen Hochschule Stuttgart zum Ehrendoktor ernannt.

1915 wird, nach mehrjähriger Tätigkeit als Prokurist, Fritz Gehr zum kaufmännischen Direktor des Unternehmens bestellt. Er modernisiert die Verwaltung von Grund auf und »kurbelt den Ausbau einer Vertriebsorganisation an«. Und durch Betriebssiedlungen schuf er für die Werksangehörigen Wohnmöglichkeiten in der Nähe ihres Arbeitsplatzes. Etwa 400 Angestellte und 4.000 Arbeiter erhielten durch ihn die Chance, in Werkswohnungen oder in Siedlungen auf recht billige Weise ansässig zu werden. Gehr war Gemeinderat in Neckarsulm und erwies sich als Förderer von Sportinstitutionen.

Georg Schwarz und Fritz Gehr führen ein geschicktes Krisenmanagement in der technischen Entwicklung und eine höchst erstaunliche Bilanzpolitik. Das zeigt sich besonders in der Inflation. Schon seinerzeit tritt ein sogenannter schwäbischer Zug der Unternehmenspolitik klar zutage, der sich erst in der Wirtschaftsentwicklung von 1926 und seit der Verschmelzung mit der Schebera AG in Berlin allem Anschein nach nicht mehr so eigenständig aufrecht erhalten läßt. Bis zu diesem Zeitpunkt hat das Werk in Neckarsulm noch einen klaren Expansionskurs.

DURCH KRIEG UND KRISEN HINDURCH

In der Neckarsulmer Fahrzeug-Werke Aktiengesellschaft wird seit Januar 1917 auf vollen Touren für die Deutsche Heeresverwaltung mit schwäbischer Zuverlässigkeit geschafft und ›Rüstungsgut‹ produziert. Nach zwölf Monaten Krieg hatte man bei NSU ein ›Kriegsmotorrad‹ entwickelt, feldgrau mit Schwarzvernickelung. Das fand, mit Motorleistungen von 2,5 (Einzylinder) und 3,5 PS (Zweizylinder), bei der Heeresverwaltung starken Anklang. Kein Wunder, denn es war nahezu wartungsfrei, was für die damaligen Verhältnisse viel bedeutete. Die Schaltung erfolgte nicht mehr von der Lenkstange aus, sondern durch einen Hebel am Rahmenrohr. Es gab nun ein Startpedal, und es wurde eine untersetzte Doppelübersetzung eingebaut, quasi ein Geländegang. Weil der Brennstoff knapp wurde und schlechtere Sorten verwendet werden mußten, setzten die Techniker den technisch aufwendigeren Pallas-Vergaser ein, der ein besseres Gemisch durch mehr Luft ermöglichte.

Während bis zum letzten Friedensjahr 1913 die deutsche Militärverwaltung wenig Neigung gezeigt hatte, eigene Motorrad-Einheiten aufzustellen, weil sie mit den eingezogenen Zivilfahrern auszukommen glaubte, führte der Krieg doch eine Meinungsänderung herbei. Sie ist geradezu von drastischer Auswirkung, denn bei NSU konnte man die nun einsetzenden Heeresanforderungen kaum noch erfüllen. Die NSU-Motorradproduktion war bis Kriegsende 1918 praktisch ausverkauft.

Mit Genugtuung blickt der Vorstand auf das Geschäftsjahr zurück. Für ihre Zuversicht haben die Aktionäre und der Aufsichtsrat guten Grund. Es können 15 Prozent Dividende und 5 Prozent Bonus ausgeschüttet werden. Einem Wohlfahrtskonto fließen 100.000 Mark zu. Darüber hinaus erhält die vornehmlich werkseigene ›Gemeinnützige Heimstättengenossenschaft eGmbH‹ Zuwendungen in Form »unseres gesamten Koloniegeländes, nebst drei neuen Einfamilienhäusern im Gesamtwert von 50.000 Mark, um die Wohnungsnot der minderbemittelten Arbeiter und auch der An-

Fritz Gehr nahm 1904 bei den Neckarsulmer Fahrradwerken seine Arbeit auf und war dort von 1915 bis 1933 als kaufmännischer Direktor tätig.

Im Ersten Weltkrieg waren die NSU-Typen 10/30 PS als Sanitätswagen und der Typ 13/40 PS als Kommandeurswagen im Einsatz.

Der NSU-Motorwagen 5/15 PS ist als »Zweisitzer mit einklappbarem, dritten Notsitz ein für die Ordonnanz-, Etappen- und Festungs-Dienste besonders geeigneter Wagen. Auch diesem Typ hat die Heeresverwaltung ihre Aufmerksamkeit geschenkt. Bereits jetzt sind einzelne Truppenkörper mit diesem kleinen und dabei doch in allen Organen robusten Wagen ausgestattet«.

gestellten sowie der Kriegsteilnehmer zu mildern, die Volksgesundheit zu heben und auf gemeinnütziger Grundlage möglichst viele Eigenheime zu schaffen. Diese Stiftung soll unseren Werksangehörigen bei deren Hauserwerbungen in einer Baugenossenschaft in vertraglich vereinbarter Form allmählich zugute kommen. Um aber in der Fürsorge für die Opfer des Krieges noch weiter gehen zu können, erbitten wir uns die Zustimmung der Generalversammlung, aus dem diesjährigen Ergebnis weiterhin die Summe von 50.000 Mark zur Verteilung bringen zu dürfen, und zwar nach unserem Ermessen für die Hinterbliebenen der im Krieg Gefallenen, für die Kriegshilfe von Industrie und Handel, für Kinderwohlfahrt, für den Kraftfahrerdank, für das Rote Kreuz und eine Anzahl anderer Wohlfahrtseinrichtungen.« Ausdrücklich erwähnt die Geschäftsleitung, »daß man mit einem erheblichen Auftragsbestand in das nächste Geschäftsjahr eingetreten ist und eine günstige Fortentwicklung des Unternehmens zu erwarten sei.« Diese – aus geschichtlichem Rückblick – etwas zu sachlich und kühl geratene und am Geschick der betroffenen Menschen ziemlich unbeteiligte Bilanz eines überstandenen Kriegsjahres sollte nachdenklich stimmen.

Der Vorstand ist sich sicher, kaufmännisch solide gehandelt zu haben. Er ahnt bestenfalls die Dinge, die auf das kaum gegründete Reich und seine Gründer zukommen. Noch am 27. Dezember 1918 erwähnt der Vorstand nicht ohne Stolz die Umsatzsteigerung von 50 Prozent gegenüber dem Vorjahr, wobei einschränkend gesagt wird, daß »Maschinen, Geräte, Einrichtungen, Anlagen und Gebäude leider nicht die gewohnt sorgfältige Wartung erfahren konnten, weil Material und Arbeitskräfte fehlten.« Dann aber folgt eine historisch zu nennende Formulierung: »Die plötzliche Liquidierung des Krieges und der völlige Umsturz aller militärischen Einrichtungen ermöglichen nicht immer die erhoffte langsame Überführung der Kriegs- in die Friedenswirtschaft.«

Ein Krieg ist verloren, die Industrie ist enttäuscht über solche ›Liquidierung‹ einer Unternehmung. Hinzu kommt die unvorhergesehene »Forderung der Arbeiterschaft um höheren Lohn bei sofortiger Einführung des Achtstunden-Tages«. Das Ganze wird verschlimmert durch die gleichzeitige Annulierung aller Staatsaufträge, wobei jedoch die Forderung des Staates, daß kein Arbeiter brotlos werden solle, »ganze Aufmerksamkeit der Verwaltung fordert«.

Der Vorstand gibt nicht auf. Darin liegt Kraft und letztlich eine Bewährung seines Krisenmanagements. Man bilanziert, daß man bis jetzt 9 Millionen Mark Kriegsanleihe gezeichnet hat, wovon der größere Teil zur Deckung der Kriegssteuern bestimmt war. Auch sozial glaubt man, seinen Teil beigesteuert zu haben und spendet auch jetzt 300.000 Mark aus dem Gewinn für die soziale Fürsorge und zur Behebung der Wohnungsnot. Bei einem Umsatz von 19 Millionen Mark im Geschäftsjahr 1918/1919 wird eine Aktienkapitalerhöhung um 1,2 auf 4,8 Millionen Mark mit Entschlossenheit vorgenommen und dabei festgestellt: »Die weitere Entwicklung unseres Unternehmens wird von der Gestaltung der allgemeinen Verhältnisse abhängen.« Immerhin schließt die Neckarsulmer Fahrzeugwerke AG bei Kriegsende 1918 mit einem Reingewinn von 2,2 Millionen Mark ab.

Nach Kriegsende steht jedoch auch das Neckarsulmer Unternehmen im »Zeichen der politischen und wirtschaftlichen Unsicherheit«, jedoch hat das Management die Krise im Griff. In sämtlichen Produktionsabteilungen werden weiter die bisher regulären Erzeugnisse hergestellt: Lastkraftwagen. Dabei handelt es sich meistens um motorisierte Chassis, die von Zulieferern karossiert werden. ›Motor-Wagen‹, darunter sind Personenkraftwagen zu verstehen, und natürlich Motorräder und Fahrräder. Die ›Kriegsproduktion‹ ist ausverkauft, die laufende Herstellung deckt die Nachfrage nicht annähernd. Für eine Produktionssteigerung sind Investitionen in Bauten und Maschinen unerläßlich. Viel Kapital wird benötigt, das durch rasch aufeinanderfolgende, drastische Erhöhungen des Aktienkapitals beschafft wird.

Die Gewinn- und Verlustrechnung für die Zeit vom 1. Oktober 1918 bis zum 30. Oktober 1919 wird erstmalig durch die ›Schwäbische Treuhand AG‹ geprüft und von deren Leiter, Professor Chenaux, bestätigend abgezeichnet. Die Firmenleitung sieht ihren Kurs im kaufmännischen und technischen Bereich gefestigt. Die im Kriege eingeführten Produktverbesserungen wirken sich positiv auf die zivile Produktion aus. Zudem gab es nach Kriegsende, und einer kaum spürbaren Revolution auf dem großen Areal in Neckarsulm, eine von direkten Kriegseinwirkungen nie beschädigte, ständig modernisierte Fabrikanlage. Die einzelnen Produktionsgruppen waren gut durchorganisiert und zum Teil durch eine Material-Schwebebahn verbunden. Bei NSU wurde vom Rohstahlblock bis zur Kurbelwelle und dem fertigen Motorblock alles selbst angefertigt. Es gab noch keine Fließbänder, auch nicht in der Endmontage. Aber die Fertigung lief für die damalige Zeit nach modernsten Methoden ab, die an eine Produktionsserie schon ziemlich nahe herankamen. Große Lagerhallen waren für das Rohmaterial vorhanden, Gleisanschlüsse erleichterten den Transport der Fertigprodukte. Eine eigene Kraftzentrale versorgte die Maschinen mit Energie. In einem zentralen Verwaltungsgebäude steuerte die technische Direktion und Geschäftsleitung die Produktion, den Vertrieb und den Verkauf.

Die großen militärischen Anforderungen hatten einen vollständigen Ausverkauf aller bis dahin bekannten Motorradmodelle zur Folge, so daß für die Übergangszeit eigentlich nur das Heeres- und

Etwa 1911 wurde das NSU-Zeichen mit dem Hirschhorn von diesem neuen Marken-Zeichen abgelöst.

Auf der Rennbahn von Los Angeles in Kalifornien stellte der Amerikaner Lingenfelder 1909 mit einem NSU-Zweizylinder-Motorrad den ersten Motorrad-Weltrekord auf. Die Spezial-Rennmaschine leistete 7,5 PS und erreichte eine Endgeschwindigkeit von 124 km/h.

Der Amerikaner Streiff fuhr 1910 von »Ozean zu Ozean quer durch den amerikanischen Kontinent durch den Wildwest über Berge von 8.000 Fuß Höhe mit 4,5 Zentner beladen, ohne Störung des Motorrades«. Mit seiner 3,5 PS starken NSU-Maschine schlug er die gesamte amerikanische Konkurrenz.

das schwere 8-PS-Zweizylinder-Kettenmodell zur Verfügung standen. Die erste Neuschöpfung nach dem Kriege erschien zu Beginn des Jahres 1921 mit einem Einzylinder-Motor sowie mit Riemenantrieb und Doppelübersetzung. Der mit einem Hubraum von 350 ccm ausgestattete Motor leistete 3 PS. Man befriedigte damit die Nachfrage nach einem anspruchslosen, leicht zu bedienenden Alltagsmotorrad. Der Unterschied zwischen diesem Modell und dem 4-PS-Zweizylinder bestand lediglich in dem Einzylindermotor. Außerdem wurde an Stelle der Felgenseilbremse eine nachstellbare Expansionsbremse vorgesehen.

Von 1924 an setzte sich der Kettenantrieb durch, der zunächst bei den stärkeren Modellen, insbesondere mit Seitenwagen, Anwendung fand. Das besondere Kennzeichen der 1924er Modelle war die neue Konstruktion der Vorderfedergabel mit parallelogrammartiger Doppelfederung und Stoßdämpfer. Neben den Tourenmodellen waren es die Sportmodelle, die 2-PS-Einzylinder und die 4-, 6- und 8-PS-Zweizylinder, die besonders gefielen. Sie waren mit Ausnahme vom 2-PS-Modell mit Kettenantrieb, Dreiganggetriebe, ungefedertem Spezialrahmen, Vorderfedergabel, Rennlenker und Aluminiumkolben ausgestattet.

Der Unterschied zwischen diesen und den gleichstarken Tourenmodellen mit Kettenantrieb lag zunächst rein äußerlich in dem abgeschrägten Rahmen.

Die Lage des Werkes im Mündungsbereich des Sulmbachs, des schiffbaren Unterlaufs des Neckars und unmittelbar an der Eisenbahnlinie Heidelberg-Heilbronn, bedeuteten fast ideale Möglichkeiten für die Infrastruktur. So hatte die ›Fabrikstadt‹ Neckarsulm schon in den frühesten Anfängen der Motorisierung starke regionale und sogar internationale Bedeutung erlangt, auch machte NSU sportlich weiterhin von sich reden.

Im Jahre 1909 erringt das NSU-Fahrrad ›Pfeil‹ den ›Großen Preis der Industrie‹ und die goldene Bundesmedaille. In der Fahrt ›Rund um Berlin‹ wurde Schulze-Trebbin auf NSU-Pfeil Sieger von 450 Fahrern auf 45 verschiedenen Fabrikaten. Auf der gleichen Marke fährt 1911 Hourlier die ›Bahnmeisterschaft von Frankreich‹ für Deutschland nach Hause. Wittig wurde auf der 351 km Strecke beim ›größten Gebirgsrennen Europas‹ rund um die Gletscher 1912 gefeierter Sieger. Über die Distanz San Franzisco/New York fährt Mr. Streiff eine ›schwere NSU‹, seine Leistung mit der einzylindrigen 3,5 PS starken Tourenmaschine wird weltbekannt. Vor Beginn des Ersten Weltkrieges fährt der NSU-Werksfahrer Heinzel auf der Brooklands-Bahn in London 14 Weltrekorde für die Maschinen der 2-PS-Klasse. Im 45 km-Rennen siegt drei Jahre hintereinander, von 1920 bis 1922, Otto Glöckler, ein damals fast legendärer Rennfahrer, auf der Opel-Bahn in Rüsselsheim. Erstmals nach dem Ersten Weltkrieg beteiligt sich 1921 ein NSU 8/24-PS-Serienwagen an einem Autorennen und fährt als zweiter Sieger beim Eröffnungsrennen der Avus durch das Ziel. Zwei Jahre danach belegen die drei gestarteten NSU-Wagen der 5/15-PS-Kleinauto-Klasse ebenfalls auf der Avus die drei ersten Plätze mit einem Stundendurchschnitt von 120 km/h.

Die Neckarsulmer hatten also – abgesehen von der sogenannten Frontbewährung ihrer Produkte 1914/1918 – weltweite Werbung für das Firmenzeichen NSU mit Erfolg betrieben. Die ›Gol-

Das Team Klöble/Kist nahm mit dem 2,2 Liter NSU 8/24 PS mit Rennsportkarosserie 1921 erfolgreich am Eröffnungsrennen auf der AVUS in Berlin teil.

denen Zwanziger‹ von 1920 bis etwa 1926 bringen für die 1. Deutsche Republik lebhafte Turbulenzen bei Währung und Wirtschaft, für die Neckarsulmer Werke Triumphe im Sport. Der Existenzwille ist ungebrochen und wird durch derartige Erfolge noch gestärkt.

Die Herren des Aufsichtsrates konnten auch in diesen wechselvollen Jahren mit Genugtuung feststellen, »daß die Finanzlage unseres Werkes durchaus geordnet, die innere Fundation gefestigt und gesund ist«. Sie haben in den Folgejahren ein umfassendes Erweiterungsprogramm für die Werke begonnen, sie haben zwischenzeitlich die Fahrradproduktion verdoppelt und die Bremsnaben-Fertigung sogar verdreifachen können. Es sind rund tausend Arbeitnehmer zusätzlich eingestellt worden, die Unterkünfte reichen nicht mehr aus. Die Aufwendungen für den Wohnungsbau müssen erhöht werden.

Im Februar 1922 wird das Aktienkapital erstmals drastisch erhöht, und zwar um 21 auf 41 Millionen Mark und dann auf 82 Millionen Mark. Rund 3.700 Mitarbeiter produzieren 1921/22 13.270 Fahrräder und (1922/23) 5.276 Motorräder; die Motorwagen-Produktion wird in dieser Zeit sogar verdoppelt.

Das vorgesehene Erweiterungsprogramm wird im Frühjahr 1921 in die Tat umgesetzt, nachdem vorher, am 26. Oktober 1920, das Hauptlagerhaus durch ein Brandunglück zerstört und an dessen Stelle ein dreistöckiges Magazingebäude erbaut worden war. Mit einem Aufwand von mehreren Millionen Mark wird ein weiterer, technisch vorzüglich eingerichteter Maschinensaal errichtet. Um den Produktionsablauf zu beschleunigen, faßte die Unternehmensleitung die Fahrrad-Fabrikation in einer 7.000 Quadratmeter großen Halle zusammen, wie auch die Bremsnaben-Fabrikation, die durch eine neue Halle mit modernen Fertigungsmaschinen erweitert wurde. Alle Betriebserweiterungen dienten mittelbar und unmittelbar der Produktionssteigerung der sich immer größerer Beliebtheit erfreuenden Motorräder. So war es dem Unternehmen auch möglich, trotz eines fast dreimonatigen Streiks um höhere Löhne und einen Achtstundentag, die Produktion in allen Bereichen zu steigern. 1921/22 werden unter den Mitgliedern des Aufsichtsrates zwei neue Herren aufgeführt, Jakob Geiger und Hans Beck. Hinter ihrem Namen steht der Zusatz ›vom Betriebsrat gewählt‹. Das Betriebsrätegesetz war 1920 in Kraft getreten.

NSU WIRD 50 JAHRE ALT

Die immer stärker werdenden Turbulenzen, die nun ganz deutlich die Inflation anzeigen und bis zur Goldmark-Eröffnungsbilanz vom Januar 1924 andauern werden, sind 1923 noch überdeckt von der Vorfreude auf die Feiern zum 50jährigen Bestehen der Neckarsulmer Werke. Das Motorrad wird in dieser Zeit eindeutig ›Schrittmacher‹ individueller Mobilität. Dieser Trend kommt NSU zugute. Denn durch die weitsichtige, unternehmerische Planung hatte NSU auf diesem Produktsektor eine Spitzenstellung erreicht. Das Markenzeichen wurde durch die Präsentation von Krafträdern auf der zunächst letzten deutschen Automobilausstellung in Berlin gefestigt, und zwar durch eine 6-PS-Maschine mit Dreigangschaltung, Kettenantrieb und geeignet für den Seitenwagen, eine schnelle 4-PS-Tourenmaschine sowie das Top-Modell, ein 8-PS-Sport-Motorrad. Das erregte lebhaftes Interesse beim Publikum. Dadurch angeregt, steigt auch die Nachfrage nach den Motorwagen, Autos der damaligen Klein- und Mittelklasse. Die 1923 auf der Avus in Berlin erzielten Rennerfolge mit den 5/15 PS Kleinrennwagen, das waren Serienwagen mit Rennkarosse, dann der sensationelle Vierfachsieg 1926 des Sechszylinder-Kompressor-Prototyps mit 6/60 PS aus 1500 ccm beim ›Großen Preis von Deutschland für Sportwagen‹, weisen frühzeitig auf die Werbekraft von Sporterfolgen für Industrieprodukte hin. Daß der neue NSU-Sechszylinder vor den favorisierten Mercedes und Bugatti als Gesamtsieger gefeiert werden kann, verblüfft selbst die NSU-Konstrukteure.

Zum Halbjahrhundertfest 1923 erscheint eine 200seitige, reich bebilderte NSU-Festschrift mit einer stolzen Leistungsbilanz der Gründer. Ein halbes Jahrhundert ist für die Neckarsulmer Fahrzeugwerke AG ›gelaufen‹. Das Jubiläum ist festlich und im starken Selbstbewußtsein vom Vorstand und den damals fast 4.000 Beschäftigten gefeiert worden. In allen Abteilungen konnte die Produktion kontinuierlich bis zu 50 Prozent gesteigert werden. Trotz der aufziehenden Wirtschaftskrise ist die Nachfrage größer als die Lieferkapazität von NSU.

Die Jahre des Aufbaus und der Umstrukturierung fanden anläßlich der 50jährigen Gründungsfeier am 12. April 1924 in den Räumen des NSU-Saalbaues ihre besondere Würdigung. Mit Rücksicht auf die wirtschaftliche Lage vollzog sich die Feier im engsten Rahmen. Für den Aufsichtsrat präsidierte dessen Vorsitzender, Friedrich

Einen großartigen Sieg errangen die NSU-Sechszylinder-Kompressor-Rennwagen in der 1,5-Liter-Klasse beim Großen Preis von Deutschland 1926 auf der AVUS in Berlin. Entsprechend freudig wurden die Rennfahrer von der Belegschaft im NSU-Werk empfangen. Sieger des Rennens wurde Georg Klöble (im Fahrzeug links).

Ackermann, als Nachfolger des verstorbenen Bankiers Richard Rümelin, der dem Aufsichtsrat nahezu 26 Jahre, davon 20 Jahre als Vorsitzender, angehört hatte. An dem Festtag selbst erfolgte in den frühen Morgenstunden die Enthüllung einer Gedenktafel in der Ausstellungshalle, die von den NSU-Mitarbeitern der Direktion übergeben wurde.

Die vergangenen 50 Jahre haben deutliche Zeichen gesetzt. Das gilt einmal für die bestimmende Rolle, die das Unternehmen seit seinen Anfängen für die seit der Jahrhundertwende wachsende Massenmobilität in Europa und der Welt spielt. Innerhalb dieses Trends hatte die Popularität der NSU-Motorzweiräder eine ganz besondere Bedeutung. Sie wurde verstärkt durch die zunächst handwerkliche und dann industriell fortschrittliche Fertigungsmethode. Man hatte sich vor Investitionen für die Modernisierung des Werkzeugmaschinenparks nie gescheut.

Von den Praktikern im Vorstand waren die baulichen Voraussetzungen für die Produktion und die einzelnen Produktionsgruppen immer im Auge behalten und rechtzeitig finanziell abgestützt worden. So hatte man sich, in politisch wie auch wirtschaftlich wechselvollen Jahrzehnten, mit dem Entschluß zur ständig verbesserten Qualität der Erzeugnisse unter dem Markenzeichen NSU gegenüber der in- und ausländischen Konkurrenz behauptet. Zwischen Neckar und Sulm war aus kleinsten Anfängen ein auch für internationale Maßstäbe beachtlicher Industriekomplex entstanden. Das sachliche und klare Krisenmanagement der Unternehmensleitung, das unter besonders erschwerten Umständen praktiziert werden mußte und sich bewährt hatte, kann auch die ungewisse Zukunft mit Zuversicht angehen.

Als die Inflation der Mark ihren Höhepunkt erreicht, die Geldscheine zu wertlosen Papierfetzen geworden waren, als ein Glas Bier 21 Millionen Mark kostete, wird auch bei NSU die Gewinn- und Verlustrechnung vom 30. September 1923 zu einem astronomischen Zahlenspiel. Die Abrechnung weist unter dem Strich eine Schlußsumme in folgender Höhe auf: 11 Billionen, 976 Milliarden, 30 Millionen und einige Hunderttausender. Diese Unsummen reduzieren sich dann auf umgerechnet 25.000 Goldmark als Vergütung an Angestellte und 18.000 Goldmark als Rückstellung an die ›Beamten- und Arbeiterfürsorge‹. Die eigentliche Goldmark-Eröffnungsbilanz vom 1.1.1924 schließt wieder mit vorstellbaren Beträgen ab: 9 Millionen 964 Tausend 430 Goldmark und 31 Pfennig. Auch diese Bilanz bestätigt die Heilbronner Treuhand bis auf den Pfennig.

Auch NSU ließ von der bekannten Firma Authenrieth in Darmstadt Karosserien anfertigen. Auf der Abbildung von 1925: zwei NSU 5/25 PS und zwei NSU-Sportwagen (Mitte) auf Basis des 8/40 PS.

Jahr	Aktienkapital	Bilanzsumme	Reingewinn
1920/21	20.000.000	15.496.378	5.998.240
1921/22	41.000.000	66.127.934	22.353.476
1922/23	82.000.000	11.976.030.752.050	7.612.378.331.000
1923	82.000.000	159.766.347.434.647.319	5.892.378.331.000

Noch im gleichen Jahr heißt es wieder Reichsmark, und es klingt wie ein deutliches Aufatmen des Vorstandes, wenn dieser feststellt: »Die allgemeine Finanzlage läßt sich wieder mit der wünschenswerten Sicherheit überblicken, und Kredite und Einnahmen lassen sich mit der notwendigen Aufmerksamkeit kontrollieren. Der Absatz ist im Inland weiter befriedigend, der Export sehr ins Stocken gekommen.«

Um die Kundschaft rascher beliefern zu können, werden für Fahrräder sogenannte Durchgangslager in Berlin, Dresden, Hannover und Düsseldorf eingerichtet. Der Export leidet unter den Reparationslieferungen, unter hohen Zolltarifen und den progressiven Steuerbelastungen. Man appelliert an die Regierung, die Last aus dem Versailler Vertrag so weit wie möglich zu erleichtern, denn die Manager wollen entschlossen weitermachen. Ihre Parole lautet: Investieren!

Zur Modernisierung der Produktion werden neue Werkzeugmaschinen angeschafft und neue Anlagen gebaut. Der deutschen Kraftfahrzeug-Industrie wird von externen Experten mangelnde technische Flexibilität vorgeworfen. Grund zu dieser Rüge ist ein Vergleich mit den von Ford aus Amerika importierten Fließbandprodukten. Sie sind konkurrenzlos preiswert. Bei NSU denkt und sagt man jedoch: »Deutsche Qualitätsarbeit und amerikanische Niedrigpreise für Massenprodukte werden niemals zusammenkommen.« Man sollte niemals nie sagen!

Durch die Nachfrage nach den ›kleinen Autos‹ sieht man sich in der eigenen Qualitätsarbeit bestätigt. Trotz etwas höherer Preise werden die Wagen gekauft. Um der wachsenden Nachfrage durch ein größeres Angebot entsprechen zu können, wird in Heilbronn/Neckar ein Gelände von 9 Hektar gekauft und alsbald mit der Errichtung einer weiteren Produktionsstätte begonnen. Es wird allerdings nicht allzu lange dauern, bis sich dieser Entschluß als eher unvorteilhaft erweist.

Im Aufsichtsrat und Vorstand von NSU treten personelle Veränderungen ein. Im Juni des Jubiläumsjahres 1923 stirbt der Bankier Richard Rümelin senior, der seit 1905 Aufsichtsratsvorsitzender gewesen war. Er war einer der ›Alten‹. Doch nicht der bei NSU langgediente Kommerzienrat Gottlob Banzhaf aus Stuttgart übernimmt den Vorsitz, wie allgemein erwartet wurde, sondern Kommerzienrat Friedrich Ackermann aus Heilbronn. Bankdirektor Georg Rümelin (seit 1924) und Alfred Amann erscheinen neu im Aufsichtsrat. Dort taucht Ende Mai auch Jakob Schapiro auf, Generaldirektor und Karosserie-Hersteller aus Berlin. Ein Mann, der noch von sich reden machen wird. Betriebsrat Jakob Geiger gehört weiter dem Aufsichtsrat an, Vorarbeiter Beck ist dagegen 1923 ausgeschieden, an seiner Stelle wurde Peter Häberle 1924 vom Betriebsrat gewählt.

1924 werden wieder 6 Prozent Dividende auf die Stammaktien und 8 Prozent auf die Vorzugsaktien ausgeschüttet. Der Gewinnvortrag auf neue Rechnung ist mit 1.416,27 RM sehr klein. Die bange Frage ist, ob man im Mai 1925 wirklich schon die große Veränderung nach Krieg und Inflation überstanden hat. Oder hat sie noch gar nicht eingesetzt? Ist der Kurs wirklich, wie man es sich vorgenommen hatte, beibehalten worden oder werden Kurskorrekturen erforderlich sein? Die Veränderung kündigt sich, wie alle großen Ereignisse, mit ›schicksalhafter Langsamkeit‹ an. Ihre Vorboten sind Rezession und Verknappung.

Ab Herbst 1925 wird das Geld knapp, die Unternehmen sind hoch besteuert. Langsam wird die Belegschaft reduziert. Das sind erste Warnzeichen. Bis Mitte 1925 klettern die Umsätze noch einmal in Rekordhöhe, und der Verkauf von Motorwagen und Motorrädern läuft recht gut. Doch das Geschäft mit Fahrrädern und Freilaufnaben läßt auffällig nach. Es bringt kaum noch etwas ein, weil man mit den Preisen drastisch heruntergehen muß. Ringsum in der Autoindustrie werden Konzentrationsneigungen spürbar. Der im NSU-Aufsichtsrat bereits seit Mai 1925 stetig stärker hervortretende Jakob Schapiro, Direktor der Schebera AG Karosseriewerke Berlin, gewinnt immer stärkeren Einfluß.

Jakob Schapiro, 1885 in Odessa (Ukraine) geboren, kommt während des Ersten Weltkrieges über Wien nach Berlin und gründet dort eine Fahrschule, die er 1918 in das ›Automobilhaus Jakob Schapiro, Handel und Reparaturwerkstätte‹ umwandelt.

Schon 1919 kontrolliert er die 1911 mit 20 Millionen Mark Aktienkapital gegründeten ›Karosseriewerke Schebera AG‹ in Berlin Tempelhof. Schebera wird zum größten deutschen Automobilhaus mit Generalvertretung von Benz-Fahrzeugen für Berlin und Brandenburg. Neben dem Verkauf von Fahrzeugen werden weiterhin auch Karosserien hergestellt. Außerdem vertreibt Schebera Dreiradwagen der Berliner Cyklon-Werke, die 1922 auch von Schapiro übernommen werden. Im gleichen Jahr landet Schapiro jedoch seinen größten Coup, denn er stellt sich der überraschten Benz-Verwaltung als neuer Großaktionär vor. Immerhin war es ihm gelungen, reichlich 40 Prozent des Grundkapitals zusammenzukaufen.

Schon 1921 übernimmt Schebera die ›Heilbronner Fahrzeugfabrik GmbH‹, eine der ältesten Wagen- und Karosseriefabriken im süddeutschen Raum. Es entstehen die ›Süddeutschen Carosseriewerke Schebera AG‹, die unter anderem für Benz, Protos und NSU Karosserien fertigt. Im Aufsichtsrat sitzt Jakob Schapiro.

Die wesentlichsten Beteiligungen Schapiros, der »als eine der finanziell erfolgreichsten Erscheinungen der Automobilbranche« bezeichnet wurde, wird aus einer Zeitungsnotiz aus dem Jahr 1927 deutlich (siehe Tabelle).

Der schnelle Aufstieg Schapiros zum ›Stinnes der Autobranche‹ wurde durch die Inflationsjahre begünstigt. In dem Daimler-Benz-Buch ›Das Unternehmen‹ wird die unternehmerische Aktivität sehr eindrucksvoll beschrieben: »Der clevere Schapiro beherrschte die Spielregeln der Inflationszeit besser und wußte, daß es nur darauf ankam, die Ware sofort zu haben und die Bezahlung so lange wie möglich hinauszuzögern. Benz verkaufte gegen Wechsel, und Schapiro gelang es, sie jeweils so lange zu prolongieren, bis die Geldentwertung den Schuldbetrag ausgezehrt hatte.«

	In den Interessenkreis des Konzerns einbezogene Firmen	Nominalkapital	Höhe der Beteiligungen v. H.
1. Fahrzeugindustrie	NSU. Vereinigte Fahrzeugwerke AG Neckarsulm	20.000	über 50
	Süddeutsche Carosseriewerke Schebera AG, Heilbronn	1.500	–
	Gothaer Waggonfabrik AG, Gotha (Fusion mit Dixi-Werke)	7.100	über 50
	Cyklon-Automobilwerke AG Berlin-Tempelhof	1.800	90
	Daimler-Benz AG, Berlin, Verwaltung Stuttgart-Untertürkheim	50.360	über 50
	Beteiligungen von Daimler-Benz: Daimler Mercedes Automobil AG, Zürich	250.000 (sfrs)	100
	Mercedes Auto-Palast GmbH, Wien	–	100
	Mercedes-Daimler-Benz Automobilmaschinenfabrik. Haag	275.000 (hfl)	100
	American Mercedes Co. Inc. Newyork	–	10
	Ungarische Benz Automobil-Ges. Budapest	300.000 (Kronen)	100
2. Sonstige Fabrikation	Metrum Apparatebau AG	150	–
	Georg Grauert AG, Berlin-Stralau, Eisengießerei und Maschinenfabrik	720	mind. 50
	Nordgummiwerke AG, Berlin	490	über 50
3. Verkehr	Kandelhardt Automobil AG, Berlin	2.500	mind. 50
4. Grundstückshandel	Neue Boden AG, Berlin	1.400	–

NSU GIBT DIE SELBSTÄNDIGKEIT AUF

Die starke Einflußnahme Schapiros auf die NSU tritt im August 1926 erstmals deutlich in Erscheinung, als die Mehrheit des Aufsichtsrates auf seinen Antrag hin beschloß, Dividende in Höhe von 8 Prozent auszuschütten, während der Vorstand nur 6 Prozent vorschlug. Durch die hierdurch entstandenen Meinungsverschiedenheiten kommt es zu einer Neukonstituierung des Aufsichtsrates. Und schon wenige Monate später, am 2. November 1926, findet die entscheidende, außerordentliche Generalversammlung statt. An jenem Tag gibt NSU auf Drängen des Großaktionärs Schapiro seine Selbständigkeit auf und wird mit der Schebera AG verschmolzen. Der neue Name des Unternehmens lautet jetzt: ›NSU Vereinigte Fahrzeugwerke AG‹. Mit dem neuen Firmennamen wird gleichzeitig eine Kapitalerhöhung von 8 auf 12,5 Millionen RM beschlossen.

Bankdirektor Dr. Otto Merckens wird am 1. Juli 1927 Generaldirektor und Vorstandsvorsitzender von NSU. Er wohnt jedoch weiter in Berlin und leitet von dort aus das Unternehmen. Geleitet wird der Betrieb in Neckarsulm wie bisher von den Vorstandsmitgliedern Dr. Ing. Georg Schwarz und Fritz Gehr. Die Schebera AG übernimmt zunächst den Vertrieb der Motorwagen in Berlin. In Neckarsulm werden weiterhin die Hauptprodukte gefertigt: Fahrräder, Freilaufnaben, Motorräder und Automobile.

Ende 1927 erschien der NSU 6/30 PS mit 1,6 Liter Sechszylindermotor. Dieses Modell wurde jedoch schon ein Jahr später durch das Sechszylindermodell 7/34 PS ersetzt.

Die Verbindung mit der Schebera AG wirkte sich jedoch äußerst negativ aus. Die von der Schebera eingebrachten Beteiligungen an verschiedenen in Berlin ansässigen Droschken-Unternehmungen erwiesen sich als Flop. Durch die im Droschkengewerbe herrschende Krise waren die Berliner Unternehmungen nicht zu halten. NSU sah sich genötigt, 1927 eine sechsprozentige Optionsanleihe von über 4 Millionen Reichsmark aufzunehmen, doch scheiterte dieses Bankgeschäft. Daraufhin wurde eine Kapitalerhöhung geplant, die ebenfalls nicht abgewickelt werden konnte. Sanierungsverhandlungen mit dem Schapiro-Konzern führten dann immerhin zur Rückgabe der Berliner Beteiligungen und einiger Grundstücke zum Gesamtpreis von 20,4 Millionen Reichsmark.

Trotz der Abmachungen mit dem Schapiro-Konzern und der Entlastung durch den Verkauf blieb nach der Heranziehung der Rücklagen immer noch ein Verlust von rund 8,0 Mio. Reichsmark. Um diesen Fehlbetrag abdecken zu können, wurde das Aktienkapital von 12,5 Mio. im Verhältnis von 1 zu 5 auf 2,5 Mio. herabgesetzt. Dennoch fehlten die nötigen Betriebsmittel, weshalb das Grundkapital wieder auf 10 Mio. Reichsmark aufgestockt wurde. Die Sanierung des Neckarsulmer Unternehmens wurde in der Presse gebührend kommentiert: »Die NSU-Krise – Schapiros Glück und Ende – Schapiro, das Verhängnis von NSU.«

FIAT STEIGT EIN

Die Bilanz 1927 schließt erstmals mit einem Verlust von satten 14,9 Millionen Reichsmark ab. Sie zeigt, daß sich der ›Sprung nach Berlin‹ für NSU nicht gelohnt hat. Durch die Verschmelzung mit Schebera entstanden auch Kosten, die nicht sein mußten. Es wurden beispielsweise Fahrgestelle nach Berlin-Tempelhof geschafft und dort in einer ehemaligen Fabrik von Schebera karossiert. Reichlich spät erst bemerkten die Kaufleute, daß die bisherigen Karosserielieferanten für NSU-Automobile, insbesondere die Karosseriewerke Weinsberg (Weinsberg bei Heilbronn), Drauz (Heilbronn) und Authenrieth (Darmstadt), wesentlich preiswerter waren und kehren zu ihnen zurück.

NSU und die verschiedenen Schebera-Firmen sind weitgehend miteinander verflochten. So auch die Süddeutsche Carosseriewerke Schebera AG, Heilbronn, die für NSU Karosserien fertigt. Nachdem die Neckarsulmer 500 bestellte Karosserien nicht abnehmen, schließt das Unternehmen 1928 mit einem Verlust von 660.000 RM ab, so daß die Schebera AG ihr Aktienkapital im Verhältnis 5 zu 1 bereinigen muß.

Fast drei Jahre nach dem Verschmelzungsvertrag, vom 1.1.1926, mit der Schebera AG wird immer deutlicher, daß es so nicht weitergehen kann. In der am 11. Dezember 1928 durchgeführten Generalversammlung werden die Weichen für eine umgehende Sanierung gestellt. Der allgemein gebilligte Sanierungsplan erforderte vor allem von den beteiligten Banken einen beträchtlichen Nachlaß im Hinblick auf ihre Forderungen. Aus der Kapitalerhöhung gingen Aktien im Nennwert von 5 Millionen Reichsmark an die italienische Automobilfirma Fiat und die beteiligte Dresdner Bank. Die beiden Großaktionäre heißen also hinfort Fiat und Dresdner Bank. Fiat übernahm gleichzeitig für eine Million Reichsmark das NSU-Zweigwerk in Heilbronn und gründete die neue Firma ›NSU Automobil AG‹ in Heilbronn mit einem Grundkapital von 2 Millionen Reichsmark. NSU verlor also durch die Sanierung die Produktion der Motorwagen und mußte den Namen mit dem Fiat-Unternehmen teilen, so daß der alten NSU-Stammgesellschaft in Neckarsulm nur noch die Herstellung und der Vertrieb von Motorrädern, Fahrrädern und Freilaufbremsnaben blieb. Allerdings wurden bis 1932 auch die Fahrgestelle für das Fiat-Werk Heilbronn von NSU-Neckarsulm im Lohnauftrag gefertigt. Durch die Neugründung schieden die Direktoren Walter Stöcker und Dr. Otto Merckens aus dem Vorstand aus und ein Italiener, Ing. Feruccio Valobra, wurde als weiteres Vorstandsmitglied bestellt. Nach Schapiro hatte also Fiat einen Fuß in dem an der Sulm gelegenen Traditions-Unternehmen. Das wird auch durch den 1929 neu bestellten Aufsichtsrat deutlich, in dem drei Italiener Platz nehmen: Pietro Bonelli und Rambaldo Bruschi. Stellvertretender Vorsitzender wird Guido Soria, während fast alle altgedienten Mitglieder ausscheiden, einschließlich des nunmehr greisen Gründervaters Gottlob Banzhaf.

Noch während der Transaktion Schebera/NSU brachte das NSU-Werk einen neuen Sechszylinder-Motorwagen mit 1,8-Liter-Hubraum und 7/34 PS heraus, der erstmals auf der ›Internationalen Automobil- und Motorrad-Ausstellung Berlin 1928‹ gezeigt wurde. Die Fachpresse berichtet darüber: »Besondere Anziehungspunkte bildeten ein blank gehaltenes Chassis und ein im Betrieb vorgeführtes Schnittmodell von dem neu entwickelten Sechszylinder 7/34 PS. Hier zeigte sich nicht nur

1927/1928 war in Heilbronn das NSU-Zweigwerk bezugsbereit. Schon kurz nach Fertigstellung wurde es jedoch von Fiat übernommen. Das italienische Automobilunternehmen fertigte in Heilbronn Automobile, wie hier den Typ 7/34 PS, die unter dem Namen ›NSU‹ auf den Markt kamen.

Nach Übernahme des Heilbronner Automobilwerkes durch Fiat wurde die Produktion der NSU-Automobile dort zunächst weitergeführt. Die Motorenfertigung erfolgte bis 1932 im Lohnauftrag bei NSU in Neckarsulm.

die hohe Qualitätsarbeit in der Ausführung und Bearbeitung der Einzelteile, sondern auch das exakte Zusammenwirken derselben. Der Motor, in den Abmessungen 62x99 Millimeter für Bohrung und Hub, hat stehende Ventile und Leichtmetallkolben. Die Kurbelwelle ist viermal gelagert. Eine Vierradbremse eigener Konstruktion (vorne Außenband-, hinten Innenbandbremse) ist vorhanden. Das angeflanschte Getriebe hat 3 Vorwärtsgänge und mehrfache Lamellen-Trockenkupplung. Die Hinterradfedern sind lang unter die Hinterachse gezogen. Als Zündung wird eine Batteriezündung (Bosch) verwandt. Die Höchstgeschwindigkeit des Wagens beträgt 90 km/h. Die Karosserien sind in Ganzstahl-Ausführung gehalten und werden als Limousine, Landaulette, Cabriolet und Roadster geliefert. Die Innenausstattung der Wagen ist grundsolide und bequem. Der Preis, den auch Leute mit mittlerem Einkommen aufzubringen vermögen, bewegt sich zwischen 5.500 bis 6.500 RM.«

Auf seiner ersten Prüfungsfahrt legte der neue NSU-Sechszylinder in achtzehntägiger ununterbrochener Tag- und Nachtfahrt auf dem Nürburgring eine Strecke von 20.000 km ohne Panne zurück. Mit dem gleichen Ergebnis und auf der gleichen Strecke schloß sich dieser Prüfung im Jahre 1930 die ADAC-Langstreckenfahrt über acht Stunden für kompressorlose Tourenwagen an. Das gestartete NSU-Fabrikteam bewältigte die Fahrt strafpunktfrei und erhielt außer dem Teampreis die ›Große Goldene Medaille‹ mit Ehrendiplom. Man kann die erfolgreichen Fahrten dieses Wagentyps als den Abschluß einer jahrelangen Versuchsperiode bezeichnen. Der NSU-Sechszylinder hatte seine erste Feuerprobe mit dem Prädikat ›sehr gut‹ bereits im Jahre 1926 auf der Avus in Berlin bestanden, wo bekanntlich die gestarteten vier NSU-Sechszylinder-Wagen innerhalb von sechs Minuten hintereinander als Sieger durch das Ziel gefahren sind. Es waren die NSU-Werke, die damals den ersten deutschen Sechszylinder seiner Klasse herausgebracht haben.

Der immer vernehmlicher werdende Ruf nach billigen, wirtschaftlichen Motorrädern veranlaßte die Werke 1929, neben dem traditionell gewordenen Viertakt-Motor auch einen Zweitakt-Motor mit Hubräumen zwischen 175 und 200 ccm zu bauen, der steuer- und führerscheinfrei war und durch seinen einfachen konstruktiven Aufbau allein die Möglichkeiten billiger Herstellungsweise bringen konnte. Mit der Konstruktion des Zweitakt-Motors suchte man bei NSU auch der Motorisierung des Fahrrades näher zu kommen. Es entstand 1931 das Motorfahrrad namens Motosulm mit 63-ccm-Zweitaktmotor.

Kaum waren die weitläufigen Sanierungsmaßnahmen zu einem praktikablen Ende geführt und die Motorrad-Fertigung auf ›Fließarbeit‹ umgestellt, als im Jahre 1929 ein katastrophales wirtschaftliches Tief von ungeahnten Ausmaßen folgte. Die ganze Welt litt unter dieser Wirtschaftskrise ohnegleichen. Deutschland wurde besonders empfindlich getroffen. Politische und wirtschaftliche Streiks, Aussperrungen und zunehmende Arbeitslosigkeit lähmten den Unternehmergeist.

Die hohe Arbeitslosigkeit blieb nicht ohne Rückwirkung auf den Betrieb. Tag für Tag vergrößerte sich das Heer der Arbeitslosen. Von 1929 an mußten wöchentlich 50 bis 100 Mitarbeiter entlassen werden. In dem Jahr hatte NSU noch 4.015 Mitarbeiter. Zwei Jahre später, 1931, waren es nur noch 835. Die gekündigten Mitarbeiter lagen ohne Arbeit und Brot auf der Straße, und die Mehrzahl der Maschinen stand still. Und es kam noch schlimmer! Selbst die verbliebenen Werktätigen konnten kaum voll beschäftigt werden. In der Woche wurde damals zeitweise nur an zwei bis drei Tagen gearbeitet.

Der Verdienst war so gering, daß die Arbeitslust verlorenging, Arbeit rentierte sich nicht mehr. Der Absatz an Motorrädern sank um 28 Prozent. Die noch gefertigten Motorräder wurden meistens ins Lager geschoben, da die Händler wegen der schlechten Marktlage und der hohen Arbeitslosigkeit keine Kunden hatten.

Daher kommt es noch im gleichen Jahr zum Abschluß einer Verkaufsgemeinschaft mit der Firma Wanderer Werke AG, Chemnitz, die unter Führung von NSU die Fabrikation und den Vertrieb ihrer bestens bekannten Motorräder unter der Bezeichnung ›NSU-Wanderer‹ besorgte. Damit wurde ein seit langem bestehender Rationalisierungsgedanke in die Tat umgesetzt. Für den konstruktiven Ausbau der Motorräder eröffneten sich neue Perspektiven und für den Käufer wirkte sich die damit verbundene Kostenersparnis in einer erheblichen Preissenkung aus.

1930 schließt nach Abschreibungen von 800.000 Reichsmark und Sonderrückstellungen von 1,1 Millionen Reichsmark das Unternehmen mit einem Verlust von 948.000 Reichsmark ab. Dennoch ist das Unternehmen bereit, eine eigene Einfahrstrecke für die nunmehr auch bei NSU in Fließbandarbeit arbeitstäglich hergestellten Motorräder zu bauen. Vor Fertigstellung der Einfahrbahn war es üblich, die brandneuen Maschinen auf den umliegenden Straßen Neckarsulms zu prüfen. Eingefahren wurden in den dreißiger Jahren vornehmlich die Modelle 175 Z, 201 Z, 501 TS/SS und 601 TS.

Modelle	Baujahr	Bohrung/Hub in mm	Hubraum in ccm
501 T	1927	80/99	494
251 R	1928	63/80	248
251 T	1928	60/88	247
251 Sp	1928	63/80	248
501 Sp	1928	80/99	494
201 R	1928	56,5/80	199
201 T	1929	56,5/80	199
301 T	1929	66/88	298
Motosulm	1930	45/40	63
175 Z	1930	59/64	174
201 Z	1930	63/64	198
201 TS	1930	56,5/80	199
301 TS	1930	66/88	298
501 TS	1930	80/99	494
601 TS	1930	87,5/99	592
500 SS	1931	80/99	494
351 OS	1933	71/88	346
501 OS	1933	80/99	494
201 OS	1933	58/75	198
175 ZD	1933	59/64	174
201 ZD	1933	63/64	198
201 OSL	1934	58/75	198
351 OLS	1934	71/88	346
501 OSL	1935	80/99	494
251 OSL	1935	64/75	239
175 ZDP	1935	59/64	174
201 ZDP	1935	63/64	198
201 ZDB	1935	63/64	198
Quick	1936	49/52	98
351 OT	1937	75/75	331
601 OSL	1937	85/99	5622

Die Motorrad-Modelle von NSU in der Zeit von 1927 bis 1937.

Fiat und die Dresdner Bank beherrschen die beiden Firmen in Heilbronn und Neckarsulm. Und so ist es auch verständlich, daß im beiderseitigen Interesse die Automobilproduktion aufrechterhalten wird. Gemeinsam bauen die Automobilunternehmen den NSU-Wagen 7/34 PS, zum Preis von 5.200 bis 5.700 RM weiter, von dem bis zum Jahresende 1.200 Stück als Einheitsdroschke an die

AUF AUTO-MOBILEM KURS

Fritz von Falkenhayn kam 1930 in die Leitung des Unternehmens und war von 1937 bis 1945 Vorsitzender des Vorstandes.

Die Luftaufnahme zeigt das Firmengelände der ›NSU-Vereinigte-Fahrzeugwerke AG‹ zu Beginn der 30er Jahre.

Berliner Kraftag geliefert werden. Als sich die Vorstandsherren im Juni 1930 zur 45. Generalversammlung der NSU-Vereinigte Fahrzeugwerke AG im heimatlichen Casino in Neckarsulm versammeln, kommt es zu einer tröstlich zu nennenden Bestandsaufnahme. Sie wird mit bescheidenem Stolz auf die Festigkeit der Unternehmenspolitik zurückgeführt. Die wirtschaftlich immer noch unklare Situation läßt den mäßigen, finanziellen Erfolg immerhin noch als befriedigend erscheinen.

Wieder stehen die Zweiräder im Mittelpunkt der Produktion, vor allem die Motorräder. Sie sind technisch perfektioniert worden, auch hat sich die 1929 eingeführte Verkaufsgemeinschaft mit Wanderer auf dem Motorradsektor bewährt.

Zur abgetrennten und von Fiat beherrschten NSU-Automobilgesellschaft in Heilbronn bestehen angenehme Geschäftsverbindungen, doch wird sich das ändern. Die Belegschaft hatte sich gegenüber dem Vorjahr halbiert. NSU hatte nur noch rund 2.000 Mitarbeiter. Und weitere Entlassungen standen bevor. Für das Geschäftsjahr 1929 kann eine Dividende von 4 Prozent ausgeschüttet werden. Als stellvertretendes Vorstandsmitglied zeichnet erstmals Fritz von Falkenhayn den Geschäftsbericht ab. Dieser energische Mann mit dem langen ›preußischen‹ Offiziersschädel wird 1930 Verkaufschef und 1933 zum ordentlichen Vorstandsmitglied ernannt. Von Falkenhayn beginnt sein Wirken mit scharfen Einsparungsmaßnahmen und einer Konzentration der Modellprogramme. Aus den USA hat er Erfahrungen im Marketing mitgebracht, die er von Anfang an für NSU einsetzt. Er ist seiner Grundeinstellung nach zwar ein konservativer Rechter – und das ermöglicht zweifelsohne seine reibungslose Übernahme ins Dritte Reich – er hat sich aber auch jenen Nimbus von Weltläufigkeit erhalten können, der ihn oft über nationalistische Engstirnigkeit hinwegsehen und hinweghandeln läßt. So ist er für die einen der Mann, der immer rechtzeitig weiß, wo es langgeht, für andere beweist er den unangenehmen, subalternen ›Schneid‹ des preußischen Offiziers, der als späterer Betriebsführer ›diktatorische‹ Eigenschaften herauskehrt: »Während des Dritten Reiches hieß er Betriebsführer. Und man tat gut daran, eine Anweisung, die stramm aus seinem Munde kam, mit ›zu Befehl‹ zu beantworten.«

Die neue Verkaufsleitung unter von Falkenhayn war bestrebt, neue Impulse in das Verkaufsgeschäft auch durch rege Beteiligung an rennsportlichen Veranstaltungen hineinzutragen. Das war um so notwendiger, als sich NSU in den vorhergegangenen Jahren verhältnismäßig wenig an Motorrad-Rennen und Motorrad-Zuverlässigkeitsfahrten offiziell beteiligt hatte. Der Bau von Renn- und Sportmaschinen wurde unter dem Chef-Konstrukteur Walter William Moore (1929-1939) forciert, der von der englischen Motorradfirma Norton kam. Durch die von Moore konstruierten Spezial-Rennmaschinen konnte NSU auf rennsportlichem Gebiet vielbeachtete Erfolge erringen. Und da Moore auch noch den englischen Meisterfahrer Tommy Friedrich Bullus für NSU gewinnen konnte, der damals zu den englischen Spitzenfahrern gehörte, setzte ein in der Geschichte des Motorradsports einzig dastehender Siegeslauf der NSU-Sportmaschinen ein. Er begann am 29. Juni 1930 mit dem ›Großen Preis von Deutschland‹ für Motorräder über eine Strecke von 425 km. Von den gestarteten 65 Fahrern erreichten 4 NSU-SS-Supersport das Ziel. Bullus erhielt als Sieger den Ehrenpreis für die schnellste deutsche Maschine aller Klassen bis 1.000 ccm.

Dann folgten im gleichen Jahr die klassischen Rennen: Rund um die Solitude, ADAC-Eifelrennen, Klausenpaßrennen/Schweiz, Großer Bergpreis von Deutschland, Gaisbergrennen bei Salzburg, Großer Preis der Nationen in Monza/Italien. Aus allen diesen Rennveranstaltungen ging Bullus auf der neuen NSU-SS-Supersport als Gesamtsieger in Rekordzeit hervor. Diese Erfolgsserie wiederholte sich in den kommenden Jahren.

Auch die Zuverlässigkeitsfahrten endeten mit bemerkenswerten Erfolgen der NSU-Maschinen. Unvergessen die 144-Stundenfahrt auf dem Nürburgring, eine Ohnehaltfahrt über 6.275 km, ADAC-Ostpreußenfahrt (1.300 km); ferner die Deutsche Motorrad-Sechstagefahrt (1.600 km), ADAC-Dreitage-Harzfahrt (zirka 1.000 km), Große Tschechoslowakische Tourenfahrt (1.028 km) und viele andere Veranstaltungen, aus denen das NSU-Team Rüttchen (Erkelenz), Wüllner (Bünde) und Ulmen (Düsseldorf) als Gesamtsieger hervorging.

Ermöglicht wurden alle diese Erfolge vornehmlich durch die im Jahre 1930 gebaute neue 500-ccm-SS-Super-Sportmaschine, die man als Meisterwerk der Motorradtechnik bezeichnete. Das Geheimnis der Konstruktion lag in dem verblüffend einfachen Aufbau bei allseits leichter Montage, einem raffiniert durchkonstruierten, abnehmbaren Zylinderkopf, dessen Kompressionsverhältnis durch entsprechende Vorrichtungen erhöht werden konnte. Serienmäßig waren Königswellen-Antrieb, hängende Ventile, Trockensumpfschmierung und ein Dreiganggetriebe mit Fußschaltung. Dazu kamen die glänzenden Fahreigenschaften durch tiefe Schwerpunktlage und richtige Gewichtsverteilung sowie eine der hohen Geschwindigkeit entsprechende ausgebildete Vorderradgabel mit einstellbaren Stoßdämpfern und Flatterbremse. Der stehende, luftgekühlte Einzylinder-Viertaktmotor leistete 18 PS, bei Höchstleistung 20 PS. Die Geschwindigkeit betrug 130 bis 140 km/h.

Trotz der sportlichen Erfolge bleiben die wirtschaftlichen Ergebnisse für 1931 40 Prozent hinter denen des Vorjahres zurück. Eine Erklärung dafür gibt der Motorrad-Umsatz, der im Jahr 1929 insgesamt 16 Mio. RM, 1930 noch 10 Mio. und 1931 nur noch sieben Mio. RM betrug. Dennoch behauptet NSU bei den Motorrad-Zulassungen mit bis zu 200-ccm-Motor in Deutschland den zweiten Platz und bei schweren Maschinen sogar den ersten. Insgesamt gesehen geht der Absatz freilich kräftig zurück. Der Umsatzrückgang 1931 brachte NSU einen Betriebsverlust von 1.058.000 RM, der sich auf einen Gesamtverlust von fast 4,4 Mio. RM addiert.

Das ›Volksmotorrad‹ Motosulm, eher ein den französischen Modellen vergleichbares motorisiertes Fahrrad in Damen- und Herrenausführung, verspricht Absatzsteigerung. Es wurde seit November 1930 angeboten und stößt auf allgemeines Interesse. Über 80.000 Personen beteiligten sich an der Namensfindung. Es gab damals etwa 12,5 Millionen Radfahrer, die größtenteils den Wunsch hatten, für wenig Geld ein solides Motorfahrrad für den täglichen Gebrauch kaufen zu können. Der kleine Zweitaktmotor mit einem Hubraum von 63 ccm leistete etwa 1 1/4 PS und wurde am Gabelkopf eines besonders kräftig ausgeführten Fahrrad-Rahmens angebracht. Die Kraftübertragung erfolgte über eine Kette auf das Vorderrad. Mit dem motorisierten Fahrrad war man 35 km/h schnell und verbrauchte nur 1,7 Liter Zweitaktgemisch auf 100 Kilometer. Die im Programm von NSU auch weiterhin angebotenen Fahrradmodelle waren um diese Zeit technisch so weit abgeschlossen, daß sich die neuen Jahresmodelle nur in einigen wenigen Ausstattungsdetails unterschieden.

Die Bullus-Rennmaschine 500 SS gab es auch in einer zivileren Version mit nur einem Auspuffrohr für Privatfahrer.

Nach dem 1932 erfolgten Zusammenschluß der beiden Unternehmen NSU und D-Rad wurde dieses Firmenemblem eingeführt.

EIN NEUER NAME FÜR NSU

Das von Fiat und der Dresdner Bank beherrschte NSU-Automobilunternehmen in Heilbronn und frühere NSU-Zweigwerk, das vor allem Automobil-Aggregate aus Neckarsulm bezieht, drosselt diese Aufträge immer mehr, bis die Autoteile-Produktion in Neckarsulm im Frühjahr 1932 ganz eingestellt werden muß.

Das Fiat-Unternehmen schließt 1929 in Heilbronn mit einem hohen Verlust ab und kann nur durch einen Kapitalschnitt von 2 zu 1 gehalten werden. Aufgrund der schlechten Auslastung wird das Werk vorübergehend stillgelegt, und die in Heilbronn ansässige Fiat-Automobil-Verkaufs AG übernimmt den Wagenverkauf und die Kundenbetreuung. Mit der Lösung vom Heilbronner Fiat-Werk, das immer noch auf dem Automobilsektor unter dem NSU-Firmenzeichen läuft, kommt es zu Beginn des Jahres 1932 auch zur Lösung der sogenannten Interessennahme der Fiat S.p.A. in Turin in freundschaftlicher Weise. Dafür wird auf dem Motorradsektor eine Verkaufs- und auch Fabrikationsgemeinschaft mit der Firma ›Deutsche Industrie-Werke AG‹ in Berlin eingegangen, so daß NSU wieder einmal den Namen ändern muß und hinfort als ›NSU-D-Rad Vereinigte Fahrzeugwerke AG, Neckarsulm‹ firmiert. Die D-Rad-Werke waren wiederum eine Abteilung der ›Deutschen Industrie-Werke AG‹ in Berlin.

Die ›Deutschen Werke‹ in Berlin waren bekannt als Produzent von Motorrädern (D-Rad), Eisenbahnwaggons und Automobilen. In einer Veröffentlichung »An unsere Geschäftsfreunde« schreibt der neue Firmenverbund im Oktober 1932: »Wie Ihnen durch die Tageszeitungen bekannt geworden ist, haben wir unter Führung von NSU mit der Firma ›Deutsche Industrie-Werke AG‹ in Berlin eine Fabrikations- und Verkaufsgemeinschaft abgeschlossen, die auch eine Änderung der Firmierung in ›NSU-D-Rad Vereinigte Fahrzeugwerke AG Neckarsulm‹ zur Folge hat.

Die praktische Auswirkung dieses Zusammenschlusses wird sowohl für unsere Händlerschaft als auch für den Privatkäufer wesentliche Vorteile bringen. Für das Geschäftsjahr 1932/33 ist es vor allem ein überaus reichhaltiges Verkaufsprogramm, das zunächst die bekannten NSU- und D-Rad-Modelle enthält, eine Auswahl, die es ermöglicht, allen Wünschen hinsichtlich Geschmack, Klasse und Preislage Rechnung zu tragen.«

Das Jahr 1932 schließt für das Unternehmen trotz aller Verkäufe, der Aufgabe des Automobilbaues und unter Beibehaltung seines Marktanteils vom Vorjahr, mit einem Verlust von 4,4 Millionen Mark ab. Von Jahr zu Jahr werden seit 1930 Verluste in Höhe von etwa 4 Millionen Mark auf das nächste Geschäftsjahr vorgetragen. Dennoch werden 1932 bei nur noch 773 Mitarbeitern mancherlei neue Perspektiven sichtbar. Schon 1933 gelingt eine Steigerung der Motorradproduktion von 3.650 auf 6.266 und bei den Fahrrädern beträgt die Steigerung sogar 164 Prozent. Einen kräftigen Anstieg gibt es auch beim Export, der vor allem von den Förderungsmaßnahmen der Reichsregierung profitiert.

1933 entschließt man sich zur endgültigen Sanierung des Unternehmens, denn es sind nach Meinung des Aufsichtsrates stabilere Verhältnisse in der Wirtschaft eingetreten, nachdem im Januar des gleichen Jahres die politische Machtergreifung der Nationalsozialisten begonnen hatte.

Nach immer neuen Entlassungen in den Vorjahren werden 1933 insgesamt 187 Neueinstellungen vorgenommen. Das ist ein Tropfen auf den heißen Stein der Massenarbeitslosigkeit. Aber die Menschen, die nun wieder mehr Kleinkrafträder und Fahrräder kaufen, hoffen auf irgend etwas. Zu diesem Zeitpunkt ist das Unternehmen NSU, trotz aller widrigen Umstände, 60 Jahre alt geworden, und niemand ahnt, welchen Preis die Nation für die zaghaft wieder aufkommende Wirtschaftsbelebung wird zahlen müssen.

Gerade in der sechzigjährigen Unternehmensgeschichte eines vergleichsweise übersichtlichen Werkes läßt sich die Problematik von Geschichte und Firmengeschichte deutlich machen. Verlassen wir uns bei der Rückblende auf die verbürgten Daten und einsehbaren Dokumente, so ernüchtert selbst den Zeitzeugen der Eindruck von ganz ge-

In den dreißiger Jahren konzentrierte sich das Unternehmen verstärkt auf die Fertigung von Motorrädern. Eindrucksvolle Rennsiege unterstrichen den Führungsanspruch auf dem Motorradsektor. Das Foto zeigt Tom Bullus mit der 500er Königswellen-Rennmaschine beim Solitude-Rennen 1932.

wöhnlich erscheinenden Abläufen. Tatsächlich sind diese Vorkriegs- und Kriegsjahre, ab der sogenannten Machtergreifung der Nazis, auch in der Entwicklung der NSU-D-Rad Vereinigte Fahrzeugwerke AG nicht ungewöhnlich verlaufen.

NSU entschließt sich zu einem Schlußstrich der Sanierung unter die Verlustrechnungen der letzten Geschäftsjahre. Der immer stärker werdende Einfluß, den das neue Regime auf das Wirtschaftsleben nahm, entbehrte auch bei NSU leider nicht einer gewissen Dramatik. Zur teilweisen Deckung des Verlustes von rund 6 Mio. Reichsmark ab 1931 wurden 1.670.000 RM eigene Aktien eingezogen, die der Großaktionär, die Dresdner Bank, unentgeltlich zur Verfügung stellt. Mit dem Reservefonds von 100.000 RM beträgt der Buchgewinn 1,77 Millionen RM. Er dient zur Minderung des Gesamtverlustes von 5,92 auf 4,15 Mio. RM, der auf das nächste Rechnungsjahr vorgetragen wird. Darüber sollte die ordentliche Hauptversammlung vom 29. Juni 1933 beschließen. Sie mußte jedoch wegen der Demonstration der Arbeiterschaft in Verbindung mit den Kleinaktionären vor dem Tagungslokal, dem NSU-Kasino, abgebrochen werden. Gegen den alten Aufsichtsrat und früheren Generaldirektor wurden Anschuldigungen erhoben, vor allem wegen der seinerzeit erfolgten Fusion mit der Schebera AG.

Zu den Demonstrationen bemerkt die ›Motor-Post‹ 1933: »Zu den Vorgängen anläßlich der Generalversammlung der NSU-D-Rad Vereinigte Fahrzeugwerke AG, Neckarsulm, die infolge der Demonstrationen der Arbeiterschaft abgebrochen werden mußte, wird noch berichtet, daß gegen den alten Aufsichtsrat und den früheren Generaldirektor Anschuldigungen erhoben worden sind, wonach bei der Fusion mit der Schebera AG Berlin und der von Schapiro eingebrachten Tochtergesellschaft Pflichtverletzungen vorgekommen sind, indem der als Unterlage für die Fusion vorgelegte Status nicht ordnungsgemäß geprüft worden sei. Die Schebera AG sei tatsächlich zu dieser Zeit konkursreif gewesen und habe nur durch eine Fusion gerettet werden können. Der kaufmännische Direktor der NSU-Werke, Vorstandsmitglied Gehr und die von dem alten Aufsichtsrat für die Fusion delegierten Mitglieder haben trotz Warnung anderer maßgebender Persönlichkeiten in Neckarsulm sehr oberflächlich gewirkt, indem sie sich über die pflichtmäßige Prüfung der Vermögensverhältnisse der Schebera AG hinwegsetzten. Sie verließen sich auf das scheinbar große Vermögen Schapiros und auf dessen Versicherung, er stehe für etwa sich ergebende Differenzen mit seinem ganzen Vermögen ein. Für die verfehlte Fusion und für die Bilanz von 1926 ist noch der frühere Aufsichtsrats-Vorsitzende Direktor Benno Weil, Mannheim, verantwortlich. Der jetzige Aufsichtsrats-Vorsitzende Paul Schmidt-Branden hat erst Ende 1928 sein Amt in Neckarsulm aufgenommen. Er ist an den Vorgängen nicht beteiligt. Er hat sich bemüht, die Schäden wieder gutzumachen. Er ist nur zu seiner eigenen Sicherheit unter Begleitung nach Stuttgart gebracht worden und hat sich bei einer Besprechung im Wirtschaftsministerium bereit erklärt, zur Klärung der Vorkommnisse beizutragen. Ausdrücklich ist zu bemerken, daß die Finanzen der NSU-Werke durch die alten Vorgänge heute nicht mehr berührt werden, da die Schäden bereits in der Bilanz 1928 abgeschrieben sind. Es ist zu hoffen, daß das alte schwäbische Werk, das mit seinen Fabrikaten so gute Erfolge erzielt hat, jetzt, nachdem seine Schädiger entfernt sind, einen neuen Aufschwung nehmen wird.« Diese verhältnismäßig unscheinbare Notiz forderte von der ›Motor-Kritik‹ einen Kommentar: »Ein Aufsichtsratsvorsitzender erklärt hier zu seiner Entlastung, die zur Rede stehenden, das Unternehmen schädigenden Handlungen seien vor seiner Wahl in den Aufsichtsrat erfolgt. Er habe sich bemüht, die Schäden wieder gutzumachen. Damit entsteht die Frage: Wie hat sich der Herr Aufsichtsratsvorsitzende bemüht, die Schäden wieder gutzumachen, was ist von seiner Seite hierzu geschehen? Als gerechtfertigt kann er gelten, wenn er zu sagen vermag: ›Ich habe den Schuldigen aus dem Vorstand der Aktiengesellschaft, die ich zu beaufsichtigen hatte, entfernt!‹ Ist er in der Lage, dies zu sagen? Nein! Er hat den Generaldirektor, der die Bilanzen des Herrn Schapiro trotz Warnung anderer maßgebender Persönlichkeiten in Neckarsulm nicht pflichtgemäß geprüft hatte, in seiner Stellung belassen. So konnte denn der Generaldirektor auch noch unter dem neuen Aufsichtsratsvorsitzenden weitere 6 Jahre die Geschicke des Werkes beeinflussen, mit dem Erfolge, daß ›zu hoffen‹ ist, ›daß das alte schwäbische Werk jetzt, nachdem seine Schädiger entfernt sind, einen neuen Aufschwung nehmen wird‹. Und so konnte Herr Gehr RDA-Vorstandsmitglied (Reichsverband der deutschen Automobilindustrie) sein, ja sogar Vorsitzender des RDA-Tochterverbandes, der Vereinigung der Motorradfabrikanten.«

Der Aufsichtsratsvorsitzende Schmidt-Branden wurde von SA-Leuten in Schutzhaft genommen und hat dann aufgrund der Vorkommnisse am 26. Juli 1933 sein Mandat und den Vorsitz im Aufsichtsrat niedergelegt. In der Generalversammlung vom 14. August 1933 wurde ein neuer

Beim Schleizer Dreiecksrennen machte 1936 zum ersten Mal Heiner Fleischmann als exzelenter Motorradfahrer auf sich aufmerksam: Mit einem Schnitt von 108 km/h fuhr er auf seiner NSU die schnellste Zeit.

Aufsichtsrat gewählt. Direktor Fritz Gehr, seit 1904 bei NSU, schied aus dem Vorstand aus. Zu ordentlichen Vorstandsmitgliedern wurden Direktor Fritz von Falkenhayn und Diplom-Ingenieur Richard Danner ernannt.

Die allgemeine Belebung der Wirtschaft wird durch die ansteigende Mitarbeiterzahl und den steigenden Umsatz deutlich.

Jahr	Belegschaft	Umsatz in Mio. RM	Aktienkapital in Mio. RM
1933	773	989	2,4
1934	910	1.077	2,4
1935	2.270	unbekannt	2,4
1936	2.764	unbekannt	2,4

Nachdem sich die Wirtschaftslage wieder gebessert hatte, dachte man Anfang der dreißiger Jahre auch bei NSU daran, erneut Autos zu bauen. Der damalige Direktor des Unternehmens, Fritz von Falkenhayn, beauftragte Ferdinand Porsche mit dem Entwurf eines modernen, wirtschaftlichen Wagens.

Nach eingehenden Vorgesprächen ließ von Falkenhayn Ferdinand Porsche bei der Konstruktion freie Hand. So konnte Porsche unter anderem endlich seine Idee vom luftgekühlten Heckmotor verwirklichen. Bereits Anfang 1934 waren die Pläne für den NSU-Wagen fertig, der intern Porsche Typ 32 genannt wurde. In seiner Gesamtkonzeption ähnelte das Fahrzeug bereits weitgehend dem späteren KdF-Volkswagen.

Zunächst wurden drei Prototypen gebaut, zwei davon bei Drauz in Heilbronn in Gemischtbauweise mit Holzkarosserie und Kunstlederüberzug. Ein dritter Prototyp mit Ganzstahlkarosserie wurde bei Reutter in Stuttgart gefertigt. Die Motoren entstanden unter Ferdinand Porsches Anleitung im Neckarsulmer Motorrad-Werk. Der Typ 32 besaß bereits den für alle späteren Volkswagen typischen Zentralrohr-Plattformrahmen, Einzelradaufhängung, eine Stabfederachse mit je zwei Längslenkern vorn und eine Pendel-Hinterachse. Erstmals wurden beim Typ 32 statt der damals üblichen Blattfedern runde Drehstäbe verwendet. Das war ein Porsche-Patent, das sich noch in vielen anderen Konstruktionen bewähren sollte.

Kernstück des Wagens war der luftgekühlte 1,47-Liter-Boxer-Motor mit zwei gegenüberliegenden Zylinder-Paaren und einem Keilriemen-Kühlluftgebläse. Der NSU-Prototyp hatte schon den für den Volkswagen typischen Hecktriebblock: Der Motor war hinter der Hinterachse installiert, das Getriebe davor und mit dem Achsantrieb verblockt. Ende Juli 1934 begannen die Erprobungsfahrten. Im Fahrversuch traten keinerlei gravierende Mängel zutage. Zwar brachen anfangs noch die Torsionsstäbe, doch konnten die konstruktiven Fehler schnell behoben werden.

Fritz von Falkenhayn war recht optimistisch und glaubte, sein Vorhaben mit 10 Millionen Mark, damals eine horrende Summe, realisieren zu können. Dennoch scheute man die Kapitalinvestition. Von Falkenhayn ließ die Idee mit dem Auto fallen und forcierte die Motorradentwicklung. Im Zweiten Weltkrieg wurden zwei dieser NSU-Prototypen durch Bomben zerstört, ein dritter, in der Nähe von Öhringen ausgelagerter, überstand den Krieg. NSU-Betriebsrat Schröder kaufte das Auto von NSU und rettete es vor der Verschrottung. 1956 tauschte Schröder den Oldtimer gegen einen Volkswagen neuester Produktion ein. Heute steht der NSU-Prototyp im Wolfsburger VW-Museum.

Im Auftrag von NSU entwickelte Ferdinand Porsche 1933/34 einen Wagen mit Heckantrieb. Mit diesem Modell wollten die Neckarsulmer wieder ins Automobilgeschäft einsteigen. Der Typ 32 von 1934 hatte einen 1,5-Liter-Vierzylinder-Boxermotor und ähnelte in vielen technischen Details dem späteren KdF-Volkswagen.

AUF AUTO-MOBILEM KURS

Nur wenige Motorradfahrer konnten sich in den dreißiger Jahren einen solchen Wunsch erfüllen: Eine NSU 501 OSL Tourensportmaschine mit Steib-Beiwagen.

Das im Jahr 1930 geschaffene NSU-Motorfahrrad Motosulm konnte sich infolge seiner konzeptionellen Nachteile und der schwachen Motorleistung nicht durchsetzen. Hinzu kam, daß sich mit dem Fortschreiten der Technik auch die Ansprüche der Kunden bei den Fahreigenschaften steigerten. Für NSU galt es also, ein Motorfahrrad zu bauen, das in seinem konstruktiven Aufbau mehr als bisher einem vollwertigen Motorrad gleichkam. In der 1936 herausgekommenen NSU-Quick, einem Klein-Motorrad mit Tretkurbel, wurde dieses Problem glänzend gelöst. An Konstruktions-Einzelheiten sind zu nennen: Zweitaktmotor mit 97 ccm Zylinderinhalt, Nasenkolben, Zweiganggetriebe mit Schaltung vom Lenker aus. Der Motor leistete 3 PS, die Höchstgeschwindigkeit lag bei 55 bis 60 km/h, der Normverbrauch bei 1,9 Liter. Die leistungsfähige Maschine zum Preis von 290 Reichsmark wurde damals als das billigste Motorrad der Welt deklariert.

Im Lauf der Jahre wurde die strapazierfähige NSU-Quick – mit Damen- oder Herrenrahmen – zum beliebtesten Volksmotorrad, so daß von diesem Modell bis Ende 1953 insgesamt 235.500 Stück verkauft werden konnten.

Um auch in der Kategorie der Motorräder ein volkstümliches Modell zu schaffen, brachte man 1937 das damals kleinste NSU-Motorrad ›Pony 100‹ heraus; ein richtiges Motorrad, das besonders im Stadtverkehr viel Freude machte.

In der Zeit zwischen den beiden Weltkriegen beherrschte in Deutschland bei den Motorrädern der Einzylinder-Motor das Feld. Sehr beliebt waren die kleinen, damals führerscheinfreien Maschinen mit Zweitaktmotor und einem Hubraum bis zu 200 ccm. Daraus gingen die sogenannten NSU-Pony-Modelle hervor, mit der Bezeichnung ›ZDP‹. Man unterschied folgende Modelle:

1930	175 Z und 201 Z, Z	Zweitakt
1933	175 ZD und 201 ZD, ZD	Zweitakt mit doppeltem Auspuffrohr
1934	175 ZDP und 200 ZDP, ZDP	Zweitakt-Pony mit doppeltem Auspuffrohr
1935	200 ZDB	Zweitakt-Blockmotor mit doppeltem Auspuff
1937	Pony 100	

Zwischen 1937 und 1940 wurde das NSU Pony gefertigt. Bei einem Preis von 345 Reichsmark avancierte es zu einem der beliebtesten Kleinmotorräder. Im Firmenemblem fiel seit 1938 das ›D‹ als Hinweis weg, das bislang auf den 1932 erfolgten Zusammenschluß mit den D-Rad-Werken hinwies.

Das Pony 100 hatte den gleichen Motor wie die NSU-Quick mit einer Leistung von 3 PS. Bei Vollgas, aufrecht sitzend mit Fahrmantel, Hut und Rucksack, erreichte das Maschinchen eine Geschwindigkeit von 52 km/h, der lang liegende Mensch war um 8 km/h schneller. Das zuverlässige Motorrad, das nicht nur mit geringsten Unterhaltskosten gefahren werden konnte, präsentierte sich auch als ein elegantes Fahrzeug, dessen konstruktive Einzelheiten mit Liebe durchdacht waren. »Sah man sich die Details näher an, wie Sattelbefestigung, Werkzeugtasche, Bremstrommeln und anderes, so mußte man schon sagen, das ist nicht billig gewesen. Da wurde bei aller Preiswürdigkeit nicht von dem Grundsatz abgewichen, Qualität zu liefern.«

Nachdem die Produktion von Automobilteilen, für die von dem italienischen Automobilunternehmen beherrschte ›NSU Automobil AG‹ in Heilbronn schon 1932 eingestellt worden und auch der Neuanfang von NSU auf vier Rädern an den zu hohen Investitionen gescheitert war, konzentriert sich das Neckarsulmer Unternehmen in den letzten Friedensjahren wieder voll auf die Fertigung von Zweirädern. Dieser ungeahnte Aufschwung, den die deutsche Zweirad-Industrie in wenigen Jahren genommen hatte, ließ die volkswirtschaftliche Bedeutung der Spezialisierung klar erkennen. Kein Wunder, wenn die weitere wirtschaftliche Entwicklung in der Fahrzeug-Industrie immer mehr auf eine scharfe Trennung in Zweirad- und Vierrad-Fahrzeuge drängte. Der entscheidende Schritt dazu war die von Neckarsulm Ende 1936 in die Wege geleitete Übernahme der Fahrradproduktion der ›Adam Opel Aktiengesellschaft‹, Rüsselsheim. Durch diese Transaktion und die Einführung der beiden Kleinstkrafträder NSU-Quick und NSU-Pony 100 hatte NSU die Spitze auf dem deutschen Markt der Zweiradindustrie errungen.

Die Presse schrieb damals: »Infolge der Fabrikations-Umschichtung wird NSU künftig zu den bedeutendsten Zweirad-Fahrzeugfabriken Deutschlands zählen. Die Aufgabe der Fahrrad-Fabrikation der Adam Opel AG und ihre Überleitung auf die NSU-D-Rad Vereinigte Fahrzeugwerke AG ist eine rein wirtschaftliche Maßnahme im Gegensatz zu den früheren Jahren, in denen Fusionen oder Vereinigungen gleicher oder verschiedener Fabrikationszweige auf ein Unternehmen sehr oft nur von einer spekulativen Börsenpolitik diktiert und weniger durch technische und volkswirtschaftliche Erfordernisse bedingt waren. Die Erkenntnis, daß sich in der Beschränkung erst der Meister zeigt, hat die Adam Opel AG zu dem Entschluß geführt, sich nunmehr auf die Kraftwagen-Fabrikation zu verlegen. Die NSU-D-Rad Vereinigte Fahrzeugwerke will sich wiederum auf die Herstellung von Fahrrädern, Motor-Fahrrädern und Motorrädern spezialisieren.«

Mit der Weiterentwicklung der Werke war auch eine Erweiterung des Vorstandes verbunden. Mit Wirkung vom 1. Mai 1936 wurde Direktor Ing. Curt Bücken als ordentliches Vorstandsmitglied und Leiter der technischen Betriebe berufen. Gleichzeitig übernahm Fritz von Falkenhayn den Vorsitz im Vorstand der Gesellschaft, nachdem der Aufsichtsrat schon im Jahre 1935 Prokurist August Böhringer zum stellvertretenden Vorstandsmitglied bestellt hatte.

Auf der Linie der Spezialisierung lag dann zwei Jahre später auch das Übereinkommen mit der Zündapp GmbH, Nürnberg, wonach unter völliger Wahrung der Selbständigkeit beider Firmen eine gemeinsam arbeitende Verkaufsorganisation für den inländischen Absatz ihrer Motorräder geschaffen wurde.

Die stabileren wirtschaftlichen Verhältnisse ermöglichen auch durchgreifende finanzielle Sanierungen und Kapitalberichtigungen. Das im Jahre 1933 auf 2,4 Millionen herabgesetzte Grundkapital erfuhr im Laufe der Jahre wiederholt Erhöhungen, zuletzt am 18. Dezember 1940 auf 6 Millionen RM. Erstmals konnte seit 1929 der Vorstand 1934 auch wieder die Ausschüttung einer Dividende beschließen. Der Firmenname, der im Laufe der Zeit mehrfach wechselte, um den verbreiterten Kreis der Erzeugnisse und die Aufnahme anderer Werke deutlich zu machen, wurde 1938 in die passendere Bezeichnung ›NSU Werke Aktiengesellschaft‹ geändert.

Den Ausbau der Betriebsanlagen in dieser Zeitperiode kennzeichnen die Durchführung größerer Aus-, Um- und Neubauten der Fertigungswerkstätten. Der Maschinenpark wurde erneuert und ergänzt, insbesondere durch Spezialmaschinen, so daß die Eigenherstellung aller zum Fertigungsprogramm gehörenden Einzelteile möglich war.

Die Umstellung der Fahrradherstellung auf Fließbandarbeit wurde im Jahre 1939 beendet und ein völlig neuer Fabrikationszweig kam hinzu: Die Herstellung einer NSU-Handmotorsäge namens ›Ural‹, für die ein spezieller Motor entwickelt worden war. Es handelte sich um eine Zweizylinder-Maschine mit 400 ccm Zylinderinhalt, bei der beide Zylinder einander gegenüberlagen. Die Spitzenleistung betrug 10 PS bei einem Gesamtgewicht von zirka 30 Kilogramm.

Die Jahre von 1933 bis 1939 sind durch einen dauernden Anstieg auf allen Gebieten gekennzeichnet: Steigende Produktionsziffern, steigende Mitarbeiterzahl, steigende wirtschaftliche Erträge und steigende soziale Leistungen. In dieser Zeit wurden von NSU 170.000 Motorräder, 97.000 Motor-Fahrräder und 570.000 Fahrräder hergestellt. Zum ersten Male seit 1928 konnten 1939 über 3.900 Mitarbeiter beschäftigt werden.

Jahr	Fahrräder	Motorräder	Freilaufnaben	Mitarbeiter	Umsatz in Mio. RM
1933	26.538	5.104	30.000	910	8,0
1939	127.532	57.521	95.000	3.900	40,68

1938 überraschte NSU die Motorradsportler mit einer technisch interessanten Kompressor-Rennmaschine. Eigentlich war der Motor für eine schwere Seitenwagenmaschine ausgelegt, doch wurden noch im selben Jahr Seitenwagenrennen verboten. Albert Roder entwickelte deshalb zusammen mit William Moore aus dem Triebwerk einen Kompressor-Twin für eine auf 350 ccm Hubraum reduzierte Solomaschine. Der mit zwei Nockenwellen ausgerüstete Motor leistete 44 PS und hatte bei seinem ersten Rennen einen furiosen Auftritt. Heiner Fleischmann startete mit der Kompressor-NSU in Hockenheim und siegte auf Anhieb. Gut zehn Jahre später ging diese technisch kräftig überarbeitete Maschine wieder erfolgreich an den Start, und zwar mit Wilhelm Herz, der schon 1939 erste Erfahrungen mit der Kompressor-Twin sammeln konnte.

Die friedliche Eroberung der Märkte im In- und Ausland durch die Produkte der Neckarsulmer und ihre motorsportlichen Erfolge wurde durch die sich immer stärker abzeichnende Hinwendung zur Rüstungsproduktion drastisch eingeengt. Das Rohmaterial für die Fertigung wurde eingeteilt, eine straffe Typenbegrenzung und tief ins Management eingreifende Anordnungen des ›Generalbevollmächtigten für das Kraftfahrzeugwesen‹ kündigten auch an der Sulm das Heraufziehen der ›Gewitterwolken‹ und den internationalen Konflikt an.

Neben dem wirtschaftlichen Aufschwung kam Mitte der dreißiger Jahre auch der Motorsport wieder auf Touren. Das lag auch am Nationalsozialismus, der diese Sportart weitgehend förderte. Der bisherige Träger des Motorsports, der ADAC, wurde aufgelöst und die örtlichen Clubs zu NSKK-Einheiten (Nationalsozialistisches Kraftfahr-Korps) umgewandelt. In den deutschen Wettbewerben besaß NSU eine führende Rolle. Aus vielen klassischen motorradsportlichen Veranstaltungen gingen die NSU-Mannschaften und -Fahrer als Sieger hervor. Allein 1937 verbuchten sie 9 Rekorde, 10 Bestzeiten, 90 erste Preise, 179 Goldene Medaillen, 279 sonstige Auszeichnungen und 45 Mannschaftspreise. Sie gewannen in dem Jahr die Deutsche Motorradmeisterschaft in der 350-ccm-Klasse und die Schweizer Motorradmeisterschaft in der Seitenwagen-Klasse bis 1.000 ccm.

Das NSU-Renntrio mit Karl Bodmer, Otto Rührschneck und Wilhelm Herz (von links nach rechts) 1939 mit der neuen Zweizylinder-Kompressormaschine.

Die Umstellung des Betriebes auf Kriegswirtschaft vollzog sich verhältnismäßig rasch. Durch den vorangegangenen wirtschaftlichen Aufschwung waren in 244 Spezialmaschinen über zwei Millionen RM investiert worden. Die schon vor dem Krieg ausgelastete Produktion wurde nochmals gesteigert. Eingeschränkt wurde die Herstellung von Fahrrädern und Motorrädern zugunsten der Kriegsfertigung. Vorrang in der NSU-Fertigung hatten jetzt Flugzeugaggregate, Fahrgestelle für Gebirgsgeschütze, ferngesteuerte Sprengstoffträger, die mit Opel-Motor bestückten Kettenkräder sowie Kartuschen, Granaten und Zünder ....

VOM MOTORRAD ZUM AUTOMOBIL

VOM MOTORRAD ZUM AUTOMOBIL

Wanderer gibt dem Drängen der Kunden und Unternehmensfreunde nach und bringt, ein Jahr später als NSU, 1902 das erste Wanderer-Motorrad auf den Markt, und zwar eine 1,5-PS-Maschine mit einem luftgekühlten Einzylinder-Viertaktmotor und einem hängenden, zwangsgesteuerten Einlaßventil im Zylinderkopf. Das Ventil stand unter dauerndem Federdruck und öffnete sich durch Unterdruck, der durch den abwärtsgehenden Kolben im Zylinder entstand und das Benzin-Luftgemisch hereinströmen ließ. Das seitlich stehend angeordnete Auslaßventil wurde über eine Nockenwelle gesteuert. Das Motorrad konnte mit der Tretkurbel über eine Kette, die zum Hinterrad führte, gestartet werden. War der Motor angesprungen, übernahm ein sehr elastischer Riemen die Kraftübertragung auf das Hinterrad. Dieses erste Modell glich immer noch einem Fahrrad und war dennoch sehr erfolgreich.

Zwei Jahre nach der Einführung wurde der Rahmen leicht modifiziert. Die Lenkstange war jetzt zum Fahrer hin verlängert worden, damit dieser aufrechter sitzen konnte. Der sogenannte Rennbuckel des Fahrers, durch den der Luftwiderstand verringert werden konnte, war noch nicht gefragt. Man hatte immer noch die stolze Pose des Reiters vor Augen. Der Motor leistete nunmehr 2,5 PS, eine ganze Pferdestärke mehr als sein Vorgänger und hatte eine standfeste Magnetzündung.

Das erste kleine Motorrad wog etwa 45 Kilogramm, erreichte eine Höchstgeschwindigkeit von 50 Kilometer in der Stunde und verbrauchte 2,5 Liter für eine 100 Kilometer lange Strecke. Allerdings wurde bei diesem Motorrad der Fahrer auf schlechten Straßen furchtbar durchgerüttelt. Mit dem Reitgefühl war es nichts, der Motorreiter konnte sich nicht durch entsprechendes rhythmisches Heben und Senken seines Hinterteils dem Sattel anpassen. Deshalb ließ man auch bald von einer Verbesserung der Sattelfederung ab und minderte die Schlaglochstöße durch eine verstärkte Doppelgabel, in die 1905 eine Federung eingebaut wurde.

Die Motorräder wurden immer komfortabler, stärker und schneller. 1905 wurden die 4- und 5-PS-Motorräder gebaut. Damit erzielten die Fahrer Geschwindigkeiten von 60 und 80 km/h. 75 und 78 Kilogramm wogen die Maschinen. Gummi- oder Lederkeilriemen übertrugen die Kraft des

> Konsequent ist Wanderer seinen Weg gegangen: Nachdem sich abzeichnete, daß dem motorisierten Fahrzeug die Zukunft gehört, wurde das Fahrrad motorisiert und wenige Jahre später die Fertigung von Automobilen aufgenommen.

VOM MOTORRAD ZUM AUTOMOBIL

4 PS leistete 1914 der Zweizylindermotor von Wanderer. Am Hinterrad war ein Kickstarter angebracht, der über eine Kette beim Starten das Hinterrad antrieb.

Der Verkaufsprospekt des 1,5 PS-Wanderer-Motorrades von 1908 weist auf eine Besonderheit hin: »Der Abstand der Riemenfelge des Hinterrades kann während der Fahrt geändert werden; der Motor zieht mit gelockertem Riemen in Steigungen besser durch.«

Motors auf die hintere Riemenfelge. Hervorragende Eigenschaften bescheinigte die Fachwelt dem 4-PS-Motorrad beim Rennen Moskau-Petersburg 1907. Auf grundloser Straße, so muß man schon sagen, wagten zwölf Fahrer den Start. Nur ein einziger von ihnen erreichte das Ziel: Der Fahrer des Wanderer-Motorrades! Gut aufgenommen wurde auch das 1907 neu vorgestellte Motorrad mit dem leichteren 2,5-PS-Motor und untersetzter Riemenscheibe. Der Erfolg ermutigte die Wanderer-Mannschaft, eine noch leichtere Maschine mit einem 1,5-PS-Motor zu bauen. Die ließ sich auch noch einigermaßen gut verkaufen.

Um 1908 verringerte sich die Motorrad-Nachfrage, der Bau schwerer Maschinen wurde aufgegeben. Resignation? Nicht doch. Dazu war man in die zweirädrigen Flitzer zu sehr verliebt und hatte auch hohe Summen in sie investiert. Das durfte einfach nicht vergeblich gewesen sein. Man war sich einig darüber, daß diese Durststrecke schon binnen weniger Jahre überwunden sein würde. Wanderer-Motorräder würden eines Tages wieder ganz groß herauskommen. Eine kleine Atempause tat wohl allen ganz gut. Konkurrenz war nicht zu fürchten, zumindest in Deutschland nicht. Zu NSU hatte man ein freundschaftliches Verhältnis.

WANDERER

1910 wagt man den Schritt zum leistungsstarken Zweizylinder-Motorrad. Gleichzeitig bekommen alle Modelle eine Hinterradfederung, bei der die hinteren Rahmenstützen in der Art einer Teleskopfederung ausgeführt sind. Neuerungen sind auch ein Kippständer und eine Hinterrad-Felgenbremse. Das war eine zweite Bremse neben der Bremstrommel. 1914 bringen die Wanderer-Werke zwei neue Modelle auf den Markt, und zwar das neue 2-PS-Einzylinder-Modell (250 ccm) und das Zweizylinder-Modell mit 4 PS (500 ccm). Als wesentliche Neuerung haben beide Modelle eine Getriebenabe mit Leerlauf im Hinterrad: »Diese Einrichtung ermöglicht in erster Linie ein leichtes und bequemes Ingangsetzen des Motorrades und das Anfahren vom Ruhestand aus; sie bietet ferner die Annehmlichkeit, unabhängig von der Schnelligkeitsveränderung, die man durch die Zündungs- und Gasregulierung bewirken kann, mit zwei verschiedenen, um 43 Prozent differierenden Geschwindigkeiten fahren zu können.«

Erstmals sind also Motorräder von Wanderer mit zwei Gängen ausgestattet. Eine weitere Verbesserung bietet der auf Wunsch lieferbare Kickstarter, der am Hinterrad befestigt ist.

Während des Ersten Weltkrieges bleiben die beim Heer sehr beliebten Wanderer-Motorräder weitgehend baugleich. Fast die Hälfte der vom Heer eingesetzten Motorräder trugen den Namen Wanderer. Insbesondere das Zweizylinder-Modell mit einer Spitzengeschwindigkeit von 85 km/h fand großen Anklang bei den motorisierten Truppen. Noch während des Ersten Weltkrieges wurde ein Dreiganggetriebe entwickelt, das am Motor angeblockt war. Dieses Getriebe ersetzte die Getriebenabe im Hinterrad.

1919 wurden zur Leistungssteigerung die Motoren im Hubraum vergrößert: Der Einzylindermotor (323 ccm) brachte es dadurch auf 2,5 PS und der Zweizylindermotor (616 ccm) auf 4,5 PS. Gleichzeitig erhielt das Zweizylinder-Modell einen Kettenantrieb, während man beim 2,5-PS-Modell zwischen Riemen und Kette wählen konnte. 1924 wurde ein völlig neues Einzylinder-Modell vorgestellt, dessen Motor eine effektive Leistung von 4,5 PS aus 196 ccm Hubraum entwickelte. Der Motor war im Gegensatz zur bisherigen Bauweise liegend angeordnet und mit einem Zweiganggetriebe verblockt. Der Volksmund taufte dieses Motorradmodell ›Kaffeemühle‹, da die Form des Getriebeschalthebels Ähnlichkeiten mit einer Kaffeemühlenkurbel aufwies.

1927 erscheint in gleicher Bauart ein auf 184 ccm Zylinderinhalt reduziertes Modell, welches bei gleicher Leistung seit April 1928 führerschein- und steuerbefreit war.

Die schweren Zweizylinder Wanderer-Motorräder bekamen 1925 einen neuen Motor, der pro Zylinder zwei Ein- und Auslaßventile hatte. Dieser 8-Ventil-Motor entwickelte 15 PS aus einem 708 ccm großen Hubraum. Allerdings konnte sich die aufwendige Ventilsteuerung nicht durchsetzen, so daß man 1927 wieder auf zwei Ventile pro Zylinder

Stolz präsentiert sich 1910 eine Gruppe mit dem ersten Wanderer-Zweizylinder-Modell mit 3-PS-Motor.

Eine bequeme Sitzhaltung erlaubte das 2-PS-Einzylindermodell von Wanderer, das 1914 auf den Markt kam.

VOM MOTORRAD ZUM AUTOMOBIL

Der gebürtige Chemnitzer, Albert Schuster, gehörte in den zwanziger Jahren zu den erfolgreichsten Motorrad-Rennfahrern. 1924 errang er mit seiner ›achtventiligen‹ 350-ccm-Wanderer-Maschine den Klassensieg.

Die Fertigungsanlagen und Lizenzen für das 500-ccm-Kardanmodell wurden an die Prager Waffenfabrik Janecek veräußert, die dieses Motorrad unter dem Namen ›Jawa‹ (Janecek/Wanderer) weiter produziert. Die Fertigungsanlagen für die anderen Motorradtypen wurden 1929 von der NSU AG in Neckarsulm übernommen und die Motorräder unter dem Namen ›NSU-Wanderer‹ vertrieben. Die in den Wanderer-Werken frei gewordenen Räume wurden für die Fahrrad-Fertigung genutzt. Schon drei Jahre später, 1931, wurde die Frage des motorisierten Fahrrades erneut aufgegriffen. Die Wanderer-Werke entschlossen sich zum Bau von Motor-Fahrrädern. Die zweckmäßig durchgebildeten Modelle mit der gesetzlich geschützten tiefen Aufhängung des von Fichtel & Sachs oder von der Firma ILO gelieferten Motors und ihren günstigen Fahreigenschaften waren im In- und Ausland sehr gefragt. Nach der Zahl der Zulassungen hat Wanderer den weitaus größten Anteil an der Produktion dieser wirtschaftlich sehr günstig zu betreibenden kleinen Fahrzeuge.

zurückging, während man gleichzeitig den Hubraum auf 750 ccm erhöhte. Mit den nunmehr zur Verfügung stehenden 20 PS erreichte das stärkste Wanderer-Motorrad eine Höchstgeschwindigkeit von 120 km/h.

1928 entwickelten die Wanderer-Werke ihr letztes Motorrad-Modell. Es hatte einen stehenden, 500 ccm großen Einzylindermotor, der 16 PS leistete. Eingesetzt war das Triebwerk in einem Preßstahlrahmen. Innovativ war die Kraftübertragung, denn eine Kardanwelle übertrug die Motorkraft zum Hinterrad.

Die Ende der zwanziger Jahre einsetzende Wirtschaftskrise wirkte sich auch ungünstig auf das Motorradgeschäft aus. Während die steuerfreien 200-ccm-Motorräder noch einen einigermaßen kontinuierlichen Absatz fanden, war das Geschäft mit den großen Maschinen stark rückläufig. Als Konsequenz aus dem Absatzrückgang und auch wegen einiger konstruktiver Probleme bei den 500er Kardanmodellen stellte Wanderer zur Jahresmitte 1929 die Motorradfertigung ein.

Das 500-ccm-Wanderer-Motorrad mit Kardanantrieb war das letzte Motorradmodell der Wanderer-Werke.

1929, exakt 27 Jahre, nachdem das erste Wanderer-Motorfahrrad vorgestellt worden war, wurde die Motorradfertigung eingestellt. Zwei Jahre später nahm Wanderer jedoch die Fertigung von Motor-Fahrrädern wieder auf. Die Abbildung zeigt das Wanderer-Chrom-Motor-Fahrrad von 1931 mit 74-ccm-Motor.

DIE FLIESSENDE FERTIGUNG WIRD EINGEFÜHRT

Peu à peu kommt alles in die Reihe. Das ist wörtlich zu nehmen. Bei Wanderer geht man mit der Zeit, eilt ihr vielleicht ein wenig voraus, ist aber immer à jour, wie es in der Bürofachsprache heißt. Winklhofer hatte beizeiten den unternehmerischen Kurs abgesteckt. Er, der am 4. Oktober 1902 die Leitung der Wanderer-Werke niederlegte, sich nach München-Bogenhausen in seine Villa zurückzieht und von dort auf Bitten des Aufsichtsrates Delegierter wird und die Funktion eines technischen Beraters bis zu seinem 70. Geburtstag am 23. Juni 1929 ausübt, blickt noch einmal zurück auf das Werden der Wanderer-Werke: »Wenn ich nun in meinen Betrachtungen den Ursachen für das enorme Wachsen des Umfanges und des Rufes der Wanderer-Werke nachgehe, so komme ich immer wieder zur Überzeugung, daß daran in der Hauptsache die Grundsätze schuld sind, nach denen wir von Anfang an gearbeitet haben und die ich einmal vor vielen Jahren in meinen 10 Geboten für Vorwärtsstrebende niedergelegt habe. Sie lauten:

1. Grundbedingung ist, daß man seinen Beruf gründlich versteht.

2. Den Ehrgeiz haben, jedes Ding besser zu machen, als es irgendein anderer kann.

3. Am Prinzip festhalten, daß dem Kunden für sein Geld nur das Beste geliefert werden darf.

4. Eine nie ausgehende Freude an der Arbeit muß vorhanden sein. Das Geldverdienen darf niemals Hauptzweck der Arbeit sein.

5. Immer nur nach den neuesten Arbeitsmethoden und mit den allerbesten Einrichtungen im Betrieb arbeiten. Fachzeitschriften lesen und lesen lassen. Alle Ausstellungen selbst und auch von den leitenden Personen besuchen lassen.

6. Der größere Teil des verdienten Geldes muß zur Beschaffung dieser betriebsfördernden Mittel verwandt werden.

7. Den rechten Mann an den rechten Platz stellen.

8. Einfach und solide leben, damit man früh mit klarem Kopfe an die Arbeit gehen kann. Eine sehr wichtige Sache, die auch meine Nachfolger, Herr Daut und Stuhlmacher, stets befolgten. Leute, die alles mitmachen müssen, leisten meistens nicht sehr viel.

9. Mit dem Gedanken vertraut machen, daß man nicht jedes Geschäft machen kann oder muß. Dann wird man sich vor vielen Verlusten bewahren und von der Konkurrenz geachtet sein.

10. Schließlich gehört noch eine recht große Dosis Geduld dazu, um den Erfolg seiner Mühen abzuwarten, auch wenn es manchmal recht trostlos aussieht.« Bei Punkt 5, da mag Winklhofer wohl eine Anleihe bei Goethe gemacht haben, der gesagt hat: »Ein Mann, der recht zu wirken denkt, muß auf das beste Werkzeug halten.«

Die gelernten Facharbeiter waren, wie überall, auch bei Wanderer stolz auf ihr Werkzeug, das sie sich selbst gefertigt hatten, das ihnen gehörte und das sie mit sich nahmen, wenn sie ihren Arbeitsplatz wechselten. Fortschrittlich geführte Betriebe, die den Montageprozeß rationalisieren wollten, haben besonders qualifizierte Facharbeiter damit

Johann Baptist Winklhofer (links) und Adolf Jaenicke (rechts), die Gründer der Marke Wanderer, waren Unternehmer, die mit Tatkraft und Umsicht die Geschicke der Firma leiteten.

Ein Blick in das ›Hauptcomptoir‹ der Wanderer-Werke von 1907. Zwar gibt es noch keine Fernsprecher, doch die Schreibmaschinen von Wanderer erleichtern schon die Büroarbeit.

beauftragt, aus dem von der Firma zur Verfügung gestellten Material Präzisionswerkzeuge für die Reihenfertigung zu entwickeln.

Winklhofer hat durch seine Gebote, die verbindliche Geltung hatten, diesen Fortschritt zur rechten Zeit eingeleitet und somit dem Grundsatz der Wanderer-Werke entsprochen, die Qualität ständig zu verbessern.

Die Werkzeuge für die Reihenfabrikation stellen große Werte dar. Deshalb werden sie sehr sorgfältig und planmäßig verwaltet, so daß jeder Mitarbeiter mit wertvollem Werkzeug auch wieder Materialwerte erzeugen kann. Das ist natürlich abhängig von der Beschaffenheit des Werkstoffs, der bearbeitet werden soll. In einem eigenen Werkslaboratorium wurde überprüft, ob der Werkstoff in der Tat auch die erforderlichen Eigenschaften besitzt. Nicht nur die Wanderer-Werke, auch andere Industriezweige hatten gerade während des Ersten Weltkrieges und nach der Ruhrbesetzung große Schwierigkeiten, den in seinen Eigenschaften bekannten guten Werkstoff zu erhalten. Der Ersatzstoff war oftmals in der Qualität höchst ungleichmäßig. Die Wanderer-Werke wollten aber den auf dem Weltmarkt erzielbaren Preis unbedingt durch entsprechende Qualität erreichen. Darum mußten die bisherigen Arbeitsverfahren grundsätzlich verändert werden. Das war nur lohnend, wenn angemessene Stückzahlen auf den Markt gebracht werden konnten. Voraussetzung hierfür waren einmal die Vereinheitlichung, die Normierung des Erzeugnisses und der entsprechende Verkaufserfolg.

Da blieb nichts anderes übrig als die sogenannte fließende Fertigung, die in Amerika während des Krieges weitgehend entwickelt worden war, auch in Deutschland einzuführen und speziell auf den deutschen Arbeiter abzustimmen.

Werkstoff und die Lagerhaltung auf das wirtschaftlich richtige Maß gebracht werden. Auf diese Weise war auch der Einsatz von ungelernten oder angelernten Arbeitern möglich, und die Facharbeiter konnten überall dort eingesetzt werden, wo ihre Geschicklichkeit und ihre Erfahrung den größtmöglichen Nutzen für die Allgemeinheit erbrachten.

In den Wanderer-Werken wurde schon 1924 mit der fließenden Fertigung im Fahrradbau begonnen. Nach und nach entstand eine besondere Arbeitsgruppe für die Bandarbeit. Genaue Arbeitszeit-Studien lieferten die Daten für die Einrichtung der ersten deutschen Montagebahn für Fahrräder im Sommer 1925. Weil die Wanderer-Werker sehr gute Erfahrungen mit der Bandarbeit gemacht hatten, die sie als Erleichterung ihrer Arbeit empfanden, wurde in den Jahren 1926 und 1927 die fließende Fertigung für Motoren und Getriebe und vor allem für den Kraftfahrzeugbau eingerichtet.

MIT VIER RÄDERN ZUM ERFOLG

Als die Arbeitstaktverfahren noch nicht in vollem Gange waren, liebäugelte man bei Wanderer mit der Einrichtung einer Automobilproduktion. Zu diesem Experiment hatte Winklhofer motiviert. Nur so zum Zeitvertreib hatte er zu einer Preisliste der Wanderer-Werke von 1913 noch einmal die Grundgedanken zum Autobau Revue passieren lassen, zumal die Kunden wiederholt fragten, warum die Wanderer-Werke denn keine Automobile bauten: »Diese im Laufe der Jahre gewiß tausendmal von unseren Kunden an uns gerichtete Frage wiederholte sich in letzter Zeit so oft, daß wir uns schließlich selbst fragten: Ja, warum bauen wir eigentlich keine Automobile? Unsere Leistungen im Bau von Präzisions-Fräsmaschinen und der große Erfolg mit unseren von A bis Z selbst hergestellten Motorrädern berechtigten uns gewiß zu dem Glauben, daß wir auch imstande wären, ein Automobil zu erzeugen, mit dem unsere Abnehmer gewiß zufrieden sein würden. Also, warum nicht?

In den Wanderer-Werken war schon sehr früh die Arbeitsvorbereitung für alle Produktionszweige so weit ausgebaut worden, daß die Maschinen voll ausgenutzt werden konnten. Auch das entsprach den Grundsätzen von Winklhofer. Arbeitsverfahren, Arbeitszeiten und die Transportwege von einem Arbeitsgang zum anderen wurden festgelegt und aufeinander abgestimmt. Somit konnten die Erzeugung, die Durchgangszeiten für den

Die Fahrradfertigung, die den Aufschwung der Marke Wanderer begründete, erfolgte seit 1925 am ›laufenden Band‹.

VOM MOTORRAD ZUM AUTOMOBIL

Wenige Jahre nach der Jahrhundertwende, 1902/1903, reifte bei Wanderer der Gedanke, auch in die Automobilfertigung einzusteigen. 1905 war der erste Versuchswagen fertig, der noch erhalten ist und im Verkehrsmuseum Dresden steht.

Diese Frage beschäftigte und beunruhigte uns lange; aber eines Tages war der Entschluß da. Daß es nicht große, starke Wagen sein durften, an welchen kein Mangel war, darüber waren wir uns von Anfang an klar. Wir hatten einen ganz niedlichen, kleinen Wagen im Auge, kleiner als alle bisher gebauten Wagen, einen Wagen, niedrig im Anschaffungspreis, sparsam im Benzin-, Gummi- und Ölverbrauch, anspruchslos im Platzbedarf, aber großen Wagen gleich an Schnelligkeit und im Nehmen von Steigungen. Kurzum, es sollte ein konstruktiv vollkommener, in allen Einzelheiten äußerst exakt gearbeiteter, dauerhafter Gebrauchswagen werden, mit dem man jede noch so weite Tour, auch über die höchsten Gebirgspässe, ohne Sorge unternehmen konnte. Ein Wagen, den der Arzt, der Geschäftsreisende, der Jäger zur Fahrt ins Revier, der Architekt zur Kontrolle seiner Bauten, der Kaufmann oder Fabrikant als Lieferwagen für Waren und Postpakete etc. ebenso gut gebrauchen konnte wie der Sportsmann. Die Aufgabe, ein solches Fahrzeug zu billigem Preise herzustellen, hatten sich schon viele Konstrukteure vor uns gestellt, allerdings ohne Erfolg.«

Sollte wirklich der Kreis der Autobesitzer vergrößert werden, so durfte man unter keinen Umständen nur große und schwere Wagen bauen, die damals stolze 6.000 bis 8.000 Mark kosteten. Klein, leicht, leistungsfähig und sparsam im Benzinverbrauch mußte das Auto sein. Und preiswert. Da würde ein neuer Kundenkreis zu erschließen sein. Ein Auto für das Volk, ein Volks-Auto! Das war ein kühner und zugleich realistischer Gedanke. Man sollte es wagen können, und außerdem würde die Herstellung von Kleinkraftwagen durchaus ins Programm passen. Gesagt, getan.

WANDERER

Die Wanderer-Werke hatten ihren ausgezeichneten Ruf durch Präzisionsarbeit begründet. Facharbeiter, die sich sehr gut auskannten, standen ausreichend zur Verfügung. Der Maschinenpark war entsprechend ausgerüstet. Der Motorenbau war auch kein Problem. Da hatte man reichlich Erfahrung. Aus dem Fahrrad- und Motorradbau konnte manches übernommen und für den Kleinwagenbau verwertet werden. Warum sollte man nicht Gas geben? Da war ein Mann, der sozusagen den ersten Gang einlegte, Eugen Buschmann. Man bringt seinen Namen eher mit den Wanderer-Büromaschinen in Verbindung. Doch kurz nach seinem Eintritt in die Firma am 1. Februar 1903 wird er beauftragt, Konstruktionspläne zu zeichnen, um ein Auto zu bauen. Zunächst noch unverbindlich und noch nicht mit dem Gedanken, die Serienproduktion von Automobilen aufzunehmen. Nur ein erstes Experiment.

Überstürzt handelte man bei Wanderer nicht. Zuerst einmal abwarten, was Buschmann am Zeichenbrett da ausgeklügelt hatte. Was nach seinem Plan gebaut wurde, das konnte sich sehen lassen. Nach den Archivunterlagen war das 1905 dann auch der erste Wanderer-Wagen:

Der Zweizylinder-Viertaktmotor leistet 12 PS bei 1.200 U/min. 100 mm beträgt die Bohrung, 120 mm der Hub; somit ergeben sich 1884-ccm-Zylinderinhalt. Der Motor ist wassergekühlt, eine Pumpe bewirkt den Wasserumlauf, und für einen kräftigen Zündfunken sorgt ein Bosch-Hochspannungs-Magnetzünder. Das Starten erfolgt mit einer Handkurbel. Durch eine Konuskupplung wird das Dreiganggetriebe vom Motor getrennt. Eine Kardanwelle überträgt die Motorleistung auf ein in der Hinterachse liegendes Differential, und von dort aus werden die Hinterräder über Halbwellen angetrieben. Das Fahrzeug hat einen Preßstahlrahmen als Chassis. Die Vorderachse ist als Gabelachse ausgelegt, in der die Achsschenkel lagern. Alle vier Räder sind Holzspeichenräder. Die Vorderräder sind ungebremst, die Bremsung der Hinterräder erfolgt durch Innenbackenbremsen. Zusätzlich verfügt der Wagen über eine Getriebebremse. Vorder- und Hinterachse werden durch Halbelliptikfedern abgefedert. Der Fahrkomfort kann sich sehen lassen. Ein ausgesprochener Zweisitzer mit nebeneinander liegenden Sitzen. Rechts sitzt der Fahrer, neben ihm sein Begleiter. Die Spritzwand, welche den Motorraum vom Fahrgastraum trennt, ist höher als die Motorhaube. Gegen schlechtes Wetter schützt ein Klappverdeck.

Hin und wieder, wenn sie einmal von ihrer Arbeit aufblicken, die sie ganz und gar gefangen nimmt, schauen die Wanderer-Leute auf die von NSU und was diese in petto haben könnten. Die NSU-Leute schauen auf die von Wanderer. Natürliche Neugier ist das, noch kein Konkurrenzdenken. Beide schauen auch nach Zwickau, da brummen die Motoren der ersten Horch-Wagen schon seit 1904. Auch keine Konkurrenz, denn beide wollen Kleinwagen bauen, Horch baut große. Wichtig ist, daß zuerst einmal die Entwicklung bis zur Serienreife vorangetrieben wird. Also: Diesbezüglich keine Experimente! Höchstens den zweiten Gang einlegen für weitere Entwicklungsarbeiten im Automobilbau und zuallererst einmal den Namen eintragen lassen, den Winklhofer für den Wagen ersonnen hat und den er sich 1906 schützen ließ: Wanderermobil.

Die am 23. Mai 1906 erfolgte Eintragung nennt das Warenzeichenblatt des Kaiserlichen Patentamtes zu Berlin unter der Firmenbezeichnung:

Wanderer-Fahrradwerke
vormals Winklhofer & Jaenicke AG.,
Schönau bei Chemnitz,
Herstellung von Motorwagen
und Motorwagenteilen.

Der symbolische zweite Gang wird 1911 eingelegt, nachdem man 1907 einen zweiten Versuchswagen, diesmal mit Vierzylinder-Motor, auf die Räder gestellt hatte. Behutsam und gründlich ging man bei Wanderer vor, ganz nach den ›10 Geboten‹ von Firmenchef Winklhofer. 1912 ist dann der Kleinwagen vorstellungsreif. Die Öffentlichkeit darf staunen über
• den 5/12-PS-Zweisitzer, der in der Folgezeit als Wanderer Puppchen berühmt wurde,

VOM MOTORRAD ZUM AUTOMOBIL

- den Vierzylinder-Reihenmotor, bei dem die Einlaßventile hängend und die Auslaßventile stehend angeordnet waren,
- den wassergekühlten Motor, für dessen Wasserumlauf eine Flügelpumpe diente, den automatischen Vergaser und die serienmäßige Magnetkerzen-Zündung,
- den Hubraum von 1.147 ccm, der sich durch eine Bohrung von 62 mm und einen Hub von 95 mm ergibt, die 12 PS, die sich bei 1.800 U/min. ergeben,
- die Kraftübertragung durch eine Lederkonuskupplung auf das Dreigang-Getriebe, dessen Zahnräder aus gehärtetem, hochwertigem Nickelstahl bestanden,
- die Schaltung mittels eines innenliegenden Schalthebels,
- die Kraftübertragung durch eine Kardanwelle auf das im Hinterachsgehäuse liegende Differential,

Das Wanderer Puppchen, Modell H, mit zwei hintereinanderliegenden Sitzen, ist als pfiffige Kleinwagenlösung in die Automobilgeschichte eingegangen.

- die Wirkung der Handbremse auf die Trommelbremsen der Hinterräder,
- die Karosserie-Sportform ›Torpedo‹, mit zwei gepolsterten Sitzen hintereinander, Modell H,
- die Ausführung Modell N mit nebeneinanderliegenden Sitzen, die auf Wunsch der Kunden das Programm einige Zeit später ergänzt.

Nach dem Grundsatz ›Nichts kommt zum Kunden, was nicht gründlich von uns erprobt worden ist!‹ wird auch das Puppchen getestet. Im August 1912 geht es mit dem 5/12 PS-Zweisitzer auf eine Erprobungsfahrt nach Südtirol. Winklhofer, der zu diesem Zeitpunkt beratendes Mitglied des Aufsichtsrates der Wanderer-Werke ist, beschreibt in einem ausführlichen Katalog die Testfahrt: »Als alter Freund des Hauses Wanderer hatte ich der Direktion dieser Werke den Vorschlag gemacht, einen ihrer Probewagen unter meiner Führung eine Tour durch Nord- und Südtirol laufen zu lassen, um zu sehen, wie sich der Wagen dabei bewährte. Am 27. August 1912, früh 7 Uhr, nahm die Fahrt von Chemnitz aus ihren Anfang. Ingenieur Motory und Chauffeur Zintkerzl, welche sich in der Lenkung des Wagens abwechselten, fuhren am ersten Tage trotz des rauhen, kalten Gegenwindes und Sturm und Regen über Franzensbad, Eger, Weiden bis Regensburg. Am anderen Tage war das Wetter zwar etwas freundlicher, aber recht kühl. Mittags Punkt 12 Uhr fuhren die zwei Herren in meinem Münchner Heim, wo ich sie erwartete, zum Gartentor herein. Herrn Motorys Nase, die sonst nur sanftes Rot zeigt, war heute blau wie damals, als wir halberfroren von einer Probefahrt vom Zirler Berg zurückkamen. Der Rest des Tages wurde dazu benutzt, um den bisher tadellos gelaufenen Wanderer zu ölen und sein gelbes Äußeres zu säubern. Für den anderen Tag, Donnerstag, den 29. August, war die Abfahrt angesetzt. Zu unserer größten Überraschung war ein herrlicher Morgen angebrochen. Die Freude darüber hatte uns alle frühzeitig auf die Beine gebracht, und Punkt 8 Uhr ging es zum Tor hinaus. Und nun kam ein Tag für uns, so genußreich und schön, wie selten einer im Leben; ein Tag, den man wohl erleben, aber schwer beschreiben kann. Wer die Gegend kennt, wird unsere Freude verstehen.«

Die Vorzüge des Wanderer Puppchens werden voll ausgekostet. Die Fahrt führte von München aus über Garmisch und Mittenwald nach Innsbruck, von dort aus weiter über den Brenner nach Sterzing und Franzensfeste bis Mühlbach im Pustertal. Am zweiten Tag schnurrt das Wanderer Puppchen durch das Ampezzotal nach Cortina. Anschließend bezwingt es den 1.950 Meter hohen Falzaregopaß, rollt über Buchenstein, Andraz und Pieve und klettert dann auf das 2.242 Meter hohe Pordoi-Joch.

Der Höhenrausch hält auch am dritten Tag noch an. Das Ziel, der 1.960 Meter Rollepaß, wird ebenso problemlos erreicht wie anschließend – über San Martino di Castrozzo – der Brocone-Paß mit 1.617 Metern Höhe. Auf der Fahrt zu Tal dann der Glanzpunkt dieses automobilen Abenteuers:

Auf Testfahrt nach Tirol: 1912, vor Produktionsbeginn, wurde das Wanderer Puppchen eingehend getestet.

Am Brennerpaß mußte der 1,1-Liter 12-PS-Motor im Wanderer Puppchen seine Leistungsfähigkeit beweisen.

»Eine gottgesegnete Gegend tat sich hier auf. Aber die Straßen wurden jetzt schlecht, schmal und unübersichtlich, und wir atmeten erleichtert auf, als wir ohne Unfall endlich Stringo, einen kleinen, enggebauten Ort von typisch italienischem Aussehen, erreichten. Hier erwarteten unseren Kleinen eine begeisterte Ovation seitens der Kinder. Als wir am Marktplatz einen Augenblick anhielten, kamen sie von allen Seiten herbei, und hundert kleine Kehlen jubelten: Eviva la picolla Carozza! Als wir langsam anfuhren, liefen sie noch durch das ganze Nest neben ihm her. Am 11. Tag seiner Abreise traf der Wagen mittags 12 Uhr wieder wohlbehalten in der Fabrik in Chemnitz ein, nachdem er im ganzen 2.065 km zurückgelegt hatte.«

Die Herren Motory und Zintkerzl konnten guten Gewissens erklären, daß der Wanderer 5/12 sich rundum bewährt habe und nun getrost in Serie

VOM MOTORRAD ZUM AUTOMOBIL

Auch bei automobilen Wettfahrten wurde das Wanderer Puppchen eingesetzt. Die Abbildung zeigt das Puppchen kurz vor dem Start zur Katschbergprüfung während der Österreichischen Alpenfahrt 1914.

gehen könnte. 1913 rollte der erste Wagen aus dem Werk. Er hat in bestem Sinne Furore gemacht und auch auf den Brettern gestanden, welche die Welt bedeuten sollen: 1912 brachte der in damaligen Zeiten bekannte Komponist Jean Gilbert ein Bühnenstück heraus, eine Mischung zwischen Operette und Singspiel, das er ›Puppchen‹ nannte. Der so genannte Titelsong war ein Ohrwurm: »Puppchen, Du bist mein Augenstern, Puppchen, ich hab Dich gar so gern.« Eine Liebeserklärung an das Puppchen, an das zweibeinige und das vierrädrige zu gleichen Teilen. Es kann nicht nur ein Gerücht sein, daß das Wanderer Puppchen zuweilen auf die Bühne gefahren wurde, wenn dieses Lied erklang. Der Einfall ist als Werbegag einfach zu gut.

DER ERSTE WELTKRIEG ERZWINGT ANDERE PRODUKTE

Der im Frühjahr 1913 einsetzenden Serienfabrikation stand nun nichts mehr im Weg. Der Motor des Puppchens mit der Typenbezeichnung W 3 wurde im Frühjahr 1914 geringfügig geändert, die Bohrung wurde auf 64 mm erweitert und der Hub auf 100 mm vergrößert. Durch den auf 1.280 ccm vergrößerten Hubraum konnte die Leistung auf 15 PS gesteigert werden. Dieser bis 1919 gebaute Wagen behielt die Typenbezeichnung W 3. Sowohl das 5/12 PS als auch das 5/15 Puppchen liefen somit unter der Typenbezeichnung W 3.

Wanderer-Autos ließen sich auch im Ausland dank einer Auslandsorganisation sehr gut absetzen, die mit Ausnahme von England und Nordamerika die ganze Welt umfaßte. Die Unterlagen von 1913 ergeben folgendes Bild von Lieferungen ins Ausland im Vergleich zur Gesamtlieferung und zu den Inlandspreisen:

Branche	Auslandslieferungen	Preisnachlaß
Fahrräder	26,5 %	5 %
Motorräder	23,5 %	5 %
Automobile	50,3 %	3 %

Alle Aussichten auf eine kontinuierliche Produktionssteigerung, schienen durch den plötzlichen Ausbruch des Ersten Weltkrieges zunichte zu sein. Die Wanderer-Werke standen vor schweren Entscheidungen. Die Führung des Reiches hatte zwar das Militärwesen auf den möglichen Kriegsfall bis in alle Einzelheiten organisiert, hatte es aber versäumt, in gleicher oder ähnlicher Weise die Privatindustrie auf den Krieg hin zu organisieren. Sie war ja der mächtigste Entwicklungsfaktor der deutschen Volkswirtschaft. Keiner wagte zu Kriegsbeginn eine Prognose, wie die Wanderer-Werke die Kriegszeit überstehen würden. Nur eines war sicher: Das bisher gut florierende Auslandsgeschäft würde harte Einbußen hinnehmen müssen. Es mußte sogar damit gerechnet werden, daß es aufgrund von Ausfuhrverboten abrupt gestoppt werden könnte. Zu befürchten war ferner, daß ein großer Teil von Facharbeitern eingezogen werden würde. Das könnte eine erhebliche Störung des Fabrikationsprozesses zur Folge haben. Die Bestürzung und allgemeine Unsicherheit während der ersten Kriegstage waren so groß, daß auch eine größere Anzahl von Inlandaufträgen annulliert wurde.

Dennoch gab es einen Hoffnungsfunken. Eine kurze Kriegsdauer konnte mit den verfügbaren Geldmitteln auch ohne größeren Absatz überstanden werden. Wenn der Krieg wider Erwarten doch länger dauern sollte, hoffte man darauf, daß der Staat als Großabnehmer auftreten würde. Diese Hoffnung hegten die verantwortlichen Männer in den Chefetagen, weil sie davon überzeugt waren, daß besonders die Fahrzeugbranche und sicherlich auch die Werkzeugmaschinenbranche im Kriege dringend benötigt werden würden. Also wurde die prozentuale Lieferung des Werkes an den Staat vor dem Krieg noch einmal aufgerechnet:

Fahrräder	2,0 - 3,0 %
Motorräder	1,0 - 1,5 %
Automobile	0,6 %
Schreibmaschinen	1,0 - 2,0 %
Werkzeugmaschinen	8,0 - 10,0 %

Fahrräder, Motorräder und Automobile wurden hauptsächlich an Militärbehörden geliefert, und die Werkzeugmaschinen von Wanderer gingen vornehmlich an Eisenbahn-, Gewehr- und Artillerie-Werkstätten. Die in der Chefetage angestellten Vermutungen trafen zum größten Teil ein: Am 31. Juli 1914 wurde die Ausfuhr von Kraftfahrzeugen nach feindlichen Ländern strikt verboten. Ausnahmegenehmigung in begrenztem Umfang erteilte der Reichskanzler für Lieferungen in neutrale Länder. In den ersten Monaten des Jahres 1915 wurden etwa 225 Motorräder und eine nicht bekannte Anzahl von 5/15-PS-Wagen nach Dänemark ausgeführt. Das inzwischen institutionalisierte Amt des Reichskommissars für Aus- und Einfuhrbewilligungen erlaubte die Ausfuhr nach den Bündnispartnern Österreich-Ungarn, Bulgarien und in die Türkei, sofern diese den Nachweis erbringen konnten, daß die angeforderten Fabrikate allein den Kriegszwecken dienten. Der Krieg machte sich auch bei der Anzahl der Wanderer-Mitarbeiter bemerkbar: 1913 waren es noch über 3.000, ein Jahr später etwas über 2.000.

Die politisch engagierten Kollegen haben in zahlreichen Protestveranstaltungen, durch Flugblattaktionen oder Streiks die Aufrüstung nicht verhindern können. In die Wanderer-Werke war, wie in anderen Betrieben auch, politische Bewegung gekommen. Sozialisten, Kommunisten und Ge-

Frisch aus der Fabrik an die Front: Das zierliche Wanderer Puppchen wurde im Ersten Weltkrieg auch als Heeres-Fahrzeug eingesetzt.

Aufklärungsfahrt auf dem Vogesen-Paß ›Donon‹: Das Puppchen mit Kraftstoff-Reservetank und dreifacher Ersatzbereifung 1915 im militärischen Einsatz.

werkschaftler waren recht umtriebig. Die organisierte Arbeiterklasse hatte klassenkämpferisch Position bezogen. Das Feindbild war schnell aufgebaut: Die Unternehmer und somit auch die Unternehmen, deren Produktion für die Rüstung als das profitabelste Geschäft galt. Die Wanderer-Werke waren von einer solchen Einschätzung nicht ausgenommen. Sie hatten sich relativ schnell auf die Rüstungsproduktion eingestellt. Es wurden Bearbeitungsmaschinen für Waffen und Munition, Einzelteile zur technischen Ausrüstung, Waffenträger für Waffen und Munition produziert. Aus den Unterlagen geht hervor, daß beispielsweise im Kriegsjahr 1915 jeden Monat 28.000 Kanonenzünder, Sprenggeschosse mit Kugelfüllung (Schrapnells) und Gewehrteile hergestellt worden sind. Die militärischen Befehlshaber zeigten starkes Interesse für Motorräder, mit deren Hilfe Soldaten schnell Meldungen von einem Befehlsstand zum anderen überbringen konnten. Besonders aber interessierten sie sich für den beginnenden Automobilbau. Die Strategie der Militärs war klar: Schnell bewegliche Truppen sollten die Überlegenheit über den Feind sichern. Seit 1915 begannen die ersten Versuchslieferungen bei Autos und in beschränktem Maße bei den Motorrädern. Ab Frühjahr 1916 waren die Lieferungen höchst offiziell an das Militär.

Die Automobilabteilung der Wanderer-Werke hatte derart viele Aufträge vorliegen, daß fast ununterbrochen in Tag- und Nachtschichten gearbeitet werden mußte. Die Kriegsproduktion wurde also vorrangig gesteigert, die Herstellung von Motorrädern und Automobilen beschleunigt, und auch die der Werkzeugmaschinen.

Das Wanderer Puppchen rollte zum Fronteinsatz. Die Wanderer-Werke machten Umsätze, Gewinne und schütteten eifrig Dividende aus:

Geschäftsjahr	Umsatz	Gewinne	Dividende
1913/14	9.270.000	1.370.000	12 %
1914/15	11.260.000	3.240.000	20 %
1915/16	16.970.000	4.030.000	25 %
1916/17	18.630.000	5.180.000	25 %

Die Aktionäre verzeichnen eine Stagnation der Dividenden während der letzten drei Kriegsjahre. Die Arbeiter beklagen, daß die Reallöhne im Verlauf des Krieges um 25 Prozent sinken. Wer bisher noch nicht wußte, was ein knurrender Magen ist und wie er sich auswirkt, muß es jetzt lernen: Die Lebensverhältnisse werden 1916 durch eine schwere Ernährungskrise schier unerträglich. Um 90 Prozent gehen die Rationen bei Fleisch, Fisch und Schmalz gegenüber der Friedenszeit zurück.

Beim Brot sind es 50 Prozent. Ein Kilogramm Kartoffeln pro Person muß für zehn Tage reichen. Notgedrungen ißt man Rüben. Die Menschen dieses Jahres erleben eine neue Jahreszeit: den Kohlrübenwinter. Die Sterblichkeitsziffern klettern in die Höhe, weil Unterernährung und mangelhafte Versorgung mit Kleidung und Heizmaterial die Widerstandsfähigkeit der Menschen brechen.

Facharbeiter fehlen, weil sie zum Kriegsdienst befohlen werden. An ihre Stelle treten kriegsuntaugliche Männer und vor allem Frauen, die im Schnellverfahren angelernt werden. Und weil sie Ungelernte sind, können sie keine Facharbeiterlöhne beanspruchen. 1916 arbeiten bei weitem mehr Frauen als Männer in den Wanderer-Werken. Sie erhalten 30 bis 50 Prozent weniger Lohn als ihre männlichen Arbeitskollegen. Die Rüstungsaufträge erfordern durchgehend Tag- und Nachtschichten.

Die Wanderer-Werke machen Gewinne und behalten 6.500.000 Mark als Kriegssteuerrücklage ein. Die Geschäfte laufen so gut, daß am 1. August 1916 eine Kapitalerhöhung von 1.750.000 auf 5.250.000 Mark vorgenommen werden konnte. Verständlich, daß die Firmenleitung bei dieser satten Lage an eine Erweiterung des Werkes denkt. Initiator solcher Perspektiven ist J. B. Winklhofer, der am 16. Mai 1916 seine sogenannten Zukunftsbetrachtungen dem Aufsichtsrat unterbreitet. Es fällt ihm nicht schwer, seinen Ratskollegen klar zu machen, daß für die Erhaltung der Gewinnspanne Rationalisierungsmaßnahmen vonnöten sind und deshalb eine Werkserweiterung der Fräsmaschinenproduktion erforderlich sei. Gegen solche Argumente gibt es keine Einwände. 248.000 Quadratmeter Gelände werden in Siegmar bei Chemnitz gekauft. Schnell ist ein Neubaukonto zur Werkserweiterung eingerichtet, auf das ein Teil des Gewinnes aus der Kriegsproduktion eingezahlt wird. Doch bevor der erste Spatenstich erfolgt, wird das Grundstück wegen anhaltender Nahrungsmittelknappheit für eine betriebseigene Land- und Viehwirtschaft genutzt. Nur satte Mitarbeiter bringen die geforderte, hohe Leistung!

›Rote Zellen‹ auch in den Wanderer-Werken, wie bei Audi und Horch. Das revolutionäre Beben seit November 1918 trägt seine Wellen auch in das Werk. Die Kampfaktionen der Arbeiter beunruhigen die Aktionäre von Wanderer stark. Sie befürchten, daß deswegen die Arbeitszeit verkürzt und die Löhne erhöht werden müssen. Winklhofer hält nichts von der Mitbestimmung der Arbeiter. Das sagt er auch seinen Ratskollegen klipp und klar: »Wir Unternehmer müssen gegen die Arbeiter zusammenhalten!« Und in einem Aufruf »An meine Arbeiter« vom 28. November 1919 fordert er dazu auf, daß der Betriebsrat die Interessen der Unternehmer vertreten müsse. Sein Argument: »Der Betrieb ist ein Verlustgeschäft und er wird nur deshalb weitergeführt, um die Arbeitsplätze zu sichern.« Das Geschäftsjahr 1918/19 zeigt jedoch, daß sich die Wanderer-Werke nicht nur fix und flexibel auf die Friedensproduktion umgestellt haben, sondern bei einem Reingewinn von 7,72 Millionen Mark an die Aktionäre eine Dividende von 20 Prozent auszahlen konnten. Dem geplanten Beginn des Werksneubaus auf dem Gelände in Siegmar, der für 1921 vorgesehen war, stand folglich nichts mehr im Wege.

VIER MILLIARDEN MARK FÜR EINEN ZENTNER KARTOFFELN

Kein Krieg mehr – und dennoch kein Friede! Nicht beim Volk, nicht in den Betrieben. Die Nachkriegszeit ist eine Zeit voller Unruhe. Politisch und wirtschaftlich. Am 11. November 1920 fordert Winklhofer erneut vom Betriebsrat, die Arbeiter zu höheren Leistungen bei reduzierten Akkordsätzen anzuspornen. Er muß jedoch einsehen, daß mit dem kommunistisch geführten Betriebsrat nur schwer auszukommen ist. Die Direktion konnte im Februar 1922 auch ein Lied davon singen: Bei den Tarifverhandlungen gingen die Vertreter des Bertriebsrates mit ihren Forderungen weit über die der rechten Gewerkschaftsführer hinaus. Für die Aktionäre bestand die Gefahr, daß sich die höheren Angestellten auf die Seite der Arbeiter schlagen würden. Sie trickten aber die Arbeiterführer

VOM MOTORRAD ZUM AUTOMOBIL

Die wirtschaftliche Kraft des Unternehmens wird auch durch das mächtige Wanderer-Werk in Schönau deutlich.

aus, indem sie die höheren Angestellten am Gewinn beteiligten. Die haben daraufhin auf gemeinsame Kampfaktionen mit den Arbeitern verzichtet. Auch hier ›bewährte‹ sich der alte Grundsatz ›Divide et impera!‹ Wer mit den anderen teilt, kann weiter herrschen.

Als sich im Sommer 1922 die Lebenslage der Arbeiter verschlechterte, brodelte es wiederum, und erneute Klassenkämpfe brachen im Lande aus, die am 8. und 9. August 1923 ihren Höhepunkt erreichten. Unter den 30.000 streikenden Metallarbeitern von Chemnitz und Glauchau befanden sich viele Arbeiter der Wanderer-Werke. Sie kämpften gegen Teuerung und Wucher. 250 Millionen Mark kostete ein Zweipfundbrot, ein Zentner Kartoffeln 4 Milliarden. Wer konnte das bezahlen? Wanderer druckte Notgeld, wie auch viele andere Firmen, um die Löhne zahlen zu können.

Die politischen Ziele sind ganz und gar auf die Situation ausgerichtet: Kontrolle der Produktion, Erfassung der Lebensmittel und deren gerechte Verteilung, schnellere Anpassung der Löhne an die Inflation, wertbeständige Steuer- und Vermögensabgaben. In weiten Teilen Deutschlands wird am 12. und 13. August 1923 generalgestreikt. Die Regierung Cuno wird gestürzt. In Chemnitz bleibt es relativ ruhig. Die rechten Führer der SPD und der Gewerkschaft verhindern den Generalstreik. Die Arbeiterregierung Sachsens, die sich etabliert hatte, wird im Oktober durch den Einmarsch der Reichswehr beseitigt. Die Unternehmensleitung der Wanderer-Werke hatte wegen des Streiks der Belegschaft im Oktober 1923 intensiv die Stillegung des Betriebes beantragt. Sie konnte anschließend für sich protokollieren: »Mit der Säuberung Sachsens vom roten Terror durch die Truppen General Maerckers wurden die Arbeitsverhältnisse im Herbst besser. Eine Periode relativer Stabilisierung der ökonomischen und politischen Machtverhältnisse hat begonnen. Zahlreiche Errungenschaften der Novemberrevolution wurden rückgängig gemacht. 1924 betrug die Wochenarbeitszeit im Werk wieder 51 Stunden. Vom Achtstundentag war keine Rede mehr.«

Wie in anderen Betrieben auch, wurden die Betriebsabläufe durch Spezialisten untersucht und überwacht. Nach den Leistungen der Besten wurden die Zeiten festgelegt und kompromißlos für verbindlich erklärt. Das bedeutete Akkordabzüge von bis zu 50 Prozent. Ein besonderes Büro koordinierte die Fließbandarbeit seit 1924. Die kommunistisch orientierten Arbeiter nannten die Wanderer-Werke eine ›Knochenquetsche‹, weil sie ihrer Meinung nach zu den Großbetrieben in Chemnitz gehörten, in denen besonders ausgeklügelte kapitalistische Rationalisierung herrschte. »Eine ganze Kolonne von Kalkulatoren wachte mit Eifer und Gründlichkeit darüber, daß sich der Akkordverdienst der Arbeiter in solchen Grenzen hielt, wie es der Werksdirektion angebracht erschien. Wenn nach Meinung des Meisters zuviel verdient wurde, berichtigte man die Arbeitsnorm. Wollten die Arbeiter wieder ihren bisherigen Lohn erhalten, mußten sie mehr arbeiten. Besonders die Fließbandarbeit führte dazu, daß sich die Arbeiter als Anhängsel der Maschinen fühlten und keine Befriedigung in der Arbeit hatten. Hinzu kam, daß viele ungelernte und damit billigere Arbeitskräfte eingestellt und für bestimmte Handgriffe angelernt wurden.«

EINE NEUE FÜHRUNGSMANNSCHAFT

In den Aufzeichnungen und Randnotizen jener Zeit taucht an erster Stelle immer nur ein Name auf: Johann Baptist Winklhofer. Er ist, so scheint es, allgegenwärtig, auch wenn er nicht mehr leitende Funktionen ausübt. Er ist seit 1902 schlichtes Mitglied des Aufsichtsrates und dessen Delegierter ›zur besonderen Verwendung‹. Winklhofer hat in seinen Erinnerungen Georg Daut erwähnt, der von 1902 bis 1929 im Vorstand saß, und Richard Stuhlmacher, der 1910 dazugestoßen ist.

Das sind die Männer, die dann, als es um den Automobilbau ging, ihren speziellen Beitrag zum Kraftfahrzeugbau beigesteuert haben, jeder auf seine Weise. Nachdem der Betrieb nach unternehmerischen Erfordernissen technisch und auch kaufmännisch, so gut es ging, auf den neu-esten Stand gebracht war, konnte in besonderem Maße die Autoproduktion der zwanziger Jahre mobilisiert werden. Der Wanderer-Automobilbau hat eine stetige Entwicklung durchgemacht. Die sogenannten W-Typen fanden in der Öffentlichkeit überall große Beachtung.

Das ›Puppchen‹ erhielt einen überarbeiteten Motor mit hängenden Ventilen bei gleicher Leistung von 15 PS. Das Fahrgestell wurde ebenfalls überarbeitet und mit einer neuen Hinterachsfederung versehen. 1921 bekam das ›Puppchen‹, welches nach wie vor als W 3 bezeichnet wurde, einen größeren Bruder, den 6/18 PS Wanderer W 6 mit einem 1551-ccm-Motor. Dieses Modell war ein vollwertiger Viersitzer und in den Augen der Kundschaft ein richtiges Automobil. Bis 1923 blieb der Wanderer W 6 im Programm. Er wurde durch das Modell 6/24 PS (Typ W 9) abgelöst, das lediglich einen stärkeren Motor besaß.

1925 erfährt das beliebte Wanderer ›Puppchen‹ seine letzte Verjüngungskur. Die Leistung des Motors kann ohne großen technischen Aufwand auf 20 PS gesteigert werden. Offiziell hört das Modell auf die Bezeichnung Wanderer 5/20 PS, Typ W 8. Dieses letzte, viersitzige ›Puppchen‹ bleibt nur bis Ende 1926 im Programm, denn mit dem neuen Wanderer W 10/I mit 30-PS-Motor wird auf der Automobilausstellung in Berlin Ende 1925

Dr.-Ing. Richard Stuhlmacher stieß 1910 zu den Wanderer-Werken. Als Vorstand hatte er wesentlichen Anteil an der Wanderer-Automobilentwicklung.

Das Unternehmen erweitert 1921 sein Modellenangebot, und zwar mit dem Typ W6, dem ersten viersitzigen Wanderer.

VOM MOTORRAD ZUM AUTOMOBIL

Der zweisitzige Roadster W8 hatte eine schicke Karosserie und einen klangvollen Namen: Targa Florio. 20 PS standen für den Vortrieb zur Verfügung.

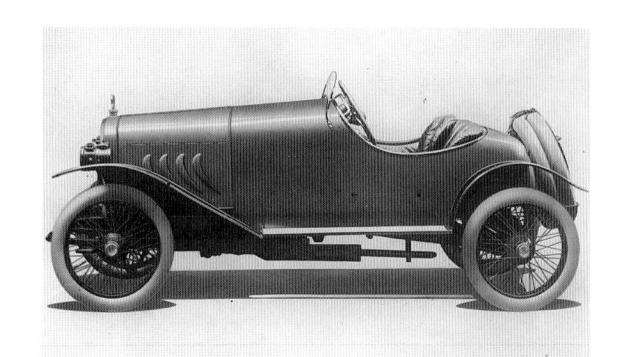

Auf der Berliner Automobilausstellung im Dezember 1925 war Wanderer mit einem eleganten Stand vertreten. Vorn der neue W 10/I mit Linkslenkung. Im Hintergrund die noch mit Rechtslenkung ausgestatteten Typen W 8.

ein stärkeres Modell vorgestellt. Es ist das erste Wanderer-Automobil mit Linkslenkung. Die Schalthebel sind nicht mehr außenliegend angebracht, sondern in Wagenmitte.

Am 7. Februar 1925 stellt die Generalversammlung der Wanderer-Werke das Papiermark-Kapital auf 15.734.000 Reichsmark um. Einige Monate später werden die Hallenbauten in Siegmar mit ihren Nebeneinrichtungen in einer ersten Ausbaustufe fertiggestellt. 1926 zieht als erstes der Werkzeugmaschinenbau von Schönau in die modernen Produktionshallen um. Im Frühjahr 1927 folgt der Automobilbau, der nun erstmals auf eine Fließbandfertigung umgestellt ist. Hier entsteht in einer anfänglichen Stückzahl von 25 Wagen pro Tag der neue Wanderer 6/30 PS, Typ W 10/I mit einem aus den W 9 entwickelten 1,5-Liter-Motor. Noch erfolgt die Herstellung der Einzelteile für das Fahrwerk im alten Werk Schönau, während in Siegmar montiert, gepolstert und lackiert wird. 1928 wird dann auch der neue Hochbau für die Fertigung der mechanischen Fahrzeugteile in Betrieb genommen.

1,6 Million Reichsmark werden 1927 für die Erneuerung nur des Maschinenparks zur Verfügung gestellt, wobei auch die in Schönau verbliebene Fahrrad- und Motorradproduktion sowie die Büromaschinenfertigung auf moderne Produktionsanlagen umgestellt werden. Und auch die Fahrradproduktion wird durch Zubringerbahnen und Kreistransporteure, einen leistungsfähigen Lakkierofen sowie eine neue Galvanik rationalisiert.

Die neue Besatzung in der Chefetage der Wanderer-Werke hat mit den Produktionen der Automobil-Abteilung einen wichtigen Ring im Zeichen der Vier Ringe markiert. Zu ihnen stieß ein Mann, der sich 1928 sehr selbstbewußt in den Vorstand gesetzt hat: Klaus Detlof von Oertzen. Er ist am 13. April 1894 in Hohensalza in der Provinz Posen geboren und erinnert sich 1988, im 94. Lebensjahr stehend, an seinen Lebensweg: »Nach dem Krieg hatte ich nichts gelernt. Ich war nur als Soldat ausgebildet, nicht aber für einen zivilen Beruf. So versuchte ich denn, mich als Verkäufer in einer Fabrik zu betätigen. Ich war ja schwer verwundet im Krieg als Fliegeroffizier, und so konnte ich meine Epauletten schnell loswerden und in die Industrie gehen, und das war eben die Phoenix. Im nachhinein muß ich sagen, daß ich das wohl ganz gut gemacht habe.

Ich bin also zur ›Phoenix Tyre Factory‹ nach Hamburg-Harburg gegangen. Da hieß sie aber noch nicht Phoenix, sondern ›Harburg-Wien‹, die Reifen- und Gummifirma. Ich bin anscheinend ganz tüchtig gewesen, denn ich habe zuerst eine Filiale gehabt in Dresden, dann hat man mir noch Leipzig dazu gegeben, dann noch eine Filiale in Chemnitz. Das war besonders wichtig für mich, denn dadurch kam ich dort in die Industrie hinein, so daß die Leute mich kennenlernten. Ich war innerhalb von fünf Jahren Verkaufsdirektor für ganz

Mitteldeutschland. Das muß wohl sehr erfolgreich gewesen sein, wie man mir bestätigte. Nach neun Jahren insgesamt ging ich dann voller Interesse zu den Wanderer-Werken.

1926/27 bestand der Vorstand der Wanderer-Werke aus zwei alten Herren, dem Generaldirektor Daut, siebzig Jahre alt, und dem Generaldirektor Stuhlmacher. Der eine war der Techniker, der andere der Kaufmann. Diese Leute haben mich vermutlich genau beobachtet in den Jahren vorher, als ich in der Reifenindustrie tätig war. Sie traten an mich heran und fragten, ob ich nicht Lust hätte, direkt in die Automobilindustrie hineinzugehen. Da sagte ich: ›Natürlich, das ist ja schon immer mein Ziel gewesen!‹ Ja und da sagte der Mann: ›In die Wanderer-Werke.‹ Und ich fragte ihn: ›Als was?‹ ›Nun, als Verkaufschef.‹ Ich sagte: ›Nee, wenn schon, denn schon!‹ Frech war ich immer, und da habe ich gesagt: ›Entweder werde ich Vorstandsmitglied, und zwar ordentliches Vorstandsmitglied oder gar nichts.‹ Und da machte man mich zum ordentlichen Vorstandsmitglied, mit 27 Jahren. Ich war nun der Hecht im Karpfenteich.«

Ein Lohnkampf am Beginn des Jahres 1928 legt für sechs Wochen die Produktion lahm.

In dieser Zeit erscheint mit dem Wanderer W 10/III das Nachfolgemodell des 6/30 PS (W 10/I). Dieses neue 6/30-PS-Modell, welches sich lediglich durch einen in Bohrung und Hub veränderten Motor von seinem Vorgänger unterscheidet, bleibt jedoch nur bis Ende 1928 im Programm. Im November des gleichen Jahres werden in Berlin auf der Internationalen Automobilausstellung zwei neue Modelle präsentiert: Ein 2-Liter-Vierzylinder von 8/40 PS (Typ W 10/II) und ein völlig neuer 2,5-Liter-Sechszylinderwagen mit einem Motor von 10/50 PS. Den Schritt zum großen Sechszylindermodell vollziehen die Wanderer-Werke in einer Zeit wirtschaftlicher Krisenstimmung. Da ist es aus heutiger Sicht kaum verständlich, daß der Bau der Vierzylinderwagen 1929 vorläufig eingestellt wird.

Allerdings macht sich das Fehlen der bisher gebauten leichten Wagen im Verkaufsergebnis der Kraftwagenabteilung bemerkbar. Die Preise für Kraftwagen werden durch die amerikanische Konkurrenz sehr stark gedrückt, und der Wanderer-Kraftwagenbau leidet unter der Krise im Automobilgeschäft. Die Folge davon ist, daß im Werk die Vorräte beträchtlich steigen.

Baron von Oertzen beschreibt die damalige Situation des Unternehmens: »Das Wanderer-Unternehmen war damals das einzige gesunde Unternehmen, denn wir hatten ja nicht nur Wanderer-Wagen, sondern auch Motorräder, die ich dann schleunigst verkauft habe. Da war das 500-ccm-Motorrad mit Kardan-Antrieb, das ließ sich schlecht in Deutschland verkaufen, das war teuer und stand in Konkurrenz zur Fünfhunderter BMW, und wir hatten ja genug zu tun mit den Automobilen, um uns rumzuärgern. Den einen Teil von den Motorrädern habe ich an meinen Freund Fritz Falkenhayn gegeben, welcher der Chef von NSU war, der war wie ich früher im Kriege bei der Fliegerei. Den Rest von den Motorrädern, darunter die Fünfhunderter, den habe ich verkauft an die Waffenfirma Janecek in Prag. Wie der Kontakt mit Janecek zustandekam, weiß ich nicht mehr. Auf jeden Fall waren wir plötzlich zusammen und dann ging alles sehr schnell. Alle Produktionsanlagen für die Fünfhunderter-Kardanmaschine sind dann nach Prag gegangen.

Baron Klaus Detlof von Oertzen kam 1928 in den Vorstand der Wanderer-Werke und übernahm die Verantwortung für den Vertrieb.

Wanderer erwarb 1917 in Siegmar ein Grundstück und errichtete dort ein zusätzliches Werk, das kontinuierlich ausgebaut wurde. 1927 wurde in Siegmar die Automobilproduktion aufgenommen.

VOM MOTORRAD ZUM AUTOMOBIL

1929 ging ich nach England, weil ich die englische Motorenindustrie davon überzeugen wollte, der deutschen Motorenindustrie beizutreten, um gemeinsam den Kampf gegen die übermächtige amerikanische Motorenindustrie, die mit ihren Autos den europäischen Markt überschwemmten, aufzunehmen. Besonders erfolgreich waren damals der kleine Ford, die Tin Lizzy und auch Chevrolet. In England traf ich nur auf taube Ohren,

Die großen, schweren Fahrzeugräder wurden bei der Fertigstellung des Fahrzeugs platzsparend und automatisch der Montage zugeführt.

weil Mister William Morris, der spätere Lord Nuffield und auch Mister Austin der Meinung waren, daß man wegen der Amerikaner überhaupt nicht ängstlich zu sein brauchte. Meine Mission scheiterte also. Sie sagten: ›Hör zu! Wir haben unsere Kolonien, und wir verkaufen mehr Autos nach Übersee als wir in England selbst verkaufen.‹ 1929 brach das amerikanische Finanzsystem zusammen. Das war der Wall-Street-Skandal. Die Menschen hatten einen Schock bekommen. Sie stürzten sich voller Verzweiflung von den Hochhäusern in die tödliche Tiefe.«

Nicht nur in den Wanderer-Werken fragt man sich zu dieser Zeit, ob es eine Lösung sei, sich mit anderen selbständigen Unternehmen zusammenzuschließen, um überleben zu können. Die Lage der Wirtschaft ist kritisch. In der Landwirtschaft und im Gewerbe ist das Geld knapp. Zahlungen müssen eingestellt werden. Die Massenarbeitslosigkeit verwirrt die Psyche vieler Menschen. Die Löhne stürzen in die Tiefe, ebenso die Preise. Da ist kaum noch ein Hoffnungsschimmer für die Zukunft. Automobilfabriken, die nur große und schwere Wagen gebaut hatten, mußten diese ›auf Halde legen‹. Sie ließen sich einfach nicht mehr an den Mann bringen.

Marktanalysen erwiesen sich als äußerst schwierig. Wenn man Automobile entwickeln wollte, die unter den veränderten und sich weiter verändernden Bedingungen auf dem Markt und besonders gegen die ausländische Konkurrenz bestehen konnten, dann ergab sich die Frage, ob die einzelne Unternehmung auch über das hierfür erforderliche Kapital verfügte. Lag es folglich zur Kostensenkung nicht näher, daß man mit anderen Unternehmen gemeinsam an einem Strang zog, also kooperierte? Oder sollte man sich, um die Eigenständigkeit zu wahren, nur auf die Produktion einzelner Aggregate beschränken? Bestand die Überlebenschance generell nur in der Fusion mit anderen Unternehmen? Fragen über Fragen, deren Beantwortung in jedem Falle problematisch war. Auf qualifizierte und bewährte Mitarbeiter war man ja angewiesen. Der nächstliegende Gedankenschritt war, daß man sich in den Wanderer-Werken überlegte, ob das Typenprogramm noch zeitgemäß war. Soll das erweitert werden oder ist es besser, ein bereits vorhandenes Modell, das bei einer breiten Käuferschicht Anklang gefunden hat, durch ein neues in der gleichen Klasse zu ersetzen? Welche Konsequenzen hätte das für die Entwicklungsabteilung, für die Fertigung und die Absatzorganisation der Wanderer-Werke? Immerhin erschweren Liquiditätssorgen und die immense Verschuldung aufgrund der Investitionen von 11 Millionen Reichsmark jedwede Entscheidung der verantwortlichen Männer.

Baron von Oertzen ist die damalige Situation noch gegenwärtig: »1930 war dann für uns ein schlimmes Jahr. Wir konnten unsere Beschäftigten nicht mehr bezahlen, weil wir kein Geld mehr hatten. Die einzige Möglichkeit bestand für mich darin, daß ich in mein eigenes Flugzeug stieg, das ich mir damals angeschafft hatte, um nach Prag, Zürich und Wien zu fliegen, und auch nach Reichenbach in der Tschechoslowakei. Dieses Flugzeug war witzigerweise eine Messerschmitt, die mit einem Argus-Motor ausgerüstet war. Ich habe dort überall unsere Werkzeugmaschinen und die Continental-Schreibmaschinen verkauft, die neben unseren Motorrädern sehr berühmt waren. Zurück kam ich mit soviel Geld, daß wir unsere Mitarbeiter wenigstens für die nächsten vierzehn Tage bezahlen konnten.

Wanderer war damals eine gesunde Firma, daran gibt es keinen Zweifel. Ich war für den gesamten Verkauf verantwortlich. Wir hatten ja zum Beispiel sehr gutgehende und sich bezahlt machende Schreibmaschinen, die Continental. Dann hatten wir Werkzeugmaschinen. Die habe ich 1930 für einen Betrag von fünf Millionen Dollar an die Russen verkauft, wofür ich drei Jahre später beinahe aufgehängt worden wäre von den Nazis. Die sagten: ›Du hast das Beste, was wir hatten, einfach an die Russen verkauft.‹ Das war ja nicht so freundlich, aber wenn wir es nicht verkauft hätten, zu der Zeit, als ich in Moskau war, den ganzen Januar 1930, dann hätten die Engländer alles abgeschöpft.

Ich konnte die Nazis davon überzeugen, daß zwei andere bedeutende Werkzeugmaschinenhersteller von Coventry in England bereits auf dem Plan waren und ich durch meine Verkäufe unserer Firma geholfen habe, aus der finanziellen Misere herauszukommen. Die Russen haben immer pünktlich bezahlt.«

Baron von Oertzen hat nicht nur ein Stück Wanderer-Werksgeschichte miterlebt, er hat sie auch mitgestaltet. So kann er im wesentlichen bestätigen, was zwar schwarz auf weiß gedruckt, aber nicht immer kritisch hinterfragt war. Das betrifft insbesondere die Verteilung der Kompetenzen, beziehungsweise die Autoritätsstruktur der Geschäftsleitung des Unternehmens.

Mit einem majestätischen Kühlergrill war der W 11 ausgestattet, das erste Sechszylinder-Modell von Wanderer, welches in den Jahren von 1929 bis 1932 die Fertigungshallen verließ.

Aufgabe der Direktion ist die Führung des gesamten Geschäftes, die Verantwortung für alle Vorgänge nach außen hin und der direkte Verkehr mit den Kunden. Dieses sogenannte Direktorialprinzip ist solange angemessen, als der Betrieb noch relativ klein und überschaubar ist. So ist es denn auch zu verstehen, daß Winklhofer damals in den Anfängen der Wanderer-Werke nach dem Ausscheiden von Jaenicke geäußert hat: ›Ich bin

VOM MOTORRAD ZUM AUTOMOBIL

Ein Wagen der gehobenen Mittelklasse war der W 11, den es auch als offenen Tourenwagen gab – oder, wie man sich damals ausdrückte: als ›Phaeton‹.

Es war üblich, Sonderkarosserien, zumal wenn sie in Kleinstserie oder als Einzelstück gefertigt wurden, von speziellen Karosseriefirmen anfertigen zu lassen. Dieses Cabriolet, auf W 11-Fahrgestell, wurde von der Firma Zschau geliefert.

der alleinige Chef.‹ Jegliche Handlungsaktivität war auf eine Person vereinigt und besaß somit eine größere Durchschlagskraft und Schnelligkeit der Entscheidungen. Nach dem Ausscheiden von Winklhofer hat sich solch eine Persönlichkeit nicht mehr gefunden.

In den Wanderer-Werken wurde daraufhin das sogenannte Kollegialprinzip praktiziert: Ein kaufmännischer Direktor ist für die kaufmännische Organisation, ein technischer Direktor für die technische Organisation verantwortlich.

Winklhofer und Jaenicke haben das Geschäft zuerst gemeinsam, nach der Umwandlung in eine Aktiengesellschaft, als Vorstand geleitet. Nur für kurze Zeit ist das Kollegialprinzip auf drei Personen ausgedehnt worden. Ansonsten ist es stets zweiseitig geblieben:

Die Vorstandsmitglieder:	
1896/1902:	J. B. Winklhofer
1896/1897:	R. A. Jaenicke
1902/1929:	G. Daut
1902/1911:	J. A. Pester
1910:	R. Stuhlmacher
1928/1932:	K. D. v. Oertzen
1929:	H. Klee
Der Aufsichtsrat; Vorsitzende und Stellvertreter:	
1896/1921:	A. Seyfert/G. von Klemperer
1921/1926:	G. von Klemperer/J. B. Winklhofer
1927/1931:	M. Reimer/J. B. Winklhofer
1931/1933:	W. Frisch/M. Reimer
1933/1934:	H. Schippel/H. von Klemperer

MERCEDES FÜR WANDERER

Daß der Herr von Oertzen das Vorstandsmitglied Klee nicht gemocht hat, daraus macht er keinen Hehl. Das geht sogar soweit, daß er ihm unterstellt, was andere nur vermuten, nämlich: Klee hat gegen jegliche Fusion opponiert. Er war es auch, der die 1931 geführten Fusionsgespräche mit den Adler-Werken AG in Frankfurt/Main und später ähnliche Fusionsbestrebungen mit der Daimler-Benz AG in Stuttgart-Untertürkheim hintertrieben hat: »Herr Klee war Vorstandsvorsitzender der Wanderer-Werke. Das wurde er aber erst, nachdem ich die Wanderer-Werke verlassen hatte. Bis zur Gründung der Auto Union war niemand der Vorstandsvorsitzende. Der alte Winklhofer, der wurde, als es mit Wanderer bergab ging, als Delegierter des Aufsichtsrates da reingeschickt. Und Daut, der Generaldirektor, wurde entlassen, pensioniert. Stuhlmacher blieb, und es kam als gleichberechtigtes Vorstandsmitglied mit mir der Herr Klee herein. Das war ein wilder Mann. Er war ein enormer und tüchtiger Experte. Mir weit überlegen. Ich habe aber nie zugelassen, daß er mir vorgesetzt wurde. Das hatte ich nicht nötig. Ich bin einmal gefragt worden von unserem Aufsichtsratsvorsitzenden Frisch: ›Klee möchte gerne Generaldirektor werden, was sagen Sie dazu?‹ Ich habe ihm geantwortet: ›Nur über meine Leiche. Wenn ich allerdings weggehe, dann mit Vergnügen.‹ Und genau so ist es dann später gekommen.«

Der alte Herr von Oertzen weiß sich zu erinnern, daß es sehr bewegte Jahre waren. Jahre des Umbruchs, sowohl in der Firmenleitung als auch speziell im Automobilbau: »Wir hatten damals das Wanderer Puppchen, Zweisitzer, ein Sitz vorne, einer hinten, wir hatten den Sechs-Dreißiger und den Acht-Vierziger und dann hatten wir den Zehn-Fünfziger. Dieser Zehn-Fünfziger wurde 1929 als einziges Automobil gebaut, der Acht-Vierziger und der Sechs-Dreißiger sind zeitweise nicht gebaut worden. In dieser Zeit, in der nur der Zehn-Fünfziger gebaut wurde, sind viele Mitarbeiter auf Zeit entlassen worden, weil die neuen Bänder für den Sechs-Dreißiger eingerichtet wurden. Ich hatte damals etwas getan, was völlig ungewöhnlich in der deutschen Automobilindustrie war. Ich ging zu Mercedes in Sindelfingen und sagte: ›Kinder, ihr macht so schöne Karosserien, warum macht ihr keine für uns?‹ Und da haben wir uns geeinigt. Und Thyssen hat mir das nie vergessen, daß ich damals über meinen eigenen Schatten gesprungen bin und ihnen sofort einen Auftrag über eintausend Karosserien gegeben habe, was denen in Sindelfingen auch nicht weh getan hat. Diese Maßnahme hat niemals zu irgendwelchen Komplikationen in den Wanderer-Werken geführt. Dafür war ich zu gefestigt. Mein Aufsichtsrat stand hinter mir. In den Wanderer-Werken haben wir 1929/30 selbst keine Karosserien gebaut. Die kamen aus dem Rheinland, die Cabrios von Gläser in Dresden und die Limousinen von Reutter in Stuttgart.«

In der Geschichte der Wanderer-Werke würde es einmal heißen, daß die dreißiger Jahre das Jahrzehnt der Wanderer-Klassiker waren. Aber vorerst mußte man nach Lösungen suchen, um aus dem allgemeinen Dilemma herauszukommen. War schon eine Fusion oder eine andere, ähnliche Lösung nicht möglich, so konnte eventuell durch eine Lizenzvergabe das Wanderer-Automobilgeschäft belebt werden. Also ging man auf Kontakt-

Hermann Klee, Vorstand der Wanderer-Werke und Generaldirektor, opponierte gegen den Zusammenschluß der sächsischen Automobilmarken.

Nachdem 1929 für einige Zeit nur die großen Sechszylinderwagen gefertigt wurden, nahm das Unternehmen mit dem Typ W 10/IV, hier als offener Tourenwagen, 1930 die Produktion der kleineren Vierzylinder-Modelle wieder auf.

VOM MOTORRAD ZUM AUTOMOBIL

Die schwarzweiße Markierung kennzeichnet dieses Modell als Taxi. Der W 10/IV war mit einem 1,5-Liter-Vierzylinder-Ottomotor ausgestattet, der 30 PS leistete.

suche. Wie oft in solchen Fällen, finden Firmen, die sich in gleichen oder ähnlichen Schwierigkeiten befinden, zueinander. Wenn dann noch ziemlich gleiche Konstruktionsprinzipien beim Autobau verwendet werden, dann kann einem Zusammengehen wohl kaum noch etwas im Wege stehen. Die Initiative ging von einem gewissen Walter Steiger aus. Doch das ist eine Geschichte mit Umwegen: Im Jahre 1897 hatte die schweizerische Firma Martini in Frauenfeld mit der Produktion von Automobilen begonnen. Eine solide Konstruktion zeichnete den ersten Wagen aus. Er hatte einen Motor mit zwei liegenden Zylindern, der mit einer Magnetzündung ausgerüstet war. Es war aber noch ein zweites Zündsystem vorhanden, eine Glührohrzündung. Die technische Weiterentwicklung ging zügig voran. 1899 baute Martini ein Fahrzeug mit vornliegendem Motor und brachte 1902 einen Vierzylinder-Wagen mit 10 PS heraus, bei dessen Motor die Zylinder paarweise in Blöcken angeordnet waren und V-förmig zueinander standen. Obwohl die Martini-Wagen von An-

fang an einen hohen technischen Standard und ausgezeichnete Qualität aufwiesen, also bei den Käufern sehr gefragt waren, geriet die Firma 1924 in eine Krise.

Die Automobilfabrikanten Robert und Walter Steiger aus Burgrieden, 20 Kilometer südlich von Ulm, erwarben durch Übernahme der Aktienmehrheit Einfluß auf Martini. Ende 1925 ging es mit den Steiger-Werken bergab, sie kamen unter Geschäftsaufsicht und 1926 mußten die Gebrüder Steiger Konkurs anmelden. Doch Walter Steiger blieb bei der Stange und widmete sich von nun an sowohl der Entwicklung wie auch der Produktion von zwei Sechszylinder-Personenkraftwagen. Sie wurden Steiger-Martini Typ FU und Typ FUG genannt und waren, was die Fahrgestelle betraf, nahezu identisch. Nur hatten sie unterschiedlich große Motoren. Und ihren Preis: 18.000 Schweizer Franken für den Typ FU und 25.000 für den Typ FUG. Die Produktionszahlen von diesen prachtvollen und hochwertigen Qualitätsfahrzeugen betrug von Herbst 1926 bis zum Herbst 1929 nur

450 Stück. Das brachte 1929 einen Verlust von 570.000 Schweizer Franken und 1930 ein Defizit von 940.000 Schweizer Franken. Da war natürlich keine Luft mehr, ein kleines und preislich günstigeres Automobil zu entwickeln. Das war genau der Zeitpunkt, als Walter Steiger den Kontakt mit den Wanderer-Werken aufnahm. Seine Bitte, für den Typ W 11 eine Lizenz zu erhalten, kam den Wanderer-Chefs wie gerufen, die sich eine Belebung ihres Geschäfts erhofften.

Anfang 1930 kam es zu einem Lizenzvertrag zwischen den Wanderer-Werken und der Société Nouvelle des Automobiles Martini in St. Blaise. Wanderer lieferte Motor, Getriebe, Achsen und verschiedene mechanische Teile des Typs W 11, Martini stellte den Rahmen für das Chassis, die Räder und den Aufbau her. Es war vertraglich geregelt, daß Martini in der Schweiz in eigener Regie Karosserien anfertigen lassen konnte. Namen von renommierten Karosseriefirmen tauchen auf: Höhner in St. Gallen, Gangloff in Genf und Reinhold-Christ in Basel. Sie schneiderten den Anzug vom Typ Martini KM nach Maß. In St. Blaise war man sich der Sache so sicher, daß man noch vor Abschluß des Vertrages im Herbst 1929 mit dem Lizenzbau begann. Der Vertrag wurde dann modifiziert. Anfang 1932 lieferten die Wanderer-Werke das komplette Chassis und wenig später sogar die Aufbauten. Im weiteren Verlauf des Jahres wurden sogar fertige Limousinen per Bahn von Siegmar nach St. Blaise verfrachtet.

Zwei Jahre währte der Lizenzbau vom Martini KM. Etwa 440 Wagen wurden verkauft. Der Preis, je nach Ausführung als Limousine, Cabriolet oder Phaeton, lag zwischen 15.000 und 18.000 Schweizer Franken. Berückend war das alles nicht. Mit knappen Worten beschreibt Baron von Oertzen das so: »Wir mußten den Auftrag für den Sechszylinder außer Haus geben. Die Motorenbauer bei Wanderer waren auf den Vierzylinder festgenagelt. Die machten das sehr gut und brav, aber weitergehen wollten die eigentlich nicht. Der W 11, 10/50 PS von 1930 hatte zwar auch schon sechs Zylinder. Doch war der leider konstruktiv nicht befriedigend.«

Sicher, es gab einige Weiterentwicklungen, weil der Martini KM doch nicht den erhofften Erfolg gebracht hatte. Von Anfang an hatte der W 11 ein Chassis, das nicht verwindungssteif war. Das meinte Baron von Oertzen mit ›nicht konstruktiv befriedigend‹.

Die Martini-Techniker hatten zwar das Chassis verlängert, aber nicht versteift. Die Folge war ein schlechtes Fahrverhalten. Außerdem war die Leistung des Motors von 50 PS für diesen Wagen, dessen Limousine-Ausführung immerhin 1.400 kg wog, für die gebirgigen Verhältnisse in der Schweiz viel zu gering. Die Montage des Martini KM wurde eingestellt. Dieser Lizenzbau war ein Flop. Auch die anderen Martini-Wagen konnten nicht aus der finanziell mißlichen Situation herausführen. Blieb nur noch eines zu tun: Die Aktionäre beschlossen auf der Hauptversammlung am 12. Juni 1934 die Auflösung der Société Nouvelle des Automobiles Martini in St. Blaise.

Inzwischen hatte sich die wirtschaftliche und technische Situation bei den Wanderer-Werken AG grundlegend geändert. Die Wanderer-Automobilabteilung gehörte ab 1932 zur Auto Union. Aber zuvor hatte man ja noch ein anderes Eisen im Feuer: Dr. Ferdinand Porsche. Auf ihn setzte man, denn man befand sich in einer technischen Notlage, auch wenn man sich das nicht eingestehen wollte. Mit der Gelassenheit bei Wanderer schien es nicht weit her zu sein. Doch dachte in dieser Situation wohl niemand daran, die Fahrzeugfertigung insgesamt abzustoßen. Zunächst wurde nur das 500-cm-Motorrad mit Kardanan-

Ende der zwanziger Jahre erwarb die Schweizer Firma Martini eine Lizenz von Wanderer. Das sächsische Unternehmen lieferte für den Martini Typ KM Fahrgestelle, Motoren und Getriebe vom W11. Die Karosserie wurde in der Schweiz hergestellt. Innerhalb von zwei Jahren wurden rund 440 Martini-Wanderer-Fahrzeuge gefertigt.

VOM MOTORRAD ZUM AUTOMOBIL

1931 kam die letzte Ausführung des Wanderer W 10/IV auf den Markt. Kennzeichen dieses Typs war die schräggestellte Windschutzscheibe. Die Cabriolet-Karosserie wurde von Gläser gefertigt.

Nach erfolgreicher Teilnahme an der 1932 durchgeführten Internationalen Alpenfahrt wurden die Teilnehmer im Werk Siegmar von den Mitarbeitern voller Freude empfangen. Für die Alpenfahrt wurden W 11-Modelle ausgewählt, die mit einer speziellen Sportkarosserie ausgestattet waren.

trieb an die Firma Janecek in Prag und die entsprechenden Fertigungseinrichtungen für die anderen Motorradtypen an die NSU-Vereinigte Fahrzeugwerke AG in Neckarsulm verkauft. Sicherlich geschah das auch unter dem Eindruck, daß man zwar noch immer Dividenden zahlen konnte, aber sie wurden schon seit 1926 nicht mehr von der Automobilabteilung mit erwirtschaftet. Dieser Produktionszweig erwies sich als unrentabel. Und doch wollte man sich nicht von ihm so ohne weiteres trennen. Durch Investitionen sollte und mußte die versiegte Profitquelle wieder freigelegt werden. Insgesamt 11 Millionen Reichsmark investierte man in der Zeit von 1929 bis 1931 für die bauliche Erweiterung der Automobilabteilung.

Zur Rationalisierung gehörte auch die Entscheidung, die Entwicklung von neuen Fahrzeugen an ein Konstruktionsbüro zu vergeben. Die Pleite mit Martini saß noch in den Knochen, und die eben neu gegründete Firma Porsche in Stuttgart war dem wendigen Baron von Oertzen gleich eingefallen: »Der will was werden und der freut sich, wenn er Aufträge kriegt. Also machten wir Nägel mit Köpfen.«

An dem Zustandekommen eines Entwicklungsvertrages war Baron von Oertzen nach eigenen Angaben wesentlich beteiligt: »Porsche hat auf mein Betreiben hin die Motoren entwickelt, den Sechszylinder-Motor, 1,7 Liter und 2 Liter. Zunächst für die Wanderer-Werke, später auch für die Auto Union. Porsche schickte zum Vertragsabschluß seinen Schwiegersohn, Dr. Piëch, nach Chemnitz zu mir, und wir schlossen zwei Verträge ab.«

Der Vertragsabschluß mit der Dr.-Ing. h. c. Ferdinand Porsche GmbH, Konstruktion und Beratung für Motoren und Fahrzeuge, Stuttgart, die am 25. April 1931 ins Handelsregister eingetragen worden war, begann mit einer kleinen Schummelei. Das Konstruktionsbüro von Porsche wollte den Eindruck erwecken, daß schon einige Aufträge vorlägen, obwohl nachweislich die Wanderer-Werke die ersten Aufträge überhaupt erteilt hatten. Folglich wurden im Verzeichnis der Konstruktionsaufträge die ersten sechs Positionen, Typen genannt, freigelassen. Die Wanderer-Werke haben Ende 1931/Anfang 1932 sechs sogenannte Positionen in Auftrag gegeben:

Typ 7:	Fahrgestell 1,86 Liter
Typ 8:	Fahrgestell 3,25 Liter
Typ 9:	Fahrgestell 3,25 Liter mit Kompressor
Typ 14:	Schnellganggetriebe für den Typ 7
Typ 17:	Vordere Schwingachse für den Typ 7
Typ 31:	Vordere Schwingachse Rekonstruktion 2 Liter

NEUENTWICKLUNGEN VON PORSCHE

Bestechend war das schon, was Dr. Porsche da an Fahrzeugen hingezaubert hatte. Der nüchterne Auftragseintrag ›Typ 7, Fahrgestell 1,86 Liter‹ leitet eine neue Epoche ein, ist sozusagen Angel- und Drehpunkt fast schicksalhaft zu nennender Veränderungen im Firmengefüge. Politischer Umbruch vollzieht sich fast synchron mit der Hinwendung zu einem Auto-Industriezentrum, das einzigartig ist. Die Zeit ist nahe, da sich in Sachsen ein einziger und mächtiger automobiler Schwerpunkt bilden will und muß, unter dem Zeichen der Vier Ringe: Die Auto Union.

Das Jahr 1932, ein Jahr vor der offiziellen Machtergreifung Hitlers, ist das Jahr der Entscheidung für die sächsische Automobil-Industrie. Noch hofft man allerdings bei Wanderer, mit einer neuen Strategie das Blatt wenden zu können. Man will das ›Automobil aus einer Hand‹ von Dr. Ferdinand Porsche. Es existieren noch Skizzenbücher von ihm, die Aufschluß darüber geben, daß er auch Entwürfe für Karosserien liefert. Beim Typ 7, einem Fahrgestell mit 1,86-Liter-Motor, wird deutlich, daß diese Arbeit 1932 ihre Umsetzung gefunden hat als W 15 mit 1,7-Liter-Motor und dann als W 17 mit 2-Liter-Motor. Es waren dies die ersten Wanderer-Typen der neuen ›Porsche-Generation‹, die noch als Interimstypen anzusehen sind, da sie sich in den Karosserien und im Fahrwerk nur wenig von den Vorgängermodellen W 10/IV und W 11 unterscheiden. Bereits ein Jahr darauf stellte man auf der IAA in Berlin, nunmehr unter dem Zeichen der Vier Ringe, die Typen W 21 (1,7 Liter) und W 22 (2,0 Liter) mit völlig neuen, modernen Karosserien vor. Auch diese neue Wanderer-Generation kam noch mit der alten, technisch wenig befriedigenden vorderen Starrachse daher. Die vordere ›Schwingachse‹ mit Drehstabfederung, wie sie von Porsche für die neuen Wanderer-Typen gedacht war, wurde wohl aus Kostengründen in der Serie nicht realisiert. Demgegenüber entsprach die Hinterachse der von Porsche konzipierten Schwingachskonstruktion mit einer unter dem Differential liegenden Querblattfeder. Eine andere Konstruktion von Porsche durfte allerdings den Namen Wanderer nicht führen. Es handelt sich um den Typ 8. Man stelle sich daneben folgende Autotypen einmal in einer Reihe vor: Den Wanderer Typ W 22 von 1933/34, an seiner Seite die für NSU entwickelte Porsche-Kreation, den 1,5-Liter-Wagen, der von vorne dem späteren Volkswagen sehr ähnlich ist, der aber nicht in Serie ging. Da wird die Handschrift von Porsche immer wieder deutlich. Der Volkswagen ist plötzlich im Gespräch. Ferdinand Porsche hat ihn zwar nicht alleine angeregt, er ist ihm eingeflüstert worden. Da wird es noch Konkurrenzkämpfe geben, zumal dieses Projekt die Interessen der meisten deutschen Automobilfirmen tangierte. Ferdinand Porsche wird den Kampf für sich entscheiden und sich tatkräftig für den Volkswagen einsetzen. Vorerst kokettiert er jedoch mit dem Typ 8. Ein Stromlinienfahrzeug par excellence und eine Schönheit. Und geheimnisvoll, denn konkrete Daten sind nirgendwo offiziell verzeichnet, nur irgendwo in Porsches Skizzenbuch stichwortartig versteckt: Achtzylinder-Reihenmotor mit einem Hubraum von 3.257 ccm, die sich durch eine Bohrung von 72 mm und einen Hub von 100 mm ergeben. Hängende Ventile. Sie werden über Stößel und Kipphebel von der untenliegenden Nockenwelle aus gesteuert. Auf einer Welle sitzen

Unter der Motorhaube des W 17 steckt der 1932 fertiggestellte und von Ferdinand Porsche entwickelte Sechszylindermotor, der aus 2,0 Liter Hubraum 40 PS leistete.

VOM MOTORRAD ZUM AUTOMOBIL

Im Auftrag von Wanderer entwickelte Ferdinand Porsche 1931 eine repräsentative Limousine mit eleganter Stromlinienkarosserie. Für den Antrieb des Typ 8 war ein 3,25 Liter Achtzylindermotor vorgesehen. Durch den Zusammenschluß der sächsischen Automobilfirmen blieb es bei einem Prototyp, den Porsche privat nutzte.

Ventilator und Wasserpumpe, die über einen Keilriemen von der Kurbelwelle aus angetrieben werden. Das Chassis ist als sogenannter Niederrahmen ausgelegt, ihn versteift eine x-förmige Traverse. Der Radstand beträgt stolze 3.200 mm, die Spurweite an beiden Achsen 1.420 mm. Die Hinterradaufhängung weist technische Finessen auf: Das Differential sitzt auf einer nach unten gekröpften Quertraverse. Darunter liegt eine Querfeder, die an ihren Enden mit den Halbachsen verbunden ist. Sie stützt sich zugleich an den senkrecht stehenden Stoßdämpfern ab. Dadurch verbreiterte sich die Spur beim Durchfedern bis auf maximal 1.450 mm. Das in der Mitte liegende Getriebe verfügt über eine Kugelschaltung. Verzögert wird der Wagen von einer hydraulisch wirkenden Vierradbremse. Ein zu- und abschaltbarer Roots-Kompressor beflügelt den 3,25-Liter-Motor. Leistungsdaten dieses interessanten Fahrzeuges sind nicht bekannt.

Anfang der dreißiger Jahre wirkte die Karosserie, die Porsche entworfen hatte, sehr modern, um nicht zu sagen futuristisch, zumindest vom Heck aus betrachtet. Die Frontpartie dominierte ein damals allgemein üblicher, leicht abgeschrägter Kühler. Das leicht nach hinten abfallende Heck war entsprechend dem damaligen Wissensstand nach aerodynamischen Gesichtspunkten optimiert.

Von diesem Fahrzeug sind zwei Prototypen gebaut worden. Sohn Ferry Porsche erinnert sich im März 1992, daß die viertürige Limousine mit sechs Sitzen von der gesamten Familie gefahren wurde, während die zweitürige Limousine als Viersitzer vornehmlich von seinem Vater genutzt wurde. Dieser Prototyp hatte eine Stromlinienkarosserie, die von Erwin Komenda gezeichnet worden war, der bereits mit 25 Jahren beim Porsche-Team für die Karosserieentwicklung verantwortlich zeichnet. Das rassige Aussehen dieses Modells wurde von den ausladenden, vorderen Kotflügeln geprägt.

Solche kreative Konstruktionsarbeit konnte jedoch langfristig nicht mehr ungestört weitergeführt werden, denn die Konzentration von Firmen wurde zum Gebot der Stunde. Wie die anderen sächsischen Automobilfirmen befand sich auch die Automobilabteilung der Wanderer-Werke ›auf dem Weg nach Chemnitz‹, der letztlich zu dem Zeichen der Vier Ringe führte, dem markanten Symbol der Auto Union.

AUFWIND DURCH ZUSAMMENSCHLUSS

Es lag im nationalen Interesse, daß aus dem Zusammenschluß der sächsischen Automobilfirmen kein Zusammenstoß wurde. Auch die Integration der Automobilabteilung der Wanderer-Werke in die Auto Union vollzog sich aus wirtschaftlicher Notwendigkeit. Wie überall im Reich, mußten auch die sächsischen Automobilfirmen der seit Herbst 1929 andauernden Depression nahezu verzweifelten Widerstand leisten. Gravierendster Fehler war eine unangemessene Typenpolitik.

So wurde denn unversehens auch die Automobilabteilung der Wanderer-Werke zum Sorgenkind: Der Absatz stockte, laufende Fixkosten konnten nicht aufgefangen werden, weil die Produktionskapazitäten nicht ausgelastet waren. Es mußte also ein Weg gefunden werden, unter möglichst günstigen Bedingungen für das Gesamtwerk, die Automobilabteilung abzustoßen. In der am 29. Juni 1932 einberufenen Hauptversammlung der Zschopauer Motorenwerke J. S. Rasmussen AG Zschopau, einer unter der Markenbezeichnung DKW weltweit bekanntgewordenen Firma, wurden die Fusionsverträge der Audi-Werke AG Zwickau und der Horch-Werke AG, Zwickau zur Bildung der Auto Union AG zunächst ohne größere Schwierigkeiten gebilligt. Die gleiche Hauptversammlung diskutierte auch den Abschluß eines Kaufvertrages und eines Pachtvertrages mit der Wanderer-Werke AG, vormals Winklhofer & Jaenicke, Chemnitz. Der Kaufvertrag sah die Übernahme der Bestände, Werkzeuge, Vorrichtungen und Modelle vor, sowie der Schutzrechte der Automobil-Abteilung der Wanderer-Werke einschließlich der Marke ›Wanderer‹ für Automobile gegen Entgelt. Mit Wirkung vom 1. Januar 1932 wurde im Pachtvertrag geregelt, daß die Wanderer-Werke die für den Automobilbau bestimmten Gebäude des Siegmarer Werkes, einschließlich der 851 Maschinen der Auto Union AG für die Dauer von zehn Jahren gegen Entgelt überlassen. Die verpachteten Gebäude bildeten einen in sich geschlossenen Komplex des sich im Eigentum der Wanderer-Werke befindlichen Werkes Siegmar. Nach Ablauf dieser Frist sollten die Anlagen in das Eigentum der Auto Union AG übergehen. Kraftwerk, Kesselhaus und andere Nebeneinrichtungen wurden nicht mitverpachtet. Gegen entsprechendes Entgelt stellten sie jedoch ihre Leistungen der Auto Union AG zur Verfügung. Keiner ahnte zu diesem Zeitpunkt, daß der Vertrag selbst im nachhinein doch zu einem Streitobjekt werden könnte, daß diejenigen, deren Namen im einzelnen nicht bekannt sind und die eigentlich schon immer gegen die Eingliederung der Automobilabteilung der Wanderer-Werke in die Auto Union opponierten, im Vertrag selbst Unverträgliches entdeckt zu haben glaubten. Nur einer bekannte offen seine Gegnerschaft: Generaldirektor Klee. Die Unstimmigkeiten schienen programmiert zu sein. Die kaufmännischen Experten hatten im sogenannten Gesellschaftsvertrag mit der Auto Union ein neues Problemfeld erkundet. Die Wanderer-Werke, also die alte Wanderer AG, die weiterhin Fahrräder, Motorfahrräder, Büro- und Werkzeugmaschinen produzierte, führte einen Rechtsstreit gegen die Auto Union, die ihrerseits aufgrund von rechtmäßigen Verträgen den Namen ›Wanderer‹ im Vier Ringe-Emblem trug.

DER NAME WANDERER WIRD ZUM STREITOBJEKT

Die Eingabe der Auto Union vom 30. Juni 1939 »In Sachen Wanderer-Werke gegen die Auto Union Aktiengesellschaft« beschreibt die Komplikationen bei der Fusion und letztlich auch die Schwierigkeit einer verträglichen Einigung in diesem Namens-Streitfall.

Nachdem im Hochsommer des Jahres 1931 erstmalig diskutiert wurde, ob die Betriebe der sächsischen Automobilindustrie durch einen Zusammenschluß auf eine gesündere Grundlage gestellt werden könnten, erfolgte eine Reihe von Besprechungen, die zunächst beschränkt blieben auf den Kreis der drei sächsischen Firmen, bei denen die Sächsische Staatsbank durch eine Kredithergabe einen wesentlichen Einfluß hatte: Zschopauer Motorenwerke J. S. Rasmussen (DKW) Aktiengesellschaft, Zschopau/Sachsen, Audi-Werke Aktiengesellschaft, Zwickau/Sachsen, Horch-Werke Aktiengesellschaft, Zwickau/Sachsen. Die Verhandlungen ließen schon in ihren ersten Vorbesprechungen erkennen, daß einem einigermaßen krisenfesten Modell-Programm ein Fahrzeug der Mittelklasse gut anstehen würde, wie es beispielsweise von den Wanderer-Werken

Die Anzeige von 1933 dokumentiert die Entschlossenheit der Unternehmensführung, das Modellprogramm von allen vier Marken zu erhalten.

hergestellt wurde. Es wurde daher Fühlung mit den leitenden Herren der Wanderer-Werke aufgenommen, die zu einer ersten gemeinsamen Aussprache zwischen den Vorständen der Firmen am 27. August 1931 in Chemnitz führte. Nachdem über Inhalt und Wortlaut des abzuschließenden Vertrages in den weiteren Verhandlungen Übereinstimmung erzielt worden war, machte die Sächsische Staatsbank den Wanderer-Werken mit Schreiben vom 3.12.31 ein förmliches Vertragsangebot, durch dessen spätere Annahme der Vertrag zustande kam. Dieses Angebot war ursprünglich nur bis zum 28.12.1931 befristet.

Die Sächsische Staatsbank war jedoch gezwungen, diese Angebotsofferte von dem Ergebnis noch nicht abgeschlossener Verhandlungen mit den anderen beteiligten Großbanken, ferner der Aufsichtsbehörde der Sächsischen Staatsbank, dem sächsischen Finanzministerium und vor allem dem Reichsfinanzministerium Berlin, welches seine Hilfestellung bei der Fusion durch eine erhebliche Steuerpauschalierung geben sollte, abhängig zu machen. Da diese Verhandlungen sich weit über Erwarten hinzogen, wurde die Laufzeit des Angebots in Übereinstimmung mit den Wanderer-Werken fortgesetzt verlängert. Trotzdem ist im Laufe dieser gesamten Monate der Wortlaut des Vertrages hinsichtlich der Frage der Warenzeichen und Marke nicht mehr Gegenstand irgendwelcher Auseinandersetzungen gewesen. Es sind allerdings Differenzen aufgetaucht im Zusammenhang mit der Bewertung und Übernahme der Werkzeuge, Vorrichtungen und Materialien, die auch zu einem erheblichen Abstrich an dem ursprünglich angenommenen Kaufpreis geführt haben, nämlich in Höhe von einer Million Reichsmark.

Dennoch hatten auch die Wanderer-Werke ein starkes Interesse am Zusammenschluß der sächsischen Automobilfirmen, wie aus ihrem eigenen Geschäftsbericht über das Geschäftsjahr vom 1.10. bis zum 31.12.1931 deutlich wird: »Unsere Automobilinteressen in eine Gesellschaft einzubringen, an welcher sich die Zschopauer Motorenwerke J. S. Rasmussen AG in Zschopau, die Horch-Werke AG in Zwickau und die Audi-Werke AG in Zwickau beteiligen sollten, haben wir nach reiflicher Überlegung zugestimmt. Wir sehen nur dann eine Möglichkeit, daß sich die deutsche Automobilindustrie behauptet, wenn sich unter Beibehaltung ihrer in der Welt anerkannten Fabrikmarken diejenigen Automobilunternehmungen zusammenschließen, die sich in ihrem Fabrikationsprogramm und damit im Verkauf ergänzen beziehungsweise ihr Fabrikationsprogramm organisch zweckmäßig gestalten können. Diese Voraussetzung ist bei einer Zusammenfassung der Automobilinteressen der genannten Werke gegeben. Wir haben eingesehen, daß wir im Interesse des Gelingens und der Stabilität des neuen Unternehmens Opfer bringen mußten. Die Wanderer-Werke haben sich also nicht lediglich dem Gemeininteresse gefügt. Die juristischen und wirtschaftlichen Beziehungen unseres Unternehmens zur Auto Union AG werden in einer aktienmäßigen Interessennahme sowie in einer Vertretung unsererseits im Aufsichtsrat und Arbeitsausschuß der neuen Gesellschaft bestehen. Unsere Sympathie und unsere besten Wünsche geleiten das neue Unternehmen in die Zukunft.«

WEM GEHÖRT DAS WANDERER-ZEICHEN?

Die bisher von den Wanderer-Werken betriebene Automobilfabrikation und die Fabrikation von Ersatzteilen für Automobile wird auf die Auto Union übertragen, während die Wanderer-Werke ihre Fahrräder, Motorfahrräder, Werkzeug- und Büromaschinen weiterhin selbst produzieren. Die Auto Union erwirbt die sogenannten Automobilinteressen von den Wanderer-Werken: Zunächst verkaufen die Wanderer-Werke der Auto Union alle Bestände an Fertigwaren, Halbfabrikaten und Rohmaterialien, soweit sie die Automobilfabrikation und die Fabrikation von Automobil-Ersatzteilen betreffen. Überlassen werden der Auto Union auch: Automodelle, Zeichnungen, Vorrichtungen und Werkzeuge, Patente und sonstige gewerbliche Schutzrechte, jedoch mit Ausnahme von Warenzeichen.

Der Auto Union wird zudem das Recht eingeräumt, die Wort- und Bildzeichen, und zwar in erster Linie das Wortzeichen ›Wanderer‹, in zweiter Linie das geflügelte ›W‹ in beliebiger Form für den Vertrieb von Kraftwagen zu benutzen.

Das Wort ›Wanderer‹ darf wiederum in keiner Weise in der Firma der Auto Union selbst gebraucht werden. Weiterhin darf das Recht an der Marke und an den Warenzeichen ›Wanderer‹ von der Auto Union an Dritte weder verkauft noch unentgeltlich überlassen werden.

Rückwirkend zum 1.1.1932 tritt die Auto Union in alle Rechte und Pflichten der Wanderer-Werke aus laufenden Abmachungen ein, die sich auf den Automobilbau einschließlich Karosseriebau und Automobilvertrieb einschließlich des Ersatzteilgeschäftes beziehen. Als Kaufpreis wurden 3.100.000 RM vereinbart. Die Verpflichtung der Wanderer-Werke, den Bau und Vertrieb von Automobilen zu unterlassen, besteht bis zum 31.12.1941. Das Benutzungsrecht an den Wanderer-Warenzeichen zugunsten der Auto Union ist zeitlich unbegrenzt eingeräumt.

Die Streitigkeiten begannen in dem Augenblick, als die Auto Union am 8.8.1932 als Schutzmarke das Bildzeichen ›Vier Ringe‹ mit den Bild- und Wortzeichen der einzelnen Marken Audi, Horch, DKW und Wanderer in den einzelnen Ringen aufgrund der Warenzeichenvereinbarung des Vertrages anmeldete. »Der Entwurf dieses Bildzeichens war von den Wanderer-Werken gebilligt. Auf den Widerspruch der Wanderer-Werke wurde das Warenverzeichnis seitens der Auto Union am 6.8.1934 auf Automobile, Automobilbestand und Ersatzteile, und am 19.10.1934 entgegenkommenderweise sogar weiter lediglich auf Automobile beschränkt. Die Eintragung erfolgte am 30.10.1934. Die Durchsetzung dieses ersten Zeichens dauerte über zwei Jahre, und zwar nur deshalb, weil der Vertragspartner, die Wanderer-Werke, aus immer neuen formalen Gründen Schwierigkeiten machte. Es ist für die Einstellung der Wanderer-Werke bezeichnend, daß sie bereits im ersten Jahr des Vertrages zu einer mißbräuchlichen Anwendung ihrer formalen Zeichenrechte schritten.

Bei den nach der Anmeldung des oben genannten Zeichens vorgenommenen weiteren Anmeldungen, betreffend das Wortzeichen ›Wanderer‹ und das ›Flügel-W‹, ergab sich bezüglich der Ersatzteile stets die gleiche Situation: Die Wanderer-Werke erhoben unter Mißachtung des Vertrages Widerspruch, und trotz aller Gegenvorstellungen der Auto Union konnten die Eintragungen nur erreicht werden, nachdem der Schutzumfang auf Automobile beschränkt worden war. Die Wanderer-Werke haben stets ihre zeichenrechtliche Stellung gegen die Anmeldung der Auto Union ausgenutzt, um die vertraglichen Rechte der Auto Union zu beschränken. Es muß mit Nachdruck betont werden, daß das Nachgeben der Auto Union in jedem Fall nur im Interesse der Aufrechterhaltung des freundschaftlichen Einvernehmens, jedoch unter voller Wahrung der rechtlichen Belange der Auto Union geschehen ist.«

Durch immer neue Wünsche und Forderungen versuchten die Wanderer-Werke von der eigentlichen Vertragsgrundlage abzuweichen. »Als erste Einschränkung wünschten die Wanderer-Werke, daß die Auto Union ihr Vier-Ringe-Zeichen mit den einzelnen Wort- und Bildzeichen der Marken nicht in Verbindung mit der Firmenbezeichnung Auto Union gebrauchen dürfe, weil nach Meinung der Wanderer-Werke hierdurch der Anschein erweckt werden könnte, als ob nicht nur die Automobilproduktion der Wanderer-Werke, sondern die ganze Firma in der Auto Union aufgegangen wäre. Dem Wunsch entsprach die Auto Union. Die Wanderer-Werke dehnten dann ihren Wunsch aus, die Auto Union möge das Zeichen ›Vier Ringe‹ mit den Wort- und Bildzeichen in den einzelnen Ringen überhaupt aufgeben. Hierzu ist hervorzuheben, daß die Wanderer-Werke der Eintragung dieses Zeichens für Automobile keinen Widerstand entgegengesetzt hatten.«

Was hier womöglich als bürokratischer oder gar penibler Eigensinn eingestuft werden kann, ist vordergründig eine Frage der Wahrung der eigenen Identität, die durch Namen repräsentiert wird. So sollte es nicht etwa heißen ›Werk-Wanderer‹, ›Abteilung Wanderer-Verkauf‹ oder ›Abteilung Wanderer-Kundendienst‹ und so weiter. Die Wanderer-Werke verlangten, daß der Zusatz ›Automobile‹ grundsätzlich erfolgte, um deutlich zu machen: Die Wanderer-Werke sind eigenständig geblieben und nur ihre Automobilabteilung ist der Auto Union integriert. »Die von den Wanderer-Werken weiter und immer stärker behauptete Verwechslungsgefahr fand schließlich in einer neuen Forderung ihren Ausdruck: Die Auto Union sollte den in Frage kommenden Interessentenkreis der Öffentlichkeit über die tatsächlichen Verhältnisse aufklären, insbesondere also darauf hinweisen, daß die Auto Union und die Wanderer-Werke voneinander unabhängige, selbständig bestehende Unternehmen mit voneinander getrennten Produktionszielen sind. Wiederum gab die Auto Union in loyaler Einstellung diesem Drängen nach und führte eine Aufklärungsaktion von einem im deutschen Wirtschaftsleben wohl einzig dastehenden Umfang durch.«

Wem gehört das Wanderer-Zeichen? Nachdem sich die vier sächsischen Automobilfirmen zusammengeschlossen hatten, entbrannte ein Streit um das Wanderer-Zeichen, denn die Wanderer-Werke hatten nur ihre Automobilabteilung in den neuen Firmenverbund eingebracht.

Diese sogenannte Aufklärungs- und Informationskampagne wurde 1937 per Rundschreiben durchgeführt. Unter anderem erfolgte die Versendung von Aufklärungsschreiben an alle durch die Kundenkartei erfaßbaren Inhaber von Wanderer-Automobilen, insgesamt über 20.000. Ebenso wurden etwa 400 Tageszeitungen und etwa 70 Fachzeitschriften nochmals mit Rundschreiben bedient. Seit Mai 1937 werden täglich an etwa 700 ausgehenden Briefen, die in Angelegenheiten von Wanderer-Automobilen geschrieben werden, rote Aufklärungszettel angeheftet. Schließlich werden im November sogenannte verbindliche Anordnungen der Auto Union AG verfaßt und verschickt, in welchen die Verwendung des Firmennamens, des Warenzeichens und der Markenbezeichnungen bestimmt werden. In den Anordnungen heißt es: »Ab 1. Januar 1938 müssen die oben aufgeführten Richtlinien streng eingehalten werden. Neben dem Wortzeichen ›Wanderer‹, das durch den Zusatz ›Automobile‹ bereits die werbemäßige Beschränkung erfahren hatte, wurde auch das Bildzeichen ›Flügel-W‹ mit dem Zusatz ›Automobile‹ versehen. Sämtliche Korrespondenz-Drucksachen, Wanderer-Automobile betreffend, wurden entsprechend den Anordnungen umgestellt. Das gesamte Werbematerial, Prospekte, Plakate und Inserate, wurde neu angefertigt.«

Vom Vorstand der Auto Union wurde im Mai 1937 eine Sonderkommission gebildet, die nur mit der einheitlichen Behandlung aller Wanderer-Automobile betreffenden Fragen und der ständigen Kontrolle der gesamten Werbung für Wanderer-Automobile befaßt war.

Die Maßnahmen der Auto Union beweisen, »in wie ungeheuer großem Umfang die Auto Union ihrem unbeirrbaren Bestreben, unabhängig von der Rechtslage, dem Vertragspartner entgegenzukommen und hierbei selbst übertrieben erscheinende Besorgnisse in bezug auf eine Verwechslungsgefahr auszuräumen, Ausdruck gegeben hat. Diese weit über alle zumutbaren Grenzen hinausgehende und für den Außenstehenden schon längst unverständlich gewordene Nachgiebigkeit der Auto Union, wurde jedoch keineswegs von den Wanderer-Werken anerkannt, sondern vielmehr nur als Anreiz zu immer neuen, unberechtigten Ansinnen betrachtet.« Aus Bitten wurden Wünsche, aus den Wünschen Forderungen und aus den Forderungen Drohungen. Schließlich steigerte sich dieses vertragswidrige Verhalten der Wanderer-Werke in einem Brief an die Auto Union vom 1. 1. 1937: »Es gibt überhaupt keine Wanderer-Automobile, weil die Wanderer-Werke Automobile nicht mehr herstellen, und ein anderer Hersteller ist nicht berechtigt, dieses Auto als Wanderer-Automobil zu bezeichnen.« Dabei hatten die Wanderer-Werke anscheinend vergessen, daß es im Vertrag heißt: »Ferner überlassen die Wanderer-Werke der Gesellschaft ihre Modelle, alles in dem Umfange, wie es zur uneingeschränkten Fortsetzung der Fabrikation der Wanderer-Automobile gebraucht wird.«

Die Auto Union lehnte die Forderungen betreffend die Warenzeichen mit Brief vom 14. 7. 1938 ab. Die Wanderer-Werke antworten am 25.8.1938: »Bei dieser Sachlage gibt es keinen anderen Weg, die gerügten Mißstände, die für die Allgemeinheit und für unsere Firma untragbar sind, zu beseitigen, als die Aufhebung des Ihnen gewährten Benutzungsrechtes einschließlich der damit in Verbindung stehenden Rechte, soweit sie als wirksam anzusehen sind. Wir erklären daher hiermit, die Ihnen vom Dezember 1931 eingeräumten Rechte als jedenfalls jetzt nicht mehr wirksam und die betreffenden Abreden ausdrücklich für beendet. Wir kündigen diese Abreden hiermit in aller Form aus wichtigem Grunde mit sofortiger Wirkung. Wir behalten uns ausdrücklich vor, von diesen Abreden oder auch vom ganzen Vertrag zurückzutreten. Hiernach ist eine weitere Mitbenutzung unseres Warenzeichens und Firmenschlagwortes ›Wanderer‹ und unseres Firmenbildzeichens ›Flügel-W‹ für den Vertrieb von Kraftwagen, die von Ihrem Automobil-Unternehmen hergestellt sind, nicht mehr zulässig. Wir untersagen Ihnen diese Mitbenutzung hiermit.«

Rücktrittserklärungen, Androhung von Klage, tatsächliche Klage, Entgegnungen der Auto Union, alles das verknäult sich zu einem Wirrwarr. Da steht Behauptung gegen Behauptung, Beweis gegen angeblichen Beweis. Da wird von leitenden Persönlichkeiten bezeugt, Nachweis erbracht, Beweis geführt. Der Beginn des Zweiten Weltkrieges veranlaßt dazu, das Verfahren auszusetzen. Die Auto Union, die längst den Vierten Ring vereinnahmt und ihre Unternehmens-Strategie auf die vier Marken abgestimmt hatte, stand womöglich vor einem langwierigen Rechtsstreit.

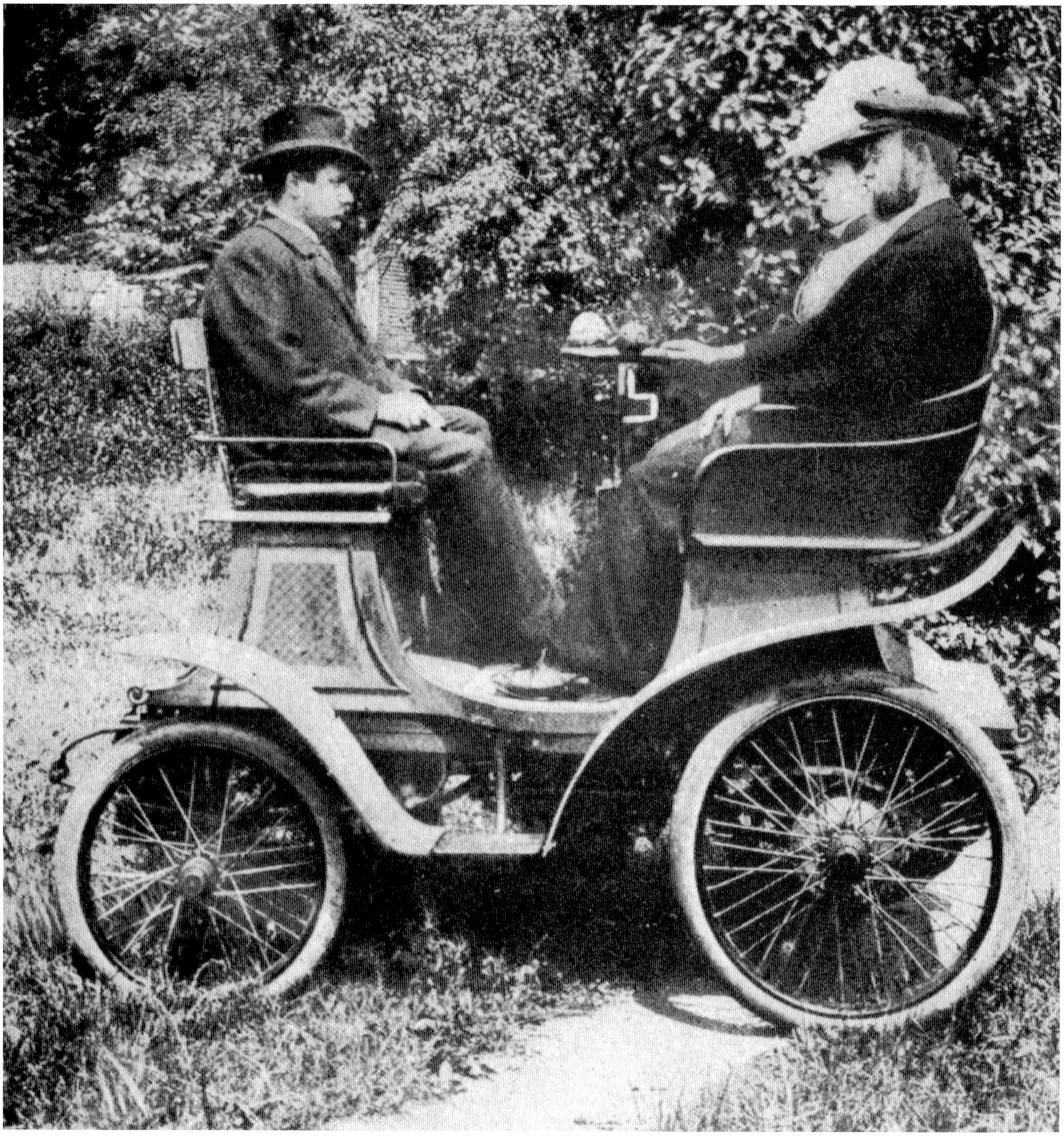

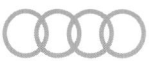

ICH WEISS, WAS ICH WILL!

Dieser Wille ist bei August Horch ständig, wenn nicht direkt, so doch zwischen den Zeilen seiner Lebenserinnerungen zu lesen. Er, der unter dem Tierkreiszeichen der Waage am 12. Oktober 1868 in Winningen an der Mosel als Sohn des Schmiedemeisters Karl Horch und seiner Ehefrau Helene, geborene Michel, das Licht der Welt erblickt, ist auf der Suche nach sich selbst, als er sich nach seiner Lehrzeit als Schmiedegeselle mit sechzehn Jahren auf die Wanderschaft durch Deutschland, Österreich-Ungarn, Serbien und Bulgarien begibt. Nach vier Jahren weiß er, was er werden will: Innerlich ausgeglichen, was man den Waagemenschen gemeinhin nachsagt, und Ingenieur. Das eine kann man werden durch Selbstdisziplin und wenn man sich auf innere Kräfte und Werte besinnt. Das andere kann man studieren. Das tut er auf dem Technikum in Mittweida in Sachsen und macht dort 1890 sein Examen. Anschließend arbeitet er in verschiedenen Firmen der Maschinen- und Werftindustrie in Rostock, dann in einer Maschinenfabrik in Leipzig.

Bescheiden, wie Waagemenschen sein sollen, sagt er von sich, er sei bei Benz in die Lehre gegangen. Er hat gelernt bei Benz, aber nicht als Lehrling, sondern als Assistent und später als Betriebsleiter. Er will sein ganzes Können in die Waagschale werfen, er will eigenes Gewicht haben, weil er nicht nur weiß, was er will, sondern auch, was er kann. Und was er nicht kann, weiß er ebenfalls: Er kann nicht aus seiner Haut heraus. Was er sich einmal in den Kopf gesetzt hat, das will er auch durchsetzen. Bei ihm liest sich das so, als er sich selbständig machen will und von Karl Benz schließlich seine Entlassung als Mitarbeiter fordert: »Um die Mitte des Jahres 1899 war ich zu einer entscheidenden Überlegung gekommen, die mich sehr beschäftigte und die mich nicht wieder losließ. Ich hatte ein gutes Stück Lebensarbeit hinter mir. Ich hatte mich umgesehen und viel gelernt. Ich wollte mich selbständig machen. Der Überlegung folgte bald hernach der Entschluß.

Ich ging zu Herrn Benz und bat, mich zu entlassen. Papa Benz starrte mich hocherstaunt an und nahm es nicht ernst. ›Sie werden doch nicht von mir weggehen wollen? Wir habe doch jetzt so lang gut miteinander gearbeitet. Wir müssen weiter zusammenbleiben. Das gibt's einfach nicht.‹ Er ließ sich auf keine weitere Unterhaltung mehr ein, und mir blieb nichts anderes übrig, als meine Kündigung in aller Form zu wiederholen. Herr Benz gab mir die Kündigung wortlos wieder zurück.

Aber ich blieb bei meiner Entscheidung und begann, einen Teilhaber zu suchen. Es meldeten sich zu meiner Freude mehrere Herren, und ich hatte also die Wahl. Sie fiel auf einen rheinischen Kaufmann. Bei der Besprechung anläßlich der

August Horch hat, wie er selbst sagt, die Automobilfabrikation in Sachsen ins Leben gerufen und in große Höhe gebracht. Er hat das Konstruieren von der Pike auf gelernt und gehört zu den ganz wenigen Ingenieuren, die bei Karl Benz in die Schule gehen durften. Die Abbildung zeigt August Horch 1901 am Steuer eines seiner ersten Automobile. Der ›stoßfreie‹ Zweizylindermotor war vorne liegend eingebaut und leistete 4 bis 5 PS. Nach Aussagen von August Horch wurden 10 Exemplare dieses ersten Horch-Automobils gefertigt.

August Horch als Student im Jahr 1888.

Gründung meiner neuen Firma erkundigte sich Herr Ganß, er war Teilhaber von Benz und außerdem exzellenter Repräsentant und Verkäufer, ob ich schon einen Kompagnon hätte. Ja, ich hätte schon einen. Was das für ein Mann sei? Ich antwortete: ›Eigentlich habe ich zwei zur Auswahl, und ich weiß noch nicht recht, welchen von beiden ich nehmen soll.‹ Herr Ganß: ›Was haben beide für einen Beruf?‹

Ich: ›Der eine ist Beamter bei einer großen Bank in Frankfurt, und der andere verkauft im Rheinland Tuch.‹ Und wie aus der Pistole geschossen hat mir Herr Ganß gesagt: ›Sie nehmen den, der Tuch verkauft. Wenn er Tuch verkaufen kann, kann er auch Limburger Käse verkaufen und nach einer Weile auch Automobile. Das kann ein Bankbeamter nicht. Nehmen Sie den Tuchhändler, und ab damit.‹ Ich habe es auch so gemacht, der Tuchhändler war Herr S. B. Herz.

Und nun mußte ich bei Herrn Benz bestimmter werden. Ich führte ihm alle wohlerwogenen Gründe an, die mich veranlaßten, künftighin es auf eigenen Beinen zu versuchen. Ich sagte ihm, daß ich mich in Köln niederlassen, daß ich Vertretungen übernehmen und damit beginnen wolle, Automobile zu reparieren. Ich sagte ganz offen, daß ich alle Vorbereitungen dafür schon abgeschlossen und daß ich schon einen Teilhaber hätte. Und zum Schluß bat ich mit allem Nachdruck, mich freizugeben und mich nicht festzuhalten. Herr Benz wollte nicht nachgeben, aber Julius Ganß brachte meinem Standpunkt Verständnis entgegen. ›Lassen Sie Herrn Horch gehen‹, sagte er zu Papa Benz, der mich düster anstarrte, ›wenn er seinen Weg allein marschieren möchte, dürfen Sie ihn nicht daran hindern. Außerdem kann er uns in Köln in vieler Hinsicht nützlich sein.‹ Da gab Papa Benz nach. Am 15. Oktober verließ ich Mannheim. Am 14. November 1899 wurde in Köln-Ehrenfeld unter Ges.-Reg. 4689 die Firma A. Horch & Cie. eingetragen. Einer der Träume meines Lebens hatte sich verwirklicht.«

Horch will einen Fabrikraum haben, nicht nur eine Arbeitsstätte. Nach mühevollem Suchen findet er endlich in Köln-Ehrenfeld in der Venloer Straße einen geräumigen Pferdestall, den er mietet. »So begann ich also unter beinahe biblischen äußeren Umständen die erste selbständige Arbeit meines an Arbeit reichen Lebens. Zuerst wurde das Büro fertig, und ich begann in ihm unverzüglich, wie in meinen ersten Anfängerstellungen, intensiv am Zeichenbrett Konstruktionen auszuarbeiten.«

HORCH MACHT SICH SELBSTÄNDIG

Im Bewußtsein seiner gerade erworbenen Selbständigkeit als Firmeninhaber, aber auch aus Freude an der oft an sich selbst erlebten Kreativität, macht er sich an die Arbeit. Er besitzt Ich-Identität. Sein Elternhaus hat auch diese geprägt wie sein ganzes Wesen. Er weiß auch, daß er Freunde und Mitarbeiter gewinnen kann, weil er Vertrauen weckt. Zu seinen engsten Freunden und Mitarbeitern zählt Oberingenieur Hermann Lange, der mancherlei Ideen beisteuert. August Horch kann sein erstes Patent anmelden: »Und zwar ein Abreißgestänge für die Bosch-Magnet-Zündung. Die Idee zu dieser Konstruktion stammte von Herrn Lange, wir hatten seinerzeit über diese Konstruktion gesprochen. Sie bewährte sich sehr gut, und wir gingen auch gleich an die Werbung. Wir schrieben allen Autobesitzern, die wir ausfindig machen konnten, wir könnten die Zündung an ihrem Wagen umändern, und zwar in Bosch-Abreißzündung.

Unsere Briefe wurden zu unserer Freude mehrfach in zusagendem Sinne beantwortet, und wir konnten nunmehr mit der Herstellung beginnen. Einige Leute wurden eingestellt. Zum Werkmeister machte ich einen vorzüglichen Motorenbauer, der von Benz in Mannheim mit mir gegangen war auf gut Glück. Es war ein sonderbarer Mann, und ich glaube, daß ich ihn, solange ich ihn kannte, keine dreißig Worte hintereinander sprechen hörte.

Unser Anfang war gut. Die Reparaturwerkstatt hatte zu tun. Und die Bestellungen auf das Einbauen der Magnetzündung gingen vorwärts.« Nur ein paar Pannen, die stellten sich gelegentlich einmal ein. Doch nicht an der Magnetzündung, sondern nur, weil der Kunde ein gebrochenes Verhältnis zur Technik hatte, wie Horch humorvoll berichtet. »Der Herr Feldmesser Bergweiler in Köln-Ehrenfeld bestellte auch eine Magnetzündung. Er fuhr einen Benz-Viktoria und war ein guter Kunde unserer Reparaturwerkstatt, sozusagen ein Stammkunde, denn wir waren es gewohnt, daß wir bei jeder seiner Ausfahrten angerufen wurden, er könne nicht mehr weiter, wir sollten einen Monteur schicken. Herr Bergweiler war, unter uns gesagt, kein sicherer Fahrer und hatte auch weiter keine technischen Kenntnisse, was seinen Wagen betraf.

Wir bauten ihm eine Magnetzündung ein, und er bat mich, ihn zu einer Fahrt in seinen Heimatort im Hunsrück zu begleiten, er wolle gern nach Simmern, wo seine Mutter lebte, und das Auto zeigen, denn die Simmerer hätten noch nie in ihrem Leben eins gesehen. Einem Stammkunden ist man gern gefällig. Ich fuhr mit, und an einem kühlen Herbsttag, der schon nach Winter roch, fuhren wir rheinaufwärts. Die paar kleinen Pannen unterwegs, auf die wir ohnehin gefaßt waren, wurden schnell beseitigt.

In einem Pferdestall in Köln-Ehrenfeld war 1899 der erste Horch-Betrieb untergebracht.

Am nächsten Tage sagte der Herr Bergweiler, er möchte mit seiner alten Mutter, seiner Schwester und seinem Schwager spazieren fahren. Das Auto war nur viersitzig, ich konnte also nicht mitfahren. Ich sagte schüchtern, mir sei ein bißchen angst, wenn er allein spazieren fahre. Aber Herr Bergweiler äußerte, er seinerseits habe keine Angst, er sei auf dieser Fahrt den Rhein entlang nunmehr, das fühle er deutlich, ein perfekter Fahrer geworden. Am Sonntagmorgen startete die Familie. Abends gegen sechs Uhr wollte sie wieder zurück sein. Abends nach sechs Uhr war noch nichts zu sehen, und ich lief die Straße, auf der sie kommen mußten, ein Stück hinaus, bis es dunkel wurde. Gerade, als ich mit etwas schweren Gedanken umkehren wollte, hörte ich ein Pferdefuhrwerk: ich wartete. Richtig, in dem Fuhrwerk saßen der Herr Bergweiler, seine Mutter und seine Schwester, und der Herr Bergweiler erhob sich, als er mich erkannte, schüttelte mit seiner Faust vor meiner Nase herum und brüllte durch die Nacht alles an Flüchen und Verwünschungen, was er für mich, meine Magnetzündung, für den Benz-Wagen und für die ganze Welt überhaupt zur Verfügung hatte. Als er ausgetobt hatte, fragte ich ihn, was eigentlich passiert sei.

›Was eigentlich passiert sei‹ – brüllte er von neuem, ›nichts mehr und nichts weniger, als daß der Dreckwagen stehengeblieben und nicht mehr in Gang zu bringen sei.‹ Er hätte alles untersucht. Es sei ein Dreckwagen! Ich erkundigte mich, wo der Wagen stünde. Der Dreckwagen, der stünde vor einem kleinen Wirtshaus in einem Nest...

Ich fuhr dann mit dem Pferdewagen in jenes Nest, wo das Dreckauto stand. Ich untersuchte alles, und alles war in Ordnung, auch meine Zündung! Ich wandte mich an den Schwager. ›Hat Herr Bergweiler irgend etwas an dem Wagen gemacht?‹ ›Nein, eigentlich nichts, er hat nur mal Wasser aufgefüllt.‹ ›So, wo hat denn der Herr Bergweiler das Wasser eingegossen?‹ Der Schwager zeigte es mir. Es war das Benzineinfüllrohr. Ich drehte den Hahn unter dem Oberflächenvergaser auf, und mir lief das reine Wasser in die Hand. Ich wußte Bescheid.«

117

August Horch (rechts sitzend) im Kreis seiner ersten Mitarbeiter. Neben Horch sitzt Teilhaber Salli B. Herz.

August Horch ist ein penibler Techniker. Er fertigt für alle schwierigen Autoreparaturen Zeichnungen selber an, damit die Mitarbeiter in der Werkstatt nach diesen genau durchgearbeiteten Plänen möglichst selbständig arbeiten können. Diese ökonomische Maßnahme läßt ihm ausreichend Zeit, sich seinen langgehegten Wunsch, einen eigenen Horch-Wagen zu konstruieren, zu erfüllen. Dabei ging er sehr behutsam und planend vor.

HORCHS ERSTER MOTOR

In Mannheim wurden bei Benz Zwillings- und Boxermotoren gebaut, die einen möglichst erschütterungsfreien Lauf garantieren sollten. Seine eigenen Versuche auf diesem Gebiet beschreibt Horch in seinen Erinnerungen: »Ich ging einen Schritt weiter und konstruierte einen Motor, der zwei Kolben in einem Zylinderraum hatte. Ich wollte nicht nur erreichen, daß der Motor erschütterungsfrei lief, sondern ich wollte auch einen geringeren Betriebsstoffverbrauch herausholen. Die Anordnung der Zylinder war so: Die beiden Zylinder waren zwar nebeneinander, aber nicht auf gleicher Höhe angeordnet. Der eine war um eine ganze Zylinderlänge zurückgesetzt.

Die Wirkungsweise des Motors ist folgende: Die beiden Arbeitskolben stehen in ihrer inneren Stellung, beim Drehen des Schwungrades gehen die Kolben auseinander, das Ansaugventil wird geöffnet, und es strömt Gemisch in die beiden Zylinder. Beim Zurückgehen der Kolben wird das Gemisch komprimiert. Bevor die Kolben am Ende ihres Weges angekommen sind, entzündet der Magnetfunken das Gemisch, es explodiert und treibt die Kolben auseinander.

Der Motor entwickelt Kraft, bis die Kolben am Ende ihrer Bahn sind. Nun gehen die Kolben wieder zurück, das Abgasventil öffnet sich, die verbrannten Gase strömen ins Freie, der Viertaktprozeß ist zu Ende.

Zur Vergasung des Benzins gebrauchte ich keinen Oberflächenvergaser mehr, wie wir sie bei Benz noch hatten, sondern ich konstruierte einen Spritzdüsenvergaser. Dieser Vergaser, den ich auch selbst baute, arbeitete ganz gut, und wir versuchten, ihn fortlaufend zu verbessern. Ich meldete die Konstruktion zum Patent an. Die Konstruktion des stoßfreien Motors wurde auch zum Patent angemeldet.«

Horch läßt in Köln Modelle seines Motors anfertigen, um für diese bei verschiedenen Gießereien einen dünnwandigen Guß zu erreichen. Aber keine läßt sich auf diesen riskanten und schwierigen Versuch ein. Also probiert Horch es selbst: »Wir stellten einen Schuppen im Hof auf, und in diesem Schuppen entstand unsere Gießerei. Hier wurden die ersten Abgüsse aus Gußeisen, Aluminium und Rotguß für die ersten Horch-Wagen ausgeführt. Das schreibt sich jetzt so leicht nieder, aber es gab eine Menge schwere Stunden, trotz meiner guten Erfahrungen, die ich im Graugußgießen hatte, bis wir den ersten brauchbaren Zylinder fertiggegossen hatten. Die anderen Grau- und Metallgußteile, die zum Bau des Wagens notwendig waren, machten weiter keine Schwierigkeiten. Aber ein besonderes Kapitel bedeutete das Gießen der Aluminiumgehäuse. Weder mein Gießer noch ich hatten Aluminium jemals gegossen, nicht einmal solches Metallgießen gesehen. Wir gossen erst zum Versuch einige einfache Gußteile, dann wagten wir uns an das ziemlich einfache Oberteil des Motorgehäuses. Nach mehreren Versuchen gelang uns dieser Guß.

Das Modellgehäuse, das nun von uns in die Hand genommen wurde, sah uns doch so an, als ob es sagen wollte, na, mit mir werdet ihr noch etwas erleben. Und es kam auch so, wir erlebten viel. Der erste Abguß besaß an der Seite einen langen Riß. Wir überlegten und kamen zu dem Schluß: Wir machen die Wand stärker. Nach dem Guß war die Wand trotzdem wieder gerissen. Wir machten eine Querrippe in die Wand, wieder vergebens. Es wurden zwei Rippen gemacht, es nützte nichts.

Bis jetzt hatten wir das Herausnehmen des Gußstückes aus der Form nach dem Gießen so gemacht, wie man das bei Grauguß auch durchführt. Ich sagte, wir machen das wahrscheinlich falsch, denn Aluminium schwindet ja anders wie Gußeisen, wir werden mal den Sand sofort nach dem Guß aus dem Gußstück herausreißen. Es wurde so gemacht und siehe da, es gelang. Jetzt versuchten wir es noch einmal von Anfang an, also ohne Rippen und ohne Verstärkung der Wand. Der Guß gelang vollständig. Man kann sich kaum vorstellen, wie froh und glücklich wir waren.

Horchs erste eigene Motorkonstruktion. Dieser liegende Zweizylindermotor mit einem dritten ›Ausgleichskolben‹ wurde bekannt als ›stoßfreier‹ Motor.

Ich wußte damals, als ich anfing mit dem Aluminiumguß aber noch nichts von der Firma Rautenbach (in Solingen). Ich habe erst im Jahre 1903 auf der Düsseldorfer Ausstellung ihre prachtvollen Aluminiumgehäuse gesehen. Von dieser Zeit an habe ich meine Gehäuse bei der Firma gießen lassen. Es ist wohl keine Überhebung, wenn ich sage, daß ich mit der erste war, der es fertig brachte, sehr komplizierte Aluminiumabgüsse Anfang des Jahrhunderts ohne vorherige Erfahrung hergestellt zu haben.

Dann konnten wir an den Bau des Motors gehen, und als der erste Motor zum Laufen kam, bewährten sich die beiden Zylinder in einem Zylinderraum durchaus: Der Motor lief gleichmäßig, und wir konnten ihn getrost und ohne Überheblichkeit als stoßfreien Motor bezeichnen. Wir waren sehr glücklich.«

Erfolgserlebnisse motivieren Horch, und er sucht und versucht weiter. Sehr glücklich war er zwar, aber immer noch nicht restlos zufrieden.

DAS EIGENE GETRIEBE WIRD ENTWICKELT

Horch fragt sich immer wieder, was er noch verbessern und funktionstüchtiger machen kann. Zum Beispiel die Zahnräder. Die krachten noch immer gewaltig beim Ineinanderschalten. Nicht jeder Fahrer besaß die Geschicklichkeit und das Fingerspitzengefühl, um das lautlos und materialschonend zu bewerkstelligen. In vielen Fällen wurden die Zähne der Räder brutal abgerissen. »Um das zu vermeiden, baute ich ein Getriebe, in welchem beim Einschalten der verschiedenen Gänge die Räder nicht mehr ineinandergeschaltet wurden. Sie waren vielmehr immer und ständig im Eingriff, und die Schaltung erfolgte durch kleine Kupplungen, die zwischen den Rädern eingebaut waren. Und damit die Räder völlig ruhig liefen, verwandte ich keine Stirnräder, sondern bildete diese Räder als Pfeilräder aus.«

Mit einem Hebel, der sich unterhalb des Lenkrades befand, konnte der Fahrer die verschiedenen Geschwindigkeiten schalten, mit einem kleineren zweiten Hebel bediente er die Zündung.

Der Motor war vorn im Wagen angeordnet, das Wechselgetriebe hinten. Die Kühlung des Motors erfolgte durch eine Pumpe, die das Wasser einem Wassertank entnahm und über eine Kühlschlange durch den Motor drückte. Ein einziger Lederriemen übertrug die Kraft des liegend angeordneten Motors auf das Getriebe. Von da aus griffen zwei Kardangelenke mit ihren Stirnrädern in die Innenverzahnung der Hinterräder.

Horch ist von dieser Konstruktion überzeugt, sieht sie als sein gedankliches Eigentum an, vor allem deshalb, weil er, was kaum einer vor ihm getan, das Getriebe federnd aufgehängt und Kardangelenke angebracht hatte. Das gilt für ihn auch trotz der Tatsache, daß seine Konstruktion dem Getriebe stark ähnelte, das nach dem Vorbild von Louis Renault schon 1900 in einigen Fahrzeugen eingebaut war. »Ich bin überzeugt, daß heutzutage schon ein kleiner Junge, der technisch interessiert ist, versteht, was es mit dieser Konstruktion auf sich hatte.«

MIT 4 BIS 5 HORSE-POWER FING ES AN

Horch ist nicht nur ein genialer Techniker und Organisator, er kann auch seine Technik dem Laien mit anschaulichen Worten vermitteln und dadurch Berührungsängste abbauen. Das ist wichtig für die Kundenwerbung und schafft Vertrauen. Sollten die erwachsenen Laien dem technisch interessierten kleinen Jungen unterlegen sein? Es steckt viel psychologisches Einfühlungsvermögen hinter solcher Werbestrategie, die bei Horch des öfteren zu finden ist. Er empfindet sich als der ehrliche Makler seiner Produkte. Er will seine Kunden nicht enttäuschen. Mit Enttäuschungen lebt es sich schlecht, wie Horch des öfteren an sich selbst erkennen mußte. Das hat seine Persönlichkeit geformt, ihn aber nicht davor bewahrt, Selbsttäuschungen zu erliegen, die dann zu Enttäuschungen führten. Dieser Zusammenhang muß gerade am Anfang seiner Firmengeschichte erwähnt werden, weil sich diese Selbsttäuschungen mehr im kaufmännischen Bereich ergaben, für den August Horch nicht das sensible Gespür hatte.

Das erste Horch-Fahrgestell mit liegend eingebautem, ›stoßfreiem‹ Motor. Die Kraftübertragung auf das im Heck angebrachte Getriebe erfolgte über einen Lederriemen.

Da er alleiniger Chef seines Unternehmens war, zur Zeit nicht die kaufmännischen Berater zur Seite hatte, die er für sein Auto-Ego, das sein Leben war, auch nicht als notwendig erachtete, geriet dieser wichtige Gesichtspunkt niemals deutlich genug in seinen Horizont. Seine Autos sollten leicht zu handhaben sein, er selbst war es nicht immer. Das sollte langfristig sein Unternehmer-Schicksal werden.

Er handelte entschlossen nach dem Motto: Qualität überzeugt und läßt sich deshalb auch verkaufen. Wir müssen unsere Qualität nur genügend publik machen! Horch zitiert Teile eines Katalogs, mit dem er seine ersten Horch-Wagen ankündigte: »A. Horch & Cie. Köln-Ehrenfeld. Nachstehend beschriebene gesetzlich geschützte Motorwagen mit Horchs neuem, stoßfreien Motor sind das Produkt einer langjährigen Erfahrung im Motorenbau. Sie vereinigen in sich die neuesten technischen Errungenschaften und zeichnen sich aus durch absolute Betriebssicherheit, einfachste Handhabung, solideste Bauart und besonders durch ruhigen und fast geräuschlosen Gang sowie bequemste Zuverlässigkeit in allen ihren Teilen.

Bei den bis jetzt bestehenden Wagen wird es wohl jeder als einen Mißstand empfunden haben, daß dieselben, namentlich wenn sie stillstehen und der Motor läuft, sehr zittern und schütteln. Bei unseren stoßfreien Motoren fällt jede Erschütterung des Wagens fort. Die Betriebskraft ist Benzin mit einem spezifischen Gewicht von 0,68 bis 0,7 welches überall erhältlich ist, unsere Motoren benötigen je nach Größe etwa 0,38 bis 0,5 kg pro PS und Stunde. Die Kühlung geschieht durch Wasser, und wir bringen auf Wunsch eine Kühlschlange und eine Pumpe an, die eine Fahrt von mindestens zehn Stunden Dauer mit einer Wasserfüllung gestatten. Außerdem ist eine Einrichtung getroffen, die dem Fahrer auf gerader Straße ein Loslassen des Steuerrades gestattet. Bremsen bewirken ein fast sofortiges Anhalten des Wagens.

Steigungen werden von unseren Wagen mit 4,5- bis 5-HP-Motor bis zu sechzehn Prozent und solchen mit 9- bis 10-HP-Motor bis zu zwanzig Prozent genommen.« Zwar setzt eine solche Beschreibung gewiß einige Vorkenntnisse voraus; Kenntnisse werden aber auch vermittelt: HP ist die Abkürzung vom englischen horse-power und der deutschen Pferdestärke vergleichbar: 1 PS = 0,986 HP. Das geht bei den Informationen, Broschüren und Annoncen manchmal ein wenig durcheinander, zeigt aber den Aufbruch in die Sprache der Technik. Broschüren und Betriebsanleitungen zeigen aber auch, daß Horch um Sprachstil bemüht ist und nicht in einen platten Reklamejargon verfällt. Er ist nicht nur ein Freund der sensiblen Sprache, sondern auch des sensiblen Geschmacks. Seine Kunden will er auf ein höheres Niveau anheben und sieht sie dementsprechend in Kreisen des sogenannten gehobenen Milieus oder der höheren sozialen Schicht.

In einem solchen Sinne ist Horch standesbewußt, ohne dabei dünkelhaft zu wirken. Aber das ist seinerzeit gründlich mißverstanden worden. Horch will niemanden verschrecken, eher schon ermutigen, sich der Technik und dem Autofahren zuzuwenden. Die Freude, die er selbst dabei empfindet, möchte er auch anderen zuteil werden lassen. Ihm lag der Gedanke fern, das Automobil zu einem Statussymbol werden zu lassen, wohl aber zu einem Symbol des dezenten Geschmacks. Seine Wagen sollen schon vom Äußeren her Käuferwünsche wachrufen, deshalb gibt er ihnen eine harmonische Form.

EIN OFFENER WAGEN IM STIL DER ZEIT

Horch gehört zu denjenigen, die eine Philosophie des Automobilbaus entwickelt haben. In seinem Philosophieverständnis kommt es darauf an, die Prinzipien der menschlichen Erkenntnis und des menschlichen Handelns zu ergründen und schlichtweg in schöne Technik umzusetzen. Auch hierin ist er lange Zeit verkannt worden, obwohl seine Lebenserinnerungen fast auf jeder Buchseite die Philosophie seines Auto-Ego offenlegen: Das Auto ist für mich gemacht, für mein Ego, damit ich mich damit identifizieren kann und damit es mir das Dasein erleichtert und schöner macht. Jawohl, schöner! Damit ist auch Horchs ästhetischer Anspruch angemeldet. Angemeldet, aber noch nicht erfüllt.

Als einer der ersten Auto-Techniker erkennt er, daß Ästhetik nicht Selbstzweck sein und auch nicht aus sich allein entstehen kann. Vielmehr ist sie als Zweckästhetik zu verstehen, die der sachlich und nüchtern aussehenden Technik ein ihr entsprechendes Kleid schneidert. Das begründet die Forderung nach einer maßgeschneiderten Karosserie und stellt die Frage nach der äußeren Form der Horch-Wagen. August Horch nennt hierfür die Bedingungen und Voraussetzungen: »Dadurch, daß ich den Motor vorn in den ersten Wagen legte, mußte natürlich die bisher gewohnte Kutschenform verschwinden. Der Radstand wurde viel großzügiger als bei der Kutschenform. Es war nicht mehr möglich, die alte Form beizubehalten. Ich entwarf einen besonderen, aus Profileisen gebildeten Rahmen, der alle zum Antrieb gehörigen Teile aufnahm und auf den dann der Wagenkasten aufgesetzt wurde. Dieser Kasten hatte noch die gewohnte Form. Diese Art der Herstellung des Automobils setzte sich dann überhaupt durch, sie war lange Zeit hindurch die normale Ausführung. Die wesentlichen Merkmale dieser Bauart waren:

1. Das Vorhandensein eines aus Längsträgern gebildeten Untergestells, das den Motor und die Antriebsteile enthielt und an dem die Achsen mittels Federn befestigt waren.

2. Das Vorhandensein einer Karosserie, die aus einem Holzgerippe verfertigt war, an dem jene Verkleidungen angebracht waren, die man als Wände der Karosserie bezeichnen konnte. An den unteren Längs- und Querträgern wurden der Boden und die Sitze befestigt. Die Verbindung des Fahrgestells mit der Karosserie zum fertigen Fahrzeug wurde hergestellt durch Verschraubungen der unteren Längs- und Querträger mit den Trägern des Fahr- oder Untergestells (Chassis). Die unteren Längs- und Querträger der Karosserie, aus starken Holmen bestehend, bildeten den sogenannten Schwellenrahmen. Dieser Schwellenrahmen hatte im besonderen die Aufgabe, die Verwindungen des Fahrgestells unschädlich zu machen und der Karosserie eine feste Basis zu geben. Denn die Fahrgestelle waren nicht verwindungssteif.

Der Oberbau war viersitzig. Wir ließen ihn von der bekannten Firma Utermöhle in Köln bauen. Unser Oberbau, wie überhaupt alle damaligen auf den Markt kommenden Modelle, waren vollkommen offen, also ohne jegliche Türen. Ein Verdeck wurde nur auf besonderen Wunsch des Käufers gegen Mehrpreis geliefert. Wer sich kein Verdeck kaufen wollte, nahm das Spritzleder, das war ein Stück Leder, ebenfalls durch Mehrpreis zu erwerben, man zog es einfach über die Knie und war damit ungefähr, aber wirklich nur ungefähr, gegen Regen und zu heftige Kälte geschützt. Eine Windschutzscheibe vor den vorderen Sitzen kannte man damals nicht.«

Horchs lebendiger Erzählton erschließt ein Stück Vergangenheit, macht sie gegenwärtig, zeichnet Stimmungslagen und läßt Gedanken und Wünsche frei. Es ist der erste Wagen seiner jungen Firma, den er beschreibt. Er will ihn Ende 1900 auf den Markt bringen, bezweifelt jedoch, ob er diesen selbst gestellten Termin einhalten kann. Bei seinen Konstruktionen geht er ganzheitlich vor. Ausgangspunkt seiner Überlegungen ist das Endprodukt, das Automobil. Es muß nicht nur ausschauen wie ein Auto, sondern auch seine technische Kompetenz nach außen hin ausdrücken. Das war für Horch ein wichtiger Grundsatz.

Alle notwendigen Konstruktionen führt er selbst aus. Ständig ist er am Zeichenbrett. Der Zeichner, den er eingestellt hat, kann nur noch letzte Striche anbringen, sozusagen die Reinzeichnung komplettieren. Ansonsten kommt alles aus einer, aus seiner Hand, die er auch in der Werkstatt mit anlegt. Horch teilt nicht einzelne Gedanken mit, sondern Ergebnisse seines Denkens. Das ist sein Führungsstil. Er fordert von seinen Mitarbeitern die ›Anstrengung des Denkens‹ immer und immer wieder. Seine Mitarbeiter haben sich mit ihm und der von ihm vertretenen Sache zu identifizieren. Als Forderung bleibt das bei Horch selbst unausgesprochen, aber es wird von ihm als Sachanspruch vertreten. Sein Führungsstil wird vornehmlich geprägt von einer durch Sachkompetenz gegründeten Autorität. Die ist für seine Mitarbeiter glaubwürdig, weil sie aus der praktischen Erprobung gewonnen wird.

Praktisch erprobt wird zuvor alles, was dem Kunden hernach überantwortet werden soll. Horch verkauft nicht, er überantwortet, übergibt zu treuen Händen, macht verantwortlich für sorgsamen Umgang gemäß Anleitung und Empfehlung. Er gibt dem Kunden Anleitungen für den sachgemäßen Umgang mit dem Wagen und kann deshalb Qualität seines Fabrikats garantieren. Die Garantie wird durch eigene Erprobung gewährleistet. Da heißt es immer wieder: »Mein Meister Krapff und ich.« Er wird für Horch zum zweiten Ich. Von Benz hat er ihn mitgebracht, und wenn Horch spricht oder schreibt: »Mein Meister Krapff«, dann ist damit ein persönliches Beziehungsverhältnis ausgedrückt, das auf gegenseitigem Vertrauen gründet.

Wohlweislich wird die erste Probefahrt Anfang Januar 1901 nicht mit der für den Wagen vorgesehenen Karosserie durchgeführt. Ein Holzbock zum Sitzen ist alles, was sich die beiden Erprober genehmigten. Das war nicht Tarnungsgrund, wie er bei den heutigen Erlkönigen gegeben ist, damit die Neuheit, das Gesicht des Wagens, nicht schon vor dem offiziellen Auftritt und der Serienreife bekannt wird. Bei Horch war es Rücksichtnahme auf sich selbst. Welch ein negativer Werbeeffekt könnte sich ergeben, wenn bei dem Wagen mit der sogenannten Luxus-Karosserie von Utermöhle eine Panne aufgetreten wäre?

Zunächst ging alles programmgemäß vor sich, als Horch und Krapff auf dem Holzbock thronend aus dem Fabriktor auf die Hauptstraße von Köln-Ehrenfeld fuhren. Das Ereignis der ersten Wagenfahrt hatte sich auch bei den Bürgern herumgesprochen. Herzklopfen vereinigt sich sozusagen synchron mit dem Pochen des Motors: »Zuerst ging alles ganz programmäßig vonstatten, der Wagen fuhr gut, aber bald zeigte er die gewohnten Kinderkrankheiten, die damals jedes Automobil zeigte. Der Motor blieb plötzlich stehen.

Meister Krapff und ich herunter vom Bock mit Affengeschwindigkeit und uns in das Eingeweide des Wagens gestürzt. Es stellte sich sofort heraus, daß der Vergaser nicht richtig arbeitete. Der Fehler war bald behoben, wir wieder rauf auf den Bock, und weiter ging die Fahrt. Nach einiger Zeit blieb der Wagen wieder stehen, wir wieder runter, der Motor lief ordentlich, aber wir entdeckten, daß eine Kupplung im Getriebe nicht richtig funktionierte, und das war eine Panne, die wir auf der Straße nicht gut beheben konnten. Der kleine Gang arbeitete noch, und mit ihm kutschierten wir langsam, sehr gemächlich, wieder in die Fabrik zurück. Wir sahen in den Gesichtern unserer Arbeiter große Enttäuschung, und die beiden einzigen Menschen in Köln-Ehrenfeld, die nicht enttäuscht waren, das blieben Meister Krapff und ich. Die Pannen, die wir erlebt hatten, waren für uns nichts Neues, wir kannten sie aus Mannheim von Benz her zur Genüge. Die Konstruktion des Wagens war gut, alles andere würde sich finden. Die Höchstgeschwindigkeit von dreißig bis zweiunddreißig Kilometer hatten wir bei unserer ersten Ausfahrt nicht erreicht. Es machte nichts. Wir arbeiteten rastlos weiter.«

Finden würde sich auch die typische Horch-Karosserie, die augenblicklich nicht im Vordergrund der Überlegungen stand. Zunächst galten die Bemühungen der Funktionstüchtigkeit des Fahrzeugs und der Stabilität. Der damals übliche Kastenaufbau seines ersten Automobils war für Horch nur eine Notlösung. Seinem Karosseriebauer hat er genaue Maße geliefert, wie sein Fahrzeug einzukleiden sei. Sozusagen Maßkonfektion, noch nicht eigene Kollektion. Für den Betrachter der zweiten Horch-Motorwagen-Konstruktion mit Kardanwellenantrieb und stehendem Zweizylinder-Motor ist es reizvoll, Lineal und Winkelmesser an die äußeren Konturen der Karosserie anzulegen: Motorhaube und der Rücken der Sitzschale verlaufen parallel im Winkel von etwa 60 Grad geneigt und vermitteln nicht mehr den Eindruck eines rechteckigen Kastens. Abgerundete Ecken gestalten fließende Formen und lassen hier schon künftige Windschnittigkeit erahnen.

Die Kotflügel hinten und vorne sind zweckmäßig und schön geschwungen. Die immer wieder erwähnte Zweckästhetik ist bei diesem Modell zum ersten Male praktiziert. Der Wagen ist nicht nur schön anzuschauen, er zeigt auch schon typische ›Horch-Gesichtszüge‹. Solche stilistischen Typenmerkmale – Styling würde man heute sagen – kann Horch den anderen Modellen nicht immer konsequent aufprägen. Die Konstruktion und vielfach auch die Käuferwünsche fordern andere Lösungen. »Wäre ich mein eigener Karosseriebauer, könnte ich Mode machen!«, so mag er manchmal gedacht haben.

Horch-Motorwagen von 1902/1903 in der zweiten Ausführung mit stehendem Zweizylindermotor und Kardanwellenantrieb. Die Konstruktion dieses Wagens entstand noch während der Kölner Zeit. Die Fertigung erfolgte jedoch erst nach der Firmen-Übersiedlung im März 1902 nach Reichenbach im Vogtland.

DIE KAPITALDECKE REICHT NICHT AUS

Aus seinen Lieblingsgedanken ist August Horch manchmal aufgeschreckt worden. Da packt ihn dann die volle Wirklichkeit, der man nicht gerne ins Auge schaut, weil das unbequem ist. Zunächst aber reitet er auf einer kleinen Woge der Erfolgserlebnisse. Die Wagen der ersten Modellserie laufen ziemlich gut, Interessenten melden sich, wollen Vertretungen übernehmen. Die Berliner Ausstellungsleitung bittet um die Präsentation von Horch-Wagen. Auch das zweite Modell mit dem stehenden Zweizylinder-Motor läuft gut seit Anfang August 1901. Aber leider nur technisch gesehen. Kaufmännisch nicht, es ist überhaupt nicht richtig gestartet, nicht fabriziert worden. Eine kräftige Finanzspritze täte dem kleinen Unternehmen jetzt gut, schließlich fühlte sich Horch verantwortlich für fünfzehn Mitarbeiter und zwei Lehrlinge.

Wie naiv – unerschrocken nennt er das selbst – war Horch doch an die Einrichtung seiner kleinen Fabrik gegangen, die 1899 mit einem sehr bescheidenen Kapital von nur dreißigtausend Mark startete. Daraus gingen ohne weiteres technisches Personal, aus eigener Kraft, innerhalb von zwei Jahren immerhin zwei Automodelle hervor. Da herrschte noch die volle Überzeugung, daß gebrauchsfertige Autos das für die Firma benötigte Kapital wie ein Magnet geradezu heranzuziehen vermöchten.

Horch wäre nicht Horch, würde er nicht bekennen: »Es war Größenwahn von uns. Wir hätten auch ohne weiteres Kapital bekommen können. Aber wir waren in unglückliche Zeiten geraten. Damals ereignete sich einer der größten Konkurse im Deutschen Reich. Die Treber-Trocknungs AG in Kassel brach zusammen. Sie riß mit sich die Leipziger Bank, die vollkommen in dieser Katastrophe zugrunde ging, und, soviel ich mich erinnere, teilten drei Banken im Rheinland ihr Schicksal. Es war die Zeit, in der wir in Schwierigkeiten gerieten.« Es ist August Horch nicht leicht gefallen, als Bittsteller bei Banken und möglichen privaten Geldgebern in Köln und Umgebung vor-

Ausfahrt mit 10 PS in einem der um 1902 in Reichenbach gefertigten Zweizylinder-Horch-Motorwagen.

zusprechen. Aber er hat nicht das Gefühl, für sich selbst zu bitten, es geht ihm um das Auto, um die Firma und die Mitarbeiter. Bei aller Niedergeschlagenheit, die sich einstellt, wenn seinen Bitten nicht entsprochen werden kann, ist es gut für ihn zu wissen, einen Freund zu haben, von dem er vorher nicht ahnen konnte, daß es ein wirklicher Freund in der Not sein würde. Es ist Herr Weiß aus Hilchenbach in Westfalen, der sich als einziger für die Firma Horch & Cie. interessiert. Er gehört zu den Stammkunden. Horch bezeichnet ihn als guten Kunden, dessen Benz-Wagen des öfteren in seiner Werkstatt repariert wurde. »Dabei hatte er immer sehr lebhaftes Interesse für alles gezeigt, was wir in unserer kleinen Werkstatt unternahmen. Herr Weiß besaß mit seinem Bruder zusammen in Hilchenbach eine Leimfabrik, und er schlug mir vor, hinzukommen und mir seine Fabrik anzusehen. Diese verfügte, wie er sagte, über außerordentlich große Areals und Räume, und meine Fabrik könne dort sehr leicht unterkommen.«

Vage Hoffnung tut sich auf. Horch fährt nach Hilchenbach. Die Ausmaße des Areals und die Räume entsprechen seinen Vorstellungen. Er tritt in ernsthafte Verhandlungen mit den Brüdern

Auf der Berliner Automobilausstellung im Mai 1902 sah August Horch erstmals einen Wagen mit vorn liegendem Kühler von der Firma Daimler. Horch übernahm die Kühleranordnung 1903 für seinen Zweizylinder-Motorwagen.

Weiß, um dann lapidar in seinen Erinnerungen festzuhalten: »Aber schließlich ist doch nichts daraus geworden: Das Kapital, das die Brüder zur Verfügung stellen konnten, war zu klein.« Sozusagen auf dem Nullpunkt angelangt, und trotz der Tatsache, daß Herr Weiß bei der Stange bleibt und mit Horch gemeinsam nach dem rettenden Strohhalm sucht, ohne Erfolg, hat er selbst den berühmten glücklichen Gedanken, der plötzlich durchbricht und den anderen Gedanken an Konkurs verdrängt.

Da waren doch die Herren Bauer und Lange, die er während seiner Leipziger Zeit kennengelernt hatte, von der Firma Grob & Co. In die war er damals eingetreten, durch Vermittlung selbstverständlich, und arbeitete im Konstruktionsbüro an einem achthundertpferdigen Verbrennungsmotor für ein Torpedoboot mit. Dort wurde er binnen kurzem Betriebsassistent und später Betriebsleiter. Horch bekennt, daß es entscheidend für ihn gewesen sei, zum ersten Mal in die Geheimnisse des Explosionsmotors eingeweiht worden zu sein, der seines Lebens Schicksal werden sollte. Und da hat er auch die beiden tüchtigen Herren kennengelernt.

Herr Bauer, ein älterer Herr, leitete zu der Zeit als Mitbesitzer und Direktor die Geraer Maschinenfabrik. »Ich setzte mich in einer der trübsten und hoffnungslosesten Stunden hin und schrieb Herrn Bauer einen langen Brief, in dem ich ihm die Lage auseinandersetzte und ihm vorschlug, meine Fabrik seiner Geraer Maschinenfabrik anzugliedern. Ich bekam sofort Antwort. Herr Bauer schrieb zurück, daß er mein Unternehmen zwar in Gera nicht unterbringen könne, er würde aber nach Köln-Ehrenfeld kommen, sich meinen Betrieb ansehen und dann mit seinem Bruder die Sache des näheren und weiteren besprechen. Sein Bruder wohnte in Plauen im Vogtland. Wir atmeten auf. Es hatte sich zwar noch nichts ereignet, worauf wir bauen konnten, aber das uralte Wunder hatte uns erhoben, getröstet und mit Zuversicht erfüllt: In der Stunde der Not meint es jemand gut mit uns.

Herr Bauer aus Gera traf kurz danach bei uns ein und ließ sich den Betrieb zeigen. Dann fuhr er zurück und teilte seinem Bruder in Plauen die Sache mit. Wir erhielten aus Plauen einen Brief, in welchem der dortige Bruder schrieb, nach dem Bericht seines Bruders habe er Interesse an der

Sache. Er glaube, daß sein Sohn und ein Freund seines Sohnes die geschäftliche Leitung unseres Betriebes übernehmen könnten, und er sei der Ansicht, daß es vielleicht gar nicht übel sei, die ganze Fabrik nach Plauen zu verlegen. Wir waren bereit, es zu tun. Am 15. Februar 1902 kam Herr Bauer aus Plauen, und ich zeigte ihm alles, was wir besaßen, was wir konnten und was wir bisher gearbeitet hatten. Er sah sich die Bücher durch und orientierte sich durch eine Menge von Fragen. Er machte zunächst noch keinen Abschluß mit uns, weil er sagte, er wolle erst mit seinem Sohn sprechen.

Mein Teilhaber und ich liefen, nachdem er abgefahren war, wieder mit hängenden Köpfen herum, aber immer noch mit einem Rest von Hoffnung. Es kamen dann wieder Briefe aus Plauen, und von uns gingen Briefe dorthin, und am 1. März kam Herr Bauer wieder und schloß den Vertrag mit uns ab.« Die ganze Firma atmet auf. Horch selbst sagt: »Wir waren glücklich.« Die Firma, das Unternehmen, sind für ihn in erster Linie Menschen, und dann kommen erst die Sachen, die diese Menschen gemacht haben. Das ist für Horch eine unteilbare Einheit. Er denkt in solcher Unteilbarkeit und bemüht sich, nach diesem für ihn wichtigen Prinzip auch zu handeln. Das muß gesagt werden, um seine Person zu begreifen. Bei ihm verwischen sich die Grenzen zwischen Sachlichkeit und Menschlichkeit besonders in solchen Situationen, wo Emotionen nach außen drängen. Aber gerade die Emotionen zeigen, daß Horch nicht der kühle Verstandesmensch ist, der sich mit einer Zone der Unnahbarkeit umgibt. Wer solches nicht zur Kenntnis nehmen will, wird den Menschen August Horch nie richtig begreifen können.

Firmengeschichte ist Personengeschichte. Das Schicksal der Person ist auch das Schicksal der Firma, der diese Person vorsteht. Das gilt generell. Die Konfliktsituation, die der Lösung voranging, beschreibt Horch mit eindringlichen Worten: »Mein Teilhaber und ich waren der Verzweiflung nahe. Wir wollten nicht begreifen, daß wir nach Monaten solchen Fleißes nun plötzlich am Ende sein sollten. Uns beiden war der Gedanke, Konkurs anmelden zu müssen, einfach unfaßbar. Wir hatten doch in unserer Fabrik ein fertiges Fabrikat stehen, ein Wagenmodell, das vollständig fabrikationsreif war, das wir in jedem Augenblick jedermann vorfahren konnten. Dieser Wagen war die Frucht rechtschaffenster Arbeit, unsäglicher Mühe und letzter Hingabe.«

Seit dem 1. März 1902 ist Horch wieder einmal glücklich über die Konfliktlösung, die das Weiterarbeiten ermöglichte. Weiterarbeiten, das heißt zuerst aber die Maschinen demontieren und nach Plauen verladen. Das war am 7. März soweit erledigt. Nur nebenbei vermerkt Horch, daß sein Teilhaber ausscheidet. Freiwillig. Er habe nicht einfach resigniert, weil er an die Sache nicht mehr glaube, sondern weil die Herren Bauer junior und Steinhäuser die kaufmännische Leitung übernehmen sollten. Kein weiterer Kommentar von seiner Seite. Wirkliche Gründe sind nicht zu erfahren. Es könnten nur Vermutungen angestellt werden. Die aber wären in seiner Person begründet: Er ist Patriarch, Stifter und Gründer des Unternehmens, identifiziert sich voll mit diesem, ist eben der Chef und somit tabu. Das ist von ihm redlich gedacht.

Wer redlich ist, so meint er, darf auch Redlichkeit von anderen erwarten. Das ist das Grundgesetz seines Handelns. Werden solche redlichen Erwartungen enttäuscht, ist der Sturz von der Euphorie, jenem subjektiven Wohlbefinden infolge Erfolgs- und Hoffnungsrausches in die Depression, die traurige Verstimmung, tief, hart und schmerzhaft. So gesehen ist der sensible Mensch August Horch leicht verletzlich. Sein Teilhaber, der ehemalige Tuchhändler S. B. Herz, mit dem er nicht nur im Erfolg, sondern auch in der Verzweiflung vereint war, verläßt und verletzt ihn. Das hinterläßt bei Horch seelische Narben, die er aber nicht zur Kenntnis nehmen will.

Die nächste Enttäuschung scheint programmiert zu sein. Am 11. März 1902 fährt Horch selbst nach Plauen, um nach dem Rechten zu sehen. Es ist aber nichts so, wie es abgemacht war. Herr Bauer muß ihm mit Bedauern mitteilen, daß sein Sohn und dessen Freund Steinhäuser, der

August Horch, in der Mitte der vorderen Reihe, mit seiner Belegschaft 1903 vor dem Werksgelände in Reichenbach.

Geschäftsführer werden soll, trotz eifrigen Bemühens in Plauen selbst keine angemessene Bleibe für die Firma gefunden hätten. Enttäuschung macht sich wieder breit; Horch steht buchstäblich mit seinen Maschinen auf der Straße als Asylant und Heimatloser. So mag er empfunden haben und greift deshalb begierig nach dem rettenden Strohhalm, der sich anbietet: Bauer junior und sein Freund Steinhäuser haben in Reichenbach im Vogtland ein Gelände mit einer leeren Spinnerei entdeckt, die fast überstürzt gepachtet wird.

Das kann nur eine Notlösung sein. Sie wird akzeptiert, was wäre sonst anderes übrig geblieben? Die Maschinen werden per Bahn nach Reichenbach umgeleitet, treffen am 17. März ein und sind fünf Tage später aufgestellt. Den Triumph, die Autoindustrie als erster nach Sachsen gebracht zu haben, kann Horch für sich nicht in Anspruch nehmen. Ein gewisser Herr Nacke hatte schon zwei Jahre zuvor in Coswig einige Autos gebaut. Aber Horch nimmt selbstbewußt für sich in Anspruch, die Automobilfabrikation in Sachsen ins Leben gerufen und zu großer Höhe gebracht zu haben. Da kann ihm kaum einer widersprechen.

NEUER STARTVERSUCH MIT NEUEM PARTNER

Die Firma heißt nun: August Horch & Cie., Motor- und Motorwagenbau, Reichenbach im Vogtland. In der Oberen Dunkelgasse in Reichenbach wird in dreifacher Hinsicht neu gestartet. Zuerst mit einer neuen Mannschaft: sechs Schlosser, ein Dreher und Diplomingenieur Seidel. Meister Krapff war aus Köln mitgekommen und auch der junge Zeichner, der aber namentlich nicht genannt wird. Bauer und Steinhäuser führten die Firmenbücher meistens von Plauen aus und ließen sich nur ab und zu in Reichenbach blicken. Die Unterlagen aus dieser Zeit sind dürftig. Selbst Horch nennt in seinen Erinnerungen nur dann Namen und Funktionen von Mitarbeitern in Verbindung mit Vorkommnissen, die er für erwähnenswert hält.

Der zweite Startversuch beginnt mit der Fabrikation des in Köln konstruierten Kardanwagens. Der wird sogleich in einem Prospekt als ›Horch-Patent-Motorwagen‹ ohne Riemen und ohne Ketten mit 1 bis 4 Zylindern und 6, 7, 10, 16 und 24 HP angekündigt. Die Fertigung der Zwei- und

In Reichenbach konstruierte August Horch seinen ersten Vierzylinderwagen mit einer Motorleistung von etwa 16 bis 20 PS.

Dreizylinder aus einem Stück und der paarweise Guß der Vierzylinder wie auch der die Zylinder und den Explosionsraum umschließende Wassermantel werden als besondere Konstruktionsmerkmale hervorgehoben. Dieser Prospekt ist sicherlich nur als Angebot an die Käufer zu verstehen, diese oder jene Ausführung des Kardanwagens auf Bestellung liefern zu wollen.

Als reine Absichtserklärung schätzen die einen, als Test der Käuferinteressen die anderen, diesen Prospekt ein. Jedenfalls kann Horch abschätzen, welche Ausführung nicht gefragt ist. Nicht gefragt waren die Ein- und Dreizylindermotoren. Deshalb sind außer einem Probeexemplar des Einzylinders diese Motoren bei Horch niemals gebaut worden. Vielleicht, so darf vermutet werden, hat auch das Überangebot von etwa zwölf verschiedenen Modellausführungen die Käufer verunsichert. Auf jeden Fall schrumpfte das Angebot von etwa zwölf auf weniger als fünf Ausführungsarten.

Die ersten Probefahrten in Reichenbach mit dem Kardanwagen schienen abenteuerlich zu werden, vermutete Horch. Fast nur Steigungen und Gefälle. Sämtliche zu Gebote stehenden Vorsichtsmaßnahmen wurden ergriffen, »über die jeder kleine Knirps heute in großes Kichern ausbrechen würde: Ich ließ einen starken Mann mit einem Bremsklotz hinter dem Wagen herlaufen. Er erwies sich als unnötig, der Wagen lief die Steigung glatt hinauf.« Nötig wurden hin und wieder Monteure, die Pannen beheben sollten. Horch wunderte sich, daß immer dann, wenn Not am Mann war, binnen kurzem Monteure aus der Fabrik zur Stelle waren. Erst Jahre später hat er von seinem Diplomingenieur Seidel erfahren, wie dieser Pannendienst organisiert war: »Wenn Sie zum Fabriktor hinaus waren, sauste das ganze Büro sofort hinaus und stieg auf das Dach der Fabrik, und jedermann sah sich die Augen aus, bis man Sie auf der Höhe der Straße gut ankommen sah. Dann kletterten alle wieder beruhigt herunter und setzten sich zufrieden wieder auf ihre Drehsessel. Wenn Sie aber nach einer gewissen Zeit noch nicht zurückkamen, fuhr wieder eine allgemeine Unruhe in alle, und wir stellten eine Rettungsexpedition zusammen, die sofort ausrückte.«

Auch solche Ereignisse gehören zur Firmengeschichte, illustrieren das Betriebsklima, zeigen die Verbundenheit aller Betriebsangehörigen mit ihrem Chef und den Werken, die sie gemeinsam schaffen. Es ist sicherlich August Horch selbst, der ein solches Klima schafft und schaffen kann, weil ihm keiner seiner Mitarbeiter fremd ist. Er fühlt sich für jeden einzelnen verantwortlich. Es ist so, als wenn sich jeder in einer Großfamilie befände. Dieses Gefühl eines jeden ist aber nur solange vorhanden, als die Gruppe der Mitarbeiter überschaubar bleibt. Die sich später anbahnende Entwicklung zum Großbetrieb drängt den einzelnen ungewollt in die Anonymität.

Den dritten Startversuch unternimmt Horch mit der Konstruktion eines größeren Vierzylinderwagens, dessen Motor das Doppelte des Zweizylinders leisten soll, also etwa 16 bis 20 PS. Obwohl Horch mit seinem ersten Wagen selbst zufrieden war und mehrere davon verkaufte, glaubte er zu erkennen, daß es absatzfördernd sein müßte, die Wagen nicht nur immer stärker auszulegen, sondern auch auf den neuesten technischen Stand zu bringen. Batteriezündung und Wasserkühlung waren mittlerweile selbstverständlich geworden. Hier würden umfassende Neuerungen und Verbesserungen so schnell nicht erforderlich werden. Aber bei den Ventilsteuerungen und den Getrieben, überhaupt bei der gesamten Kraftübertragung, war der technische Fortschritt am augenfälligsten. Also schaut man sich bei Ausstellungen und Messen um, was in dieser Hinsicht ins Auge fällt, fragt sich, ob es lohnend ist, das nun auch selbst auszuprobieren, womöglich zu verbessern oder grundsätzlich neu zu erfinden.

Auf der Anfang Mai 1902 in Berlin eröffneten Automobilausstellung war Horch mit keinem Wagen vertreten. Sein Besuch dort vermittelt ihm aber den Eindruck, daß keiner der ausgestellten Wagen, konstruktiv gesehen, einen Vorsprung gegenüber den Horch-Wagen hatte. Sie besaßen durchweg alle noch den Kettenantrieb. Aber die Neuerung von der Firma Daimler, den Kühler vorne am Wagen anzubringen, hat Horch sofort akzeptiert und übernommen. Anregungen dieser Art sind immer auch Aufregungen. Konkurrenzsituationen entstehen. Hemmend ist es, wenn man wegen der Vielfalt von Ideen und Einfällen sich selbst Konkurrenz macht. Ist gerade der eine Wagen da und verkaufsreif, steht schon der andere in der Montagehalle. Der wird natürlich besser sein als der erste. Der Käufer wartet ab. Der Verkauf stockt. Planungs- und Verkaufsstrategien, wie wir sie heute kennen, sind noch unbekannt, Ökonomie ein Fremdwort.

Horch will seine Wagen, wie er sagt, in die weite Welt schicken. Deshalb führt er 1902 verschiedentliche Korrespondenzen. Ein Herr Rödder aus Frankfurt schreibt ihm einen Brief und verspricht, ihm eine ausgezeichnete Vertretung in London zu verschaffen. Er kommt am 19. Juli desselben Jahres nach Reichenbach und sagt zu, Horch mit den entsprechenden Herren bekanntzumachen. Die reisen dann auch nach Reichenbach, machen eine Probefahrt nach Bad Elster. Selbstverständlich sitzt Horch selbst am Steuer. Die Engländer sind restlos überzeugt, es kommt zu einem Vertragsabschluß. Nur kurze Zeit dauert es, dann fährt Horch mit Herrn Rödder in dem für England bestimmten Wagen nach London. Der Londoner Verkaufsraum ist geradezu bildschön und Horch ist voller Zuversicht, daß es bald von Bestellungen nur so wimmeln würde.

Doch nach einiger Zeit erfüllt sich die Zuversicht nicht. Bestellungen laufen in Reichenbach nicht ein. Horch macht sich auf, um nach dem Rechten zu sehen. Friedlich findet er die Repräsentanten im Laden sitzen, bedauernd wird er darauf hingewiesen, daß bisher noch kein Käufer gekommen sei. Die Engländer sind tatsächlich der Meinung, daß die Kunden von selbst kommen müßten. Trotz des Versprechens von Herrn Morrison und seiner Mitarbeiter, eine entsprechende Verkaufsstrategie zu praktizieren, bleiben sehr viele Seiten im Auftragsbuch leer.

DIE NEUENTWICKLUNGEN NEHMEN ZU

Horch saß stundenlang am Zeichenbrett, entwarf, verwarf, plante neu. Der junge Zeichner assistierte ihm dabei. Auch Herr Seidel begann zu konstruieren. Eine Art Planungsteam entsteht. Erstes und wichtigstes Ergebnis ist ein Profil-Stahlrahmen für verschiedene Aufbauten. Solche Planungsphasen verlaufen nicht ungestört. Neue Ideen sollen mit eingebaut werden. Es melden sich Ideenlieferer. Das ist unter anderem auch ein Ergebnis des gewachsenen Bekanntheitsgrades von August Horch und seines Umschauens. Die Konstrukteure und Erfinder, und solche, die sich dafür halten, sprechen bei ihm vor. Er hat Freunde, die ihm Informationen über technische Neuerungen zutragen. So auch einige Herren aus Berlin, die ihm berichten, daß der Fabrikbesitzer von Pittler in Leipzig ein hydraulisches Getriebe gebaut habe, welches das Zahnrädergetriebe ersetzen könne. Das sei eine Erfindung, die sich durchsetzen würde und unvergleichlich sei. Ja, die Sache sei soweit gediehen, daß man daran dächte, eine Gesellschaft zu gründen. Ob sich Horch daran nicht beteiligen wolle. Er nimmt Kontakt mit Herrn von Pittler auf und verabredet mit ihm eine Probefahrt.

Die Probefahrt mit Pittlers Wagen ist überzeugend, das Getriebe läuft erstaunlich ruhig. Es ist allerdings noch nicht wirklich fabrikationsreif. Es bedarf sicherlich noch einer ganzen Menge konstruktiver Detaillösungen, damit die Flüssigkeit im hydraulischen Getriebe nicht schon nach dreißig Kilometern so heiß läuft, daß eine Weiterfahrt völlig ausgeschlossen ist. Könnte man diesen Mangel beheben, ja, dann würde dieses hydraulische Getriebe allen anderen, die auf dem Markt sind, haushoch überlegen sein. Es wird jedoch viel Zeit vergehen, bis die Fabrikationsreife erreicht ist. Solche Bedenken teilt Horch seinen Mitarbeitern mit. Er will nicht alleine entscheiden, ob man trotzdem mit Pittler einen Vertrag abschließen soll oder nicht. Würde man das Problem lösen können, wäre man den anderen weit voraus. Wenn nicht, würde viel Geld vertan sein. Man schloß einen Vertrag ab, und es wurde viel Geld vertan, weil das Ergebnis überhaupt nicht zufriedenstellend war. Horch wendet sich zusammen mit Seidel daraufhin intensiver dem neuen Modell des stehenden Vierzylinders zu. Dabei ergaben sich zwangsläufig technische Neuerungen, die Horch selbst halb scherzend, halb ernsthaft als patente Lösungen bezeichnet.

PATENTE LÖSUNGEN BIETEN SICH AN

Wenn Lösungen geschickt, praktisch und brauchbar sind, sagt man von ihnen, sie seien patent. Geschickt und brauchbar war die Steuerung der Abgas- und Ansaugventile, ebenso ihre neue Anordnung auf einer Seite. Das gleiche galt für ihre Lage: Das kalte Gasgemisch

Dieses Fahrgestell von 1904 wurde für den ersten Horch-Vierzylindermotor entwickelt. Der Vierzylindermotor, für den die Zylinder paarweise gegossen worden waren, leistete etwa 14 bis 17 PS.

mußte beim Einströmen in die Zylinder über die heißen Abgasventile streichen und kühlte diese. Patent waren auch die Neukonstruktion eines Vergasers und die Konstruktion von sogenannten Zischhähnen, die das Ankurbeln des Motors erleichtern sollten. Durch sie sollte der beim Ankurbeln entstehende Kompressionsdruck vermindert werden. Horch hat diese Konstruktion ebenso wie den Vergaser beim Patentamt angemeldet.

Mit dem leichten Dreh an der Kurbel war für Horch ein neues Stichwort gefallen: Leichtigkeit. Alles was sich dreht, soll sich leichter und ohne Widerstand und ohne größere Abnutzung drehen können. Stichwort: Kugellager. Horch hatte sie in der Deutschen Waffenfabrik gesehen. Die müßten auch für Automobile verwendbar sein, am besten in der Hinterachse. Er setzt sich mit einem Herrn Riebe in Verbindung. Zwei Tage lang rechnen beide angestrengt alles durch. Dann: Vertragsabschluß, die Kugellager werden geliefert, in Zahnradgetriebe und Hinterachse eingebaut und erfolgreich erprobt. Das ist Horchs Aktivität im Jahre 1902. Dabei hat er sein Vorbild immer vor Augen: Karl Benz. Auch der machte seine Konstruktionen ganz alleine und hat sich von keinem etwas entliehen.

Alles in einer Hand und aus dieser einen Hand! Das ist nach wie vor Horchs Handlungsprinzip, ist der Anspruch an sich selbst, kennzeichnet seine Persönlichkeit. Seine Kritiker nennen ihn stur und starrsinnig. Das ist eine recht oberflächliche Betrachtung. Sein ausgeprägtes Verantwortungsbewußtsein läßt ihn so erscheinen. Nur das, was von ihm kommt oder das, was er selbst hundertprozentig akzeptiert, das kann er verantworten, das kann er mitverantworten. So gesehen ist er kein ganz einfacher Team-Worker; diese oftmals als Pingeligkeit bezeichnete Eigenwilligkeit macht manchem seiner Mitarbeiter womöglich zu schaffen. Sofern Horch diese Mitarbeiter selbst bestimmt, haben sie zuvor seine Prinzipien unter Beweis stellen müssen. Er erwartet vor allem: Können, Zuverlässigkeit und Verantwortungsbewußtsein.

DER NEUE BETRIEBSLEITER KOMMT

Horch trägt schwer auf beiden Schultern, er fühlt sich gehetzt. Das wird ihm deutlich bewußt bei all dem Hin und Her zwischen Werkstatt, Büro und Besuchszimmer, den zahlreichen Korrespondenzen. Die Einsicht, daß er die Arbeit alleine nicht mehr bewältigen kann, kommt gerade zur rechten Zeit. Er muß Arbeit und Verantwortung delegieren, wenn nicht das eine oder andere, wie er sagt, darunter leiden soll. Das eine, das sind Ideen und konstruktive Änderungen an seinen Wagen, die er auf dem neuesten technischen Stand halten will, das andere, das sind die Dinge, die mit der Leitung und Verwaltung der Firma zu tun haben. Mitte Mai 1902 stellt er den Ingenieur Rebling als Betriebsleiter ein, einen weiteren Mitarbeiter für das technische Büro. Horch kann sich jetzt wieder voll seinen Wagen widmen. Mit deren Betriebssicherheit ist er noch nicht vollauf zufrieden. Das Wechselgetriebe macht ihm zu schaffen, die Zahnräder halten den Belastungen nicht stand. Sie werden von der damals weit und breit bekannten Firma Reinecker in Chemnitz gedreht, gefräst und gehärtet. August Horch schaut des öfteren die Fabrikation dort an und entdeckt, rein zufällig, daß an einer Drehbank ein ihm bisher unbekanntes Material verarbeitet wird: Chromnickelstahl aus der Bismarckhütte in Oberschlesien.

Kontakte sind schnell geschlossen. Binnen drei Tagen reist der Generaldirektor der Bismarckhütte, Otto Thallner, höchst persönlich nach Reichenbach. Das beste Zeichen dafür, daß er dem Gedanken der Verwendung von Chromnickelstahl für Zahnräder im Automobilbau größte Bedeutung beimißt. Eine intensive Zusammenarbeit bahnt sich an. In der Hauptsache führt man Berechnungen durch und macht sich gemeinsam auf die Suche nach einer Firma, die Zahnräder fräsen und härten kann. Besonders das Härten verlangt größte Aufmerksamkeit. Zeit zum Experimentieren fehlt, also kommt nur die Chemnitzer Firma Reinecker in Betracht. Thallner und Horch machen sich sofort auf den Weg. Thallner hält vor dem Personal und der Firmenleitung einen Grund-

Die ersten Motorwagen, wie dieser Horch-Vierzylinder von 1904/1905, verzichteten auf ein festes Verdeck.

satzvortrag und unterbreitet seine Vorstellungen von der Art der künftigen Zusammenarbeit: Die Bismarckhütte liefert die Rohblöcke an Reinecker. Dort werden sie gefräst. Anschließend schickt die Bismarckhütte einen Fachmann, der die ersten Zahnräder härten wird. So gesagt und getan. Und erprobt. Horch ist mit den Erprobungsergebnissen hoch zufrieden. Auch bei härtester Belastung – er nennt das Mißhandlung – kein einziger Bruch. Horch darf sich loben, der erste Automobilbauer gewesen zu sein, der Zahnräder aus Chromnickelstahl fertigen ließ und eingebaut hat.

DIE MANUELLE FERTIGUNG IST NICHT MEHR ZEITGEMÄSS

Horch hat eine Betriebsmannschaft beisammen, der er voll vertrauen kann und die ihm auch vertraut. In solch einer Atmosphäre läßt sich gut arbeiten. Seine Mannschaft hält ihm den Rücken frei für weitere Verbesserungen. Horch baut nicht für die Ewigkeit, aber für die Zukunft, die technische Zukunft. Die wird schnell zur Gegenwart. Der am 16. Mai 1903 in der Umgebung von Reichenbach zur Probe gefahrene Prototyp des großen Vierzylinders gehört, so gesehen, schon wieder der Vergangenheit an. Eben, weil das so ist, werden von heute auf morgen Neuschöpfungen angeboten. Diese sorgen dann allerdings für neue Fertigungsprobleme.

Halbfertig- und Fertigfabrikate, die man auf Lager gelegt hatte, sind kaum noch verwendbar. Von Hand, ja, da ließen sich Neuerungen augenblicklich herstellen. Aber die manuelle Fertigung benötigt viel Zeit. Für den Bau eines Motors sind sieben Schlosser erforderlich. Der Vorarbeiter feilt die Nockenwelle per Hand. Eine pro Arbeitstag – und das mit großer Mühe. Drei Wochen braucht es, bis der Motor zusammengebaut ist. Während dieser Zeit wird auch das Fahrgestell fertiggestellt. Dann Probefahrt und danach erst wird die Karosserie aufgesetzt, die man nunmehr von der Firma Kathe & Sohn in Halle/Saale bezieht.

Bei dieser Arbeitsweise kommt man für das Jahr 1903 auf achtzehn produzierte Automobile. Die Belegschaftsgröße richtete sich nach den Auftragseingängen. Waren diese größer als bisher, wurden dementsprechend mehr Arbeitskräfte eingestellt. Daran war kein Mangel. Die Firma Horch hatte einen guten Namen. Wer von ihr eingestellt wurde, galt als qualifizierter Facharbeiter. Neunzig waren es Anfang 1904. Zu dieser Zeit, als die Nachfrage nach Patent-Motorwagen größer wurde, zeigte sich, daß mehr Wagen auf diese handwerkliche Art nicht produziert werden konnten. Doch mittlerweile waren die Geldmittel wieder knapp geworden, um den Betrieb wachsen lassen zu können.

Das bedrückt August Horch, doch in seinen Lebenserinnerungen hat der Bericht über – seiner Meinung nach – wichtigere Tatsachen Vorrang vor den Überlegungen zur Fabrikerweiterung. Das bestätigt erneut, daß das Auto selbst sein Leben war. Die Fabrik auch, aber nicht an erster Stelle: »Nachdem ich die Konstruktion des großen Vierzylinders fertig hatte, baute ich einen kleinen Vierzylinder von achtzig Millimeter Bohrung und einhundert Millimeter Hub, also von einem Verhältnis Bohrung zu Hub, das damals reichlich ungewöhnlich war.

Dieser neue Motor hatte wiederum Verbesserungen. Das Kurbelgehäuse besaß keine Arme, wie das sonst üblich war. Mit diesen Armen wurde ja der Motor im Rahmen des Wagens befestigt. Ich verschloß jetzt den Rahmen derart, daß der gesamte vordere Teil des Wagens vollständig gegen Schmutz und Staub abgedichtet blieb. Man brauchte also künftighin am Motor keinen besonderen Schutz aus Blech oder Leder mehr auszulegen. Außerdem wurde der Rahmen des Wagens durch diese Bauart des Motors stabiler. Ich ordnete auch zum erstenmal die Ansaugventile hängend an, und zwar hingen sie in der Mitte des Zylinders. Die Ventile wurden von unten gesteuert, oben auf dem Zylinder waren Schwinghebel angebracht. Ich bin also der erste gewesen, der hängende Ventile in der Mitte der Zylinder anordnete.« Der erste, vielleicht. Aber nicht der einzige. Die große Bedeutung des Gaswechselvorganges hatten auch andere Konstrukteure erkannt. Sehr viele Wagen auf dem Pariser Automobilsalon von 1904 hatten ebenfalls hängende Einlaßventile.

»Ferner wurde bei diesem Motor auch zum erstenmal die Bosch-Lichtbogenzündung verwandt, die Bosch im Jahre 1902 auf den Markt gebracht hatte. Der Sicherheit halber verwandte ich zwei Zündungen, außer der Lichtbogenzündung auf Wunsch noch eine Batteriezündung. Mit einem patentierten Umschalter war man in der Lage, sowohl die eine als auch die andere Zündung zu benutzen. Versagte die eine, schaltete man auf die andere um. Es waren bei dem Vierzylinder-Motor nicht acht Kerzen, sondern nur vier vorhanden. Die Schmierung des Motors und der übrigen Teile wurde automatisch durch den Druck der Auspuffgase bewerkstelligt. Dieser Druck wurde überdies noch durch Zuleitung des Benzins aus dem hinten am Wagen befindlichen Reservoir benutzt. Das war eine Menge ganz beachtlicher Neuerungen! Dieser Wagen wurde zum erstenmal auf der Frankfurter Ausstellung im März 1904 gezeigt. Ich darf sagen, daß er Aufsehen erregte.«

Hier spricht nun wieder der Techniker, der Ingenieur aus vollem Herzen. Der Firmenchef als Kaufmann, das ist eine ungewohnte Rolle für Horch. Als solcher denkt er auch an die Erweiterung seiner Fabrik, vielleicht auch an die Gründung einer Aktiengesellschaft. Es finden Anfang 1904 erste, noch unverbindliche Gespräche mit den Herren Bauer, Steinhäuser und Kathe statt. Ein Zufall sollte solche Planungen fördern.

MIT NEUEN PARTNERN WIRD EINE AG GEGRÜNDET

Ein solcher Zufall bestand darin, daß Horch eine Einladung zu einer Sitzung des Sächsisch-Thüringischen Automobil-Clubs nach Zwickau erhält. Dort lernt er die Herren Paul und Franz Fikentscher kennen, einen Dr. Stöss und einen Direktor Melzer. Die Herren erscheinen ihm auf den ersten Blick sympathisch. August Horch wird sehr mitteilsam, wenn er sich im Mittelpunkt wähnt. Natürlich bekunden sie ihr Interesse an der Fabrik in Reichenbach. Das aber ist nicht zufällig, sondern kalkuliert.

Dieser Kreis Zwickauer Unternehmer erwartet von der Automobilfabrikation in Sachsen einen steilen Aufschwung und somit günstige Gewinne ihres Kapitaleinsatzes. Weil sie auch herausgefunden haben, daß die Kapitaldecke der Firma Horch sehr dünn geworden ist und Horch den-

Die von Horch 1904 in Zwickau bezogenen Betriebsgebäude waren von stattlicher Größe und erlaubten die erforderliche, betriebliche Ausdehnung.

noch seine Fabrik vergrößern will, sind sie in der stärkeren Position. Sie können, will man überhaupt gemeinsame Sache machen, ihre Bedingungen stellen. Ihr Interesse ist in dem Augenblick sehr groß, als August Horch ihnen sagt, daß er an die Umwandlung seiner Firma in eine Aktiengesellschaft denke. Als Besichtigungstermin wird der 12. Februar 1904 festgesetzt. Die Herren werden aus Zwickau abgeholt, der Betrieb wird ausführlich inspiziert. Man kommt überein, die Fabrik von Reichenbach nach Leipzig zu verlegen. Das ist sozusagen Bedingung: Verlagerung der Fabrik vom Außenbezirk in ein industrielles Zentrum. Der Plan mit Leipzig zerschlägt sich, weil die von Horch in Aussicht genommene und zum Verkauf angebotene Firma Grob & Cie., in der er früher als Betriebsleiter gearbeitet hatte, einen Tag vor seinem Eintreffen in Leipzig an eine andere Gesellschaft verkauft worden war. Die weitere Suche nach einem Gelände und geeigneten Räumen in Leipzig blieb ergebnislos.

Irgend jemand aus der Gründerversammlung schlägt Zwickau vor. Horch hat Bedenken, weil Zwickau zu weit von der Haupt-Eisenbahnlinie Berlin-Leipzig-München liege. Diese Bedenken zerstreut Dr. Stöss mit der Behauptung, daß das für den Automobilbau deshalb keine Rolle spiele, weil ja die in Zwickau fabrizierten Autos doch wohl auf eigenen vier Rädern zum Kunden hingefahren werden könnten. Bis sich die Auftragslage so gesteigert hätte, daß man den Bahntransport erwägen müsse, sei sicher die Hauptbahnlinie über Zwickau geführt, und dann könne man auch einen Gleisanschluß beantragen.

Diese mit großer Überzeugungskraft vorgetragenen Argumente und Ansichten verfehlen ihre Wirkung nicht. Die Versammelten beschließen Zwickau als neuen Standort. Die von Dr. Stöss gestellte Prognose hinsichtlich der Hauptlinie ist nicht eingetroffen. Sie lief nicht über Zwickau. Irgend jemand hatte in Zwickau eine leerstehende Spinnerei in der Crimmitschauer Straße ausgemacht. Ihre Lage war günstig. Horch verhandelte acht Tage lang mit dem Besitzer, dann war sie Eigentum der Horch-Werke.

Die Öffentlichkeit von Zwickau steht noch unter dem Eindruck des bisher längsten Streiks in Deutschland, dem Kampf der Crimmitschauer Textilarbeiter, der am 22. August 1903 begann und erst auf Anraten von Gewerkschaftsführern am 18. Januar 1904 abgebrochen wurde. Am 10. Mai 1904 wird die Firma eingetragen als A. Horch & Cie., Motorwagen-Werke-Aktiengesellschaft in Zwickau, Sachsen.

Was August Horch nicht ahnen konnte, weil er es niemals so gesehen hatte: Zwickau bedeutete das Ende seines Patriarchats. Der Betrieb, nach dem Familienprinzip geführt, mit vornehmlich handwerklicher Fertigungsweise, war in eine andere und deshalb weniger vom Einzelnen überschaubare Dimension geraten, die neue und ungewohnte Organisationsformen verlangte: Die Industriefertigung. Damit ist unter anderem auch nach ökonomischen Handlungs- und Leitungsprinzipien gefragt. Die lagen August Horch offensichtlich nicht. Bislang hatte er alleine bestimmt, was produziert werden sollte und wie das zu geschehen hätte. Wichtig war für ihn, stets auftragsbereit zu sein. Die Auftragslage bestimmte die Anzahl seiner Arbeiter. Sie wurden nicht zu knapp entlohnt. Horch zeigte sich weitgehend generös, auch dann, wenn die Auftragslage eigentlich etliche Arbeiter entbehren konnte. Bei Entlassungen tat er sich schwer. Überhaupt empfand er den Aufsichtsrat als ›Beaufsichtigungsrat‹, der seine Kompetenz beschneiden sollte. Er witterte überall Feinde. Solche Vermutungen klingen, vorsichtig geäußert, in seinen Erinnerungen an. Angst vor den in Parteien oder Gewerkschaften eingeschriebenen Arbeitern, so unterstellte man ihm, habe zu der Empfehlung geführt, derart organisierte Arbeiter nicht einzustellen.

Seine Arbeitsordnung, die er am 29. August 1904 erlassen hat, wird kritisiert. Die Kritiker sind politisch wachgerufene Menschen, die ein anderes Ordnungsverständnis besitzen als diejenigen, die solche Ordnungen setzen. Da heißt es zum Beispiel: »Wer über 5 Minuten bis 1/4 Stunde zu spät zur Arbeit kommt, hat 25 Pfennig Strafe zu zahlen. Wer 1/4 bis 1/2 Stunde zu spät kommt,

Der Horch-Vierzylinder ›Tonneau‹ von 1904, offen, aber immerhin schon mit einem gewissen Wetterschutz, wurde in Zwickau gefertigt. Im Fond sitzen Prokurist Jakob Holler (links) und August Horch.

zahlt 40 Pfennig Strafe. Wer seine Lampe unnötigerweise brennen läßt, wird bestraft bis zur Hälfte des durchschnittlichen Tageslohnes. Zum Reinigen und Putzen der Maschinen und Plätze wird an Sonnabenden die Betriebsmaschine 1/4 Stunde vor Feierabend stillgelegt, ein früheres Einstellen der Arbeit wird bis zur Hälfte eines durchschnittlichen Tageslohnes bestraft.«

Unmut, Ärger, Haß und auch Neid machen sich vereinzelt in der Arbeiterschaft breit, wenn dem damaligen Monatslohn einer Arbeiterfamilie von unter 100 Mark eine Kapitalerhöhung auf insgesamt 350.000 RM gegengerechnet wird. Das böse Wort von der Konzentration der politischen Macht in den Händen der Monopolherren macht die Runde und stiftet Unfrieden. Neuerdings prallen im Werk unterschiedliches Aufgaben- und Verantwortungsverständnis aufeinander, seit dem Unternehmer und Ingenieur August Horch noch ein Prokurist zur Seite steht. Es trifft Horch – um nur ein Beispiel zu nennen – ziemlich hart, wenn ihm schriftlich mitgeteilt wird, daß zwar seiner Bitte vom 17. Oktober 1904 um 10.000 Mark entsprochen werde, daß er aber davon Kenntnis nehme solle, daß weitere Gelder nicht beschafft werden können und daß er entsprechend zu disponieren habe. Ich, August Horch, muß in meiner eigenen Firma um Geld bitten?

Wenn dann noch die Mitglieder des Aufsichtsrates zu der einstimmigen Erkenntnis gelangen, daß die gegenwärtige Produktion des Betriebes in einem sehr ungünstigen Verhältnis zu den Ausgaben steht, August Horch also schlecht gewirtschaftet habe, dann sieht das für den Firmengründer ganz nach Sündenbockpraxis aus. Nicht genug: Er muß sich auch Vorschriften machen lassen, welche Wagentypen überhaupt gefertigt und in welchen Stückzahlen sie aufgelegt werden sollen. Alles wird bei der Firma Horch neuerdings bis ins Detail geplant und kalkuliert. Auch ist dafür zu sorgen, daß die Mitarbeiter schneller arbeiten. Geführt werden soll mit Energie und Strenge, um in aller Kürze einen befriedigenden Wandel zu schaffen.

Das sind andere, ungewohnte Töne, da weht ein anderer Wind als bisher. Da wird nun August Horch von Menschen dominiert, die nicht seine Hochachtung besitzen, weil sie ohne Emotionen und völlig ›cool‹ Entscheidungen fällen und vorantreiben, so ganz im Stil des für Horch selbst ungewohnten Managements, das von Amerika herüberdriftet und langsam von der deutschen Wirtschaft Besitz ergreift. Horch ahnt, daß er nicht mehr der Major Domus, der joviale Hausherr sein soll, der er so gerne ist. Diese Rolle hat er gerne gespielt, en suite.

DIE KOSTEN LAUFEN DAVON

Die Einladungen zur ersten ordentlichen Hauptversammlung der Gesellschaft ergehen fristgemäß für den 18. April 1905, nachmittags 4 Uhr. Sie soll in Kästners Hotel in Zwickau stattfinden. Souverän formuliert August Horch am 18. März 1905 in seinem Vorstandsbericht: »Hierdurch beehre ich mich, über das erste Geschäftsjahr unserer Gesellschaft Bericht zu erstatten und nehme zunächst Bezug auf die vorliegende Bilanz nebst Gewinn- und Verlustkonto, woraus leider hervorgeht, daß die Kosten den Gewinn um 13.981,65 Mark übersteigen. Dieser Umstand erklärt sich daraus, daß einerseits die neue Firma es nicht an Reklame fehlen lassen durfte, daß aus demselben Grunde auch die Ausstellungen zu Frankfurt am Main und Leipzig beschickt werden mußten, daß zum Beispiel auch die Qualitätsfahrt Berlin-Leipzig-Berlin unternommen wurde, welche bekanntlich zwei Goldene Medaillen einbrachte, während andererseits die Produktion durch den Umzug von Reichenbach nach Zwickau und die dadurch bedingte Schaffung einer im gewissen Sinne ganz neuen Anlage, ziemlich lange in ihrer wünschenswerten Entfaltung gehemmt wurde. Hierzu kommt noch der durch den Umzug hervorgerufene zwangsläufig kostenintensive Arbeiterwechsel, und dann haben wir auch unseren Kunden manches kostspielige Opfer gebracht, um uns ihre Gunst und Weiterempfehlung zu sichern.

Horch 20 - 22 PS Landaulet von 1905 mit einer damals nicht unüblichen Aufteilung: Während der Fahrer ungeschützt hinter dem Steuer saß, stand den Mitfahrern eine geschlossene Kabine zur Verfügung.

Die in der Inventur angegebenen Quantitäten und Werte sind genau nach Gewicht und Zahl, sowie zu den durch gewissenhafteste Kalkulation festgesetzten Preisen eingesetzt worden, soweit die Einkaufspreise dafür nicht maßgebend gewesen sind. Abschreibungen schlage ich nicht vor, nicht allein der Unterbilanz wegen und weil wir es mit dem ersten nicht einmal vollen Betriebsjahr zu tun haben, sondern auch mit Rücksicht darauf, daß der Übernahmepreis der Aktiva von der früheren offenen Handelsgesellschaft A. Horch Cie. Plauen i.V. und der Kaufpreis des Grundstückes nebst Gebäuden, Betriebsmaschinen, Transmissionen, Heizanlagen, elektrischer Lichtanlage, Gaseinrichtung, zwei Brunnen, Pumpe und so weiter äußerst niedrig zu nennen sind. Auch sind die durch den Umzug in der Neuanlage nicht verwendbaren und wertlos gewordenen Gegenstände bereits als Abgang ausgebucht worden.

Das Reservefonds-Konto betrug 5.714,57 Mark, welcher Betrag durch das Agio auf die ausgegebenen Aktien erzielt wurde. Wir haben diesen Betrag zur teilweisen Tilgung der Unterbilanz benutzt. Für das neue Jahr sind nun die Aussichten auf Erfolg bedeutend günstiger, nachdem ein regelmäßiger, rationeller Betrieb gesichert ist und so manche Kosten wegfallen, welche im vorigen Jahre unvermeidlich waren. Der gute Ruf unseres Fabrikates und damit die Nachfrage nach unseren

Wagen ist in stetem Steigen begriffen, und ein großer Teil unserer diesjährigen Produktion ist bereits abgeschlossen. Die gegenwärtigen Betriebsmittel gestatten im Durchschnitt den Bau von 50 bis 60 Stück Wagen pro Jahr und erscheint mir der Betrieb derselben durch die vorhandene Organisation voll gesichert.

Es soll fortgesetzt mein Bestreben sein, vor allem in unseren Wagen das Beste vom Besten zu bieten, um zunächst den guten Ruf der Firma zu erhöhen und zu befestigen sowie durch Sparsamkeit und Erhöhung der Produktion für kommende Jahre weit günstigere Abschlüsse als den diesjährigen vorlegen zu können.

Zwickau i.S., den 18. März 1905. Der Vorstand der Firma A. Horch Cie., Motorwagen-Werke-Aktiengesellschaft. A. Horch.«

Der Aufsichtsrat empfiehlt der Generalversammlung, die Bilanz auf das erste Geschäftsjahr 1904 zu genehmigen, nachdem er den Abschluß der Bücher geprüft und für richtig befunden hat und auch die Prüfung der Inventur keinen Anlaß zur Kritik gab. Im übrigen schließt sich der Aufsichtsrat dem Bericht des Vorstandes an und beantragt, daß die Generalversammlung die Entlastung des Vorstandes und des Aufsichtsrates aussprechen wolle. Das liest sich alles so glatt und signalisiert nirgendwo einen Konflikt. Doch der ist schon programmiert. Sein Name: Prokurist Jakob Holler. Der sollte die kaufmännischen Interessen der Kapitalseigner durchsetzen. Bereits im Schreiben des Aufsichtsrates vom Oktober 1904 waren August Horch etliche Bedenken vorgebracht und Auflagen gemacht worden. Seit einiger Zeit schon bläst ihm der Wind von vorne ins Gesicht. Und gegen den Wind zu spucken, das ist nicht einfach. August Horch scheint auch nicht der Menschentyp zu sein, der sich aufbäumt.

Mitglieder des Aufsichtsrates traten zusammen »zur Besprechung der unbefriedigenden Zustände in unserem Betrieb und der Mittel und Wege zu einer sofortigen durchgreifenden Reorganisation derselben. Der Aufsichtsrat beschloß, daß Ihnen schriftlich mitgeteilt werde, daß er die Fortsetzung der bisherigen unlohnenden Betriebsweise durchaus nicht gestatten kann, daß er Ihnen die Verantwortung dafür überlassen muß und daß er von Ihnen eine schnelle und durchgreifende Reorganisation des Betriebes erwartet.

Der Aufsichtsrat empfiehlt Ihnen zunächst die sofortige Ergreifung solcher Schritte, welche die Ausgaben reduzieren, zum Beispiel Verkürzung der Arbeitszeit der Dreher, bis für diese wieder Material herangeschafft ist, Entlassung von Schlossern, Monteuren, Tischlern und Kupferschmieden, die Zahlung von nur ortsüblichen Löhnen, Ersparnis von Gas, Kohle, Benzin und so weiter, möglichst gänzliche Abschaffung von Überstunden und Sonntagsarbeiten, rechtzeitige Bestellung von Materialien und so weiter.

Sodann ersucht Sie der Aufsichtsrat um Vorlage eines tiefgreifenden Planes einer zu erstrebenden Reorganisation des Betriebes. Der Plan soll davon ausgehen, daß der Betrieb pro Jahr zirka 100 Wagen schaffen soll. Von den jetzt feststehenden Typen sollen zunächst 20 Stück 14 – 17 HP Vierzylinder, 5 Stück 20 – 22 HP Vierzylinder, 5 Stück 25 – 27 HP Vierzylinder sofort aufgelegt werden. Es soll der Betrieb stets flott in Gang gehalten, rationell und zu billigen Akkordlöhnen gearbeitet, die Maschinen und die Leute nach Möglichkeit ausgenutzt werden. Die Wagen sind möglichst erst zusammenzusetzen, wenn sie verkauft worden sind. Darum kann auch eine Montagekolonne genügen und vielleicht auch auf Akkord gestellt werden.

Es soll ferner eine Versuchsabteilung eingerichtet werden, welche möglichst auch räumlich von dem übrigen Betrieb getrennt sein müßte. Nur gewisse, sichere Leute sind darin zu beschäftigen, welche dann von den anderen Abteilungen übernommen werden. Ein Konto ist für diese Abteilung zu errichten, damit der Kostennachweis für Versuche erbracht und der Preis einer Type festgestellt werden kann. Für Versuche ist eine gewisse Summe im Etat einzusetzen und wegen großer kostspieliger Neukonstruktionen ist dem Aufsichtsrat Vorlage zu machen. Dieser Abteilung ist die Zeichnerei und die Modelltischlerei anzugliedern. Für die Zeichnerei bewilligt der Auf-

Jakob Holler hat in den Horch-Werken Karriere gemacht. Er fing 1904 als Prokurist an, war von 1908 an Kaufmännischer Direktor und seit Juni 1909 alleiniger Vorstand.

Drei Horch-Wagen nahmen 1905 an einem Blumenkorso in Dresden teil. Am Steuer des mittleren Wagens sitzt August Horch.

sichtsrat bis zu 2 Techniker, für die Tischlerei 2 und höchstens mal für kurze Zeit 3 Tischler. Der Aufsichtsrat glaubt, daß sobald Sie den Leuten durchdachte Anregungen und Vorlagen geben, sobald Sie tüchtige, fleißige Leute wählen und ihre Kräfte auszunutzen verstehen, Sie mit diesem Stabe wohl durchkommen dürften.

Für die allernächste Zeit sieht der Aufsichtsrat ab von der Ausführung der Konstruktion des 35 HP Vierzylinder-Wagens; er wünscht vielmehr, daß zu allernächst die Zeichnungen der drei Typen 14 – 17, 20 – 22 und 25 – 27 HP Vierzylinder völlig nachgetragen und so in Ordnung gebracht werden, mit eingeschriebenen Maßen, anzuschaffenden Lehren und Stahlschablonen für gewisse Teile (Kurbelachsen), daß der Betriebsleiter danach genau arbeiten und dafür verantwortlich gemacht werden kann.

Nachher oder nebenher soll an die Konstruktion eines Lieferungs- und Lastkraftwagens zu 15 Zentner-Last und zwei Personen gegangen und möglichst bereits in Berlin ein Exemplar ausgestellt werden. Vor Angriffnahme dieser Arbeiten bittet der Aufsichtsrat um Mitteilung darüber, wie Sie einen solchen Wagen herzustellen gedenken, welcher allen Ansprüchen genügt, aber auch billig sein muß und ohne Karosserie bei 100 Stück Auflage uns nicht über 3.000 Mark kosten möge (Verkauf: 5.000 Mark). Weiterhin wäre die Fabrikation von Bootsmotoren zu beginnen, überhaupt möchte die Fabrikation der Motoren besonders pussiert werden.

Der Aufsichtsrat beabsichtigt nicht, Sie an die über den Betrieb hierin gegebenen Direktiven festzubinden und läßt Ihnen gern freie Hand, die Organisation anders, besser und passender durchzuführen; er bittet Sie aber, die Anregungen sorgfältiger zu erwägen und mit Energie und Strenge in aller Kürze alle befriedigenden Wandel zu schaffen.« Ungewohnte Töne für Horch. Das hat ihm so noch niemand gesteckt: Kaufmann gegen Techniker! Bei aller Konzilianz der Worte, starker Tobak für den sich immer noch als derzeitigen Major Domus wähnenden August Horch. Er scheint das irgendwie geschluckt, eher noch verdrängt zu haben. Wie anders hätte es sonst sein können, daß er, scheinbar unbeeindruckt, einen Vierzylinder-Motorwagen neu entwickelt und ihn auf der Automobilausstellung 1905 in Berlin der Öffentlichkeit vorstellt?

GROSSER ERFOLG
BEI DER HERKOMER-WETTFAHRT

Das Leben dieses wohl bedeutendsten Mannes im Zeichen der Vier Ringe ist ein automobiles Leben. Das kann nicht oft genug betont werden. Freude am Fahren, am Vergleich, an Geselligkeit, das kommt alles zusammen bei einer Persönlichkeit, die mit zu den allerersten gehört, die das Auto als eines der besten Kommunikationsmittel erkannt haben. Wie anders wäre es wohl zu erklären, daß August Horch in seinen Lebenserinnerungen den sportlichen Aus- und Vergleichsfahrten besondere Aufmerksamkeit zukommen läßt. Wenn dann noch derartige Unternehmungen gediegene Publizität erreichen, deren Werbewirksamkeit seinerzeit schnell erkannt wurde, wenn zudem noch edle und adlige und auch barocke Persönlichkeiten diesem Ganzen Prominenz verleihen, ja, dann muß einfach auch August Horch auf dem Plan sein. Solches entspricht seiner Lebensart. Keine Frage, daß er sich zu diesen Prominenten-Fahrten anmeldet, wie sie beispielsweise die Herkomer- und Prinz-Heinrich-Fahrten darstellen. Die Ausschreibungsbedingungen für die Herkomer-Wettfahrt sind in ihrer

Auswirkung auf die Weiterentwicklung der Fahrzeuge ideal. Sie erstreben nämlich in geradezu diktatorischer Weise den praktischen, kundennahen Gebrauchswagen.

Eine Firma, die diese Konkurrenz gewann, konnte sicher sein, daß sich bei ihr die Kaufbestellungen häuften. Verständlich, daß das Teilnehmerfeld bei solchen Wettbewerbsfahrten besonders stark und prominent war. 1905 hatten 102 Wagen gemeldet, darunter Gray Dinsmore auf einem 70-PS-Mercedes, Edge auf Napier, Paul Meyan auf de Dietrich, Percy Marlin, Philip Dawson, Edward und Maud Manville auf englischem Daimler, Albert Dufour auf seinem Dufaux. Außerdem waren mit deutschen Fahrern auch Peugeot und Fiat dabei. Von den deutschen Firmen waren alle bekannten vertreten: Mercedes, Benz, Opel, Dürkopp, Stoewer, Horch, Argus und Adler. Am Steuer saßen Heinrich Opel, die Gebrüder Stoewer, August Horch, Willi Vogel und die Elite der deutschen Herrenfahrer.

Die Fahrt wurde zu einem eindeutigen Triumph der deutschen Industrie. Drei Mercedes belegten die ersten Plätze, auch die Bergprüfung gewann Mercedes. 26 Wagen hielten die lange Prüfung ohne jeden Defekt durch. So war die erste Herkomer-Fahrt nicht nur eine einwandfreie technische Prüfung, sondern auch eine Propagandafahrt erster Ordnung. Dies zeigte sich auch im nächsten Jahr, als der ›Grand Prix de France‹ und die zweite Herkomer-Fahrt zusammenfielen. Die Engländer, verärgert über die Art der Franzosen, die Meisterschaft zu einer rein französischen Angelegenheit zu machen, erklärten, an keinem Geschwindigkeitsrennen mehr teilnehmen zu wollen und meldeten zur Herkomer-Konkurrenz.

Der italienische Millionär Cavaliere Vincenzo Florio, der ebenso erbost war, daß die Franzosen ihren Grand Prix als Weltmeisterschaft ausgaben, stiftete die Targa Florio in Sizilien und hohe Preise. An den Grundsätzen der Herkomer-Fahrt wurde nichts geändert. Sie rollte vom 5. bis zum 13. Juni 1906 ab, ihr Tourenteil ging von Frankfurt am Main über München, Linz, Wien, Klagenfurt, Innsbruck nach München. Es war eine regelrechte Alpenfahrt, die erste ihrer Art. Die Fahrt hatte noch mehr Nennungen aufzuweisen als die erste, trotz des Grand Prix. 159 Namen füllen die Listen, besonders die Engländer kommen mit einem Riesenaufgebot, aber auch die Franzosen und Italiener sind besonders stark vertreten, unter ihnen Vincenzio Lancia.

Professor Hubert von Herkomer, Kunstmaler, Bildhauer und begeisterter Automobilist, stiftete Preise für die nach ihm benannten Herkomer-Fahrten.

Die englischen Wagen, die in Wahrheit 80 bis 90 PS unter der Haube hatten, anstatt der behaupteten 45 PS, sehen aus wie sehr gepflegte Rennpferde. Der Mittelpunkt der britischen Gesellschaft ist eine Frau, Maud Manville, die schon im Vorjahr dabei war, die einzige Frau, die auch diesmal wieder ihren Wagen über die 1.600 Kilometer lange Strecke bringt. Im Vordergrund aber stehen die Mercedes, die Benz und die Fiats. Einige betrachten sich auch den neuen Horch, aber man glaubt nicht, daß er eine führende Rolle spielen wird, er ist zu leicht für diese Strecke. August Horch schildert das so: »Von Dr. Stöss, einem der Mitbegründer unserer Aktiengesellschaft, ein bekannter früherer Amateurradfahrer, der außerordentlich viele Preise gewonnen hatte und ein Sportsmann ersten Ranges war, wußte ich, daß er sich gerne an der Herkomer-Fahrt beteiligen wollte, und ich hatte mich mit ihm schon darüber unterhalten. Allerdings war er der Meinung, daß man die Fahrt nur mit einem schweren Mercedes gewinnen könne. Ich erläuterte ihm, nachdem ich meinen Plan fertig im Kopfe hatte, daß ich zunächst nicht dieser Meinung widersprechen könne, daß ich aber des Glaubens sei, in diesem Jahre gewänne kein starker Wagen, sondern ein kleiner, allerdings einer von ganz vorzüglicher Beschaffenheit.

Ich erklärte ihm gleich anschließend, daß die Horch-Werke im Besitze eines solchen kleinen, tüchtigen Wagens seien, und zwar des Fahrzeuges mit oben gesteuerten, hängenden Ansaugventilen. Ich hatte diesen Wagen schon auf der Frankfurter Automobilausstellung gezeigt. Ich sagte weiter, wenn er Zuversicht genug habe, einen solchen Wagen auf der Herkomer-Fahrt zu steuern, ich persönlich einen zweiten, kleinen Wagen nicht fahren würde. Erstens, weil ich ihm, Dr.

Stöss, keine persönliche Konkurrenz machen wolle, und zweitens, weil ich es für gut hielte, durch Teilnahme mit einem anderen Modell unserer Firma auch für dieses Reklame zu machen.

Es gelang mir, ihn zu überzeugen, und er bestellte sich für die zweite Herkomer-Fahrt einen der kleinen Wagen. Am 18. Mai 1906 fuhren wir mit unseren Fahrzeugen nach dem Semmering, um das Training aufzunehmen. Dort waren schon eine ganze Menge Herkomer-Fahrer eingetroffen und fuhren die Strecke ab. Sie taten es mit allem Ernst, der notwendig war. Ich habe den Ernst und die unbedingte Wichtigkeit des Trainings immer verfochten. Als wir vier Tage strenges und gewissenhaftes Training hinter uns hatten, fuhren wir

Dr. Stöss, Sieger der Herkomer-Fahrt von 1906, am Steuer seines Horch 18 - 22 PS. Rechts im Bild: August Horch.

durch die Steiermark und Tirol nach München, und zwar die gleichen Straßen, die wir nachher bei der Herkomer-Fahrt zu erledigen hatten. Hier trainierten wir noch einmal einen ganzen Tag, und dann kehrten wir heim nach Zwickau. Unsere Wagen wurden sofort vorgenommen und nach den Erfahrungen, die wir beim Training gemacht hatten, nachgesehen, überprüft und verbessert. Die Fahrt wurde durchgeführt vom Kaiserlichen Automobilklub, dem Österreichischen Automobilklub und dem Bayerischen Automobilklub, und sie fand statt in den Tagen vom 5. bis 13. Juni 1906.

Am 2. Juni brachen wir in Zwickau nach Frankfurt auf. Alle guten Wünsche unserer Arbeiter begleiteten uns. Es war für uns notwendig, einen Tag

Das Horch-Team für die Herkomer-Fahrt von 1906. Wagen Nr. 102: August Horch; Wagen Nr 154: Georg Betzin; Wagen Nr. 155: Dr. Stöss.

früher am Startplatz in Frankfurt einzutreffen, damit die Reifenfabrik Continental noch einmal die Reifen wechseln und damit wir selber noch einmal unsere Wagen genau nachsehen konnten.

Der Prinz Heinrich von Preußen, der ein geradezu leidenschaftliches Interesse für alles hatte, was mit dem Automobil zusammenhing, und der dem gesamten damaligen Automobilwesen eben durch dieses sein mehr als lebhaftes Interesse viel geholfen hat, hatte seinen Benz-Wagen gemeldet und steuerte ihn während der Fahrt selber. Seine Nummer war 75. Dr. Stöss mit unserem kleinen Horch hatte die Nummer 155, Georg Betzin (Berlin) mit dem anderen kleinen Horch 154 und ich mit dem schwereren Modell 10Z. Großer Betrieb herrschte. An den bunten, vielfarbigen Klubzeichen auf den blauen Mützen konnte man schon erkennen, daß ein wahrhaft internationales Gemengsel anwesend war.

Die Gebrüder Opel waren, drei Mann hoch, zur Stelle: Wilhelm, Heinrich und Fritz. Gustav Braunbeck fuhr seinen Mercedes und brachte schon am ersten Tag das ganze Treiben entsetzlich durcheinander. Er hatte sich, weiß der Kuckuck warum, in den Kopf gesetzt, sämtliche Wagen stur zu überholen. Nun lag schon, ich möchte sagen von Natur aus, in diesen Sommertagen eine dicke Schicht Staub auf den Straßen, und Braunbeck pfefferte diese Schichten durch seine blödsinnige Fahrerei in turmhohen Schwaden hinter sich auf. Es war für die anderen keine angenehme Sache, und Braunbeck machte sich unbeliebt.

Im Bericht eines Journalisten war von unseren Horch-Wagen nicht die Rede. Wir wurden mit aufgezählt, gewiß, aber als Favoriten galten wir mit unserer jungen Firma nicht. In Linz hatten wir Fahrer untereinander eine ziemlich lebhafte Unterhaltung über den etwaigen Sieger. Willy Pöge (Chemnitz), ein erfahrener Mann, war über seinen Schoppen Wein hinweg der hitzigen Ansicht, daß nur ein starker Wagen gewinnen konnte. Ich teilte ihm, über meinen Schoppen Wein hinweg, meine unumstößliche Ansicht mit, daß nur ein kleiner, aber sehr guter Wagen gewinnen könne, und ich erinnere mich, daß er von meiner Zuversicht etwas betroffen schien.

Die Etappen der Fahrt waren: Frankfurt-München: 403,1 km; München-Linz: 269,5 km; Linz-Wien: 185 km; Wien-Klagenfurt: 308,1 km; Klagenfurt-Innsbruck: 331 km, Innsbruck-München: 150 km. In Wien war Ruhetag und Ausstellung der Fahrzeuge. Am nächsten Tag war Halt in Schottwien am Fuße des Semmeringpasses. Hier wurden die Wagen der Reihe nach gestartet zum Bergrennen. Der Starter ließ jede Minute einen Wagen ab.

Die Fahrten über den Semmering und durch den Forstenrieder Park wurden nach den Tabellen so gewertet, daß je nachdem der Wagen die für ihn als normal angesehene Geschwindigkeit nicht erreichte oder sie überschritt, für jede Minute einen Punkt, für jede angefangene Sekunde ein Sechzigstel Punkt ihm zu Lasten oder zugute geschrieben wurde. Bei gleicher Punktzahl in der Bergfahrt war das Resultat der Forstenrieder Parkfahrt ausschlaggebend und umgekehrt. Sieger in der Herkomer-Konkurrenz war der Wagen, der die geringste Punktzahl aufwies.

Die Durchschnittsgeschwindigkeiten unserer Horch-Wagen waren: Dr. Stöss auf dem Semmering 40 km/h und im Forstenrieder Park 72,2 km/h;

Dieser Preis wurde von Professor Hubert Herkomer gestiftet.

Georg Betzin fuhr im Park 64,7 km/h, und ich mit meinem stärkeren Wagen 80,2 km/h. Nachdem alle Wagen die Schnelligkeitsprüfung im Park hinter sich hatten, erfolgte die Endfahrt nach München. Im Klubausschuß begann am 12. und 13. Juni das große Rechnen um den Sieger.

Am Mittwochvormittag gegen zehn Uhr nahm mich der Graf Bopp von Oberstadt auf die Seite und sagte mir, daß es jetzt schon sicher sei, daß Dr. Stöss auf unserem kleinen Horch die Schnelligkeitsprüfung im Forstenrieder Park gewonnen habe, und daß er auch sehr wahrscheinlich aus der gesamten Konkurrenz als Sieger hervorgehen werde. Ich war sehr froh.

Am Mittwochabend um acht Uhr begann das offizielle Abendessen in den ›Vier Jahreszeiten‹. Der Prinz Heinrich verkündete die Sieger und verteilte die Preise. Der Sieger war Dr. Rudolf Stöss auf unserem kleinen Horch, Zweiter wurde Neumeyer auf Benz, Dritter Pöge auf Mercedes. Ich selber bekam den zehnten Preis und Herr Betzin, Berlin, den dritten Schnelligkeitspreis. Als mir der Prinz meinen Preis überreichte, sagte er: ›Herr Horch, Ihre Freude und Glückseligkeit dürfte heute wohl nicht zu übertreffen sein.‹ Sie war nicht zu übertreffen. Meine Berechnungen hatten sich als richtig erwiesen und unsere Konstruktion als gut.

Wir hatten mit unserer jungen Firma in der größten internationalen Konkurrenz den ersten Siegeswagen gestellt und brachten drei Preise mit nach Hause. Mehr konnte man nicht verlangen.«

Auf der Herkomer-Fahrt von 1906 steuerte Georg Betzin den zweiten ›kleinen‹ Horch 18 - 22 PS.

STREIKS LÄHMEN DIE FIRMA

Dem Hochgefühl sollte tiefe Depression folgen. Noch aber war es nicht so weit. Der Sieg des kleinen Horch-Wagens hatte ›auf-Horch-en-lassen‹. Wer so in den Mittelpunkt gerückt ist, will dann auch gerne im Mittelpunkt bleiben. Das ist menschlich. Die Anstrengungen hierfür gehen aber zuweilen ins Unmenschliche. Solches ist erst hinterher feststellbar, wenn das sprichwörtliche Kind in den Brunnen gefallen ist. Von selbst oder gestoßen, das ist eine Frage des subjektiven Eindrucks. Zunächst herrscht noch Heiterkeit und Gelassenheit vor, bei August Horch und seinen getreuen Mitstreitern. Es trat eine erneute, kreative Phase ein, die auch nicht dadurch wesentlich gestört wurde, daß vom 28. Juli bis zum 3. August 1906 etwa 55 Dreher die Arbeit niederlegten, bis sie bei Vergleichsverhandlungen mit der Unternehmensleitung wenigstens geringe Lohnverbesserungen erreicht hatten.

Horch beginnt in der Fabrik die Konstruktion eines Sechszylinders. Sozusagen als Flaggschiff von Horch gedacht. Anstatt Gleitlager erhält der Motor für die Kurbelwelle Kugellager. Die Arbeiten gehen flott vonstatten, so daß mit dem Wagen Mitte November erste Probefahrten unternommen werden konnten. Selbstverständlich lief der Wagen vorzüglich, wie Horch in seinen Erinnerungen vermerkt. Aber dann kommt die relativ späte Einsicht, daß diese Konstruktion in der Ausführung doch etwas zu teuer war. Ein Geschäft war folglich damit nicht zu machen. Horch muß sich eingestehen, daß er sich verkalkuliert hatte.

Was bewirken solche Einsichten? Nehmen die anderen, seine Mitarbeiter, vor allem sein Prokurist Jakob Holler das so ohne weiteres zur Kenntnis? Sind irgendwann Konsequenzen zu erwarten oder unliebsame Reaktionen der Mitglieder des Aufsichtsrates? Moritz Bauer, engagierter Aktionär und Aufsichtsratsmitglied, äußert sich dazu kritisch: »Der kaufmännische Teil unseres Unternehmens hat unbestreitbar bisher nicht die ihm als Seele desselben gebührende Berücksichtigung gefunden.

Es ist anzuerkennen, daß Herr Horch überlastet ist, daß er folglich nicht alles rechtzeitig dem Aufsichtsrat vorbereiten kann, also auch dann nicht für alles die Verantwortung übernehmen kann; aber da dies der Aufsichtsrat zugeben muß, hat er Abhilfe dieses unhaltbaren Zustandes zu schaffen.

In welcher Weise ginge Herrn Holler ein bestimmter Teil der Verantwortung aufzubürden und welcher, und zwar so, daß er selbständig handeln kann?

Diese Fragen haben mich schon lange beschäftigt, besonders in letzter Zeit des glücklichen Aufschwungs unseres Geschäftes, ich finde ...., daß wir darauf zurückkommen müssen, Herrn Holler zum mitverantwortlichen Mitglied des Vorstandes zu machen.«

Horch ist offensichtlich bei all seinen Planungen vom technischen Eros beseelt, der fernab jeglicher Betriebsökonomie sein Denken, Planen und Handeln beeinflußt. Und dann kam ja wieder die Zeit, die Wagen für die nächste Herkomer-Fahrt zu präparieren. Könnte der Erfolg von Dr. Stöss wiederholt werden? Könnte oder müßte gar wieder ein Horch-Wagen an der Spitze mitfahren? War das die Erwartung der Öffentlichkeit, die den letzten Sieg ja fast enthusiastisch gefeiert hatte? Irgendwie und unbeabsichtigt war man doch wohl unter Erfolgszwang geraten. Und schließlich saß einem ja eine starke Konkurrenz im Nacken!

Was er wirklich denkt und fühlt, läßt August Horch auch in seinen Lebenserinnerungen nur zögernd und dann emotional gedämpft aus sich heraus. Vorerst flüchtet er sich, sozusagen, in die Heiterkeit und Leichtigkeit seines eigenen Lebensvollzugs. So gesehen ist er ein Naturtalent.

Am 14. März 1907 wird bei Horch wieder einmal gestreikt. Der Metallarbeiterverband delegiert einen Sprecher, der August Horch die Forderungen der Arbeiter überbringt. Sie fordern 28 Pfennig Stundenlohn als Minimum bis zur Vollendung des zwanzigsten Lebensjahres und 40 Pfennig Stundenlohn für die älteren Kollegen. Solche Forderungen und die ebenso wichtige Forderung, nämlich Anerkennung des Metallarbeiterverbandes als Verhandlungspartner, werden allesamt und rigoros abgelehnt. August Horch berichtet dem Aufsichtsrat: »Im März/April hatten wir Streik unserer Arbeiter, trotzdem die Löhne vorher wesentlich aufgebessert wurden und wir bedeutend höhere Löhne zahlten, als in anderen Maschinenfabriken des Zwickauer Bezirkes. Es handelt sich aber auch nicht um die Lohnfrage, sondern um eine jener frivolen Machtfragen der ›Organisierten‹. Die Hetzer der Arbeiter wußten, daß wir vor den bedeutendsten Rennen des Jahres 1907 – Herkomer- und Kaiserpreisrennen – standen und glaubten, den Zeitpunkt für gekommen, uns ihre Diktatur aufzudrängen. Trotzdem wir uns im vornhinein über bedeutende finanzielle und besonders moralische Schäden klar waren, denn wir mußten schließlich mit ungenügend ausprobierten Wagen ins Rennen ziehen, wählten wir doch von den beiden Übeln das kleinere und ließen keinen ›Organisierten‹ wieder eintreten. Es vergingen freilich viele Wochen, bis alle Maschinen wieder besetzt wurden, aber nach Überwindung dieser Schwierigkeiten haben wir jetzt einen Stamm zufriedener Arbeiter.«

Als der Streik am 10. April abgebrochen wird, war nur eine knappe Lohnerhöhung von 0,6 Pfennig pro Stunde durchgesetzt worden. Die Meinung, einen scheinbar günstigen Streikzeitpunkt gewählt zu haben, um die Interessen voll durchsetzen können, erwies sich als falsch.

Fahrgestell-Montage 1907 in den Zwickauer Horch-Werken. Im Vordergrund ein Chassis für einen Sechszylindermotor, der bei einem 8,7 Liter großen Hubraum etwa 55 bis 60 PS leistete.

Auch die Horch-Aktionäre hatten ihre Interessenvertreter, den Verband Sächsischer Industrieller. Diese Organisation stellte sich den stärker werdenden Gewerkschaften machtvoll entgegen. Den Argumenten im Brief des Verbandes Sächsischer Industrieller vom Februar 1906 wollte und konnte man sich nicht verschließen, das Unternehmen Horch wurde Mitglied. »Seit dem Verlauf des Kampfes in Crimmitschau haben die deutschen Unternehmer es sich insbesondere zur Aufgabe gemacht, starke Arbeitgeberverbände zu gründen, um der Macht der Gewerkschaften eine möglichst gleichwertige Organisation entgegensetzen zu können. Durch Verwendung der Listen der streikenden Arbeiter und durch deren Nichteinstellung in verwandten Betrieben wird versucht, einen Druck auf die streikenden Arbeiter auszuüben. Andererseits sollte der Zusammenschluß der Arbeitgeber die einzelnen in den ihnen aufgezwungenen Kämpfen stärken.« Der unterzeichnende Syndikus des Verbandes war der spätere Reichskanzler der Weimarer Republik: Dr. Gustav Stresemann.

Im Jahr 1907 sollte die Herkomer-Fahrt vom 4. bis 13. Juli stattfinden, die Schnelligkeitsprüfung wieder im Forstenrieder Park und die Bergfahrt auf dem Kesselberg am Walchensee. Mitte Mai geht es ins Trainingslager nach Urfeld am Walchensee. August Horch scheint sein emotionales

Nur wenige dieser Doppel-Phaeton-Modelle mit dem 8,7 Liter großen Sechszylindermotor sind zwischen 1907 und 1909 gefertigt worden. Es blieb Horchs einziges Sechszylindermodell.

Gleichgewicht wiedergefunden zu haben. Einen Tag lang werden die Wagen im Forstenrieder Park ausprobiert. »Am Kesselberg erlebten wir eine heitere Sache. Der Fahrer Weingand aus Düsseldorf, der nicht einmal ein besonderer Draufgänger war, kippte mit seinem Rennwägelchen in einer Kurve um. Und zwar vollständig, der Wagen lag auf den Sitzen und streckte alle vier Räder hilflos in die Luft. Es war ein Anblick, der einem das Blut in den Adern für einen Augenblick gerinnen ließ.

Bevor aber jemand hineilen konnte, schob sich der Herr Weingand mit etwas verschmiertem Gesicht unter seinem Wagen vor. Es war ihm nicht das geringste passiert. In diesem Augenblick aber nahte über die Rennstrecke ein Königlich Bayerischer Schutzmann, baute sich vor dem Herrn Weingand auf und fragte mit strenger Miene: ›Sie, was habens' da eigentlich g'macht?‹ Und griff nach dem Notizbuch. Herr Weingand, ernst und würdig: ›Es war notwendig, mir diesen Wagen endlich wieder einmal von unten anzusehen. Er sieht auch von unten ganz nett aus.‹ Das Gelächter, das sich erhob, donnerte an den Felswänden des Kesselbergs entlang.«

Die Freude von August Horch am Anekdotischen und Burlesken ist offensichtlich. Damit verdrängt er Gegenwärtiges, das ihm zu schaffen macht. Man läßt sich einfangen von seiner Frohnatur und gewinnt den Eindruck, er sei ein Lebenskünstler. Klar, daß er sich auf die verschärften Zulassungsbedingungen der Herkomer-Fahrt einstellt. Er berichtet, daß am Abnahmetag zehn von sechzig gemeldeten Wagen weggeschickt worden seien, weil sie nicht den Bestimmungen entsprachen. Er kann es sich nicht verkneifen, auch hierzu wieder eine groteske Begebenheit zu berichten. Die Freude am Fabulieren ist offensichtlich: »Es erschien zur Abnahme der Minerva-Wagen des Herrn A. Kienle aus München. Der Wagen war als Sechszylinder gemeldet. Als der Besitzer vor der Kommission erschien, erklärte er sofort zum Erstaunen der Herren, sein Wagen habe nur vier Zylinder. Die anderen beiden habe er verloren. Der Wagen wurde zurückgewiesen.« Was nun die Horch-Wagen anlangt, kündigt sich eine Pech-

August Horch mit seiner Gattin in einem Horch 35 - 40 PS, der für die Prinz-Heinrich-Fahrt von 1908 mit einer strömungsgünstigen Karosserie versehen wurde.

strähne an: Dr. Stöss hatte zwei Wagen gemeldet, doch der eine davon hatte unterwegs bei Coswig einen Achsenbruch. Zudem hatte Dr. Stöss weiterhin Pech, er baute einen kleinen Unfall, bekam deswegen Strafpunkte. Der womöglich greifbare Sieg war in unendliche Ferne gerückt. Dr. Stöss fuhr zwar noch die beste Zeit am Kesselberg, aber leider außer Konkurrenz. Bilanz für die Horch-Wagen: Zehnter Platz für August Horch, an achtzehnter Stelle plazierte sich Dr. Stöss.

Am 15. Februar 1908 wird August Horch von seinem Münchener Vertreter Magerle nach München gerufen. Prinz Ludwig Ferdinand von Bayern will sich einen Horch-Wagen zulegen. Er will nicht nur, er tut es auch. Somit ist das Horch-Automobil zum ›monarchischen Statussymbol‹ avanciert. 1908 stiftet Prinz Heinrich von Preußen einen Wanderpreis für eine Zuverlässigkeitsfahrt, die unter dem Namen Prinz-Heinrich-Fahrt berühmt wird. Damit ist die Nachfolge der Herkomer-Fahrten gesichert. Gestartet wird in Berlin. Der von Horch zu diesem Rennen mitgebrachte Wagen hatte eine besonders strömungsgünstige Karosserie, ›den doppelten Windlauf‹, die zum Vorläufer aller künftigen Karosserien werden sollte. Die Karosserie war von Kathe. Trotz der zukunftsweisenden, stromlinienförmigen Zigarrenform, die dem Prinzen Heinrich skurril vorkam und von ihm belächelt wurde, trotz mancherlei technischer und fahrerischer Anstrengungen, kamen die Horch-Fahrer Dr. Stöss, Alfred Kathe, Freiherr von Löw und August Horch nur auf hintere Plätze.

DIE AKTIONÄRE SIND UNZUFRIEDEN

Im Januar 1908 wird Jakob Holler in den Vorstand berufen. Mit mehr Entscheidungsbefugnis ausgestattet, soll er nun über die finanziellen und wirtschaftlichen Angelegenheiten des Unternehmens wachen. Haben die Aktionäre, allen voran Moritz Bauer und Emil Freytag, das Vertrauen in August Horch verloren?

In einem Brief vom 11. Januar 1908 schreibt Holler an Freytag: »Daß ich nun Herrn Horch gleichgestellt bin, hatte ja der Aufsichtsrat auch nicht anders gemeint, denn durch meine Vorstandswahl trage ich ja auch dieselbe Verantwortung wie Herr Horch. Nun ist die Hauptsache, daß in dem Nachtragsvertrag mit Herrn Horch nichts gesagt wird, daß ich ihm unterstellt bin. Ich will auch hoffen, daß er einen derartigen Antrag nicht stellt, dann müßten wir uns dagegen wehren.

Auch die Auseinanderhaltung zwischen kaufmännischem und technischem Direktor wäre meiner Ansicht nach nicht gut, denn wir wissen doch alle, daß es in technischer Hinsicht an Disposition bei uns noch sehr fehlt; auch weiß jedermann, wie oft Herr Horch im Laufe des Jahres verreist ist und hätte ich alsdann in wichtigen technischen Fragen und in der Disposition der technischen Angelegenheiten überhaupt nichts zu sagen. Das wäre doch ein großer Fehler, denn wenn einer im Bilde ist, dann bin ich es doch und weiß ferner am Besten, wo es fehlt.

Beachten Sie bitte die Berliner Ausstellung, da muß jeder, welcher unparteiisch denkt, zu der Überzeugung gekommen sein, daß es bei uns in technischer Hinsicht nicht so glänzend aussieht und wenn man etwas sagt, dann bekommt man tausend Ausreden, nur um die offenbar zu Tage liegenden Fehler zu verschleiern. Da dürfen keine Ausreden mehr gemacht werden, da muß danach gestrebt werden, daß die Fehler auch wirklich abgeholfen werden, denn dafür haben wir ja einen technischen Apparat, welcher uns bald über 35.000 Mark pro Jahr kostet.

Ich habe deshalb schon von vornherein danach gestrebt, daß es in allen Veröffentlichungen heißt, daß ich zum Direktor ernannt wurde und gleichzeitig in den Vorstand berufen wurde.

Ich hoffe also gerne, daß Sie mich richtig verstehen und daß Sie die Sache so drechseln, wie es für die Gesellschaft am Besten ist.«

Horch-Wagen hatten durch ihre Form etwas Majestätisches an sich und wurden gerne von Monarchen für Ausfahrten genutzt, wie hier von Kaiser Wilhelm II., der sich 1908 im großen Horch chauffieren läßt.

August Horch sind solche internen Machtkämpfe fremd. Es fällt ihm, der sich der Technik verschrieben fühlt, schwer, sich dem entgegenzustellen.

In jener Zeit jagt ein Termin den anderen. Den Schilderungen Horchs zufolge ist ihm eine leichte Hektik anzumerken. Und nicht nur zwischen den Zeilen liest sich das als Rechtfertigung für das, was man ihm anlastet, was er selbst aber nur andeutungsweise zur Sprache bringt: »Am 6. Oktober gab ich meinen Arbeitern ein Fest. Ich fühlte mich verpflichtet, ihnen allen einmal vor aller Öffentlichkeit zu zeigen, wie ich mit ihnen zusammengehörte. Ein Streik, den wir 1907 ausgefochten hatten, hatte keinen Mißton zwischen uns gebracht, er war von außenstehenden Elementen provoziert worden, er hatte seine Zeit gebraucht, und das war vorbei. Das Fest nahm einen ganz großartigen Verlauf.

Meine Arbeiter und ich bildeten eine große Familie. Ich weiß, daß dieses Bild, auf Arbeitgeber und Arbeitnehmer angewandt, schon etwas verbraucht ist, und trotzdem möchte ich es verwenden. Es traf zu. Jedermann freute sich ungeheuer auf dieses Fest. Ich sagte in meiner Ansprache, daß wir immer miteinander arbeiten wollten, wie wir es bisher gehalten hätten, denn nur dann sei es möglich, jedem Erzeugnis der Konkurrenz zumindest Ebenbürtiges an die Seite stellen zu können. Übrigens war es fast sprichwörtlich in Zwickau und darüber hinaus, daß ich jedem meiner Arbeiter und auch anderen Menschen, die in wirklicher Not sich an mich wandten, geholfen habe. Vielleicht, um das zart anzudeuten, steckt in dieser Tatsache (mit anderen Dingen zusammen) auch eine einfache Erklärung, warum ich schließlich kein reicher Mann geworden bin. Wer weiß, wie es geworden wäre, wenn ich alles Geld, das ich ringsherum verlieh und, mit einer Ausnahme, niemals wiedersah, heute noch hätte. Es waren keine kleinen Summen...«

Kein reicher Mann? Die aus dem anderen Lager, seine Klassengegner, die rechnen ihm vor: »Du zahlst Deinen Arbeitern einen Stundenlohn von durchschnittlich 34,5 Pfennig. Das macht

89,70 Mark brutto bei 260 Arbeitsstunden im Monat, während Du Deinen Kapitalanteil in kurzer Zeit von zweitausend auf 119tausend Mark heraufgeschraubt und einen Reingewinn von 29.750 Mark für Deinen Kapitalanteil erzielt hast!« Das ist Rechnen mit zweierlei Maß.

Für 1909 ist die Prinz-Heinrich-Fahrt mit einem gewaltigen Handicap ausgeschrieben: Alle Fahrer, die schon Preise gewonnen haben, dürfen diesmal ihren Wagen nicht selber steuern. Dr. Stöss und August Horch ist das Steuer sozusagen aus der Hand genommen. Nomen est omen. Zumindest für August Horch. Kein Fahrer von Horch-Wagen auf dem Siegespodest bei der Preisverteilung am 18. Juni 1909 in München! Der Sonderpreis, den August Horch als Fahrer des Kaiserlichen Automobilklubs erhält und der vom österreichischen Automobilklub gestiftet war, ist nur ein schwacher Trost.

Als August Horch nach den Feierlichkeiten in sein Münchener Hotel zurückkehrt, findet er eine Depesche aus Zwickau vor. Unverzüglich soll er nach Zwickau zurückkehren, sich verantworten vor dem Aufsichtsrat. Er schreibt: »Ich konnte mir ungefähr vorstellen, was ich in Zwickau sollte: mich verantworten. Wir hatten mit den Horch-Wagen bei dieser Fahrt keine ersten Preise geholt.« Die persönliche Fahrt in die Talsohle von August Horch wird kräftig unterstützt von Jakob Holler. Aus der Sicht von Horch: »Der damalige kaufmännische Leiter unseres Werkes war mir nicht gut gesinnt. Er hatte wieder und wieder versucht, die gesamte Leitung des Werkes in seine Hand zu bekommen. Es war ihm wieder und wieder mißlungen.«

Dann kommt Holler doch noch zum Zuge. Seine massiven Vorwürfe gegen August Horch kann er mit sachlichen Argumenten belegen. Da gibt es kein Dagegenhalten. Und er kritisierte bereits massiv am 15. Juli 1907 in einem Schreiben an den Aufsichtsrat: »Als nach dem Herkomer-Rennen 1906 der Gedanke ernstlich auftauchte, Sechszylinderwagen zu bauen, so habe ich Herrn Horch immer Vorstellungen gemacht, man möge die Fabrikation dieser Wagen unterlassen, man möge vielmehr sein ganzes Können auf die Fabrikation der beiden Typen 18 – 22 HP und 35 – 40 HP werfen, damit wir der kolossalen Nachfrage gerecht werden können. Alles nützte nichts und so hatte es denn Herr Horch durchgesetzt, daß diese Wagen gebaut wurden... Die ganze Fabrik wurde gestört«. Fiasko beim Kaiserpreisrennen, »welches überhaupt so leicht nicht wieder gut zu machen ist und welches uns außerdem ganz erhebliche Verluste gebracht hat«.

Holler konstatiert gehörigen Renommeeverlust und befürchtet, daß erst im Geschäftsjahr 1908 die Hauptnachteile für das Unternehmen spürbar werden. »Nun kommt bei dieser Angelegenheit noch die Hauptsache, welche nicht unterschätzt werden darf, und zwar, daß kein Vertreter imstande war, in seinem Bezirk Wagen zu verkaufen, da wir ganz horrende Lieferfristen verlangten.«

Er kann auch hierfür Argumente vorbringen: Durch den Bau des Sechszylinders wurden seit Ende 1906 die Kräfte nicht zusammengehalten. In der Zeit vom 1.10.1906 bis zum 1. 7.1907 seien nicht weniger als 130 Chassis bestellt worden, aber nur 64 Stück davon sind wirklich angefertigt worden. Seiner Schätzung nach hätten mindestens 20 bis 25 mehr Chassis fertiggestellt werden können, so daß die wirtschaftliche Bilanz entscheidend besser ausgefallen wäre.

An allen großen automobilen Wettfahrten jener Jahre, wie hier auf der Prinz-Heinrich-Fahrt von 1909, waren selbstverständlich auch Horch-Modelle vertreten.

Für Georg Herleb, den Vorsitzenden des Metallarbeiterverbandes, ist klar, warum die Erfolge bei Horch ausbleiben: Die Niederlagen bei den Rennen wie auch die mangelnde Qualität der Fertigung sei eine Folge der Entlassung der organisierten und qualifizierten Facharbeiter. Die neu eingestellten Kräfte hätten die erforderliche Qualität nicht erbringen können.

August Horch kämpft gegen zwei Fronten, falls er überhaupt kämpft. Indirekt bringt Holler weitere Bedenken gegen Horch vor: »Bei dieser Gelegenheit möchte ich nicht unterlassen, noch einen weiteren, großen Fehler, welcher im Jahre 1906 gemacht wurde, hervorzuheben, und das ist die Droschkenangelegenheit. Im Anfang 1906 mußten nämlich mit aller Gewalt Droschken-Zweizylinder 12 – 14 HP gebaut werden, weil man angeblich hierin ein großes Geschäft erblickte. Es ist nun Tatsache, daß nur eine Droschke fertiggestellt wurde und das übrige Material im Werte von vielen Tausenden Mark liegt hier, und ich nehme an, daß man nach einigen Jahren alles zum alten Eisen legen wird. Meine Herren! Auf dieser Basis können wir doch auf die Dauer wirklich nicht weiterarbeiten. Man beabsichtigt, Droschken zu bauen, kauft Material ein für 10 Stück und ein halbes Jahr später läßt man alles liegen und geht zum großen Rennwagenbau über. Auf diese Art und Weise werden wir sicher unserem Ruin entgegengehen. Es muß und wird ganz sicher in einigen Jahren ein Rückschlag in der Autobranche eintreten und dann können nur diejenigen Werke existieren, welche rationell fabrizieren und sich spezialisiert haben.«

Wie wahr, wie richtig, wie plausibel! Man kann sich vorstellen, wie manches Aufsichtsratsmitglied zustimmend mit dem Kopfe genickt hat. Am 17. Juni 1909 kartet Jakob Holler nach, als auch hier wieder die Erfolge von Horch-Wagen ausblieben: »Wie wir aber nun aus den vorliegenden Resultaten ersehen, haben bei der Prinz-Heinrich-Fahrt 1909 nicht nur die Mercedes-Wagen ganz bedeutend Besseres geleistet, als die unsrigen, sondern auch Benz und Adler haben uns in der Schnelligkeit glänzend geschlagen. Nach meiner Ansicht hat unsere technische Leitung sich auch in diesem Jahr genauso wie mit dem Sechszylinder im Jahre 1907 nicht auf der Höhe gehalten. Voriges Jahr war der hochhubige Motor chancenreich, da nur der Kolbendurchmesser bewertet wurde und dieses hat voriges Jahr die Konkurrenz wie Mercedes und Benz ausgenutzt.

Im Jahre 1909 wurde aber nach dem Zylindervolumen gerechnet, und wie wir sehen, hat die siegreiche Konkurrenz nicht derart extreme Hubverhältnisse wie wir. Jedenfalls hat die Konkurrenz bezüglich Hub und Bohrung in diesem Jahr ein günstiges Verhältnis gewählt und durch ein günstiges Übersetzungsverhältnis die große Geschwindigkeit erreicht. Das Schlimmste bei diesem großen Fiasko ist doch wieder in erster Linie unser pekuniärer Verlust, denn die Experimente, welche die technische Leitung mit dieser Maschine in dem letzten Jahr gemacht hat, haben wieder sehr viel Geld gekostet. Meine Herren, ein derartiges Wirtschaften muß entschieden für die Zukunft aufhören. Ich muß Sie bitten, wegen des vorliegenden Falles gegen die technische Leitung unseres Werkes unter allen Umständen Front zu machen, denn Sie können sich wohl denken, daß ich keine Lust habe, zuzusehen, wie das Geld, welches die kaufmännische Abteilung verdienen muß, auf eine derartige Art und Weise wieder hinausgeworfen wird.«

HORCH OHNE HORCH

Horch ohne Horch klingt paradox, aber es entspricht der Realität. Horch verläßt sein eigenes Werk, an dem er mit ganzem Herzen gehangen hat. Der Not gehorchend, nicht aus eigenem Antrieb: »Was ich erwartet hatte, geschah: Man schob mir die Schuld am Versagen der Wagen zu. Es gab eine erregte Sitzung. Ich brach bald die Diskussion ab und ging aus dem Zimmer. Ich erkannte bitter, daß der Zeitpunkt dieser plötzlichen Sitzung ausgezeichnet gewählt war. Die anwesenden Mitglieder des Aufsichtsrates waren durch den kaufmännischen Leiter, einer wie der andere, gegen mich eingestellt. Die anderen Mitglieder, die seither mit mir durch dick und dünn gegangen waren, befanden sich in der Sommerfrische: Kommerzienrat Paul Fikentscher, Franz Fikentscher und Willibald Hertel. Wären diese Freunde zugegen gewesen, dann hätte die Sitzung wahrscheinlich einen anderen Verlauf genommen. Ich ging mit heißem Kopf auf den Fabrikhof hinaus. Dem Oberingenieur Lange, der mich hier traf, sagte ich, daß ich die Horch-Werke verlassen würde. Er antwortete ohne Zögern, daß dann auch er keinen Tag länger bleiben würde. Es war der 19. Juni 1909.«

Hollers Verlustbilanz auf Heller und Pfennig hat gestochen: Rennwagenbau = 49.113,48 Mark; Pleuelbrüche beim 18-22er Motor, zwei Jahre zuvor, wegen mangelnder Kontrolle der technischen Direktion, = 3.805,53 Mark; ›Droschkenflop‹ = 2.537,33 Mark. Abschließende Feststellung im Bericht für das Jahr 1909: »Die Folgerungen, die der Aufsichtsrat aus diesen und anderen Vorkommnissen zog, war die sofortige Entlassung des damaligen technischen Direktors Horch, dem man aus Billigkeitsgründen eine Abfindungssumme von Mark 20.000 gewährte. ...Gleichzeitig mit Herrn Horch wurde auch Herr Lange veranlaßt, seine Kündigung einzureichen.«

Lapidare Formulierung für das, was eigentlich eine menschliche Tragödie war. Holler versteht es, seine Verdienste um das Unternehmen ins rechte Licht zu rücken. In seinem Bericht an den Aufsichtsrat für das Jahr 1910 bemerkt er: »Wenn wir in unserem vorjährigen Berichte mit Rücksicht auf die Mitte 1909 in der Leitung unseres Werkes vorgenommene Reorganisation (gemeint sind die Entlassungen von Horch und Lange, Anmerkung der Redaktion), die Hoffnung aussprachen, daß unser Werk im Geschäftsjahr 1910 besser prosperieren werde, so können wir unseren Herrn Aktionären heute die erfreuliche Mitteilung machen, daß diese unsere Erwartungen in allen Teilen eingetroffen sind. Der Gesamtumsatz 1910 hat denjenigen von 1909 weit überschritten.«

Allgemeines Revirement hier und da. Das Konstruktionsbüro erhält zwei neue Chefs: Paulmann und Seidel. Sie können den Stempel, den Horch und Lange dem Typenprogramm aufgeprägt haben, nicht so ohne weiteres retuschieren. Grundsätzlich halten sie sich an die beiden Horch-Grundtypen, die bisher erfolgreich waren. Folglich blieben auch sie bei dem 18 – 22 PS und bei dem 35 – 40 PS leistenden Motor, mit dem einen Unterschied, daß diese jetzt die seit 1907 übliche Steuer-PS und Brems-PS Bezeichnung 11/22 PS und 23/40 PS erhielten. Selbst eine frühere Motorenkonstruktion von Horch, zu Anfang des Zwickauer Beginns, der Typ 22 – 25 PS, wurde wieder in das Programm genommen und erschien 1909 als Typ 12/28, 1910 als Typ 13/34.

›Horch ohne Horch‹. Das Foto von 1911 zeigt die neue Führungsmannschaft der Horch-Werke. Von links: Prokurist Georg Paulmann, Fabrikbesitzer Wagner, Dr. Stöss, Vorstandsvorsitzender Jakob Holler und Oberingenieur Seidel.

Typ	Zylinder	Hubraum in ccm	Leistung in PS	Baujahre	Stückzahl
14 - 17 PS	4	2600	14-17	1904/1906	–
18 - 22 PS	4	2660	18-22	1905/1909	307
22 - 25 PS	4	2725	22-25	1905	–
35 - 40 PS	4	5800	35-40	1905/1910	156
55 - 60 PS	6	8700	55-60	1907/1909	6
10/25 PS	4	2660	25	1910/1911	159
25/55 PS	4	6450	55	1908/1911	228 + 11 LKW
12/28 PS	4	3200	28	1910/1911	90
13/34 PS	4	3200	34	1911/1914	168
14/40 PS	4	3500	40	1913/1922	265 + 266 LKW
10/30 PS	4	2600	30	1911/1921	767 + 204 LKW
17/42 PS	4	4200	45	1910/1919	215 + 2070 LKW
18/50 PS	4	4700	50	1914/1922	231 + 160 LKW
6/18 PS	4	1588	18	1911/1920	208
8/24 PS	4	2080	24	1911/1922	902
33/80 PS	4	8440	80	1919/1922	46
10 M 200	4	2600	35	1922/1924	930
10 M 201	4	2600	50	1924/1926	2330
303	8	3132	60	1927	1471
304	8	3132	60	1927	227
305	8	3378	65	1927/1928	1698
306	8	3378	65	1927/1928	254
350	8	3950	80	1928/1930	2849
375	8	3950	80	1929/1930	936
400	8	3950	80	1930/1931	950
405	8	3950	80	1930/1931	105
410	8	4014	80	1931/1933	258
420	8	4517	90	1931/1932	256
430	8	3009	65	1932/1933	205
440	8	4014	80	1931/1932	87
450	8	4517	90	1931/1933	238
470	8	4517	90	1931/1932	298
480	8	4944	100	1931/1933	26
500 A	8	4944	100	1930/1932	409
500 B	8	4944	100	1932/1935	375
600	12V	6021	120	1932	20
670	12V	6021	120	1931/1934	58
710	8	4014	80	1932/1933	222
720	8	4517	90	1932/1933	–

Der Trend schien eindeutig zum großen und starken Motor zu gehen. Das verwundert eigentlich nicht, denn die Karosserien hatten ein derart großes Eigengewicht, so daß sie eben nur mit viel Leistung flott bewegt werden konnten. Doch die Leute mit der kleinen Geldbörse, die auch am motorisierten Fortschritt teilhaben wollten, die verlangten besonders nach kleinen und erschwinglichen Fahrzeugen.

Zwei solcher Kleinwagen wurden 1910 als 6/18 und 8/24 PS entwickelt. Sie besaßen nur mäßige Fahreigenschaften, obwohl sie ansonsten moderne Konstruktionsmerkmale aufwiesen. Im Sommer 1914 wurde deutlich, daß in den Horch-Werken die Gefahr bestand, von einem Extrem in das andere zu schlittern. Es war nicht nur Experimentierlust, wenn man dem größten Horch-Wagen nun den allerkleinsten Horch zugesellte, sondern es war auch eine Frage des Überlebens. Bei immer knapper werdendem Geld mußte man an Preiswürdigkeit denken. Auch die hat ihre zwei Seiten: preiswürdig im Sinne des Herstellers; und Preiswürdigkeit, gemessen am Geldbeutel des potentiellen Käufers.

Der 5/14 PS ›Pony‹ mit einem Vierzylindermotor von 1,3-Litern sollte der allerkleinste Horch und somit die größte Attraktion werden. Als Attraktion galten auch ventillose Schiebermotoren, die für drei andere Horch-Wagen vorgesehen waren. Es handelte sich dabei um englische Daimlermotoren, die nach den Patenten des Amerikaners Knight arbeiteten. Die noch nicht ausgereiften Überlegungen sind dann relativ schnell über unterschiedliche Kanäle in die Öffentlichkeit geraten und haben viele Motor-Enthusiasten neugierig gemacht. Es war auch bekanntgeworden, daß man zunächst die Originalmotoren importieren wollte.

Nun ist es aber eine Binsenweisheit, daß zwischen Absicht und Ausführung immer noch Kluften oder Hindernisse liegen. Das trifft auch für die beiden Projekte zu; denn das Pony ist nie geboren worden, und die Schiebermotoren haben nie Schub entwickelt. Noch heutzutage fragen sich Experten, welches wohl die exakten Gründe des

Scheiterns waren. Belege für Ursachen sind nicht aufzutreiben. Plausibel ist jedoch, daß der seit 1913/1914 rückläufige Absatz bei der Automobilindustrie insgesamt und die emotionale Streiksituation im Frühjahr und Sommer 1914 die Stimmung verschärft haben. Das ständige Säbelgerassel des Kaisers hat das Seinige dazu getan, um so etwas wie Vorkriegsstimmung aufkommen zu lassen. »In einer solchen unheilschwangeren Situation laufen deutsch-englische Motorengeschäfte eben nicht«, ist der Kommentar eines Zeitgenossen.

Bei einer Rückbesinnung auf das vergangene Jahrzehnt läßt sich bei Horch eindeutig folgende Entwicklungstendenz ablesen: Zwei tragende Grundtypen sollten die Basis sein für ein vielfältiges Produktionsprogramm. Hinzu kommt allerdings noch eine Grunderfahrung, die nicht nur die Horch-Techniker gemacht haben: Man kann ein noch so kleines, kompaktes Auto planen und fast konzeptionell ausreifen lassen. Wird es tatsächlich gebaut, dann wird es in den meisten Fällen von Entwicklungsphase zu Entwicklungsphase unbeabsichtigt immer größer und zuweilen auch erheblich teurer.

Nur zehn Jahre hat es gedauert, daß aus dem 14 und 17 PS starken Basismotor eine Maschine geworden ist, die gut und gerne 30 PS an die Welle bringt. Schließlich besann man sich auch wieder auf Hollers scharfe Kritik an August Horchs Droschken-Experiment, aber auch an eine entsprechende Passage im Bericht des Vorstandes 1905 zum zweiten Geschäftsjahr. Da war von Anfragen wegen Lastkraftwagen und Omnibussen die Rede, die aber alle abschlägig beschieden werden mußten, weil die Kräfte des Werkes nicht zersplittert werden sollten. Es wurde darin allerdings auch versichert, daß Konstruktionen von Omnibussen, Lastkraftwagen und Bootsmotoren der Reihe nach im technischen Büro schon deshalb durchgeführt würden, um diese Projekte sofort in dem Augenblick in die Produktion aufnehmen zu können, wenn die gesamte Situation für die Produktion günstig zu sein schien. Technische Schwierigkeiten würden schon deshalb nicht auftreten, zumal man auf entsprechend starke Motoren zurückgreifen konnte. Den mißglückten Versuch mit dem Taxi konnte man getrost vergessen. Das wirklich erste und somit echte Horch-Fahrzeug, das als Nutzfahrzeug zu gelten hatte, war ein Krankenwagen aus dem Jahre 1910. Danach folgten kleine Lieferwagen, Omnibusse und Lastkraftwagen.

Bis Ende des Ersten Weltkrieges waren sogar zweihundert Radschlepper und Raupenschlepper gebaut worden. Unter dem Strich war festzustellen, daß der Reingewinn für 1918 die Grenze von 2,5 Millionen überschritt. Man hatte, wie man glaubte, recht daran getan, in weiser Voraussicht die Kraftfahrzeuge auf ihre Kriegstauglichkeit zu entwickeln.

Am 3. Februar 1918 firmiert die August Horch & Cie., Motorwagenwerk AG, Zwickau, nunmehr als ›Horchwerke AG‹. Das ging fast nahtlos über die Bühne, wie auch, mit wenigen Ausnahmen, die Übernahme des Vorkriegs-Typenprogramms

Horchs Aussichtswagen von 1913 auf einer Fahrt ins Erzgebirge. Dieses Fahrzeug besaß bereits den neuen Horch-Kühlergrill, der bis 1919 für alle Horch-Modelle charakteristisch sein sollte.

Ein Horch 10/30 PS mit Spezialkarosserie errang den Sieg beim Schwedischen Eisrennen 1913.

Dieser Horch 18/50 PS nahm an der schwierigen Österreichischen Alpenfahrt von 1914 teil.

Während des Ersten Weltkrieges wurden in den Horch-Werken auch Raupenschlepper hergestellt.

von 1914. Was allerdings keiner so recht glauben mochte: Der 3-Tonner-Lastkraftwagen mit dem 25/42 PS starken Vierzylindermotor war der eigentliche Dauerrenner. In den Jahren von 1916 bis 1923 sind davon insgesamt 2.070 zusammengebaut worden.

Während Anfang der zwanziger Jahre die meisten Unternehmen unter der galoppierenden Inflation zu leiden haben, ist sie für manchen Automobilfabrikanten sogar profitabel. Denn diese müssen sich nicht nur mit dem immer wertloser werdendem Papiergeld zufrieden geben, mit dem sie ihre inländischen Kosten finanzieren. Ihr Produktionswachstum und ihre Gewinne resultieren zum großen Teil aus dem Export. Hier nämlich können sie den Konkurrenten bis an die Grenze des ihrer Meinung nach Vertretbaren unterbieten und gleichzeitig ›harte‹ Devisen erwirtschaften. Im Sommer 1923 arbeiteten in Deutschland die Automobilfabriken aufgrund der guten Auftragslage zeitweilig in zwei Schichten. Dieser ›Boom‹ führte dazu, daß zwischen 1920 und 1925 in Deutschland viele kleinere Automobilunternehmen gegründet wurden, die allerdings schon nach kurzer Zeit wieder aufgaben und heute weitgehend unbekannt sind.

PAUL DAIMLER ENTWICKELT FÜR HORCH

Nach dem Ersten Weltkrieg war der Neuanfang für jene Firmen besonders schwierig, die nach dem verlorenen Krieg aufgrund des Versailler-Vertrages ihre Produkte nicht mehr herstellen durften. Dazu zählte beispielsweise auch die Fertigung von Flugzeugen. Um dennoch überleben zu können, kam es verschiedentlich zu existenzsichernden Partnerschaften. Eine solche bahnte sich schon zum Ende des Weltkrieges zwischen den Horch- und den Argus-Werken in Berlin-Johannisthal an. Als Ausrüster belieferte sie die kaiserliche Luftwaffe. Diese Partnerschaft oder Zweckverbindung wurde in besonderem Maße durch die Allgemeine Deutsche Creditanstalt (ADCA) in Leipzig und die Commerz- und Privatbank, Berlin gestützt. Beide Institute waren auch schon an den Horch-Werken beteiligt. Neuer Hauptaktionär wurde bei Horch damals Dr. Moritz Strauss. Er war der Senior-Chef der Argus-Werke und verdrängte – späte Genugtuung für August Horch – Jakob Holler aus der Führungsspitze, die ihren Direktionssitz nun in Berlin hatte. Neuer Vorstand der Horch-Werke AG wird Dr. Arthur Löwenstein.

Recht pragmatisch und fair wurde am 21. April 1921 ein Lizenzvertrag zwischen den Argus- und den Horch-Werken geschlossen, in dessen Mittelpunkt die Fertigung eines neuen Pkw-Motors stand. Es handelte sich hierbei um einen Motor, den der Schweizer Ingenieur Zoller für das Argus-Konstruktionsbüro entworfen hatte und der von 1922 bis 1924 in dem nunmehr als Einheitstyp angebotenen neuen Horch 10/35 PS Verwendung fand. Das sprichwörtliche Argus-Auge war Paul Daimler, der älteste Sohn von Gottlieb Daimler. Paul Daimler gehörte zu jenen erfahrenen Motorenbauern, für die sich die Argus-Werke schon lange interessiert hatten und mit dem sie seit dem 1. Juli 1922 in vertraglicher Bindung standen.

1923 verließ Paul Daimler die Daimler-Motorengesellschaft, da ihm die Argus-Werke bessere Möglichkeiten für die Umsetzung seiner konzeptionellen Ideen boten.

Dr. Moritz Strauss war von 1920 bis 1932 Hauptaktionär der Horch-Werke und nahm in den zwanziger Jahren entscheidenden Einfluß auf die Entwicklung des Unternehmens.

Der Horch 10/35 PS wurde zwischen 1922 und 1924 als Einheitstyp mit verschiedenen Karosserie-Aufbauten gefertigt. Der 2,6 Liter Vierzylindermotor wurde von den Argus-Werken entwickelt. Das Foto zeigt ein Phaeton mit einer Karosserie von Voll & Ruhrbeck aus Berlin.

Gleichzeitig wurde er in den Aufsichtsrat der Horch-Werke gewählt, wo er als verantwortlicher technischer Berater wichtige Aufgaben für das Konstruktionsbüro übernahm. Eine seiner ersten Aufgaben war die konstruktive Überarbeitung des Horch 10/35 PS, der mit einer Vierradbremse und einem in seiner Leistung auf 50 PS gesteigerten Motor ausgerüstet wurde und die Typ-Bezeichnung 10/50 PS erhielt.

Dieses Horch-Modell hat Zeichen gesetzt, da es als erster Wagen das neue, unvergessene Markenzeichen trug: Ein majestätisches ›H‹, das eine ebenso majestätische Krone auf seinem ›Haupte‹ trug. Dieses Fahrzeug wurde bis Ende 1926 als einziges Modell in Zwickau produziert.

Paul Daimler wollte jedoch mehr. Er wollte ein repräsentatives Fahrzeug schaffen, bei dem Größe, Gewicht und auch die Leistung gut aufeinander abgestimmt sein mußten. In seinem Kopf ging die Vorstellung eines Achtzylinder-Motors um; es sollte übrigens der erste deutsche Achtzylinder werden. Der mußte laufruhig und zuverlässig sein. Anspruchsvolle Eleganz und konstruktive Ästhetik! Das war fast schon eine Philosophie für sich. Ganz im Sinne von August Horch. Paul Daimler als Verwalter seines Erbes? Das Fahrzeug mit dem ersten deutschen Achtzylindermotor und der Typenbezeichnung 303 beziehungsweise 304 (mit verkürztem Fahrgestell) wurde im Herbst 1926 der Öffent-

Reichspräsident von Hindenburg 1925 im 10/50 PS Horch-Wagen.

Die Horch-Werke brachten als erste deutsche Automobilfirma einen Achtzylinder-Wagen auf den Markt. Den Achtzylindermotor entwickelte Paul Daimler für die Horch-Werke.

lichkeit vorgestellt. Doch so, wie der 60 PS starke neue Horch 8 ausgelegt war, wurde er von den Käufern nicht angenommen. Zu massiv vertreten waren bei diesem Modell einfach die Kinderkrankheiten. Ärger gab es vor allem mit platzenden Auspuffanlagen und einem überhohen Geräuschpegel, der besonders von der Hinterachse und vom Getriebe herrührte. Klemmende Ventile, verölte Kerzen, Schwierigkeiten beim Starten: Alles Dinge, die der Käufer auch damals schon nicht hinnahm. Also verbesserte man, zum Teil erheblich. Seit dem 1. Dezember 1927 ging der modifizierte Horch 8 als Typ 305 (mit kurzem Fahrgestell als Typ 306) mit 65 PS auf die Straßen, und nur wenige Monate später, im Frühjahr 1928, folgte ihm ein Roadster-Cabriolet, dessen Karosserie von Gläser in Dresden und Dietsch in Glauchau entworfen worden war. Damals gab es so etwas wie ein typisch deutsches Ästhetik-Ideal, das durch die drei Kriterien für Wertarbeit verkörpert wurde: Material und Verarbeitung = Solidität.

Die deutschen Automobilfabriken mußten im internationalen Vergleich mit ihren Modellen gegen die auf den deutschen Markt eindringenden französischen, italienischen und amerikanischen Autos konkurrieren. Die Amerikaner bedeuteten da keine Gefahr, ihre Fahrzeuge wurden von bösen Zungen als Klapperkisten und Blechbeulen apostrophiert. Nur Italiener und Franzosen hatten mit einem Hauch von Eleganz die Technik umkleidet. Als dann auch noch 1928 die Zölle auf dem tiefsten Punkt angelangt waren, war dem Konkurrenzkampf Tür und Tor geöffnet. Wie immer in solchen und ähnlichen Situationen schalteten die Deutschen schnell. Sie wandten sich erfolgreich einem neuen Gebiet zu, das als Produktgestaltung und später als Design professionell erforscht und praktiziert wurde.

Der Deutsche Werkbund, eigentlich ›Deutscher Kunstgewerbebund‹, war der große Anreger für die deutschen Automobilbauer. Diese 1907 gegründete Vereinigung hatte sich zum Ziel gesetzt, durch Zusammenwirken von Kunst, Industrie und Handwerk, die Herstellung von künstlerisch und sachlich einwandfreien Erzeugnissen zu forcieren. Namen wie Neumann-Neander als Kunstmaler und Peter Behrens als Architekt haben mit künstlerischen Mitteln das Erscheinungsbild der Kraftfahrzeuge wesentlich mitgeprägt und die Einheit von Form und Funktion hergestellt. Dieser ästhetische Anspruch wurde weit über die Landesgrenzen hinaus getragen. In den zwanziger Jahren gaben viele prominente Formgestalter den Automobilen ein Gesicht. Doch die Anfänge waren schwer. Ein von seiner äußeren Gestalt typisch deutsches Automobil ließ noch einige Zeit auf sich warten.

Dr. Moritz Strauss verpflichtete für Horch den seinerzeit an der Berliner Akademie der Künste tätigen Wappenkundler Professor Hadank. Er sollte die Karosserieentwicklung künstlerisch und formtechnisch in die Hand nehmen. Das wurde am 1. Juli 1928 vertraglich festgemacht. Hadank tat das, was man von ihm erwartete. Er übertrug die Maße des damals gängigen amerikanischen Erfolgsmodells auf ein Horch-Chassis und schon war der 27er Lasalle von Cadillac in Deutschland zum Horch 8 geworden. Die laufenden Modellreihen (Typ 305 und 306) wurden von ihm ebenfalls kosmetisch überarbeitet. Ein übergroßer, geflügelter Pfeil wurde zur neuen Kühlerfigur.

Die Produktion dieses Typs, mit einem doppelgliedrigen Stoßfänger versehen, lief am 30. November 1928 aus. Zur gleichen Zeit war ein neuer Wagen mit der von Professor Hadank entworfenen Karosserie fertig. Er wurde auf der erstmals nach dem Krieg wieder als international zu bezeichnenden Berliner Automobilausstellung im Herbst 1928 gezeigt. Die Technik unter der Motorhaube war von Paul Daimler auf den neuesten Stand gebracht worden, und eine umgestaltete Kühlerjalousie verlieh dem Fahrzeug ein neues, markantes Gesicht.

In eine Zierstange, welche die beiden Zeiss-Scheinwerfer verband, war eine ›8‹ integriert. Das war ein Hinweis auf die acht Zylinder, die in diesem neuen Horch-Modell (Typ 350) nunmehr eine Leistung von 80 PS aus vier Liter Hubraum entwickelten. Eine breite Palette verschiedener Karosserieschöpfungen wird in jener Zeit auf den Markt gebracht. Darunter auch etliche Einzelstücke, die auf Kundenwunsch von namhaften deutschen Karosseriefirmen gefertigt wurden. Bis zu seinem Produktionsende 1930 werden von diesem Horch 8 fast 2.850 Exemplare gefertigt. Der Typ 350 ist damit eines der erfolgreichsten Horch-Modelle überhaupt.

Im Herbst 1929 erschien parallel zum Modell 350, welches sowohl mit langem als auch mit kurzem Radstand lieferbar war, der Horch 8 Typ 375 als Luxusvariante auf langem Fahrgestell mit einem Radstand von 3.450 mm. Dieses als Horch 8 in ›Sonderausführung‹ bezeichnete Modell war zwar eleganter und in der Herstellung weitaus aufwendiger, aber mit einem Einstandspreis von 14.750.- Reichsmark für die Pullman-Limousine auch erheblich teurer als die ›Standardmodelle‹.

Die wichtigste technische Neuerung versteckte sich unter dem Blechkleid und betraf das Fahrgestell, welches erstmals bei Horch als sogenanntes Niederrahmen-Chassis ausgeführt war. Die Fachpresse schrieb seinerzeit: »Das wichtigste und gleichzeitig interessanteste ist jedoch die Tieferlegung des neuen durch eine X-förmige Traverse vorbildlich gegen Verwindungen verstrebten Rahmens von höherem Profil und eine außerordentlich wirkungsvolle neue Abfederung. So gelangte man ohne Beeinträchtigung der bisherigen bequemen Sitzhöhe zu einer modernen, tiefen, langgestreckten Linie, vor allem aber zu einer tieferen Schwerpunktlage, durch die der ›Horch 8 in Sonderausführung‹ eine ungewöhnlich gute und sichere Straßenlage erhält.«

Eine geflügelte Weltkugel, entworfen von Professor Böhm, zierte den Kühler und unterstrich den luxuriösen Habitus der noblen Karosse.

Nach vielen Jahren des Eintypenprogramms (die Modelle 303/304 bzw. 305/306 kennzeichneten nur den jeweils unterschiedlichen Radstand) unternahm man bei Horch nun erste Schritte in Richtung auf eine Diversifikation des Typenprogramms, die in den Jahren bis 1932 als Antwort auf die Absatzprobleme durch die im Oktober 1929 einsetzende Weltwirtschaftskrise zu einer kaum überschaubaren Typenvielfalt führen sollte.

Landrat Dr. Creutz, Mitbegründer des Nürburgrings, mit seinem Horch 350. Die Karosserie, die dem amerikanischen Modell Lasalle von Cadillac ähnelte, entwarf Professor Hadank.

Das ist der erste deutsche Achtzylindermotor, konstruiert von Paul Daimler und Ende 1926 erstmals vorgestellt.

Auf der Internationalen Automobilausstellung in Berlin wurde 1931 auch ein Horch-Fahrgestell vom Typ 470 mit dem von Fritz Fiedler überarbeiteten Achtzylindermotor präsentiert.

Professor Hadank hatte den geflügelten Pfeil (unten) entworfen, der die Horch-Typen 305/306 und 350 zierte. Mit Einführung des Horch 375, 1929, kam die von Professor Böhm entworfene Kühlerfigur (oben) zum Einsatz.

NEUE FÜHRUNGSKRÄFTE

Die Modellpolitik verlangte neue Köpfe, personelle Veränderungen waren die Folge. Eine davon war Fritz Fiedler, der neue Chefkonstrukteur, den Dr. Strauss für die Horch-Werke verpflichtete. Der Vorstand der Horch-Werke hatte sich 1929 für Fiedler interessiert, der gemeinsam mit Bernhard Stoewer den 6/30-PS-Stoewer F 6 konstruiert und besonders die Achtzylindertypen entwickelt hatte. Im Zuge eines sogenannten Revirements, bei dem schon 1925 eine Geschäftsaufsicht für die Stoewer-Werke beantragt wurde, hatten die Gläubiger verlangt, daß Max Böttcher, der von der AGA Berlin (Aktiengesellschaft für Automobilbau) kam, die technische Leitung übertragen wurde. Er brachte Fritz Fiedler mit. Ende 1926 schied Böttcher aus, und Fiedler wurde Chef des Stoewer-Konstruktionsbüros. Bei den Horch-Werken begann für ihn – finanziell gesehen – ein gewaltiger Aufstieg. Außerdem verdrängte er Paul Daimler, dessen Konstruktionsarbeit mit der Verpflichtung Fiedlers endete. Bis zum Sommer 1932 blieb Daimler jedoch Mitglied des Aufsichtsrates der Horch-Werke. Das Fiedler'sche Sparprogramm wurde in der Folgezeit Leitthema der Entwicklungsarbeit: ›Sparen an Masse bringt dem Wagen Klasse.‹ Das sollte sich zuerst an den Typen 350 und sowie den 375er-Typen zeigen. Sie machten eine Abmagerungskur durch. Die Limousine verlor insgesamt 350 Kilogramm, weil die wesentlich leichtere Ambi-Budd-Karosserie verwendet und sowohl am Rahmen und anderen Karosserieteilen überflüssige Pfunde eingespart wurden. Parallel dazu arbeitete Fiedler an einem neuen Achtzylinder-Motor, das war man dem Markenimage schuldig. Der alte Daimler-Motor mit den zwei obenliegenden Nockenwellen wurde zum letzten Mal im Oktober 1931 gebaut. Innerhalb von knappen fünf Jahren hatte er es auf eine beachtenswerte Produktionszahl von 8.490 gebracht.

Der neue Fiedler-Motor kam zunächst als Fünfliter 100-PS-Aggregat auf den Markt und hatte einen Hub von 104 mm bei einer Bohrung von 87 mm. Die Ventile steuerte nur noch eine obenliegende Nockenwelle. Die thermischen Probleme des alten Achtzylinders, dessen Zylinder paarweise vom Kühlwasser umspült wurden, hatte Fiedler behoben, indem er die Zylinder in gleichen Abständen anordnete, so daß jeder Zylinder von einem eigenen Wassermantel umgeben war. Dadurch wurde das Triebwerk zwar länger, aber diesen Nachteil nahm Fiedler gern in Kauf. Um auch den Kurbeltrieb betriebssicherer zu gestalten, war zudem die Anzahl der Kurbelwellenlager auf zehn verdoppelt worden.

1930 wurde der Motor in den völlig neuen Horch-Typ 500 eingebaut. Doch das war erst der Anfang der Fiedler'schen Kreationen. Bis zu seinem Ausscheiden im August 1932 folgten in kurzen Abständen eine verwirrende Vielfalt von unterschiedlichen Horch 8-Modellen.

Horch 8-Modelle mit Fiedler-Motor			
Typ	Hubraum	Leistung	Bauzeit
410	4014 ccm	80 PS	1931-1933
420	4517 ccm	90 PS	1931-1932
430	3009 ccm	65 PS	1932-1933
440	4014 ccm	80 PS	1931-1932
450	4517 ccm	90 PS	1931-1932
470	4517 ccm	90 PS	1931-1932
480	4944 ccm	100 PS	1931-1932
500	4944 ccm	100 PS	1930-1931
500 A	4944 ccm	100 PS	1931-1932
500 B	4944 ccm	100 PS	1932-1934

AUGUST HORCH

Selbst in der nun immer deutlicher werdenden Krisensituation infolge der Weltwirtschaftskrise, das Wasser reichte den Horch-Werken buchstäblich bis zur Halskrause, wurde am 1. März 1932 noch ein Dreiliter-Modell draufgesetzt. Dieser Typ sollte das Programm nach unten abrunden, um zusätzliche Absatzchancen zu ermöglichen. Von diesem Typ 430 wurden bis zum 12. Januar 1933 jedoch nur 204 Exemplare gebaut. Mit den neuen Motoren wurden von der sächsischen Nobelfirma auch neue Karosserien angeboten, die von Hermann Ahrens geprägt wurden, der im Oktober 1928 von der Wagenkörperfabrik (WAKÖ) der Deutschen Werke in Berlin zu Horch nach Zwickau gekommen war. Als Leiter der Karosserieentwicklung zeichnete er neben der Entwicklung der Serienkarosserien auch verantwortlich für die Anfertigung der Karosseriewerkzeuge und Karosserievorrichtungen.

1932 wechselte er zu Daimler-Benz nach Sindelfingen bei Stuttgart, wo er Leiter des Sonderwagenbaus wurde.

1930 erhielt Fritz Fiedler vom Vorstand der Horch-Werke den Auftrag, als krönenden Abschluß der Produktpalette, einen Zwölfzylindermotor zu entwickeln, der neue Maßstäbe setzen sollte. Die eigentliche Entwicklungsarbeit an diesem V-12-Motor leistete jedoch Werner Strobel, der seit 1928 in der Motoren-Konstruktion des Unternehmens tätig war.

»Damals waren wir alle von dem brennenden Ehrgeiz besessen, besser zu sein als der Konkurrent in Untertürkheim«, erinnert sich Werner Strobel an jene Tage. »Mit einem leicht schielenden Blick nach Amerika, wo General Motors einen gelungenen V 8 baute, entwickelten wir den Zwölfzylinder, der mit dem amerikanischen Motor einige Ähnlichkeiten hatte.«

Diese Ähnlichkeit betraf lediglich die Grundkonstruktion des V-Motors, denn, so erzählt Werner Strobel, »mit dem Zwölfzylinder beschritten wir völliges Neuland.«

Noch heute können einige konstruktive Details dieses Triebwerks als richtungweisend gelten. Dazu gehört beispielsweise der hydraulische Ventilspielausgleich, der hier erstmals in einem Serienmotor zur Anwendung kam, so daß die Ventile nicht mehr eingestellt werden mußten.

Das elegante Cabriolet war bei einer Gesamtlänge von 5,50 Metern und durch die Verwendung

Fritz Fiedler kam Ende der zwanziger Jahre von Stoewer und wurde Chefkonstrukteur in den Horch-Werken.

Hermann Ahrens schuf dieses elegante Horch 8 Sportcabriolet. Der Typ 470 war mit einem 4,5 Liter Achtzylindermotor ausgestattet, der 90 PS leistete.

Auf dem Pariser Automobilsalon wurde im November 1931 der Horch 12 Typ 670 einem internationalen Publikum vorgestellt.

Das Sportcabriolet Horch 12 Typ 670 mit seiner eleganten Linienführung gehörte zu den stattlichsten Automobilen seiner Zeit. Es wurde bis 1934 produziert und kostete 24.000 Reichsmark.

von vielen Chromteilen einschließlich der Lederauskleidung eine äußerst imposante Erscheinung, die von dem Leiter Karosserieentwicklung Hermann Ahrens entworfen worden war.

Dieser automobile Gigant mit der internen Bezeichnung Horch 12 Typ 670 war jedoch alles andere als ein wirtschaftlicher Erfolg. Nur 58 Stück dieses 24.000 Reichsmark teuren Automobils verließen bis 1934 die Horch-Werke. Von der Pullmann-Ausführung, dem Typ 600, wurden sogar nur 20 Exemplare gefertigt.

Dennoch wurde in einer angesehenen Automobil-Zeitschrift die Modellpolitik der Horch-Werke jener Jahre positiv beurteilt: »Mit der Art, wie Horch stetig und erfolgreich – ohne den Käufer zum Prüfstein zu machen – zielbewußt und ohne viel zu zersplittern, voranschreitet, kann man wirklich zufrieden sein. Das ist eine gesunde Grundlage, die trotz der Schwere der Zeit und aller Konkurrenz eine zwar allmähliche, aber desto sichere Weiterentwicklung dieser Automobilfabrik verbürgt, die man sonst in der Branche leider häufig vermißt. Wie wichtig ein zielbewußter Fabrikationsplan gerade in diesen Zeiten ist, wo ein Fehlschlag schwere Erschütterungen mit sich bringen kann, muß immer wieder betont werden.«

Die imageträchtigen, großen Horch-Modelle paßten jedoch Anfang der dreißiger Jahre, als die Schlangen vor den Armenküchen und den Arbeitsämtern immer länger wurden, einfach nicht mehr in die politisch-wirtschaftliche Landschaft.

Das wirkte sich auch auf den Umsatz aus, der trotz der vielen Neuerungen beständig rückläufig war. Da half nur – so glaubte man – die Flucht nach vorne. Und das hieß, daß im Frühjahr 1932 die Modelle modifiziert wurden, noch bevor sie richtig auf dem Markt Fuß gefaßt hatten. Mittlerweile war die Typenvielfalt kaum noch überschaubar: 18 verschiedene Modelle lösten sich bis zum Herbst 1932 gegenseitig ab. Von rationeller Fertigung konnte keine Rede mehr sein. Was war die Ursache? Unterschreitung der Rentabilitätsgrenze durch kapitalintensive und eine sich ständig verschlechternde Wirtschaftslage? Das Abrutschen ins totale Fiasko schien, so gesehen, programmiert zu sein. Oder war es sogar der Druck der Krisensituation, daß die Horch-Werke zu immer vielfältigerem Angebot verführt wurden? Experten sind der Meinung, letzteres sei ursächlich gewesen. Dazu der Fachjournalist E. Friedlaender: »Horch hat viele Jahre hindurch die Konzentration auf einen Typ als die allein seligmachende Errungenschaft fabrikatorischer Rationalisierung bezeichnet. Doch man hat längst eingesehen, aber vielleicht nicht öffentlich ausreichend unterstrichen, daß der Traum des Einheitswagens in Deutschland keine Lebensberechtigung besitzt, und daß bei der individuellen Einstellung des Publikums selbst eine kleine Fabrik nicht ausreichend Absatz sich verschaffen kann, wenn sie nicht durch eine geschickte Kombinationspolitik für eine möglichste Vielfalt von Wagentypen sorgt.

Mit Hilfe verschiedener Bemessung der Bohrungen vollbrachte dann Horch das Kunstwerk (unter Beibehaltung des gleichen Motorblocks), allen Wünschen des Publikums hinsichtlich Motorstärke zwischen 3 und 5 Liter zu entsprechen. Durch die Wahl zweier verschiedener Radstände schuf man noch in Ergänzung hierzu die Möglichkeit, den Wagen jeweils nach der sportlichen oder nach der praktischen Seite zu orientieren. Im Rahmen des Möglichen hat sich also Horch mit seinem Einheitstyp wirklich nach Kräften den Zeitverhältnissen angepaßt.«

Bei den Horch-Werken, so glaubte man, sei der Schlüssel zum wirtschaftlichen Erfolg immer die rationelle Fertigungsweise gewesen. Auf Rationalität hatte man schon 1923 gesetzt, als man vom Werkstattprinzip auf Reihenfertigung umstellte. Dann aber erkannte man: ›Flott von der Hand, noch flotter vom Band.‹ Das war das Motto ab 1926, und es wurde durch Qualität widerlegt, daß Produktion vom Band nur mindere Massenfabrikation gestatte. Tatsächlich ermöglichten Maßnahmen intensiver Rationalisierung und der Einsatz von supermodernen Werkzeugmaschinen bis 1929 die Produktion von 16 Wagen täglich. Das war immerhin eine Steigerung von 100 Prozent. Anfang der zwanziger Jahre wurden noch 40 Arbeitskräfte benötigt, um in einem Monat ein Auto zu bauen. Anfang 1930 waren es nur noch sieben Arbeitskräfte. Die Rationalisierung ging noch weiter: Die Horch-Werke hatten 1931 einschließlich der Lieferanten von Werkzeugmaschinen insgesamt 249 Zulieferer.

Komplette Teile und Funktionseinheiten wurden von außen bezogen. Sie waren unkompliziert und relativ preisgünstig bei den amerikanischen

Ein Blick auf die Montagelinie der Horch 8-Modelle Ende der zwanziger Jahre in Zwickau.

Ingenieur William Werner kam 1926 zu Horch. Dank seiner kreativen Schaffenskraft gab er wichtige Impulse bei der Entwicklung neuer Modelle.

Zulieferern zu bekommen. Nach der Dollarabwertung war das für die Horch-Werke ein gutes Geschäft. Langfristige Verträge banden andere Unternehmen an die Horch-Werke, wie beispielsweise Ambi-Budd, die vornehmlich Karosserien für Sondermodelle lieferten. Diese in Berlin ansässige Firma hatte mit modernsten Maschinen die Fertigung von Karosserie-Großserien aufgenommen und bald gehörten auch die Horch-Werke zu ihren Abnehmern. Die Monopolstellung verführte jedoch die Berliner Karosseriebauer zu horrenden Preisforderungen: 1.250 Reichsmark für jede Rohkarosse und 500.000 Reichsmark Anteil für die Gesenkkosten.

Doch auch hier ließen sich die Zwickauer nicht genen Karosserieherstellung und bestellten bei der Erzgebirgischen Maschinenfabrik in Schwarzenberg für 554.000 Reichsmark die dazu erforderlichen Maschinen und Gesenke. Die Selbstfertigung betraf sowohl die viersitzigen Sportcabriolets als auch die Mehrzahl der Limousinen. Weil Ambi-Budd und Gläser nicht die Aufträge der Horch-Werke verlieren wollten, haben sie ihre Preise um 275 bis 300 Reichsmark pro Karosserie gesenkt. Mit Erfolg. Die Horch-Werke bestellten auch weiterhin.

Während in der Motor- und Karosserieentwicklung zu Beginn der 30er Jahre wesentliche Fortschritte erzielt werden konnten, galt dies nicht für die Fahrwerkstechnik. Neue und kompliziertere Lösungen wurden bei der Fahrwerkskonstruktion erforderlich. Schlichtweg unbefriedigend war zum Beispiel das problematische Fahrverhalten der Starrachser. Fiedler stand diesem unbefriedigenden Fahrverhalten ratlos gegenüber. Er war gelernter Motorenbauer. Fahrphysikalisches, das war etwas, was ihm Probleme bereitete. Er fand keine konstruktive Lösung. Folglich fragte man beim Konstruktionsbüro von Porsche in Stuttgart nach. Vertraglich wurde festgemacht, daß das Porschebüro für die Horch-Wagen der 400er Reihe eine Schwingachse entwickeln sollte. War diese in Zwickau erfolgreich erprobt, sollte sie in Lizenz gefertigt werden. Porsche lieferte am 25. Juni 1931 die Zeichnungen ab. Der Bau und die Er-

probung zogen sich verhältnismäßig lange hin, dennoch gelang es nicht, die Hinterachse serienreif zu bekommen. Die Zwickauer richteten am 1. Juli 1932 Dr. Ferdinand Porsche aus, eine serienmäßige Produktion käme wohl nicht in Betracht, man wolle aber dennoch praktische Versuche aufnehmen. Garantieren könne man nichts. Mit der Zahlung von den vereinbarten 20.000 Reichsmark war dieses Intermezzo der Entwicklungskooperation beendet.

Bereits 1926 war ein dynamischer Mann zu den Horch-Werken gekommen, der die Typenpolitik bestimmen sollte und die daraus resultierende Fertigungsproblematik in den Griff bekommen hat: William Werner. Seine Eltern stammten aus Oederan und waren in die USA ausgewandert. 1893 wurde William Werner in New York geboren. Nach zehn Jahren kehrte die Familie in die Heimat nach Deutschland zurück. Als Monteur trat Werner in die mechanische Werkstatt der deutschen Niederlassung der amerikanischen Multigraph GmbH in Berlin ein. Seine amerikanische Staatsangehörigkeit bewahrte ihn davor, in die Armee einberufen zu werden. Er konnte sich deshalb an einer höheren Fachschule in Abendkursen auf die Prüfung als Ingenieur für Maschinenbau erfolgreich vorbereiten. Diese Prüfung ermöglichte ihm die verantwortliche Mitarbeit als Techniker bei renommierten Berliner Werkzeugfirmen, wie etwa bei der Bergmann Borsig AG. Bei Ludwig Löwe war er Betriebsleiter. Inzwischen war er zum Oberingenieur ernannt worden, ging zur Schiess AG nach Düsseldorf und wurde dort schließlich technischer Direktor. Er hat alle Stufen zum beruflichen Erfolg erklommen und konnte, dank seiner konstruktiven und kreativen Schaffenskraft, wichtige und maßgebliche Impulse für die Entwicklung geben.

Er unternimmt zuerst noch eine längere Studienreise nach Amerika und widmet sich intensiv und umfassend den Problemen des Automobilbaus und der Konstruktion von Werkzeugmaschinen. Erst danach trat er im Sommer 1926, wohl präpariert für künftige technische Aufgaben und

Leitungsfunktionen, in die Horch-Werke ein. Seine Zukunft sollte als Vorstandsmitglied und technischer Direktor gesichert sein. Und er sollte dereinst im Ruf stehen, einer der bedeutendsten Experten in der Fertigung wie auch im Management der deutschen Industrie zu sein. Dafür würde ihm später die Technische Hochschule Dresden die Ehrendoktorwürde verleihen.

IN DIE ROTEN ZAHLEN

›Neue Besen kehren gut‹. Das alte Sprichwort bewahrheitete sich nicht nur anfänglich bei William Werner. Ihm wird bescheinigt, daß er durch die Einführung moderner Fertigungstechniken beispielsweise die Zuverlässigkeit und Lebensdauer des Achtzylinder-Motors erheblich erhöht habe. Dazu gehörte unter anderem die Konstruktion von Maschinen, die mit Diamanten arbeiteten. Für diese sogenannten Bearbeitungsdiamanten hat William Werner seinerzeit Spezialmaschinen entwickelt, mit denen eine solche Qualität erreicht wurde, wie sie auch gerade für komplizierte Fertigungsstücke im Automobilbau damals in Deutschland und der übrigen Industriewelt noch nicht möglich war. Dieser fertigungstechnische Vorsprung wurde jedoch relativ teuer erkauft: Einschließlich des weiteren Ausbaus des Werkes, der neuen Organisation des Verkaufs und der Marken-Imagepflege wurden in der Zeit von 1924 bis 1932 Investitionen von einem Viertel des gesamten Umsatzes getätigt, insgesamt 35 Millionen Reichsmark.

Die Produktivität wird von William Werner außerordentlich angekurbelt. »Der fegt mit eisernem Besen und uns Arbeiter aus dem Betrieb

Die Horch-Werke hatten eine eigene Sattlerei, in der vornehmlich Frauen beschäftigt waren.

raus!« Das ist die Meinung der in politischen Fraktionen und Betriebszellen zusammengeschlossenen Arbeiter, die sich in öffentlichen Reden und Flugblättern gegen die Entlassungen ihrer Kollegen stellen.

Zeugnisse aus damaliger Zeit belegen mit konkreten Zahlen die sogenannten Freisetzungen von Arbeitskräften: »Die Investitionen fressen Arbeitsplätze!« Notruf der Arbeiter, der organisierten und der nichtorganisierten. 1930 werden im Werk nur noch 1.211 Arbeiter benötigt. 1925 waren es noch 1.718. In fünf Jahren gehen also 507 Arbeitsplätze verloren. Das ist nicht allein nur mit der wirtschaftlichen Krisensituation zu erklären, die 1925 noch verstärkt wurde: Günstige Zollsätze öffneten der ausländischen Konkurrenz den großen deutschen Markt.

William Werner als technischer Direktor und Dr. Müller als Chefkonstrukteur setzten ihre Erfahrungen, die sie bei Ford und Chrysler in Amerika gesammelt hatten, in die Tat um. Am sogenannten Argus-Wagen-Band, das sie als erstes bei der Horch AG einsetzten, wurde in gestaffelten Akkordlöhnen gearbeitet. Da schnellte selbstver-

Motorenmontage der großkalibrigen Achtzylindertriebwerke in den Horch-Werken Ende der zwanziger Jahre.

ständlich die Leistung in steile Höhen: Genau gerechnet wurden 1921 noch 38,8 Arbeitskräfte für den Bau eines Fahrzeugs benötigt; 1931 waren es nur noch 7,18.

Das Aktienkapital der Horch AG steigt derweilen bis Ende 1928 auf fünf Millionen Reichsmark an. Die Jahre 1924 bis 1930 weisen im Durchschnitt einen Jahresumsatz von etwas über 23 Millionen Reichsmark auf. Der Reingewinn 1927/28 beträgt satte 570.000 Reichsmark. Die Aktionäre sind zufrieden, nach der Zufriedenheit der Arbeiter fragt kaum jemand. Der Konkurrenzkampf treibt zu immer schärferen Rationalisierungsmaßnahmen. Und die Konkurrenz schläft beileibe nicht.

Um konkurrenzfähig zu bleiben, wird eifrig analysiert. Man kommt zu dem Ergebnis, daß die Organisation des gesamten Horch-Werkes nahezu vorbildlich und nach Gesichtspunkten der modernen Betriebsführung geführt wird. Auch die Einrichtungen und Maschinen des gesamten Werkes seien schlichtweg in einem gesunden, das heißt guten Zustand. Aber, und das sind gewichtige Schwachstellen im Gefüge eines wirtschaftlich so empfindlichen und von der gesellschaftlichen wie auch von der jeweiligen politischen Lage abhängigen Unternehmens: Die Maschinen stellen eine Investition dar, die in qualitativer wie auch in quantitativer Hinsicht letztlich doch unökonomisch ist. So etwas kann sich auf Dauer, realistisch betrachtet, nicht auszahlen. Wenn zudem noch der Eindruck entsteht, der Betrieb plane nur von heute auf morgen und es könnten wegen fehlendem Material unerwartete Verluste eintreten, dann kann das Eintauchen in die roten Zahlen kaum noch verhindert werden.

Solche Warnungen, zuweilen auch als Spekulationen abgetan, wurden nicht gehört. Es gab kein Gegensteuern nach dem Motto ›Gefahr erkannt, Gefahr gebannt‹. Wer sollte auch steuern? Noch machte sich Euphorie breit: Schauten die Männer in den Chefetagen der Horch-Werke auf die Zulassungen, beispielsweise der Jahre 1928/29, glaubten sie, zufrieden sein zu können. Horch-Wagen, hielten in der gehobenen Klasse die Spitzenposition vor Daimler-Benz: Von den Fahrzeugen, die über 10.000 RM kosteten, war 1928/29 jeder vierte in Deutschland zugelassene Personenwagen ein Horch-Modell. 1932 wurden 375 Horch-Wagen in der Hubraumklasse von 3,3 bis 4,2 Liter verkauft. Daimler-Benz brachte es im gleichen Zeitraum und in der gleichen Hubraumklasse auf 301 Fahrzeuge. Noch eindeutiger war das Bild in der höchsten Hubraumklasse über 4,2 Liter. Hier hielt Horch souverän mit 472 Zulassungen die Spitze, denn Daimler-Benz verkaufte nur 282 Fahrzeuge.

Auch der Export konnte gesteigert werden. Bei der Berliner Direktion der Zwickauer Horch-Werke gab es seit dem 1. November 1927 eine Exportabteilung, die bis 1928 insgesamt 171 Fahrzeuge ins Ausland verkaufte. Die Bilanz von November 1930 bis zum Oktober 1931 weist 350 Exportfahrzeuge aus. Folglich wurde fast jeder dritte Horch-Wagen ins Ausland verkauft. Vor allem die Schweden, Schweizer, Österreicher und Holländer hatten ihr Herz für die edlen Autos mit dem ›gekrönten H‹ entdeckt.

So weit, so gut. Aber nur scheinbar. Das äußere Bild trog gewaltig. Diese Art von Expansion kostete eine Menge Geld, und das fuhren die Überschüsse aus dem Unternehmen schon längst nicht mehr ein. Wieso auch? In Deutschland produzierten um 1929 die Firmen Adler, Audi, Brennabor, Hansa, Mannesmann, Mercedes, NAG, Stoewer, Opel und Röhr ebenfalls Achtzylinder-Typen wie die Horch-Werke. 1932 waren es insgesamt siebzehn an der Zahl in zahlreichen Varianten. Dazu gesellten sich 26 Achtzylinder-Modelle aus den USA und 11 aus dem übrigen Ausland.

Die Horch-Werke waren inflexibel geworden. Geblieben, sagen diejenigen, die eine solche Entwicklung darauf zurückführen, daß keine andere deutsche Automobilfabrik eine solche Mono-Typenkultur betrieben habe wie gerade die Horch-Werke in Zwickau. Sie mögen recht behalten, denn im nachhinein sind Ursache und Wirkung durch Daten, Fakten und Dokumente belegbar. Durch die Konkurrenz geradezu verführt, immer mehr zu investieren und die Tatsache, mit knappen Mitteln auskommen zu müssen, treibt das Unternehmen in die roten Zahlen und somit immer stärker in die Arme der Banken, von denen man sich das Geld leiht. Horrende Summen sind das, die sich als Bankverbindlichkeiten hochrechnen lassen: Die Schulden von 1,3 Millionen im Jahre 1925 wachsen immens auf etwa 10,5 Millionen Reichsmark im Jahre 1930.

Die Hauptgläubiger-Banken sichern sich ab durch sogenannte Vorzugsaktien. Ohne Ausnahme tun das die Sächsische Staatsbank Dresden, die Allgemeine Deutsche Creditanstalt ADCA Leipzig und auch die Commerz- und Privatbank Berlin. Der ehemalige Hauptaktionär Dr. Strauss geht sozusagen leer aus. Ihm beläßt man ›lediglich‹ die Stammaktien. Die Krise ist auf ihrem Gipfel angelangt, die Führungskraft sieht aus eigener Kraft keine Lösungsmöglichkeit mehr. Nur die Banken glauben, einen gangbaren Weg zu wissen: Um zumindest teilweise ihr eingebrachtes Kapital zu retten, halten sie eine Fusion der Horch-Werke mit einem anderen Automobil-Unternehmen für sinnvoll.

Ist ein Silberstreifen am Horizont in Sicht? Die Zukunft wird es erweisen!

Auf Hochglanz poliert, der Horch 8, Typ 500 A. Diese Kühlerfront wurde von 1931 bis 1932 gefertigt.

NEUANFANG MIT AUDI

NEUANFANG MIT AUDI

Zwanzigtausend Reichsmark war der Betrag, den man August Horch sozusagen als Abfindung bei seiner fristlosen Entlassung als technischer Direktor aus seinem eigenen Werk aus sogenannten Billigkeitsgründen gezahlt hat. Das war am 19. Juni 1909. Ein lukrativer Rausschmiß, so sagten diejenigen, die nicht in Arbeit und Brot standen, die überhaupt nicht zu den Fabrikanten und Aktionären standen, in ihnen eher die Ausbeuter sahen. Sicherlich ein perspektivisch verkürzter Blickwinkel! Geirrt hatten sich auch die Herren des Vorstandes, die meinten, August Horch würde nun, voller Bitterkeit, Zwickau verlassen und sich in den Schmollwinkel zurückziehen. Wären seine Freunde bei dieser plötzlich einberufenen Aufsichtsratssitzung dagewesen, August Horch wäre niemals ›davongejagt worden‹. Seine Freunde, der Kommerzienrat Paul Fikentscher, Franz Fikentscher und Willibald Hertel, die hätten das zu verhindern gewußt. Aber jetzt ist es geschehen, ist ein Faktum geworden: Horch ohne Horch! Das Entsetzen über seinen Rausschmiß hat ihn, wenn überhaupt, nur vierundzwanzig Stunden gelähmt, dann aber ist sein Selbstbehauptungswille wieder voll da: Er faßt den Entschluß, ein Konkurrenzunternehmen ins Leben zu rufen. Er ist sich sicher, daß seine Freunde da mitmachen, ihn unterstützen werden. Also macht sich August Horch am 21. Juni 1909 auf den Weg nach Füssen, dem Urlaubsort von Paul und Franz Fikentscher. Die sind schnell aus ihrer Ahnungslosigkeit erwacht, als er ihnen von der Aufsichtsratssitzung und deren Verlauf berichtete und stimmen seinem Plan spontan zu, eine neue Fabrik zu gründen. Nur müßten da noch einige Herren hinzukommen, meinten sie; ein zuverlässiger Mitarbeiterstamm müßte her, alles natürlich vertrauensvolle Leute, die mit einem durch dick und dünn gehen würden.

Selbstverständlich macht Willibald Hertel auch sofort mit, als Horch ihn fragt. Hertel ist ein langjähriger Freund von Horch und Eisengießereibesitzer in Werdau. Den Direktor der Kammgarnspinnerei Hartig konnte er auch gewinnen, und innerhalb von drei Tagen gelang es ihm auch, 200.000 Reichsmark aufzutreiben. Das war als Startkapital gerade ausreichend, um ohne weiteren Teilhaber auszukommen. Ein geeignetes Grundstück für die neue Autofabrik war bald ge-

Horchs Schaffenskraft ist auch nach dem Rauswurf aus der von ihm gegründeten Firma ungebrochen. In kürzester Frist hatte er ein neues Unternehmen aufgebaut und bot seine Audi-Modelle in bekannter Horch-Qualität an. Die Abbildung (links) zeigt das Audi-Modell 22/55 PS, Typ E, von 1921.

Diese Postkarte zeigt das Audi-Werk vor dem Ersten Weltkrieg. Der Schornstein im Hintergrund markiert den Standort der Horch-Werke.

Ingenieur Lange kündigte bei den Horch-Werken und baute mit August Horch dessen neue Firma Audi auf.

Für August Horch war es selbstverständlich, auch seinem zweiten Automobilunternehmen seinen Namen zu geben. Erst ein verlorener Prozeß zwang ihn zur Umbenennung in ›Audi‹.

funden. Ganz in der Nähe der Konkurrenz, der Horch-Werke AG, befand sich eine stillgelegte Holzbearbeitungsfabrik. Sehen und kaufen, das war für August Horch eins. Nun lag er mit der Konkurrenz sozusagen Wand an Wand, um sich für den Rausschmiß zu revanchieren. Horch neben Horch! Doch solche Häme liegt ihm nicht, das ist nicht seine Art. Er sieht das mehr rational und ist dankbar für diesen neuen Anfang, vor dem er mit knapp einundvierzig Lebensjahren steht: »Ich hatte wieder eine Arbeitsheimat, und nun ging es mit Tempo weiter; ich besprach mich mit dem Oberingenieur Lange. Er selber kündigte sofort bei den Horch-Werken.

Außer Herrn Lange gingen folgende Männer mit: Kurt Arz, Ingenieur; Paul Seidel, Kaufmann; die Meister Kurt Seifert und Karl Kaiser, die Monteure Kurt Falk, Konrad Krause und Hermann Neumann; die Dreher Max Limbecker und Kurt Fietze, der Schlosser Max Kaiser; Werkmeister Hermann Achterberg und Robert Benkert. Es spricht für die innere Haltung dieser Männer, daß sie es auf sich nahmen, ein solches Risiko einzugehen und ihre festen Arbeitsplätze zu verlassen und mit mir zu gehen in eine zum mindesten ungewisse Zukunft. Es war eine Freude für mich, solches Vertrauen zu sehen. Sie waren überzeugt davon, daß es mir gelingen würde, die neue Fabrik lebensfähig zu gestalten und interessante neue Wagen zu bauen. Ich glaube sagen zu können, daß die Leute an mir hingen. Mit diesen Einstellungen war ich ein gutes Stück weiter und eigentlich schon wieder auf der Höhe, denn es war für mich außerordentlich wichtig, daß ich mich auf gute Beamte und tüchtige Arbeiter verlassen konnte.«

Die Männer um August Horch handelten nach dem ermutigenden Grundsatz: Auf ein neues! Sie begannen sofort mit dem Aufbau und der Einrichtung der Werkstätten, und August Horch begann auch wieder so, wie er im November 1899 in Köln-Ehrenfeld in seiner ersten Firma A. Horch Cie. begonnen hatte: Er reparierte Autos. Nach wie vor war Horch ein guter Name, seine Arbeiter hatten laufend zu tun. Und dieser gute Name sollte auch wieder in der Firmenbezeichnung enthalten sein. Am 16. Juli 1909, als Horch und seine Mitarbeiter an die Konstruktion eines neuen Wagens dachten, den sie sozusagen aus dem Nichts heraus konzipieren konnten, weil sie nicht gezwungen waren, bereits vorhandenes und möglicherweise veraltetes Material aus Gründen der Ökonomie zu verwenden, an diesem sechzehnten Juli erfolgte die Gründung seiner neuen Firma: August Horch, Automobilwerke GmbH, Zwickau. Knapp vier Wochen später meldet sich ein prominenter Kunde und bestellt blindlings einen Wagen. Es ist der Präsident des Bayerischen Automobilclubs, Graf Bopp von Oberstadt. Zusätzliche Bestellungen gehen ein, Horch ist mit der Anzahl der Aufträge zufrieden, doch muß er jeden einzelnen Kunden auf das Jahr 1910 vertrösten, denn erst dann könne er die Wagen liefern. Kein einziger Kunde, der nicht mit dieser Lieferfrist einverstanden gewesen wäre. Der Verkauf der neuen Horch-Automobile machte also keine Probleme, juristisch gesehen gab es aber doch welche. Horch bezeichnet die gegen seinen neuen Firmennamen gerichtete Klage als grotesk. Worum ging es eigentlich? »Meine frühere Firma sprach mir das Recht ab, die neue Firma August Horch zu nennen!

Es war meiner Seel' ein komischer Zustand, der da heraufbeschworen wurde, daß ich meinen eigenen Namen nicht für meine eigene Firma

Der Münchner Grafiker Ludwig Hohlwein schuf dieses bekannte Werbeplakat mit dem ›horchenden‹ Chauffeur, der dadurch die Bedeutung des Namens Audi verdeutlichen sollte.

führen sollte. Nun, wir gewannen diesen merkwürdigen Prozeß in der ersten Instanz, verloren ihn aber in der zweiten Instanz und gingen nunmehr vor das Reichsgericht. Inzwischen aber, ob ›August Horch‹ oder nicht, hatten wir unseren ersten Wagen so weit fertiggestellt, daß er am gleichen Tage, an dem wir in der zweiten Instanz in Dresden verurteilt wurden, seine erste Fahrt unternehmen konnte, und er lief ausgezeichnet.

Unser Prozeß am Reichsgericht ging verloren. Wir durften den Namen August Horch nicht mehr führen, obwohl es mein eigener Name war.« Und nun berichtet August Horch jene Geschichte der neuen Namensfindung, die oftmals kolportiert worden ist. Nur, was unter anderen latinisierten Namen auftauchte, wie DIXI oder DUX, Firmen in Eisenach und Leipzig, hat nicht die Originalität eines wörtlich ins Lateinische übersetzten Familiennamens: »Wir beriefen eine Sitzung ein, die in der Wohnung von Franz Fikentscher stattfand, und brüteten lange über einem anderen Namen. Uns war klar, daß diese Sitzung niemand verlassen durfte, bevor unser Werk einen Namen hatte. Was da alles an möglichen und unmöglichen Bezeichnungen auftauchte, läßt sich nicht beschreiben.

In einer Zimmerecke saß bescheiden ein Sohn von Franz Fikentscher und büffelte an seinen Schulaufgaben, das heißt, er tat so, in Wirklichkeit hörte er mit der gesammelten Inbrunst eines Jungenherzens dieser hochinteressanten und hitzigen Unterhaltung zu. Wahrscheinlich hatte er schon seit einiger Zeit etwas auf dem Herzen, schluckte es aber immer wieder hinunter. Aber plötzlich brach der zurückgehaltene Vulkan aus ihm heraus, und er schrie begeistert herüber: ›Vater - audiatur et altera pars! Vater - wäre es nicht richtig, anstatt Horch AUDI zu sagen?‹ Es war heraus, und wir saßen schlankweg begeistert da. Der Firmenname wurde am 25. April 1910 in das Handelsregister eingetragen: Audi-Automobilwerke GmbH.«

HORCH IST AUDI

Es besitzt schon fast literarische Qualität, was August Horch mit seinen Worten da gesagt hat über die Findung des Firmennamens. Und man könnte interpretieren: Audi als Forderung, sozusagen als automobiler Imperativ in Gegenwart und Zukunft. Audi als automobile Philosophie. Klingt an und für sich ganz schön und könnte zum Werbegag für die Zukunft werden. Doch was soll solche vermeintlich akademisch-literarische Wortspielerei? Die Realität des ersten Jahrzehnts im zwanzigsten Jahrhundert läßt hierzu keinen Raum.

Für August Horch, der in sein fünftes Lebensdezennium geht, hat das ›audiatur et altera pars‹ seiner Meinung nach nicht Geltung gehabt. Wäre er, wie es der lateinische Text verlangt, zuerst richtig gehört, angehört worden, bevor man über ihn urteilte, ihn verurteilte, dann gäbe es Audi überhaupt nicht. So hat denn August Horch seinen Widersachern vergeben, vergessen hat er nicht. Er hat sich immer wieder auf die Suche nach Mitarbeitern gemacht, die seinem Persönlichkeitsverständnis entsprachen.

August Horch in der Mitte seiner treuesten Weggefährten: Alexander Graumüller (links) und Hermann Lange (rechts).

Wenn August Horch über einen Mitarbeiter sagen konnte, er sei der tüchtigste geworden und geblieben, in guten wie in schlechten Zeiten treu dem Werk, und das sei das Beste, was man über einen Menschen sagen könne, dann sind das die Tugenden, auf deren Suche zu begeben sich immer lohne. Dieses alles trifft zum Beispiel auf den Oberingenieur Alexander Graumüller aus Dresden zu, welcher als erster Vertreter von den Audi-Werken zum Verkauf ihrer Fahrzeuge fest angestellt wurde.

Horch läßt in seinen Lebenserinnerungen Alexander Graumüller selbst erzählen: »Die Rennsaison 1909 war so ziemlich vorbei. Ich hatte mich an der Prinz-Heinrich-Fahrt und beim Semmering-Rennen beteiligt, und als letzte Veranstaltung fuhr ich auf einem großen Vierzylinder-Nacke-Wagen. Er hat 130 Millimeter Bohrung und 150 Millimeter Hub, also nach den heutigen Begriffen einen sehr langsam laufenden Motor, von dem böse Zungen behaupten: an jedem Baum eine Zündung. Ich hatte in diesem schweren Wagen vierundsechzig Stunden lang Deutschland zweimal durchquert. Ich kam als Sieger der stärksten Klasse in Eisenach an und gab mit fast schon zufallenden Augen mein Kontrollbuch ab. Von der Rennleitung beglückwünschte mich Herr August Horch. Im Verlauf des Abends erzählte er mir, daß er eine neue Fabrik in Zwickau gegründet habe. Die Unterhaltung wurde lebhaft, und nach einer halben Stunde war ich Generalvertreter der Audi-Automobilwerke GmbH in Zwickau.

Mit einer Besessenheit ohnegleichen nahm ich meine neue Tätigkeit auf. Noch bevor die Konstruktionszeichnungen für den ersten Wagen in der neuen Fabrik fertiggestellt waren, ging ich mit heftiger Ungeduld auf die Jagd nach Kunden. Gerade verwegen und tollkühn begab ich mich auf die Reise. In meiner Aktentasche befanden sich weder Abbildungen des neuen Wagens noch Prospekte mit Beschreibungen seines inneren Aussehens und seiner vorzüglichen Eigenschaften. Daß er vorzügliche Eigenschaften haben mußte, davon war ich überzeugt. Und Abbildungen des Wagens mitzunehmen, war unmöglich, weil noch kein Wagen da war, der photographiert werden konnte. Ich steckte mir also fromm und fröhlich Blaupausen vom Chassis und einige andere vage Blaupausen, die ungefähr den Umriß der Karosserie verraten konnten, in die Aktentasche und ging akquirieren. Und das Glück war mir sehr hold: ohne Vorführwagen und ohne Prospekte, nur mit dem guten Namen Horch im Munde, hatte ich in ganz kurzer Zeit eine Anzahl von Wagen verkauft.« ›Unmöglich‹ würde jeder einigermaßen kaufmännisch und in Werbekategorien denkender Mensch sagen und die Hände entsetzt über dem Kopf zusammenschlagen. Wo soll das hinführen? Die Spontaneität bei August Horch ist trotz negativer Erfahrungen ungebrochen. Er überträgt sie auf seine Mitarbeiter, reißt sie förmlich mit seinem Schwung mit, geht direkt auf Menschen zu, begeistert sie und zieht sie in seiner gewinnenden Art an sich. Es sind zumeist Menschen, die auf seiner emotionalen Wellenlänge liegen, Könner und Meister ihres Fachs, die als solche von August Horch erkannt und anerkannt werden. Und er selbst hat Vertrauen zur wirkenden Welt, zur Welt, wie er sie sehen möchte. Man muß es einfach glauben, daß das Auto in der Tat sein Leben war. Seine Schilderungen lassen keine andere Deutung zu. Er ist ein Besessener! Mit Besessenheit wendet er sich erneut den Wettbewerben zu. Eines der ersten fertigen Modelle, das August Horch nach Schweden zur Audi-Vertretung geschickt hatte, wird ohne sein Wissen zu einem Rennen angemeldet. Eine am 28. Juli 1910 in Zwickau eintreffende Depesche vermeldet zur großen Überraschung und Freude aller Werksangehörigen, daß der Audi-Wagen das Rennen gewonnen habe.

Nach wie vor gilt: Teilnahme an Rennen ist die beste Möglichkeit der Qualitätserprobung der Wagen. Werbewirksam und dazu noch höchstvergnüglich! Auch bei hohen Schwierigkeitsgraden. Herausforderungen hat August Horch immer angenommen, vor allem auch dann, wenn er sich oder seine Fahrzeuge in Szene setzen konnte, so auch 1911 bei den Alpenfahrten des K. K. Österreichischen Automobilklubs: »Ich entschloß mich, die Fahrt mitzumachen. Mir lag unter allen Umständen daran, die Schwierigkeit dieser Ausschreibung genau zu studieren, damit wir mit unseren neuen Audi-Wagen den Turnus der nächsten drei Jahre erfolgreich durchstehen konnten. Heimlich kokettierte ich mit dem Wanderpreis des nächsten Turnus der Jahre 1912, 1913 und 1914... Die letzte Etappe ging nach Wien. Der Teampreis kam für uns nicht in Frage, da unsere beiden anderen Wagen ja Strafpunkte bekommen hatten. Aber ich erhielt mit meinem Wagen den ersten Preis. Wir konnten mit diesem Erfolg zufrieden sein angesichts der Tatsache, daß wir mit unseren neuen Wagen zum erstenmal eine solche Wettfahrt mitgemacht hatten.«

DIE NEUE AUTOGENERATION

»Wer A sagt, muß auch B sagen.« Dieses Sprichwort hatte Geltung für die werksinterne Typenbezeichnung. Mit dem Typ B hatte August Horch die Alpenfahrt 1911 gewonnen. Er war die veränderte Ausgabe des nur kurzlebigen Typs A mit 10/22 PS von 1910. Der Typ B von 1911 konnte auf 28 PS gesteigert werden, indem die Motordrehzahl erhöht und die Verdichtung verändert wurde. Im gleichen Jahr entsteht der stärkere 14/35-PS-Typ C, von dem August Horch begeistert ist: »Nachdem nun dieser zehnsteuerpferdige Wagen zur völligen Zufriedenheit unserer Kundschaft seinen Dienst versah, machten wir im Konstruktionsbüro uns daran, einen stärkeren Wagen zu bauen, und zwar einen vierzehnsteuerpferdigen. Am 30. Juli 1911 machten wir mit dem neuen Modell die erste Probefahrt. Und wir waren glücklich: Dieses Fahrzeug zeigte eine ganz außerordentliche Leistung, und ich darf ruhig sagen, daß wir mit dieser Konstruktion im Automobilbau um mindestens zehn Jahre vorausgeeilt waren.«

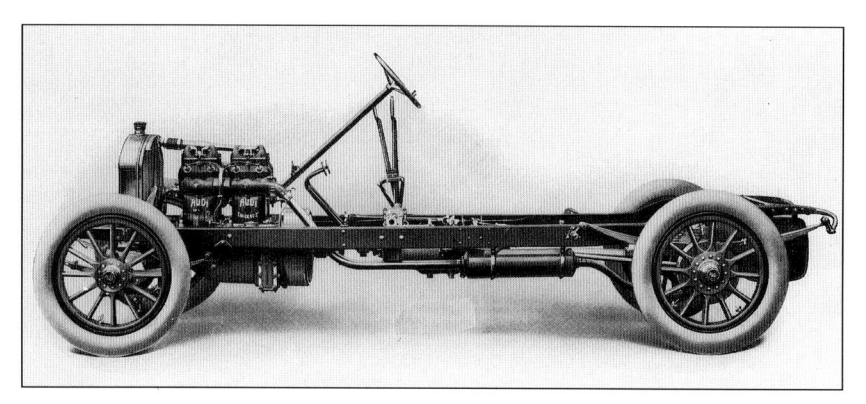

Vom Audi Typ C wurden zwischen 1911 und 1925 in verschiedenen Ausführungen 1.116 Exemplare gefertigt. Dieser Typ gehörte zu den erfolgreichsten Audi-Modellen bis in die Mitte der zwanziger Jahre. Der 3,6 Liter große Vierzylindermotor leistete 35 PS.

Am 15. November wird in Berlin eine Verkaufsfirma gegründet und eine Filiale eröffnet. Audi ist nun in den wichtigsten Städten Deutschlands vertreten. Jahre später sagt A. Horch von dem 14/35-PS-Typ C: »Wie vorzüglich dieser Wagen konstruiert war, bewies er dadurch, daß, solange wir dieses Modell bauten, nichts an ihm verändert zu werden brauchte. Der Motor hatte obengesteuerte Ansaugventile und ein ganz geschlossenes Unterteil, ferner Syphonkühlung und war sehr niedrig gebaut.« Die Experten widersprechen ihm im nachhinein auch nicht und anerkennen vorbehaltlos, daß mit diesem Wagen in den Jahren 1912 bis 1914 bei den Alpenfahrten Erfolge erzielt worden seien, die geradezu als spektakulär zu bezeichnen sind. Durch Erfolge ermutigt, wagt sich August Horch an die Konstruktion eines achtzehnsteuerpferdigen und eines zwanzigsteuerpferdigen Motors: »Ich war unter allen Umständen bestrebt, nur große und gute Wagen aus erstklassigem Material zu bauen.«

Seine Audi-Wagen besitzen Format und Klasse! Ihr Format hatten die Audi-Wagen schon bei der letzten Automobilausstellung 1911 in Berlin zeigen können. August Horch erinnert sich: »Die Audi-Werke zeigten zum erstenmal ihre Fahrzeuge, und sie wurden stark beachtet, denn die Fachwelt sah sofort, daß sie gut durchkonstruiert waren. Auf dieser Schau interessierte man sich sehr für die ventillosen Motoren. Mit dieser Frage habe ich mich sehr viel beschäftigt und habe auch Konstruktionen entworfen, mußte aber bald einsehen, daß der ventillose Motor keine Zukunft hatte. Ein Wagen mit solch einem Motor wird sich nur in der Hand eines Fachmannes bewähren können, in der Hand eines Laien ist er zu empfindlich. Nach dieser Ausstellung war sich die Industrie darüber völlig im klaren, daß man solche Schauen öfters abhalten müßte. Und man war sich ferner ganz im klaren darüber, daß auch Lastkraftwagen gezeigt werden müßten. Der Lastwagen begann damals an Bedeutung zu gewinnen. Allerdings ahnten wir in jener Zeit noch nicht, daß dieses Transportmittel zu ungeheurer Blüte während des Krieges kommen sollte.

Der Verein Deutscher Motorfahrzeugindustrieller in Verbindung mit dem Kaiserlichen Automobilklub faßte den Entschluß, eine eigene Ausstellungshalle zu errichten. Im Frühjahr 1914 wurde auf dem Gelände, das am Bahnhof Witzleben am Kaiserdamm erworben worden war, mit dem Bau einer großen Halle begonnen. Man hatte die Absicht, schon im September 1914 in dieser Halle eine Ausstellung abzuhalten. Der Krieg brach aus. Eine Ausstellung wurde nicht eröffnet, dafür wurden in der Halle während des Krieges Flugzeuge hergestellt.« Zunächst sollte jedoch der Wunsch von August Horch in Erfüllung gehen, den Teampreis der Alpenfahrt zu erringen: »Am 11. Januar 1913 konnte ich die erste Fahrt mit unserem neuen achtzehnsteuerpferdigen Audi unternehmen, und auch dieser Wagen durfte als vorzüglich bezeichnet werden. In dieser Zeit berief mich der Österreichische Automobilklub nach Wien, um bei der Ausarbeitung der Ausschreibung für die Alpenfahrt 1913 mitzuwirken.« Vorher macht August Horch noch einen Abstecher nach Rußland; denn die Repräsentation der Audi-Wagen im Ausland ist eine günstige Gelegenheit, den Namen in alle Welt zu tragen: »Im Mai 1913 veranstalteten die Russen in Petersburg eine Automobilausstellung, zu welcher auch die Audi-Werke eine Anzahl Wagen schickten. Am 29. Mai besuchte der Zar die Ausstellung und sah sich alles eingehend an. Auf mich machte er einen zarten, geradezu verschüchterten Eindruck.«

Der Termin der Alpenfahrt rückt näher. Vier Audi-Wagen werden gemeldet mit den Fahrern Lange, Graumüller, Obruba, dem Firmenvertreter in Wien, einem bekannten Fahrer und Horch selber. »Unsere Wagen wurden sehr beachtet, und da wir sie wieder – wie im vorigen Jahr – schwarzgelb lackiert hatten, murmelten einige Zuschauer bei der Abnahme so etwas wie ›gelbe Gefahr‹. Der Start erfolgte am 22. Juni. Unsere Wagen liefen hervorragend. An der Fahrt nahmen auch einige Horch-Wagen meiner früheren Firma teil. Wir Audi-Fahrer brachten unsere Wagen strafpunktfrei nach Wien zurück. Wir hatten im ganzen vierzehn Preise und Plaketten errungen und waren die einzige Firma, die den Teampreis bekam. Ich brauche nicht zu sagen, wie glücklich wir aus Wien abfuhren. Wir hatten für unsere Firma gestritten und einen guten Kampf gekämpft.« Triumphale Heimkehr und jubelnder Empfang in Zwickau! August Horch entschloß sich in jener Zeit, »einen achtsteuerpferdigen Wagen und einen Zweitonner-Lastwagen zu bauen.«

Auch auf der Internationalen Automobilausstellung in St. Petersburg von 1913 waren die Audi-Werke mit ihren Modellen vertreten.

1913 stellt er der Öffentlichkeit zwei größere Wagentypen vor: den schon erwähnten ›Achtzehnpferdigen‹ 18/45-PS-Typ D und den 22/55-PS-Typ E. Der von den Händlern geforderte kleine Wagen, der 8/22-PS-Typ G, wie auch der Zweitonner-Lastwagen werden nur wenige Monate vor Kriegsausbruch Anfang 1914 herausgebracht. Priorität behielt jedoch die Vorbereitung auf die Alpenfahrt 1914, die letzte im Turnus, bei der, wie Horch erwähnt, der Alpenwanderpreis entschieden wurde: »Wer seinen Wagen strafpunktfrei in diesen drei Jahren über die Berge geführt hatte, erhielt ihn. Wir meldeten wie im vergangenen Jahre wieder vier Wagen vom Typ 14/35. Die Fahrer blieben wie damals Lange, Graumüller, Obruba und ich. Diese vier Modelle hatten Karosserien in

Bootsform. Es fuhr noch ein fünfter Audi mit, dessen Mitbesitzer Herr Stift war von der bekannten österreichischen Fabrik Gräf & Stift; diesen Wagen fuhr Herr Muhry in einer normalen Tourenwagenkarosserie.«

Nach dem Start am 14. Juni 1914, bei einer Zwischenrast, gelingt es A. Horch so ganz nebenbei, dem Präsidenten des Tiroler Automobilklubs während eines Ruhetages einen Audi zu verkaufen. Am 24. Juni werden die strafpunktfreien Wagen nachgeprüft. Es sieht gut aus für die Audi-Fahrer. Am Abend des 26. Juni, berichtet Horch, »bekam ich die aufregende Nachricht, daß gegen Graumüller und mich Protest bei der Obersten Sportbehörde eingelegt worden war. Ich war sehr bestürzt, aber ganz ruhig. Den Protest hatten eingelegt der Horch-Fahrer Paulmann, drei Hansa-Fahrer und drei NAG-Fahrer. Es war durchaus grundlos, und wenn ich aufrichtig sein darf, fand ich ein gutes Stück Gehässigkeit darin.« Aktionen,

Hermann Lange und Alexander Graumüller 1914 auf der Österreichischen Alpenfahrt.

Dem Sieger der Alpenfahrt wurde vom österreichischen Automobilclub dieser Wanderpreis überreicht.

die von Leuten seiner ehemaligen Firma ausgehen, werden von Horch besonders emotional registriert; der Protest wird zurückgewiesen. Horch glaubt, nicht zu übertreiben, wenn er diesen Erfolg als überwältigenden Sieg seiner Firma, seiner Audi-Wagen und seiner Fahrer bezeichnet. Noch nie habe eine Automobilfirma fast sämtliche Preise erkämpft, den Teampreis und den Wanderpreis errungen.

Auch die Rückkehr der erfolgreichen Fahrer nach Zwickau war kaum zu vergleichen mit der siegreichen Heimkehr im vergangenen Jahr. Das stimmt dann wieder versöhnlich, und die zugefügte Ungerechtigkeit, die Gehässigkeit wird verdrängt. »Diesmal feierte die ganze Stadt mit uns. Die Straßen waren dichtbesetzt mit Menschen, die uns mit einem Jubelsturm empfingen, Blumen in unsere Wagen warfen und mitzogen zur Fabrik. Ich dankte in bewegten Worten für die große Ehrung, die uns dargebracht wurde. Wir waren alle sehr bewegt. Später zogen wir in das Restaurant Penzler, um einen Schlußtrunk zu tun, und als wir dort saßen, kam die Nachricht von der Ermordung des Erzherzog-Thronfolgers und seiner Frau in Sarajevo. Der österreichische Oberstleutnant Schwarz aus Wien, der mit uns aus Wien nach Zwickau gefahren war und bei uns saß, stand sofort auf und verabschiedete sich. ›Das ist der Krieg‹, sagte er in das Schweigen hinein.«

VERSCHIEDENE AUDI-MODELLE FÜR DAS HEER

Am 10. Juli 1914 fährt August Horch auf den Distelberger Hof bei Winningen, seiner Heimatstadt. Auf seinem Gut will er sich erholen und die Ereignisse noch einmal Revue passieren lassen. Die Ereignisse, das sind die Alpenfahrten, für Horch und seine Mitarbeiter die wichtigsten Ereignisse, und die neuen Motoren, die solche Erfolge erst ermöglichten. Horch fühlt sich bestätigt, daß die neuen Aggregate eine Summe aus Erfahrung und neuen Ideen sind. Aus Erfahrung gut, hier auch gleichzusetzen mit Tradition, war das Steuerprinzip für das Benzin-Luftgemisch, bei welchem das hängende Ansaugventil und das stehende Auslaßventil übereinander angeordnet waren. Ebenso traditionell und bewährt war die extrem breite Ausformung von Ober- und Unterteil des Kurbelgehäuses sowohl zur Versteifung der Vorderpartie des Rahmens hinsichtlich seiner mittragenden Funktion wie auch zum größtmöglichen Schutz nach unten. Gleiche Güte hatte das von Horch eingeführte Stirnraddifferential, welches bewirkte, daß das Gehäuse für den Hinterradantrieb extrem klein gehalten werden konnte. Das alles waren wichtige konstruktive Details.

Eine echte Novität stellte die Kurbelwelle dar. Sie war aus Chrom-Nickelstahl gefertigt und drehte sich in Rotgußlagern, die dreifach mit Weißmetall ausgegossen waren. Neu waren auch die kurzen Gaswege und die nahezu optimale Gestaltung des sogenannten Brennraumes durch schräg gestellte Auslaßventile und der Entschluß, nur noch Halbelliptikfedern statt der hinteren Dreiviertel-Federn zu verwenden. Bei allen Modellen war der Motor in einem Profilstahl-Preßrahmen aufgehängt. Über eine Konuskupplung, ein Vierganggetriebe und die Kardanwelle wurde seine Kraft auf die Hinterachse übertragen. Insgesamt gesehen, war eine solche Technik eher herkömmlich zu nennen.

Das wichtigste Fazit, das August Horch aufgrund seiner Erfahrungen in der neuen Firma durchsetzte, war eine fertigungsbezogene Typen-Philosophie: Gleiche Gußstücke für einen unterschiedlichen Hub von 130 bis 150 Millimeter und Bohrungen von 80 bis 110 Millimeter für die vier paarweise gegossenen Zylinder. Dementsprechend besaß bei allen Motoren das aus Aluminium gefertigte Ober- und Unterteil des Kurbelgehäuses die gleichen Abmessungen. Entsprechend gleich, nämlich 810 Millimeter, waren auch bei allen Typen die Rahmenbreiten, allerdings mit einer Ausnahme: Der Vierzylindermotor des Typs G wies kleinere Dimensionen auf. Das Gußteil des Motorblocks bestand aus nur einem Teil.

Kurze und lange Radstände, mit einer Differenz von etwa 500 Millimetern, gab es für alle Modelle. Aber das richtete sich jeweils nach der Karosserie. Die Karosserien für die Audi-Fahrzeuge wurden zum Beispiel von der Firma Seegers aus Leipzig bezogen. Bei Audi in Zwickau galt der Grundsatz: Wir stellen nur das komplette Fahrgestell her und bestimmen durch entsprechende, verbindliche Vorgaben von Standards, welche Grundmodelle möglich sind: Personenkraftwagen

Dieses Fahrgestell wurde für das kleinste Audi-Modell (Typ G) gefertigt. Als Antrieb diente ein kompakter Vierzylinder-Einblockmotor mit 2,1 Liter Hubraum und 22 PS.

NEUANFANG MIT AUDI

Im Audi Typ C, hier als Sport-Phaeton von 1914, war Platz für fünf Personen.

Der Audi-Lastkraftwagen, Typ B. T., war mit einem 25 bis 28 PS starken Vierzylindermotor ausgestattet. Produziert wurde dieser Lastkraftwagen in der Zeit von 1913 bis 1914.

in Normal- und Luxusausführung, Landaulet-Limousine, Sport-Phaeton, Sportlimousine mit festem oder abnehmbarem Aufbau, Sport-Zweisitzer auf dem Chassis des 10/28-PS-Typ, Lastkraftwagen als Typen BT/FB/FC auf 10/28- und 14/35-PS-Fahrgestell. Neben einem ausreichenden Werkzeugangebot für die Panne unterwegs und einigen Ersatzteilen war es auch üblich, serienmäßig eine reichhaltige Innenausstattung anzubieten: Die Fahrer- und Fondsitze waren wie Klubsessel geformt und gepolstert und mit Romos-Antik-Leder überzogen. Mit einem Griff konnten die beiden Notsitze, die in Fahrtrichtung angeordnet waren, sitzfertig gemacht werden. Der Gepäckhalter bestand aus Eschenholz. Vom Fondsitz aus konnte man dem Fahrer Signale mit einer elektrischen Klingel übermitteln. Diese und noch andere Details sollten das Reisen im Auto bequemer und sicherer machen. Der Kunde konnte sich die Wagenfarbe auswählen, nur violett wollte man nicht liefern. Der Grund für diesen Ausschluß ist unbekannt. Im Angebot von 1914 wurde auch festgehalten: Auf Wunsch wird eine Azetylengasanlage mit zwei Stahlflaschen und zwei Scheinwerfern geliefert, ferner Glasscheiben vor dem Führersitz, verstellbar ausgeführt. Dazu eine Uhr und einen Tachometer.

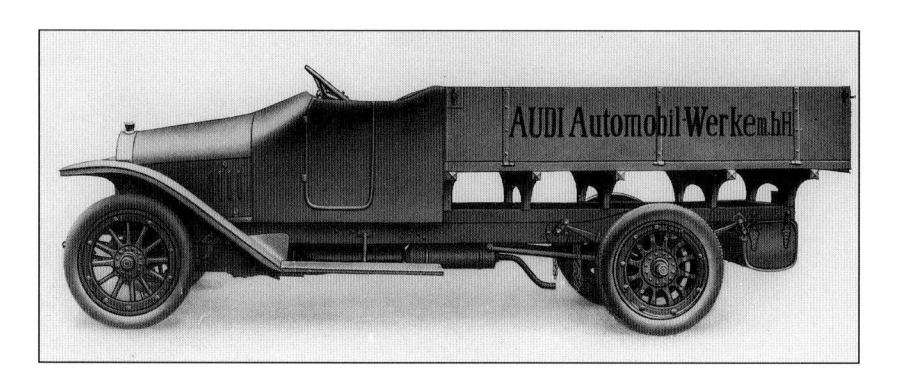

Ganz wichtig: Abnehmbare Felgen auf allen vier Rädern, abnehmbare Drahtspeichenräder mit Rudge-Naben, elektrische Nummernschildbeleuchtung, Heizung, Schutzbezüge für Verdeck, Sitze und eine elektrische Beleuchtung. Das war für damalige Zeiten schon recht luxuriös. Als der Krieg 1914 ausbrach, produzierten die Audi-Werke die gleichen Fahrzeugtypen wie bisher, nur die

AUGUST HORCH

Kunden wechselten. Einziger Großabnehmer war jetzt die Heeresverwaltung. Auf seinem Gut Distelberger Hof, auf dem August Horch seit dem 10. Juli 1914 zur Erholung weilte, erreicht ihn die Nachricht vom Kriegsbeginn: »Am 28. Juli schmetterte dann der erste Blitzschlag durch die Welt. Österreich erklärte Serbien den Krieg. Trotzdem saßen wir im stillen Winningen wie betäubt. Wir hatten es erwartet, und doch war uns zumute, als ob uns plötzlich harte Fäuste angepackt hätten. Daß der Krieg ausbrechen müßte, war mir klar, zu lange war der Zündstoff angehäuft gewesen. Ich wollte, wenn es so weit war, dort sein, wo ich hingehörte, nämlich in meiner Fabrik. Ich wollte unbedingt vor der Mobilmachung in Zwickau sein. Am 1. August fuhr ich ab. In Aschaffenburg erfuhren wir, daß der Kaiser die Mobilmachung befohlen habe. Die eisernen Würfel waren gefallen. Ich dachte im stillen an die vielen aufregenden und aufgeregten und klirrenden Reden, die der Kaiser schon gehalten hatte, und ich wünschte meinem Vaterlande, diesem Manne und diesem Volk, daß er nicht nur in Reden, sondern auch in Taten sich bewähren möge. Im Weiterfahren stellte ich mir vor, wie es sein würde, wenn der Zivilbevölkerung, was mir durchaus nicht ganz unwahrscheinlich schien, nun alle Fahrzeuge abgenommen werden müßten. Dann würde eben alles wieder zu Fuß gehen, wie es vor tausend Jahren auch gewesen ist.«

Diese von August Horch erst in späten Jahren niedergeschriebene Ahnung und auch weitere Schilderungen jener Zeit des Kriegsbeginns, seines möglichen weiteren Ablaufs, das Nachdenken über die Zukunft seiner Fabrik und seiner Mitarbeiter, zeigt die Feinfühligkeit eines Menschen, der sein Leben zwar dem Auto verschrieben hat, der aber im Grunde genommen ein einsamer Mensch ist. Auf sich selbst zurückgeworfen, fragt er nach dem Sinn seines Lebens, und er spürt vermutlich nicht, daß er seinen Rollenwechsel, durch die Ereignisse dazu getrieben, langsam aber sicher vorbereitet. Er wird im Laufe der Zeit vom Techniker und Ingenieur zum Manager werden. Weil er ›selbst keine Familie war‹, ohne leib-

Der König von Sachsen besuchte mit seinem Audi, Typ D, 1915 den deutschen Kronprinzen in dessen Hauptquartier.

liche Kinder und dennoch Vater sein wollte, wurde er zum Patriarchen seines Werkes und prägte ihm seinen Führungsstil auf. Patriarch wollte er immer sein, in des Wortes bester Bedeutung, Patriot ist er geblieben. Dafür wurde ihm die Rechnung präsentiert. Später.

Sorge und Fürsorge klingt aus seinen Zeilen: »In aller Frühe war ich in der Fabrik. Herr Lange begleitete mich, und es wurde eine wehmütige Besichtigung. Eine große Zahl von Arbeitern war schon fort, und auch in den Büros waren die Tische gelichtet. Ich hatte meine Gedanken zunächst nicht beim Betrieb, sondern als ich Namen und Namen hörte von denen, die fortgegangen waren, um die Uniform anzuziehen, erinnerte ich mich an die Gesichter, an die Stimmen, und ich dachte in recht weicher und wehmütiger Stimmung daran, ob ich wohl alle wiedersehen würde. Dann aber verlangte die Fabrik ihr Recht. Niemand von uns war sich darüber im klaren, ob wir überhaupt weiter Wagen bauen würden, und wenn dies der Fall sein sollte, wußte niemand, ob Personenwagen gebraucht würden oder vielleicht

Im Ersten Weltkrieg wurde im preußischen Heer der Audi 22/55 PS auch als Kommandeurswagen eingesetzt.

nur Lastwagen. Wurden nur Lastwagen gebraucht, waren wir in einer dummen Situation, denn wir waren nur in der Lage, unseren Zweitonner zu fabrizieren, größere Lastwagen nicht. Auch die Arbeiternot machte uns zu schaffen, aber alle diese Fragen wurden von uns rasch beantwortet. Ein schwieriges Problem konnte nicht entstehen, denn länger als drei, allerhöchstens fünf Monate konnte ein moderner Krieg nicht dauern. Und so lange konnten wir mit weniger Arbeitern schon auskommen.«

Solche Siegeszuversicht war allerorten üblich. Auch der eintreffende Befehl, daß alle Autobesitzer ihre Personenwagen wegen Prüfung der Eignung für den Heeresdienst vorführen sollten, setzt noch keine Zweifel, sondern ist patriotische Aktion und somit selbstverständlich. Allerdings mit Ausnahmen. Horch verbietet in jenen Tagen Probefahrten mit neuen Wagen, »da es einfach unmöglich war, die Wagen unbelästigt zu prüfen, sie wurden unaufhörlich angehalten und durchsucht, und ihre Fahrer schwebten in Lebensgefahr.«

Noch werden keine besonderen Anforderungen an die Fabrik gestellt. Die Fabrik lief weiter, so gut es ging, und die Verringerung der Anzahl seiner Mitarbeiter bereitete August Horch noch keine Sorgen. Am 20. August 1914, »als die ersten Schlachten geschlagen waren, die Glocken geläutet hatten und eine Siegeszuversicht ohnegleichen durch das Land rauschte«, berichtete der Syndikus des Verbandes der sächsischen Industriellen in Dresden über die wirtschaftliche Lage der sächsischen Industrie im Kriege.

Horch empfindet die bei dieser Versammlung entwickelten Ansichten als notwendig und richtig: »Die Industrie müsse in jeder und jeglicher Hinsicht und mit allen Mitteln mithelfen, man müsse mit dem Material angesichts der isolierten Lage der Mittelmächte sparsam umgehen. Man müsse versuchen, weibliche Hilfskräfte in den Fabriken zu beschäftigen und nur Leute reklamieren, die unbedingt notwendig und durch niemand anderen zu ersetzen seien.« Nur ist ein Mensch niemals durch einen anderen zu ersetzen. Funktionen, die können neu oder anders besetzt werden! Doch es eilen viele zu den Fahnen. Unter ihnen der in der Nachbarschaft als Ingenieur tätige Bruder von Horch; die vier Söhne seines kaufmännischen Kollegen Wilm melden sich freiwillig und auch die vier Söhne von Herrn Fikentscher: »Jeden Abend wanderte ich zum Bahnhof. Ununterbrochen fuhren die Transportzüge durch. Ich sah sie, in tiefe Gedanken versunken, einfahren und wieder hinausfahren, hörte die Soldatenlieder, die sich beim Abfahren im Rollen des Zuges verloren. Mein Herz war bis auf das tiefste aufgewühlt.«

Am 1. September 1914 muß Audi vier gebrauchte und zwei neue Wagen für den Heereseinsatz abgeben. Der von Horch auch mitgebrachte Alpensieger wird als kriegsverwendungsuntauglich abgelehnt. Er sei innen zu klein. Horch gibt zu, zuerst über diese Ablehnung etwas gekränkt, später aber dennoch froh gewesen zu sein: »Ich hatte auf diese Weise immer einen Wagen zur Verfügung, und er sollte mir in der schnellen und reibungslosen Durchführung der Heereslieferungen noch viele gute Dienste erweisen.« Durch die Ausweitung des Krieges verlangte das Kriegsministerium »mit allen Mitteln und aus allen Kräften dafür zu sorgen, möglichst viele Wagen zu bauen.« Horch beklagt sich: »Damit war aber der Augenblick gekommen, in welchem ich mit meinem Arbeiterbestand nicht mehr auskam. Ich antwortete unverzüglich, daß wir alles daransetzen würden, den Wünschen des Kriegsministeriums gerecht zu werden, daß ich aber unbedingt einige meiner bewährten Vorarbeiter, einige meiner alten Meister und einige besonders gute Arbeiter zurückbekommen müßte. Es gelang, eine Anzahl dieser Männer wiederzubekommen. Zunächst lieferten wir der Heeresverwaltung unsere Wagen in der normalen Ausführung, dann kamen Sonderwünsche, die auf den Erfahrungen im Felde beruhten.« Diese Sonderwünsche der Heeresverwaltung bezogen sich auf Sanitätsautos und Lastwagen.

August Horch liefert am 15. September 1914 fünfzehn Wagen in das Kölner Depot und ist maßlos erzürnt über die umständlichen und äußerst bürokratischen Verfahrensweisen bei dieser Ablieferung, und »jeden auch nur einigermaßen organisatorisch begabten Mann mußte eine Gänsehaut überlaufen. Alles wurde in größter Hast gemacht und zugleich in größtem kaufmännischen Wirrwarr. Die Offiziere, die diese Depots leiteten, waren des besten Willens voll, aber sie hatten keine Ahnung von kaufmännischen Dingen. Ich habe überhaupt während des ganzen Krieges die Beobachtung gemacht, daß sehr oft und zum Nachteil des Ganzen falsche Leute an falscher Stelle standen. Und nicht nur mir wird es so gegangen sein.«

›Der rechte Mann am rechten Platz‹, dieses Prinzip war nicht erfüllt. Mag sein, daß August Horch eine höchst individuelle Vorstellung vom rechten Mann und vom rechten Platz entwickelt hat. Das, was ihm in seiner alten Firma immer wieder und mit Recht zum Vorwurf gemacht worden ist, nämlich nur technisch-konstruktiv und nicht ausreichend kaufmännisch gedacht zu haben, das kreidet er jetzt anderen an. Kaufmännisches

Das Heer benötigte Fahrzeuge für spezielle Einsätze. Hier ein Sanitätskraftwagen auf Basis des Audi Typ C.

NEUANFANG MIT AUDI

Audi 14/35 PS, Typ C, 1915 im Heereseinsatz.

gewinnt bei ihm nunmehr Priorität, jedoch mehr im Sinne von Ordnung und Organisation als Voraussetzung für den reibungslosen Ablauf bürokratischer Prozesse.

Horch auf indirektem Weg zum Manager? Die Zeit stellt neue Aufgaben, stellt aber auch Zeit zur Verfügung. Diese verfügbare Zeit ergibt sich daraus, daß technisch Kreatives momentan nicht gefragt ist, aber das Nachdenken über die Organisation des Möglichen kriegsbedingt seinen Platz beansprucht: »Wir arbeiteten in angespanntem Tempo. Die Bestellungen jagten sich, und die Heeresverwaltung drängte unaufhörlich. Die Lieferungsfristen wurden immer knapper, und in dieser Zeit war ich glücklich, meinen Alpenwagen zu haben, denn es erwies sich als notwendig, daß ich immerzu unterwegs war bei unseren Lieferanten, um das notwendige Material herbeizuschaffen.« Der ständig steigende Materialmangel bedroht die Existenz der Firmen. Besonders Vertreter derjenigen Firmen, die Heereslieferungen zu erfüllen hatten, sausten wie Horch »persönlich im Reiche umher, um die Lieferanten aus dem Trab zum Galopp zu bringen«. Viele Lieferungen von Heereswagen gehen Anfang November 1914 in die Depots von Frankfurt und Leipzig und »schließlich wurde auch in Zwickau ein Depot aufgemacht, und zwar in meiner früheren Fabrik, in den Horch-Werken, die meinen Namen führen durften, ohne daß ich etwas mit ihnen zu tun hatte«. Da bricht es wieder heraus aus ihm, er muß es sich von der Seele schreiben: »Ich habe die Horch-Werke während des ganzen Krieges nur ein einziges Mal betreten, und niemand wird mir das verargen können. Es war immer ein bitteres Gefühl, meinen Namen dort zu lesen.«

Wenn zu diesem Zeitpunkt August Horch mehr private Überlegungen anstellt, die sein Audi-Werk betreffen, dann sind solche Überlegungen auch sicherlich aus diesem bitteren Gefühl heraus angestellt, der Konkurrenz nun erneut zeigen zu wollen, daß sein Selbstwertgefühl ungebrochen ist.

Hier vermengt sich Emotionales mit Rationalem. Letzteres ist dann doch wohl ausschlaggebend gewesen, aus den Audi-Werken eine Aktiengesellschaft zu machen. Aktiengesellschaften dieser Größenordnung hatten damals immer nur wenige Aktionäre.

Wie Horch schreibt, zeigten die Kommerzienräte Paul und Karl Leonhardt starkes Interesse: »Am 20. Dezember 1914 fand die erste Beratung deswegen statt zwischen Karl und Paul Leonhardt, Franz Fikentscher, Hertel und meinen Kollegen Wilm, Lange und mir. Wilm war 1913 bei Audi Direktor geworden und Lange um dieselbe Zeit in den Vorstand berufen. In dieser Sitzung wurde die Gründung der Aktiengesellschaft beschlossen und schon am nächsten Tage (21.12.1914) in der Vereinsbank in Zwickau vollzogen.«

AUDI AUTOMOBILWERKE AG ZWICKAU

»Es war die beste Lösung, die gefunden werden konnte, und sie war eigentlich erzwungen durch den steigenden Materialmangel. Unter solchen Umständen wurde natürlich auch das Betriebskapital mehr als früher angespannt, und es mußte dafür gesorgt werden, daß es flüssiger wurde. Also lag die Frage der Gründung einer Aktiengesellschaft nahe.«

Am 15. Januar 1915 wird Horch zu einer Beratung im Verein Deutscher Motorfahrzeug-Industrieller eingeladen. Der Tagesordnungspunkt ›Materialbeschaffung‹ erhält besonderes Gewicht durch die Teilnahme von Regierungsmitgliedern und Vertretern der Inspektion des Luft- und Kraftfahrwesens. Noch findet man Mittel und Wege, der Materialknappheit zu begegnen. Aber das sind nur momentane Lösungen. Schon am 19. März wird er wieder nach Berlin gerufen. Über die Gummibeschaffung, die immer schwieriger geworden war, sollte verhandelt werden. Zu den Experten gehörten drei Automobil-Fabrikanten und drei Gummi-Fabrikanten und dazu Geheimrat Riedler und Professor Memmler von der Technischen Hochschule Charlottenburg, die unter dem Vorsitz von Oberstleutnant Oetling darüber diskutierten, wie man Reifen herstellen und wie man aber auch Reifen sparen könne.

Kein Zweifel, daß zu allererst Privatfahrten so weit wie nur eben möglich eingeschränkt werden mußten. Dann kam der Vorschlag von Horch, keine Doppelreifen mehr bei den Lastkraftwagen zu verwenden, sondern statt dessen jeweils einen einzelnen starken Reifen auf die Hinterachse zu montieren. Die Logik seines Vorschlags ist eigentlich einleuchtend: Wenn wirklich einer der hinteren Doppelreifen die Luft verlor, konnte das der Fahrer eigentlich gar nicht sofort bemerken. Er fuhr so lange weiter, bis beide Zwillingsreifen völlig unnötig zerstört waren. Für August Horch ist es unverständlich, daß sich gerade die Gummifabrikanten gegen diesen an und für sich vernünftigen Vorschlag sträubten. Er sei schlichtweg undurchführbar. Daß Horch dennoch recht behalten sollte, zeigte sich erst Ende 1916. Denn »die Riesenrei-

Während des Ersten Weltkriegs wurden viele Personenwagen, wie der hier abgebildete Audi Typ C, mangels Gummibereifung auf Notbereifung umgerüstet.

fen kamen. Soviel ich mich erinnere, wurden solche überdimensionale Reifen zuerst auf die Zweitonner unserer Audi-Lastwagen aufgelegt. Sie liefen viel in der Wüste, und es stellte sich bald heraus, daß sie sich im tiefen Sand vorzüglich bewährten.«

Horch ist in jener Zeit mehr auf Sitzungen und Tagungen zu finden, die sich mit Heereslieferungen, Materialbeschaffungen und Detailverbesserungen für die Fahrzeuge befassen, als in seinem Werk. Die Materialnot ist ungeheuer. Und da Not erfinderisch machen soll, wird zwar manches erfunden, das aber den Erwartungen nicht standhielt. Konstruktionen zum Beispiel, welche Gummi und Luft für die Reifen ersetzen sollten, wurden den Audi-Werken angeboten, dort erprobt und fielen durch. So zum Beispiel der abgefederte Metallreifen, der anstelle von der Gummibereifung auf der Felge saß. Für Gummi und Luft gab es eben keine Alternativen. Um Material zu sparen und neue Wege im Recycling zu finden, wurde im Juni 1915 eine ›Feldkraftwagen Aktiengesellschaft‹ gegründet, die beraten sollte, was mit den Wagen geschehen solle, die abgekämpft aus dem Felde zurückkamen.

Der Kronprinz von Sachsen besuchte 1917 das Audi-Werk. Empfangen wurde er unter anderem von August Horch (dritter von rechts) und Hermann Lange (rechts).

Direktor wurde ein Herr Heinsius, und den Vorsitz führte Geheimrat Dr. Klingenberg, der »große Mann des großen Elektrizitätswerkes, das später Werk Klingenberg genannt wurde«. Für Horch ein Posten mehr; er wurde nämlich in den Aufsichtsrat berufen.

Die Entscheidungs- und Handlungskompetenz von August Horch erweitert sich in der Kriegszeit ungemein. Auf seine Erfahrung, sein Können will man nicht verzichten. Sein Wort, seine Entscheidung gilt. Das gilt auch für die Ende 1915 an die Audi-Werke gerichtete Anfrage wegen der Mitbeteiligung am Bau eines Drei-Tonnen-Regelbauwagens. Dieser Wagen sollte in allen Fabriken nach einem einheitlichen Konzept gebaut werden. Das wäre eine große Vereinfachung gewesen. »Ich mußte für unser Werk ablehnen, wir konnten die Herstellung ganz unmöglich durchführen, denn das hätte die Umstellung der gesamten Fabrikation erfordert, und dann hätte es noch lange gedauert, bis wir die ersten dieser Wagen hätten liefern können.«

In diesem Zusammenhang beklagt er: »Überhaupt erkannte man in jenen Tagen in den vielen Felddepots an der Front die ungeheuren Schwierigkeiten der Ersatzteile. Jede Fabrik hatte andere Konstruktionen und benötigte andere Ersatzteile. So benutzte beinahe jeder Hersteller eine andere Reifengröße. Die Folge davon war, daß unübersehbare Mengen von Gummireifen und Ersatzteilen in den Depots gelagert werden mußten. Es entstand der dringende Wunsch, wenigstens die am meisten gebrauchten Maschinenteile zu normalisieren, und man berief eine Kommission, um die Normalisierung zu bearbeiten. Sie fing sofort an zu arbeiten. Auch ich gehörte ihr an, und da sie einen vernünftigen Gedanken vertrat, habe ich aus ganzem Herzen ununterbrochen und tatkräftig mitgeholfen.«

Nach wie vor drängt die Heeresverwaltung auf neue Wagenlieferungen und darauf, daß die gesetzten Lieferfristen, die wegen der Kriegslage immer kürzer wurden, eingehalten werden. Doch wie soll man all dem nachkommen, wenn qualifizierte Arbeiter fehlen?

Horch wird im Ministerium und im Generalkommando in Leipzig vorstellig, um seine zum Wehrdienst eingezogenen Arbeiter freizubekommen. Dort erwartet ihn nur ein mitleidiges Achselzucken und die Aussage: Es könne niemand in die Heimat zurückgeschickt werden, jeder Mann würde an der Front gebraucht. Er solle sich eben Frauen und Lehrlinge in seine Fabrik holen. Solches Argument und solcher Rat waren kaum zu entkräften. Folglich handelt August Horch entsprechend: »Wir lernten auch weibliche Personen an, und ich muß sagen, daß sie im großen und ganzen gut gearbeitet haben. Es war bei den Frauen natürlich genau so verschieden wie bei den Männern. Manche lernten schnell, wir erlebten aber auch das Gegenteil. Es dauerte einige Zeit, bis man heraus hatte, wo man die Frau am besten hinstellen konnte, zu welcher Arbeit sie also am geeignetsten war. Jedenfalls konnte man mit ihnen viel schneller zurechtkommen als mit Lehrlingen, und es waren manche dabei, die in verhältnismäßig kurzer Zeit an einer Revolverdrehbank und sogar auch an einer normalen Drehbank beschäftigt werden konnten. Die Frauen, die das fertigbrachten, waren außerordentlich eifrig und nahmen den Beruf sehr ernst auf. Sehr gut konnte man die Frauen bei der Granatendreherei beschäftigen, weil die Dreherei ja verhältnismäßig einfach ist.«

Wegen der Granatenherstellung wurde Horch am 28. Februar 1916 in die Artilleriewerkstatt nach Dresden gerufen. Anschließend richtet er in den Audi-Werken eine Abteilung für die Granatenherstellung ein. Brauchbare Maschinen sind vorhanden, fehlende werden beschafft. Mit ihnen werden monatlich rund dreitausend Granaten hergestellt. Unversehens sind die Audi-Werke zu einem Rüstungsbetrieb geworden.

Die technischen Ansprüche werden größer und ungewöhnlicher. Wie steht es mit dem Bau von Flugzeugmotoren? Irgendwer erinnert daran, daß sich August Horch vor einigen Jahren sehr für die Flugversuche von August Euler interessiert hat, der damals als erster in Deutschland Flugzeuge baute. Bei einem dieser Versuche hat Horch gemeinsam mit Euler am Motor herumgebastelt, um die Maschine vom Boden hochzubringen, was schließlich auch gelang und beim Publikum Stürme der Begeisterung hervorrief. Warum nicht auch Flugzeugmotoren von Audi?

Die Lastkraftwagen waren damals leistungsmäßig nicht besser ausgerüstet als die Personenwagen. Der Motor dieses Audi-Lastkraftwagens, Typ F. C., leistete nur 35 PS.

NEUANFANG MIT AUDI

Anfang März 1916 wird Horch zum Flugplatz Adlershof gerufen. Oberleutnant Hofmann und Professor Bendemann, die damals Verantwortlichen, verhandeln lange mit Horch. Er muß jedoch ablehnen: »Ich hätte mich in Stücke gerissen, alles zu tun, was meinem Lande nützen konnte. Aber ich mußte schweren Herzens ablehnen. Am nächsten Tag sprach in der Inspektion des Flugwesens der Oberingenieur Simon noch einmal eingehend mit mir, und wiederum mußte ich nein sagen. Ich brauchte gar nicht lange zu überlegen. Es ging einfach nicht. Ich hatte die Arbeiter nicht, um die neue Aufgabe auch nur annähernd anzupacken, und ich wußte aus Erfahrung, daß ich aus der Front keine Leute bekommen würde.«

Es ist zwangsläufig, daß in den Jahren der kriegsbedingten Zwangswirtschaft und Fragen der Material-Kontingentierung sowie wirtschaftlicher Regulativen und Dringlichkeitseinstufungen August Horch immer mehr administrative Aufga-

Der Audi 22/55 PS, Typ E, mit teilweiser abklappbarer Windschutzscheibe, im Fronteinsatz bei einer Fliegerstaffel.

ben der Kraftverkehrswirtschaft übernahm, die nunmehr der Obersten Heeresleitung unterstellt war. Zu diesen Aufgaben gehörte auch die Entwicklung eines Panzerkampfwagens, an der er beteiligt war. »Es kamen immer wieder Nachrichten aus dem Felde über neue Kampfmittel des Feindbundes, und die wichtigste war die über das Auftauchen von Raupenwagen. Die Tanks waren erschienen!

Auch Deutschland wollte nunmehr Tanks herstellen, aber schon bei den ersten Verhandlungen mit der Automobilindustrie, Ende 1916, stellte es sich heraus, daß die gesamte Industrie einen Raupenwagen nicht kannte. In Deutschland hatte man noch keinen gesehen. Die ersten Raupenwagen waren aus Amerika gekommen, sie waren für Ungarn bestimmt, wo sich ein fortschrittlicher Grundbesitzer einen solchen Wagen für landwirtschaftliche Zwecke angeschafft hatte. Dieser moderne Mann übernahm dann auch die Vertretung der amerikanischen Firma, und es wurde erzählt, er habe der deutschen Heeresverwaltung schon vor dem Kriege von diesem Raupenwagen berichtet und sie darauf aufmerksam gemacht, wäre aber auf Ablehnung gestoßen. Ob diese Erzählung der Wahrheit entsprach, konnte damals nicht festgestellt werden, aber es wurde dafür gesorgt, daß ein solcher Raupenwagen nach Berlin geschickt wurde.

Am 25. November 1916 wurde uns dieser Wagen auf dem Tempelhofer Feld vorgeführt. Es war natürlich kein Tank, kein Panzerwagen mit Maschinengewehren und Geschützen, sondern lediglich ein Zugwagen für die Landwirtschaft.« Es wird eine Kommission gebildet »mit den Herren Professor Hofmann, dem technischen Direktor der Büssing-Werke, Geheimrat Dr. von Opel und meiner Wenigkeit«, welche die Vorarbeiten zu diesem Projekt zu leisten hat. »Als Konstruktionschef wurde Herr Oberingenieur Vollmer bestellt, der in seinem technischen Büro in Berlin mit einem Stab von Ingenieuren die Konstruktionsarbeiten durchführte. Den Vorsitz über die gesamten Arbeiten hatte General Friedrich. Der erste deutsche Panzerwagen führte die Bezeichnung A.7.V.-Wagen.«

EIN PANZERWAGEN ENTSTEHT

Am 20. November 1917 startet die dritte englische Armee mit 360 Tanks einen Angriff gegen die ›Siegfriedlinie‹ der deutschen Truppen in Frankreich. Die Schlacht, die als ›Tankschlacht von Cambrai‹ in die Kriegsgeschichte eingegangen ist, dauerte bis zum 29. November. Der dabei von den Engländern gewonnene sieben Kilometer tiefe Geländestreifen wurde ihnen durch den deutschen Gegenstoß bis zum 5. Dezember wieder entrissen. In Deutschland arbeitet man zwar fieberhaft an der Panzerentwicklung, aber ein einsatzfähiges und allen Ansprüchen genügendes Kampfgerät läßt noch auf sich warten.

Am 10. Dezember 1917 wird in Berlin eine Betriebseinkaufsgesellschaft gegründet und Horch in den Aufsichtsrat dieser Gesellschaft für den zentralen Einkauf von Betriebsstoff gewählt. Schon im März des gleichen Jahres hatte die Generalversammlung des Vereins Deutscher Motorfahrzeugindustrieller August Horch einstimmig in den Vorstand des Verbandes gewählt.

Am 21. Dezember 1917 wird das vom König von Sachsen verliehene Kriegsverdienstkreuz durch den Oberbürgermeister Keil in Zwickau an August Horch überreicht und dieser gelobt, auf seine Weise und mit seinen bescheidenen Fähigkeiten zur Verteidigung seines Vaterlandes das Beste zu leisten. Aber auch dieser Wunsch und Wille wird von Unwägbarkeiten und persönlichen Sorgen begleitet.

Die beiden ihm am 2. Mai 1917 von seinem Freund Franz Fikentscher ans Herz gelegten und später von ihm und seiner Frau adoptierten Kinder, ein achtjähriger Junge und ein neunjähriges Mädchen, kränkeln und bedürfen großer Fürsorge, welche die beiden Eheleute, bislang kinderlos, gerne und verantwortungsbewußt spenden. Doch das alles zehrt auch an den psychischen Kräften.

Nicht genug damit. Am 8. April 1918 kündigt sein eifriger Mitstreiter Wilm ohne Angabe von triftigen Gründen seine Mitarbeit in den Audi-Werken auf. Horch kann ihn, trotz eifrigen Zuredens, nicht zum Bleiben bewegen: »Der Mann war so gear-

NEUANFANG MIT AUDI

An der Konstruktion des deutschen Panzerwagens war August Horch beteiligt. Für den Einsatz im Ersten Weltkrieg wurde das 120 Tonnen schwere und mit vier Motoren von je 600 PS ausgestattete technische Ungetüm zu spät fertig.

Der Erfolg der englischen Tanks in der ›Tankschlacht von Cambrai‹ sorgte 1917 in Deutschland für heftige Diskussionen. Das Heer forderte die Industrie auf, einen deutschen Panzerwagen zu bauen.

tet, daß er immer im Leben, nachdem er einen Posten in irgendeinem Betrieb eine Zeitlang innegehabt hatte, wieder anderswo tätig sein wollte.« Horch mußte das akzeptieren, hatte er doch selbst seinerzeit bei Benz ähnlich gehandelt. Aber es mag ihn das Gefühl des langsamen Verlassenwerdens beschlichen haben. Sucht er deshalb nach jeder Möglichkeit, aktiv zu sein in den Bereichen, von denen er glaubt, daß man seiner Mitwirkung bedürfe? Manchmal fühlt er sich mißverstanden, auch in seinem sozialen Bemühen: »Anfang des Jahres 1915 tauchte in Zwickau ein vortrefflicher Gedanke auf, und zwar stammte der Gedanke von Herrn Schocken, dem Besitzer des Kaufhauses Schocken in Zwickau, man überlegte sich, auf welche Art man die Kriegsverletzten, die für den Heeresdienst und dann auch für die normale Arbeit untauglich geworden waren, beschäftigen könne. Es war ein Gedanke, der nicht nur praktischen, sondern auch moralischen Wert in sich trug. Ich gehörte der Kommission von fünf Herren an und wir arbeiteten schnell. In kurzer Zeit war es gelungen, den Verletzten, die den allerbesten Willen und große Arbeitsfreude zeigten, anzulernen. Sie waren sich selbst wiedergegeben und kamen sich nicht mehr überflüssig vor.«

Nun, da der Bau des deutschen Panzerwagens vorangetrieben werden sollte, muß er sich vorwerfen lassen, daß die beinamputierten Soldaten, die durch besondere Vorrichtungen dennoch in die Lage versetzt wurden, ein Panzerfahrzeug zu führen, jetzt auch ihr zweites Bein im Krieg opfern sollten. Das ist die Stimme der Gegenseite, die Stimme der politisch orientierten Arbeiter, die in der Gruppe ›Internationale‹ zusammengefaßt waren und ihre Flugschriften mit ›Spartakus‹ unterzeichneten. Sie hatten den Kampf gegen Imperialismus und Militarismus auf ihre Fahnen geschrieben, anläßlich ihrer Reichskonferenz am 1. Januar 1916, mit den Stimmen von Karl Liebknecht, Rosa Luxemburg, Clara Zetkin und Wilhelm Pieck.

Für die Kriegslage viel zu spät, wurde erst wieder am 10. Juni 1918 ein Termin zur Besichtigung eines Panzerwagens bei den Daimler-Werken in Marienfelde anberaumt. Wie August Horch schreibt, waren viele Generäle erschienen: »Schon bei den Konstruktionsentwürfen zu diesem Panzerwagen, an denen auch ich beteiligt war, war meine technische Phantasie auf das lebhafteste in Bewegung gesetzt worden, und jetzt, da ich die Konstruktion verwirklicht vor mir sah, bedauerte ich auf das tiefste, daß ein solches Fahrzeug nicht schon vor dem Kriege meinen Weg gekreuzt hatte. Ein solcher Wagen war der ideale Schlepper sowohl für das Heer als auch für die Landwirtschaft und auch für die Industrie. Mit ihm konnte man die größten Lasten auf den schlechtesten Straßen und noch im unwegsamsten Gelände fortbewegen. Bei der nachfolgenden Kritik äußerte der Kriegsminister, daß er von der Leistung des vorgeführten Panzerwagens zwar befriedigt sei, daß es aber noch nicht das Modell sei, das die Armee brauchte. Notwendig wären Wagen, die über fünf bis sechs Meter breite Gräben hinweggehen könnten.« Und wieder wurde, wie Horch fortfährt, daraufhin »mit technischer Gründlichkeit und mit aller Eile, die notwendig war, sofort ein Konstruktionsbüro gebildet, in dem zweiundzwanzig Ingenieure arbeiteten; seine Leitung hatte Herr Müller. Den Verwaltungsapparat bildeten wieder Professor Hofmann, der Geheimrat von Opel und ich. Wir konstruierten nunmehr einen Panzerwagen von riesigen Ausmaßen mit vier Motoren von je 600 Pferdekräften. Die elektrische Leitung vom Führer dieses Tanks zu den Bedienungsmannschaften und den Geschützen konnte man schlechtweg als großartig bezeichnen. Das Fahrzeug war auseinanderzunehmen, denn als Ganzes war dieser Elefant nicht zu transportieren. Er wog über einhundertzwanzig Tonnen und war geradezu eine gespenstisches Ungetüm.«

DIE REVOLUTION VERÄNDERT DIE POLITISCHE LAGE

Der 8. August 1918 ist der ›schwärzeste Tag des deutschen Heeres‹. Durch einen erneuten, massiven Tankangriff bei Amiens werden die deutschen Truppen in die ›Siegfriedstellung‹ von Arras bis Reims zurückverlegt. Dann überstürzen sich die Ereignisse. Am 3./4. Oktober 1918 macht die deutsche Regierung ein Waffenstillstandsangebot an den amerikanischen Präsidenten Wilson. Die amerikanischen Antwortnoten fordern das Ende des U-Boot-Krieges, die Räumung der besetzten Gebiete und demokratische Vertreter als Bevollmächtigte. Am 29. Oktober 1918 meutert die deutsche Hochseeflotte in Wilhelmshaven. Die Revolution breitet sich aus. Arbeiter und Soldatenräte werden gebildet.

Als August Horch am 6. November 1918 wieder einmal in Berlin weilte, »das ich während des ganzen Krieges unzählige Male besucht hatte, um auf meine Weise und mit meinen beschränkten Fähigkeiten zur Verteidigung meines Vaterlandes das Beste zu leisten«, erfährt er, daß in Schwerin, Lübeck und Kiel die Revolution ausgebrochen sei.

Am 9. November 1918 wird in Berlin revolutioniert und der Thronverzicht Wilhelms II. und des Kronprinzen bekanntgegeben. Durch den Sozialdemokraten Philipp Scheidemann wird die Republik ausgerufen, und die Regierungsgeschäfte werden dem SPD-Vorsitzenden Friedrich Ebert übertragen. Einen Tag später geht Wilhelm II. ins holländische Exil. Eine neue Regierung, der ›Rat der Volksbeauftragten‹, wird gebildet, daneben konstituiert sich der ›Vollzugsrat der Arbeiter- und Soldatenräte‹. Das alles vollzieht sich während der Waffenstillstandsverhandlungen zwischen dem Vertreter der Alliierten, Generalissimus Foch, und dem deutschen Vertreter Matthias Erzberger vom 8. bis 11. November 1918, die mit dem Waffenstillstand auf der Basis der 14 Wilson'schen Punkte enden. Die besetzten Westgebiete und das linke Rheinufer müssen geräumt, schweres Kriegsmaterial ausgeliefert und Aufbauarbeit in den besetzten Gebieten geleistet werden.

August Horch, dem nachgesagt wurde, er sei ›seinem Kaiser‹, der einen Horch-Wagen fuhr, treu ergeben gewesen, empfindet die Zeit des Zusammenbruchs so: »Viele unter uns Männern, die wir in der Lage gewesen waren, die Dinge etwas

Nach dem Ersten Weltkrieg wurden bei Audi in Zwickau die Vorkriegstypen C, G und E weiterproduziert, allerdings mit einer wesentlichen Änderung: Alle Modelle hatten einen markanten Spitzkühler. Im Bild der Audi 22/55 PS, Typ E, von 1920/21.

NEUANFANG MIT AUDI

1920 wird erstmals das auch heute noch verwendete Firmensignet verwendet: ›Audi im Oval‹. Das Foto zeigt den Audi Typ C mit Spitzkühler und elektrischer Beleuchtung.

von weitem und aus einer gewissen Objektivität heraus zu sehen, waren in den vergangenen Jahren von schweigenden Sorgen gequält. Wir wußten, daß es nicht zum besten stand. Es waren Fehler gemacht worden, militärische und politische, gleich zum Beginn des Krieges schon. Aber wer unter den anderen, die uns berannten mit ihrer Übermacht, wer unter ihnen hatte keine militärischen und politischen Fehler gemacht? Alle, einer wie der andere.«

In seinem Innersten mag sich festgesetzt haben, was Jahrzehnte später auf ehernen Tafeln an Kriegsdenkmälern zu lesen sein sollte: ›Der Übermacht erlegen, vom Feinde unbesiegt!‹ Mag einen Sinn darin finden, wer kann.

Zum besten stand es auch nicht bei den Audi-Werken. Im Geschäftsbericht 1917/18 wird festgestellt, daß die Fabrikation schleppend sei, hervorgerufen durch die allgemein bekannten Schwierigkeiten während des Krieges. Nur mit äußerster Anstrengung sei es gelungen, den Betrieb in geordneter Weise aufrechtzuerhalten.

Das muß Horch, der am 12. Oktober 1918 sein fünfzigstes Lebensjahr vollendet hatte, mit tiefer Betrübnis zur Kenntnis nehmen. Ihm wird auch bewußt, daß er seit Jahren schon keine eigenen Konstruktionen mehr durchgeführt hatte. Wo war seine technische Kreativität geblieben, deren er sich immer voller Stolz bewußt gewesen war? Bedurfte man eigentlich seiner noch, da doch seine

Mitarbeiter Horn und Lange im Audi-Konstruktionsbüro alles fest im Griff zu haben schienen? Jetzt, wo nach einem verlorengegangenen Krieg in sowohl politisch wie auch wirtschaftlich instabilen Zeiten der Blick wieder auf die Produktion von Privatfahrzeugen gerichtet werden konnte, sah man sich neuen Einflüssen unterworfen.

Ausschüsse, Kommissionen, Verbände, mit staatlicher, halbstaatlicher oder privatwirtschaftlicher Kompetenz ausgestattet, entwickeln eigene Handlungsstrategien, um auf die Produktion und den Absatz direkten oder indirekten Einfluß zu nehmen. Das Modell der generalstabsmäßigen Planung überträgt sich auf den Zivilbereich! In solchen Spitzen mitzuwirken, kann auch lohnend für den eigenen Betrieb sein.

Am 17. März 1919 wird Herr Baus, der von der Firma Bosch in Stuttgart kommt, als neuer kaufmännischer Direktor in den Audi-Werken eingestellt. Die Chefetage ist wieder komplett. Horch will andere Aufgaben übernehmen. Er bereitet seinen Rückzug vor: »Am Beginn des Februar 1920 verwirklichte ich einen Wunsch, der schon lange in mir rumort hatte. Ich führte mit dem Aufsichtsrat der Audi-Werke die ersten Verhandlungen wegen der Niederlegung meines Postens als Vorstandsmitglied. Der Grund war sehr einfach: Ich wollte fort von Zwickau. Ich hatte während des Krieges außerordentlich viel für die Industrie und besonders für die Audi-Werke auswärts arbeiten müssen, ich war vor allem sehr oft in Berlin gewesen, und nun wollte ich nach Berlin übersiedeln. Dort schlug das starke Herz des Reiches, dort war die Quelle, dort fielen alle Entscheidungen, ich wollte an der Quelle sein. Dort konnte ich für die Automobilindustrie und für meine Firma ganz anders tätig sein als im stillen Zwickau. Es sollte sich herausstellen, daß dieser Gedanke richtig und segensreich gewesen war.« Seiner in seinen Lebenserinnerungen mit Emphase vorgetragenen Begründung gibt der Aufsichtsrat der Audi-Werke Anfang Juni 1920 statt.

August Horch legt also sein Amt als Vorstandsmitglied nieder. Am 21. Juni 1920 wird er in den Aufsichtsrat der Audi-Werke gewählt und gleichzeitig als Beirat in das Reichsverkehrsministerium in Berlin berufen. Das Ministerium taucht überhaupt zum ersten Male in Deutschland auf und ist sozusagen ein Ergebnis der Weimarer Republik. Es hatte sich in erster Linie um die Belange der Eisenbahn zu kümmern. Der Beirat aber, in den August Horch gewählt wurde, ist eine zusätzliche Einrichtung des Reichsamtes für Luft- und Kraftfahrwesen. An dessen Spitze stand August Euler, Flugzeugpionier und nunmehr Unterstaatssekretär, mit August Horch freundschaftlich verbunden. Hier sollten die Belange des Luft- und Straßenverkehrs wahrgenommen werden.

Nach anfänglichen Schwierigkeiten bei der Suche nach einer angemessenen Wohnung, wird Horch Ende August 1920 in Berlin seßhaft: »Ich war in Berlin, und innerlich schwang ich sozusagen symbolisch arbeitslustig meinen Schmiedehammer.« August Horch hatte richtig eingeschätzt: In Berlin wurden wichtige Grundsatzentscheidungen vorbereitet. Es lag daher im Interesse der Unternehmer, in Berlin präsent zu sein. Das war auch ein wichtiger Grund für die Horch-Werke gewesen, ihren Direktionssitz nach Berlin zu verlegen.

1921 wurde der 3000. Audi fertiggestellt. Auf dem Foto ist der technische Direktor Hermann Lange neben dem 14/35-PS-Motor abgebildet. Die Zylinder dieses Motors waren noch, wie vor dem Ersten Weltkrieg üblich, paarweise gegossen.

Er steht auf der ›Kommandobrücke‹, sein Rat ist gefragt, er übernimmt neue Ämter und Funktionen, fällt Entscheidungen und bringt seine Autorität voll zum Einsatz und zur Geltung.

Sein ›arbeitslustiges Schwingen des Schmiedehammers‹ sieht so aus: »Zur Überwachung der Ein- und Ausfuhr, insbesondere der Ausfuhr, wurden bald nach Kriegsende, Anfang 1921, für die einzelnen Wirtschaftsgebiete von der Regierung Außenhandelsstellen eingesetzt. Eine dieser Außenhandelsstelle war die ›Außenhandelsstelle für Fahrzeuge‹, die insbesondere die Aus- und Einfuhr von Kraftfahrzeugen und Kraftfahrzeugteilen überwachte. In der Organisation der Außenhandelsstelle war ich als Vorsitzender ihres Ausschusses, in welcher außer der Regierung Fabrikanten, Händler, Verbraucher und Arbeitsverbände zusammengefaßt waren, in den Jahren der damaligen Außenhandelskontrolle bis zur Auflösung dieser Außenhandelsstelle im Jahre 1924 tätig. Diese Arbeit hat mich sehr in Anspruch genommen, denn es mußten viele Verhandlungen geführt werden. Ich erinnere mich, daß wir zum Beispiel mit den österreichischen Fabrikanten und Händlern, welche immer tüchtige Vertreter hinüberschickten, und die in ihrem liebenswürdigen Tonfall einem viel zu schaffen machten, hartnäckige Kämpfe auszufechten hatten wegen Aus- und Einfuhr. Die gleichen Kämpfe hatte man aber auch mit anderen Ländern, es wurden viele Sitzungen anberaumt, denn es mußte immer viel geklärt werden.«

Die Exportwirtschaft hatte überragende Bedeutung erlangt und die wichtigste zu klärende Frage war wohl die, wie die Einnahmen aus dem Krieg, die sogenannten Kriegsgewinne, also die immer wertloser werdende Inflationsmark in stabile Valuta umgewandelt werden könnte.

Der Audi-Lastkraftwagen, Typ H. C., aus den frühen zwanziger Jahren, wurde von dem 35 PS starken Personenwagenmotor der C-Baureihe angetrieben. Bei den Lastkraftwagen verzichtete Audi auf den Einbau der modischen Spitzkühler.

Im September 1921 wurde der Audi 14/50, Typ K, vorgestellt. Eine wichtige, technische Neuerung war die Einführung der Linkslenkung.

AUDI – DIE NUMMER EINS

Mit Energie und Zuversicht ging man nach dem Ersten Weltkrieg in den Audi-Werken an die erste Neuentwicklung eines Audi-Fahrzeugs. Neuentwicklung, das ist eine kleine Übertreibung, denn es handelte sich bei dem ersten Nachkriegstyp – Audi K – um eine Modifikation des Alpensieger-Modells. Zwar übernahm man beim Motor dessen Bohrungs- und Hubabmessungen, aber die vier Zylinder waren jetzt im Block gegossen und nicht mehr paarweise hergestellt. Außerdem bestanden Zylinderblock und Kurbelgehäuse aus Leichtmetall. Aus Grauguß war der Zylinderkopf, der wiederum oben von einer Aluminiumhaube abgedeckt wurde.

Voller Stolz und mit dem ausdrücklichen Hinweis auf bedeutende Verbesserungen und Veredelungen werben die Audi-Konstrukteure für ihren neuen Typ, der durch seine technischen Details das Bild des modernen Motorenbaus vervollständigt: Es werden Leichtmetallkolben verwendet, die Stahl-Laufbuchsen sind eingezogen, die Ventile sind hängend. Doch die wichtigste Neuerung ist die Linkslenkung, eine der ersten in einem deutschen Personenkraftwagen, über deren Vorzüge in einem Lande mit Rechtsfahrgebot heute nicht mehr diskutiert werden muß. Damals war das jedoch ein Thema und viele Jahre wurden in der Fachpresse das Für und Wider gegeneinander abgewogen.

Audi stellte bei der Einführung deshalb besonders heraus, daß ausgedehnte Experimente und eine langjährige Straßen-Fahrparxis der Entscheidung für die Linkssteuerung vorausgegangen seien. Das Lenkrad war nach Art von Sportwagen umklappbar, trug in der Mitte einen Hupenknopf und verstellbare Hebel für die Zündung, das Gas

NEUANFANG MIT AUDI

Der Audi Typ K von 1921 hatte mit seiner Linkslenkung und der Mittelschaltung gegenüber den Wettbewerbsfahrzeugen einen technischen Vorsprung. Erst einige Jahre nach Erscheinen dieses Modells führten auch die anderen Automobilfirmen die Linkslenkung ein, deren Vor- und Nachteile seinerzeit heftig diskutiert wurden.

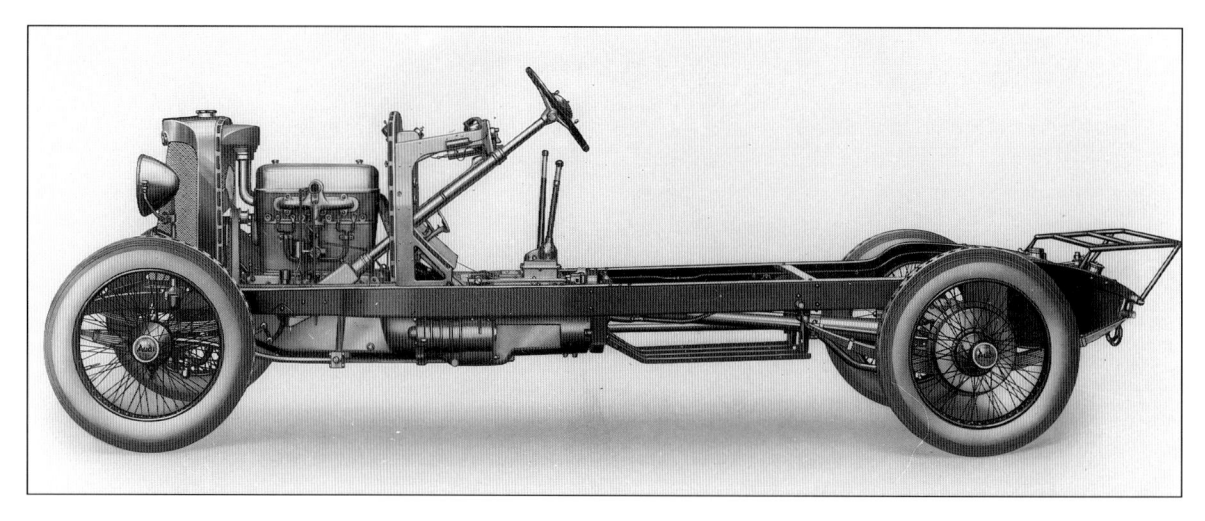

Die Abbildung zeigt das Fahrgestell des Audi Typ K mit dem längs eingebauten Vierzylindermotor.

gend gewesen wären. Man richtete vielmehr besondere Sorgfalt auf die Perfektionierung der bestehenden Bauarten. Es ging der deutschen Automobilindustrie darum, wie August Horch meint, »ihre Stellung als Erfinder des Automobils wieder zu erobern.« Der Admiral Rampold eröffnete die Ausstellung und fand in seiner Rede vortreffliche Worte: »Früher hat die deutsche Automobilindustrie bessere Tage erlebt, sie konnte ohne Überheblichkeit behaupten, daß sie eine führende Stellung im internationalen Gewerberahmen einnehme.« Die guten Tage der Automobilindustrie und die Frischluftzufuhr. Völlig neu war die Möglichkeit der genau fixierbaren und nicht mehr nur gefühlsmäßig vorzunehmenden Hebeleinstellung durch eine in zwölf Teilstriche aufgeteilte unterlegte Skala. Herkömmlich beim Audi K war die Anordnung der Fußbremse, die auf die Getriebewelle, und der Handbremse, die auf die Hinterräder wirkte, sowie der Spitzkühler.

Dieser neue Audi wurde auf der ersten Nachkriegsausstellung am 23. September 1921 in der neuen Halle am Berliner Kaiserdamm vorgeführt. Es war die vierzehnte Automobilausstellung insgesamt, aber eigentlich eine rein deutsche Repräsentation. Keine der ehemaligen Feindmächte hatte Fahrzeuge gemeldet. Die deutsche Automobilindustrie blieb unter sich. Ihr Ziel waren weniger Konstruktionserneuerungen, die grundle- und der Automobilhaltung sind vorläufig vorüber. Die Automobilausstellung fand ein starkes nationales Interesse, international jedoch kaum Beachtung. Dennoch führte sie zu Exporterfolgen und belebte den nationalen Markt.

Nach August Horchs Ansicht konnte man schon an dieser Ausstellung feststellen, »daß die deutschen Fabriken gewisse Fortschritte gemacht hatten. An grundlegenden Neuerungen hatte man zwar nicht gearbeitet, aber energisch auf die Vervollkommnung der bestehenden Modelle hingearbeitet, zum Beispiel auf größere Bequemlichkeit für den Fahrer und auf Erleichterung in der Bedienung des Wagens.

Nur in der Verminderung der Typenzahl sah man leider noch wenige Fortschritte. In dieser Hinsicht standen die Audi-Werke allein auf weiter Flur.

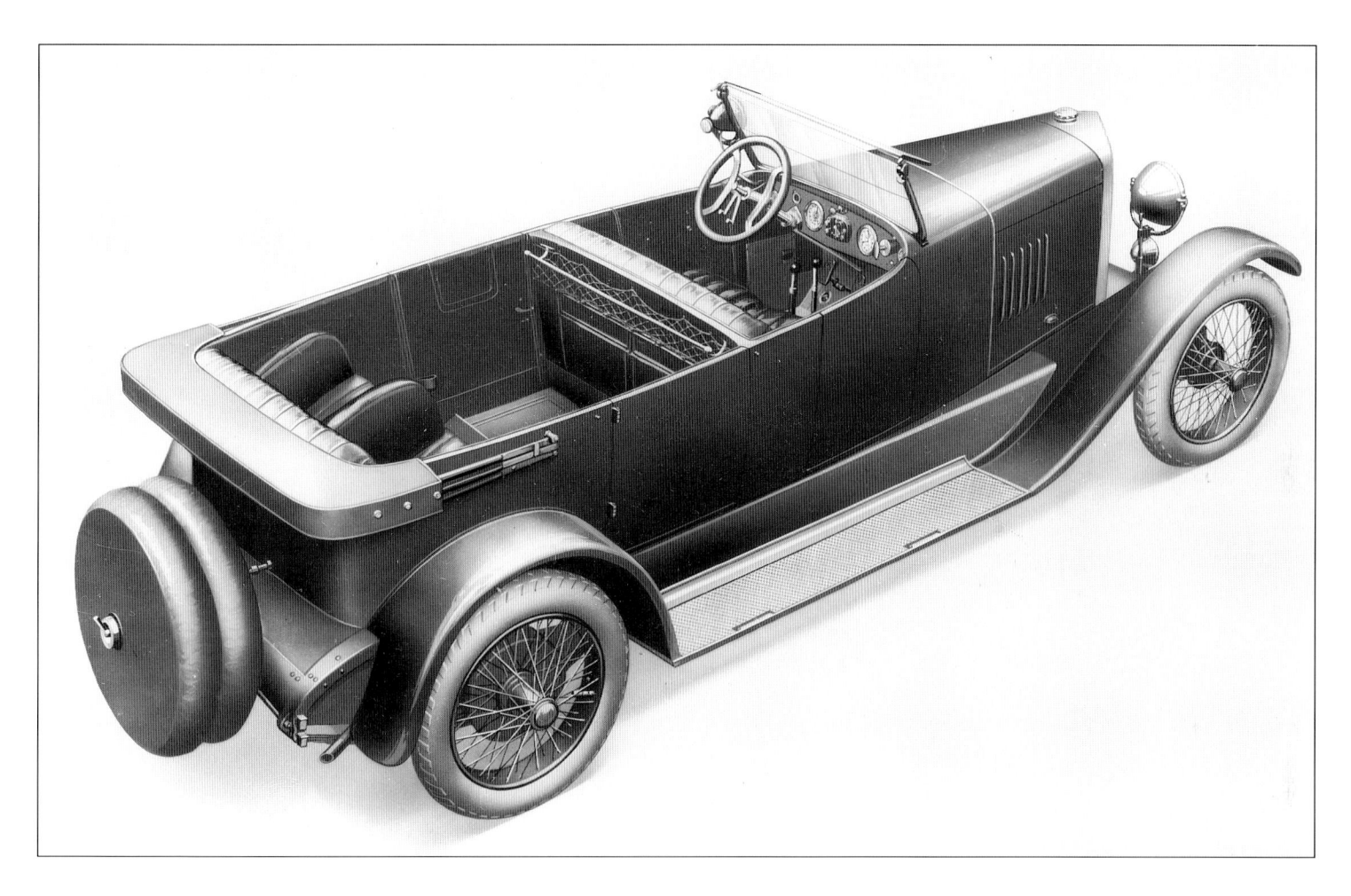

Sie bauten nur zwei Pkw-Typen und Zweitonner-Lastwagen. Auf dieser Ausstellung waren achtzig Prozent aller Wagen mit Vierzylinder-Motoren ausgestattet.

Mich freute diese Verteilung, denn ich war, wie ich gestehen muß, niemals ein Freund der sechs- oder mehrzylindrigen Motoren gewesen. Meine Meinung mag manchen überraschen, aber ich sage: Wenn ein vierzylindriger Motor in Ordnung ist, läuft er fast so gut wie ein sechszylindriger. Und der Laie kann einen vierzylindrigen Motor viel besser in Ordnung halten als einen sechs- und mehrzylindrigen. Erfreulich auf dieser Ausstellung war, daß die Lastwagenindustrie, trotzdem sie jahrelang keine neuen Konstruktionen hatte machen können, auf der gleichen Höhe ihrer Leistungsfähigkeit geblieben war.«

Das offene Fahren war in den zwanziger Jahren sehr beliebt. Wer es sich leisten konnte, wählte den viersitzigen Audi Typ K als Sport-Phaeton.

Das, was Horch in seinen Memoiren beschreibt, klingt gut, ist jedoch nur teilweise richtig, denn auch nach 1921 werden bei Audi die alten Vorkriegstypen C, E und G in leicht überarbeiteter Form bis Mitte der zwanziger Jahre parallel zum neuen Typ K weitergebaut. Wie auch hätten die Audi-Werke sonst weiter existieren können, denn der Audi K wurde kein Verkaufserfolg. Das Ausstellungsfahrzeug war 1921 das einzige, das montiert worden ist. Kein weiteres sonst, und im Jahr darauf sind insgesamt nur vier Fahrgestelle montiert worden. Erschreckend wenig.

Woher, so fragten sich nicht nur die Arbeiter der Audi-Werke, nimmt wohl Generaldirektor Baus, der von Bosch gekommen war, den Mut, in dieser Zeit [1921], wo die Reichsmark infolge vehement forttrabender Inflation gewaltig abmager-

NEUANFANG MIT AUDI

te, jetzt noch Material für über 350 Automobile auf Halde zu legen? Was von Finanzlaien nur mit Kopfschütteln zur Kenntnis genommen werden konnte, war in Wirklichkeit in dieser Inflationszeit eine sehr weitsichtige Handlungsweise, denn noch eine sehr lange Zeit profitierte die Audi-Produktion von einer solchen äußerst preiswert erworbenen Materialhalde.

In der Rolle des Managers scheint sich August Horch nach wie vor recht wohl zu fühlen. Der direkte Kontakt mit seiner Firma ist nicht mehr so arbeitsintensiv als zu der Zeit, da er noch mittendrin in der Firma war.

Aber Reputation und Renommee waren nach wie vor wichtige Aspekte für ihn. »Ende Mai 1922 wurde von den Audi-Werken ein Wettbewerb ausgeschrieben zur Erlangung eines markanten Wahrzeichens für die Audi-Wagen. Aus diesem Wettbewerb gingen als Sieger hervor die Herren Professor Arno Drescher, Dresden, und Hermann Gilbert, Hauptmann in Leipzig. Und zwar war der Entwurf, der ja noch heute bekannt ist, die ›1‹ auf dem Kühler.«

Bekannte und unbekannte Künstler nahmen an einem von den Audi-Werken veranstalteten Wettbewerb teil: Gesucht wurde eine prägnante Kühlerfigur.

Die von Professor Arno Drescher entworfene ›Audi-Eins‹ wurde 1924 als Kühlerfigur eingeführt.

Professor Arno Drescher erinnert sich, wie er zusammen mit Hermann Gilbert 1922 die ›Audi 1‹ entwickelte: »Nach dem Ersten Weltkrieg waren viele Offiziere naturgemäß genötigt, einen anderen Beruf zu ergreifen. Da klopfte es eines Tages an meine Ateliertür, und es erschien ein junger, frischer Mann, der sich als ›Hauptmann Gilbert‹ vorstellte. ....

Im damaligen Automobilwesen kannte er sich trefflich aus, und seine Erfahrungen schienen mir der Anlaß, mit ihm gemeinsam an einem Wettbewerb für ein Autowahrzeichen heranzugehen, das 1922 die Firma Audi unter deutschen Bildhauern veranstaltete. Wir waren formal Außenseiter, trauten uns jedoch die dazugehörige Intelligenz zu. Wir wollten keine Variante von den üblichen Maskottfiguren schaffen, sondern sagten uns, für ein modernes Fahrzeug klarster Konstruktion gehört auch eine in der Struktur homogene Form des Kühlers. Spielend saß ich mit Schere und Papier am Tisch, und da lag unversehens eine Silhouette vor mir, die die Form einer Eins hatte. Die Gedankenkombination war schnell da – eine Eins –

die Zahl, mit der alles Wertvolle ausgezeichnet wird – warum nicht? Plastisch läßt sie sich gestalten – könnte eine Eins nicht als Wertsymbol gelten? Ich machte weitere formale Versuche – Gilbert bestätigte meine Gedankenführung und trat mir bei. Ich sah sie schon in Gold vor mir. Ein benachbarter Tischler machte ein Holzmodell nach Angaben – ein Drechsler drehte den halbkugelartigen Sockel. Die Größenverhältnisse probierten wir mit Pappmodellen auf dem Schillerplatz, wo immer einige Taxis standen, aus. Gilberts Anteil bestand in der Zuverlässigkeit seines Gefühls für Höhe und Stärke und praktische Verwendung als Schraubverschluß. Als wir mit dem Modellen klar gekommen waren, brachte ich es zum Vergolder Daubner in der Prager Straße, der es wunderbar in poliertem Gold ausführte, so daß man es für Metall halten konnte. Gegen 150 Einsendungen der Bildhauer aus allen Gauen waren eingegangen, schöne Figuren waren dabei, interessante Einfälle von Köpfen, Frauengestalten, Phantasieformen – doch den Vogel schoß unsere Eins ab, die zweifellos eine technologische Form war, die des Sinnes und auch der Schönheit nicht entbehrte.«

Im gleichen Jahr, als die ›Audi Eins‹ entstand, wurde Horch für seine wegweisenden Entwicklungen geehrt: »Am 20. Juni 1922 war wieder eine Vorstandssitzung im Verein Deutscher Motorfahrzeug-Industrieller. Professor Dr. Hofmann, Dozent an der Technischen Hochschule in Braunschweig, überreichte mir hier das Diplom als doctor honoris causa der Technischen Hochschule Braunschweig.

Er hielt eine feierliche Ansprache, die mich tief ergriff und mir sehr zu Herzen ging. Ich sah mich als kleinen Knirps wieder den Rhein aufwärts marschieren und mit ausgebreiteten Armen auf die Welt zugehen. Dieses Diplom bedeutete mir nicht nur eine äußere Ehrung. Man feierte mich als den jüngsten Ehrendoktor!«

Sicherlich nicht nur wegen dieser Auszeichnung, doch sicherlich auch ihretwegen, wurde August Horch am 19. Januar 1923 in den Aufsichtsrat der durch den Verein Deutscher Motorfahrzeug-Industrieller gegründeten AUKA gewählt, die sich mit dem Ausstellungswesen für Automobile beschäftigen sollte. Doch auch sie konnte nicht verhindern, daß diese Ausstellung, die wegen ihrer Größe nunmehr im Berliner Sportpalast vom 28. September bis zum 7. Oktober 1923 stattfand, nur nationalen Charakter trug. Die ehemaligen Feindstaaten wollten nicht mitmachen.

Auch wenn durch die Inflation die Autoindustrie nur eine Scheinblüte erlebte und dann die Richtpreise in Goldmark angegeben werden mußten, war die daraus resultierende Ernüchterung ein gewaltiger Dämpfer für den Unternehmergeist. August Horch schätzt das Ergebnis seinem Wesen gemäß positiv ein: »Diese Ausstellung zeigte das Bild rastlosen Fleißes, unglaublicher Energie und zähester Geduld, Eigenschaften, die unser Volk immerdar ausgezeichnet haben und die ihm in alle Ewigkeit erhalten bleiben mögen. Alle Kräfte waren wieder am Werke, um der deutschen Industrie im eigenen Lande und auf dem Weltmarkt den alten guten Klang wieder zu verschaffen.« Deutlich trat die Tendenz hervor, im Personenwagenbau den mittelstarken und großen Wagen so zu entwickeln, daß wieder Anschluß an die internationale Industrie gefunden werden konnte.

Neue technische Sachlichkeit war eingekehrt. »Man sah allenthalben wieder Flachkühler, und der Spitzkühler war mit Recht verschwunden, weil er technisch keinerlei Berechtigung hatte. Fast an allen Wagen sah man die Linkssteuerung. Sie war übrigens an den Audi-Wagen schon längst vor-

Audi Typ K in der letzten Ausführung von 1924 mit Flachkühler und Vierradbremse.

handen. Am meisten fiel die Vierradbremse auf. In Fachkreisen hatte man sie immer ein wenig skeptisch betrachtet. Sie war nun an den meisten Wagen vorhanden. Die Ausstellung bekam nicht zu Unrecht die Bezeichnung ›Vierradbremsen-Ausstellung‹.«

Mit wachen Augen verfolgt August Horch die Weiterentwicklung des Automobils, ist stolz auf die Audi-Fahrzeuge, betrachtet sie nach wie vor als seine ›vierrädrigen Freunde‹, auf die Verlaß ist. Die Reihen seiner vertrauten Freunde und treuesten Mitarbeiter lichten sich, das geht ihm nahe: Freund Lange ist schon am 19. Februar 1922 verstorben, »er arbeitete bis zum letzten Augenblick in der Fabrik«, und am 5. Februar 1924 starb »einer meiner treuesten Helfer in den Horch- und später den Audi-Werken, der Kommerzienrat Paul Fikentscher. Er mußte einen tragischen und einsamen Tod erleiden. Im Hauptbahnhof zu München, auf einer Reise, sank er still hin. Mit diesem Manne verlor ich einen wahrhaften Freund.«

Einem alten Freund, dem er immer mit großer Verehrung verbunden war, seinem väterlichen Freund Karl Benz, begegnete er nach vielen Jahren in München anläßlich der 25jährigen Gründungsfeier des Deutschen Schnauferlklubs am 11. Juli 1925.

Der Präsident hatte es sogar vermocht, »den Papa Benz mit Frau und Söhnen aus Ladenburg bei Mannheim herbeizubringen. Der alte Herr war schon über achtzig Jahre alt, aber noch völlig frisch und nur ein wenig schwerhörig. Der Präsident Braunbeck brachte mich zu ihm und sagte: ›Hier bringe ich Ihnen einen jungen Mann, den Sie ganz gut kennen.‹ Papa Benz musterte mich kritisch, und lächelnd antwortete er: ›So ganz jung is er auch nit mehr.‹ Dann schüttelte er mir herzlich die Hand.

Als sich der historische Zug der alten Automobile in Bewegung setzte, umsäumte eine ungeheure Menge die Theresienwiese, und uns alten Automobilbauern schlug das Herz höher. Sei es denn, uns packte die Rührung, und besonders, als der alte Papa Benz ankam, auf seiner uralten ›Viktoria‹, einem seiner ersten Automobile, neben sich seinen Sohn Eugen, der den Wagen lenkte, war ich tief bewegt. Ein Stück meines Lebens zog hier vorbei.«

1923 versahen die Audi-Werke versuchsweise ein Fahrgestell des Typ K mit einer Stromlinienkarosserie nach Jaray-Patenten. Trotz zufriedenstellender Fahrversuche fand diese ungewöhnliche Karosserie bei den Kunden keinen Anklang.

Der ›Imperator‹, erstmals 1927 vorgestellt, war der erste Audi mit Achtzylindermotor. Das Triebwerk leistete 100 PS.

EINE UNHEILVOLLE DEPESCHE

Damals, als sich August Horch vor dem Aufsichtsrat der Horch-Werke verantworten sollte, als seine Entlassung vorgesehen war, wurde er mit einer Depesche ins Werk zurückgerufen. Am 1. Oktober 1925 rief ihn wiederum eine inhaltsschwere Depesche nach Zwickau: Die Audi-Werke befinden sich in einer schweren und vielleicht sogar finanziell aussichtslosen Lage.

Wie konnte das geschehen? Bei Audi war man beeindruckt von der Scheinkonjunktur in den Inflationsjahren. Arbeitskräfte und Material wurden zumeist mit wertlosem Papiergeld bezahlt. Der Verkauf der Fahrzeuge brachte dagegen wertvolle Devisen in die Kasse des Unternehmens, da diese Geschäfte fast ausschließlich in harter Währung getätigt wurden. Aufgrund dieser Tatsache konnten die deutschen Automobile im Vergleich zur ausländischen Konkurrenz zu Tiefstpreisen angeboten werden und gleichzeitig befriedigende Gewinne einfahren.

Durch diese Situation ermutigt, stellten die Audi-Werke noch im September 1923 auf der Berliner Automobilausstellung einen neuen Sechszylinder vor. Dieser 18/70-PS-Typ M mit seiner eindrucksvollen Karosserie war eine der großen Attraktionen der Ausstellung. Sowohl technisch als auch qualitativ hatte der neue Audi-Chefkonstrukteur Erich Horn aus dem vollen geschöpft. Stolz verkündete man in der Presse: »Die Audi-Werke zählen zu jenen deutschen Automobilfabriken, welche die Preisfrage hinter die konstruktive Aufgabe zurückstellen.« Angesichts der niedrigen Produktionskosten fiel es dem Unternehmen leicht, mit solchen Aussagen zu werben.

In Wirklichkeit aber gerieten die Audi-Werke nach Einführung der Rentenmark im November 1923 und der damit erzielten Stabilisierung der Währung mehr und mehr in die roten Zahlen.

Was August Horch darüber hinaus zutiefst erschütterte: »Der Geschäftsführer Baus war zusammengebrochen. Ich hatte es schon früher geahnt, aber ich war doch niedergeschmettert von dem Umfang der Katastrophe. Ich war von den tatsächlichen Verhältnissen, die ich vorfand, völlig überrascht. Als ich seinerzeit das Werk verließ, hatte ich es unter den denkbar günstigsten finanziellen Verhältnissen zurückgelassen. Man hatte das Kunststück fertiggebracht, das schöne Werk in wenigen Jahren herunterzuwirtschaften.«

Kunststück? Die Ironie, die in diesem Wort liegt, meint wohl eher eine Selbstverständlichkeit, eine Konsequenz, die aus folgender Tatsache zu ziehen ist, in technischer wie auch in finanzieller Hinsicht: Für das Jahr 1923 ergab sich für ein komplettes Fahrgestell, ohne Karosserie, bei den Audi-Werken folgender Aufwand in Stunden:

Baugruppe	G	C	E	K
Motor	340	405	460	1.150
Fahrwerk	389	533	598	1.675
Kupferschmiede	30	38	40	110
Fertigmacherei	10	15	6	60
Armaturen, Licht, Anlasser	37	44	50	125
Werkzeuge, Zubehör	4	5	6	20
Summe	810	1.040	1.170	3.140
Montage, einfahren	210	230	250	760
Fertigmontage	70	90	120	200
Summe	1.090	1.360	1.540	4.100
Wirkliche Stundenzahl Juni 1924:	1.135	1.364	1.555	27.542

Für das Jahr 1925 war die Kostenkalkulation für alle lieferbaren Audi-Pkw (in Reichsmark) wie folgt angesetzt:

	Typ G	Typ K	Typ M
Material	2.621,20	4.575,76	5.338,32
Löhne	628,50	1.300,00	1.560,00
Regie 285%	1.945,13	3.705,00	4.446,00
Herstellungskosten	5.248,83	9.580,76	11.344,32
Handlungsunkosten 15 %	524,88	958,08	1.134,43
Selbstkosten	6.561,03	11.975,95	4.180,40
Gewinn 25%	1.640,26	2.993,99	3.545,10
Soll-Erlöse	8.200,29	14.969,94	17.725,50
Luxussteuer 11%	902,14	1.646,69	1.849,81
Händlerrabatt 25%	2.275,86	4.154,16	4.918,83
Bruttoverkaufspreis	11.379,29	20.770,79	24.594,14

Waren August Horch die Negativtendenzen wirklich nicht bekannt? Sah er nicht, daß solche Kalkulationen reines Wunschdenken waren und weit an der Realität vorbeigingen? Auch bei Audi mußte man schließlich einsehen, daß die Luxusautos kaum eine Absatzchance hatten, gegenüber der deutschen Konkurrenz nicht und gegenüber den ausländischen Fahrzeugen ebenfalls nicht. Elitedenken, das trotz der Inflationszeit Platz griff, war völlig verfehlt. Die Audi-Werke mußten, um überhaupt noch Automobile absetzen zu können, erhebliche Preisnachlässe gewähren.

In den Unterlagen befindet sich hierzu eine Aktennotiz: »In Anbetracht der außerordentlich schwierigen Geschäftslage, der Geldknappheit und der durch die Konkurrenz gedrückten Preise, mußten wir uns zu einem weiteren Nachlaß für den Typ K bereit finden.« So war also die Situation bei Audi. Das Werk konnte nicht mehr auf seine Kosten kommen.

In einer Krisensitzung beschwert sich August Horch über seine unzureichende Information: »Im Hause des Kommerzienrates Leonhardt fand eine erregte Zusammenkunft statt. Ich beschwerte mich bitter darüber, daß man mich, obwohl ich noch Mitglied des Aufsichtsrates war, nicht rechtzeitig von der bedrohlichen Lage unterrichtet hatte.«

Immer wieder mußte August Horch seine Beziehungen spielen lassen, um an das benötigte Geld heranzukommen. Er ging sogar zur Konkurrenz, zu den Horch-Werken und fragt an, ob sie nicht an einer Fusion interessiert seien. Aber da stieß er bei dem Hauptaktionär Dr. Strauss auf völlig taube Ohren. Auch andere Bekannte und sogenannte Freunde hatten keine offene Hand. Horch hatte sich »mit Dr. Sperling, dem Generalsekretär des Reichsverbandes der Automobil-Industrie (RDA), in Verbindung gesetzt. Ich wußte, daß Dr. Sperling sowohl im Wirtschafts- als auch im Finanzministerium in Dresden gut bekannt war. Das Werk durfte nicht zugrundegehen.

Bei Strauss hatte ich schon bei den ersten Worten ein verdammt schlechtes Gefühl. Er zeigte mir die kalte Schulter, und ich konnte mich des

Die Audi-Werke in Zwickau wurden kontinuierlich ausgebaut. Dieses Foto vom Fabrikgelände entstand 1924. Im Hintergrund ist der dominierende Hochbau der Horch-Werke zu erkennen.

Kennzeichen der von Horch veranlaßten Konstruktionen war die technisch klare Linie, wie sie auch bei diesem Audi-Sechszylindermotor des Typ M deutlich wird.

Empfindens nicht erwehren, daß dieser Mann im stillen die Absicht hatte, die Audi-Werke kaltblütig zugrunde gehen zu lassen. Um so billiger konnte er sie dann erwerben.«

In den Audi-Werken wird eine aufwendige Inventur durchgeführt, dann tritt August Horch in Verhandlungen mit den Gläubigern ein, »bei denen ich eine gute Hand hatte. Sie machten uns im großen und ganzen keine Schwierigkeiten. Ich glaube, daß es gelungen war, die Audi-Werke lebensfähig zu halten.«

Es ist aus heutiger Sicht kaum nachzuvollziehen, warum man bei Audi angesichts dieser bedrohlichen Situation im Jahre 1927 mit dem Achtzylindermodell Typ R ein weiteres großvolumiges Modell auf den Markt brachte, nachdem man im Jahr zuvor die alten Vierzylinder-Typen, mit Ausnahme einiger LKWs, gänzlich aus dem Programm gestrichen hatte. Der von einem 100 PS starken, seitengesteuerten Motor angetriebene Achtzylinder-Wagen war zwar weniger aufwendig konstruiert als der Sechszylinder Typ M und daher auch um etwa 5.000 Mark preiswerter, aber auf der Grundlage dieses Zweitypen-Programms war die Firma nicht zu konsolidieren. Die verfehlte Modellpolitik hatte inzwischen dazu geführt, daß von den 873 Mitarbeitern im Jahre 1924 drei Jahre später nur noch 292 Beschäftigte von Audi Lohn bezogen. 1927 war die Jahresproduk-

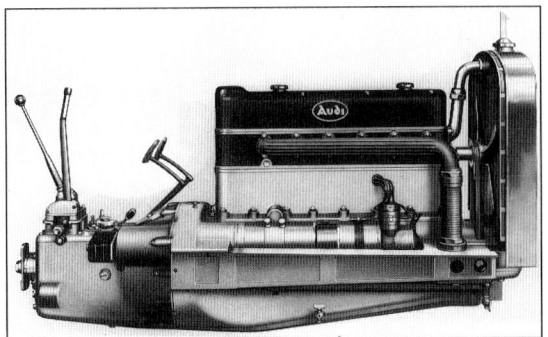

NEUANFANG MIT AUDI

Die Berliner Schauspielerin Hilde Wörner mit ihrem Audi Achtzylinder-Cabriolet. Von dem Audi Typ R, auch bekannt unter der Modellbezeichnung ›Imperator‹, wurden in der Zeit von 1928 bis 1929 nur 145 Exemplare fertiggestellt.

tion mit 92 Stück auf den absoluten Tiefpunkt gerutscht. Da half auch nicht mehr die im Frühjahr des Jahres durchgeführte Kapitalbereinigung, bei welcher das Aktienkapital von 3 Millionen RM auf 500.000 RM herabgesetzt und durch Neuausgabe von 600.000 RM Stammaktien auf 1.1 Millionen RM wieder erhöht wurde.

Ein Konkurs schien Ende 1927 endgültig nicht mehr abwendbar.

Schließlich taucht doch noch der Retter in der Not auf: Die Sächsische Staatsbank gewährte sowohl die dringend erbetenen Überbrückungskredite und vermittelte auch den wichtigsten Mann, den Chef des DKW-Konzerns, Jörgen Skafte Rasmussen. Seine Expansionspläne wurden zum großen Teil von der Sächsischen Staatsbank finanziert. Für diese Expansion hatte er – wie er glaubte – bereits äußerst günstig Fertigungsmaschinen für Sechs- und Achtzylinder-Motoren eingekauft. Die hatte er »mit seiner günstigen Hand« während einer USA-Reise im Herbst 1927 preis-

wert aus der Konkursmasse der Automobilfabrik Rickenbacker in Detroit erworben. Diese Firma war zusammen mit potenten Geldgebern nach dem Kriege vom ehemaligen und erfolgreichsten USA-Jagdflieger Eddie Rickenbacker gegründet worden. Rasmussen griff folglich das von der Sächsischen Staatsbank offerierte Angebot zur Übernahme der Audi-Aktienmehrheit im Jahre 1928 auf. Audi war nun vollkommen in den DKW-Konzern von J. S. Rasmussen integriert. Damit hatten sich zwei von den Vier Ringen zusammengeschlossen.

Im Vorstandsbericht der Zschopauer Motorenwerke J. S. Rasmussen AG für 1930 ist diese Handlungsweise begründet: »Veranlaßt durch die Erfolge amerikanischer Motorenfabriken haben wir im Jahre 1929 auch die Fabrikation von Sechs- und Achtzylindermotoren eingerichtet, um als Spezialfabrik mittleren und kleineren Automobilfabriken einen billigen Motor zur Verfügung stellen zu können.

Zu den extravaganten Modellen der frühen dreißiger Jahre zählt der ›Audi Zwickau‹, hier als Sport-Cabriolet. Als Antrieb diente der 100 PS leistende 5,1-Liter-Achtzylinder-Rickenbackermotor.

Mannesmann war eine der wenigen Firmen, die Ende der zwanziger Jahre ihre großen Personenwagen mit den von Rasmussen angebotenen amerikanischen Rickenbacker-Achtzylindermotoren ausstattete.

Obwohl wir trotz eines unzulänglichen Schutzzolls die Preise der amerikanischen Konkurrenz in den 6- und 8-Zylindermotoren zu halten vermögen, hat sich der Umsatz dieser Abteilung nicht in der erwarteten Weise entwickelt, weil die Mehrzahl der Automobilfabriken, für die der Bezug dieses Motors in Frage käme, sich zum Einbau eines fremden Erzeugnisses zunächst nicht entschließen konnte. Um aber für die aufgenommene Fabrikation Absatz zu schaffen und gleichzeitig die Güte der Motoren zu beweisen, haben wir uns an der Audi-Werke AG, Zwickau beteiligt. Die mit diesem Motor ausgerüsteten Audi-Wagen haben am Markt Anklang gefunden.« Wirklich? War Audi auch mit diesen Motoren die Nummer ›Eins‹?

Der Einsatz der Rickenbacker-Motoren wurde ein Flop, wie sich später herausstellen sollte. Auch Rasmussens Rettungsversuch mit dem Audi Typ P, einem Kleinwagen mit DKW-Karosserie und Peugeot-Motor, brachte für die Audi-Werke nicht die erwünschte Entlastung. Rasmussen ließ deshalb von den kaum ausgelasteten Audi-Technikern Oskar Arlt und Walter Haustein den DKW F1 mit Zweitaktmotor und Frontantrieb entwickeln. Die Wiege des DKW-Frontantriebs, einer Antriebsart, die sich aufgrund ihrer Vorzüge heute weltweit durchgesetzt hat, stand also in den Zwickauer Audi-Werken.

August Horch mag das alles mit Wehmut gesehen und erahnt haben. In seinem Buch beschreibt er die Entwicklungsphase ›seines‹ Audi-

Nachdem die Audi-Werke von Rasmussen übernommen worden waren, wurden diese auch mit den in Amerika angekauften Rickenbacker-Motoren ausgerüstet, wie dieser zweitürige ›Audi Dresden Typ T‹. Der 3,8 Liter große Sechszylindermotor leistete 75 PS.

Werkes: »Von der Krisis der deutschen Wirtschaft, die seit 1929 immer offener in Erscheinung trat und die sich unter einem politisch und wirtschaftlich morschen System immer weiter und mit immer größerer Schnelligkeit ausbreiten konnte, blieb naturgemäß gerade die Kraftverkehrswirtschaft am wenigsten verschont. Hier konnte nur noch ein Zusammenschluß unter einheitlicher Führung den weiteren Niedergang aufhalten und neue Voraussetzungen schaffen.«

Die notwendig gewordenen Fusionsbestrebungen, die zwangsläufig aktiviert werden mußten, um den weiteren Niedergang aufzuhalten, schätzt August Horch so ein: »In einer Aufsichtsratssitzung der Audi-Werke am 1. Juni 1932 trug Dr. Bruhn (Delegierter der Sächsischen Staatsbank) vor, wie weit die Zusammenlegung der Audi-DKW-Horch-Werke gediehen sei. Die Verhandlungen hierüber dauerten schon eine ganze Zeit, und sie waren, wie man einsehen wird, unsäglich schwierig. Hier war der richtige Mann am richtigen Platz. Dr. Bruhn verstand es meisterlich, die manchmal hochgehenden Wogen bei den Verhandlungen zu glätten und schließlich alles zu einem guten Ende zu führen.

Am 29. Juni desselben Jahres fand die letzte Generalversammlung der Audi-Werke statt. Man war also jetzt in der Lage zur Fusion der Horch-Werke AG Zwickau, der Audi-Werke AG Zwickau, der Zschopauer Motorenwerke (DKW) und zur käuflichen Übernahme der Automobil-Abteilung der Wanderer-Werke, die im übrigen mit ihren anderen Fabrikationszweigen weiterhin völlig selbständig blieben.

Die Vereinigung erfolgte unter dem Namen ›Auto Union‹, und damit war ein neues Großunternehmen des deutschen Kraftfahrzeugbaues geschaffen, das die Qualitätstradition der in ihm zusammengeschlossenen Marken aufrechterhalten, aber gleichzeitig unter neuer energischer Führung und straffer Zusammenfassung aller wirtschaftlichen und technischen Möglichkeiten wieder in den Kampf um die deutschen Kraftfahrzeugmärkte eingreifen sollte.

Niemand kann sagen, wie schwer trotz allen guten Willens, trotz allen Könnens von Führung und Gefolgschaft der Aufbau des neuen Unternehmens geworden wäre, wenn nicht schon ein halbes Jahr nach seiner Gründung durch Änderung des Automobilgesetzes die politischen und wirtschaftlichen Voraussetzungen in Deutschland völlig andere geworden und damit der deutschen Motorisierung freie Bahn gegeben worden wäre.

Unter diesen neuen politischen und wirtschaftlichen Voraussetzungen jedoch konnten sich alle in dem Neuaufbau des jungen Unternehmens wirksamen Energien erfolgreich entfalten und in wenigen Jahren die Auto Union zu einem unserer größten deutschen Kraftfahrzeugunternehmen heranwachsen.«

Soweit August Horch. In seinen vorliegenden Lebenserinnerungen fehlt bis hierher ein Name. War es Absicht oder Versehen? Jörgen Skafte Rasmussen, der Däne.

Das Audi-Modellangebot von 1910 bis 1932

Baujahre	Modell	PS	Hubraum in ccm	Zylinder	Stückzahl	km/h max.	Anmerkungen
1910/1912	Typ A	10/22	2.612	4	127	70	–
1911/1917	Typ B	10/23	2.612	4	350	70	–
1913/1919	Typ Bt	25/28	2.612	4	8	45	LKW
1913/1914	Typ Fb	25/28	2.612	4	6	40	LKW
1911/1925	Typ C	14/35	3.560	4	1.116	80	–
1912/1928	Typ Ct	–	3.560	4	326		LKW
1913/1916	Typ Fc	35/36	3.560	4	221	50	LKW
1916/1928	Typ Hc		3.560		332		LKW
1928/1929	Typ He	–	3.560	–	29	–	LKW
1911/1920	Typ D	13/45	4.680	4	53	90	–
1911/1924	Typ E	22/50	5.720	4	301	100	–
1924/1929	Typ Et	22/28	5.720	4	54	65	LKW
1914/1926	Typ G	8/22	2.084	4	1.122	65	LKW
1921/1926	Typ K	14/50	3.560	4	192	95	–
1923	Typ Mk	70	4.655	6	2	–	Prototypen
1924/1928	Typ M	18/70	4.655	6	228	120	–
1927/1929	Typ R	19/100	4.872	8	145	120	›Imperator‹
1929/1932	Typ SS	20/100	5.130	8	457	110	›Zwickau‹
1930	Typ S	17/70	4.871	8	2	–	Prototypen
1930/1932	Typ T	15/75	3.838	6	76	100	›Dresden‹
1931	Typ P	5/30	1.122	4	327	–	Peugeotmotor

DÄNISCHER IMPORT

DÄNISCHER IMPORT

Im dänischen Nakskov wird Jörgen Skafte Rasmussen am 30. Juli 1878 geboren. Sein Vater ist Kapitän und Schiffseigner. Auch er, der ein Jahr später stirbt, hat wie viele andere nicht ahnen können, daß sein Sohn einmal einer der bekanntesten deutschen Unternehmer und seine Motorradfabrik in Deutschland in den zwanziger und dreißiger Jahren unseres Jahrhunderts die größte der Welt sein würde. Der junge Rasmussen ist zielstrebig. Er will Ingenieur werden. Sein geplantes Studium bereitet er durch ein Praktikum in seiner Heimat vor. Dann zieht es ihn nach Mittweida und Zwickau auf die dortigen Ingenieurschulen, die damals schon hoch angesehen waren. Beide Städte liegen im Großraum Chemnitz. Hier sind bedeutsame Unternehmen beheimatet: Eisengießereien, Baumwoll- und Kammgarnspinnereien, Strumpfwaren- und Handschuhfabrikation, Zeugdruckereien und Färbereien.

Nach erfolgreichem Abschluß seiner Studien bleibt Rasmussen in Deutschland. Er weiß, daß dieses Land ihm ein weites Betätigungsfeld bieten kann, das seinem Schaffensdrang und seinem umgreifenden Talent entspricht. Solches würde er niemals in seiner kleinen Heimat Dänemark gefunden haben. Nur relativ kurze Zeit arbeitet der junge Ingenieur in Düsseldorf bei der Rheinischen Maschinenfabrik. 1904 kehrt er nach Chemnitz zurück und trifft zwei bedeutsame Entscheidungen: Er heiratet und gründet mit seinem Freund Ernst die Rasmussen & Ernst GmbH, zunächst nur als reines Handelsunternehmen. Dort konstruiert und vertreibt er Abdampf-Entöler und Armaturen für Dampfkessel.

»Ich habe den Mitgesellschafter Herrn Ernst nie kennengelernt«, erzählt Sohn Ove Rasmussen, »er war auch nicht der Geldgeber für die junge Firma, das war ein unbekannter Schweizer. Mit dem fuhr mein Vater mal Eisenbahn und mit dem hat er sich unterhalten, und da hat der Schweizer gesagt: ›Na, junger Mann, was wollen Sie denn werden?‹ Da sagte mein Vater: ›Ich würde mich selbständig machen, wenn ich Geld hätte.‹ Da hat der Schweizer ihm zweieinhalbtausend Schweizer Franken geborgt. Er hat an dieses Geld die Bedingung geknüpft: Wenn es seinem Sohn einmal schlecht gehen sollte, dann sollte mein Vater seinem Sohn helfen. Das ist auch prompt eingetreten. Ich glaube, der hieß Keller. Der Keller-Sohn hat das genauso pünktlich wieder zurückbezahlt wie seinerzeit mein Vater seinem Helfer. Das weiß ich genau, denn ich habe noch das letzte Geld eingenommen. Der Herr Ernst ist, solange ich mich erinnern kann, nie in Erscheinung getreten.«

1907 erwirbt Rasmussen zirka 20 Kilometer südlich von Chemnitz im Erzgebirge, in Zschopau, zusätzlich einen großen Grundbesitz, auf dem sich eine kleine stillgelegte Spinnerei befindet. Für den Quadratmeter Boden zahlt er nur 10 Pfennig. Mit dem Geld und dem Zukauf von Firmen weiß er

Aus kleinsten Anfängen ist es dem Dänen Jörgen Skafte Rasmussen gelungen, in Sachsen ein Firmenimperium aufzubauen. Die bekannteste und erfolgreichste Investition gelang ihm mit den ›Zschopauer Motoren-Werken‹ (links), bekannt als ›DKW‹. Mit der 1921 anlaufenden Fertigung eines Fahrrad-Hilfsmotors schafft das Unternehmen den entscheidenden Schritt zur profitablen Herstellung von Zweitaktmotoren und Kraftfahrzeugen.

DÄNISCHER IMPORT

1907 erwarb Jörgen S. Rasmussen diese alte Spinnerei in Zschopau. Sie wird die Keimzelle der Zschopauer Motorenwerke, die Ende der zwanziger Jahre weltgrößter Motorradproduzent waren.

Rasmussen (rechts) und seine Mitarbeiter der ersten Stunde. Von links: Ruppe, der die ersten DKW-Motoren entwarf; Wenzke, kaufmännischer Direktor; Mathiessen, der den Dampfkraftwagen entwickelte und Meister Riesner, der mit Ruppe nach Zschopau gekommen war.

umzugehen, so daß er einmal im Zeichen der Vier Ringe eine bedeutende Rolle spielen wird. Nur ahnt er das selbst noch nicht und die anderen, die mit ihm einmal zu tun haben werden, auch nicht. Den Weg per pedes ist er nie gegangen, hat auch nicht spontan Vollgas gegeben. Er ist sogar einen Schritt zurückgegangen, zu den Dampfmaschinen. Für ihn war das aber kein Rückschritt, sondern Vorausschau.

Weil das Benzin knapper wurde, hat er sich wieder auf die in Dampf umgewandelte Kraft des Wassers besonnen. Wasser war überall zu haben und wurde nicht besteuert. Wasser war ein krisenfester Stoff. Ihn kümmerte es nicht, daß ihm die anderen meilenweit voraus waren. Er würde sie eines Tages alle überholen. Energisch und zielbewußt, wie er nun einmal war, trennt er sich von seinem Freund Ernst, trennt sich von seiner Firma und gründet 1907 die Zschopauer Maschinenfabrik J. S. Rasmussen. Alleine für sich, unabhängig von anderen, legt er den Grundstein für ein Imperium, für einen Konzern, der für das Zeichen der Vier Ringe schicksalhafte Bedeutung erlangen wird. J. S. Rasmussen ist einer jener Zirkelstecher, von denen eingangs die Rede war. Er steuert einen der Vier Ringe bei und wird die anderen drei an sich ziehen. Zunächst aber ist er vernarrt in Motoren, dann in Motorräder. Und schließlich auch in Autos. Aber das ist ein Kapitel für sich, die Geschichte von DKW.

EIN DAMPFKRAFTWAGEN ENTSTEHT

Die Entwicklung in Rasmussens Zschopauer Maschinenfabrik mit dem Stammsitz und Hauptbüro in Chemnitz sollte 1916 mit Experimenten zu einem Dampfkraftwagen weitergehen. Während des Krieges, der nun schon zwei Jahre dauerte, wurden in der Firma vorwiegend Heeresaufträge ausgeführt. Die Herstellung von Zündkapseln und Granatzündern konnte auf die Dauer nicht befriedigend sein. Der Krieg würde einmal zu Ende sein. Und was dann?

Dampfkraftwagen, starke und vielfach einsetzbare Fahrzeuge, die boten Zukunftsaussichten. Zwar hatten andere Firmen schon Benzinmotorwagen gebaut, aber bei zunehmendem Kraftstoffmangel setzte Rasmussen auf Dampfkraft. Die war schon längst erfolgreich bei Eisenbahnen auf die Schiene gebracht. Nun sollte und mußte man ›mit Dampf‹ auf die Straße kommen. Bei Ausbruch des Ersten Weltkrieges hatte Rasmussen seinen Wohnsitz in Chemnitz und sein Unternehmen in Zschopau. Die Benzinzuteilung lag bei 30 Liter, zu wenig, um täglich mit dem Wanderer Puppchen in die Firma fahren zu können. Dieses Ärgernis führte 1916/1917 zum Engagement auf dem Dampfkraftwagengebiet.

Ein Landsmann sollte Rasmussen bei der Konstruktion von Dampf-Kraftwagen zur Hand gehen. Das war der Ingenieur Mathiessen, der bis zum Kriegsausbruch 1914 in den USA bei den Dampfautomobilherstellern Doble und Stanley reichlich Erfahrung und Erfolge mit solchen Konstruktionen gesammelt hatte. Die will Rasmussen nutzen und sich dadurch eine ziemlich aufwendige Experimentierphase ersparen. Klug von ihm gedacht und künftig als Handlungsprinzip immer wieder von ihm praktiziert: Sich umschauen, was schon vorhanden ist, dann prüfen, ob sich eine Weiterentwicklung lohnt und, wenn ja, dann mit vollem Engagement einsteigen.

Rasmussen denkt selbst gerne. Doch wann immer es möglich ist, läßt er denken und bedient sich dann, ob mit oder ohne Zustimmung seiner Vor-Denker ihrer Denk-Ergebnisse. Das ist sein Verständnis von Ökonomie und Rationalität. Und so läßt er dann den Mathiessen einen Dampf-Lastkraftwagen konstruieren. Hinter dem Fahrersitz baut dieser den senkrecht stehenden Röhrendampfkessel ein, der mit Dieselöl beheizt wird. Gleichzeitig baut er aber auch einen Personenkraftwagen. Allerdings war bei diesem der Dampfkessel im Vorderteil des Wagens unter einer wuchtigen ›Motorhaube‹ untergebracht.

Ein kleines, mechanisches und physikalisches Phänomen erschließt sich da dem bewundernden Betrachter, wenn er solche Originale oder Kopien etwa in Technischen Museen betrachtet: Kleine Heizflammen erhitzten das Röhrensystem. Wenn ein Druck von etwa 100 Atmosphären erreicht war, wurde der Dampf in die Dampfmaschine mit ihren zwei Zylindern geleitet. Die gaben ihre Kraft direkt auf die Hinterachse ab. Nach einem Getriebe sucht man vergeblich. Der Bedarf an Dampfdruck und Dampfmenge konnte jeweils nach Leistungsbedarf geregelt werden. Vorsorglich hatte sich Rasmussen – sollten die Experimente erfolgreich sein – ein Warenzeichen erdacht und dieses schützen lassen. Um einen rauchspeienden Vulkan waren die Buchstaben DKW angeordnet: Dampf-Kraft-Wagen. Das Warenzeichen ›DKW‹ für Motoren und Motorräder wird 1922 erteilt.

Indes, die Experimente, die bis 1921 durchgeführt wurden, waren nicht erfolgreich. Die 500 Liter Wasser, die das Fahrzeug in einem Tank mitführte, waren zu schnell verbraucht. Außerdem fehlten für das häufige und viel Zeit beanspruchende Nachbunkern von Wasser die Zapfstellen. Auch war das Gefährt insgesamt gesehen zu schwach; selbst bei Vollast konnten Steigungen nicht überwunden werden. Schließlich hatte das Fahrzeug ein zu großes Eigengewicht. Mindestens fünf Zugpferde wurden benötigt, um es bei einer Panne wieder nach Zschopau zurückziehen zu können. Das wiederum war viel zu oft erforderlich. Also fragte sich Rasmussen: »Welchen Wert hat da noch die Maschinenkraft, wenn sie in extremen Situationen schließlich doch nicht ohne Muskelkraft von Menschen und Tieren auskommen kann?« Mithin kam er zu der Überlegung, schleunigst alle diesbezüglichen Versuche zu beenden und den Rest der Entwicklung nach Möglichkeit noch gut an den Mann zu bringen. Den finanziellen Schaden so gering wie möglich halten und sich nach Neuem und Lohnenswerterem umschauen. Bis Ende 1923 ist das geschafft, der Dampf ist raus. Zwei Jahre zuvor, 1921, wird die Zschopauer Maschinenfabrik J. S. Rasmussen umbenannt in Zschopauer Motorenwerke J. S. Rasmussen.

Mit diesem Dampfkraftwagen wollte Rasmussen in die Fahrzeugherstellung einsteigen.

DÄNISCHER IMPORT

VOM SPIELZEUG ZUM KRAFTPAKET

Wenn also keine Dampfkraftwagenmonster, dann wenigstens kleine Autos in großen Mengen bauen. Die lassen sich gut verkaufen, wenn sie handlich und erschwinglich sind. So denkt Rasmussen und entwickelt eine Vielzahl von Ideen. Bevor er sich in diese voll und ganz verrennt, trifft er auf den Mann, der ihn von seinen skurrilen und manchmal wirklichkeitsfremden Ideen befreit und ihn auf den Boden des Machbaren zurückholt. Dieser Mann ist der Ingenieur Ruppe, als Besitzer der Markranstädter Automobilfabrik (MAF) und durch verschiedene Eigenkonstruktionen bekanntgeworden. Er sucht Rasmussen Anfang 1918 in Zschopau auf und notiert sich diese denkwürdige Begegnung. Davon sind noch einige Unterlagen vorhanden, die folgende Meinungen, Einschätzungen und Aktionen protokollhaft festhalten: Ruppe kann Rasmussen die Idee von einem kleinen Auto zunächst ausreden, daß das alles technisch noch unausgegoren sei und sich das Fabrikgelände sowieso hierfür nicht eigne. Stattdessen solle Rasmussen einen Fahrrad-Hilfsmotor fabrizieren. Einen solchen hat Ruppe vor dem Kriege selbst als Zweitaktmotor entworfen und sich den hierfür entwickelten Schwungrad-Magneten patentieren lassen. Das alles wollte er Rasmussen zur Verfügung stellen. Dieser Zweitakt-Motor konnte mit den Viertakt-Motoren durchaus konkurrieren. Ruppes Überzeugungsarbeit dauerte ein ganzes Jahr, bis er Rasmussen endlich auf seiner Seite hatte.

Während dieser sich gelegentlich für ein Vierteljahr in Dänemark aufhält, baut Ruppe den Motor auf eigene Rechnung und nach seinen Vorstellungen. Er führt ihn Rasmussen vor. Dieser kann seine Begeisterung nicht verhehlen. Das Maschinchen ist ein voller Erfolg. Beim ersten Bahnrennen in Dresden zeigt sich der Motor allen anderen überlegen. Ruppe vermerkt voller Befriedigung, daß er auch die Fabrikation der Schwungrad-Zündmagnete gemeistert habe, nachdem eine Kontaktaufnahme mit der Firma Bosch bezüglich der Fertigung dieser Zündanlagen ergebnislos verlaufen war. Bosch hatte die Fabrikation abgelehnt.

Seinen Aufzeichnungen, nennen wir es Tagebuch, vertraut Ruppe auch persönliche Dinge an, die er laut zu sagen sich wohl kaum getraut hätte: »Mit Herrn Rasmussen war schweres Arbeiten. Er war zu wenig Fachmann und wollte dauernd mitbestimmen und mußte erst immer hundertprozentig vom Gegenteil überzeugt werden, ehe er einlenkte und war stets eifersüchtig auf mich. Ich hatte heimlich bereits auf meine Frau einen neuen Motor mit sogenanntem Kompressor (Ladepumpe im Kurbelgehäuse) angemeldet und war darauf bedacht, meinen Vertrag, selbst auf die Gefahr der Lizenzverluste, loszuwerden. Herrn Rasmussen erschien die ausgemachte Lizenz von 3 Prozent zu hoch, und er gab mir mein Patent zurück zugunsten einer zwischen ihm und mir gegründeten neuen Firma, welche für ihn die Magnete herstellen sollte. 3 Prozent Magnetpreis sollte der Gewinn der neuen Firma sein, so daß mein Gewinn nur 1,5 Prozent sein würde. Nach einem Jahr ergaben die Bilanzen in meiner Firma einen erheblichen Gewinn und in seiner Firma einen Verlust, denn er hatte an meiner Stelle neue Herren eingesetzt, die sich von mir nicht beraten ließen.

Schon 1922 konnte der 20.000 Fahrrad-Hilfsmotor in den Zschopauer Motorenwerken fertiggestellt werden. Der kleine Zweitaktmotor leistete 1 PS.

Herr Rasmussen erfuhr von meinem neuen Patent, verlangte dies, und sogar gratis, da die neue Firma ja nur eine Formsache sei, und es kam wieder zu Auseinandersetzungen, so daß ich ihm schließlich die neue Firma auch noch überließ und 1921 nach Berlin abreiste. Der Motor wurde ›DKW‹ genannt und als ›Das Kleine Wunder‹ übersetzt. Er ist, so wie ich ihn entwickelt hatte, in zirka 130.000 Exemplaren hergestellt worden. Er war als Hilfsmotor gedacht und wurde über dem Hinterrad angeordnet. Herr Rasmussen hat aber dann verstärkte Fahrräder dafür hergestellt, da der Motor über 40 Kilometer in der Stunde lief. In der Weiterentwicklung ist man meinem Prinzip (Zweitakt, untersetzter Antrieb und Schwungrad-Zündmaschine) treu geblieben, und es ist auf diese Weise die größte Motorradfabrik des Kontinents, das DKW-Werk entstanden.«

Das ist die Version von Ruppe über die Entstehung des Zweitakt-Motorenbaus in Zschopau. Eine weitere gibt der Ingenieur Emil Fischer einem namentlich nicht genannten Firmenmitarbeiter zu Protokoll. Dieser berichtet: »Herr Fischer brachte Herrn Rasmussen auf den Gedanken, einen Klein-Motor für den Heckantrieb eines neuartigen Kleinwagens zu konstruieren. Während seiner französischen Kriegsgefangenschaft hatte er schon auf Papierfetzen eine Skizze für einen Kleinwagen entworfen. Wie der Zufall es so will, kam Herr Fischer in einem Berliner Café im Herbst 1918 mit einem Herrn ins Gespräch, den er nicht kannte. Wie sich später herausstellte, war das Herr Rasmussen gewesen. Dieser sagte, daß er sofort nach dem Kriege seine Fabrikation auf etwas Neues und Zugkräftiges umstellen könne, weil die Dampfkraftwagen-Geschichte wohl so nicht weiterlaufen würde. Daraufhin erzählte ihm Herr Fischer von seinen Ideen über den künftigen Weg der Motorisierung und zeigte ihm seine in der Gefangenschaft gemachten Skizzen. Herr Rasmussen war von diesen sofort begeistert und engagierte Herrn Fischer vom Fleck weg. In Zschopau übertrug er ihm die Aufgabe, nun unter Zugrundelegung dieser Skizzen einen solchen Wagen zu konstruieren.

Dieser Kleinwagen war mit einer selbsttragenden Holzkarosserie gedacht, die stabilitätshalber wie ein Bootskörper gebaut sein sollte. Die Vorderachse sollte durch zwei vorn an dem Bootskörper befestigte Halbelliptik-Federn aufgehängt werden, während die Hinterachse durch eine Querfeder nach unserem heutigen Prinzip der Schwebeachse montiert werden sollte. Den Antrieb sollte der Wagen durch einen Zweizylinder-Zweitakt-Heckmotor von 500- bis 600-ccm-Hubvolumen erhalten, der mit Getriebe und Differential zu einem Block vereint werden sollte. Dieser Zweizylinder-Motor war als Boxer-Motor gedacht.

Mit diesen Arbeiten begann Herr Fischer seine Tätigkeit in Zschopau im September 1918, und man baute auch gleich zwei solcher Karosserien. Während dieser Motor im Bau war, erschien Herrn Rasmussen der Wagen für seine seinerzeitigen Fabrikationsverhältnisse noch zu groß, und er sagte Herrn Fischer, man müsse sinnen, mit irgend etwas Kleinerem anzufangen. Dabei erinnerte sich Herr Fischer an einen Ingenieur Ruppe, der früher in der Automobilfabrik Markranstädt bei Leipzig sein Direktor war und nun Ende 1918 bei der Kriegsmarine als Maat diente und sich in seiner Freizeit einen kleinen Einzylinder-Zweitakter-Spielzeug-Motor von angeblich 30-Kubikzentimetern-Hubvolumen gebastelt hatte. Da gleichzeitig in der Schweiz die Motosacoche von sich reden machte, beauftragte Herr Rasmussen Herrn Fischer, eine ähnliche Maschine als Viertakter nachzubauen und forderte ihn auf, sich unverzüglich mit Herrn Ruppe in Verbindung zu setzen und diesen möglichst für ihn zu engagieren. Das war in den Revolutionstagen 1918, so daß es Herrn Fischer nicht schwer fiel, Herrn Ruppe gleich zu engagieren. Nun begann Rasmussen nach dem von Herrn Ruppe mitgebrachten Modell den Spielzeugmotor ›Des Knaben Wunsch‹ zu bauen und legte davon schätzungsweise eine Serie von 1.000 Stück auf. Das Wesentliche an diesem Spielzeugmotor war, im Gegensatz zu ähnlichen Konstruktionen, daß dieser Motor mit einem einwandfrei funktionierenden Schwungrad-Zündmagneten gebaut wurde.

DÄNISCHER IMPORT

Der von Rasmussens Firma gefertigte Spielzeugmotor ›Des Knaben Wunsch‹ (DKW) ist der Urahn aller DKW-Zweitaktmotoren. Der kleine Motor von 1919 mit 18-ccm-Hubraum leistete 0,25 PS.

Herr Fischer erhielt in der Folgezeit den Auftrag, aus diesem nur zum Spielen gedachten Motor, einen etwas größeren Zweitakter zu konstruieren, der in Fahrräder als Hilfsmotor eingebaut und nach der ursprünglichen Planung nicht als Heckmotor, sondern in der Mitte des Rahmens eingebaut werden sollte. Allerdings waren derartige kleine Zweitakter, die sogar schon nach dem Dreikanal-System und mit Kurbelgehäuse-Vorverdichtung gebaut wurden, keine sensationelle Neuigkeit mehr. Die verschiedenartigen, Herrn Fischer übertragenen Aufgaben führten zu erheblichen Differenzen zwischen Rasmussen, Fischer und Ruppe, die Herrn Fischer veranlaßten, Ostern 1919 von Herrn Rasmussen wegzugehen. Herr Ruppe folgte etwas später.«

Schließlich stellt noch ein dritter Zeitzeuge seine Version dar. Es ist der Obermeister Riesner, ein langjähriger DKW-Mitarbeiter: »Ich arbeitete vor dem Weltkrieg in Apolda in den damaligen Pikkolo-Werken mit Herrn Ingenieur Ruppe zusammen, der großes Interesse an kleinen Motoren zeigte. Mit ihm zusammen baute ich 1908 einen kleinen Viertakt-Motor. An diesen Motor erinnerte ich Herrn Ruppe wieder, nachdem er die MAF-Werke in Markranstädt gegründet hatte. Herr Ruppe zeigte großes Interesse, wieder einen solchen Motor zu bauen. Deshalb wollte er hierzu eine Firma gründen, da der kleine Motor etwas ganz Neues darstellte und mit der Fabrikation von Automobilen eigentlich nichts zu tun hatte. Mit dem Bau dieses kleinen Motors wurde ich beauftragt und trat meine neue Stelle im Februar 1911 an. Das war in Leipzig. Da hatte Herr Ruppe in der Weststraße einen kleinen Keller gemietet. Wir kauften einige Maschinen und zum Antrieb einen gebrauchten Gasmotor. Aber kurz nachdem wir den Motor in Betrieb genommen hatten, wurde unser Betrieb aus Sicherheitsgründen polizeilich geschlossen, weil sich über der Werkstatt Wohnräume befanden. Mit der Suche nach einem neuen Arbeitsraum hatten wir Erfolg. Wir fanden einen solchen in Leipzig-Leutzsch bei der Schraubenfabrik Oskar Teichert.

Hier bauten wir unseren ersten Zweitakt-Motor mit 40 mm Bohrung und 60 mm Hub. Durch eine Schlitzsteuerung, an welcher ein Regulator angeordnet war, wurde das Gas in den Zylinder beziehungsweise in das Kurbelgehäuse gesaugt. Der Vergaser war als Oberflächenvergaser mit Dochten ausgebildet, welcher im Sockel des Motors untergebracht war. Allerdings bereitete uns die Zündung große Sorge, weil ein richtiger Magnet zu groß und zu teuer war und außerdem zuviel Kraft verbrauchte. Deshalb hatte Herr Ruppe eine Abreiß-Zündung konstruiert. Leider ging durch den beweglichen Hebel und die Isolierung dieser Abreiß-Zündung soviel Kompression verloren, daß der Motor viel zu wenig Kraft entwickelte. Erst mit Hilfe des von der Firma Unterberg-Helmle gebauten kleinen Magneten war der Zweitakt-Motor voll funktionstüchtig und erbrachte auch die gewünschte Leistung.

Später bauten wir zu diesem Motor einen kleinen Dynamo von 16 Volt Spannung mit einer dazugehörigen Schalttafel. Die Anlage war als Hausbeleuchtung und zum Laden von Akkumulatoren gedacht. Besonders die Engländer zeigten hierfür großes Interesse und wollten sie zur Hausbeleuchtung in ihren Kolonien verwenden. Dann

Das Fahrrad mit DKW-Hilfsmotor wurde als ›Das Kleine Wunder‹ bekannt.

aber brach der Weltkrieg aus, und alle Verhandlungen wurden unterbrochen. Herr Ruppe und ich wurden gleich nach der Mobilmachung eingezogen. Während des Krieges hatte Herr Ruppe weitere Versuche in Holtenau und Berlin durchgeführt. Gegen Ende des Krieges ist ein Herr Ingenieur Fischer, der bei Herrn Ruppe in Markranstädt beschäftigt war, von Herrn Rasmussen engagiert worden. Herr Fischer war es, der Herrn Rasmussen auf Herrn Ruppe aufmerksam gemacht hatte. So kam denn Herr Ruppe mit seiner Erfindung nach Zschopau und wurde für den Bau des kleinen Motors verpflichtet. Ich arbeitete nach dem Kriege wieder mit Herrn Ruppe in Zschopau zusammen. Wir hatten zuerst mit dem kleinen Zweitakt-Motor auch in Zschopau sehr viel Ärger. Besondere Schwierigkeiten bereitete uns der Schwungrad-Magnet, welchen wir wegen seines geringen Kraftbedarfs und des niedrigen Preises bauten. Zunächst hatte der in Zschopau gebaute Motor eine Bohrung mit 20 Millimeter Durchmesser und einen Hub von 40 Millimeter und war als Lehrmittel und Demonstrationsmodell gedacht. Er hieß ›Des Knaben Wunsch‹.

Aus diesem Modell wurde dann später der erste Fahrrad-Hilfsmotor entwickelt mit 40 Millimeter Bohrung und 60 Millimeter Hub und ›Das Kleine Wunder‹ genannt. Aber auch hier waren große Schwierigkeiten zu überwinden. Trotz der vielen Geldopfer und Mißerfolge ließ Herr Rasmussen den Mut nicht sinken. Er war stets bestrebt, für die Zukunft etwas Bahnbrechendes zu schaffen. Das ist ihm auch gelungen. So ist der erste und weltbekannte DKW-Motor entstanden.«

Vor der Fertigung des Fahrrad-Hilfsmotors war also ein kleiner Zweitakter entstanden, der als Demonstrationsmodell und als Spielzeugmotor Furore machte. Dieses kleine, einfache, von Hugo Ruppe erdachte und voll funktionsfähige Spielzeug-Motörchen, auch bekannt unter dem Namen ›Des Knaben Wunsch‹, war der Urahn aller Zweitaktmotoren, die unter dem DKW-Zeichen Weltruhm erlangen sollten. Anläßlich der Leipziger Frühjahrsmesse 1919 stellte Rasmussen diesen kleinen Motor erstmals vor.

Der 25-ccm-Motor wurde mit einer Grundplatte geliefert, auf der sich auch ein Dynamo und verschiedene Stromverbraucher befanden. Der

Motor arbeitete nach dem Zweitaktsystem, sein Zylinder war senkrecht stehend angeordnet. Die Kühlrippen liefen nicht konzentrisch, sondern, wärmetechnisch sehr beachtenswert, parallel zur Zylinderachse. Die größere Erwärmung des Zylinderkopfes diente der Aufheizung der gesamten Kolbenlaufbahn. Der Ventilator, der im Schwungrad angeordnet war, bestrich nur den unteren Teil des Zylinders. Der kleine Kolben mit einem Durchmesser von 20 Millimeter hatte keine Kolbenringe, sondern Ölnuten, die für die Abdichtung vollkommen genügten. Der Motor arbeitete nach dem Dreikanalsystem, doch wies er als Eigenart eine automatische Einlaßsteuerung auf. Durch die Fliehgewichte eines Zentrifugalreglers wurde der Einlaßschlitz im unteren Drehzahlbereich verkleinert und erst bei Vollgas vollständig freigegeben. Dadurch wurde vor allem das Anwerfen erleichtert und konnte bequem durch Drehen des Schwungrades erreicht werden. Ein kleiner Eindüsenvergaser mit Schwimmer sorgte für die Vernebelung des Kraftstoffes. Unmittelbar über dem Vergaser war der Tank angeordnet. Die Zündung erfolgte durch einen Schwungradmagneten mit außenliegendem Unterbrecher. Als Zündkerze wurde die Bosch-Zwergkerze verwendet. Im Sockel des Motors war der Auspufftopf eingebaut. Dieser kleine Motor mit einer Leistung von etwa 0,2 PS entfachte bei Rasmussen die Begeisterung für das Zweitaktsystem.

DER HILFSMOTOR FÜR DAS FAHRRAD

Nicht das Fahrrad, sondern der Radfahrer stand im Mittelpunkt aller weiteren Überlegungen. Ihn wollte man animieren, von seinem per pedes betriebenen Fahrrad auf das motorgetriebene Zweirad umzusatteln. Es sollte ein richtiges Motorrad werden. Aber die Loslösung von bisherigen Gewohnheiten und Ansichten läßt sich nicht so ohne weiteres bewerkstelligen. Da ist beim Radfahrer ein gewisses Beharrungsvermögen zu berücksichtigen. Also muß man ihn ›sachte‹ in den neuen Sattel heben. Rasmussen liegt mit seiner Motorisierung des Fahrrades richtig. Das soll durch einen Hilfsmotor angetrieben werden. Der Hilfsmotor ist nur ein Übergang, eine Zwischenstufe und das Fahrrad mit Hilfsmotor eben nur ein Zwitter, kein richtiges Fahrrad mehr, aber auch noch kein Motorrad.

Das Fahrrad mit Hilfsmotor war eine zeitgemäße Notwendigkeit, die sich aus der wirtschaftlichen Lage nach dem verlorenen Krieg ergab. Auch waren Motoren mit mehr Hubraum gefragt. Sie konnten Arbeitsmaschinen aller Art antreiben, die somit vom Stromnetz unabhängig würden. Solche Aggregate wurden besonders in der Industrie, im Handwerk und in der Landwirtschaft benötigt. Das waren für Rasmussen zunächst die zwei wichtigsten Zukunftsperspektiven, die das Markenzeichen DKW in aller Welt repräsentieren könnten. Nachdem ihn der Versuch von Hugo Ruppe voll überzeugt hatte, mußte das Antriebsaggregat ein Zweitakter sein. Er würde mit den Viertaktern konkurrieren können, wenn grundsätzlich neue Konstruktionsmerkmale als die bisherigen den Motor wesentlich verbesserten. Ein Blick auf die Pioniere des Zweitaktmotors in England würde zeigen, was praktischer und weniger aufwendig zu konstruieren sei. Immerhin hatten dort Konstrukteure wie Scott und Levis schon Erfahrungen mit Zweitakt-Motoren gesammelt.

Scott hatte seit 1909 durch geschickte Abdichtung und Lagerung der Kurbelwelle und durch eine Wasserkühlung den Zweitakter konkurrenzfähig zu machen versucht. Die Konstruktion von Levis galt lange Zeit als Grundtyp des Zweitakters, wurde zum Vorbild oder schlichtweg kopiert. Aber gerade Kopien gelingen entweder ausgezeichnet, oder sie zeigen Schwächen, welche die wirklichen Vorteile überdecken. Der Zweitaktmotor hatte bereits 1892 seine Funktionstüchtigkeit bewiesen. Er war mit Kurbelkastenpumpe, Schlitzsteuerung durch Kolbenkanten und Nasenkolben ausgerüstet, welche die Spülung und Füllung verbesserten. Allerdings entstand durch die häufige Zündung beim Zweitakter große Wärme, deren Abführung Probleme bereitete. Außerdem gab es Schwierigkeiten bei der Abdichtung des Kurbelgehäuses, das unter Druck stand. Ferner verbrauchte der Motor sehr viel Kraft- und Schmierstoff, und in größeren Bereichen ließ die Drehzahlregelung manche Wünsche offen. Das alles stellte den Zweitakter in den Schatten des Viertakters, weil er zweitrangig, unwirtschaftlich und unzuverlässig zu sein schien.

Rasmussen und seine Mitarbeiter waren davon überzeugt, daß solche Vorurteile ausgeräumt werden könnten, wenn es gelänge, nicht nur die Anwendungsgebiete genau zu untersuchen und festzulegen, sondern auch durch gezielte Weiterentwicklung die Nachteile in einer funktionstüchtigen Konstruktion zu kompensieren. Nachteile gab es in der Tat eine ganze Reihe:

- Das Betriebsgeräusch war laut, unrhythmisch knatternd und der Leerlauf unruhig schüttelnd.
- Gegenüber dem Viertakter war der Verbrauch höher, weil durch den Nasenkolben Spülverluste auftraten.
- Der Zweitakter hatte eine zu geringe Bremswirkung.
- Es wurden zu hohe Anforderungen an einen sparsam und gleichmäßig arbeitenden Vergaser im gesamten Drehzahlbereich gestellt und an die Unempfindlichkeit gegen das Verölen bei den Zündkerzen. Eine ganze Menge, die es da zu überlegen und zu verbessern galt. Würde sich die Mühe lohnen?

Schon andere Konstrukteure, die ebenfalls dem Zweitakter zugewandt waren, hatten versucht, die Schwächen durch die Steuerung des Gaswechsels und der Schmierung zu beseitigen. Nach wie vor galt der Zweitakter als Öl- und Benzinfresser. Also mußte man weiter nach Vorteilen suchen und diese besonders herausstellen. Das einfach formulierte Ziel hieß: Theoretische Überlegungen müssen die praktische Umsetzung und die Funktionstüchtigkeit begründen. Als Vorteile des Zweitaktmotors gelten:

- Die Leistungsabgabe ist durch die doppelte Anzahl der Arbeitstakte bei gleichem Hubraum größer als beim Viertakter.
- Im Vergleich zum gleichstarken Viertaktmotor ist der Zweitakter wesentlich leichter.
- Die Gemischschmierung ist einfach.
- Es sind bedeutend weniger Bauteile als beim Viertakter erforderlich und dadurch ist eine geringere Abnutzung und Störanfälligkeit zu erwarten.
- Sein Leistungsverhalten ist im Vergleich zum Viertakter gleichförmiger und elastischer.

Wenn trotzdem die Mängel die Vorteile verdeckten, dann konnte es nur daran liegen, daß die mangelhafte Konstruktion und Ausführung von Zweitaktmotoren diesen ins Abseits drängten. Das Zweitaktsystem selbst ist ›in Takt‹!

Eine zukunftsweisende Einsicht von Rasmussen. Dieser gab den Startschuß für bahnbrechende und zielorientierte Forschungs- und Entwicklungsaktivität. Ruppe und Rasmussen erkannten, daß der kleine Spielzeugmotor mit dem Schwungradzünder und der Gemischschmierung, also die Beimischung des Schmieröles zum Treibstoff, auf dem richtigen Kurs lag. Auf die ziemlich aufwendige Drehschieber-Einlaßsteuerung und den komplizierten automatischen Drehzahl-Begrenzungsschieber, der die Zentrifugalkraft ausnutzte, würde man künftig verzichten müssen. Das Prinzip der Einfachheit des Zweitaktmotors mußte unbedingt

Zeitgenössische DKW-Anzeige aus dem Jahr 1921.

DÄNISCHER IMPORT

beibehalten werden. Die Faustregel, die sich dann auch als werbewirksam erweisen sollte: Zweitaktmotor = Kolben + Pleuelstange + Kurbelwelle = 3 bewegte Teile. Das sollte die Maxime für die Serienfertigung des DKW-Zweitaktmotors sein, damit der Vorsprung gegenüber der Konkurrenz durch ständige Verbesserungen, wo immer sie sich ergaben und notwendig wurden, gewahrt blieb.

Rasmussen hatte sich endgültig für den Zweitakter entschieden. ›Des Knaben Wunsch‹, dieser Spielzeug- und Experimentiermotor von Ruppe, hatte ihn überzeugt. Hugo Ruppe entwickelte daraufhin ein stationäres Pumpenaggregat mit einer Leistung von 4 bis 5 PS und dann einen Fahrrad-Hilfsmotor. Der hat nun wirklich als ›Das Kleine Wunder‹ Furore gemacht und erreichte gegenüber allen zwanzig deutschen Zwei- und Viertakt-Konkurrenten sofort eine Spitzenposition. Das zeigte sich auch deutlich 1919 auf der Leipziger Messe.

Seine Vorzüge: Die Gemischschmierung, der leicht zugängliche Außenunterbrecher beim Schwungrad-Zünder, die im Verhältnis 3:1 untersetzte Antriebswelle, die genügend große Antriebsriemenscheibe und die nicht zu große Riemenfelge am Hinterrad, und, was besonders wichtig war, die beachtliche Fähigkeit, Steigungen zu überwinden und schließlich die präzise Fertigung. Das war DKW-Qualitätsarbeit! Eine erste Exportverbindung wurde auf dieser Messe mit Bruno Cavani aufgenommen. Er war der erste ausländische DKW-Vertreter in Bologna.

Sollte überhaupt noch der geringste Zweifel bei Rasmussen und Ruppe vorhanden sein; jetzt war er endgültig beseitigt. Jetzt mußte der Hilfsmotor nur noch an den Mann gebracht werden. Die Zeit hierfür schien günstig zu sein. Ein bereits vorhandenes Fahrrad zu motorisieren, war die billigste Möglichkeit, um bei der um diese Zeit einsetzenden allgemeinen Motorisierung mitzufahren.

Als 1-PS-Typ wurde der DKW-Hilfsmotor zunächst angegeben, hatte 118 ccm und wog nur 14 Kilogramm. Wenig später wurde er auf 1,75 PS verstärkt. Auf Wunsch konnte der Motor auch mit einer Gebläse-Zwangskühlung bezogen werden.

Der von Ruppe konstruierte Zweitakt-Stationärmotor wurde 1919 auf der Leipziger Messe vorgestellt.

Diese war für den Erfolg aller anderen DKW-Motoren von großer Bedeutung, weil sie einfach und genial zugleich war. Schaufeln auf dem Rotor des Schwungradzünders wirbelten den Kühlluftstrom über ein Blechgehäuse zum Zylinder und Zylinderkopf. Dieses einfache Gebläse war die sinnvolle Lösung für die thermischen Probleme bei den immer größer und leistungsstärker werdenden DKW-Motoren. Später traten andere Konstruktionsprinzipien in den Vordergrund.

Der Hilfsmotor wurde hinter dem Sattel liegend montiert. 1:10 betrug sein Mischungsverhältnis von Öl zu Benzin. Er hatte, da er durch Fahrtwind gekühlt wurde, Kühlrippen, die in 45 Grad zur Zylinderachse angeordnet waren. Dadurch benötigte das Gehäuse für die Luftführung nur geringen Platz. An der Unterseite des Kurbelgehäuses saß, in der Verlängerung der Zylinderachse, der Außenunterbrecher. Dadurch war die Betriebssicherheit des Motors erhöht. Das galt aber nur für den liegend montierten Hilfsmotor. Als die Motoren stehend oder schräg eingebaut wurden, verschmutzte der Außenunterbrecher. Da er an der tiefsten Stelle des Kurbelgehäuses angebracht war, beeinträchtigte ihn das ständig heraustropfende Öl in seiner Funktionstüchtigkeit. Hier mußte ein Kompromiß geschlossen werden und man bot die Motoren in beiden Varianten an. Das mußte man solange, bis das Dichtungsproblem gelöst war.

Ein anderes Problem, allerdings nicht so gravierend, war die Herstellung der wichtigen Schwungradzündanlagen. Die Firma Bosch, bei der man angefragt hatte, zeigte sich nicht interessiert. Rasmussen meistert auch dieses Problem und gründet zusammen mit seinem Produktionsleiter Blau am 13. Juli 1920 die ›Rota Magnet-Apparatebau GmbH in Zschopau‹. Unverzüglich begann dort die Fertigung.

Andere Fahrradhersteller und auch Fahrradbesitzer, die ihr Fahrrad umrüsten wollen, fragen nach dem Hilfsmotor, den sie im Rahmendreieck der Leichtmotor-Fahrräder montierten. Der Motor hat also gute Absatzchancen. Das gilt auch für den ab 1922 entwickelten verstärkten Einbaumotor. Dieser hatte 143-ccm-Hubraum und 2,5 PS und ebenfalls ein Gebläse für Kühlluft. An den waagerecht zur Zylinderachse angeordneten Kühlrippen war dieser Motor äußerlich erkennbar. Im Juni 1922 besitzen immerhin 20.000 Kunden den DKW-Fahrrad-Hilfsmotor.

Mit einer verständlichen Einbauanleitung und Benutzungsanleitung wurde er als komplettes Paket geliefert. Dazu gehörten eine Stützgabel mit Klemmstück für den Einbau des Motors, ein 1,5 Liter fassender Kraftstofftank, Seilzüge und Bedienungshebel, Riemenfelge und Keilriemen. Der Zweitaktmotor konnte jedoch nicht auf jedem Gepäckträger montiert werden, wie irrtümlich angenommen wurde.

Die Motoren hielten gut durch, die herkömmlichen Fahrradrahmen nicht. Sie brachen. Das war nicht ungefährlich, denn immerhin konnte man runde 40 Stundenkilometer mit dem Motor fahren. Da die herkömmlichen Fahrradrahmen solchen Belastungen nicht standhielten, mußte man eben komplette Fahrräder mit Hilfsmotor selbst produzieren und verkaufen. Gedacht, angeordnet und getan. Der neue Rahmen war nicht nur verstärkt, sondern auch am Vorderrad gefedert. Allerdings wurde dieser nicht in den Zschopauer Motorenwerken hergestellt, sondern von der Firma Budisse in Bautzen bezogen. Rasmussen zeigt sich in diesem Fall als Mann der schnellen Entschlüsse. 1921 startet die Produktion. Der erste folgenreiche Schritt von der Motoren-Fabrik zur Motorfahrzeug-Fabrik war getan. Dennoch wollte Rasmussen eine eigene Konstruktion, etwas DKW-Typisches.

RUPPE GEHT UND GOLEM KOMMT

Rasmussen braucht Ideen, Impulse. Er fand sie 1921 in den USA mit dem Motorroller. Dieser wurde in die Modellpalette aufgenommen. Äußerlich betrachtet war dieses motorisierte Zweirad außergewöhnlich und machte einen durchaus komfortablen Eindruck. Es hatte kleine Laufräder, einen niedrigen, sehr bequemen Sitz und einen 1-PS-Motor, der liegend im Rohrrahmen eingebaut war. Ein Name für den ersten Motorroller in Deutschland war schnell gefunden: Golem.

Ernst Eichler, Mitkonstrukteur des Golem wie auch des Nachfolgemodells Lomos, auf dem Golem-Sesselrad.

Die Namensgeber müssen literarisch gebildete Leute oder eifrige Kinogänger gewesen sein, denn 1916 hat Gustav Meyrink seinen Roman gleichen Namens geschrieben und der unvergessene Paul Wegener die Geschichte in einem UFA-Film gespielt. Dieser Golem war die Erfindung eines Prager Rabbiners, der einer Gestalt aus Ton Leben einhauchte und sie sich dienstbar machen wollte. Der Golem geriet schließlich in Raserei und zerstörte alles, was ihm unter die Finger kam. Das motorisierte Golem kam gar nicht erst zum Rasen, denn es war technisch unvollkommen und nur aufwendig zu fertigen.

DÄNISCHER IMPORT

Das Golem wurde ein Jahr später, 1922, vom ›Lomos‹ abgelöst, einem Sesselkraftrad, das in Zusammenarbeit mit der Firma Eichler & Co., Berlin, entstanden war. Das hatte eine Fußauflage, die als Schmutzfänger vorne hochgezogen war. Es sah schon eher einem Motorroller ähnlich, hatte einige technische Neuerungen und wurde von einem gebläsegekühlten 1,5-PS-DKW-Motor angetrieben. Doch war dieses Lomos immer noch nicht das Produkt, das sich Rasmussen für ein langfristiges Fertigungsprogramm vorgestellt hatte. Das Fahrwerk war mit Magnesium-Gußrahmen, Hinterradschwinge und Federbein-Abstützung zu teuer. Es verschwand fast sang- und klanglos wie das Golem. Die Rolleridee setzte sich damals nicht durch. Die Kunden bevorzugten das mit Sozius-Sattel benutzbare leichtere und billigere Motorrad.

Ruppe war zu dieser Zeit schon aus Zschopau weggegangen. Aus Verdruß, so kann man den Unterlagen entnehmen. Dieser entstand, weil er als technischer Leiter der Zschopauer Motorenwerke seine Kompetenzen selbstbewußt wahrgenommen hatte. Er war in den Augen Rasmussens nicht dienstbar wie der Golem, sondern nach seiner Einschätzung zu selbstbewußt.

Konstrukteur Ernst Eichler auf dem DKW Lomos-Sesselrad, das 1922 auf den Markt kam. Der Motor war schräg unterhalb des Sitzes eingebaut.

Die beiden hatten in der letzten Zeit häufig Meinungsverschiedenheiten, die zu unüberbrückbaren Differenzen führten. Eigentlich verständlich bei zwei Männern, die sowohl intelligente als auch starre Köpfe und ihre Prinzipien hatten. Rasmussen wollte die Motoren einfachster Bauart beibehalten, weil sie sich sehr gut verkaufen ließen. Hugo Ruppe hatte neue Ideen für technische Zweitakterlösungen. Die wollte er nun bei der ›Berliner-Klein-Motoren-AG‹ BEKAMO verwirklichen. Pläne hierfür hatte er schon in Zschopau angefertigt. Die erschienen Rasmussen zu kompliziert und kommerziell kaum verwertbar, obwohl sie konzeptionelle und technische Meisterleistungen waren. Das mußte er neidlos anerkennen.

ZWEI KREATIVE MÄNNER STOSSEN ZU DKW

Rasmussen hatte Recht und auch Glück zugleich auf seiner Seite: Den Weggang Ruppes konnte er leicht verschmerzen, denn er gewann zwei engagierte Männer, die sich für das Zschopauer Werk als Glücksfall erweisen sollten. Den ersten der beiden hatte Rasmussen schon 1921 auf Empfehlung des Pumpenfabrikanten Flader aus Jöhstadt, knappe 20 Kilometer von Annaberg entfernt, als seinen Privatsekretär eingestellt: Dr. Carl Hahn, Wirtschaftsfachmann. Gerade 28 Jahre jung, gewann er schnell das Vertrauen von Rasmussen und wurde sein erster und engster Mitarbeiter. Mit ihm stand er in ständigem Gedankenaustausch. Hahn entpuppte sich als Marketingfachman ersten Ranges. Vertrieb und Werbung wurden seine Domäne, da war er besonders erfolgreich. Sein österreichischer Charme und sein technischer Glaubensfanatismus besaßen Überzeugungskraft und brachten die Marke DKW bei den Kunden weit nach vorne. Er war der geborene Verkaufsleiter.

Ove Rasmussen: »Ich habe miterlebt, wie das DKW-Werk immer weiter wuchs. Ich kann mich noch erinnern, wie der Dr. Carl Hahn als ganz junger Mensch nach Zschopau kam. Dessen Vater war der Forstrat Hahn. Da kam nun der Forstrat Hahn und bat nun über den Herrn Flader aus Bürstadt, mein Vater möchte doch den jungen Mann einstellen. Und Carl Hahn ist gekommen und ist dann aufgestiegen. Er war ein ungemein tüchtiger und liebenswerter Mensch mit österreichischem Charme. Er hat es verstanden, seinen Weg zu gehen und war für meinen Vater in vielen Fällen unentbehrlich. Auch hat er das besondere Vertrauen meines Vaters gehabt. Ich habe noch einen Gutschein über hunderttausend Mark, der trägt die Unterschrift von Dr. Carl Hahn. Er ist am 1. August 1923 von den Zschopauer Motorenwerken ausgegeben worden und konnte bei verschiedenen Banken eingelöst werden.«

Daß Carl Hahn fünfundzwanzig Jahre später die Geschicke einer neuen ›Auto Union‹ entscheidend mitprägen und insbesondere den Zweitaktmotor und die bewährten DKW-Motorräder zu neuen Verkaufserfolgen führen wird, ahnt in jener Zeit noch kein Mensch.

1921 konnte im August in Zschopau die Fertigstellung des zehntausendsten DKW-Motors gefeiert werden, im Juli 1922 war es die doppelte Anzahl und hinzu kamen noch zweitausend Fahrzeuge. Das Verhältnis verschob sich zugunsten der komplett gefertigten Motorräder, obwohl auch der stationäre Motor an Bedeutung zunahm. Dr. Hahn hat hierbei tüchtig mitgewirkt. Er hatte auch, wenn man so sagen darf, ökonomischen und kommerziellen Instinkt, die völlig Neues bewirkten: Auf- und Ausbau eines leistungsfähigen Händler- und Servicenetzes, Anleitung und Fortbildung der Schlosser und Händler und – was besonderen Kaufanreiz bot – Einführung der Ratenzahlung seit 1924. Es war für Hahn selbstverständlich und gehörte zu seinen Marketingvorstellungen, daß der Motorsport gefördert und die Motorräderfolge entsprechend vermarktet wurden.

Die zweite wichtige Persönlichkeit gewann Rasmussen 1922 mit dem sechsundzwanzigjährigen Ingenieur Hermann Weber, Absolvent der Staatslehranstalten Chemnitz. Der war Techniker mit Leib und Seele. Er wurde verantwortlicher Ingenieur, später Oberingenieur und Leiter der Konstruktionsabteilung. Er wußte, wovon er redete, wenn er seine Vorschläge unterbreitete. Dabei konnte er sich auf Erkenntnisse und Erfahrungen bei seinen Erfolgen als Rennfahrer stützen. In den ersten Jahren seiner Tätigkeit in Zschopau hat er zusammen mit dem Betriebsleiter Blau und dem Meister der Einfahrabteilung Sprung erfolgreiche Rennen auf DKW-Motorrädern gefahren. Auch vorher schon war er als Sport- und Rennfahrer bekanntgeworden. Er hatte inzwischen viele Einsichten gewonnen. Die wohl wichtigste und für das Werk zukunftsweisende war: Auch wenn sich die DKW-Motorräder beim Avusrennen in Berlin gegen die Konkurrenz von 27 Fabrikaten durchgesetzt haben und in Deutschland etwa 25.000 Hilfsmotoren in Betrieb sind, es muß ein komplet-

Carl Hahn (Bildmitte), hier bei einer Ansprache anläßlich der Einweihung der neuen DKW-Hauptverwaltung 1924, baute mit hohem Engagement eine schlagkräftige Händlerorganisation auf.

Hermann Weber (links) auf einem DKW Lomos-Sesselrad. Weber kam 1922 zu DKW und hatte entscheidenden Einfluß auf die rasante Entwicklung der Zschopauer Motorenwerke zur weltgrößten Motorradfabrik. In der Bildmitte ist Direktor Richard Blau abgebildet, ebenfalls auf einem Lomos.

DÄNISCHER IMPORT

Aufgrund der Erfolge bei der Reichsfahrt von 1922 erschien noch im gleichen Jahr das ›DKW Reichsfahrtmodell‹. Es hatte einen verstärkten Fahrradrahmen und war der erste Schritt zum richtigen Motorrad.

tes Motorrad her, das diesen Namen auch verdient. Wenn auch der Hilfsmotor unbestritten erfolgreich war, muß er verbessert werden und mit dem Fahrwerk eine organische Einheit bilden. Weg vom Zwitterdasein, auch wenn es zunächst nur ein leichtes Motorrad sein würde. Wenn es erfolgreich wäre, würde man weiter sehen, würde man schwerere Maschinen bauen.

Solch einem zielgerichteten Durchsetzungswillen konnte und wollte sich Rasmussen nicht entgegenstellen. Also gibt er Order an Weber, die so gelautet haben könnte: Bauen Sie ein Leichtmotorrad, mit dem wir garantiert erfolgreich sind, bei kleineren und größeren Rennen, bei Zuverlässigkeits-Wettbewerben und besonders bei der ADAC-Reichsfahrt. Zügig geht Weber an Planung und Konstruktion eines Leichtmotorrades, baut den verbesserten Fahrradmotor mit 148 ccm Hubraum und 2,5 PS Leistung schräg in das vordere Rahmendreieck eines speziell gefertigten leichten Motorrad-Fahrwerkes ein. Der Motor liegt unmittelbar hinter dem Rahmen-Lenkkopf. Vorerst ist noch kein Mehrganggetriebe eingebaut, später jedoch die Lomos-Kupplung. Hierbei handelte es sich um eine automatische Kupplung, die auf dem Prinzip einer verstellbaren Riemenscheibe basierte und bereits im Lomos-Sesselrad erprobt war. Auf Wunsch ist das Motorrad mit Pedal-Hilfsantrieb lieferbar. Nur 40 kg wiegt das Fahrzeug und ist 65 km/h schnell. Die ersten Modelle überzeugen vom Start weg. Drei DKW-Motorräder schlagen die bis zu 8 PS starken Maschinen der Konkurrenten bei der ›ADAC-Reichsfahrt‹. Spontan erhält diese Neukonstruktion den wohlverdienten Namen DKW-Reichsfahrtmodell.

Der war genauso zugkräftig wie die Maschine selbst. In 65 weiteren Siegen wurde das bestätigt. Privat- und Werksfahrer nahmen erfolgreich an verschiedenen Wettbewerben mit DKW-Maschinen teil, die fast seriengleich waren. Der bekannte Konstrukteur Neumann-Neander baute sogar ein Super-Leichtmotorrad mit dem gebläsegekühlten 148-ccm-DKW-Motor. Der kleine Flitzer erreichte 85 Stundenkilometer und wog nur 28,5 Kilogramm. Es gab etliche Bastler, die mit Motoren experimentierten und durch das sogenannte Frisieren immer wieder höhere Leistungen herauszukitzeln versuchten.

Dank der Initiative von Hermann Weber war 1922 das Zschopauer Werk eine richtige Motorrad-Fabrik geworden, die allerdings auch im Bau von Stationärmotoren eine zügige Entwicklungstendenz aufzuweisen hatte.

Rasmussen und seine Mitarbeiter waren stolz auf die motorsportlichen Erfolge und die ständig steigenden Produktionsziffern. Das DKW-Zweitaktmotorrad bestimmte nicht nur den Aufstieg des Zschopauer Werkes, sondern trug wesentlich dazu bei, daß der Zweitaktmotor als vollwertiger Konkurrent des Viertaktmotors akzeptiert wurde und sich das Motorrad als Gebrauchsverkehrsmittel durchsetzen konnte. Ausschlaggebend hierfür waren die technisch-konstruktive Konzeption, hohe Qualität bei ökonomischen Produktionsverfahren sowie weitgehende Selbständigkeit gegenüber den Zulieferern und schließlich zielsichere Absatzstrategien.

MIT NEUEN TYPEN NOCH ERFOLGREICHER

Die Absatzstrategie war ein wichtiger Aspekt, die Entwicklung neuer Typen ein anderer und notwendiger Gesichtspunkt. Zunächst wurde hierfür eine kleine Forschungs- und Entwicklungsabteilung gegründet, welche beide Gesichtspunkte berücksichtigte. Sie mußte von Grund auf alle Fragen und Probleme technischer Art sammeln und logische Zusammenhänge zwischen ihnen herzustellen versuchen. Hier galt es, technische Lösungen und Verbesserungen im Detail zum rechten Zeitpunkt vorlegen zu können. Diese Abteilung stand eigentlich immer unter Konkurrenz- und Zeitdruck. Auch Anregungen von Kunden sollte nach Möglichkeit Rechnung getragen werden. Dann war ja auch noch das Fernziel im Auge, ein Gebrauchsmotorrad auf den Markt zu bringen. In Zschopau ging man zügig und schrittweise ans Werk und setzte Meilensteine, nachdem die Hochinflation beendet war.

Der Name DKW hatte seit seiner Einführung mit dem Projekt des Dampfwagens einen hohen Bekanntheitsgrad erreicht. Das führte 1923 zu einigen Turbulenzen, die entstanden, weil den Zschopauer Motorenwerken die Verwendung des bereits zugkräftig gewordenen Markennamens DKW untersagt werden sollte, und zwar wegen der ›Klangähnlichkeit‹. Das behaupteten zumindest die Deutschen Kabelwerke, deren Kürzel ›DeKaWe‹ zwar beim Lesen, nicht aber beim Sprechen von ›DKW‹ zu unterscheiden war.

Die Deutschen Kabelwerke strengten einen Prozeß an und klagten auf Unterlassung. Als die Klage in erster Instanz abgewiesen wurde, gingen die Deutschen Kabelwerke in die Revision und erzielten eine einstweilige Verfügung. In Zschopau war man gezwungen zu handeln. Eilig wurde das noch vorhandene Prospektmaterial überstempelt. Aus DKW wurde zunächst DRW, wohl deshalb, weil der Buchstabe ›R‹ dem Buchstaben ›K‹ rein optisch am nächsten lag. Diese Änderung hielt jedoch nur kurzfristig, dann wurde erneut umgestellt. Aus DKW (Das Kleine Wunder) wurde DGW (Das Große Wunder). Der Rechtsstreit zog sich über mehrere Jahre hin. Ende 1927 verkündeten die Zschopauer Motorenwerke in ihren Anzeigen: »Übrigens bleibt der Name DKW und wird nicht, wie beabsichtigt, in DGW geändert, nachdem die Zschopauer Motorenwerke mit den Deutschen Kabelwerken sich über diese so lange strittige Frage endlich verständigen konnten.«

Die ganze Angelegenheit konnte letztendlich doch gütlich beigelegt werden, weil die Deutschen Kabelwerke großes Interesse zeigten, die von ihnen inzwischen unter dem Namen ›DEKA‹ produzierten Reifen an das Zschopauer Motorenwerk zu liefern.

Am 1. Dezember 1923 werden die Zschopauer Motorenwerke J. S. Rasmussen in eine Aktiengesellschaft umgewandelt. Das Grundkapital beträgt 250 Millionen RM. Der Vorstand besteht aus Fabrikant Jörgen Skafte Rasmussen, Direktor Max Ramberg, Dr. Carl Hahn und Oberingenieur Richard Blau. Ove Rasmussen: »Die Umwandlung 1923 in eine Aktiengesellschaft geschah nicht unbedingt deswegen, um Geld zu bekommen. Das war ja vorher eine offene Handelsgesellschaft. Das Risiko bei einer offenen Handelsgesellschaft liegt beim Inhaber. Und wenn jemand eine Kapitalgesellschaft gründet, haftet er nur mit der eigenen Kapitaleinlage. Das ist ein gewaltiger Unterschied. Natürlich hat man als Aktiengesellschaft

Um die rechtmäßige Benutzung des Kürzels ›DKW‹ wurde in der Zeit von 1923 bis 1927 gestritten. Die Zschopauer Motorenwerke waren deshalb gezwungen, den Namen DKW in DGW abzuändern. Diese Maßnahme wurde jedoch nicht mit letzter Konsequenz durchgeführt, wie die Aufnahme aus dem Jahr 1927 von der Olympia-Motorcycle-Show zeigt.

DÄNISCHER IMPORT

1923 lief die Motorradmontage in den Zschopauer Motorenwerken auf vollen Touren. Vorn auf dem Foto ist das Reichsfahrtmodell abgebildet.

die Möglichkeit, sich an den Kapitalmarkt zu wenden, um sich dort Geld geben zu lassen. Mein Vater hatte immer einen guten Draht zu den Banken. ›Wollte ich von einer Bank Geld, so bekam ich meistens das doppelte.‹ Er bekam eigentlich immer mehr Geld, als er haben wollte. Zu einer Aktiengesellschaft gehören natürlich auch Aktionäre, man kann auch Strohmänner mit hineinnehmen. Meine Mutter war beispielsweise vorübergehend Aufsichtsratsvorsitzende von den Zschopauer Motorenwerken. Die hatte aber gar keine Ahnung von geschäftlichen Dingen.«

Rasmussen ist Hauptaktionär und nimmt das Recht des Initiators voll und ganz für sich in Anspruch: Das Reichsfahrtmodell wurde abgelöst und durch den Typ ZL ersetzt. Die Typen erhielten nun Kurzbezeichnungen. Z steht für Zschopau und L für Leichtmotorrad. Kennzeichen oder Typenmerkmal des ZL war die in Grenzen stufenlos verstellbare Riemenscheiben-Kupplung, die Lomos-Kupplung. Der Pedal-Hilfsantrieb fehlte.

Ein wirklicher Meilenstein war das nachfolgende ZM, das ›Zschopauer Motorrad‹. Das hatte einen neu entwickelten Zweigang-Motor, der war für diese Epoche der Erfolg schlechthin. Seiner Konstruktion lag die Einsicht zugrunde, daß auch ein leichtes Motorrad Getriebe und Kupplung benötigt. Entsprechende Erfahrungen waren mit dem ›Reichsfahrt-Modell‹ und dessen Zweigang-Hinterradnaben gesammelt worden. In Zschopau – und das ist typisch für die Auffassung von eigenständiger Entwicklung – wurden nicht bekannte Lösungen einfach nur nachgeahmt. Folglich übernahm man nicht das getrennt angeordnete Getriebe mit zusätzlichem Primärantrieb, sondern entwickelte ein vertikal geteiltes Motorgehäuse. Das enthielt gleichzeitig ein sehr einfaches Zweiganggetriebe.

Weil die Kurbelwelle auch die Funktion einer Getriebewelle übernahm, entstand eine kompakte Motorgetriebe-Einheit, die leicht herzustellen war und Bauraum sparte. Nur fünf Lager wurden für das gesamte Triebwerk benötigt. Der sonst übliche Primärantrieb war hier nun überflüssig. Selbstverständlich wurden bewährte Elemente beibehalten: Zwangskühlung, Schwungradzünder und Mischungsschmierung. Und mit der einfach verstellbaren Riemenscheibenkupplung und einem Kickstarter war ein neuer und wegweisender Maßstab gesetzt. Vom Hilfsmotor konnte keine Rede mehr sein. Das motorangetriebene Fahrrad hatte sich zum richtigen Motorrad gemausert. Bald konnte die stolze Bilanz von 50.000 produzierten Einheiten vorgewiesen werden. Die Tagesleistung der nach USA-Muster aufgezogenen Fertigung lag bei 70 Leichtmotorrädern.

Für das Nachfolgemodell der ZM hatte die Zschopauer Konstruktionsabteilung ein Fahrgestell aus zusammenschweißbaren Blechpreßteilen entwickelt, in das der Motor eingebaut werden sollte. Auch die Gabelscheiden bestanden aus verschweißten Blechformteilen. Die Kurzbezeichnung für dieses Modell lautete SM, das Kürzel für Stahl-Modell. Neu war die Feuerverzinkung des gesamten Rahmens, bevor der Lack aufgetragen wurde. Die Konstrukteure hatten sich etwas Besonderes einfallen lassen: Der Stahlblechrahmen war eine Einheit vom Steuerkopf bis zum Hinterrad. Im Oberteil war er als integrierter Kraftstofftank ausgebildet. Dieser galt als explosionssicher, weil die verschweißte Kraftstoffkammer durch das Ausschwemmen mit Zink abgedichtet werden konnte. Das war ein entscheidender Vorteil gegenüber der Konkurrenz, die zum großen Teil noch weich verlötete Blechtanks verwendete. Diese waren nur wenig dauerhaft und bei Unfällen stellten sie eine ernste Gefahr dar.

Recht bald wurde jedoch erkannt, daß das SM-Blechfahrwerk im Grunde eine Fehlkonstruktion war. Bei extremen Belastungen entstanden Gabelbrüche und Rahmenrisse am Steuerkopf. Es war unvermeidlich, daß dann auch der Tank leck wurde. Nach etwa 1.000 Exemplaren stellte man die Produktion ein. Das Fahrwerk entsprach nicht den Vorstellungen von Solidität und Sicherheit. Dennoch blieb der gepreßte Stahlblechrahmen ein Forschungsschwerpunkt der Konstruktionsabteilung. Von der Verschweißung kam man wieder ab und hatte ab 1929 die Lösung mit dem verschraubten und nunmehr unzerbrechlichen Stahlblech-Preßrahmen für alle wichtigen DKW-Modelle eingeführt. Somit war ein gewisses Sicherheitslimit erreicht, das den damaligen Fahrwerksbeanspruchungen und den Fahrleistungen entsprach. Zugleich war dadurch auch die wirtschaftliche Produktion von DKW-Motorrädern in der Großserie möglich.

1924 wurde von den Zschopauer Motoren-Werken dieses neue Verwaltungsgebäude bezogen.

Um die Produktion ausweiten zu können, mußte Raum geschaffen werden für Belegschaft und Fertigung. Um den alten Fachwerkbau der ehemaligen Spinnerei und seine Anbauten war ein großer Komplex von Sheddach-Häusern und Hochbauten entstanden. Unter ihm lief durch einen Tunnel die Dischau. Das großzügige, siebenstöckige Verwaltungsgebäude war an den Hang des Tales gebaut. Die Zufahrtstraße zum Werk führte zum Haupteingang und zu den beiden oberen Stockwerken. Ein prächtig anzuschauendes, landschaftsgebundenes Bauwerk, dem die Finkenburg gegenüberlag. Die war Rasmussens ganzer Stolz und befand sich in seinem Besitz. Hier wurden Gäste empfangen und durch den Pächter Glanz glänzend betreut. Rasmussen war sich der Wirkung von Präsentation und Repräsentation sehr wohl bewußt.

Präsentieren konnte Rasmussen 1926 das Leichtmotorrad Typ E 206 (E = Einzylinder, 206 ccm, 4 PS). Es hatte einen verbesserten Rohrrah-

DÄNISCHER IMPORT

Das DKW-Leichtmotorrad E 206 wurde 1926 zu einem recht attraktiven Preis verkauft: 750 Reichsmark.

Das LM Typ E 206 war der Verkaufsschlager schlechthin. Sein Preis konnte sich sehen lassen. Für 750 Reichsmark war man stolzer Besitzer dieses Motorrades. Trotz der von anderen Fabrikaten unerreichten Zuverlässigkeit, der modernen Konstruktion und einer hervorragenden Qualität, war es immerhin 100 bis 200 Reichsmark billiger, als die Fahrzeuge der Konkurrenz. Der Kunde, der das LM Typ E 206 erwarb, konnte sich darauf verlassen, daß es unter extremen Bedingungen erprobt war, er war Besitzer eines vollwertigen Verkehrsmittels geworden.

Es hat sich für Rasmussen ausgezahlt, daß er sich nicht an irgendwelche Vorbilder angelehnt hatte und strikt eigene Wege gegangen war. Wer sein Kunde wurde, hatte die Gewißheit, einen hohen Gegenwert erhalten zu haben, in dem die Interessen von Kunden und Produzenten vereint waren. Auch das war das Ergebnis von intensiver und systematischer Forschung.

men, der einige konstruktive Neuerungen aufwies, die das Fahrzeug leichter machten und die Herstellung verbilligten: Anstelle des sonst üblichen doppelten Rahmenrohres verwendete man nunmehr vom Steuerkopf bis zum Sattelrohr nur ein einziges Rohr. Der Kraftstoffbehälter war durch Schellen an dieses Rohr angehängt. Das Stahlrohr für die Rahmenteile war konisch gezogen. Gußteile für Muffen und Laschen entfielen. Der Motor war als tragendes Rahmenteil einbezogen. Schweißverbindungen ersetzten die Lötverbindungen. Die gesamte Dimensionierung galt als optimal. Neuartig war auch der Mittelkippständer. Dadurch wurden die aufwendigen Rohrständer für Vorder- und Hinterrad überflüssig. Erstmalig verwendete Niederdruck-Ballonreifen verbesserten nicht nur den Fahrkomfort, sondern verringerten auch erheblich die Beanspruchung des Fahrwerkes.

Stromspulen für die Beleuchtungseinrichtung ergänzten den Schwungradzünder, und völlig neu war ein Luftfilter, welcher dem Vergaser vorgeordnet war. Aufwertung des Motorrades, lange Lebensdauer und annehmbarer Preis, das war die Devise in Zschopau.

Das Jahr 1926 hatte es in sich. In der zweiten Jahreshälfte war die Zahl der Beschäftigten im Werk Zschopau mittlerweile auf 1.600 angewachsen und täglich wurden 130 Motoren und 100 Motorräder produziert. Eine eigene Rollenlager-Fertigung wurde in Betrieb genommen und man nahm die Fabrikation eines Transport-Dreirades auf. Bedeutsamer für Rasmussen und das Werk war allerdings dieses Ereignis: Der bekannte Kölner Motorradrennfahrer Pätzold hatte beim Marienberger Straßen-Dreiecksrennen Marienberg/Heinzebank/Wolkenstein mit einer englischen Scott einen sensationellen Sieg herausgefahren. Das war eine wassergekühlte zweizylindrige Zweitaktmaschine mit 600 ccm, mit der er die ganz neuen 750er-BMW-Maschinen lässig abgehängt hatte. Rasmussen war maßlos begeistert. Die Maschine mußte er unbedingt haben. Der Kauf war kein Problem, Rasmussen und Pätzold hatten schon während des Krieges in Dänemark Bekanntschaft geschlossen. Der mittlerweile zum Betriebsdirektor ernannte Herr Blau fuhr die Maschine sofort ins Werk und dann wurde sie zerlegt, auf Herz und Nieren untersucht und dabei die schon des öfteren diskutierte Frage erneut aufgeworfen, ob denn die Zweitakter für den Motorradbau unbedingt auf Einzylindermodelle beschränkt bleiben müssen. Demontage, Remontage und Erprobung der Scott-Maschine ermöglichen die endgültige Antwort: Neben dem Einzylindermodell E 206 stellen die Zschopauer Motorenwerke auf der Berliner Automobil- und Motorradausstellung im Herbst 1926 ein Zweizylinder-Zweitaktmodell mit 500 ccm (Typ Z 500) vor. Der Verkauf des neuen Modells kann allerdings nicht termingerecht erfolgen; denn »die Auslieferung des Zweizylindermotorrades beginnt erst Anfang März (1927), da wir durch den Metallarbeiterstreik in Leipzig auf das Schwerste in der Auslieferung des Zylindergusses geschädigt wurden«.

Nach Produktionsanlauf des luftgekühlten Zweizylindermodells stellen sich thermische Probleme ein; und zwar vor allem beim linken Zylinder, dem durch das rechtsseitig angeordnete Kühlgebläse warme Luft vom rechten Zylinder zugeführt wird. Es kommt zu häufigen Schäden an Kolben und Zylindern. Während man in Zschopau noch nach einer konstruktiven Lösung sucht, wird Anfang 1928 eine wassergekühlte Version der 500

Mit einem zum Verkaufsraum umgebauten VOMAG-Omnibus bereisten die Zschopauer Motorenwerke 1924 ihre Händler.

ccm-Zweizylinder-Maschine (ZW 500) auf den Markt gebracht. Dieses wassergekühlte 15-PS-Triebwerk setzt in Technik und Haltbarkeit neue Maßstäbe, auch im DKW-Automobilbau.

Als am 1. April 1928 die Steuer- und Führerscheinfreiheit für Motorräder auf 200 ccm neu festgesetzt wurde, brachte das die Zschopauer nicht in Verlegenheit, zumal sich Rasmussen persönlich bei den Behörden für eine neue Festsetzung der Hubraumgrenze eingesetzt hatte und auf die neue Vorschrift hingearbeitet werden konnte.

Die Flexibilität der Zschopauer Motorenwerke sorgte rechtzeitig für eine ausreichende Anzahl von Zylindern und Kolben mit 63 statt 64 Millimeter Durchmesser, so daß zum Stichtag das steuer- und führerscheinfreie Leichtmotorrad E 200 zur Verfügung stand. Und wer noch das alte Modell E 206 besaß, konnte dieses kostengünstig auf die neue Norm umrüsten. Wieder einmal war man der Konkurrenz um Nasenlängen voraus.

1928 war DKW mit einer Jahresproduktion von 60.000 Motorrädern die größte Motorradfabrik der Welt. Ohne Zweifel war dieser Erfolg insbesondere dem 200-ccm-Einzylinder-Motorrad zu verdan-

DÄNISCHER IMPORT

Das DKW-Motorrad E 200, natürlich auch mit Zweitaktmotor.

ken, welches neben dem bereits 1927 eingeführten größeren Einzylindermodell – E 250 – angeboten wurde, das wiederum Mitte 1928 dem stärkeren Modell E 300 weichen mußte.

Die Zschopauer Forschungs- und Entwicklungsabteilung hatte aufgrund des Erfolges alle Hände voll zu tun: Am 28. Januar 1927 feierte man in Zschopau die Fertigstellung des 100.000 DKW-Motors. Bei Rasmussen gingen auch internationale Anfragen wegen Lizenzvergabe zum Nachbau von DKW-Motoren ein. Er erteilte sie unter anderem 1924 an die Société Industrielle et Commerciale Paris für das modifizierte Reichsfahrtmodell und das Stahlmodell SM sowie 1931 an die Promet-Werke Leningrad.

Das bullige DKW-Motorrad Z 500 war mit einem Zweizylindermotor ausgerüstet.

1926 erwirtschaften die Zschopauer Motorenwerke J. S. Rasmussen AG einen Reingewinn von 176.723 Mark und übernehmen das Werk Scharfenstein der ehemaligen Moll-Werke AG. Das umbaute Gelände umfaßt 1.000 Quadratmeter und ist mit einer Wasserkraftanlage sowie einem großen Maschinenpark ausgestattet. In dem Werk Scharfenstein werden Stanz- und Preßteile, Motorradrahmen, -kotflügel und -tanks produziert.

Ein Jahr später, 1927, kaufen die Zschopauer Motorenwerke die Konstruktionsunterlagen und sämtliche Werkzeugmaschinen der Rickenbacker Motor Car Company, Detroit, auf, die in den USA Sechs- und Achtzylinder-Motoren produzierte. Die großen Rickenbacker-Motoren werden im Werk Scharfenstein weiter produziert und von 1929 bis 1932 in Audi-Modellen verwendet.

Rasmussen hoffte, die großvolumigen, amerikanischen Motoren auch an andere Automobilhersteller verkaufen zu können. Allerdings zeigten sich nur wenige Firmen interessiert. Dazu zählte die Firma Mannesmann, die 1929 in ihrem letzten Personenwagen-Modell (8 MB) den Achtzylinder-Motor verwendet. Außerdem wurden die Rickenbacker-Motoren von der Firma Elcamo, an der Rasmussen beteiligt war, für den Bootsbetrieb umgerüstet. Nach 1932, als das Motorenwerk

222

Scharfenstein aus dem Gesamtkonzern ausgegliedert wurde, kamen die Motor-Fertigungsanlagen zur Firma Elcamo, um den Nachschub an Rickenbacker-Bootsmotoren sicherzustellen.

Etwa gleichzeitig mit der Einrichtung der Rickenbacker Motorenfertigung begann Rasmussen im Werk Scharfenstein mit der Produktion von Kühlschränken und Kühlanlagen. Auch diese Idee wurde 1927 während einer USA-Reise geboren. Hier traf Rasmussen auf einen Mann namens Henry Hopkes, der sich seit einiger Zeit mit den Problemen moderner Kühltechnik befaßt hatte.

Rasmussen erkannte, daß diese modernen Kühlmaschinen auch in Deutschland ihren Markt finden würden. Und wie schon bei anderer Gelegenheit: Rasmussen übernahm eine bereits vorhandene Idee, um sie entsprechend seinen Vorstellungen weiterzuentwickeln und erfolgreich zu vermarkten. Die Tatsache, daß der Bau der notwendigen Kühlkompressoren für die Zschopauer Motorenwerke kein Problem darstellte, mag ihm die Entscheidung erleichtert haben. Auch hier erwiesen sich die drei Buchstaben ›DKW‹ als werbewirksames Kürzel. Aus dem DKW-Kühlschrank wurde in der Werbung ›Das Kühl-Wunder‹.

Da Rasmussen ein Gespür dafür hatte, wie wichtig die richtigen Leute am richtigen Platz sind, engagierte er Henry Hopkes gleich als Werksleiter für das Werk Scharfenstein.

Die Zschopauer Motorenwerke J. S. Rasmussen AG bilden nach den Jahren des Aufbaues als größte Motorradfabrik der Welt einen klar gegliederten Konzern, der vom Rohmaterial bis zum fertigen Motorrad alles selbst herstellt.

Firmenübersicht des Rasmussen-Konzerns

Zschopauer Motorenwerke
J. S. Rasmussen AG (DKW Stammwerk)
Gegründet: 1904 als Rasmussen –
Ernst Apparatebau GmbH in Chemnitz.
1907: Übersiedlung der Firma nach Zschopau.
1919: Umbenennung in Zschopauer Motorenwerke J. S. Rasmussen.
1924: Umwandlung in eine Aktiengesellschaft: Zschopauer Motorenwerke
J. S. Rasmussen AG.
Programm: Zunächst: Abdampfentöler, Abdampfarmaturen, Automobilzubehör, Lackieranlagen.
1914 – 1918: Granatzünder, Zündkapseln.
1918 – 1921: Versuche mit Dampfkraftwagen.
Seit 1919: Zweitakt-Motorenbau, Fahrradhilfsmotoren, Stationärmotoren.
Seit 1921: Motorradfertigung.
Seit 1927: Automobilbau.
Geschäftsführung: J. S. Rasmussen;
Dr. Carl Hahn.

Rota Werke GmbH, Zschopau
Gegründet: 1919.
Programm: Rotations-Schwungrad-Zündanlagen.
Geschäftsführung: Mitgesellschafter Hugo Ruppe.

Metallwerke Zöblitz AG, Zöblitz im Erzgebirge
Gegründet: 1922.
Programm: Dreh- und Fassonteile, Schrauben, Armaturen für Motorräder.
Seit 1924: Herstellung von Radnaben und Bremsen für Motorräder im Zweigwerk Marienberg. Ein weiteres Zweigwerk gibt es in Hüttengrund/Erzgebirge.
Geschäftsführung: Paul Diener, seit 1940 Ove Rasmussen.
Nach Gründung der Auto Union bleibt das Unternehmen Eigentum der Familie Rasmussen.

Framo-Werke GmbH, Frankenberg/Sachsen
(seit 1934 Hainichen/Sa.)
Gegründet: 1923.
Programm: Zunächst Zulieferteile für Motorräder, Vergaser, Motorradsättel, Gepäcktaschen. Seit 1926: Dreiradlieferwagen mit DKW-Motoren.
Seit 1933: Dreirad- und Vierradlieferwagen und Pkw.
Geschäftsführung: Mitbegründer Richard Blau und Paul Figura. Seit 1932 Richard Schulz und seit 1934 Hans Rasmussen.
Nach Gründung der Auto Union bleibt das Unternehmen Eigentum der Familie Rasmussen.

Slaby-Beringer, Berlin
Gegründet: 1919 durch Dr. Rudolf Slaby und Hermann Beringer. 1924 übernimmt J. S. Rasmussen das Unternehmen. 1927 wird die Firma in zunächst angemietete Räume der ›Deutschen Werke‹ (D-Rad) in Berlin Spandau verlegt (DKW-Werk Spandau).
1932 übernimmt die Auto Union AG das Unternehmen.
Programm: Zunächst Bau von SB-Kleinstwagen mit Elektromotor, später auch mit DKW-Einbaumotor.

DÄNISCHER IMPORT

1926/27: Fertigung von DEW Elektro-Droschken.
Seit 1928: Fertigung von DKW-Personenwagen mit Heckantrieb.
Seit 1931: Zusätzliche Fertigung von Karosserien für DKW-Frontantriebswagen.
Geschäftsführung: Dr. Slaby, Willy Fritsch.

Elcamo Motor-Aggregatebau GmbH, Erfenschlag, Erfenschlag im Erzgebirge
Gegründet: 1925. 1932 mit Gründung der Auto Union AG der IVT (Industrie Verwaltungs- und Treuhandgesellschaft) unterstellt. Seit 1933 eigenständige Firma unter dem Namen ›Elcamo Kommandit Gesellschaft Richter & Co‹.
Programm: Stromaggregate, Außenbord- und Bootsmotore, Wasserpumpen und Feuerspritzen unter Verwendung von DKW- beziehungsweise Rickenbacker-Motoren.
Geschäftsführung: Ernst Otto Richter.

Werk Scharfenstein, Zweigwerk der Zschopauer Motorenwerke AG.
Gegründet: Das Werk wird 1926 von den Moll-Werken (Moll-Mobil) übernommen. 1932 wird das Werk der IVT unterstellt. Seit 1933 eigenständiges Unternehmen unter dem Namen ›Deutsche Kühl- und Kraftmaschinengesellschaft mbH‹ (DKK Scharfenstein). 1940 Übernahme durch die Auto Union AG.
Programm: Stanz- und Preßteile, Kotflügel, Nummernschilder, Kraftstofftanks, Motorradrahmen. Seit 1927 DKW-Kühlanlagen. Seit 1928 Sechs- und Achtzylinder-Motoren (Rickenbacker). Seit 1930 Junkers Gegenkolben-Dieselmotoren.
Geschäftsführung: Henry Hopkes, seit 1933 Ing. Skudlarek; seit 1940 Werner Kratsch.

Prometheus Maschinenfabrik GmbH, Berlin
Gegründet: 1926. Je 50 Prozent der GmbH-Anteile halten J. S. Rasmussen und Michael Mehlich. Nach Gründung der Auto Union AG bleibt die Firma im Eigentum der Gesellschafter. 1939 übernimmt Familie Rasmussen das Unternehmen zu 100 Prozent.
Programm: Getriebe, Lenkungen, Hinterachsen.
Geschäftsführung: Mitgesellschafter Michael Mehlich.

Aluminiumgießerei Annaberg, Annaberg im Erzgebirge
Gegründet: 1927 als reine Tochtergesellschaft der Zschopauer Motorenwerke AG. Seit 1932 gehört das Unternehmen zur Auto Union AG.
Programm: Aluminiumgußteile (Motor- und Getriebegehäuse, Kolben).
Geschäftsführung: unbekannt.

Nestler & Breitfeld AG, Erla im Erzgebirge
Gegründet: Das Unternehmen wird 1927/28 von Rasmussen übernommen. Hauptwerk in Erla/Erzgebirge, Zweigbetriebe in Wittigsthal (Gesenkschmiede) und Breitenbach. Nach Gründung der Auto Union wird das Unternehmen kurzfristig der IVT unterstellt, dann bleibt es im Eigentum der Familie Rasmussen. 1933 wird das Unternehmen umbenannt in Eisen- und Flugzeugwerke Erla KG. Die Firma fertigt für kurze Zeit Kleinstflugzeuge (Tiefdecker in Holzbauweise), die von einem DKW-Motor angetrieben werden. 1934 wird der Flugzeugbau aufgegeben, gleichzeitig wird das Unternehmen in ›Eisenwerke Erla Rasmussen KG‹ umbenannt.
Programm: Graugruß- und Tempergußteile. Gesenkschmiedeteile.
Geschäftsführung: Richard Bauklage, Hermann Wegmann und seit 1936 Ove Rasmussen.

Schüttoff Werke AG, Chemnitz
Gegründet: Das Unternehmen wird 1928 von den Zschopauer Motorenwerken übernommen. Nach Gründung der Auto Union AG gehören die Schüttoff-Werke zum neuen Firmenverbund. Nach dem Abverkauf der vorhandenen Schüttoff-Motorräder durch die Auto Union wird das Unternehmen zum ›Elektrowerk Rösslerstraße‹ der Auto Union.
Programm: Schüttoff Motorräder, die im Gegensatz zu den DKW-Motorrädern mit Viertakt-Motoren ausgestattet sind. 1929/30 werden die Schüttoff-Modelle auch mit DKW-Motoren ausgeliefert.
Geschäftsführung: Direktor Schüttoff; nach 1932 Direktor Winter; Heinold.

Audi-Automobilwerke AG, Zwickau
Gegründet: 1928 Übernahme der Audi Werke durch die Zschopauer Motorenwerke AG; seit 1932 gehört das Unternehmen zur Auto Union AG.
Programm: Zunächst Fortsetzung des Audi-Automobilprogramms mit den Typen M und R (Imperator). Seit 1929 Achtzylinderwagen mit Rickenbacker-Motoren aus dem Werk Scharfenstein (Typ SS Zwickau), 1930/31 Sechszylinder Typ Dresden. Seit 1931 Montage der DKW-Frontwagen.
Geschäftsführung: Direktor Schuh, Ingenieur Arlt.

Luma-Werke, Stuttgart
Gegründet: 1930. Seit 1932 gehört das Unternehmen zum Firmenverbund der Auto Union AG. 1933/34 wird es aufgelöst. Die Fertigung der Elektroaggregate übernimmt das Elektrowerk ›Rösslerstraße‹ der Auto Union.
Programm: Dynastartanlagen für Motorräder und DKW-Frontantriebswagen.
Geschäftsführung: unbekannt.

Die gesamte Erzgebirgsgegend um Zschopau arbeitet für DKW, insgesamt über 6.000 Personen. Die Tagesleistung liegt bei 375 Motorrädern und 500 Motoren. Alle 87 Sekunden entsteht ein Motorrad. Der Gesamtkonzern hat 15.000 Beschäftigte in 12 Unternehmen. 1929 wird neben der DKW-Verwaltung das eigene Postamt ›Zschopau 2‹ eröffnet.

Zu den vorhandenen Werken und Betrieben pachtet Rasmussen die Karosseriebau-Halle der Deutschen Industrie-Werke AG in Berlin-Spandau.

1929 ist wohl das erfolgreichste Jahr mit 65.000 gefertigten Motorrädern. Trotz der sich immer stärker bemerkbar machenden Weltwirtschaftskrise gab es in Zschopau nur eine Devise: Das Bewährte konsequent nutzen und aus dem Bewährten Initiativen für die Zukunft entwickeln! Leichter gesagt als getan. Der Absatz geht erschreckend zurück, die Wirtschaftslage wird immer unsicherer. Schon ist eine Überkapazität feststellbar. Etliches Material ist bereits bearbeitet, einiges davon kann jedoch nicht verwertet werden. Vor dem geistigen Auge der Zschopauer entstehen schon Halden von Motorrädern und Material, die kaum abzubauen sind. Um mehr zu verkaufen, werden neue Verkaufsstrategien entwickelt und Kaufanreize mit interessanten Angeboten geschaffen. Wäre das die Lösung?

Die klare Linie kommt den Zschopauern abhanden bei dem Versuch, durch die Ausweitung des Angebotes potentielle Kunden mit dem für sie interessanten Motorrad anzusprechen. Krisenstimmung in Zschopau? Das wäre wohl eine übertriebene Behauptung. Doch ist ein Anflug von Unsicherheit erkennbar in der angebotenen Typenvielfalt: Bis zu zwölf DKW-Motorräder gab es zeitweilig, die sich prinzipiell unterschieden. Dazu gehörte beispielsweise das DKW Volksrad, ein getriebe- und kickstarterloses Einfachmodell mit dem bekannten 200-ccm-4 PS-Motor für 485,00 RM, das Modell ZIS in gleicher Ausführung, jedoch mit Zweiganggetriebe, des weiteren die Einzylinder Luxus- beziehungsweise Spezial-Modelle in vier verschiedenen Ausführungen, jeweils mit 200- oder 300-ccm-Motor. Das obere Segment

Die DKW Super-Sport gab es mit einem 500 oder 600 ccm großen, wassergekühlten Zweizylinder-Zweitaktmotor.

der Motorradpalette wurde abgerundet durch die Zweizylindermodelle Luxus 500 (luftgekühlt) und die schweren wassergekühlten Modelle DKW Super-Sport mit 500- oder 600-ccm-Motor.

Daneben boten die Zschopauer Motorenwerke nach Übernahme der Schüttoff-Motorradwerke/Chemnitz im Herbst 1928 die DKW-Typen Luxus 200 und 300 auch als Schüttoff-Motorräder an, indem man die entsprechenden DKW-Modelle in der schüttoff-typischen Farbgebung lackierte. Da im Chemnitzer Schüttoff-Werk noch erhebliche Mengen an 500-ccm-Viertakt-Einzylindermotoren aus der alten Schüttoff-Produktion vorrätig waren, setzte man diese kurzerhand in DKW-Fahrgestelle ein und bot für kurze Zeit neben den Zweitakt- auch Viertakt-Motorräder an.

Alle diese aus Schüttoffer-Produktion verkauften Zschopauer Erzeugnisse, wie auch die Einfachmodelle Volksrad und ZIS, verkörperten nicht den sonst üblichen hohen Stand der DKW-Technik. Sie waren aufgrund der Rezession verkaufsstrategische Notlösungen und dienten nicht zuletzt auch zum Aufbrauchen vorhandener Teilebestände.

DÄNISCHER IMPORT

AUF UMWEGEN ZUM DKW-AUTOMOBIL

Fast unbemerkt geblieben ist bislang, daß Rasmussen schon immer ein Herz für das Automobil hatte. Er hat es nur nicht so laut schlagen lassen. Immerhin glaubte er schon vor dem Ersten Weltkrieg, daß der Automobilbau ein zukunftsträchtiges Geschäft werden könnte. Entsprechende Vorbilder hatten ihn zu dieser Ansicht gelangen lassen. Vorsorglich hatte er die Zubehörproduktion aufgenommen. Wenn es soweit war, würde man sofort loslegen können. Von Anfang an hatte Rasmussen an ein kleines Auto für Herrn Jedermann gedacht, ein Auto, das für ihn nützlich und erschwinglich war, ein Volks-Auto.

Im Herbst 1918 – man ist in Zschopau noch mit Experimenten am Dampfwagen befaßt – entstehen auf Initiative von Rasmussen erste Skizzen und Konstruktionszeichnungen für einen kleinen, zunächst einsitzigen Wagen. Verantwortlich für die Konzeption ist Ingenieur Emil Fischer. Er baut zunächst diesen Prototyp im sogenannten Kaisersaal auf, einer ehemaligen Gaststätte in Zschopau, in der eine Schreinerei für das DKW-Werk eingerichtet worden war und in der auch eine zeitlang die Schwungrad-Zündanlagen für die DKW-Motoren hergestellt wurden. Die Experimente verlaufen zufriedenstellend, der Motor ist stark genug und man gibt diesem Wägelchen optimistisch den Namen: Der Kleine Bergsteiger. Immerhin hat er den damals stärksten in Zschopau gebauten 4 bis 5 PS Einzylinder-Stationärmotor mit Gebläsekühlung. Der Motor war, sicherlich nur als Notlösung, liegend auf dem linken Trittbrett befestigt und trieb über eine Kette ein Hinterrad an. Die Karosserie ist einfach, aus Sperrholz und selbsttragend, also ohne Fahrgestellrahmen. Es ist ein kleines Auto und ziemlich dürftig im Vergleich zu anderen, größeren Wagen. 1919 wurde mächtig Werbung gemacht, um einmal zu sehen, ob Käuferinteresse überhaupt vorhanden war. Das war wohl nicht der Fall. Soweit bekannt ist, wurde dieses Fahrzeug niemals verkauft. Ingenieur Fischer verließ schon im Frühjahr 1919 Zschopau, die weitere Entwicklung des von ihm entworfenen Fahrzeugs wurde nicht fortgesetzt. Im internen Werksverkehr wurde dieser erste Versuchswagen häufig eingesetzt. Dieses Fahrzeug, in der zweiten Version als sogenanntes Tandem mit zwei hintereinanderliegenden Sitzen gebaut, wurde damals oft verwechselt mit einer ähnlichen Konstruktion des Berliners Dr. Slaby. Der Kleine Bergsteiger ist jedoch ein eigenständiges Zschopauer Produkt, obwohl während des Experimentierstadiums Rasmussen und Dr. Ing. Rudolf Slaby schon miteinander bekannt waren. Slaby ist der Sohn des Telefunken-Gründers in Berlin und hatte sich kurz nach dem Kriege eines kleines, von einem Elektromotor angetriebenes Motorwägelchen nach Art der ›Seifenkiste‹ gebaut. So schlicht war es. Für die vier Räder standen noch nicht einmal normale Fahrradreifen zur Verfügung. Man muß daran denken, daß nach dem Kriege solche Dinge kaum zu haben waren. Da Not erfinderisch macht, hatten Tüftler eine Ersatzbereifung erdacht, bei der anstelle des Reifens zwischen Laufkranz und Felge kleine Federn angebracht waren. Auf solchen Rädern fuhr Slaby im Frühjahr 1919 durch Berlin und erregte großes Aufsehen. Auch Rasmussen, der ihm dort begegnete, war von dem Fahrzeug begeistert. Spontan bestellte er bei Dr. Slaby einhundert solcher Kleinst-Elektrowagen, deren rechtes Hinterrad durch einen kleinen Gleichstrom-Elektromotor angetrieben wurde. Die erforderliche 24-Volt-Batterie fand ihren Platz im Bug des Fahrzeugs. Natürlich war der Wagen

Während Rasmussen noch an die Zukunft des Dampfwagens glaubte, entstand aufgrund seiner Initiative um 1918 auch ein kleines, recht einfaches Automobil mit Verbrennungsmotor: ›Der kleine Bergsteiger‹. Das Foto zeigt die Tandem-Ausführung mit zwei hintereinanderliegenden Sitzen.

Rudolf Slaby (rechts) entwickelte ein kleines Elektroauto, auf das Rasmussen aufmerksam wurde. Rasmussen beteiligte sich an der Firma Slaby-Beringer, und so war es nur folgerichtig, daß der SB-Wagen, wie dieses Modell auf dem Foto, mit einem DKW-Motor ausgestattet wurde.

jetzt auch gummibereift. Einhundert Stück! Das war für damalige Zeiten schon ein Großauftrag. Zusammen mit Hermann Beringer gründete Rudolf Slaby daraufhin die SB-Automobil-Gesellschaft mbH (Slaby-Beringer) in Berlin-Charlottenburg. Die in einer Farben- und Chemiefabrik hergerichteten Produktionsräume hatte der Vater von Hermann Beringer zur Verfügung gestellt.

Auf der Leipziger Messe 1919 hat Rasmussen, neben dem Fahrrad-Hilfsmotor und dem DKW-Stationärmotor, auch den Elektrowagen ausgestellt, der auf großes Käuferinteresse stieß. Ein solcher Erfolg motivierte Rasmussen, in die Firma Slaby-Beringer einzutreten und sich mit einem Drittel zu beteiligen. Größere Räumlichkeiten wurden bezogen. Eine japanische Importfirma bestellte fünfzig SB-Elektrowagen. Dieser ersten Bestellung folgten weitere, und so wurde der japanische Importeur bald zu einem wichtigen Geschäftspartner.

Auf der Berliner Automobilausstellung im Herbst 1923 wurden sowohl der Elektrowagen als auch ein karosseriegleiches Fahrzeug mit einem Verbrennungsmotor ausgestellt. Dieser war ein Einsitzer mit DKW-Einzylinder-Motor von 2,5 PS mit zwei Gängen und einem Hubraum von 170 ccm. Er wurde mit einem von Hand zu betätigenden Kickstarter angelassen. Je nach Wunsch wurden die kleinen Wägelchen als Zweisitzer oder mit Einachsanhänger geliefert. Die Sperrholzkarosserie war jetzt schnittiger und seitlich mit Stabholz verkleidet.

Am 1. September 1923 ereignete sich in den japanischen Industriegebieten um Tokio und Yokohama ein folgenschweres Erdbeben. Folgenschwer auch für die SB-Werke, deren japanischer Geschäftspartner bei diesem Erdbeben ums Leben kam, so daß eine größere Anzahl von bestellten und bereits fertiggestellten Wagen nicht mehr exportiert werden konnte. Gleichzeitig führte das Ende der Inflation in Deutschland zu einem starken Umsatzrückgang insbesondere im Exportgeschäft, was dazu führte, daß die SB-Automobil-Gesellschaft 1924 in Konkurs geriet, nachdem 2.005 dieser kleinen SB-Wagen gefertigt worden waren.

Rasmussen übernahm die Firma und setzte Dr. Slaby als technischen Direktor seines neuen DKW-Zweigwerkes Berlin ein. Unter seiner Leitung entstand wieder ein Kleinstwagen. Er hatte die übliche Holzkarosserie, einen hinten liegenden Motor mit Keilriemenantrieb für die Hinterräder und zwei schrägversetzte Sitze. Obwohl dieser Wagen auf der Automobilausstellung im Herbst 1924 gezeigt wurde, blieb er nur ein Einzelstück.

Rasmussen verlegte 1927 das DKW-Zweigwerk nach Spandau in die zunächst nur gepachteten Werksräume der Deutschen Industriewerke AG (D-Rad). Hier wurden unter der Leitung von Dr. Slaby anfangs nur Elektrowagen als Droschken für den Stadtverkehr oder als Lieferwagen für 0,6 Tonnen Nutzlast in Serienfertigung gebaut. Das war eine Gemeinschaftsproduktion von DKW, AEG und der Akkumulatorenfabrik AG (AFA). Schnell hatte man wieder ein Firmenkürzel parat: DEW = Der Elektro-Wagen. 40 Zellen hatte die normale Bleibatterie, die vorne unter der ›Motorhaube‹ stand und als Energiequelle für einen 3,5 Kilowatt AEG-Elektromotor benötigt wurde, der über ein Vorgelege, die Kardanwelle und das übliche Hinterachsdifferential die Kraft auf die Hinterräder übertrug: »Dieses Fahrzeug stellt äußerlich weiter nichts dar, als eine Karosserie aus mehrfach verleimtem Sperrholz, die den Rahmen ersetzt und auf die Achsquerfedern direkt aufgesetzt ist. Der Motor, der im Boden der Karosserie hängt, hat eine besonders hohe Umlaufzahl, durch die erreicht wird, daß das Fahrzeug die Steigungen besser überwindet.«

Die Batteriekapazität war für damalige Verhältnisse recht ordentlich. Immerhin war der DEW 40 km/h schnell und hatte einen Radius von 80 bis 100 Kilometer; 900 kg wog er samt Batterie. In der Wagenmitte war der Fahrschalter angeordnet. Der links sitzende Fahrer konnte ihn, wie auch den Getriebeschalthebel, mit der rechten Hand bedienen. Vier Vorwärts-Schaltstufen gab es und eine für rückwärts. Mit dem Fuß mußte bei jeder Schaltbewegung der Stromkreis über einen Widerstandsschalter unterbrochen werden. Die Vierradbremse war mechanisch und wurde ebenfalls mit dem Fuß betätigt. Von Dr. Klingenberg stammte die gesamte Elektroausrüstung, von DKW der selbsttragende Sperrholzaufbau und die Querfederung. Die Handschrift von Dr. Slaby war bei der konstruktiven Auslegung deutlich erkennbar. Die Batterien erhielten die Wagenbesitzer leihweise von der AFA und gegen Bezahlung einer Ladegebühr ausgetauscht. Es wird vermutet, daß etwa 500 dieser 1926/27 fabrizierten Fahrzeuge im öffentlichen Straßenverkehr eingesetzt waren.

EIN GELUNGENER DKW-PERSONENWAGEN

Die Versuche mit den Elektrowagen, die blieben eben nur Versuche. Obwohl sie nicht vergeblich waren, sind sie dennoch alle gescheitert. Lernen durch Versuch und Irrtum, wie die Lernpsychologen das so nennen. Dahinter steht auch eine Forschungsstrategie, der Drang nach notwendigen Neuerungen. Man muß alles einmal ausprobiert haben, um dann ein gewichtiges Wort mitreden zu können.

DKW und AEG fertigten in einer Gemeinschaftsproduktion diesen DEW-Lieferwagen. Der DEW (›Der Elektrowagen‹) hatte eine Holzkarosserie.

Die Zschopauer wollten beim Auto ein Wort mitreden. Es sollte ein typisches DKW-Auto sein, nicht irgend etwas Nachgemachtes. Deshalb blieb der Einsatz von Verbrennungsmotoren zum Antrieb von DKW-Personenwagen immer im Blickfeld, parallel zu den Elektroversuchen. Noch stellten sich jedoch die zu schwachen Motorrad-Motoren als Haupthindernis heraus.

Einen richtigen Auto-Motor, der diese Bezeichnung auch verdient hätte, gab es bei DKW noch nicht. Und die schwachen Motorrad-Motoren erforderten Fahrzeuge, die extrem leicht gebaut waren, wie zum Beispiel das DKW-Lieferdreirad auf der Basis vom Lomos-Sesselkraftrad. Das war 1926 entstanden. Verwendet wurde hierfür der gebläsegekühlte Motorrad-Motor E 206 mit 4 PS Leistung. Die Ladefläche war mit einer Lenkstange

Bei dem Lieferdreirad Framo LT 300 von 1931 trieb der stehende DKW-Einzylindermotor über eine Kette das Vorderrad an.

versehen und vor dem Fahrer über den beiden Vorderrädern angebracht. 250 Kilogramm Nutzgewicht konnte das Fahrzeug befördern.

Die Fertigung wurde noch 1926 in die Metallwerke Frankenberg GmbH, die schon zu den Rasmussen-Werken gehörten, verlagert. 1927 wurde dort eine völlig veränderte Konstruktion als FRAMO TV 300 (Frankenberger Motorenwerke) vorgestellt. Auch bei diesem Motor handelte es sich immer noch um einen luftgekühlten Einzylinder, dessen Leistung immerhin auf 7 PS gestiegen war, weil sein Hubraum um 100 ccm größer geworden war. Über dem Vorderrad des dreirädrigen Kleinlieferwagens saß der Motor und trieb dieses über ein separates Dreiganggetriebe und eine Kette an. Der Fahrer saß nun vor der als Pritsche oder Kasten gebauten Ladefläche.

DÄNISCHER IMPORT

Der entscheidende Schritt zu einem richtigen Auto war in dem Augenblick getan, als es den Technikern in Zschopau gelungen war, einen Motorrad-Motor mit einem größeren Hubraum zu bauen. Das war der 500-ccm-Zweizylindermotor, der zunächst luftgekühlt war, dann jedoch wegen thermischer Probleme eine Wasserkühlung erhielt. Er trieb das DKW-Motorrad ZW 500 an und war mit seinen 15 PS bei 3.500 Umdrehungen in der Minute so leistungsfähig, daß er sich als Antriebsaggregat für ein Automobil eignete. Da Anfang 1928 dieser wassergekühlte Motor auch in einer 600-ccm-Version zur Verfügung stand, entschied man sich in Zschopau, dieses etwas drehmomentstärkere Aggregat mit ›echten‹ 15 PS in den ersten DKW-Wagen mit der Typenbezeichnung P 15 einzubauen.

DER P 15 VON DKW

Die Wiege des P 15 stand in Spandau. Slaby hatte diesen Typ nach den Vorstellungen von Rasmussen entwickelt. Damit war die Konzeption für die kommenden DKW-Wagen eindeutig festgelegt: Selbsttragende Sperrholzkarosserie mit Holzgerippe und mit Kunstleder bespannt. Die Motoren kamen per Bahn aus Zschopau. Der P 15 wurde im Frühjahr 1928 auf der Leipziger Frühjahrsmesse vorgestellt, wo er großen Zuspruch fand. Mitte des Jahres wurden dann die ersten Wagen ausgeliefert. Zunächst gab es zwei Versionen: einen offenen Zweisitzer mit einem einfachen Klappverdeck und seitlichen Einsteckscheiben, unter dessen Heckklappe zwei Notsitze untergebracht waren. Die hochgestellte Heckklappe diente dann als Rückenlehne. Die Bezeichnung Notsitz bestand zu Recht, zumal zwei Personen mehr schlecht als recht Platz nehmen konnten. Daneben wurde der DKW P 15 auch als Lieferwagen mit 400 Kilogramm Nutzlast angeboten. Im Herbst folgte das zweisitzige Cabriolet. Das hatte ein wetterfestes, gut schließendes Verdeck und eine geteilte Windschutzscheibe.

Mit einem solchen Wagen nahmen im Januar 1929 die DKW-Ingenieure Gerhard Macher und Gustav Menz an der schon damals international anerkannten Rallye Monte Carlo teil. Teilnehmer aus allen Ländern gaben ihre Nennungen ab. Jeder Teilnehmer konnte sich seinen Startort aus Städten wie Reval, Riga, Königsberg, Oslo, Athen oder beispielsweise Palermo selbst auswählen. Die beiden deutschen Teilnehmer Menz und Macher entschieden sich für Königsberg. Meterhohe Schneewehen in Ostpreußen, Nebel im Ruhrgebiet und eine nächtliche Zwangspause an der geschlossenen Grenze bei Aachen minderten die Durchschnittsgeschwindigkeit, so daß sie ihr Ziel nicht mehr in Wertung erreichten. Aber sie stellten die Zuverlässigkeit des kleinen Zweitakt-Automobils unter Beweis und kamen in Monte Carlo an; übrigens als einzige Teilnehmer aus der Gruppe Reval, Riga, Königsberg.

Auch nachdem sich die Zschopauer Motorenwerke verstärkt dem Automobil zuwenden, bleibt das Unternehmen auf Expansionskurs und kauft Firmen auf. 1928 wird die Aktienmehrheit der Schüttoff AG in Chemnitz übernommen. Dieses Unternehmen hatte bislang Motorräder produziert und wird diesen Produktionszweig vorerst auch unter DKW-Regie weiterführen. Im gleichen Jahr wird von Rasmussen auch die in Erla liegende Eisengießerei und Gesenkschmiede, Nestler und Breitfeld, übernommen.

Waren die vielen Firmenübernahmen nicht schon die Vorboten einer sich anbahnenden Wirtschaftskrise oder waren sie auf die außerordentli-

1928 wurde der P 15 auf der Leipziger Frühjahrsmesse vorgestellt. Dieses Modell war der entscheidende Schritt der Zschopauer Motorenwerke vom Motorrad hin zum Auto. Die Fertigung des P15 erfolgte in Berlin; die DKW-Motoren wurden aus Zschopau angeliefert.

chen Managementfähigkeiten von J. S. Rasmussen zurückzuführen? Die Zukunft wird es zeigen. 1928 kann das Zschopauer Unternehmen auf das Aktienkapital immerhin noch eine Dividende von 10 Prozent ausschütten.

Die Zschopauer Motorenwerke AG haben seit der Geldumstellung 1924 unverändert ein Aktienkapital von einer Million Reichsmark, das sich im Alleinbesitz des Ing. Jörgen Skafte Rasmussen befindet. Demgegenüber betragen die Umsätze 1926 13 Mio., 1927 21 Mio., 1928 42 Mio. und 1929 etwa 60 Mio. RM. Am 24. November wird daher eine Kapitalerhöhung um 9 auf 10 Mio. RM beschlossen. Die neuen Aktien übernimmt außer Rasmussen zum erheblichen Teil ein sächsisches Bankenkonsortium. Die Banken gewähren zusätzlich ein langfristiges Darlehen in Höhe von 5,0 Mio. RM. Zudem werden auch Verbindlichkeiten aus der Übernahme der Audi-Werke AG, Zwickau, geregelt.

Im Geschäftsjahr 1929 schneidet DKW nach reichlichen Abschreibungen und Rückstellungen mit 2,36 Mio. RM Reingewinn ab, von dem 1,8 Mio. RM auf das neue Aktienkapital eingezahlt werden; deshalb wird keine Dividende (1928 = 10 Prozent) ausgeschüttet. Der Umsatz bei den Motorrädern läßt zum ersten Male nach, dagegen sind die Bestellungen auf Kleinwagen und Kühlschränke erfreulich. Die Sechs- und Achtzylinder-Rickenbacker-Motoren bringen nicht den erhofften Umsatz. Dr. Bleicher, Bankdirektor bei der Sächsischen Staatsbank, wird in den Aufsichtsrat als dessen Vorsitzender gewählt. Das ist für die spätere Entwicklung des Gesamtunternehmens ein wichtiges Signal. Die Kontrolle des Unternehmens übernimmt eine Bank, ohne die es sicherlich nie die Firma im Zeichen der Vier Ringe gegeben hätte.

DKW betrieb gezielt Imagepflege für ein richtiges Auto. Der Behelfscharakter sollte ihm genommen werden. Mit Erfolg. Im Frühjahr 1929 wurde ein dreisitziges (2 plus 1) Cabriolet vorgestellt. Das war dann beileibe keine Behelfskonstruktion mehr. Es sah kompakt aus, hatte einen feststehenden Fensterrahmen, Kurbelfenster und eine verbesserte Verdeck-Konstruktion.

An Gewicht hatte das Fahrzeug dadurch 60 Kilogramm zugelegt. Schließlich wurde wenig später die Modellpalette durch eine zweitürige, viersitzige Cabrio-Limousine mit feststehendem Fensterrahmen, zurückklappbarem Verdeck und zusätzlichem Außenkoffer ergänzt.

Der P 15 ist ein Gebrauchsauto für den öffentlichen Straßenverkehr. Was ist mit den Fahrern, die Interesse am sportlichen Fahren und am sportlichen Aussehen des Fahrzeugs haben, sich aber die großen teuren, meist ausländischen Wagen nicht leisten können? Der Zschopauer Versuchsingenieur Macher hatte so oder so ähnlich gedacht. Jedenfalls wurde auf seine Anregung

Kaum war der P 15 auf dem Markt, wurde er schon 1929 im harten Rallye-Einsatz getestet, wie hier von Gerhard Macher und Gustav Menz.

Der kleine DKW-Motor mit einem 600 ccm großen Hubraum war im P 15 in Längsrichtung eingebaut.

DÄNISCHER IMPORT

In diesem Gebäude war die Hauptverwaltung der Zschopauer Motorenwerke untergebracht.

»Schönheit und Rasse. Ein Sportmädel mit seinem Wagen, einem der schnellen DKW-Sportwagen.«

hin und auf der Basis des P 15 Ende 1929 ein Sportwagen entwickelt, der dann 1930 und 1931 gebaut wurde. Schon äußerlich ein Gedicht! Elegante Linienführung, spitzes Heck, grüner Karosserie-Kunstlederbezug, weiße Kotflügel (die sächsischen Landesfarben), rote Ledersitze und Drahtspeichenräder. Den Motor hatte man in der Leistung auf 18 PS gesteigert. Der Wagen war 100 km/h schnell und ein ästhetischer Genuß. Da blieb fast kein Wunsch mehr offen. Und dann der Preis! Kaum vorstellbar! Für 2.500 Reichsmark war er preiswerter zu haben als das dreisitzige Cabriolet.

Rundum ein prächtiges Autos, dieser P 15, der eine gute Straßenlage durch die günstig aufeinander abgestimmten Schwingungsdämpfer und Querfedern besaß. Durch den langen Radstand verfügte er auch über ausreichende Innenmaße. Selbstverständlich waren alle P 15-Fahrzeuge mit elektrischem Anlasser und Licht, also mit einer kompletten Elektroanlage ausgerüstet. Nur im Preisvergleich mit der Konkurrenz von Opel und Dixi sah es nicht so prächtig aus. Diese Firmen drückten auf die Preise. In Zschopau reduzierte man sie deshalb 1929 bei den Roadster-Auslaufmodellen von 2.500 auf 2.285 und beim Cabrio von 2.685 auf 2.495 Reichsmark. Ein klein wenig werbewirksam war die mit 83,00 Reichsmark verhältnismäßig niedrige Jahressteuer im Vergleich zu Dixi mit 106,00 und zum 4/16 Opel mit 146,00 Reichsmark.

Der P 15 wurde bis zum Frühjahr 1930 produziert. Nur unvollständig sind die Angaben über die Produktionsziffern, doch lassen sich aus den Unterlagen insgesamt 5.107 Einheiten errechnen. Der Sportwagen wurde bis 1931 gebaut.

Unter dem Strich ergab sich für das Jahr 1929 ein Nettoerlös von 152.000 Reichsmark. Den hatten 2.692 produzierte und verkaufte Wagen eingefahren, knappe 56,46 Reichsmark Gewinn pro Wagen. Da steckte der Wurm drin. Aber wo genau? Man mußte nicht lange suchen, wo das Absatzproblem lag. Es war in der Tatsache zu sehen, daß die Leistung der DKW-Wagen von Anfang an für zwei Personen ausgelegt war. Dafür reichte sie aus. Als der Wagen zum Mehrsitzer vergrößert wurde, war seine Leistungsfähigkeit gleich geblieben. Das war der entscheidende Punkt, an dem angesetzt werden mußte, um die Marktchancen zu verbessern. Doch die Leistungsfähigkeit konnte man nicht einfach dadurch erhöhen, indem man dem Zweitakt-Motor weitere Zylinder hinzufügte, das ist viel komplizierter als etwa beim Viertakt-Motor. Viele Konstrukteure, die das schon versucht hatten, sind kläglich gescheitert. Dennoch mußte sich irgendeine Lösung finden lassen. Schließlich wollte man in Zschopau auch für die Zukunft wettbewerbsfähig bleiben.

EIN STÄRKERER MOTOR MUSS HER

Ob Zufall oder intensives Recherchieren – in Zschopau wurde man auf eine interessante Lösung eines sogenannten Ladepumpenmotors aufmerksam. Die Techniker Gehle und Paffrath hatten diesen in der Motorenfabrik Steudel in Kamenz nordöstlich von Dresden entwickelt. Allerdings konnten sie sich dort und auch anderswo mit ihrer Idee nicht durchsetzen. Rasmussen sah in diesem Prinzip eine Möglichkeit zur Motor-Leistungssteigerung und stellte beide Techniker ein. Doch nur Gehle blieb in Zschopau und war seit 1930 als Gruppenleiter für die Konstruktion von stationären Motoren beauftragt. Er war ein Mann vom Fach, mit viel Kompetenz ausgestattet, wie sich das auch seinem Werdegang entnehmen läßt: Jahrgang 1897, von 1911 bis 1914 Lehre als Feinmechaniker, nach dem Kriege bis 1922 bei der Göttinger Präzisions-Waagenfabrik als Konstrukteur für Kleinmotoren tätig. Danach Betriebsleiter und Erster Konstrukteur für stationäre und Automobilmotoren bei der Horst Steudel GmbH in Kamenz bis Mitte 1927, dann, nur kurze Zeit, selbständiger Teilhaber der Sächsischen Motorenbau-Gesellschaft in Dresden. Am 15. Dezember 1927 trat Gehle seinen Dienst bei DKW an. Was Gehle zusammen mit Paffrath entwickelt hatte, war ein völlig neues Motorensystem. Rasmussen hielt die Idee für ausgezeichnet und kaufte das Patent.

Die Werbetrommel wurde gerührt, der Prospekt spricht von »einer Großtat im Zweitaktmotorenbau, einer Leistung, auf welche die Zschopauer stolz sind. Dieser Zweitakt-Vierzylinder sei eine ventillose und verblüffend einfache Konstruktion, habe die Wirkungsweise und Vorzüge eines Viertakt-Achtzylinders, ohne so sensibel und so störanfällig wie dieser zu sein. Spielend würden 22 PS aus etwa 800 ccm erreicht. Eine unermüdliche Kraftquelle für das überzeugend schöne und große DKW-Cabriolet. Dieser Wagen sei begehrenswerter als jeder andere seiner Klasse.«

Um zu dokumentieren, daß der Vergleich mit dem Achtzylinder durchaus ernst gemeint und berechtigt war, erhielt der Wagen die Typenbezeichnung 4 = 8. Das Motorensystem war in der Tat völlig neuartig: Zwei im Winkel von 90 Grad, also in V-Form zueinander angeordnete Zweizylinder-Blöcke wurden mit je einer doppelt wirkenden Ladepumpe versehen, die bei der Auf- und Abwärtsbewegung jeweils einen Zylinder auflud. Dadurch blieb das Kurbelgehäuse druckfrei, die Kurbelgehäuse-Vorverdichtung und die Gemischschmierung entfielen, Schwierigkeiten bei der Abdichtung der beiden Gehäusehälften entstanden nun nicht mehr. Der Wirkungsgrad des Motors war aufgrund der Aufladung und der fast ausgeschalteten Spülverluste wesentlich besser. Der neue V-Vierzylinder-Motor KB 800, der ab Februar 1930 produziert wurde, ist bis Februar 1931 in diesen zwölf Monaten 1.698mal hergestellt worden. Die Euphorie, mit der dieses Aggregat angekündigt worden war, legte sich schon bald nach Produktionsbeginn. Erste Nachteile hatten sich bemerkbar gemacht. Aus Gründen der Kostensenkung waren sehr billige Leichtmetall-Kolben verwendet worden. Der Motor war thermisch sehr empfindlich. Es traten sogenannte Kolbenfresser auf.

Das DKW-Modell 4 = 8 wurde von einem Vierzylinder-Zweitaktmotor mit Ladepumpe angetrieben.

DÄNISCHER IMPORT

Grund genug, um ab Februar 1931 ein Nachfolgemuster vom Band laufen zu lassen, dessen Hubraum auf 988 ccm vergrößert worden war und der dadurch eine Leistung von 25 PS brachte. Damit die thermischen Probleme nun hoffentlich endgültig entfielen, war die direkte Kühlfläche um 40 Prozent vergrößert worden. Der obere Wasserkasten hatte die doppelte Größe bekommen, und der Kühler bestand nunmehr aus Ovalröhren und bot deshalb auch eine bessere Kühlwirkung. Zusätzlich war das Fahrzeug dadurch aufgewertet worden, daß nun eine hydraulische Vierradbremse verwendet wurde.

Solch ein großer Wagen, damals das Flaggschiff von DKW und in Wirklichkeit eine Cabrio-Limousine, forderte seinen Preis. Doch 3.300 Reichsmark sind einfach zuviel. Beim Nachfolgetyp mit dem Motor KB 1.000 hatte man streng kalkuliert. 3.100 RM, das schien angemessen zu sein, wenn man bedenkt, daß 620 RM an den Händler gingen, also 20 Prozent. Verblieben noch 2.480 RM. Die Herstellungskosten in Spandau betrugen 1.735 RM, die des von Zschopau gelieferten Motors 500 Mark. Unter dem Strich blieb ein Brutto-Erlös pro Wagen von 245 RM. Die anteiligen Zschopauer Kosten wie Abschreibung auf die Spandauer Anlagen, Kapitalverzinsung, 1,5 Prozent Werbekosten, gemessen am Umsatz, und die Transportspesen waren noch nicht mitgerechnet. Diese Kosten summierten sich insgesamt auf 640.000 RM pro Jahr, bei einer geplanten Stückzahl von 4.500. Das entsprach einem ziemlich schmalen Reingewinn von 95 RM. Trotzdem hatten die Zschopauer ein gutes Gewissen, denn nach dieser Berechnung würden 166 Prozent des Reingewinns erzielt, den zuvor der Zweizylinder-Wagen erreicht hatte. Somit könnte der Gewinn pro Fahrzeug um zwei Drittel gesteigert werden. Es gab also gute Gründe für den Typenwechsel und die technische Erneuerung des Basisprogramms. Sollte die Rechnung langfristig wirklich aufgehen, gab es nur eine Strategie: Verbilligung des Wagens durch konstruktive und technologische Maßnahmen bei gleichzeitiger Verbesserung und Bereicherung der Ausstattung.

DKW-Preise 1929/1932			
Jahr	Modell	Motor	Preis in RM
1929	4 = 8	800 ccm	3.200,-
1930/31	4 = 8	800 ccm	3.300,-
1931/32	4 = 8	1.000 ccm	3.300,-
1932	4 = 8 Sonderklasse	1.000 ccm	3.500,-
1931/32	Front (F1)	500 ccm	1.685,-
1931/32	Front (F1)	600 ccm	1.750,-
1932/33	Meisterklasse (F2)	600.ccm	2.495,-
1933	Reichsklasse (F2)	600.ccm	1.865,-

Die Holzkarosserien für die DKW-Modelle wurden im DKW-Werk Berlin-Spandau hergestellt.

In Zschopau trat der Rechenschieber in Aktion: Durch entsprechende Maßnahmen konnte der Werksabgabepreis zum Ende des Jahres 1931 von 1.735 auf 1.588 RM gesenkt und zusätzlich Ende 1931 auch eine zweitürige Limousine angeboten werden. Im darauffolgenden Jahr erhielt der DKW 4 = 8/1000 ccm die Bezeichnung Sonderklasse. Im Zuge einer Modellpflegemaßnahme hatte man, ganz im Trend der Zeit, die Windschutzscheibe schräg gestellt, was dem Wagen eine elegantere Linienführung verlieh. Unterstrichen wurde dies auch durch verchromte Doppelstoßstangen und weitere Verbesserungen: »Das Viergangetriebe mit zwei geräuschlosen (das heißt synchronisierten) Gängen, die schräge Windschutzscheibe aus Sicherheitsglas Sekurit, die Kühlerjalousie, der vergrößerte Kofferraum, die Bosch-Nebellampe sowie eine ganze Reihe kleinerer Ergänzungen, welche die Ausstattung des Wagens bedeutend abrunden.«

Man konnte in Zschopau mit dem Erreichten zufrieden sein, doch Rasmussen gab sich nie zufrieden mit dem Erreichten. Sicherlich war er nicht der umfassend technisch Gebildete, der nur seine grauen Zellen in Bewegung zu versetzen brauchte, um zum rechten Zeitpunkt mal wieder eine Novität oder eine Problemlösung hervorzuzaubern. So hat er sich selbst nie eingeschätzt. Er wußte jedoch, daß er eine glückliche Hand in der Wahl seiner Mitarbeiter hatte. Und die hat oftmals erfolgreich zugegriffen.

EIN VOLKSAUTO ENTSTEHT: DER DKW FRONTWAGEN

Der wichtigste und maßgebende Pionier des heute weit verbreiteten Frontantriebs war DKW. Das ist unumstritten, denn von 1931 bis 1966, dem Ende der Marke DKW, baute man fast ausschließlich Personenkraftwagen mit Vorderrad-Antrieb. Allerdings war die Voran-Automobilbau AG in Berlin-Wilmersdorf die erste deutsche Firma, die bereits 1926 den Versuch unternahm, einen vorderradangetriebenen Wagen in Serie zu bauen. Dieser 4/20-PS-Voran-Kleinwagen ließ sich kaum verkaufen und deshalb wurde die Produktion 1928 eingestellt.

Zwei Jahre später kam der kleine Stoewer V 5 mit Frontantrieb auf den Markt. Er blieb als Kleinserienwagen nur einige Jahre im Programm, dann gingen die Stoewer-Werke wieder zum Hinterradantrieb über.

Den wirklich ›echten‹ Frontantrieb, der diese Bezeichnung auch verdiente, lieferte DKW 1931 mit seinem F 1 noch vor Adler, NAG und Audi. Das war für die damaligen Verhältnisse eine Sensation: Der quergestellte Zweitaktmotor war anspruchslos und verläßlich. Der Wagen besaß Einzelradfederung und hatte, mit Ausnahme des von der Karosseriefirma Schneider & Korb gelieferten Roadsters, eine Sperrholzkarosserie. Der besondere Clou aber war, daß dieser Wagen sensationell billig war. Seine Entstehungsgeschichte läßt sich wie folgt nachzeichnen: Im Oktober 1930 beauftragte J. S. Rasmussen das inzwischen zu seinem Konzern gehörende Audi-Konstruktionsbüro mit der Entwicklung eines zweisitzigen Kleinwagens. Das Audi-Werk war in eine finanzielle Klemme geraten. Der Auftrag war also eine zusätzliche Motivation, durch Innovation ein neues Absatzgebiet zu erschließen. Der Absatz von Audi-Großwagen war immer weiter zusammengeschrumpft, deshalb war es zur Existenzsicherung dringend geboten, den Traditions-Betrieb mit anderen Arbeiten auszulasten.

Als Hauptaktionär der Audi-Werke in Zwickau seit 1928 setzte J. S. Rasmussen in seiner bestimmenden Art und Weise nicht nur eine unmöglich erscheinende Frist von sechs Wochen für die Konstruktion und Fertigstellung von drei Versuchsfahrzeugen, sondern er gab auch die konstruktiven Merkmale vor. Er war davon überzeugt, daß eine neue Fertigung von Automobilen unter den in Deutschland gegebenen wirtschaftlichen Verhältnissen nur dann zu verantworten war, wenn dieser neue Wagen sowohl in der Anschaffung, wie auch in Betrieb und Unterhaltung, konkurrenzlos billig gegenüber anderen Kleinwagen auf den Markt gebracht werden kann.

Der DKW Front mit der Typenbezeichnung F 1 wurde auf der Internationalen Automobilausstellung 1931 in Berlin der Öffentlichkeit präsentiert.

DÄNISCHER IMPORT

Für den Antrieb des DKW Front wurde ein wassergekühlter Zweizylinder-Zweitakt-Motorradmotor verwendet. Die quer eingebaute Maschine trieb die beiden Vorderräder an.

Rasmussen engagiert sich total, unternimmt in seinem Zschopauer Werk provisorische Studien, führt Sitzproben durch, weil er feststellen will, welche Ausmaße die Karosserie eines kleinen Zweisitzers innen haben muß, haben darf. Seinem Werk Audi in Zwickau gibt er einen präzis formulierten Entwicklungsauftrag für einen Kleinwagen mit Frontantrieb. In einer schriftlich niedergelegten Erinnerung von Oskar Arlt heißt es: »Im Oktober 1930 erschien zusammen mit Werksdirektor Schuh Herr Rasmussen im Konstruktionsbüro und wünschte kurzfristig die Konstruktion und den Versuchsbau eines Kleinwagens unter Benutzung eines der üblichen von den Zschopauer Motorenwerken fabrizierten DKW-Zweitakt-Motorrad-Aggregates. Herr Rasmussen erklärte, daß er beabsichtige, einen billigen, aber leistungsfähigen, volkstümlichen Wagen zu bauen, der großen Absatz finden könne. Für die Konstruktion sollten berücksichtigt werden:

1. Es muß ein DKW-Motorradmotor mit etwa 350 ccm verwendet werden.
2. Der Frontantrieb ist mit den von einem französischen Konstrukteur stammenden Tracta-Gelenken zu versehen.
3. Für die Radaufhängung vorne und hinten sind Querfedern zu verwenden und die Schneckenlenkung Fabrikat Spandau.
4. Der Rahmen muß stabil und schmal sein und eine besonders niedrige Schwerpunktlage aufweisen.

Es wurde kürzeste Terminabgabe verlangt und eine Zeit von 5 bis 6 Wochen für die Konstruktionsarbeiten festgelegt. Der Versuchsbau von drei Fahrzeugen sollte gleichzeitig erfolgen und mindestens ein Fahrzeug sollte in sechs Wochen laufen. Dieser Termin war nur dadurch zu halten, daß an die Werkstatt provisorische Zeichnungen zur Ausgabe gelangten, um die Zeichenarbeiten auf ein Mindestmaß zu beschränken. Jede Formalität bei der Auftragserteilung an die Werkstatt wurde vermieden. Die Zeichnungspausen kamen vom Konstruktionsbüro direkt zum Meister in den Versuchsbau. Eine reguläre Arbeitsplanung entfiel also. Werk Audi hatte bis zum Einsatz des DKW-Frontwagens hauptsächlich große, starke Personenwagen und einige Lastwagentypen bis zu 3 Tonnen gebaut. Aber auf diese Weise waren die Konstrukteure nicht mit Vorbildern belastet, etwas Neues zu schaffen.«

Ohne große und zeitraubende Formalitäten wurden Konstruktion und Bau der zweisitzigen Roadster-Karosserie von der Firma Schneider & Korb in Bernsbach ausgeführt. Nach genau sechs Wochen startete der erste Versuchswagen zur Hohen Straße, einer Wegstrecke zwischen Zwickau und Meerane. Einer der drei konstruierten Versuchswagen besaß den geplanten 350 ccm-Motor, in die beiden anderen Fahrzeuge wurde das bereits von den wassergekühlten DKW-Motorrädern her bekannte 500-ccm-Zweizylinder-Zweitakt-Triebwerk mit 15 PS bei 3.200 U/min. quer zur Fahrtrichtung eingebaut. Der Motor war quadratisch ausgelegt (Bohrung x Hub 68 x 68 mm).

Das Dreiganggetriebe stammte ebenfalls vom Motorrad und hatte keinen Rückwärtsgang. Mittels Rollenkette erfolgte die Kraftübertragung auf das am Rahmen befestigte Stirnrad-Differential. Dieses bestand aus Differentialrädern der Audi-Serie und lagerte in einem neu entwickelten Gehäuse. Über Hardy-Scheiben, zwei Quergelenkwellen und über Tracta-Gelenke wurde die Kraft auf die Vorderräder übertragen. Vom hinterradangetriebenen DKW P 15 wurde die Lenkung übernommen, das war eine Schneckenlenkung eigener Produktion. Zwei U-förmige und eng beisammenliegende Längsträger, die durch angenietete Flacheisenträger miteinander verbunden waren, bildeten den Rahmen. Das war eine ziemlich einfache, fast primitiv zu nennende Konstruktion, folglich ließ sie sehr an Verwindungssteife zu wünschen übrig. An je zwei Querfedern waren die Vorder- und Hinterräder aufgehängt. In Schwenklagern waren die Vorderradnaben montiert, Augen an den Bremsträgern dienten der Hinterradaufhängung. Zusätzlich hatten die hinteren Federn beidseitig Führungs- und Dämpfungsfedern, um ein Ausschlagen der Federbolzen durch seitliche Beanspruchung zu verhindern. Auf Stoßdämpfer wurde verzichtet. In einer direkt auf der Kurbelwelle sitzenden Dynastartanlage waren Zündung, Lichtmaschine und Anlasser zusammengefaßt. Eine Riemenscheibe war am anderen Ende der Kurbelwelle angebracht. Auf dieser konnte ein Gewebeband aufgerollt werden. Dadurch ließ sich der Motor von Hand anwerfen.

Die Stahlblech-Karosserie hatte nur eine Tür auf der rechten Wagenseite. Der gesamte Wagen war nur 2.900 Millimeter lang und 1.300 Millimeter breit. Der Radstand betrug 2.100, die Spurweite vorne und hinten 1.100 Millimeter. Das Fahrzeug wog 450 kg. 75 km/h wurden als Höchstgeschwindigkeit ermittelt.

Konstrukteur Arlt berichtet: »Kurz vor Ablauf der gesetzten Frist von sechs Wochen startete der erste Versuchswagen, und im Beisein des Herrn Rasmussen wurden auf der Audi-Versuchsstrecke Fahreigenschaften und Geschwindigkeiten geprüft. Der Wagen wurde zuerst von Herrn Direktor Schuh, von mir und dann von allen Beteiligten gefahren. Übereinstimmend wurden die ausgezeichneten Fahreigenschaften und die gute Leistung festgestellt. Beanstandet wurde lediglich die etwas zu harte Federung. Das Gewicht des unbesetzten, vollgetankten Wagens mit dreisitziger offener Blechkarosserie betrug 450 kg. Als maximale Geschwindigkeit wurden 85 km/h gestoppt. Nach diesen Probefahrten faßte Herr Rasmussen sofort den Entschluß, das Fahrzeug in Serie zu bauen und zur Automobilausstellung im Frühjahr 1931 damit herauszukommen.«

Ove Rasmussen, der Sohn des Firmengründers, 1931 am Steuer eines DKW-Front-Prototyps auf dem Eibsee.

DAS ERSTE RENNEN MIT DEM DKW F 1

Ove Rasmussen junior ging mit einem der Frontantriebs-Versuchsfahrzeuge, das mit einem Ladepumpenmotor ausgestattet war, im Februar 1931 beim Eibsee-Eisrennen bei Garmisch-Partenkirchen an den Start. Freundliches Interesse wurde dem kleinen Roadster entgegengebracht. Chancen bei diesem Rennen traute man ihm allerdings nicht zu.

Ove Rasmussen erinnert sich: »Das war ein Fahrzeug, zusammengestoppelt aus einem zurechtgeschnittenen Audi-Chassis, aus einer Karosserie, die so labil gebaut war, daß die Tür aufging, wenn ich Gas gegeben habe. Das Bremsgestänge war nur eine Seilzugbremse, der Motor war ein DKW-Motorradmotor mit 500 ccm und Kickstarter. Beim Eibseerennen wollten wir die Bewährung eines frontgetriebenen Wagens auf glatter Strecke nachweisen. Das Ding war so labil gebaut, daß ich bei dieser Fahrt um das Eibsee-Rondell fast aus dem Wagen rausgeflogen wäre, weil ich nicht mehr bremsen konnte. Der Wagen hatte keine Bremswirkung, weil alles vereiste. Ich hatte nur noch einen Unterbrecherknopf, mit dem konnte ich dann die Geschwindigkeit des Wagens regulieren.

DÄNISCHER IMPORT

Ich fuhr gegen meinen guten Freund, den Hanno Ollendorf. Der fuhr mir natürlich auf und davon, denn er hatte einen stabilen Wagen. Der Eibsee war zwar zugefroren, dann trat mal Tauwetter ein. Dadurch hat es natürlich tiefe Spuren gegeben. Wenn die dann wieder zugefroren waren, war das kleine Wägelchen nicht zu fahren. Beim Rennen habe ich Glück gehabt, ich bin in eine Schneewehe gefahren und kam da irgendwie durch, ich hatte ja keinen Rückwärtsgang und bin als Zweiter durchs Ziel gefahren. Das wird natürlich heute sehr stark aufgebauscht, denn das war keine sportliche Heldentat, sondern reiner Zufall. Es hat allerdings Furore gemacht, daß ein völlig neues Fahrzeug, zudem noch ein frontgetriebener Wagen, sich so wacker auf dem Eibsee geschlagen hat.«

Trotz des Sieges von Ollendorf auf Bugatti sprach man noch tagelang über den kleinen DKW. Auch in der ›Motor-Kritik‹ vom April 1931 wird positiv über die erste Begegnung mit dem F 1-Prototyp berichtet: »Auf und davon geht der Bugatti. Nun geht er in die Kurve, der Bugatti liegt vorn, gut 50 Meter zurück der DKW. Fünfzig Meter? Es sind doch noch 40, 30..., 20.., der DKW schießt am Bugatti vorbei, liegt im Ausgang der Kurve zehn Wagenlängen voraus. In der Geraden holt sich der schnelle Rennwagen wieder die kleine ›Mücke‹, in der Kurve sägt wieder der Benjamin den großen Kerl ab. Das Publikum tobt. Es dämmert in den Köpfen, daß sich da unten auf dem Eise ein Kampf abspielt, der nicht mehr allein Sport ist, sondern der Angriff einer neuen Technik auf das Althergebrachte.« Damit hatte der Kleine vor breitem Publikum bewiesen, daß der Frontantrieb in Verbindung mit dem Quermotor und der Einzelradfederung überlegene Fahreigenschaften aufweisen konnte.

DIE DKW-FRONT-SERIE LÄUFT AN

Der DKW Front (F 1) wurde noch im Februar 1931 auf der Berliner Automobilausstellung zum ersten Male der Öffentlichkeit vorgestellt. Sein niedriger Preis erregte Aufsehen: Für den zweisitzigen Roadster mußte man eigentlich nicht tief in die Tasche greifen. Mit 1.685 Reichsmark war er das billigste Auto auf dem deutschen Markt. Das wurde in der Motorfachpresse entsprechend gewürdigt: »Nur 1.685 Reichsmark. Der erste deutsche Volkswagen, dessen Preisgestaltung einer größten Verbreitung entgegenkommt.«

Auch die ausländische Presse urteilt positiv über den neuen DKW Front. Eine dänische Zeitung schreibt: »Die größte Sensation der Berliner Schau ist der neue DKW-Kleinwagen, der in wesentlichen Punkten einen Bruch mit den üblichen Grundsätzen des Automobilbaus bedeutet. Dieser Wagen, der bisher billigste der Welt, ist trotzdem mit einer Reihe technischer Feinheiten ausgerüstet, so daß jeder Automobilist ihn mit Interesse in seinen Einzelheiten studiert. Der neue DKW ist der erste wirkliche Konkurrent für das Motorrad.«

Zum gleichen DKW-Modell äußert sich auch ›The Autocar‹ aus London: »Deutsche Ingenieure haben das Problem der Fabrikation eines billigen und doch sehr leistungsfähigen Kleinwagens in einer neuen Weise in Angriff genommen, die möglicherweise eine große Zukunft hat. Der DKW-Vorderradantriebswagen verspricht der volkstümlichste Wagen zu werden, denn er stellt den höchsten Wert dar, der jetzt für diesen sehr niedrigen Preis geboten wird.«

Ende der zwanziger, Anfang der dreißiger Jahre, wurden viele kleine Automobile kreiert, die jedoch kaum marktfähig waren. Als der DKW Front 1931 erstmals einer großen Öffentlichkeit gezeigt wurde, waren sich viele Kritiker einig: Das ist das erste, alltagstaugliche ›Volksauto‹.

Und selbst im Autoland USA stößt der kleine DKW auf Interesse. Die ›New York Times‹ berichtet im Februar 1931: »Der kleine DKW ist so ausgeführt, daß er wie ein Wagen normaler Größe aussieht. Seine verhältnismäßig große Fahrgeschwindigkeit, verbunden mit Steigvermögen und niedriger Besteuerung, wobei gerade der letzte Punkt auf dem europäischen Markt äußerst wichtig ist, begründen die Anziehungskraft, welche dieser Zwerg ausübt.«

Der F 1 war der erste Großserienwagen mit Vorderradantrieb. Sein Motor war kurzhubig, quergestellt und arbeitete im Zweitaktverfahren. Er leistete bei einem Hubraum von 500 beziehungsweise 600 ccm zwischen 15 und 18 PS. Das entsprach einer Literleistung von 30,8 PS. Im Vergleich mit anderen, ähnlichen Fahrzeugtypen nahm er den ersten Rang ein:

Typ	Hubraum	PS	Literleistung
DKW Front (F 1)	584 ccm	18	30,8 PS
Stoewer V5 Sport	1.188 ccm	30	25,3 PS
Stoewer V5	1.188 ccm	25	21,0 PS
BMW 3/15/ DA 4	748 ccm	15	20,1 PS
Hanomag 3/16	797 ccm	16	20,1 PS
Opel 4/20	1018 ccm	20	19,6 PS

Ove Rasmussen zum Serienanlauf: »Der DKW-Wagen ging erfolgreich in Serie, und zwar zu einer Zeit, als es sechs Millionen Arbeitslose gegeben hat. Und selbst, wenn der Wagen nur sechzehnhundert Mark gekostet hat, die hat kein Arbeitsloser gehabt, der in der Woche nur zehn Mark Unterstützung bekam. Der DKW-Wagen wurde von Anfang an in einer Tagesserie von ungefähr 40 Stück gebaut, und die Produktion wurde sukzessive erhöht.«

In die Serie flossen natürlich auch ständig Verbesserungen ein: Nur wenige Exemplare der ersten Serie erhielten den 500-ccm-Motor, dann wurde ein 18 PS leistender 600-ccm-Motor eingebaut, der sich lediglich von dem ursprünglich verwendeten 500er Aggregat durch eine auf 74 mm vergrößerte Bohrung unterschied.

• Motor, Getriebe und Stirnrad-Differential wurden zu einem einzigen, kompakten Antriebsblock zusammengefaßt.

• Das Getriebe erhielt einen Rückwärtsgang, nachdem Ove Rasmussen darauf gedrängt hatte.

• Ebenfalls vermochte Rasmussen junior durchzusetzen, daß der Rahmen verstärkt wurde. Seine Beobachtungen, daß beim Fahrbetrieb die Blechteile verschiedentlich Risse aufwiesen, wurden auch von anderen Fahrern bestätigt.

• Die Verwendung weicherer Federn erhöhte den Fahrkomfort.

• Im Vergleich zu dem relativ großen Kühler des hinterradangetriebenen P 15 wurde beim F 1 in der Serie ein wesentlich kleinerer Wasserkühler eingebaut.

• Der untere Teil der Kühlermaske war zum Schutz des Differentialgehäuses und der beiden Hardy-Scheiben als schräg nach vorn geneigte Schürze ausgebildet.

Mit der Fahrgestellnummer 20.001 begann die Baureihe des Typs F 1.

Der Frontantrieb des kleinen DKW erforderte neue Detaillösungen, wie beispielsweise die Anordnung des Schalthebels in der Armaturentafel.

DÄNISCHER IMPORT

VIELE KAROSSERIE-VARIANTEN FÜR DEN F 1

Im Werk Spandau entstanden 1931 zunächst die Karosserien für einen zweisitzigen Roadster und eine zweisitzige Cabrio-Limousine mit zwei Notsitzen im Heck. Die Karosserien aus Sperrholz wurden zum Schutz gegen Feuchtigkeit mit Kunstleder überzogen. Geringes Gewicht, minimale Klappergeräusche und eine gute Dämpfung der Motor- und Fahrgeräusche waren Argumente, die für die Sperrholzkarosserie sprachen. Der Roadster hatte aus Stabilitätsgründen bei Serienanlauf nur eine Tür auf der Beifahrerseite. Noch 1931 wurde jedoch diese Karosserie verbessert, und zwar erhielt sie eine zweite Tür und einen Kofferraum, der von außen zugänglich war. Parallel zu dieser Ausführung gab es den F 1 auch mit einer dreisitzigen Roadster-Karosserie von der Firma Schneider & Korb in Bernsbach. Im Gegensatz zur Sperrholzkarosserie aus Spandau fertigte Schneider & Korb ihre Karosserien in Ganzstahlbauweise. Allerdings hatte auch dieser Aufbau nur eine Tür auf der rechten Wagenseite. Der dritte Sitz war ein sogenannter Gastsitz, der unter einer Klappe im Heck verschwand. Aus Platzgründen war das Reserverad an der linken Wagenaußenseite befestigt. Von diesem Modell wurden nur 165 Exemplare gebaut.

Vom F 1 gab es auch einen Sportroadster mit Sperrholzkarosserie, die ebenfalls im Werk Spandau hergestellt wurde. Der Roadster hatte tief ausgeschnittene Seitenflächen, so daß Türen überflüssig waren.

In der mittlerweile allseits bewährten Sperrholzbauweise wurde in Spandau auch ein für die damalige Zeit formschönes Cabriolet mit einem um 300 Millimeter verlängerten Radstand entwickelt. Dieses Modell hatte zwei Innensitze und im Heck zwei außenliegende Gastsitze.

Ein viersitziges Cabriolet mit Sperrholzkarosserie rundete Ende 1931 das F 1-Modellprogramm ab. Die offizielle Werks-Bezeichnung Cabriolet ist insofern irreführend, als es sich bei diesen Aufbauten in Wirklichkeit um Cabrio-Limousinen handelte, da die seitlichen Fensterholme bei geöffnetem Verdeck stehenblieben.

Als Sondermodell gab es schließlich auch noch ein zweisitziges echtes ›Luxus-Sport‹ Cabriolet. Die Karosserie wurde von Röhrig in Meerane/Sachsen angeliefert. Nur ganz wenige Exemplare dieses 2.985 Reichsmark teuren Sondermodells sind gebaut worden.

Parallel zu den offenen F 1-Modellen wurde auch eine viersitzige Ganzstahl-Limousine produziert. Die Karosserie lieferte Ambi-Budd in Berlin-Johannisthal. Dieses Modell war ausgesprochen gut ausgestattet. Unter anderem hatte der Ganzstahl-F 1 mit Cord bezogene Sitze, einen Bouclé-Teppichboden und eine ausstellbare Windschutzscheibe. Etwa 200 Exemplare dieser Limousine wurden gebaut.

Die gradlinige Bauweise der F 1-Karosserie war kostengünstig und ließ sich problemlos aus Holz fertigen.

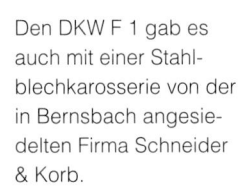

Den DKW F 1 gab es auch mit einer Stahlblechkarosserie von der in Bernsbach angesiedelten Firma Schneider & Korb.

DER F 1 IM RENNEINSATZ

Die F 1-Rennwagen waren Monoposti, kleine Flitzer, deren Zweitakter ständig blauen Dunst und Qualm produzierte. Mit dem Serienwagen F 1 hatten sie nur wenig gemeinsam. Antrieb, Fahrwerk und Rahmen entsprachen weitgehend dem F 1-Roadster. Ausschließlich wassergekühlte Zweizylinder-Motorrad-Rennmotoren wurden als Antriebsaggregate verwendet. Sie hatten einen Hubraum von 520 bis 598 ccm. Mit der doppelt wirkenden Ladepumpe wurden bei 5.400 U/min. bis zu 36 PS erreicht. Die Wagen, deren Spitzheck-Karosserie aus Aluminiumblech bestand, hatten 19 Zoll große Speichenräder. An der rechten Wagenaußenseite verlief der offene Auspuff ohne jedwede Schalldämpfung und produzierte einen infernalischen Lärm. Die Endgeschwindigkeit dieser 500 Kilogramm wiegenden, kleinen Rennwagen lag bei etwa 130 km/h.

Wer die F 1-Rennwagen kannte, wußte auch zugleich, daß ruhmreiche Rennfahrernamen wie Gerhard Macher, Toni Bauhofer, Hans Simons und Walter Österreicher mit ihnen verbunden waren. Die Männer mit den großen Namen mußten mit dem kleinen Renner gegen die fast übermächtige Viertaktkonkurrenz antreten. Wollte man gegen die schnellen Austins und die BMW-Wartburg bestehen, mußten aus den Motoren höchste Leistungen herausgeholt werden. Dann aber liefen die kleinen Zweitakter unter extremen thermischen Belastungen, so daß die hohen Temperaturen fast regelmäßig zu Kolbenfressern führten. Um das zu verhindern und die Schmierung zu verbessern, mengte man dem Kraftstoff erheblich mehr Öl bei, als zur Schmierung normalerweise erforderlich gewesen wäre. Das haben dann die Zündkerzen nicht verkraftet. Sie verölten ständig. Das kostete wiederum Leistung und auch wertvolle Zeit, weil die Kerzen häufig gewechselt werden mußten.

In der Modellfamilie des DKW Front gab es auch eine zweisitzige Cabrio-Limousine mit zwei Notsitzen im Fond.

DÄNISCHER IMPORT

Für werbewirksame Auftritte, wie hier auf dem Nürburgring, sorgten die Rennwagen auf Basis des DKW Front.

Hinzu kam dann noch der im Vergleich zu den Viertaktern deutlich höhere Kraftstoffverbrauch. Die F 1-Rennwagen mußten also viel häufiger als die anderen Konkurrenten an die Boxen zum Tanken fahren. Weil zudem auch die Motorbremswirkung nicht ausreichte, wurden die Bremsen oftmals überfordert und versagten.

Klar, daß unter solchen Umständen und solchen technischen Gegebenheiten die DKW-Rennwagen bei großen Rundstreckenrennen häufig ausfielen oder nur ganz selten Siege erringen konnten. Die Domäne der F 1-Rennwagen waren die kurzen Bergrennen. In diesem Motorsportbereich war ihre damalige Bedeutung sehr groß.

Allerdings waren die kleinen DKWs auch hier benachteiligt, weil sie mit ihren Fünfhundert-Kubikzentimeter-Motoren in der Rennwagenklasse bis 750 ccm starten mußten. Dennoch errangen die kleinen Fronttriebler viele Klassensiege: 1931 siegte DKW beim Bergrennen von Königsaal-Jiloviste, einem der größten Rennen von Europa, beim Kesselbergrennen und beim Riesengebirgsrennen. Toni Bauhofer und Walter Österreicher belegten beim großen Schauinsland-Bergpreis auf DKW Front mit 520-ccm-Motor vor Markiewicz auf dem Austin 750 die beiden ersten Plätze. DKW gelang im August 1931 auf der Avus in Berlin ein sensationeller Erfolg. Das Rennen führte über insgesamt 15 Runden. Das waren insgesamt 294,42 Kilometer, die zu fahren waren. An erster Stelle plazierte sich Gerhard Macher auf DKW Front 520 vor Bobby Kohlrausch auf BMW-Wartburg und Toni Bauhofer, ebenfalls auf DKW Front.

Freiherr von Koenig-Fachsenfeld stellte in Montlhéry in den Klassen 350 bis 500 ccm und bis 350 ccm neue Weltrekorde mit einem DKW Front Monoposto auf, dessen Karosserie bei Vetter in Cannstatt gebaut worden war. Mit dem 500-ccm-Ladepumpen-Rennmotor erreichte er bei einer Distanz von 50 Meilen einen Durchschnitt von 124,42 km/h und über die Distanz von 100 Kilometer einen Durchschnitt von 123,43 km/h. Einen neuen Klassenrekord über 200 Kilometer schaffte er mit einem 350-ccm-Ladepumpen-Motor.

Die DKW-Erfolgsserie konnte 1932 fortgesetzt werden. Auf dem Nürburgring, beim Großen Preis von Deutschland, siegte Toni Bauhofer auf dem DKW Front in der Rennwagenklasse bis 750 ccm. Walter Österreicher war beim Hohenstein-Bergrennen mit dem DKW-Front schneller als W. Bäumer auf dem Austin 750 und auch schneller als E. G. Boy auf Amilcar.

Trotz der eindrucksvollen Siege ging die Ära der DKW-Rennwagen bald zu Ende. Die schnellen Männer hatten sich geradezu verliebt in die kleinen, knatternden Flitzer und konnten bestimmt nicht leichten Herzens Abschied nehmen von einer Zeit, von der sie wußten, daß sie so niemals wiederkehren würde. Die mangelnde Zuverlässigkeit, eine unzureichende Leistung und die immer stärker werdende Konkurrenz von MG und Austin ließen den kleinen Zweitaktern kaum noch Chancen für den Sieg. 1932 markierte nicht nur das Ende vieler sportlicher DKW-Renneinsätze, sondern auch den Umbruch in Rasmussens Firmenimperium. Mit Gründung der Auto Union wurden auch im Motorsport neue Akzente gesetzt.

DIE TALFAHRT BEGINNT

Hätte es seinerzeit schon den Titel ›Manager des Jahres‹ gegeben, Jörgen Skafte Rasmussen wäre es in seiner Hoch-Zeit geworden. Er kann mit sich und seiner Leistung zufrieden sein. Immerhin hat er innerhalb von 25 Jahren praktisch aus dem Nichts einen Konzern zusammengeschmiedet, dessen einzelne Firmen wie Glieder einer Kette zusammengefügt sind und einander zuarbeiten. Das hat viele Vorteile, kann aber auch Nachteile haben. Nämlich schon dann, wenn ein Glied der Kette brüchig wird. Erste Vorboten einer rissigen Kette zeigen sich 1930, als die Zschopauer Motorenwerke AG (DKW) erstmals mit einem Verlust von 1,731 Millionen Reichsmark abschließen und sich die Bankschulden auf 2,3 Millionen Reichsmark häufen. Noch im gleichen Jahr beauftragt die Sächsische Staatsbank Dr. Richard Bruhn mit der Sanierung. Hier stoßen wir erstmals auf den Namen Bruhn, der für das Überleben der sächsischen Automobilindustrie von überragender Bedeutung werden soll. Daß die Bank sozusagen einen Mann ihres Vertrauens zu DKW schickt, ist sicherlich ein Alarmzeichen. Bangt die Bank um ihr eingeschossenes Kapital, oder ist nur ein Fachmann für die Finanzen erforderlich? Der negative Trend hält an. Sohn Ove Rasmussen: »Dann kam 1929 diese schreckliche Zeit des Konjunkturabfalls, und der ist so verlaufen: Die Jahresproduktion in Zschopau lag bei 60.000 Motorrädern. In den folgenden Jahren halbierte sich die Produktion auf dreißig-, dann auf fünfzehntausend Motorräder, siebeneinhalbtausend und so weiter. So ist die Entwicklung bergab gegangen.« 1931 sinkt der Motorradumsatz bei DKW um die 70 Prozent.

Rasmussens Firmenimperium setzte zur Talfahrt an. Die Firmenkette hatte in sich keinen Halt mehr und bedurfte neuer, kräftiger Glieder, sollte sie als Ganzes überleben können. Zschopau begab sich auf den Weg nach Chemnitz.

Am 30. Juli 1928 feierte Jörgen Skafte Rasmussen seinen fünfzigsten Geburtstag. Anläßlich dieses Festtages wurde die erste DKW Viersitzer-Limousine vorgestellt.

AUF DEM WEG NACH CHEMNITZ

AUF DEM WEG NACH CHEMNITZ

Das Ziel einer langen Verhandlungsstrecke ist die Gründung der Auto Union AG Chemnitz in Sachsen. Es soll die früher selbständigen und zum Teil vollständig unabhängigen Gesellschaften miteinander vereinen:

1. Zschopauer Motorenwerke J. S. Rasmussen AG (DKW), Zschopau
2. Horch-Werke AG, Zwickau
3. Audi-Werke AG, Zwickau
4. Wanderer-Werke AG (Automobilabteilung), Siegmar bei Chemnitz

Man kann sicher nicht von einem spontanen Zusammenschluß sprechen, auch war es keine ›Liebe auf den ersten Blick‹, sondern bittere Notwendigkeit, wie sich aus den Situationsberichten der einzelnen Automobilfirmen kurz vor dem Zusammenschluß ergibt.

DIE SITUATION BEI DKW

Probleme hatte J. S. Rasmussen in den Aufbaujahren nicht. Das zielstrebige und schnelle Vorwärtsschreiten seiner Zschopauer Motorenwerke J. S. Rasmussen AG zur Weltgeltung schien fast mühelos zu sein. Den Produktionsbereich seiner anfänglich kleinen Armaturenfabrik hat er in verschiedene Richtungen erweitert. Während des Ersten Weltkrieges hat er Versuche mit Dampfkraftwagen angestellt und sich später auch in der Konstruktion von Elektromobilen versucht. Aber

Die vier in der Luft schwebenden Ringe signalisieren symbolhaft den freien Weg nach Chemnitz, wo sich vier sächsische Automobilunternehmen zur Auto Union zusammenschließen wollen.

entscheidend war, daß er rechtzeitig die Bedeutung des Benzinmotors erkannte. Sein Pik As legte er zweifellos mit dem sparsamen und trotzdem hochleistungsfähigen Zweitakter für Motorräder vor. J. S. Rasmussen, das ist jener Unternehmertyp nach dem Ersten Weltkrieg, der Initiative, sicherlich auch Geltungsbedürfnis, aber vornehmlich Drang nach Selbständigkeit in sich vereinigte. Seine Zielansprache ist klar:

- Kostenminderung durch Vergrößerung der Produktion
- Unabhängigkeit von den Zulieferanten
- Zwischengewinne möglichst ausschalten
- Bestimmung über die Anlieferung nach Größe und Zahl nach eigenem Gutdünken

Diese Ziele, so hat es den Anschein, lassen sich verwirklichen, zum Teil wenigstens. Im Hauptwerk Zschopau werden hauptsächlich DKW-Motoren und -Motorräder hergestellt. Im Zweigwerk Scharfenstein I und II (Werk I wurde 1926 von der ehemaligen Automobilfabrik Mollwerke AG gekauft) werden Preßstahlrahmen, Auspuffrohre, Brennstoffbehälter in den hierfür eigens eingerichteten Blech-, Stanz- und Ziehwerken neben anderen Spezialprodukten hergestellt. 1929 begann man in dem Werk auch mit der Herstellung von Kühlschränken und Kühlaggregaten sowie der Rickenbacker 6- und 8-Zylinder-Motoren. Im Metallwerk Frankenberg (einer ehemaligen Militärkaserne) werden Lieferdreiradwagen, Verga-

Ende der zwanziger Jahre drohte für viele Mitarbeiter im Zschopauer DKW-Werk die Arbeitslosigkeit.

ser, Kupplungen, Motorradsättel und Zubehörteile aller Art produziert. In der Leichtmetallgießerei Annaberg werden Kolben, Gehäuse und andere Teile aus Aluminium fabriziert. In der Eisengießerei Wittigsthal, die 1928 von Nestler & Breitfeld übernommen wurde, werden in eigener Produktion Grauguß- und Temperußteile angefertigt. Die angegliederte Gesenkschmiede in Erla liefert die benötigten Schmiedestücke. Das Rota-Werk, ein Zweigwerk in Zschopau, stellt Magnete und Lichtanlagen her. Die Armaturenfabrik Zöblitz liefert Armaturen und Schrauben. Der Betrieb Marienberg ist verantwortlich für Motorradnaben und Bremsen.

Das Zschopauer Unternehmen hat schon für die damalige Zeit fast gigantische Ausmaße angenommen. »Mein Vater war auch risikofreudig. Das war außer Zweifel. Zuweilen ist er über das Ziel hinausgeschossen. Dr. Carl Hahn, der hat ihn gerne gebremst.«

Zu allem Übel mußte, wie die ›Stuttgarter Zeitung‹ vom 26. Juni 1930 berichtete, die Werkzeug- und Motorradfabrik Schüttoff AG Chemnitz liquidiert werden, da das Aktienkapital als verloren galt. Die Aktien waren im Mehrheitsbesitz der Zschopauer Motorenwerke, und DKW kontrollierte die Schüttoff AG seit 1928. Fatal auch, daß die Anlagen total veraltet waren und die Werkzeugmaschinen sich nur unter großen Verlusten absetzen ließen. Die Motorradabteilung wiederum war nirgendwo unterzubringen.

Anfänglich gelang es Rasmussen noch, infolge seiner Selbständigkeit im Produktionsbereich, auch seine finanzielle Selbständigkeit zu behaupten. Aber kurzfristige Bankkredite wurden immer häufiger in Anspruch genommen. Nur gut, daß DKW von jeher eine zurückhaltende Dividendenpolitik betrieben hatte. Bei einem Reingewinn beispielsweise im Jahre 1929 von 2.354.821 RM und bei einem Aktienkapital von einer Million RM wurden keine Dividenden ausgeschüttet. So konnten die bis 1929 erwirtschafteten Gewinne rückgestellt werden. Kurzum, das Kapital blieb im Unternehmen und erlaubte neue Investitionen.

Durch den überstürzten Ausbau hinkte der DKW-Konzern und wankte bedenklich. Da mußte unbedingt einiges geändert werden. Die ›Berliner Börsenzeitung‹ vom 2. Oktober 1929 berichtete, daß 1926 bei einem Aktienkapital von einer Million RM ein Umsatz von 13 Mio. Mark, 1927 ein Umsatz von 21 Mio. und 1928 ein Umsatz von 42 Mio. gegenüberstand. 1929 waren es etwa 60 Mio. 1929 wurden die Mittel der Gesellschaft durch die Erhöhung des Aktienkapitals von einer auf 10.0 Mio. Reichsmark in ein angemessenes Verhältnis zu dem stark angestiegenen Umsatz gesetzt. Bei der 1929 erfolgten Kapitalerhöhung auf 10.0 Mio. Reichsmark hat Jörgen S. Rasmussen in geradezu genialer Weise seinen Einfluß auf das hochverschuldete Unternehmen behalten.

Nach der Erhöhung war das Aktienkapital folgendermaßen verteilt:

Rasmussen, alte Aktien	1.000.000 RM
Rasmussen, neue Aktien	5.375.000 RM
Sächsische Staatsbank	2.500.000 RM
Gesellschaften, die DKW und damit Rasmussen nahestanden	1.125.000 RM

Die Beschäftigten im Audi-Werk Zwickau mußten immer wieder um das Fortbestehen des Unternehmens bangen. Auch nachdem Rasmussen das Unternehmen mehrheitlich übernommen hatte, besserte sich die Auftragslage nicht. Die Aufnahme zeigt die neuen, 1924 fertiggestellten Werkshallen.

Wichtigstes Ergebnis der Kapitalerhöhung: Rasmussen erhielt kostenlos neue Aktien im Wert von 5,0 Mio. Reichsmark, die er allerdings bei der Fusion der sächsischen Automobilfirmen der Sächsischen Staatsbank zur Verfügung stellen mußte. Außerdem mußte er Aktien in Höhe von 950.000 Reichsmark an die Sächsische Staatsbank zur Sicherung von Verlusten aus verschiedenen Abwicklungsgeschäften verpfänden.

Fehlentwicklung in den Zschopauer Motorenwerken? Die Abschlußbilanz des Geschäftsjahres 1930/31 weist einen Verlust von 2,15 Mio. RM auf und einen Verlustvortrag für das Vorjahr von 1,73 Mio. RM. Hinzu kommen 12,4 Mio. RM kurz- und langfristige Verbindlichkeiten. Eine äußerst kritische Lage also für DKW, welche die Staatsbank geschickt zu kaschieren wußte.

DIE SITUATION BEI AUDI

Wie geht es derweilen der Tochter von DKW, den Audi-Werken AG in Zwickau? Gemäß Aktenlage wird behauptet, sie sei gegenüber den anderen drei Firmen Horch, DKW und Wanderer schon vor ihrer Adoption durch DKW ziemlich bedeutungslos gewesen. Sie stolpere so vor sich hin. Und überhaupt sei sie aus eigener Kraft nicht lebensfähig. Bestätigen das die Bilanzberichte? Offensichtlich ja, denn sie zeichnen kein erfreuliches Bild: Einem Aktienkapital in Höhe von 3,0 Mio. RM standen 1925 Verpflichtungen in Höhe von 5,1 Mio. RM gegenüber. Und das kurz nach der Stabilisierung der Wirtschaftslage! Mit einer neuen Geschäftsaufsicht gelingt 1926 ein Zwangsvergleich und 1927 eine Sanierung: Nach einem Kapitalschnitt wird im gleichen Jahr das Aktienkapital von 500.000 RM auf 1,1 Mio RM erhöht. Reicht das? Bei weitem nicht, denn 1928 müssen wieder Verluste hingenommen und kurzfristige Schulden von 5,7 Mio. akkumuliert werden. Trotzdem werden 8 Prozent Dividende ausgeschüttet, und es ist nicht eindeutig festzustellen, welchen Zwecken sie dienen sollten. 1928 erfolgt durch die Übernahme der Aktienmajorität die Adoption der Audi-Werke AG durch J. S. Rasmussen. Sofort erweitert er das bisherige sogenannte Eintypen-Programm, das sich auf die Konstruktion von hochwertigen Qualitäts- und Repräsentationswagen versteift hatte, indem er anordnete, einen Wagentyp mittlerer Preislage zu produzieren. Um das alles zu ermöglichen, wurde gleichzeitig das Aktienkapital von 1,1 Mio. auf 2,6 Mio. RM erhöht. 1929 wurden weitere 2,01 Mio. RM aufgelegt. Immerhin reicht das, um im gleichen Jahr einen – wenn auch geringen – Gewinn von zirka 71.000 RM zu erzielen.

1930 wird es wieder kritisch, große Verluste sind hinzunehmen. An der Situation gibt es nichts zu deuteln; die finanzielle Abhängigkeit von den Zschopauer Motorenwerken ist offensichtlich. Sie sind Hauptaktionär, und durch sie indirekt die Sächsische Staatsbank. Die Beteiligung von einigen unbedeutenden privaten Geldgebern fällt kaum ins Gewicht.

DIE SITUATION BEI HORCH

Wie ist nun die derzeitige Lage bei den Horch-Werke in Zwickau? 1927/28 hatte man doch recht zufriedenstellend und 1928/29 erfreulich gut abgeschnitten im Vergleich zu den anderen Automobilproduzenten in Deutschland. Horch war der Modewagen schlechthin. 1922/23 hatte die Unternehmensleitung das Produktionsprogramm mit seinen zahlreichen Typen rationalisiert. Eintypen-Programm, das war die Leitlinie der Unternehmensleitung. Die Euphorie, in die sich die Unternehmensleitung aufgrund der Erfolge und des guten Geschäftsganges steigerte, trübte jedoch den Blick auf die Realität. Allzu großzügig wurden die Anlagen ausgebaut und die Absatzorganisation erweitert. Seit 1927 wurden trotz der ersten allgemeinen Anzeichen für Krisen und Rückschläge nur noch teure Achtzylinderwagen auf dem ohnehin schwierigen Markt der Oberklasse angeboten.

Die relativ zahlreichen Werksfilialen, das Verkaufsnetz und die gesamten Produktionsanlagen konnten überhaupt nicht voll genutzt werden. Händler und andere Berater hoben mahnend den Zeigefinger. Was aber helfen Mahnung und Ermahnung, wenn keine klare Konzeption angeboten wird? Die Unternehmensleitung faßte immerhin den Entschluß, das Programm vom ›Eintyp‹ zum ›Mehrtyp‹ auszubauen, um schließlich noch mehr Typen aufzulegen, so daß die Firma letztendlich sich selbst Schwierigkeiten auferlegte.

Es gelang der Firmenleitung nicht, die Horch-Werke profitabel zu führen. Ende der zwanziger Jahre war das Werk Horch wirtschaftlich am Ende.

Diese Programmausweitung erforderte neue Mittel vom Kapitalmarkt. Weil die Firma im guten Ruf und Ansehen stand und sich auf frühere günstige Geschäftsergebnisse berief – immerhin 8 Prozent Dividende in den Jahren 1926 bis 1928 – wurden die Mittel auch bewilligt. Wer wollte dem Unternehmen Horch schon etwas abschlagen? Plus minus Null ging der Abschluß 1928/29 auf. Die des öfteren in der Automobilindustrie angewandte Finanzierungsmethode sorgte für eine Atempause: Wenn die eigene Kapitaldecke zu kurz ist, wird diese durch kurzfristige Bank- und Lieferkredite aufgestockt. Zweifellos wäre bei einem ertragreichen Geschäftsgang die Zinslast auf die Bankschulden in Höhe von zirka 5 Millionen RM zu erwirtschaften gewesen. Doch bei einem Umsatzrückgang?

Als der Ertrag des Unternehmens abnahm, da schlug es voll durch, daß man vornehmlich geliehenes Geld investiert hatte. Zudem verursachte die Zentralverwaltung in Berlin hohe Kosten, die dem Umsatzrückgang nicht genügend angepaßt werden konnten. Auszehrung bei Horch? Zumindest seit dem Konjunkturrückgang hauptsächlich durch Zinsen- und Verwaltungskosten und durch Warenverluste.

Dem interessierten Bankenkonsortium, bestehend aus der Commerz- und Privatbank, Allgemeine Deutsche Creditanstalt (ADCA) und Sächsische Staatsbank, ist erst sehr spät ein Licht aufgegangen. Einem Eigenkapital von 5 Mio. RM standen nach dem Geschäftsjahr 1929/1930 ein ausgewiesener Verlust von 4,9 Mio. RM und gleichzeitig kurzfristige Schulden von etwa 18,5 Mio. RM gegenüber. Guter Rat war da teuer! Einziger Ausweg: Kapitalzusammenlegung. Sie erfolgte 1930 im Verhältnis 10 : 1. Gleichzeitig wurde das Aktienkapital um 3 Mio. RM auf 3,5 Mio. RM erhöht. Hauptbetroffen war das bisherige ›Majoritätenkonsortium‹, bestehend aus dem Leiter des Unternehmens, Dr. Moritz Strauss, und seiner Familie. Sie mußten wohl oder übel die neuen ›Herren im Hause‹ akzeptieren: Die Sächsische Staatsbank, welche die neuen Vorzugsaktien in Höhe von 3 Mio. RM übernahm.

Gleichzeitig wurde dadurch der bisherige Kapitalführer bei Horch, die Commerz- und Privatbank, abgelöst. Sicherlich wohl auch deshalb, weil der Sächsischen Staatsbank ein ausreichender, staatlicher Subventionsfonds für solche Fälle zur Verfügung stand.

Von diesem Zeitpunkt an galt das Unternehmen Horch-Werke als vom Staat unterstützt und war somit ein staatsabhängiges Unternehmen. Sollte das der berühmte rettende Strohhalm gewesen sein? Er war es wohl nicht, denn der zur Schau gestellte Optimismus erwies sich als höchst ungesund. Schon 1931, nur ein Jahr nach der anstrengenden Sanierungs- und Stützungsaktion, verschlechterte sich die Situation des Unternehmens. Man müßte eigentlich jetzt die Bilanzen rigoros bereinigen. Die Unternehmen hätten das vermutlich auch getan, stünde nicht ›Chemnitz‹ so nah vor Augen.

DIE SITUATION BEI WANDERER

Arm war die Wanderer-Werke AG wahrlich nicht. Mit einem ›stabilen Wanderstab‹, sprich Unternehmensleitung, das Bild sei gestattet, ließ sich gut vorwärtsschreiten. Außerdem war man in Siegmar ja schon fast in Chemnitz. Eigentlich verhältnismäßig spät, das heißt 1912, hatte das Unternehmen den damals rentabel anmutenden Automobilbau (Motorräder seit 1902) aufgenommen. Die kleinen und mittelgroßen Wagen waren von beachtenswerter Qualität. Im Vergleich zu den anderen Unternehmen galten die Wanderer-Werke innerhalb der anderen Automobilunternehmen in Deutschland seinerzeit als sehr gut fundiert. Das ist sicherlich keine Übertreibung, denn wer konnte schon unter seinesgleichen fast regelmäßig Dividenden ausschütten? Daß die Kraftfahrzeug-Abteilung seit 1926 nichts mehr zu den Gewinnen beisteuerte, sondern diese aus dem rentablen Werkzeug- und Büromaschinenbau, vermutlich auch aus der Fahrradproduktion stammten, ist doch nur ein kleiner Schönheitsfehler. Oder doch ein großer? Noch hielten sich die Umsätze der Automobile 1929 und 1931 in ansehnlicher Höhe, nachdem 1930 wieder auf einen kleineren Wagentyp (W 10/IV) zurückgegriffen worden war. Zuvor mußte allerdings schon 1929 die Produktion des Sechszylinders W 11 vorübergehend eingestellt werden.

Dann kam der Abschwung. Nicht nur der rückläufige Absatz, sondern die Verzinsung und Amortisation von 11 Millionen RM, die man für Neuinvestitionen benötigte, schlugen zu Buche. In die eigene Tasche hatte man gegriffen, um ohne fremde Finanzhilfe zu rationalisieren und einen neuen Hochbau für die Automobilabteilung zu errichten. Den unrentabel gewordenen Motorradbau hatte man schon 1929 an die NSU-Vereinigte-Fahrzeugwerke AG in Neckarsulm, beziehungsweise an die Motorrad-Firma Janecek (Jawa) in Prag abgestoßen.

Der ausgeprägte Wille zur Unabhängigkeit ist so groß, daß die unrentabel gewordenen Abteilungen veräußert werden, um ja Herr der eigenen Entschlüsse zu bleiben und sich nicht an Banken zu binden und sich von diesen dann reinreden lassen zu müssen. Eine Grundhaltung, die auch künftig durchgehalten werden sollte. Man besann sich wieder auf das, was das Unternehmen einst groß gemacht hatte: Werkzeugmaschinen, Büromaschinen, Fahrräder.

Da die Wanderer-Werke auf unterschiedlichen Gebieten tätig waren, konnten sie Verluste aus der Automobilabteilung ausgleichen. Dennoch: Es war absehbar, daß die Automobilabteilung allein auf Dauer keine Zukunft hatte.

PLANSPIELE: WER LEHNT SICH AN WEN AN?

In der Tat war ein solches – wie immer auch geartetes – Anlehnungsbedürfnis bei den vier sächsischen Automobilunternehmen recht deutlich geworden, wie übrigens andernorts auch. Die allgemein schlechte Geschäftslage zwingt dazu. Frage ist nur, wer lehnt sich an wen und wenn, könnte das nicht mißdeutet werden? Mit Unterstützung von außen oder ohne eine solche? Bleibt da nicht womöglich die Selbständigkeit, die Unabhängigkeit, das Prestige auf der Strecke? Ist eine solche gegenseitige Stützungsaktion ohne hemmende Emotionen durchführbar? Eine solche Befürchtung hat vermutlich dazu geführt, daß eine Art Geheimdiplomatie bei den Vorverhandlungen in jenen Wochen und Monaten praktiziert wurde.

Das Interesse des Landes Sachsen an solchen Zusammenschlüssen ist immerhin so groß, daß es über die Sächsische Staatsbank in die Unternehmenspolitik eingreift. Wenn es das nicht getan hätte, könnte ja die Gefahr bestehen, daß sich bei diesen Zusammenschlüssen ohne seine Einflußnahme das Schwergewicht der Automobilproduktion außerhalb der Landesgrenzen verlagert. Dann wären allerdings die arbeitsmarktpolitischen Interessen Sachsens beträchtlich verletzt worden.

Für die Montage eines Horch-Motors war jeweils ein Monteur zuständig.

In der Gerüchteküche jener Zeit schmort es kräftig. Zum Beispiel bei DKW: Nach Meldungen der Zeitschrift ›Auto- und Motorradmarkt‹ vom 5. September 1930 sollen 1930 zwischen der Mathis S. A. Straßburg und den Zschopauer Motorenwerken Kontakte bestanden haben, um sich auf dem deutschen Markt zusammenzuschließen. Die ›Frankfurter Zeitung‹ vom 16. November 1931 weiß von einem Vereinigungsplan von DKW/Hanomag/Stoewer zu berichten. Dieser Zusammenschluß hätte dann einen bedeutsamen Teil der damals äußerst wichtigen Kleinwagenproduzenten erfaßt. Aber das blieben eben nur Pläne, die letztlich so nicht verwirklicht wurden.

Anders lagen die Dinge bei Horch: Die Banker liebäugeln schon seit längerer Zeit mit einem sogenannten Achtzylinder-Trust. Als Partner für Horch waren Daimler-Benz und die Personenwagen-Abteilung der Nationalen Automobil-Gesellschaft (NAG) in Berlin-Oberschöneweide vorgesehen. Das schien greifbare Formen anzunehmen. Immerhin stand die Personenwagen-Abteilung der NAG ziemlich vereinsamt da, nachdem sich ihre Abteilung Nutzfahrzeugbau mit der Büssing AG zusammengeschlossen hatte.

Von größerer Bedeutung wäre es natürlich gewesen, wenn Horch und Daimler zusammengefunden hätten. Da wären dann die beiden wichtigsten Unternehmen beisammen, die gleichartige Wagentypen produzierten. Sie konnten jedoch nicht zusammenkommen, da sie sich nicht auf Bewertungskriterien einigen konnten wie ›größer/kleiner, bedeutsam/weniger bedeutsam, viel oder weniger Prestige, Ansehen, Image, Standort und so fort‹.

Bei diesem langen Hin und Her intervenierte schließlich das Land Sachsen. Die Verhandlungen wurden abgebrochen, und die vom Land Sachsen handlungsbevollmächtigte Staatsbank übernahm bei der Sanierung von Horch die drei Millionen Vorzugsaktien unter folgender Bedingung: Die Betriebsstätten bleiben an ihrem angestammten Ort in Sachsen, und zwar in vollem Umfang.

Weitere Beispiele: Auch die Wanderer-Werke AG soll in Verhandlungen mit Adler und Daimler-Benz wegen eines Zusammenschlusses gestanden haben. Da jedoch ein einheitlicher Wille fehlte, wurde nichts aus derartigen Plänen. Letztlich wollte man auch Audi, Horch und die Zschopauer Motorenwerke irgendwie zusammenbringen. Aber es gelang nicht, ein einheitliches Fabrikationsprogramm auf die Beine zu stellen. Eine Verständigung über die notwendige Zusammenlegung der Betriebe kam ebenfalls nicht zustande. Einsichtig war allen Beteiligten, daß eine Typenbeschränkung und wenigstens eine teilweise Verschmelzung der Werkstätten unter den gegebenen Verhältnissen zweckmäßig erschien und dadurch Aussichten auf wirtschaftliche Vorteile bestanden. Wie sollte es nun weitergehen? Ist Chemnitz, der neue Firmensitz, bald in Sicht?

DIE POLITISCHE LAGE

Zum Ende des 19. Jahrhunderts konnte sich das Land Sachsen zu Recht als Industriestaat bezeichnen. Bergbau- und Hüttenwesen boten die Möglichkeit zu industrieller Betätigung. Die Kohleindustrie hatte schon Mitte des letzten Jahrhunderts ihren Höhepunkt erreicht. Im Erzgebirge lag die eisenschaffende Industrie schon seit hundert Jahren still. Dagegen macht die sächsische Textilindustrie wieder wett, was verloren zu sein schien: Etwa die Hälfte der Industriearbeiter Sachsens sind Textilarbeiter. Gleichzeitig entwickelt sich in bescheidenem Rahmen die keramische und die chemische Industrie. Und ganz zaghaft, fast gleichzeitig, entsteht ein neuer Industriezweig: Es werden Textilmaschinen, Lokomotiven, Motor- und Fahrräder und Automobile produziert. In diesen Bereichen zeigt sich nach dem Ersten Weltkrieg der industrielle Fortschritt. Da hatte allerdings die Textilindustrie wegen der internationalen, starken Konkurrenz ihren Höhepunkt schon überschritten. Als dann auch noch 1929 und in den Jahren darauf durch Exportausfall der Absatz erheblich stockte, waren die Rückschläge in der sächsischen Industrie fast zwangsläufig. Auch der deutschen Automobilindustrie insgesamt wurden tiefe Wunden geschlagen, wie die Statistik verdeutlicht:

	1928	1929	1932
Beschäftigte (Personen)	83.751	80.037	34.392
Produktion von Personenkraftwagen (Stück)	108.029	96.161	43.430
Produktion von Krafträdern (Stück)	160.782	195.086	36.272
Materialverbrauch (Mio. Tonnen)	624,4	keine Angaben	140,3

Die Großwetterlage war durch die Weltwirtschaftskrise in Wechselwirkung mit der politischen Entwicklung in chaotisch zu nennende Zustände geraten. Der Zusammenbruch der Nordwolle in Bremen und die Schließung der Danatbank hatten 1931 zu einschneidenden Maßnahmen geführt: Überall fanden auf den Gebieten der Wirtschaft Preisüberwachungen statt, es galten hohe Diskontsätze, und Lohn- und Gehaltskürzungen wurden rigoros vorgenommen. Trotzdem lagen sechs Millionen Arbeitslose buchstäblich auf der Straße, ohne Zukunftsperspektive, als im Juni 1932 das Zweite Kabinett Brüning zurücktrat.

Das Schreckgespenst vom Bürgerkrieg geisterte herum. Das schien die Stunde der extremen politischen Organisationen zu sein. Sie umwarben die hoffnungslosen Arbeitslosen, die nach jedem Strohhalm Ausschau hielten. Da konnte nur noch das Hunderttausend-Mann-Heer als Feuerwehr den Schwelbrand so weit eindämmen, daß er nicht zur offenen Feuersbrunst entflammte.

Als sich die vier sächsischen Automobilfirmen 1932 vereinten, waren das die Schlagzeilen: Ausnahmezustand in Preußen! Notverordnungen im Reich! Hindenburg, Hitler und Thälmann kandidieren für die Wahl des Reichspräsidenten!

ERSTE FUSIONSGESPRÄCHE

In diesem politischen Umfeld ›dümpelten‹ die sächsischen Automobilfirmen Horch, Audi und DKW vor sich hin. Es fehlte ihnen die Kraft und eine kräftige Kapitalspritze, um allein wieder Fahrt aufnehmen zu können.

AUF DEM WEG NACH CHEMNITZ

Die politische Situation und die wirtschaftliche Lage hatten Hindernisse geschaffen, die überwunden werden mußten. Ihre Überwinder waren einerseits und hauptsächlich die Sächsische Staatsbank und die Industrie, in besonderem und verantwortlichem Maße Dr. Richard Bruhn als Delegierter der Sächsischen Staatsbank und seine Mitarbeiter. Unter dem Druck der Verhältnisse, die den Gedanken an eine Fusion als realistische Problemlösung aufkommen ließen, wurden in der Mitte des Jahres 1931 regelmäßige Besprechungen und Sitzungen durchgeführt. Sitzungsteilnehmer waren die Repräsentanten der Banken und die Vertreter der betroffenen Firmen, hauptsächlich der Horch-Werke AG und der Zschopauer Motorenwerke J. S. Rasmussen AG (DKW).

Liquiditätsschwierigkeiten werden ausführlich diskutiert, und die Notwendigkeit des staatlichen Eingreifens wird gerechtfertigt: Die Abhängigkeit von Horch, DKW und Audi von der Sächsischen Staatsbank ist sehr stark. Die sowieso schon beschränkte Handlungsfreiheit dieser Firmen ließ nicht auf ein Überleben hoffen. Den Krisenstab leitete ein ›neutraler‹ Geheimer Legationsrat Dr. Frisch, Präsident der Dresdner Bank Berlin und als sein Vertreter Bankdirektor Latzmann, Berlin. Zwar war die Dresdner Bank die Hausbank der Wanderer-Werke AG, aber im Gegensatz zur Sächsischen Staatsbank und der Commerzbank war sie nicht an der Vergabe hoher Kredite für die verschuldeten Firmen beteiligt, die fusionieren sollten.

Es wurden Vorschläge für die Problemlösungen erarbeitet, diskutiert und wieder verworfen. Die Katastrophenstimmung griff um sich. Wahrlich, die Lage einer der größten sächsischen Automobilfabriken war verzweifelt. Ein Bevollmächtigter der Commerzbank saß im Horch-Werk und kontrollierte die eingehenden Gelder. Er verfügte auch über sie. Daher erwog man, dieses sächsische Personenkraftwagenwerk bis zum Anbruch besserer Zeiten stillzulegen. Die Zschopauer Motorenwerke (DKW) sollten für diese Zeit die notwendige Betreuung der Fabrikanlagen, insbesondere der Ersatzteilversorgung der Horch-Kunden übernehmen. Diese Pläne wurden im Frühsommer mit der Sächsischen Staatsbank, Jörgen Skafte Rasmussen und Dr. Richard Bruhn besprochen, der als Delegierter des Aufsichtsrates dem Vorstand der Zschopauer Motorenwerke angehörte.

Die Absicht der Banken stieß auf starke Bedenken. Eine Stillegung des Zwickauer Unternehmens hielten die Herren von der Industrie nicht für realistisch. Eine solche Maßnahme würde das Ende der Weltgeltung für diese Firma bedeuten. Die Folgen für die deutsche Wirtschaft seien problematisch und vor der schwer ringenden Kraftfahrzeugindustrie und vor allem auch vor der Belegschaft des Werkes sei das nicht zu verantworten. Immerhin waren es mehr als 2.000 Werksangehörige, welche die schon unerträgliche Arbeitslosigkeit in der sächsischen Bergbau- und Industriestadt Zwickau erheblich vergrößern würden. Im Frühsommer 1931 fand endlich eine denkwürdige Konferenz in Oberschlema statt. Es wurde beschlossen, die geplante Stillegung nach Möglichkeit abzuwenden und nach anderen, gangbaren Lösungen zu suchen. Eine solche bot sich durch den Zusammenschluß der drei bislang selbständigen Firmen zu einem einzigen Unternehmen an.

Mit der 1 auf dem Kühler wollte Audi der Konkurrenz davonfahren. Ende der zwanziger Jahre war das Unternehmen jedoch allein dazu nicht mehr in der Lage.

Unter der Jahreszahl 1931 schreibt die Fachpresse: »Um die Jahresmitte beginnen Besprechungen zwischen Rasmussen, Dr. Richard Bruhn und der Sächsischen Staatsbank über die Lage der sächsischen Automobilindustrie. Im Oktober wird in Oberschlema beschlossen, die drohenden Gefahren nicht durch Stillegung von Horch, sondern durch eine Fusion der Zschopauer-, Zwickauer-Automobilwerke abzuwenden.«

Eines war dem sächsischen Staat durchaus klar: Die von ihm durch die Sächsische Staatsbank kontrollierten drei Unternehmen Horch, DKW und Audi würden, zusammengefaßt, auch keinen sonderlich stabilen Eindruck machen. Also wurden zuerst einmal die unabhängigen Wanderer-Werke an den Verhandlungstisch gebeten, sozusagen mit leichtem Druck, weil das Reich – natürlich auf Veranlassung des sächsischen Staates – seinen neu gewonnenen Einfluß auf die Dresdner Bank geltend machte. Und die stand nun wiederum den Wanderer-Werken sehr nahe. Das Widerstreben, ganz oder teilweise in dem neu zu gründenden Konzern aufzugehen, gaben die Wanderer-Werke dann nach langen Verhandlungen doch auf. Sie fanden sich bereit, ihren Automobilbau vorerst an das in der Entstehung befindliche Unternehmen zu verpachten.

Die Kernfusion der noch zu gründenden Auto Union fand allerdings in dem Augenblick statt, als die Zschopauer Motorenwerke (DKW) mit Audi und Horch verschmolzen wurden.

DAS KREDITGEBAREN DER SÄCHSISCHEN STAATSBANK

Was sich Anfang der dreißiger Jahre Monate, Wochen und Tage in der sächsischen Automobilindustrie abspielte, erreichte als dosierte Nachricht über die Tages- oder Fachpresse nur eine begrenzte Publizität. Die Sächsische Staatsbank ist kurz nach dem Ersten Weltkrieg in Dresden, ihre Filiale 1924 in Chemnitz, mit klarer Aufgabenstellung gegründet worden: Die vom Staat nicht sofort verwendbaren Steuergelder sollten als Anreiz und zur Wiederbelebung der sächsischen Wirtschaft den unterschiedlichen Kreditbewerbern ausgeliehen werden. Kleinunternehmer waren allerdings ausgenommen. Gegenüber den Großunternehmungen war die Bank sehr entgegenkommend, sie löste die Kredite der Antragsteller, die diese bislang bei anderen Bankinstituten aufgenommen hatten, ohne große Schwierigkeiten einfach ab, ja, sie gewährte der Großindustrie Kredite, und nur ihr, die weit über deren Betriebskapital hinausgingen. Das war sicherlich gewagt. Immerhin konnten auf diese Weise die Interessen von Großunternehmen und Bankkapital unter einen Hut gebracht werden. ›Nicht kleckern, sondern klotzen‹, das ist ein altes Sprichwort, das auch für das Kapitalgebaren jener Zeit Geltung haben sollte. Davon profitierte beispielsweise Rasmussen, der nur aufgrund der großzügig bemessenen Kredite sein Firmenimperium fast mühelos erweitern konnte. Bei diesem aufstrebenden Konzern scheint das Kapital sicher investiert zu sein. Aber das war dann offensichtlich fehlkalkuliert, denn Ende 1929 traten die ersten großen Störungen der Wirtschaft ein. Von Jahr zu Jahr wuchsen die Verluste, Sicherheiten für Kredite waren oftmals nicht vorhanden. Die von der Sächsischen

Das Foto von 1929 spiegelt nicht die wirkliche Lage jener Zeit wider: Auch wenn es so scheint, als würde das Wanderer-Fertigungsband in Werk Siegmar kaum mit der Produktion nachkommen, die Nachfrage stockte.

Staatsbank investierten Steuergelder mußten abgeschrieben werden. Sie waren einfach nicht einzubringen. Die Verluste bei der Bank infolge Zahlungsunfähigkeit einiger Großkreditnehmer lassen sich 1931 auf mehrere Millionen beziffern. Das war auf die Dauer nicht mehr zu verheimlichen. Mit Untersuchungen von Vorwürfen, Anschuldigungen, Unterstellungen und einigen Anklagen mehr, wurde sogar das Landgericht Chemnitz befaßt. Da war man nicht zimperlich. Der seinerzeit amtierende Staatsbankdirektor Dr. Bleicher geriet in den Verdacht sogenannter unlauterer Machenschaften. Das hat bis auf den heutigen Tag nie richtig aufgeklärt werden können. Nur einzelne Notizen, Randbemerkungen und Memoranden, die irgendwie, irgendwann und irgendwem in die Hände geraten sind, verleiten mehr zu Annahmen, denn zu juristisch zu würdigenden oder zu ahndenden Tatbeständen. Vorverurteilungen sind nicht nur ein Phänomen unserer Tage, sie gab es in der damaligen Zeit auch schon.

So wird zum Beispiel nach den vorhandenen Unterlagen behauptet, die Staatsbankdirektoren hätten grundsätzlich die Interessen des Großkapitals vertreten, also die Interessen des Schuldners gegenüber seinem Gläubiger, dem Steuerzahler. Solche Interessen haben auch die Privatbanken. Ihnen liegt am wirtschaftlichen Aufschwung derjenigen Unternehmen, an denen sie beteiligt sind. Ihr Interesse erlischt in dem Augenblick, wo das betreffende Unternehmen der Bank keinen Profit mehr einbringt. So gesehen muß das Gebaren der Sächsischen Staatsbank unter diesem Blickwinkel verwundern, denn sie hat ihre diesbezüglichen Interessen immer weiter ausgebaut. Sie mußte sich auch sicher wähnen können, weil die Steuergelder kontinuierlich flossen und die Kapitalbasis der Bank dadurch sicher und stetig war. Mit diesen Geldmitteln war ein solides Fundament vorhanden, um insbesondere die sächsische Großindustrie zu subventionieren. Es flossen allerdings selbst dann noch große Geldmengen von der Bank an die Unternehmen, wenn die Firmenverluste schon sehr hoch waren.

Gemäß der strengen Verwaltungsrangordnung war die Sächsische Staatsbank dem Finanzministerium unterstellt und wurde von ihm kontrolliert. Ein Staatskommissar kontrollierte die Aktivität der Staatsbankleitung. Und dieser Staatskommissar war der Finanzminister Dr. Hedrich höchstpersönlich. Ihm und einem engeren Beirat war die Direktion der Staatsbank jederzeit Rechenschaft schuldig. 1930 ordnete er an, daß seine Zustimmung und die des engeren Beirats eingeholt werden müssen, wenn es um Krediterhöhungen von über 100.000 Reichsmark gehe.

Da wird sich wohl der Staatsrechnungshof eingeschaltet haben, dem das finanzielle Engagement Rasmussens nicht geheuer war. Die Kreditvergabe der Sächsischen Staatsbank war auf lange Fristen ausgelegt, und Rasmussen verwendete die Kredite auch für kurzfristige Investitionen. Das war an und für sich nicht außergewöhnlich. Allerdings überschritten die Kredite, die Rasmussen für sein verschachteltes Firmenimperium erhielt, den sonst üblich gewährten Rahmen.

Die Anordnungen des Staatskommissars, erst einmal schön um Genehmigung zu bitten, wenn es um die Kreditierung höherer Summen ging, wurde von den Staatsbankdirektoren nicht befolgt. Das war gegen die Vorschrift.

Unter dem Druck der veröffentlichten Meinung erscheint der Staatsrechnungshof auf dem Plan: Er rügt das Ansteigen der Kredite an Rasmussen. Immerhin seien das Staatsgelder, welche die Bank in Privatunternehmen investiere, und zudem übersteige die Summe sämtliche anderen Kapitaleinlagen des Staates. Grundsätzlich seien wirtschaftliche und sozialpolitische Zwecke auch nur dann zu verfolgen, wenn entsprechende Sicherheiten vorliegen. Und außerdem: Für die Gewährung eines Krediten lag kein Staatsauftrag vor. Er konnte auch nicht vorliegen, denn dazu hätte es der Bewilligung des Landtages bedurft.

Der Staatsrechnungshof verlangt schließlich auch, daß das Finanzministerium die Leitung der Staatsbank in Zukunft energischer kontrolliert.

RASMUSSEN ALS FINANZJONGLEUR

Rasmussen hat seine Manager-Rolle clever ausgefüllt, mit positiven Attitüden, wendig, klug, geschickt, manchmal auch schlitzohrig. Er hat seinem Unternehmen vorgestanden, hat Maßstäbe gesetzt, handelte autoritativ, ohne autoritär sein zu wollen. Er ist seinen Interessen und einschlägigen Geschäften zielstrebig nachgegangen. Seine Freiheit, die er meinte, und nicht die von anderen gemeinte Freiheit, hat er als Abwesenheit von Politik verstanden. Er war, so dürfen wir heute folgern, ein unpolitischer Mensch. Er war Geschäftsmann. Ihn Finanzgenie zu nennen, wäre Übertreibung. Und er hat als ›Hauptdarsteller‹ und Repräsentant seines Unternehmens auch Regie geführt. Die Direktoren der Staatsbank haben das indirekt zugegeben.

Rasmussen wurden Kredite für Investitionen bewilligt, obgleich abzusehen war, daß es mit der Rückzahlung hapern mußte. Damit die Winterproduktion in Zschopau weiterlaufen konnte, mußte eine Finanzspritze herhalten. Ungefähr 5,3 Millionen Reichsmark beim Anlauf des Verkaufsgeschäftes 1928/29 und etwa 2,6 Millionen Wechselverpflichtungen zur gleichen Zeit. Natürlich nur gegen Sicherheit. Wenn dann noch Investitionen in den Herbst- und Wintermonaten getätigt werden, die weit über das, was man in der Hand und flüssig hat, hinausgehen, ja, dann ist es verständlich, daß das große Raunen beginnt: ›Rasmussen wandelt am Rande des Abgrundes‹. Was bietet sich da schon als vermeintliche Lösung an? Um den erheblichen Verpflichtungen nachzukommen, werden Lieferantenkredite in Anspruch genommen. Die relativ hohen Umsätze ließen das scheinbar wohl zu. Als dann das Sommergeschäft einsetzte, wurden die Verpflichtungen gegenüber den Lieferanten fällig. Den ›Schwarzen Peter‹ hielt jetzt die Staatsbank in der Hand: Soll sie auf den Rückfluß ihres Bargeldes bestehen und damit unter Umständen den Zusammenbruch des Unternehmens verantworten? Oder soll sie die Firma noch über Wasser halten, weil damit zu rechnen ist, daß in etwa zwei Jahren die Schulden getilgt sind. Nach den Berechnungen und Prüfungen könnte das wirklich gelingen. Zu überlegen ist von der Sächsischen Staatsbank natürlich auch, ob sie nicht nach dem Grundsatz des gemeinen Nutzens entscheiden muß.

Schließlich ist das Unternehmen für das obere Erzgebirge als Arbeitgeber von ausschlaggebender Bedeutung. Dieser Aspekt ist besonders wichtig in einer Zeit zunehmender Arbeitslosigkeit.

Hinter den Kulissen wird erkennbar, daß Rasmussen von vornherein auf Verlängerung der gegebenen Kredite baute und daß das Argument der fälligen Lieferantenverpflichtungen in Wirklichkeit eine Art von Selbstverpflichtung war: Rasmussen war zum größten Teil sein eigener Lieferant. Das wurde aber nur hinter vorgehaltener Hand geraunt. Gegenüber dem sächsischen Finanzministerium, dem Staatsrechnungshof und dem Landtag stach das Argument des ›gemeinsamen Nutzens‹. Rasmussens Familienunternehmen erreicht seinen Expansionshöhepunkt 1931/32. Seine Kontoschuld bei der Sächsischen Staatsbank klettert von 126.000 RM am 31. März 1926 auf 10.440.000 RM am 30. Juni 1932! Im gleichen Zeitraum schnellen die Wechselverpflichtungen von 208.000 RM auf 6.864.000 RM. Hinzu kommen noch Wechselbürgschaften, die ebenfalls von 30.000 RM im Jahre 1927 auf 1.530.000 RM bis 1932 hochgeschnellt sind.

Im Winter 1929 mußten diese DKW-Modelle in einer Halle des Werkes Spandau zwischengelagert werden, es gab für die Autos keine Kunden.

Innerhalb von fünf Jahren haben sich Rasmussens Verpflichtungen immens erhöht! Dennoch haben die Banker seinen Forderungen niemals ernsthaft widersprochen und, eigentlich satzungswidrig, langfristige statt kurzfristige Kredite gegeben.

Die offene Hand der Sächsischen Staatsbank hat kräftig am Aufbau des Konzerns Rasmussen mitgewirkt. Sie glaubte, sich das leisten zu können, weil sie ein ziemlich krisenfestes Institut war. Und wenn Rasmussen beim Ausbau seines Konzerns empfindliche Verluste erlitt, dann sprang die Sächsische Staatsbank helfend ein. Da hat es dann wohl an Weitblick gefehlt, als Lieferantenwerke aufgekauft wurden, die man ausschließlich auf Teilefertigung für DKW ausrichtete. Sie konnten beim besten Willen nicht voll ausgelastet werden, auch wenn die Stückzahl der Produktion im Stammwerk Zschopau noch so sehr erhöht wurde. Versuche, durch andere Produktionen Verluste wettzumachen, waren der berüchtigte Schlag ins Wasser und brachten nur weitere Verluste, wie beispielsweise die von Rasmussen übernommenen Produktionsanlagen der amerikanischen Firma Rickenbacker, um im Werk Scharfenstein 6- und 8-Zylinder Rickenbacker-Motoren zu bauen.

Das Aufkaufen von Firmen und der Ausbau der Produktion verschlangen eine Menge Kapital. Rasmussen hatte allerdings dafür die stets zahlungswillige Sächsische Staatsbank. Und so kam es, wie es kommen mußte: Rasmussens Unternehmen waren immens verschuldet, er konnte nur noch auf Regieanweisung der Sächsischen Staatsbank agieren.

Schulden besitzen und Schuld haben, das ist ein gewaltiger Unterschied. Rasmussen fühlte sich nicht schuldig im Sinne von Schuld haben. Es ist heute im einzelnen nicht mehr nachvollziehbar, ob das, was er in finanztechnischer Hinsicht unternahm, von ihm verantwortbar war. Mußte er sich überhaupt bei seinen Finanzmanipulationen verantworten, solange der einzige Gläubiger – die Bank – bis 1929 darauf verzichtete, sein Forderungsrecht zu behaupten und Rasmussen auf die Finger zu sehen, beziehungsweise gelegentlich

Der Unternehmer Rasmussen, hier vor dem Verwaltungsgebäude der Zschopauer Motorenwerke, war in dem Fusions-Poker der wichtigste Vertragspartner. Er kontrollierte immerhin von vier fusionswilligen Automobilunternehmen zwei: Audi und DKW.

darauf zu klopfen? Eine reife Ensembleleistung, so könnte man sagen, wenn man weiß, daß damals Vertreter der Sächsischen Staatsbank im Aufsichtsrat der Zschopauer Motorenwerke saßen.

Objektivität ist nicht mehr herstellbar, aber immerhin kann sich Ove Rasmussen junior, mit achtundsiebzig Jahren, 1987 noch erinnern und aus seiner Sicht zu den Fusionsvorgängen berichten: »Durch hohe Kredite war mein Vater der Sächsischen Staatsbank verpflichtet. Daß diese Verbindlichkeiten so angewachsen sind, ist mehr oder weniger die Schuld der Banken gewesen. Die hatten soviel Geld und wollten es einfach unterbringen. So wurde meinem Vater ein Werk nach dem anderen, so zum Beispiel die Audi-Werke, ans Herz gedrückt. Somit entstand eine starke Verflechtung und Abhängigkeit. Und es ist banküblich, daß man eine solche Abhängigkeit zu fundamentieren versucht, indem man jemanden in den Vorstand schickt, dem man im Finanziellen volles Vertrauen schenken kann. Ursprünglich wollte man eine Auto Union überhaupt nicht. Aber auch das ist wieder die Schuld der Sächsischen Staatsbank gewesen. Die Horch-Werke standen vor der Pleite und wenn die Pleite eingetreten wäre, dann wäre die Staatsbank auch pleite gewesen. Das wäre dann ein Strudel gewesen, und in diesen Strudel wären die Zschopauer Motorenwerke mit hineingezogen worden. Da hat man meinem Vater ans Herz gelegt, er möge die

Horch-Werke liquidieren. Im Zuge einer Geschichtsklitterung wird das nachträglich dem Dr. Bruhn unterstellt, daß er der Gesprächspartner der Sächsischen Staatsbank bei der Liquidierung der Horch-Werke gewesen sei. Nein, das war anders. In Oberschlema ist die Staatsbank zu meinem Vater gekommen und hat gesagt: ›Liquidieren Sie für uns die Horch-Werke. Wir können einen Konkurs nicht mehr verkraften.‹

Im Zuge dieser Gespräche, bei denen selbstverständlich auch Dr. Bruhn beteiligt gewesen ist, ist man schrittweise der Idee nähergekommen, die Auto Union zu gründen durch Zusammenlegung der Firmen.

Die aufnehmende Firma waren die Zschopauer Motorenwerke (DKW), aktienrechtlich. Um das durchzuführen, war es vonnöten, zunächst einmal die Bilanzen zu bereinigen. Da hat man dann von der Sächsischen Staatsbank her vieles getan, was damals der Form nach vertretbar schien, aktienrechtlich. Strafrechtlich war das überhaupt nicht vertretbar. Man hat nämlich die sogenannten Nonvaleurs, also die schlechten und vermeintlich wertlosen Wertpapiere der Aktiengesellschaft, die keine Rendite abzuwerfen schienen, aufgewertet und hat daraus Aktiva gemacht. Im Sächsischen Landtag hat man das dann als Argument verwendet, um eine Bürgschaft vom sächsischen Staat zu erhalten in Höhe von fünf oder sechs Millionen Mark. Dem hat der sächsische Staat zugestimmt und damit war dann die Gründung der Auto Union finanziell gewährleistet. Diese Absprachen sind zum großen Teil auch im Hause meines Vaters geführt worden. Ich habe das also des öfteren erlebt. Er selbst war nicht zugegen. Die Absprachen und Vereinbarungen stützten sich damals immer auf die mündliche Zusage der Direktoren von der Sächsischen Staatsbank, das DKW-Werk wieder zu reprivatisieren, wenn bei dieser Gründung die Voraussetzungen hierfür geboten werden konnten. Die lagen darin, daß man meinem Vater die Zusicherung gab, bei Vergabe von Patent- und Lizenzrechten ins Ausland, daß er Einnahmen haben sollte, die es ihm ermöglichen sollten, die Mehrheit in diesem Gebilde wieder zurückzuerwerben.«

DAS AKTIENKAPITAL WIRD NEU GEORDNET

Das Geld ist geradezu eine Schicksalsfrage für die finanzielle Sanierung der Automobilfirmen, eine Frage für das Gelingen der Fusion und die Stabilisierung des Aktienkapitals.

Karl Nitsche übernimmt 1932 das Zentralbüro für den Zusammenschluß der vier Automobilfirmen. Nach dem Krieg geht er nach Berlin und baut dort das Werk Spandau der Auto Union wieder mit auf. 1966 erinnert sich der Finanzfachmann an die Zeit der Fusion: »1931 führte ich allein eine Organisations- und Rentabilitätsprüfung der Gußstahlwerke Döhlen durch. Den Auftrag hatte das Sächsische Wirtschaftsministerium (Geheimrat Klien) und die Sächsische Staatsbank (Präsident Degenhardt, Dr. Herbert Müller) erteilt. Diese Arbeit führte im Dezember 1931 zu einem neuen Auftrag der gleichen Stellen: Ich übernahm die Leitung des sogenannten Zentralbüros für den Zusammenschluß der vier sächsischen Automobilfabriken. Dieses Büro wurde in der Sächsischen Staatsbank, Chemnitz (Direktor Dr. Bleicher), eingerichtet, später wurde es nach der Rößlerstraße verlegt, dem späteren Elektrowerk der Auto Union.

Über das Zentralbüro gingen alle Zahlen der beteiligten Werke und sämtliche Vertragsentwürfe für den Zusammenschluß. Für rein rechtliche Fragen stand mir Rechtsanwalt Dr. Wuthenau zur Seite. Über allem stand die Zusammenarbeit mit der Sächsischen Staatsbank in Dresden (Präsident Degenhardt, Dr. H. Müller, Geheimrat Dr. Vogel, Herr Heidepriem) und die mit Dr. Richard Bruhn, den die Sächsische Staatsbank als künftigen Chef mit allen Vollmachten in die aufnehmende Gesellschaft, die Zschopauer Motorenwerke AG, delegiert hatte, und den ich vor einigen Jahren bei der Firma Neufeldt & Kuhnke, Kiel, kennengelernt hatte. Mit den beteiligten Werken stand das Zentralbüro in engster Fühlung und damit mit den Herren der Führungsebene. DKW: Rasmussen, zugleich für Audi; Dr. Hahn, Verkauf; Dr. Boettcher, Buchhaltung und Finanzen.

Horch: Dr. Moritz Strauss, Großaktionär und allein maßgeblich. Vorstandsmitglieder: William Werner und Ostermayer; Keil, Verkauf; Zerbst, Betrieb; Günther, Buchhaltung.

Wanderer-Vorstandsmitglieder: Generaldirektor Klee, Stuhlmacher und v. Oertzen; Wohlgemuth, Verwaltung; Philipp, Betriebsbuchhaltung; Geheimrat Frisch, Berlin, Dresdner Bank, Aufsichtsratsvorsitzender; Rechtsanwalt Dr. Fröhlich, Justitiar.

Es bestand eine enge Verbindung mit der Treuhand AG (Direktoren Heyer und Sonntag) und in der letzten Phase mit Dr. Boerner, Berlin, dem bekannten Steuer-Sachverständigen, der die Steuerpauschalierung mit dem Reichsfinanzministerium aushandelte, und dem beurkundenden Notar Dr. James Breit, Dresden.

Als ich das Zentralbüro übernahm, stand nur der Zusammenschluß der vier sächsischen Personenwagenfabriken auf dem Programm, natürlich unter Einschluß der Zschopauer Motorradfertigung. Zunächst sollte fusioniert werden; aufnehmende Gesellschaft waren die Zschopauer Motorenwerke, in die die Horch-Werke AG und die Audi-Werke AG aufgingen. Alle drei Firmen waren überschuldet und lagen am Boden. Sie versuchten vergebens, mit immer neuem und untragbarem Aufwand größeren Umsatz zu reißen. Voran ging DKW, das dazu auf den Zweitakter für Wagen und Motorräder allein eingeschworen war. Audi war schon 1925 durch ständige Änderungen am Sechszylinder in größte Schwierigkeiten geraten und mußte sich mit den Gläubigern auseinandersetzen. Etwas später ging Audi in den Besitz von Rasmussen über, der den Verfall auch nicht aufhalten konnte. Besonders arg war die Lage bei Horch. Ein Bevollmächtigter der Commerzbank saß im Werk, kontrollierte und verfügte über die eingehenden Gelder. Fast jeden Freitag holte man mit dem schnellen Zwölfzylinder Konsignationswechsel aus Berlin ab für die Wagen, die man den Händlern überstellt hatte, um die Lohnzahlung sicherzustellen. Das Obligo an solchen Wechseln belief sich zum Beispiel bei den Händlern in Berlin und Hamburg auf je etwa 700.000 Reichsmark. Die Wagenbestände im Werk wuchsen, um sie den steigenden Bankkrediten, für die sie hafteten, anzupassen. Schließlich ging man an den Verkauf von Filialen an Händler, wie zum Beispiel in Düsseldorf. Die ungeheure Last, die drei Firmen bis zur Fusion durchzuschleppen, bis dahin deren Kapitalverhältnisse zu ordnen, was nur mit Opfern aller Beteiligten geschehen konnte, und schließlich Kredite für den Anlauf Auto Union zu beschaffen, trug vor allem Dr. Müller.«

Im Büro Nitsche wurde eifrig der Rechenschieber bewegt, um herauszufinden, ob die dringend erforderliche finanzielle Sanierung überhaupt möglich sei. ›Stabilisierung durch Sanierung‹ hieß das Zauberwort jener Jahre. Im gleichen Atemzug wurde auch davon gesprochen, daß man den Großaktionären neue Opfer abverlangen müßte. Das Aktienkapital der drei sächsischen Automobilfirmen war vor der Fusion folgendermaßen verteilt:

Zschopauer Motorenwerke J. S. Rasmussen AG	10,0 Millionen RM
Horch-Werke AG	3,5 Millionen RM
Audi-Werke AG	2,6 Millionen RM

Die Aktien waren jedoch aufgrund der hohen Verschuldung der Unternehmen eher wertlos. Dennoch wurden mit Hilfe verschiedener Banken, des Staates und einiger Privatpersonen neue Aktien gezeichnet. Finanztechnisch ging man dabei folgendermaßen vor: Die aufnehmende Gesellschaft Zschopauer Motorenwerke erhöhte ihr Aktienkapital von 10 Millionen auf 14,5 Millionen RM. Dazu bemerkt das ›Handbuch der Deutschen Aktiengesellschaft‹ Jahrgang 1933: »Das Aktienkapital der Audi-Werke AG befindet sich schon seit längerer Zeit fast ganz im Besitz der Zschopauer Motorenwerke. Das Aktienkapital der Horch-Werke, soweit es sich noch in geringeren Beträgen im offenen Markt befindet, wird in Aktien des neuen Unternehmens im Verhältnis 1 : 1 umgetauscht werden.«

Das Aktienkapital der noch zu gründenden Auto Union AG beträgt also 14,5 Mio. RM und wird von folgenden Aktionären beziehungsweise Aktionärsgruppen gehalten:

INFI, Dresden	6.500.000 RM
Sächsische Staatsbank, Dresden	3.489.300 RM
Rasmussen	1.250.000 RM
Staatsbank, Stadt Chemnitz	750.000 RM
IVT, Marienberg	450.000 RM
Commerzbank	430.400 RM
Dresdner Bank, Berlin	312.500 RM
Auto Union Filialen GmbH	254.000 RM
ADAC, Leipzig	183.750 RM
Maschinenfabrik Prometheus, Berlin	100.000 RM
Diverse Kunden	780.050 RM

Aus dieser Aktien-Übersicht wird nur dem Eingeweihten deutlich, daß die Sächsische Staatsbank – beziehungsweise der durch sie kontrollierten Unternehmen oder Banken – über 80 Prozent des Aktienkapitals kontrollierte.

Neben der Kapitalerhöhung sollte die Gesundung des Unternehmens zusätzlich dadurch gesichert werden, daß durch eine Bankanleihe in Höhe von 11,45 Millionen RM dem Unternehmen weiteres Kapital zur Verfügung gestellt wird.

1931 befanden sich im Zwickauer Horch-Werk die Maschinen kurz vor dem endgültigen Stillstand.

Im Verlauf der Fusionsbestrebungen entstand ein Geflecht von Aktienverschiebungen und Geldtransfers. Sie alle waren darauf ausgerichtet, den am Boden zerstörten sächsischen Automobilfirmen das dringend erforderliche Betriebskapital zu beschaffen. Ein Weg dazu führte über eine noch zu gründende Holdingfirma, auch wenn man sie damals noch nicht so nannte.

EINE HOLDINGGESELLSCHAFT FÜR DIE FINANZEN

Die Gründung der Holding-Gesellschaft ›Industrie-Finanzierungs-GmbH‹ (INFI) wurde beschlossen, um der Auto Union zusätzliches Kapital zu verschaffen.

Der Weg hierzu war relativ einfach: Weil nämlich die Auto Union nicht mit zusätzlichen Krediten belastet werden sollte, erhielt die INFI von der Sächsischen Staatsbank, der Allgemeinen Deutschen Creditanstalt (ADCA), der Commerz- und Privatbank und der Dresdner Bank hohe Kredite, die dazu verwendet wurden, Auto Union-Aktien zu kaufen.

Die Gründung der INFI erfolgte am 3. Juni 1932; Gesellschafter waren die Industrie-Verwaltungs- und Treuhand-GmbH (IVT) in Marienberg und der Dresdner Rechtsanwalt und Staatsbankangestellte Dr. Barthold. Mit den von den Banken zur Verfügung gestellten Krediten in Höhe von 6,07 Mio. RM wurden von der INFI Aktien der Auto Union gekauft, so daß dem Automobilunternehmen Kapital in gleicher Höhe zur Verfügung stand.

Zu den weiteren Geldbeschaffungsmaßnahmen gehört auch die Gründung der Industrie-Verwaltungs- und Treuhand GmbH (IVT), die Gesellschafterin der INFI war. Gründungsanlaß der IVT war die vor der Fusion notwendig gewordene Verbesserung der DKW-Bilanz. Außerdem sollten bestimmte Rasmussen-Firmen nicht der Auto Union zugehören. Dies geschah dadurch, daß eine Reihe von Forderungen, Beteiligungen und sonstigen Vermögenswerten aus dem Rasmussen-Konzern herausgenommen wurden, um sie der IVT zu übertragen.

Gegründet wurde die IVT von Rasmussen am 29. Dezember 1931 mit einem Kapital von 20.000 RM. Da er persönlich für die Verluste der Gesellschaft haftete, verpfändete er Aktien der Auto Union in Höhe von 950.000 RM.

An die IVT wurden unter anderem der Aktienbesitz Nestler und Breitfeld AG, Erla, abgetreten. Hinzu kamen Werkanlagen in Erla und Wittigsthal und eine Forderung gegen die Firma Nestler und Breitfeld AG in Breitenbach (Tschechoslowakei), deren persönlich haftender Gesellschafter Rasmussen war.

Die IVT übernahm ebenfalls die Aktien der Schüttoff-Werke, Chemnitz, sowie kleinere Außenstände.

Solche Forderungen bestanden beispielsweise gegenüber den Firmen Loutzkoy, Berlin, Thiergen, Zschopau, Motor Aggregatebau GmbH Elcamo, Erfenschlag, DKW-Warte Oberwiesenthal, Passowmobil (Hersteller von DKW-Kinderautomobilen), Naumburg.

Die Korrektur der Bilanz von DKW vollzog sich durch die Eintreibung von Außenständen. Der Form nach kaufte die IVT die Außenstände den DKW-Werken ab und bezahlte sie bar. Das konnte sie nur, weil sie von der Sächsischen Staatsbank Kredite erhielt. Dadurch wurden die Zschopauer Motorenwerke (DKW) vor der Fusion entlastet und die IVT belastet.

Die Bereitstellung neuer Mittel für DKW erfolgte auch durch die Übernahme von Aktien gegen Barzahlung und durch neue Kredite des Bankenkonsortiums in Höhe von 10 Millionen Reichsmark.

In einer Halle in der Nähe von Chemnitz mußten im Winter 1928/1929 etwa 10.000 unverkaufte Motorräder eingelagert werden. Der Absatzrückgang nahm dramatische Formen an.

Um die Eröffnungsbilanz der Auto Union zum 1. November 1931 positiv gestalten zu können, wurden folgende Wege beschritten: Die Restforderungen der Banken wurden in langfristige Forderungen umgewandelt oder auch teilweise gegen Aktien oder GmbH-Anteile verrechnet. Alle Forderungen waren durch Hypotheken abgesichert.

Als weitere banktechnische Maßnahme erfolgte die Gründung der ›Auto Union Filialen GmbH‹. Diese Firma diente dazu, die Verkaufsfilialen der Horch AG und die großen, unbezahlten Lagerbestände an Kraftfahrzeugen aus der Eröffnungsbilanz herauszunehmen. Die Staatsbank gab dieser Gesellschaft einen Kredit in Höhe von 300.000 RM.

Rasmussen war über die IVT auch an der INFI beteiligt. Dadurch stärkte er seine Position bei der Auto Union.

DIE POLITIKER SANIEREN MIT

Die Lage aus der Sicht der Banken war eindeutig: Sie würden sich nur dann weiterhin bei den sächsischen Automobilfirmen finanziell engagieren, wenn auch der Staat seinen Beitrag zur Sanierung leisten würde. Zwei Forderungen wurden gestellt:

1. Der Freistaat Sachsen sollte für einen Bankkredit von 6 Mio. RM eine Bürgschaft übernehmen.

2. Die Steuerschulden der Firmen müßten erlassen oder erheblich gesenkt werden.

Die Politiker waren also gefordert. Die Finanzprobleme der Firmen sorgten angesichts der angespannten politischen Lage auch innerhalb der Parteien für Diskussionsstoff.

Da mußten nun Zahlen genannt und die Finanzlage der Unternehmen offengelegt werden.

Die Steuerschulden, insbesondere der DKW-Werke, betrugen schon 1929 über 900.000 Reichsmark. Diese Steuerschuld, zumindest den größten Teil davon, sollte der Staat dem Unternehmen erlassen.

Die finanziellen Wünsche der Banken stießen im Reichsfinanzministerium in Berlin auf Widerstand. Erst in letzter Minute gelang eine Lösung mit Hilfe des Chefs des Ministerialbüros, Dr. Johannes Meynen. Er war durch persönliche Beziehungen zu führenden Männern der späteren Auto Union über die finanziellen Schwierigkeiten informiert. Ihm gelang es deshalb, Ende Mai 1932, drei Tage vor dem Sturz des Zweiten Kabinetts Brüning, Minister Dr. Dietrich und seine Staatssekretäre zu neuen Verhandlungen zu bewegen. Dabei wurde ein Steuererlaß erreicht. Der Weg für die Staatsbürgschaft Sachsens und damit für die Durchführung der Fusion der Kraftfahrzeugwerke war frei.

Die Steuerschulden von über 900.000 RM wollte das Reichsfinanzministerium zunächst nur etwa zur Hälfte erlassen; doch dann gab man sich mit einer einmaligen Zahlung von 200.000 Reichsmark zufrieden.

DIE BÜRGSCHAFT WIRD ZUGESICHERT

Neben dem Erlaß von Steuerschulden erwarteten die Banken vom Staat eine Bürgschaft von 6 Millionen RM für Kredite, die dem neuen Unternehmen zur Verfügung gestellt werden sollten.

Um die Zustimmung des Sächsischen Landtages zu erreichen, waren zwei Wege möglich:

1. Das Parlament beschließt die Bürgschaft und die Regierung stimmt zu.

2. Die sächsische Landesregierung bewilligt die Bürgschaft und ersucht danach das Parlament um Zustimmung.

Die Regierung saß folglich am längeren Hebel und konnte durch geschicktes Vorgehen den Landtag unter Druck setzen. Im Zweifelsfall hatte er nur noch vollendete Tatsachen zu sanktionieren. So lief das denn auch mit der Sechs-Millionen-Bürgschaft: 1931 stimmte die sächsische Regierung in den weihnachtlichen Parlamentsferien der Bürgschaft für die Auto Union zu. Der Sächsische Landtag wurde dagegen erst im Februar 1932 von dem Beschluß der Regierung unterrichtet.

In einer hitzigen Debatte wurden die Hintergründe der Fusion sichtbar und die Verantwortung der Politiker für die sächsische Automobilindustrie: Politische Gründe für das Zusammengehen gab es genug. Durch die Fusion blieben Arbeitsplätze erhalten, und der Schwerpunkt der Automobilindustrie würde in Sachsen bleiben. Ein weiterer Aspekt: Würden die Automobilwerke nicht zu einem lebensfähigen Großunternehmen zusammengebunden, dann müßten die einzelnen Werke ihre Pforten schließen. Auch einer möglichen Abwanderung der Werke aus Sachsen müsse Einhalt geboten werden.

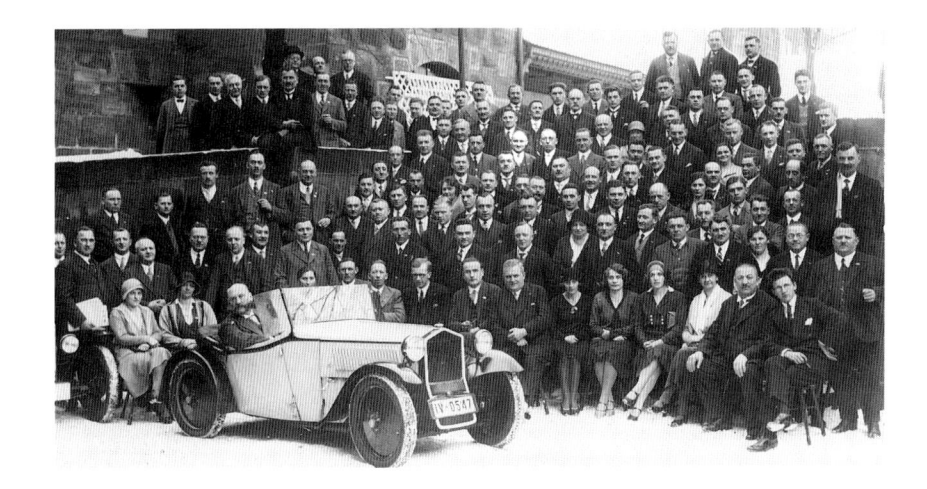

Bei der Debatte über die Arbeitslosigkeit gab es unterschiedliche Sichtweisen, je nach Parteimeinung. Staatsminister Dr. Hedrich befürchtet, daß die öffentliche Fürsorge allzu sehr in Anspruch genommen werden würde, wenn wiederum – wie in ähnlichen Situationen – etliche Tausend sächsische Arbeiter zu Fürsorgeempfängern gemacht werden. Dr. Frucht, Abgeordneter der Deutschen Volkspartei, will die sächsischen Produktionsstätten für das werktätige Volk erhalten, und die SPD läßt durch ihren Abgeordneten Kautzsch verlautbaren, daß sie, wenn sie überhaupt zustimme, dann nur aus sozialen Rücksichten. Völlig anders sieht das der kommunistische Abgeordnete Mehlhorn: Es geht eigentlich gar nicht um die Erhaltung der Arbeitsplätze für die Werktätigen, sondern um die Sicherung der erheblichen Profite der Konzernherren. Martin Mutschmann, der spätere Reichsstatthalter von Sachsen, sorgte dafür, daß die NSDAP die von den Banken geforderte Landesbürgschaft nicht sabotierte. Bei der Abstimmung im Landtag enthielt sich die NSDAP der Stimme. Mutschmann kannte schon damals die Pläne seiner Partei für eine militärisch orientierte Motorisierung Deutschlands.

Schon frühzeitig hatte Carl Hahn, links oben am Baum stehend, die Bedeutung einer schlagkräftigen Verkaufsorganisation erkannt. Das Foto zeigt die versammelte DKW-Händlerschaft 1931 anläßlich der Vorstellung des neuen DKW F1.

Die Abgeordneten beschlossen, was längst durch die sächsische Landesregierung beschlossen war: Das Land übernahm die Bürgschaft für den Sechsmillionen-Kredit.

KLARE LINIE IM FUSIONSKONZEPT

Schon in den ersten Planungsphasen war deutlich geworden, daß im Freistaat Sachsen das Fabrikationsprogramm auf Kraftwagen und Krafträder beschränkt bleiben muß. Nur bei der Karosseriefabrik in Berlin-Spandau mußte man einen Kompromiß schließen. Man brauchte die Fertigungsstätte für die recht erfolgreichen DKW-Personenwagen, deren Karosserie aus Holz bestand. Kompromisse gab es bei den beiden Zwickauer Horch- und Audi-Werken nicht, sie waren reine sächsische Automobilfabriken.

Einschneidende Maßnahmen waren beim Rasmussen-Konzern erforderlich. Hier mußte Ballast abgeworfen werden. In dieser Problematik liegt vermutlich schon der Anlaß des späteren Zerwürfnisses zwischen Dr. Bruhn und J. S. Rasmussen. Rasmussens Konzern war vielschichtig und fast unüberschaubar ineinander verflochten. Die Maßnahmen, die zu treffen waren, kamen einer rigorosen Flurbereinigung gleich. Die Auswahl war nicht so einfach, denn die Werke des Konzerns, wie beispielsweise die Elcamo Aggregatebau GmbH in Erfenschlag, waren zum Teil Abnehmer der DKW-Produktion, andererseits aber auch Zulieferer für die DKW-Produktion, wie Scharfenstein und Zöblitz. Sowohl Zulieferer als auch Abnehmer waren die Framo-Werke.

Das schien – auf den ersten Blick – ein völliges Durcheinander zu sein. Es gelang jedoch, einen Strategieplan aufzustellen, mit dessen Hilfe die Verhältnisse der einzelnen Firmen einander korrekt zugeordnet werden sollten. Im Grunde handelte es sich um eine Rundum-Sanierung. Ausschlaggebend hierfür war, daß sich Rasmussen diesen einschneidenden Konzentrierungsmaßnahmen nicht widersetzte. Es ging ja auch darum, Risiken für die einzelnen Werke möglichst gering zu halten. Schließlich stimmte Rasmussen dann doch dem Plan zu, das Werk Zschopau, die Karosserie-Fabrik Spandau und die kleine Leichtmetallgießerei in Annaberg im Erzgebirge für das DKW-Programm einschließlich des in Stuttgart gegründeten Luma-Werkes, das die elektrischen Spezialaggregate für die DKW-Produktion herstellte, für die Auto Union verfügbar zu halten.

Alle anderen Betriebe aus dem Besitz von Rasmussen, die nicht in die Planung der Auto Union paßten, verblieben ihm.

Ein anderes Problem, von größerem Gewicht, stellte sich noch: Rasmussen hatte 1926 von der ehemaligen Moll-Werke AG das Werk Scharfenstein aufgekauft, das nur sechs Kilometer von Zschopau entfernt lag. Hier wurden beispielsweise die Rickenbacker Sechs- und Achtzylinder-Motoren produziert. Zusätzlich wurden in Scharfenstein Haushaltskühlschränke und gewerbliche Kühlanlagen, des weiteren auch Junkers-Dieselmotoren und andere Kraftmaschinen hergestellt. Dieses als Nebenwerk bezeichnete Unternehmen, zu dem noch eine Zieherei und Stanzerei für Auto-Zubehörteilen gehörte, wurde ausgegliedert und im November 1931 mit einem Kapital von 3 Millionen RM als ›Deutsche Kühl- und Kraftmaschinen GmbH‹ (DKK) auf eigene Füße gestellt. Damals zählte die Belegschaft etwa 1.100 Arbeiter und Angestellte. Auf Wunsch der Sächsischen Staatsbank wurde dieses Unternehmen am 1. November 1940 von der Auto Union für 2,7 Millionen RM gekauft, blieb aber als GmbH eine selbständige Tochter der Auto Union AG.

Das Problem ›Rasmussen-Konzern‹ war gelöst. Ein anderes mußte noch gelöst werden: Die Eingliederung der Automobilabteilung der Wanderer-Werke AG Chemnitz unter dem Zeichen der Vier Ringe. Nach Mammutverhandlungen, die an Kompliziertheit nicht zu überbieten waren, wurden am 29. Juni 1932 etwa 30 Verträge unterzeichnet und vollzogen. Demgemäß verpachten die Wanderer-Werke rückwirkend zum 1. Januar 1932 die Automobil-Abteilung Siegmar einschließlich der 851 Maschinen für zehn Jahre an die Auto Union. Nach Ablauf dieser Frist gehen alle Maschinen in den Besitz der Auto Union über.

Das gepachtete Gelände war ein in sich abgeschlossener Teil des Siegmarer Werkes der Wanderer-Werke, in welchem auch weiterhin Werkzeugmaschinen von Wanderer hergestellt wurden.

Die Auto Union trat in alle Rechte und Pflichten für die bei der Automobil-Abteilung laufenden Verträge ein und übernahm auch Forderungen und Schulden. Hierbei ging es beispielsweise auch um Arbeitsverträge der Belegschaft, um Händlerverträge und um Mietverträge für die Filialen. Die Auto Union erhielt das Recht, das Markenzeichen der Wanderer-Werke, das geflügelte ›W‹, zu benutzen, und schließlich übernahm sie auch den mit Porsche abgeschlossenen Konstruktionsvertrag für ein neues Modell.

Bis zur Fusion führten also die Wanderer-Werke die Automobil-Abteilung sechs Monate lang vom 1. Januar 1932 ab für Rechnung der Auto Union. Die Abrechnung endete mit einer Gutschrift von rund 200.000 Reichsmark zugunsten der neuen Auto Union.

Der ehemalige Wanderer-Vorstand Klaus Detlof von Oertzen äußert sich zur Frage der Integration der Wanderer-Automobil-Abteilung in die Auto Union und den Fusionsvorgängen aus seiner – sehr eigenwilligen – Sicht: »Also, ob man sagen kann, daß Wanderer dazu gepreßt wurde, in diesen Verbund einzusteigen? Ich kann das nicht bestätigen. Zu mir kam ein kleiner Mann, Dr. Bruhn. Der war von der Sächsischen Staatsbank delegiert. Er kam also zu mir und erzählte mir von dem Plan, den er hatte und den die Staatsbank hatte, diese vier Werke unter einen Hut zu bringen. Ich sah das ein, daß das notwendig war und das würde auch ein sehr vernünftiger Weg sein, ähnlich wie bei General-Motors in Amerika. Da mußte keiner bei Wanderer besonders drängen. Ich war bereit, mit meinem Aufsichtsratsvorsitzenden der Wanderer-Werke, und zwar dem Geheimrat Frisch von der Dresdner Bank, zu sprechen. Mit dem diskutierte ich vierundzwanzig Stunden lang diese Idee, und er war genauso interessiert wie ich es war. Ich machte infolgedessen mit Bruhn aus, daß ich mich einsetzen würde, um die Horch-Leute ebenfalls in dieses Lager zu bringen, während er automatisch Audi hatte, denn das gehörte Rasmussen und DKW ebenfalls. Ich war sozusagen der Mitgründer der Auto Union, die nun praktisch alle vier sächsischen Autofirmen unter einen Hut brachte.«

Waren die vier Fabrikationsstätten ›unter einen Hut‹ gebracht, so mußte dies zwangsläufig auch bei den Filialen der bisher getrennten Firmen geschehen. Durchweg hatten sie sich an zentralen Orten durch teilweise beachtlichen Grundbesitz und eigene Verkaufsräume, Werkstätten und reichhaltige Ersatzteillager etabliert. Sie machten im Zuge des allgemeinen finanziellen Abschwungs und auch durch zu hohe Lagerbestände Verluste.

Das Filialnetz war weit gespannt und umfaßte damals die noch bestehenden Horch-Filialen Berlin, Hannover, Leipzig, Frankfurt am Main und Stettin. Audi hatte wie DKW eine Filiale beziehungsweise einen Laden in Berlin. Wanderer hatte eine Verkaufsstelle in Chemnitz und Filialen in Berlin und München eingerichtet.

Man überlegte sich deshalb, ob man nicht dem Beispiel Horchs folgen sollte, die Filialen an die Händler zu verkaufen. Für den DKW-Kundenkreis, so glaubte man urteilen zu können, waren die teilweise betont repräsentativ eingerichteten Räume viel zu vornehm. Auch waren sie für das Motorradgeschäft wahrlich kein Anziehungspunkt. Also: Ausgliederung dieser Betriebe mit dem Ziel, sie organisatorisch wie auch wirtschaftlich zusammenzufassen.

Das Ziel solcher Maßnahmen: Die einheitliche Ausrichtung auf das gesamte Kraftfahrzeug-Programm mit Direktverkauf, ein Unter-Vertreternetz, Kundendienst und Ersatzteilhaltung. Das war ein Fernziel. Als Nahziel galt zu allererst die Abschirmung der Auto Union gegen das Risiko. Deshalb wurden diese Maßnahmen auf die ›Auto Union Filialen Gesellschaft mbH‹ delegiert, die 1937 der Auto Union AG eingegliedert wurde.

Nachdem nun auch dieser Problempunkt zufriedenstellend gelöst worden war, wurde allen an der Sanierung Beteiligten immer deutlicher, daß der Weg nach Chemnitz nicht nur möglich, son-

In der Zeit von 1929 bis 1932 wurden von den Zschopauer Motorenwerken im Zweigwerk Scharfenstein Kühlschränke produziert.

dern nahezu erreicht worden war. Ein Aufatmen ging nicht nur durch die Chefetagen. Auch den Beschäftigten in den Werkshallen wurde immer deutlicher: Es geht weiter.

VIER RINGE – VIER TRÜMPFE: DIE AUTO UNION IST GEBOREN

Nun ist es geschafft! Die ausgeworfenen Rettungsringe waren von den ›schiffbrüchigen Firmen‹ sofort und mit hilfesuchender Hand ergriffen worden. So würde man sich über Wasser halten können, um dann ›ans sichere Gestade‹ gezogen zu werden. Das sichere Gestade, das sollte die Auto Union sein für die vier Firmen Audi / DKW/ Horch/ Wanderer.

Die Gründung der Auto Union wurde am 29. 6. 1932 mit Rückwirkung zum 1.11.1931 vollzogen. Am gleichen Tag finden die Generalversammlungen von Audi, Horch und den Zschopauer Motorenwerken statt. Sie genehmigen einstimmig die Verträge zur Fusion der Firmen. Neuer Name des Unternehmens:

Auto Union AG mit Sitz in Chemnitz. Hauptverwaltung in Zschopau, seit 1936 in Chemnitz.

Das Aktienkapital der Auto Union von 14,5 Mio. RM wird mehrheitlich von der Sächsischen Staatsbank gehalten.

Die neugebildete Auto Union AG zählt 4.500 Beschäftigte; die Haupt-Fabrikationsstätten sind:
- Zschopau: Motorradbau und Zweitaktmotoren, DKW.
- Zwickau: Automobilbau, Audi, DKW, Horch.
- Berlin-Spandau: Holzkarosseriewerk, DKW.
- Siegmar: Automobil- und Stahl-Karosseriebau, Wanderer Automobile.
- Die Filialen und Werkstätten an größeren deutschen Plätzen werden vereinigt und als Filialen-GmbH weitergeführt.

Die Geschäfte der fusionierten Firmen DKW, Audi und Horch werden ab 1. November 1931, die der Wanderer-Automobilabteilung ab 1. Januar 1932 für Rechnung der Auto Union geführt.

Aufsichtsrat und Vorstand der Auto Union bestehen aus folgenden Personen:

Vorsitzender:	Geheimer Legationsrat Dr. Walther Frisch, Berlin (Dresdner Bank)
Mitglieder:	Präsident Carl Gottfried Degenhardt, Dresden (Sächsische Staatsbank)
	Dr. Moritz Strauss, Berlin (Horch)
	Oberbürgermeister W. Alart, Chemnitz
	Bankdirektor Dr. A. Bleicher, Chemnitz, (Sächsische Staatsbank)
	Oberbürgermeister R. Holz, Zwickau
	Direktor H. Klee, Chemnitz (Wanderer AG)
	Direktor Hans Kraemer, Berlin (Reichswirtschaftsrat)
	Bankdirektor Dr. P. Marx, Berlin (Commerz- und Privatbank)
	Direktor Dr. H. Müller, Dresden

Damit der Aufsichtsrat konzentrierte und effektive Arbeit leisten konnte, setzte er als sein Organ einen Arbeitsausschuß ein, der regelmäßig jeden Monat tagte und vor allem die monatlichen Abschlüsse prüfte und auswertete.

Vorstand:	Jörgen Skafte Rasmussen (DKW) für Technik,
	Dr. Richard Bruhn (DKW) für Finanzen,
	Klaus Detlof Baron v. Oertzen (Wanderer) für Inlandvertrieb und Viertaktprogramm
	Dr. Carl Hahn (DKW) für Zweitaktprogramm
	William Werner (Horch) für Produktion

Das sind – so will es scheinen – klare Strukturen mit ebenso klarer Aufgabenverteilung. Die Mannschaft steht. Alle Aufgaben sind an kompetente Persönlichkeiten verteilt. Die Unterstützung des Staates ist gesichert. Probleme scheinen nicht anzustehen. Wichtig ist, daß die eingeführten Marken bestehen bleiben. Sie haben ihre Tradition, und die muß und soll auch weitergeführt werden. Nun unter dem Schutz und im Zeichen der Vier Ringe. Dennoch taucht hier und da die Frage auf, welche Bedeutung – im zeitgeschichtlichen Sinne – die einzelnen Werke haben. Es geht um Tradition, und es geht auch um das Ansehen. Keiner will in seiner Bedeutung hinten anstehen, und deshalb werden in den vier Kreisflächen die Firmennamen eingeprägt.

Daß es wirklich gutgegangen ist, war in ganz entscheidendem Maße einem Mann zu verdanken: Dr. Richard Bruhn. Als er 1931 an die Arbeit ging, trat er eine Aufgabe an, von der er am Anfang nicht wußte, daß einmal gesagt werden würde, sie sei seine Lebensaufgabe gewesen. Am 25. Juni 1886 in Cismar, Ostholstein, geboren, absolvierte Richard Bruhn bei der Firma Neufeld & Kuhnke in Kiel eine Lehre als Elektrotechniker und Mechaniker. 1907 tritt er in das Ingenieurbüro der AEG in Bremen als kaufmännischer Angestellter ein; 1910 wird er kaufmännischer Leiter des AEG-Büros in London. Nach dem Ersten Weltkrieg schließt Richard Bruhn erfolgreich ein Studium an der Universität Kiel ab, um im Anschluß daran als Direktor an seine ehemalige Ausbildungsstätte, die Firma Neufeld & Kuhnke, zurückzukehren.

In den zwanziger Jahren wird er Mitarbeiter von Professor Junkers im Direktorium der Junkers-Flugzeugwerke in Dessau. Für kurze Zeit folgt die Tätigkeit als Vorstandsmitglied der Pöge-Elektrizitäts-AG in Chemnitz, bevor er Ende 1930 in den Aufsichtsrat der Zschopauer Motorenwerke berufen wird.

Eigentlich war er kein Routinier, was die Sanierung von Industrieunternehmen betrifft. Er wollte es auch nicht sein. Aber: Der Mensch wächst mit seinen Aufgaben. Das setzt voraus, daß man erkennen kann, welches die vordringlichen Aufgaben sind. Als wichtig und vordringlich erkannte er, daß ein ordnendes Zusammenfügen, zugleich aber auch die Beschränkung auf das sinnvoll Mögliche, die Probleme meistern hilft.

Dr. Richter, der viele Jahre mit Dr. Richard Bruhn zusammengearbeitet hat, sagt über ihn: »Dr. Bruhn war ein Repräsentant des ehrbaren Kaufmanns seiner Generation, der sich der Tradition eines ›pater familias‹ verpflichtet fühlte, der sich aber auch der damit verbundenen Würde voll bewußt war. Das war keineswegs romantisch weiche Sentimentalität. Dieser schwerblütige Mann, der von tiefem sittlichen Ernst erfüllt war, besaß dabei ein stark ausgeprägtes Selbstbewußtsein und ein sicheres Gefühl für Anstand und Würde. Als in vorgerückter Stimmung ein ihm gesellschaftlich gleichstehendes, jüngeres Aufsichtsratsmitglied ihm das brüderliche ›Du‹ anbot, schlug ihm am nächsten Tage Dr. Bruhn brieflich vor, diese Vertraulichkeit rückgängig zu machen. Auch hier ging er den klaren, geraden Weg.

Dieser markanten Persönlichkeit, kantig nach guter Friesenart, fehlte, wo es nottat, auch Strenge und Härte nicht, die bisweilen in Kritik und im Streit der Meinungen bis zur Schroffheit gehen konnte. Doch sein klarer, grundehrlicher Charakter, dem die listige Intrige fremd war und der sie daher oft nicht erkannte, die menschliche Wärme, die von ihm ausging, gaben ihm eine starke Anziehungskraft auf alle, die ihn kannten. Äußerst sparsam – in Haus und Beruf – war er nicht ohne vorsichtiges Mißtrauen gegen Unbekanntes und Unerprobtes. So war er auch den Menschen gegenüber. Die größte Genugtuung seiner Erfolge gab ihm das Bewußtsein, mit ihnen zugleich auch seinen Mitmenschen ›Lohn und Brot‹ geschaffen und erhalten zu haben. Von dieser Menschlichkeit, die in seiner echten Religiosität ihren Grund fand, zeugen auch die freiwilligen sozialen Leistungen der Auto Union. Manche dieser Maßnahmen mögen einer späteren Generation als ›sozialer Klimbim‹ erscheinen. Aber als Dr. Bruhn sie in der schlichteren Zeit vor dem Zweiten Weltkrieg schuf, waren sie Ausdruck einer echten Familiengesinnung und wurden als solche empfunden und empfangen.«

Dr. Richard Bruhn war der ›Architekt‹ der Auto Union.

Zum 16. Juli 1932 gab die neu gegründete Auto Union erstmals Aktien aus.

VIER MARKEN EIN UNTERNEHMEN

VIER MARKEN EIN UNTERNEHMEN

Neunzehnhundertzweiunddreißig war nicht das Jahr, um Firmengründungen erfolgreich zu starten. Immerhin standen 6 Millionen Menschen ohne Arbeit auf der Straße, das gesamte Wirtschaftsleben lag darnieder, und politisch wußte man nicht, wie sich die Lage entwickeln würde. Um so erstaunlicher ist es, daß der neue Autokonzern unter der Leitung von Bruhn, Rasmussen, Hahn und von Oertzen sehr schnell Tritt faßte und von Monat zu Monat auf immer stabileren Füßen stand.

Bei einer Fusion übernimmt normalerweise der finanziell Stärkste des Unternehmens die Führung und bestimmt die Firmenstruktur nach seinen Normen. Sinn eines Firmenzusammenschlusses ist es auch, durch eine innerbetriebliche Koordinierung der Fertigung mit möglichst vielen Gleichteilen, die Kosten zu senken. Im sächsischen Automobilkonzern verliefen die Dinge etwas anders. Zwar gab es nach dem Zusammenschluß recht schnell auf dem kaufmännischen Sektor eine klare Linie, auch wurde 1936 in Chemnitz ein zentrales Konstruktionsbüro eingerichtet, doch in der Produktion hielten die einzelnen Marken an ihren Produkten fest. Dadurch blieben auch die technischen Grundkonstruktionen erhalten. DKW blieb also beim Frontantrieb und beim Zweitaktmotor und produzierte auch – wie gehabt – seine Motorradmodelle weiter. Daneben

Mit einer neuen Hauptverwaltung, die 1936 in Chemnitz bezogen wurde, dokumentierte die Auto Union auch nach außen, daß sich der junge Firmenverbund gefestigt und das Stadium einer Notgemeinschaft hinter sich gelassen hatte. Die Abbildung (links) zeigt den Haupteingang des Verwaltungsgebäudes.

wurden auch die Vierzylinder-Zweitaktmodelle mit Heckantrieb weiterentwickelt. Wanderer blieb beim Heckantrieb und dem Einbau der kurz vor der Fusion fertiggestellten Sechszylinder-Porsche-Motoren. Horch baute weiterhin seine Luxuskarossen mit Acht- und Zwölfzylinder-Motor und nur bei Audi kam es zu einem generellen Schwenk in der Technik: Man setzte hinfort auf den Frontantrieb.

Während also modellpolitisch durch die Firmengründung keine neuen Akzente gesetzt wurden, waren die Konzernstrukturen für den Verbraucher neu. Denn erstmals gab es in Deutschland ein Automobilunternehmen, welches ein volles Modellprogramm anbieten konnte: Vom einfachen zweisitzigen DKW-Meisterklasse 601 Cabriolet zum Preis von 2.495 Mark über die Komfort-Limousinen von Wanderer und Audi bis hin zum eleganten Luxuswagen von Horch zum Anschaffungspreis von 23.500 Mark. Die Auto Union war nach Opel bis in die Kriegsjahre das zweitgrößte Automobilunternehmen in Deutschland.

Der schnelle Aufschwung des jungen Unternehmens war natürlich auch auf die inzwischen eingetretene politische Situation zurückzuführen. Am 30. Januar 1933 übernahm Adolf Hitler die Macht in Deutschland, und schon wenige Tage später, am 11. Februar, wurde durch seine Rede auf der Internationalen Automobil- und Motorrad-

VIER MARKEN EIN UNTERNEHMEN

Auto Union-Umsatz von 1932-1937	
Jahr	Mio. RM
1931/32	40,0
1932/33	65,0
1933/34	116,0
1934/35	181,0
1935/36	222,0
1936/37	235,0

Auto Union-Absatz in Deutschland 1933-1938						
Marke	1933	1934	1935	1936	1937	1938
Audi	632	1.122	716	844	758	332
DKW	10.290	20.779	28.240	40.018	42.143	39.839
Horch	1.270	1.534	2.029	2.016	2.024	2.223
Wanderer	4.265	5.155	7.169	8.086	9.840	9.790
Auto Union gesamt	16.457	28.590	38.154	50.964	54.765	52.184
Marktanteil in Prozent	20,2	21,8	21,2	23,9	25,3	23,4

ausstellung deutlich, daß der ›Führer‹ die Automobilindustrie in sein strategisches Gesamtkonzept für die Wirtschaftsgesundung und die gleichzeitige Aufrüstung mit einbezogen hatte. Er versprach steuerliche Entlastungen für die Fahrzeugeigner und den großzügigen Ausbau der Straßen sowie die Förderung des Automobilsports. Die Auswirkungen der allgemeinen Aufbruchstimmung sind in der Umsatzkurve der Auto Union ablesbar. Schon von 1932/33 auf 1933/34 kann der Umsatz von 65 Mio. auf 116 Mio. Reichsmark nahezu verdoppelt werden.

Umsatzbringer waren die DKW-Produkte, also die Motorräder, Personenwagen und Einbauaggregate. Wegen ihrer Größe, technischen Konzeption und auch wegen der Holzkarosserie waren die DKW-Fahrzeuge preiswerter als die anderen Auto Union-Modelle und fuhren aufgrund ihrer Verkaufserfolge einen Großteil der Gewinne ein. Die Gewichtung der vier Marken untereinander wird durch die Verkaufszahlen in Deutschland bis 1939 deutlich. Während Audi im Durchschnitt pro Jahr nur 800 Fahrzeuge fertigte und Horch jährlich nicht wesentlich über 2.000 verkaufte Modelle kam, lag bei Wanderer das beste Verkaufsergebnis mit fast 10.000 Exemplaren 1937 noch weit unter den DKW-Verkäufen. Sie erreichten 1937 mit 42.143 Personenwagen ihren Höchststand. Ganz zu schweigen von der Motorradproduktion, die zu immer neuen Rekordergebnissen führte.

Wie stark die einst defizitären sächsischen Automobilfirmen durch den Verbund und letztlich auch durch die neue wirtschaftspolitische Situation aufblühten, wird durch die Investitionen und die Verlustrechnung deutlich. Zwar konnte im ersten Jahr des Zusammenschlusses kaum ein Überschuß erwirtschaftet werden, dann aber stiegen die Investitionen und Gewinne erstaunlich schnell und kontinuierlich.

DKW-Automobile und -Motorräder waren die wichtigsten Umsatzbringer der Auto Union. Das Bild zeigt die Auslieferung von DKW F 8-Modellen, die im Werk Zwickau gefertigt wurden.

Jahr	Investitionen in RM	Reingewinn in RM
1931/32	1.639.000	586.271,32
1932/33	1.107.000	291.595,02
1933/34	3.332.000	912.861,34
1934/35	11.299.000	1.603.326,96
1935/36	11.830.000	1.647.093,06
1936/37	12.344.000	1.607.224,55
1937/38	13.344.000	1.680.803,77
1938/39	9.867.000	1.670.302,07

AUTO UNION

Mit der erhofften Dividenden-Ausschüttung in den beiden ersten Geschäftsjahren war es allerdings nichts, da der Reingewinn zu niedrig ausfiel. 1933/34 wurden 4 Prozent Dividende gezahlt und in den Jahren bis 1939 permanent 6 Prozent, die vornehmlich von der Sächsischen Staatsbank als Großaktionär vereinnahmt wurden. Diese Bank baute nämlich ihre Position in dem Unternehmen immer weiter aus und verdrängte damit die sogenannten kleineren Aktionäre wie Banken und private Anleger.

Die Auto Union konnte auf steigende Liquidität verweisen und auch verstärkt investieren. Trotz der vertraglich festgelegten Tilgung der langfristigen Verbindlichkeiten seit 1936/37 wurden keine Bankschulden mehr ausgewiesen.

Die Auto Union kann in den dreißiger Jahren ihre Stellung als zweitgrößter deutscher Automobilhersteller kontinuierlich ausbauen. Schon drei Jahre nach ihrer Gründung, 1935, versechsfacht sie Umsatz und Belegschaft und verzehnfacht die Automobilproduktion. Am 25. Juli 1935 verlassen der 50.000 DKW Front und im Jahr darauf der 50.000 Wanderer die Werke. Im gleichen Jahr werden im DKW-Motorradwerk in Zschopau das Richtfest für einen größeren Fabrikanbau und neue Produktionsrekorde gefeiert: Im Werk Audi der Auto Union in Zwickau läuft der 100.000 DKW-Wagen seit 1928 vom Montageband, und in Zschopau steigt die monatliche Motorradproduktion auf 4.900 Stück. 1937 konnte das sächsische Automobilunternehmen mit seinen vier Marken 66.571 Autos fertigen.

Die eindrucksvollen Produktionszahlen im Personenwagenbau fanden ihre Bestätigung auf dem Zweiradsektor. Die Produktion wuchs von zirka 14.000 (1932) gefertigten Motorrädern auf rund 60.000 im Jahr 1938.

In Deutschland wurden 1938 fast 200.000 Motorräder hergestellt, ein Drittel davon kam aus dem Zschopauer DKW-Werk. Im gleichen Jahr lag die Weltproduktion bei etwa 318.000 Stück. Davon konnten wiederum 63 Prozent in Deutschland hergestellt werden. In jener Zeit war die DKW-Produktion annähernd so groß wie die aller in Großbritannien ansässigen Motorradfabriken. Auch waren die DKW-Exporte höher als die gesamte Motorrad-Produktion der Vereinigten Staaten von Nordamerika und fast so groß wie die gesamte italienische Jahresproduktion. Immerhin belegte Italien hinter Deutschland und England den dritten Platz in der Welt-Motorrad-Produktion.

Während DKW 1932 nur noch 860 Arbeiter in der Motorrad-Produktion beschäftigte und 14.000 Motorräder fertigen konnte, stieg die Produktion nach dem Zusammenschluß Jahr für Jahr deutlich an, so daß die Auto Union mit ihren DKW-Motorrädern Ende der 30er Jahre weltgrößter Motorrad-Produzent wurde.

Mitte 1928 feierte die Belegschaft die Fertigstellung des 100.000 Motorrades. 1935 war das 300.000 Motorrad fertig und am 6. Februar 1939 die halbe Million voll.

Ende der dreißiger Jahre gab es Überlegungen, eine Verkaufsgemeinschaft mit Puch einzugehen oder gar eine andere Motorradfabrik aufzukaufen, doch wurden aufgrund der guten Verkaufsergebnisse derartige Überlegungen nicht weiter verfolgt.

Alle wichtigen Bilanzdaten der Auto Union zeigen nach oben. Die Umsätze sind kontinuierlich gestiegen wie auch die Gewinne und in ganz er-

Auch in der Schweiz wurden seit 1934 DKW-Automobile gefertigt. Produzent war die Firma Holka in Altstätten. Das Foto zeigt die Fertig-Montage eines DKW F 7 Reichsklasse in Altstätten.

Jahr	Motorrad-Produktion
1932	14.206
1933	11.922
1934	25.149
1935	39.458
1936	49.477
1937	58.152
1938	59.207
1939	67.084
1940	39.408
Motorräder insgesamt	364.063

heblichem Maße die Anzahl der Beschäftigten. 1932 sind es nur 4.500 Mitarbeiter, 1938 rund 23.000. Im gleichen Zeitraum steigt die Automobilproduktion von 7.240 Fahrzeugen auf 67.108. Das Unternehmen war also in allen Bereichen im Aufwind, bis der Krieg die Weichen anders stellte.

DAS EXPORTGESCHÄFT WIRD AUSGEBAUT

Gleich nach der Fusion wurde der Auslandsvertrieb zentralisiert und zweigleisig aufgebaut: Eine Exportabteilung – zunächst in Zschopau und später in Chemnitz – bearbeitete das Zweitakter-Programm von DKW, eine weitere betreute von Berlin aus die Marken Horch, Audi und Wanderer.

Dr. Bruhn hatte, weitsichtig wie immer, sein besonderes Interesse dem lukrativen Exportgeschäft zugewandt.

Dem Geschäftsbericht von 1931/32 zufolge sind 1.428 Motorräder und 480 Personenwagen aller vier Marken in verschiedene Länder exportiert worden. Diese Ergebnisse wurden 1934/35 bei den Motorrädern durch eine Stückzahl von 2.611 fast verdoppelt, bei den Automobilen hatte sich der Export mit 4.485 Fahrzeugen sogar verzehnfacht.

Die für Europa und die Überseemärkte vorliegenden Exportunterlagen sind unvollständig. Sicher aber ist, daß nach dem Geschäftsbericht von 1936/37 die stückmäßige Steigerung bei den Automobilen gegenüber dem Vorjahr 60 Prozent und bei den Motorrädern sogar 93 Prozent betrug.

Daraus läßt sich die Erhöhung des Ausfuhranteils am Gesamtumsatz für 1936/37 berechnen: Er stieg von 17,5 auf 26 Millionen Reichsmark, und für das Rechnungsjahr 1937/38 auf 37,7 Millionen Reichsmark. Einschließlich der beiden ersten Kriegsmonate sind im Geschäftsjahr 1938/39 15.581 Automobile, 14.142 Motorräder und 2.895 Motoren für über 30 Millionen Reichsmark exportiert worden. Das ist eine stetige Aufwärtsentwicklung, die um so beachtlicher ist, da ab 1937 starke Widerstände gegen den deutschen Export spürbar wurden.

Die Exportorganisation ist in verschiedenen Ländern ständig weiter ausgebaut worden. Ende 1938 umfaßte sie 111 Großhändler für Motorräder, 96 Großhändler für DKW-Wagen und 67 Großhändler für die Horch-, Audi- und Wanderer-Automobile. Bis 1938 waren 11 Auto Union-Mitarbeiter zur Betreuung der Händler in wichtigen Absatzgebieten stationiert. Durch Entsendung firmeneigener Fachkräfte zu den Vertretungen in Europa und Übersee wurde das Kundendienstnetz ausgebaut. Selbstverständlich wurden nur speziell für den Auslandsdienst ausgebildete Fachkräfte eingesetzt. An den Ausbildungskursen für Monteure und Geschäftsfreunde haben in den Jahren 1937 und 1938 etwa 280 Fachkräfte teilgenommen.

Um Einfuhrbeschränkungen des DKW Front in die Schweiz zu umgehen, schließt der DKW-Generalverteter 1935 in Zürich einen Vertrag mit der Holka AG, Altstätten. Dort werden die Holzkarosserien für die aus Deutschland angelieferten Fahr-

Die Bilanz einer erfolgreichen Firmenpolitik							
	1933	1934	1935	1936	1937	1938	1939
Automobil-Produktion	17.458	30.004	42.639	57.314	66.571	67.108	–
Automobil-Export	1.000	1.415	4.485	6.350	11.806	14.939	15.581
Motorrad-Produktion	11.922	25.149	39.458	49.477	58.152	59.207	67.084
Belegschaft	7.907	13.114	16.555	20.636	21.498	23.164	24.889
Gewinn in Mio. RM	0,29	0,91	1,60	1,65	1,61	1,68	1,67
Löhne u. Gehälter in Mio. RM	14,4	23,7	35,7	46,0	52,4	57,6	62,8
Umsatz in Mio. RM	65	116	181	222	235	276	273
Investitionen in Mio. RM	1,1	3,3	11,3	11,8	12,3	13,3	9,9

gestelle und Motoren gefertigt. Die Schweizer Produktion lief am 1. März 1935 mit dem DKW F 4 an. Nur vier Monate später wurde bereits der hundertste Holka-DKW fertiggestellt. Die Herstellung selbst erfolgte nach dem in Deutschland üblichen Verfahren, die Karosserie bestand also aus einem Holzgerippe.

1936 folgte dem F 4 das verbesserte DKW-Modell F 5. Anstelle des witterungsempfindlichen Kunstlederüberzugs wurde der F 5 in der Schweiz jedoch mit beständigerem Blech überzogen. Vom F 5 wurden in der Schweiz die Limousine und die viersitzige Cabrio-Limousine gefertigt. Auch die jeweils neuen DKW-Modelle F 7 und F 8 (1939) liefen in der Schweiz vom Band. Anläßlich der Landesausstellung in Zürich 1939 kreierte die Holka AG ein leicht modifiziertes F 8-Modell unter der Bezeichnung Landi. Selbst im Krieg konnten noch einige wenige DKW-Fahrzeuge fertiggestellt werden, so daß die Holka AG bis einschließlich 1941 auf eine Gesamtproduktion von 1.674 DKW-Frontwagen zurückschauen konnte.

Produziert wurde auch in Prag, und zwar gab es ein Lizenzabkommen mit der Waffenfabrik Janecek (Jawa), die schon 1929 die Produktion von Wanderer-Motorrädern übernommen hatte.

Die 1932 aufgenommenen Verhandlungen zum Bau von Auto Union-Automobilen in Prag führten schließlich am 20. Juli 1933 zu einem Abkommen: Die Auto Union erteilt Janecek die Lizenz zum ausschließlichen Bau und Vertrieb der DKW-Meisterklasse 701 vom Typ F 2. Außerdem erhielt der Prager Unternehmer das Recht, diese Wagen nach Polen und in alle Balkanländer zu exportieren. Als einmalige Abfindung hierfür zahlte Janecek der Auto Union 400.000 Kronen. Das entsprach etwa einer Summe von 133,00 RM pro Wagen, was als durchaus angemessen gelten konnte. Die Dauer der Lizenz war auf fünf Jahre festgelegt. Danach war die Produktion freigegeben.

Mit viel Optimismus nahm Janecek im Frühjahr 1934 die Produktion des Jawa 700 auf. Ende Mai kamen die ersten Wagen dieses Typs zur Auslieferung. Der Jawa 700 entsprach anfänglich ganz und gar der DKW Meisterklasse 701 Cabrio-Limousine vom Typ F 2, sieht man einmal von einer mechanischen Anwerfrolle auf dem Kurbelwellenzapfen des Motors ab, die vom Fahrersitz mittels eines Hebels betätigt werden konnte. So bestand die Möglichkeit, den Motor auch unabhängig von der Dynastartanlage in Gang zu setzen.

Motor und Fahrgestell des Jawa 700 wurden in Prag hergestellt, die Karosserie entstand im Karosseriewerk Solnice, wo auch die Endmontage vorgenommen wurde.

In einer Weiterentwicklung erhielt der Jawa 700 eine neu entwickelte Karosserie mit schräg abfallendem Heck und war dann auch als Limousine, Kombi und in geringer Stückzahl als offener Zweisitzer erhältlich.

Am 25. Juni 1937 teilte Janecek der Auto Union mit, daß er noch im gleichen Jahr die DKW-Lizenzproduktion aufgeben wolle, nachdem es der Jawa 700 auf eine Stückzahl von 1.002 Wagen gebracht hatte. Bei dem Nachfolger des Jawa-DKW handelte es sich um eine Eigenkonstruktion der Prager Waffenfabrik, welche unter dem Namen Jawa Minor angeboten wurde. Beibehalten hatte man allerdings den zuverlässigen Zweizylinder-Zweitaktmotor, der jetzt aber im Gegensatz zum DKW in Längsrichtung eingebaut und mit einem separaten Getriebe verblockt war.

Im Gegensatz zu den DKW-Modellen aus deutscher Produktion, wurden die Karosserien der Schweizer DKW-Modelle seit 1935 aus Holz und Stahl gefertigt. Man nagelte einfach die Karosseriebleche auf das Holzgerippe und verschweißte die Bleche anschließend.

Mit Janecek schied ein großzügiger und korrekter Lizenznehmer aus. Zu bemerken ist, daß er zusätzlich, ohne dazu verpflichtet gewesen zu sein, an Adolf Schnürle für sein Patent auf die Umkehrspülung 0,5 RM pro Zylinder gezahlt hat. Dabei hatte er berücksichtigt, daß Schnürle in der CSSR keinen Patentschutz besaß. Die Hälfte dieses Betrages führte Schnürle wiederum an die Auto Union ab.

Im gleichen Jahr nahm eine weitere Montagefabrik für DKW-Automobile im Ausland ihre Arbeit auf. Es war dies die Bohnstedt Petersen A/S in Kopenhagen, gleichzeitig Generalimporteur für Auto Union-Erzeugnisse in Dänemark. In einer stillgelegten Maschinenschlosserei in der Sundkrogsgade im Hafen von Kopenhagen wurden in den Jahren von 1934 bis 1939 etwa 20.000 DKW Front Automobile der Typen Reichs- und Meisterklasse montiert. Im Gegensatz zur Janecek-Lizenzfertigung in der Tschechoslowakei wurden jedoch die Fahrgestelle, Motoren und Karosserie-Blechteile für die dänische Produktion aus Deutschland bezogen. Dennoch wurden etwa 50 Prozent der erforderlichen Teile in Dänemark selbst hergestellt. Dies betraf insbesondere die Karosserie, die in einer Karosseriefabrik in Jütland gefertigt wurde. Zur Zeit der höchsten Auslastung wurden in Kopenhagen bis zu 20 Wagen pro Tag fertiggestellt, seit 1938 auch die Exportversion der DKW Meisterklasse mit Stahlaufbau. Von diesem Typ wurden auch noch 1946 etwa 200 Wagen unter der Bezeichnung DKW F 8 Super montiert.

Von besonderer Bedeutung für den Export waren die fünf firmeneigenen Stützpunkte in Übersee: Südafrika, Brasilien, Britisch Indien, Ägypten und Australien. Der Stützpunkt Brasilien war eine selbständige Gesellschaft, die am 2. August 1935 mit einem Kapital von 100.000 Milreis als ›Auto Union Brasil Ltda. Rio de Janeiro‹ gegründet worden ist. Mit 100 Prozent war die Auto Union an dieser Gesellschaft beteiligt. Am 19. Dezember 1936 wurde die ›Auto Union South Africa (Pty) Ltd. Johannesburg‹ mit einem Kapital von 2.000 Pfund gegründet, das von der Auto Union zu 100 Prozent gehalten wurde.

Fritz Trump, Jahrgang 1902, schildert 1983 seinen Export-Einsatz für die Auto Union: »Der Stein des Anstoßes, sozusagen, war ich nach meiner Rückkehr aus British India, wo ich als Filialleiter für die Continental in Lahore und Bombay Himmel und Hölle in Bewegung gesetzt hatte, um deutsche Automobile nach British India, Burma und Ceylon ›and further East‹ zu bringen. Bei diesem Unterfangen hatte ich die große Unterstützung eines gleichgesinnten guten Freundes, nämlich des damaligen Managers der Allianz in Bombay, namens C. O. Pape, der sehr bald danach auch noch der Schwiegersohn des allmächtigen Generaldirektors der Allianz, Dr. jur. Schmitt, wurde. Pape selbst machte danach eine große Karriere im Allianz-Konzern.

Pape und ich hatten große Mühen, die deutsche Automobilindustrie für den Übersee-Export zu interessieren. Diese Bemühungen zweier Indien-Deutscher hätten zu nichts geführt, wenn nicht Dr. Schmitt eingegriffen hätte, der inzwischen Wirtschaftsminister geworden war. Das Dritte Reich brauchte für seine diversen Großprojekte unbedingt große Mengen von Bardevisen. Diese konnte man beispielsweise von Indien in fast unbegrenzter Menge gegen Exporte beziehen.

Vom Ministerbüro wurde nun die Reichsstelle für Außenhandel eingeschaltet, wo ein Konsul Ulrich die Leitung hatte, den ich bestens kannte. Eines Tages fragte mich Konsul Ulrich: ›Mit welcher Fabrik sind Sie mit Ihren Verhandlungen am wei-

In Prag fertigte die Firma Janecek seit 1934 in Lizenz DKW-Modelle wie diesen Jawa 700 auf DKW F 2-Fahrgestell mit einer speziellen Roadster-Karosserie.

testen gekommen?‹, worauf ich offen antworten konnte, daß es die Auto Union sei und daß deren Generaldirektor als einziger Interesse für den Automobilexport gezeigt habe und Mercedes und Adler absolut nicht in Frage kämen.

Es wurde nun auf dem Dienstwege der Wunsch für eine Besprechung zwischen dem Leiter der Reichsstelle für den Außenhandel, Konsul Ulrich und dem Vorstand der Auto Union in Gang gebracht mit dem Ziel, den Export der Auto Union-Erzeugnisse bevorzugt anzukurbeln, und zwar besonders nach Indien wegen der von dort zu erwartenden Bardevisen, die von anderen Ländern kaum noch zu haben waren. Diese Sitzung fand in Zschopau unter dem Vorsitz von Dr. Bruhn Ende 1933, Anfang 1934 statt. Dabei anwesend waren: von Oertzen, Baumbach, Krieger, Astheimer, Mueller, Ulderop, Erdmann und natürlich ich auch. Konsul Ulrich erhielt von Dr. Bruhn die Zusicherung, daß der Indien- und Fernost-Export schnellstens angepackt wird und daß auch andere Märkte des Übersee-Exports zielbewußt in Angriff genommen würden.

Bei der Auto Union begann zielbewußt die Entwicklung der Export-Organisation, denn bis dahin hatten weder DKW noch Wanderer jemanden in den Export-Ländern. Nur Horch hatte einen Herrn Burde unterwegs, den Baumbach für Horch engagiert hatte und der den Balkan bereiste und auch Ägypten, alles aber von Zwickau aus, sozusagen als Reisender.

Ich hatte seinerzeit zur Bedingung gemacht, daß mir eine umfassende Werksausbildung zuteil wurde, und zwar in Zschopau, Siegmar, Zwickau und Spandau, und daß mir ein Werksmonteur beigegeben wurde, den ich mir selbst auswählen durfte. Der Monteur hieß Pahner. Er war der beste Mann, der mir je begegnet ist. Außerdem bestand ich auf Mitnahme der Vorführwagen DKW, Wanderer und Horch sowie aller Motorradmodelle. Einen Audi habe ich nicht mitgenommen, weil dieses Fahrzeug nicht mit Rechtslenkung gebaut werden konnte. Natürlich nahmen wir auch Spezialwerkzeuge für alle Marken und eine komplette Werkstattausrüstung mit.

1932 exportierte die Auto Union knapp 2.000 Automobile, 1938 waren es rund 30.000. Im Lübecker Hafen wurden die Autos, wie hier der DKW F 8, für die skandinavischen Länder verschifft.

Nach umfassender technischer Ausbildung und einer Reihe ausgedehnter Waldspaziergänge und vielen Instruktionsgesprächen mit Dr. Bruhn in Zschopau wurde der Sache auch ein Name gegeben, nämlich ›Indien-Expedition‹. Unter diesem Namen segelte das Unternehmen bis zum Krieg.

Der Farmerwagen, ein Wanderer W 23 mit Spezialaufbau, wurde für den Export in Kolonialländer entwickelt.

VIER MARKEN EIN UNTERNEHMEN

In Budapest hatte die Auto Union ein größeres Auslieferungslager für ihre Automobile.

Nach mir ging Mitte 1935 Zimmermann nach Johannesburg, der bis dahin Wanderer-Verkaufsleiter war, und kurz danach Dreissen als sein Assistent. Es folgten 1935/36 Joachim Schmitt nach Südamerika als Factory Representative und Krug nach Rio. Er war vorher DKW-Verkaufsleiter in der Berliner Filiale. 1936 wurden Wolfgang Hermann und Fürst, beide viele Jahre bei Horch, bei Henlys in London untergebracht. Ungefähr zu dieser Zeit wurde übrigens Steffen nach Schweden entsandt. Das dürfte damals die ganze Exportmannschaft gewesen sein.

Ohne Übertreibung kann gesagt werden, daß das vom Wirtschaftsministerium in Gang gebrachte Gespräch des Konsul Ulrich mit dem Vorstand der Auto Union die Räder für den Export nach allen Ländern in Bewegung gebracht hat. Und es ist ja auch etwas daraus geworden. Bei dieser Gelegenheit verdient es auch unbedingt erwähnt zu werden, daß Dr. Bruhn nicht nur betont exportfreudig war, sondern daß er diese große Export-Organisation auch menschlich zum Schutz rassisch verfolgter Angehöriger der Auto Union mit sehr gutem Erfolg hat einschalten können, wie beispielsweise von Hermann und Frau sowie Fürst nach England und dann drei Personen, deren Namen mir entfallen sind. Hinzu kommt die ›In-Schutz-Nahme‹ des Herrn Voss (Filialleiter Berlin) und dessen Frau. Dazu zählen auch Detlof von Oertzen und seine jüdische Frau.«

Für den 94jährigen Detlof von Oertzen sind die Zeiten im Exportgeschäft der Auto Union noch recht lebendig: »Als ich die Auto Union verließ, bin ich über Indien nach Australien gegangen. Trump saß als Filialleiter in Indien für die Auto Union. Ich war offiziell Exportchef des gesamten Konzerns für Fernost und alles, was dazwischen lag: Afrika, Australien, Neuseeland und noch mehr.

Das mit dem Exportgedanken war Bruhns Idee. Ich habe das dann alles gemacht mit einigen Erfolgen. Wir haben besonders in Australien, wo ich mich festgehakt hatte, in den zwei Jahren von 1937 bis 1939 gut verkauft. Ich war da nur als freier Mitarbeiter tätig, weil man sich von seiten der Auto Union nicht wieder mit der Gestapo in die Haare kriegen wollte. Nicht, daß die auf den

Gedanken kämen: Wir wollen den Kerl (von Oertzen) loswerden und die Auto Union gibt ihm einen festen Job. Ich kriegte damals drei Prozent Provision. Aus der Traum. Aber mit den drei Prozent habe ich dennoch ein kleines, hübsches Vermögen gemacht.

Ich fuhr damals mit einem Wanderer-Wagen von Cornwall nach Pula zusammen mit Trump. Nun muß man die Straßen kennen in Australien. Die bestehen eigentlich nur aus einer großen Anzahl von Löchern. Und als wir in Pula ankamen, war nur noch das halbe Automobil da. Ich habe deshalb die gesamten einundzwanzig Wagen, die aus Chemnitz kamen, zurückgeschickt. Hoffnungslos. Es war kein Auto, das wir verkaufen konnten. Dr. Bruhn hat daraufhin einen Riesenkrach mit Porsche gemacht, der ja die Motoren für die Wanderer-Modelle von 1933 – 1936 entwickelt hatte. Porsche hat mir das dann sehr übelgenommen, weil ich die Wagen ja zurückgeschickt hatte.

Die Auto Union-Wagen durften nicht eingeführt werden. Die Autos mußten also unter allen Umständen in Australien gebaut werden. Es durften auch keine kompletten Chassis rübergebracht werden. Die mußten auch im Lande aus den verschiedenen Einzelteilen zusammengebaut werden. Wir haben eine Stahlkarosserie für DKW in Melbourne gebaut. Um das wiederum bewerkstelligen zu können, haben wir eine große Fabrik für die Auto Union gebaut. Ich stecke mir heute noch eine Feder dafür an den Hut, daß ich die Australier dazu bekommen habe, ihr Geld zu riskieren und für mich eine Karosserie- und Montagefabrik zu bauen, mit allen großen Werkzeugmaschinen und Pressen. Im ersten Jahr habe ich in Melbourne 2.000 Wagen gebaut.«

Im australischen Melbourne wurden die DKW-Automobile von der ›Regent Motors Ltd‹ gefertigt. Die Fahrgestellteile, Motoren und einzelne Karosserieteile kamen, wie auch bei anderen Fertigungsstellen im Ausland, aus Deutschland. Die Karosserien wiederum wurden direkt in Melbourne hergestellt und wiesen gegenüber den Originalen aus Sachsen leichte Veränderungen auf.

Von Regent Motors im australischen Melbourne wurde unter anderem dieser DKW F 7 produziert.

Im Programm waren neben einer Limousine auch ein Lieferwagen mit Kasten- und Pritschenaufbau sowie ein offener Tourenwagen. Als 1939 die Antipathie der Australier gegen deutsche Produkte als Folge der Kriegsvorbereitungen wuchs, änderte man den Produktnamen DKW und verwendete für die letzte Serie des F 8 Frontwagens die Initialen von ›Regent Motors‹. Aus dem DKW Front wurde der RM 8 (8 = Steuer-PS).

Eine noch vor Kriegsbeginn in Deutschland verschiffte Ladung von etlichen DKW-Fahrgestellen hat Melbourne nie erreicht. Die Ladung soll angeblich vor der Küste von Melbourne versenkt worden sein.

Die gut angelaufenen Export- und Auslandgeschäfte sind durch den Zweiten Weltkrieg zunichte gemacht worden. Die Auto Union war – wie übrigens die gesamte deutsche Automobilindustrie – in ihren Exportentscheidungen von vornherein von wirtschaftspolitischen Entwicklungen abhängig; denn die heimischen Rohstoffquellen waren viel zu gering, und deshalb mußten sie durch ausländische Rohstoffe ergänzt werden. Solche Importe kosteten natürlich Devisen, die – ohnehin schon recht dürftig – durch die kolossalen Rüstungsanstrengungen der Nationalsozialisten bald aufgebraucht waren. Es ließ sich ohne Schwierigkeiten ausrechnen, daß der Umfang der Einfuhr in besonders starkem Maße vom Exportvolumen abhängig war. Und weil ›das Reich‹ mit aller Gewalt die Kriegsvorbereitungen auf breiter Ebene und im größtmöglichen Umfang sichern wollte, verkündete der damals zuständige Reichswirtschaftsminister Schacht am 24. September 1934 eine Initiative, die er ›Neuer Plan‹ nannte. Damit sollte eigentlich kaschiert werden, daß Planung im Dritten Reich immer gleichzusetzen ist mit Lenkung. So sollten denn auch in diesem Falle der Import und Export ausschließlich unter rüstungswirtschaftlichen Gesichtspunkten gelenkt und überwacht werden. Die Überwachung war selbstverständlich in jeder nationalsozialistischen Planung mit inbegriffen.

Allein der sogenannte Überwachungsapparat war ein bürokratisches Monster: Insgesamt wurden 27 Prüfungs- und 85 Vorprüfungsstellen installiert. Doch nicht genug damit: Auch andere Institutionen waren emsig bemüht, auf den Export insgesamt einzuwirken.

Im ›Capitol‹ am Berliner Zoo besaß die Auto Union einen repräsentativen Ausstellungs- und Verkaufsraum.

Die Entmündigung der deutschen Kraftfahrzeugindustrie hinsichtlich ihrer Exportbestrebungen durch die Bürokratie wird auch schon durch die Anzahl der am Export beteiligten Dienststellen deutlich:

1. Abteilung E, II, Länderreferenten des Reichswirtschaftsministeriums,
2. Prüfstelle für den Bereich Wirtschaftsgruppe Fahrzeugindustrie,
3. Auslandsorganisation der NSDAP,
4. Reichsstelle für Devisenbewirtschaftung,
5. Außenhandelsgruppe Vierjahresplan,
6. Zahlreiche Rohstoff-Überwachungsstellen,
7. Reichsstelle für Außenhandel,
8. Auswärtiges Amt,
9. Wirtschaftsgruppe Fahrzeugindustrie,
10. Reichsgruppe Industrie.

Es ist klar, daß die Repräsentanten dieser Administration im Kompetenzgerangel untergingen. Rettender Strohhalm sollte die ›Exportgemeinschaft der Deutschen Automobilindustrie‹ sein, in der sich die Hauptexporteure wie etwa Daimler-Benz, Auto Union, Hanomag, Maybach, Adler, Büssing, Krupp, Henschel, Framo und andere zusammengeschlossen hatten. Die Strategie dieser Firmen war ebenso klar wie logisch: Sie richteten ihr besonderes Augenmerk auf diejenigen Länder, in denen solche Rohstoffe vorhanden waren, die dringend benötigt wurden. So ist es verständlich, daß die Auto Union, die ihren Export ja erst aufbauen mußte, ihr Augenmerk auf die Hauptausfuhrgebiete richtete. Von Bedeutung waren Schweden (Erz), Holland (Kautschuk), Südafrika (Wolle, Kupfer) und der Balkan (Kraftstoff).

Wegen der starken amerikanischen Konkurrenz mußten die deutschen Fahrzeuge weit unter den Preisen abgesetzt werden, wie sie im Inland üblich waren. Das riß natürlich erhebliche Löcher in die Bilanzen der Firmen. Diese Verluste sollten durch überhöhte Inlandpreise ausgeglichen werden.

Inland- und Auslandgeschäfte waren eng miteinander verflochten: Wer seinen Marktanteil im Inland steigern wollte, war von höheren Rohstoffkontingenten abhängig. Um diese erlangen zu können, mußten Materialprämien für gesteigerten Export errungen werden. Ein Teufelskreis also: Um überhaupt den Export zu ermöglichen, war ein hoher Inlandabsatz erforderlich.

Export-Umsatzerlöse und Anzahl der exportierten Auto Union-Fahrzeuge			
Jahr	Umsatz in Mio. RM	Auto Union-Automobile	DKW-Motorräder
1932	–	480	1.428
1933	4,70	1.000	743
1934	9,58	1.415	568
1935	17,02	4.485	2.611
1936	27,60	6.350	5.896
1937	37,73	11.806	11.367
1938	37,81	14.939	15.170
1939	–	15.581	14.142

In Freiburg im Breisgau wurde zur besseren Versorgung des süddeutschen Raumes mit Auto Union-Automobilen eine firmeneigene Filiale eingerichtet.

DER VERTRIEB WIRD UMSTRUKTURIERT

Von großer Bedeutung für den Erfolg des neuen Firmenverbundes war, neben einer sinnvollen Eingliederung der bisher selbständigen vier Automobilfirmen in einen Gesamtkonzern, die Neuordnung des Vertriebs- und Händlernetzes. Da jede der vier einzelnen Automobilfirmen ein eigenes Händlernetz und einen eigenen Vertrieb hatte, war es erforderlich, diese nunmehr unter einem Dach und einem einheitlichen Erscheinungsbild zusammenzufassen. Dabei ergaben sich zwangsläufig viele Probleme, denn die meisten Automobil- und Motorrad-Händler boten, bedingt durch die relativ geringen Verkaufszahlen, Modelle der verschiedensten Automobil-Marken an.

Mancher Horch-Händler verkaufte gleichzeitig Opel, Citroën, AGA und Brennabor oder es gab Wanderer-Händler, die auch Mercedes-, Adler- und Stoewer-Wagen anboten. Da die meisten Händler ohnehin bindende Verträge mit anderen Automobilfirmen hatten und außerdem äußerst reserviert der neuen Auto Union gegenüber agierten, blieben zunächst viele bei ihrem angestammten Vertriebsprogramm, so daß neben den Auto Union-Modellen weiterhin auch Fremdfabrikate verkauft wurden. Allerdings war die Auto

Die Nürnberger Filiale der Auto Union verfügte über eine großzügige Reparaturhalle.

Union bemüht, ihre starken Händler mehr und mehr auf die eigenen Produkte einzuschwören, damit zumindest die direkten Konkurrenzprodukte aus dem Verkaufs-Programm genommen wurden.

Mit wachsendem Umsatz der Auto Union lösten sich manche Probleme von selbst, denn den Händlern konnte in verstärktem Maße eine solide Modell-Basis geboten werden, so daß sie nicht mehr auf das Programm der anderen Automobil- und Motorradfirmen angewiesen waren. Das neu erstarkte Selbstbewußtsein drückte sich auch in klaren Richtlinien für die Händler-Werbung aus: Die vier Markenzeichen (Audi, DKW, Horch, Wanderer) und die Vier Ringe durften nicht mehr in Zusammenhang mit den Fremdfabrikaten gebracht werden.

Neben dem Händlernetz hatte die Auto Union auch ein eigenes Filialnetz, das vornehmlich aus den ehemaligen Horch-Dependancen bestand. Denn Audi hatte schon Ende der 20er Jahre seinen Filialbetrieb aufgegeben und DKW besaß nur in Berlin eine Filiale, während Wanderer zusätzlich noch in den Städten Chemnitz und München vertreten war. Horch war dagegen in immerhin neun deutschen Städten präsent. Alle diese Filialen wurden in die neue Auto Union AG eingebracht, doch sollten sie im Zuge der Neuorganisation nicht bei der Aktiengesellschaft verbleiben.

Die ehemaligen Berliner Filialen von Horch, DKW und Wanderer wurden mit Wirkung vom 1. April 1933 zusammengelegt wie auch die Mün-

AUTO UNION

chener Filialen von Horch und Wanderer. In Breslau und Köln wurden die Horch-Filialen dagegen ganz aufgegeben, so daß die Auto Union Mitte 1933 im Deutschen Reich in folgenden Städten eigene Filialen betrieb: Berlin, Chemnitz (im Wanderer Automobilwerk Siegmar), Frankfurt am Main, Freiburg, Hannover, Leipzig, München, Nürnberg und Stettin.

Mit dem Gründungstag der Auto Union AG am 29. Juni 1932 wurde gleichzeitig eine zweite Gesellschaft gegründet, und zwar die ›Auto Union Filialen GmbH‹ mit Sitz in Chemnitz. Rein rechtlich war diese GmbH eine von der Auto Union AG unabhängige Firma. Als Gesellschafter fungierten Rechtsanwalt Dr. Barthold und die in Marienberg ansässige Industrieverwaltungs- und Treuhand-Gesellschaft mbH (IVT).

Die IVT war, wie bereits erwähnt, bei dem Gründungsakt der Auto Union AG in Erscheinung getreten, und hatte aus bilanztechnischen Gründen einige Firmenteile der Zschopauer Motorenwerke in treuhänderische Verwaltung genommen, um damit wiederum die DKW-Gesamtbilanz zu entlasten.

Das Stammkapital der Auto Union Filialen GmbH belief sich auf 300.000 RM, von denen 200.000 RM von der IVT und 100.000 RM von Dr. Barthold gehalten wurden. Das gesamte Gesellschaftskapital stellte die Sächsische Staatsbank zur Verfügung, ebenso wie den Kredit in Höhe von 2,6 Millionen Reichsmark, welcher der Filialen GmbH den Start ermöglichen sollte. Die Absicherung dieses Kredits erfolgte durch Bestände an Fahrzeugen und Ersatzteilen, die von der Auto Union AG offiziell gekauft wurden.

In einem Organvertrag zwischen der Auto Union AG und der Auto Union Filialen GmbH wurde festgelegt, daß die Aktiengesellschaft uneingeschränkte Weisungsbefugnis bezüglich der Geschäftsführung der Filialen GmbH hatte.

Der Start der neuen Auto Union Filialen GmbH verlief nicht ohne Probleme, galt es doch, die vorhandenen, auf Halde liegenden Bestände an älteren Modellen zu verkaufen. In einer Aktennotiz vom 23. November 1932 wird ein Be-

Karl Nitsche war von 1933 bis 1945 Geschäftsführer der Auto Union Filialen GmbH.

Der Münchener Ausstellungsraum am Odeonplatz präsentierte eine breite Palette von Auto Union-Modellen.

stand von 39 älteren Horch-, 15 Wanderer-, 17 Audi- und 81 DKW-Wagen aufgeführt. Hinzu kamen eine Vielzahl in Zahlung genommener Gebrauchtwagen.

Zusätzlich wurden natürlich Fahrzeuge aus der laufenden Produktion an die Filialen GmbH überstellt, deren Bestand sich zum 23. November 1932 auf 10 Audi-, 130 DKW-, 50 Horch- und 80 Wanderer-Automobile im Gesamtwert von 1,093 Millionen Reichsmark belief. Hinzu kamen Ersatzteile im Wert von rund 500.000 Reichsmark.

Die Höhe der auf Halde liegenden Werte mag auf den ersten Blick für ein Unternehmen in der Größenordnung der Auto Union als eher unbedeutend erscheinen. Man darf aber nicht vergessen, daß die negativen Auswirkungen der Weltwirtschaftskrise zu jenem Zeitpunkt noch keineswegs ausgestanden waren und der Markt noch längst nicht die für ein positives Ergebnis erforderliche Aufnahmefähigkeit besaß.

Um dennoch ›schwarze Zahlen‹ bei der Auto Union schreiben zu können, erwies sich die Filialen GmbH als besonders sinnvolle Einrichtung. Sie nämlich übernahm die noch unverkauften Bestände an Alt- und Neufahrzeugen auf eigene Rechnung, so daß in der Bilanz der Auto Union AG ein positives Ergebnis verbucht werden konnte. Immerhin war die Filialen GmbH ein eigenständiges Unternehmen und stand nicht so sehr

In der Eingangshalle der Chemnitzer Hauptverwaltung konnte man sich einen Überblick über das große Modellprogramm der Auto Union verschaffen.

im Rampenlicht wie die Auto Union, deren Aktivität nach der Gründung von vielen Seiten argwöhnisch beobachtet wurde. Die Geschäfte der Auto Union Filialen GmbH wurden anfänglich vom Werk Horch in Zwickau aus geleitet, im Frühjahr 1933 verlegte man die Geschäfte in die Hauptverwaltung der Auto Union in Zschopau.

Dem Geschäftsführer Georg Ostermayer, einem ehemaligen Vorstandsmitglied der Horch-Werke, folgte am 1. September 1933 Karl Nitsche, der die Geschäftsführung bis zum Kriegsende 1945 leitete. Karl Nitsche kam von der Sächsischen Staatsbank und war zuvor Leiter des Zentralbüros für die Fusion der vier sächsischen Automobilfirmen.

Im Januar 1936 gab die IVT ihre Filialen-Gesellschaftsanteile an die Industrie und Verkehrs AG Dresden ab, die sie nur ein Jahr später, im Februar 1937, an die Auto Union AG verkaufte, so daß die Filialen GmbH eine reine Tochtergesellschaft des Konzerns wurde.

EINE NEUE HAUPTVERWALTUNG

Obwohl die neu gegründete Auto Union Aktiengesellschaft offiziell mit Sitz in Chemnitz im dortigen Handelsregister eingetragen war, befand sich die Hauptverwaltung des neuen Unternehmens zunächst im Verwaltungsgebäude der Zschopauer Motorenwerke (DKW). In Chemnitz selbst stand nämlich kein geeignetes Gebäude zur Verfügung und einen Neubau konnte sich die junge Auto Union wegen der angespannten Finanzlage nicht leisten. Zum anderen liefen im Zentralbüro des Zschopauer DKW-Werkes ohnehin die Fäden der langwierigen Fusionsverhandlungen zusammen. Hinzu kam natürlich, daß sich Rasmussen, der ja neben Bruhn entscheidenden Anteil an der Gründung der Auto Union hatte, mit dem Sitz der Hauptverwaltung in seinem ehemaligen Zschopauer Werk einen größeren Einfluß auf die Geschicke des jungen Firmenverbandes sichern konnte.

AUTO UNION

Schon bald nach dem Firmenzusammenschluß wurde jedoch allen Beteiligten klar, daß der Verwaltungssitz in Zschopau für das wachsende Unternehmen nicht ausreiche und nur eine Übergangslösung sein konnte. Mit der Konsolidierung des neuen Unternehmens, einhergehend mit einem ständigen Ausbau der Produktion, wurde der Ausbau einer schlagkräftigen Zentrale immer akuter.

1935 erwarb die Auto Union das 135.000 Quadratmeter große Betriebsgelände mit dem Verwaltungsgebäude der ehemaligen Presto-Werke (Fahrrad- und Automobilbau) in Chemnitz. Diese waren schon 1927 von der Berliner NAG (Nationale Automobil Gesellschaft) übernommen worden, die ihrerseits wiederum 1934 aufgeben mußte. Und da nur die Lastkraftwagensparte von Büssing übernommen wurde, konnte die Auto Union das ehemalige Presto-Betriebsgelände erwerben.

Die Eröffnung der Auto Union-Hauptverwaltung wird am 23. Juni 1936 mit einer großen Festveranstaltung gefeiert und in einer Festschrift mit pathetischen Worten gewürdigt: »Keine prunkende Fassade schreit den Vorübergehenden an: Schau her, hier bin ich, das Zentralverwaltungsgebäude der Auto Union. Wir haben es verlernt, unseren Häusern wie in den Gründerjahren schon außen den Lorbeer umzuhängen, den wir uns in ihnen erst verdienen wollen. Dazu waren die Jahre, die hinter uns liegen, zu schwer..... Roter Sandstein hebt das große Portal aus dem Weiß der Fassade heraus. Im Wohlklang seiner Proportionen dem Ganzen meisterhaft eingefügt, betont es unaufdringlich den dominierenden Charakter des Mittelbaus. Schlanke, mit silbern leuchtenden Stäben gegitterte Türen öffnen sich in die festliche Halle, in der die Automobile und Krafträder dem Eintretenden die Geschlossenheit und Vielfalt der Produktion des Unternehmens zeigen.«

Mit der neuen Hauptverwaltung wurde nun auch nach außen hin dokumentiert, daß die junge Auto Union in sich gefestigt war und daß sie das Stadium einer Notgemeinschaft hinter sich gelassen hatte.

1935 erwarb die Auto Union das Verwaltungsgebäude der Presto-Werke. Nach umfangreichen Umbaumaßnahmen war 1936 das neue Auto Union-Verwaltungsgebäude in Chemnitz bezugsfertig.

Auf dem ehemaligen Presto-Werksgelände, gegenüber der Hauptverwaltung, errichtete die Auto Union am Ufer der Chemnitz eine zentrale Versuchsanstalt (ZVA) mit modernen Labors und Prüfständen. Dort also, wo gut 50 Jahre später die Lizenzfertigung für VW-Motoren aufgenommen wurde. Nördlich dieses neuen Werksgeländes lag das Elektrowerk Rösslerstraße, die ehemaligen Schüttoff-Motorradwerke, die Rasmussen bereits 1928 seinem DKW-Imperium eingegliedert hatte.

Mit dem neuen Gelände besaß die Auto Union in Chemnitz ein großzügiges Areal, welches nach und nach zum zentralen Mittelpunkt des Konzerns ausgebaut wurde. Denn neben der neuen Hauptverwaltung, dem Zentralkonstruktionsbüro, der zentralen Versuchsanstalt, dem Elektrowerk und einer Härterei, waren auch die Wanderer-Wagenauslieferung sowie die Ersatzteil- und Kundendienstzentrale für DKW- und Wanderer-Modelle einschließlich des Verkaufs in Chemnitz konzentriert.

DIE MODELLPALETTE DER AUTO UNION

DIE MODELL-PALETTE DER AUTO UNION

Seit Mitte der zwanziger Jahre fand eine beispiellose Konzentration in der deutschen Automobilindustrie statt. Viele Klein- und Kleinstunternehmen verschwanden, wurden liquidiert oder von größeren Unternehmen übernommen. Manche Hersteller fusionierten, um zu überleben, wie zum Beispiel Gottlieb Daimler und Karl Benz, oder sie gründeten Verkaufs- und Vertriebsgemeinschaften.

Nach dem Ende der Inflation, im November 1923, gab es etwa noch 70 unabhängige Automobilhersteller in Deutschland einschließlich der kleinen, eher handwerklich orientierten Firmen. Diese Zahl schrumpfte 1928 auf etwa 40 und nur zwei Jahre später, infolge der Weltwirtschaftskrise, auf knappe 25.

Mit der 1932 erfolgten Gründung der Auto Union wurde deutlich, daß nur noch größeren Automobilfirmen eine reelle Überlebenschance eingeräumt wurde. Seit 1933 hatten neben der Auto Union nur noch die Adler-Werke, Daimler-Benz, Opel, BMW und Ford eine finanzielle und fertigungstechnische Basis zum Überleben. Auch Firmen wie Maybach, Stoewer, Hansa/Borgward oder Hanomag arbeiteten auf einer gesunden Grundlage, spielten aber aufgrund der geringen Produktionszahlen eine eher untergeordnete Rolle. Gegenüber allen anderen Unternehmen hatte wiederum die Auto Union einen entscheidenden Vorteil. Durch den Firmenzusammenschluß war ein Unternehmen entstanden, welches für sämtliche Käuferschichten ein lückenloses Modellprogramm anbieten konnte: Vom Motorrad bis hin zum Luxusmobil. Es gab im sächsischen Konzern einen Zweitakt-Automotor mit 0,6 Liter Hubraum und einer Motorleistung von 18 PS, es gab einen Sechszylindermotor mit einem Hubraum von 2,0 Liter und einer Leistung von 40 PS. Und es gab schließlich einen 5-Liter-Achtzylinder mit 100 PS sowie als Krönung einen 6 Liter großen Zwölfzylinder mit 120 PS.

Die Motorisierung breiter Bevölkerungsschichten leitete Anfang 1933 das 1.990 Mark teure DKW-Frontmodell Reichsklasse ein. Wesentlich mehr Platz und mehr Motorleistung boten die in der gehobenen Mittelklasse angesiedelten Audi- und Wanderer-Modelle. Den Abschluß des umfangreichen Modellangebots bildeten die aufwendig und äußerst luxuriös ausgestatteten Horch-Modelle.

> Nachdem sich die Auto Union 1932 formiert hatte, wurde unter einem Dach das Modellprogramm von allen vier sächsischen Marken angeboten. Der Kunde konnte bei seinem Händler zwischen den kleinen Einsteiger-DKWs über die Mittelklassewagen von Audi und Wanderer bis hin zu den Luxus-Modellen von Horch auswählen. Das breit angelegte Modellprogramm stieß bei der Kundschaft auf hohe Akzeptanz und war auf den Straßen Deutschlands stark vertreten.

DIE MODELLPALETTE DER AUTO UNION

Im Frühjahr 1933 präsentierte die Auto Union erstmals ihr komplettes Modellprogramm, wie hier auf einer Ausstellung in Mannheim.

Innerhalb der Auto Union war die Zielrichtung klar: »Die technische Organisation der Auto Union AG wurde in erster Linie von dem Gesichtspunkt durchgeführt, daß jedes einzelne Werk seiner Einrichtung gemäß bestmöglich ausgenutzt wird. Es ist also heute nicht mehr erforderlich, zum Beispiel Wanderer-Wagen in allen Einzelheiten im Werk Siegmar herzustellen, sondern es können hierfür auch noch die Schwesterunternehmungen nach Maßgabe ihrer Eignung herangezogen werden. Durch diese Maßnahmen wird die Wirtschaftlichkeit der einzelnen Werke wesentlich verbessert. Nach Klarstellung des neuen Produktionsprogramms wurde die Aufteilung der Arbeitsgebiete sofort einer grundlegenden Revision unterzogen. Heute, nach kaum einem halben Jahr, ist die Umorganisation bereits soweit abgeschlossen, daß über ein erstes interimistisches Ergebnis berichtet werden kann.«

Horch in Zwickau stellt her	• Horch-Motoren • Horch-Fahrgestelle • Karosseriebau für Horch-Automobile sowie verschiedene Wanderer- und DKW-Modelle • Spezialteile für Wanderer • Audi-Fahrgestelle • Audi-Montage (seit April 1934)
Wanderer in Siegmar stellt her	• Wanderer-Motoren • Wanderer-Fahrgestelle und -Montage • Motoren für Audi
Audi in Zwickau stellt her	• DKW-Fahrgestelle • DKW-Frontwagen-Montage • Audi-Fahrgestelle • Audi-Montage (bis April 1934)
DKW in Zschopau stellt her	• DKW-Motorräder • DKW-Automotoren • Stationäre Motoren • Einbau-Motoren
DKW in Spandau stellt her	• Karosserien für DKW-Frontwagen • 4-Zylinder-Wagen. Seit 1937 auch zusätzliche Endmontage von Frontantriebswagen.

ELEGANTES VON AUDI

Nachdem das Experiment mit den Rickenbacker-Motoren in den Audi-Modellen Ende der zwanziger Jahre nicht zu einem Erfolg geführt hatte und auch der Einbau eines Peugeot-Motors im Audi Typ P in Verbindung mit einer DKW-Karosserie nicht die gewünschte Verkaufsbelebung gebracht hatte, versuchte es die neue Geschäftsleitung mit einem anderen technischen Konzept: Bei den Audi-Modellen wurden hinfort die beiden Vorderräder angetrieben.

Die Vorplanungen für den Audi Front begannen schon 1931, wobei die Konstrukteure Arlt und Haustein federführend waren. Frontantriebserfahrungen hatten beide, da die Audi-Mannschaft zeitweise ja nicht ausgelastet war und noch unter der Regie Rasmussens den ersten DKW mit Frontantrieb entwickelt hatte. Man mußte also nur den Frontantrieb des kleinen DKW auf ein 1.250 Kilo schweres Fahrzeug adaptieren. Doch was sich technisch so einfach anhört, erwies sich in der Praxis als besonders aufwendig. Es wurden recht kostenintensive Modifikationen erforderlich, um einen produktionsreifen Prototyp auf die Beine stellen zu können.

Daß die Entwicklung dann doch nur eineinhalb Jahre dauerte, war vor allem auf den Firmenverbund zurückzuführen: Der Audi Front konnte mit dem Wanderer Sechszylindermotor bestückt werden, die Limousinen-Karosserien kamen zum Teil aus dem Werk Horch, und die Antriebsgelenke steuerte das DKW-Werk bei. Montiert wurde das Audi-Modell in der ersten Phase in dem angestammten Zwickauer Werk. Weil jedoch diese Fabrik zunehmend mit der Montage von DKW-Modellen ausgelastet wurde, verlagerte man die Produktion des Audi Front im April 1934 ins Werk Horch.

Je nach Größe des Modells sprach man vom zwei-, vier- oder sechsfenstrigen Audi. Es gab ihn als Limousine, Cabriolet und auch als bildhübschen Roadster.

Allen Karosserien gemeinsam war die auffällige ›1‹ auf der Kühlerhaube, das Markenzeichen der Firma Audi.

Für den Vortrieb sorgte grundsätzlich der Wanderer-Porsche-Sechszylinder mit hängenden Ventilen und Triebwerksleistungen von 40 bis 55 PS, die aus einem Hubraum von 2,0 bis 2,25 Liter gewonnen wurden.

Im Pressetext jener Jahre wird der Audi Front ausführlich vorgestellt: »Das vorgeschaltete Getriebe wird mittels seines bequem zugänglichen, über dem Armaturenbrett liegenden Handhebels spielend betätigt. Während der vierte Gang in diesem Getriebe als Schnellgang übersetzt ist, fällt dem dritten Gang die Aufgabe der Beschleunigung zu. Beide Gänge arbeiten übrigens völlig geräuschlos.

Auch der Rahmen hat eine ungewöhnliche Formgebung erhalten. Er verläuft zentral in Gestalt eines kastenförmig verschweißten Trägers, welcher nach vorn zur Aufnahme des Motors trichterförmig erweitert ist. Zur Aufnahme von Aufbau und Trittbrettern dienen eine Reihe von Querrohren, die mit dem Hauptträger verdrehungsfest verschweißt sind.

Die Vorzüge des Frontantriebs und des Zentralkastenrahmens zusammen mit dem reichlich bemessenen Radstand von 3.050 mm gestatten es, auch den Karosserien des neuen Audi Frontantriebmodells einen außergewöhnlich großen Raumkomfort zu geben. Ganz modern in der Flüssigkeit ihrer Linie und ihrer sehr niedrigen Gesamthöhe, besitzen Cabriolet und Innenlenker

Der erste Audi mit Frontantrieb kam nach dem Zusammenschluß der vier Automobilmarken auf den Markt. Die Karosserie dieses Audi Front-Prototypen wurde von Gläser gefertigt.

DIE MODELLPALETTE DER AUTO UNION

sehr bequem gepolsterte, breite und geräumige Führer- und Fond-Sitze, bequeme Zugänglichkeit durch breite Türen und eine vollendete reichhaltige Ausstattung. Auch das Kühlergesicht des neuen Audi-Frontantriebs besitzt eine starke Eigenart, die dazu dienen wird, die auffallend schöne und gediegene Gesamterscheinung dieses Wagens rasch populär zu machen.

Der 2-Liter-Audi besitzt nicht mehr die primitive Doppelfeder als Mittel zur Abfederung und Führung der Vorderräder, sondern hier sind beide Funktionen säuberlich voneinander getrennt und jede einzelne wird von speziell entwickelten Elementen übernommen. Eine Querfeder dient als Federorgan. Die Gradführung der Räder wird durch einen massiven oberen Schublenker in Verbindung mit einem ebenfalls als Lenker ausgebildeten Federschuh sichergestellt. Durch die eigenartige Formgebung des unteren Schublenkers wird erreicht, daß die Feder, die, in Fett gebettet, innerhalb desselben ruht, von allen Witterungseinflüssen und zusätzlichen Beanspruchungen freigehalten wird, die ihre Lebensdauer oder ihren Wirkungskreis ungünstig beeinflussen könnten. Dank entsprechender Bemessung der Lenker war es möglich, konstante Spurverhältnisse zu erzielen und zudem die Beweglichkeit der Räder auf nur eine Ebene zu beschränken. Die Vorzüge dieser Konstruktion werden gerade dann besonders fühlbar sein, wenn außergewöhnliche Ansprüche an das Fahrzeug durch besonders scharfe Fahrweise oder schwierige Straßenverhältnisse gestellt werden. Der Wagen liegt auch dann so sicher und ruhig, daß der Fahrer seine gesamte Aufmerksamkeit den Staßenverhältnissen zuwenden kann.

Die hintere Schwingachse lehnt sich sinngemäß an die bei der vorderen Schwingachse angewendete Bauart an. Nur ist hier auf eine Gradführung der Räder verzichtet worden, weil bei den nichtgelenkten Hinterrädern die Komplikation einer Gradführung absolut keine Vorteile hätte erwarten lassen.«

Die Preise für den Audi Front lagen – je nach Ausführung und Ausstattung – zwischen 5.750 und 8.500 Reichsmark, so daß der Audi im Schnitt etwas teurer als die entsprechenden Wanderer-Erzeugnisse, jedoch preiswerter als die Horch-Modelle war. Behaupten mußte sich der Audi Front gegen die entsprechenden Modelle von Adler, Mercedes-Benz, Stoewer und Wanderer.

Während es für die anderen Konzernmarken Horch, DKW und Wanderer eigene Entwicklungsgruppen gab, hat es nie eine eigene für das Audi-Modell gegeben. Nach der Fertigstellung des Prototyps wurde die Betreuung des Fronttrieblers von den Horch-Technikern durchgeführt.

Mithin hatte der Audi-Wagen innerhalb des Konzerns auch nicht die Lobby, die für einen Erfolg mitunter entscheidend sein kann. Der im Frühjahr 1933 anläßlich einer Dauer-Erprobungsfahrt im Rahmen der Rallye Monte Carlo vorgestellte Audi Front hat allerdings auch beim Käufer nicht den nötigen Anklang gefunden.

Zwar wurden 1934 über 1.000 Stück verkauft, doch danach fiel die Jahresproduktion rapide ab. Und so konnte es nicht ausbleiben, daß 1935 auch intern heftig darüber diskutiert wurde, ob man die Marke Audi nicht völlig aus dem Programm streichen sollte: »Die Möglichkeiten, die hinsichtlich des Audi-Programms bestehen, sind aufgrund der vorhergehenden Dispositionen soweit geklärt, daß praktisch nur die beiden folgenden noch durchgeführt werden können:

1. Aufgabe des Audi Frontwagens: Nach Auslauf der noch zu produzierenden Wagen, für den Verkauf also mit zirka Ende des Geschäftsjahres.

Der viertürige Audi Front mit Ambi-Budd-Karosserie wog fast 1.300 Kilo. Für den Antrieb des Modells stand der Porsche-Sechszylinder mit 40 PS zur Verfügung.

Für die ›2.000-Kilometer-Deutschlandfahrt‹ erhielt der Audi Front 1933 eine Spezial-Coupé-Karosserie.

2. Neukonstruktion eines Wagens, der den heutigen Audi Frontwagen ersetzt.

Seitens der Techniker ist hinsichtlich der Neuentwicklung folgender Vorschlag als der einzig mögliche gemacht worden: Es ist möglich, ab zirka Juni/Juli nächsten Jahres (1936) mit einer völligen Neukonstruktion des heutigen Audi Frontwagens herauszukommen, die gegenüber dem heutigen Wagen folgende Veränderungen aufweisen würde: 2,5-Liter-Sechszylinder-Motor (Wanderer), Getriebe und Differential vor der Vorderachse, dadurch Erhöhung der karossablen Länge, eventuelle Verkürzung des Radstandes, völlig neue Karosserieform, zirka 120 bis 150 kg leichter als heute.«

Die zur Diskussion gestellten beiden Punkte führten zu folgenden Überlegungen: »1. Für die Aufgabe des heutigen Audi-Programmes.

a) Der Audi-Wagen ist am Markt nicht gefragt. Es ist erwiesen, daß 60 bis 70 Prozent seines bisherigen Gesamtumsatzes zu Lasten von Wanderer gehen. Die Absicht, für ihn eine eigene Organisation zu schaffen, ist praktisch nicht durchzuführen; die heutigen Audi-Händler sind sämtlich nur deswegen Audi-Vertreter, weil sie mit Rücksicht auf andere Interessen in der Auto Union (Wanderer und Horch) Audi nur eben mitführen. Auch mit dem neuen Modell ist eine eigene Organisation nicht zu erreichen. Die möglichen Verkaufszahlen von vielleicht 600 bis 800 Wagen im nächsten Jahr und 1.500 bis 2.000 Wagen im Jahr 1937 sind nur bei intensivster Bearbeitung von Händlern und Privatkunden zu schaffen und bedeuten ganz eindeutig mit 60 bis 70 Prozent eine Wegnahme von Wanderer-Interessenten. Der zusätzliche Umsatz der Auto Union ist daher in beiden Jahren höchstens 800 Wagen. Zu diesem Effekt stehen aber die notwendigen Anstrengungen und Kosten in keinem Verhältnis.

b) Die im Jahre 1937 gegenüber den neuen Wanderer-Modellen notwendige Preiserhöhung für den Audi-Wagen ist den Kunden gegenüber nicht zu motivieren. Der Frontantrieb hat aufgehört, eine Besonderheit in der Mittelklasse zu sein, nachdem Adler mit dem Adler-Trumpf-Zweiliter dann bereits eineinhalb Jahre am Markt sein wird. Er wird jedenfalls von der Kundschaft als ein Moment einer berechtigten Preiserhöhung nicht anerkannt, im Gegenteil, maßgebliche Händler stehen auf dem Standpunkt, daß in dieser Preis- und Leistungsklasse der Frontantrieb keine Vorzüge mehr in sich birgt. Wenn der Audi-Wagen in seiner Karosserieform besonders extravagant sein soll, um dadurch den Mehrpreis zu rechtfertigen, so entfernt er sich auf der anderen Seite immer mehr von dem Charakter eines Serienwagens und wird

Die Modellpalette der Auto Union

In Reih und Glied: Die in Zwickau gefertigten Audi-Modelle, mit der markanten 1 auf dem Kühler, stehen bereit für den Transport zu den Auto Union-Händlern.

Der bildhübsche Audi Front Roadster wurde 1935 auf der Berliner Automobilausstellung vorgestellt. Das Modell ist nicht in Serie gefertigt worden.

praktisch auch noch schwerer verkäuflich. Es bestand zwischen den Herren des Verkaufs vollkommene Übereinstimmung, daß die obengenannten Verkaufszahlen außerordentlich optimistisch sind und nur erreicht werden können, wenn wenigstens intern eine Sonderbearbeitung für Audi weiter erfolgt und auch nach außen hin die Tatsache zweier verschiedener Verkaufsleitungen aufrecht erhalten bleibt. Der Konkurrenzkampf Audi/Wanderer würde also wesentlich schärfer als bisher weitergeführt werden.

c) Die außerordentliche Überlastung der Konstruktionsbüros und die gerade in diesem Jahr wieder in allen Abteilungen zutage getretenen unerhörten Schwierigkeiten, die den Einlauf eines neuen Modells begleiten, scheinen eine zusätzliche Belastung der technischen Stellen durch die Neukonstruktion, Entwicklung und den Serienanlauf eines Audi-Wagens bei dem oben ausgeführten außerordentlich geringen Effekt nicht zu rechtfertigen. Es gibt nach eindeutiger Ansicht der Herren des Verkaufs im Rahmen der Auto Union Aufgaben der technischen Weiterentwicklung, die wesentlich wichtiger für das Gesamtunternehmen sind als die Weiterführung des Audi Front-Programmes, zum Beispiel 2,5-Tonner-Lastwagen/Volkswagen-Problem. Es gilt, in den wichtigsten Positionen, die auch die gesamte Verkaufsorganisation tragen, DKW, Wanderer und Horch, alle Kräfte einzusetzen und der Zustand der gegenseitigen Konkurrenz in der Mittelklasse zweier Auto Union-Fabrikate sollte unterbunden werden.

2. Gegenüber diesen für die Aufgabe des Audi Front-Programmes sprechenden Argumenten werden die folgenden für die Aufrechterhaltung angeführt:

a) Die Aufgabe des Audi-Frontwagens bedeutet die Aufgabe einer Marke der Auto Union AG. Die in den letzten Jahren aufgewendeten Mühen und Kosten für eine Neueinführung des Begriffes ›Audi‹ als deutschen Personenkraftwagen der Mittelklasse sind vergeblich gewesen.

b) Falls sich für die Zukunft herausstellen sollte, daß der Frontantrieb auch in der Mittelwagenklasse sich stärker als bisher noch durchsetzt, ist es ein Fehler, wenn die Auto Union, die ja auch hier technischer Schrittmacher war, aus dem Geschäft herausgeht.

c) Das Werk Horch erklärt, daß betriebswirtschaftlich eine Produktion von 1.800 bis 2.000 Audi-Wagen im Jahre außerordentlich interessant sei und diese zirka 750.000 Mark Regiedeckung aufweist.

d) Die im Jahre 1937 von Wanderer aufgegebene Preisklasse von 5.000 und 6.500 Reichsmark wird bei einer Aufgabe des Audi-Wagens von der Auto Union nicht mehr belegt, obwohl heute zirka 3.000 Wagen verkauft werden.

e) Da Übereinstimmung besteht, daß der Name Audi im Rahmen des Programmes der Auto Union aufrecht erhalten bleiben muß, bedeutet es einen Bruch mit der Vergangenheit, wenn er jetzt etwa als Modellbezeichnung irgendeines Wagens von wirtschaftlich absolut untergeordneter Bedeutung benutzt werden soll. Die in dieser Richtung gemachten Vorschläge, zum Beispiel Benennung des Wanderer-Kompressorwagens als Wanderer Typ Audi stoßen seitens der Abteilung Wanderer auf stärksten Widerstand, da damit der propagandistische Wert dieses Fahrzeuges für Wanderer illusorisch wird.

Zusammenfassung: Sämtliche anwesenden Herren Verkaufsleiter, ebenso die Herren Dr. Voelter (Leiter der Propaganda-Abteilung) und Dr. Walkenhorst (Leiter der Auto Union-Filiale Frankfurt) stehen auf dem Standpunkt, daß die Argumente für das Aufgeben des Audi-Frontwagens so durchschlagend sind, daß ein Weiterbau nicht verantwortet werden kann. Es soll daher dem Vorstand vorgeschlagen werden, mit der laufenden Serie die Audi-Frontwagen-Produktion aufzugeben und in einer weiteren gemeinsamen Besprechung zu klären, welche Maßnahmen für die Aufrechterhaltung des Namens Audi im Rahmen der Auto Union ergriffen werden sollen. Es wurde übereinstimmend zum Ausdruck gebracht, daß die Weiterführung des Audi-Frontprogrammes mit einer Neukonstruktion für das Jahr 1936 im Rahmen der Gesamtsituation der Auto Union für einen schweren Fehler gehalten werden würde.«

Die klare Stellungnahme der leitenden Auto Union-Mitarbeiter macht zwei Dinge deutlich: Der Audi mit Frontantrieb würde auf Dauer nicht im Programm bleiben, doch sollte die Marke Audi auf jeden Fall erhalten bleiben.

Die Frage war natürlich, welche Modellpolitik man in Zukunft steuern würde. Denn die Audi-Modelle führten innerhalb des Konzerns eher ein Schattendasein. Sie erreichten bei weitem nicht die Stückzahlen der Wanderer-Modelle und waren schon deshalb innerhalb der Verkaufsabteilung umstritten. Es hat dann doch noch 1936 ein verbessertes Modell – den Audi 225 – mit einer um 8 Zentimeter verbreiterten Karosserie und einem in die Mitte verlegten Handbremshebel sowie einer verbesserten Schaltung gegeben.

Nur 25 Exemplare dieses eleganten Spezial-Cabriolets, Typ Audi Front 225 von 1937, wurden gebaut.

Im Oktober 1937 konnten die endgültigen Pläne für das Audi-Modelljahr 1938 verabschiedet werden: »Nach der Umstellung des Wanderer-Automobil-Programms im letzten Jahr wird im neuen Jahr im Audi-Programm eine grundlegende Änderung eintreten. Die Möglichkeiten dazu sind seit Jahren mehrfach beraten und anhand von Entwürfen erörtert worden, die Durchführung wurde aus marktpolitischen, konstruktiven und fabrikationstechnischen Erwägungen immer wieder zurückgestellt, bis jetzt die Zeit für diesen Typenwechsel als besonders geeignet anzusehen ist.

Der ganz markante Unterschied des neuen Modells ist der Verzicht auf Frontantrieb, der in dieser Klasse nicht immer die Vorteile wie bei dem Kleinwagen zeigte. Keinesfalls konnte die Aufgabe des neuen Typs – nämlich Verbindungsglied zwischen dem Wanderer- und Horch-Programm gegenüber einer Konkurrenz wie Ford V 8 und Opel Admiral – mit Frontantrieb erfüllt werden. Wir erkannten außerdem, daß das vorgesehene Ziel nur dann zu erreichen ist, wenn eine Anlehnung an sonstige Serienaggregate die wirtschaftliche Basis für diesen Typ sicherstellt.

Der neue Audi lehnt sich in der Fahrgestellkonstruktion an den Wanderer W 23 an; der Radstand ist jedoch 3.075 gegenüber 2.900 Millimeter. Die Hinterachse entspricht auch in ihren Abmessungen der W 23 Schwebeachse, und die Vorderachse entspricht in Konstruktion und Abmessungen der vorderen Schwingachse vom Horch 930 V, besitzt also eine liegende Querfeder und obenliegende Lenker. Als Motor wird der Sechszylinder-Reihenmotor vom Horch mit 3,26-Liter-Hubvolumen eingebaut, der bei Horch mit 3,7-Liter- Hubvolumen vorgesehen ist.

Für die Karosserie des Audi ist die Benutzung der Werkzeuge vom Wanderer W 23 (2,7 Liter) vorgesehen. Durch ein neuartiges Kühlergesicht und eine etwas veränderte Heckpartie ist ein vollständig anderes Aussehen gegenüber dem W 23 gewährleistet. Diese Neuschöpfung soll sich möglichst in die Preisklasse von 6.000 bis 7.000 RM einschieben.«

Der neue Audi erhielt die Bezeichnung 920. Er war fast fünf Meter lang, wog 1,64 Tonnen und wurde von einem bei Horch entwickelten 3,2-Liter-Sechszylinder-Motor angetrieben, der seine Leistung von 75 PS auf die Hinterräder übertrug. Natürlich gab es auch für dieses Modell zwei Grundmodelle, und zwar eine viertürige Limousine mit einer in den Horch-Werken gefertigten Karosserie sowie ein zweitüriges Vierfenster-Cabriolet von Gläser in Dresden. Hinzu kam noch ein Exemplar von Erdmann und Rossi. Die Produktion lief – etwas verspätet – im Dezember 1938 an. Der Typ 920 wurde auf Anhieb ein großer Verkaufserfolg, wobei die Käufer in der Anfangsphase das Cabriolet bevorzugten. Das Ende der Produktion kam für den Typ 920 nach insgesamt 1.281 fertiggestellten Fahrzeugen im April des Kriegsjahres 1940. Ein Verkauf an zivile Personen war nicht mehr gestattet, und für den Kriegseinsatz war die noble Karosserie weniger geeignet.

Von allen vier Marken erwirtschaftete Audi den geringsten Anteil am Konzernumsatz. Daß die Marke in jenen Jahren nicht stärker prosperierte, hatte zwei grundsätzliche Ursachen. Der Einstieg in die gehobene Mittelklasse mit dem Frontantrieb kam zu früh, er war technisch für diese Fahrzeuggröße noch nicht genügend ausgereift. Man hätte auch in jenen Jahren sicherlich noch einiges verbessern können, wenn die Audi-Modelle innerhalb des Konzerns eine stärkere Fürsprache erhalten hätten. Da aber die Weiterentwicklung von Horch-Technikern durchgeführt wurde und diese mit eigenen Aufgaben völlig ausgelastet waren, wird es verständlich, daß die Audi-Modelle im Vergleich zu den anderen Marken ins Hintertreffen gerieten. Um so erfreulicher ist deshalb der Einsatz jener Männer zu würdigen, die trotz des kleinen Umsatzvolumens die Marke Audi innerhalb der Auto Union am Leben hielten.

Die Karosserie der Audi 920 Limousine von 1938 wurde im Zwickauer Horch-Werk gefertigt.

PREISWERTES VON DKW

Das DKW-Programm im Zeichen der Vier Ringe wurde von drei wesentlichen technischen Merkmalen geprägt: Zweitaktmotor, Frontantrieb, Holzkarosserie. Einschränkend muß jedoch darauf hingewiesen werden, daß die Auto Union in Spandau auch weiterhin DKW-Modelle mit dem konventionellen Heckantrieb produziert hat, und zwar die Typen Schwebeklasse und Sonderklasse.

Die Vierzylinder-DKW-Wagen mit Heckantrieb wurden 1932 unter der Bezeichnung Sonderklasse auf den Markt gebracht. 1933 erschien das verbesserte Modell Sonderklasse 1001. Erstmals verwendete man hier eine starre Hinterachse mit hochgelegter Querfeder, die sogenannte Schwebeachse. Diese patentierte Achse stabilisierte die Lage der Karosserie beim Kurvenfahren und verhinderte übermäßige Seitenneigungen der Karosserie. Neu war auch die Ausstattung des Vierganggetriebes mit einem abschaltbaren Freilauf, der natürlich werbewirksam vermarktet wurde: »Die Benutzung des Freilaufs im DKW, wann immer sie sich bergab und auf freier Strecke zur Ausnützung der Eigenbewegungsenergie anbietet, spart Kraftstoff.«

Das stimmte durchaus. Etwas anderes stimmte allerdings auch, doch wurde das dem Kunden nicht gesagt: Der Freilauf vermied auch das mitunter auftretende, unangenehme Stottern und Knattern des Zweitakters im Schiebebetrieb.

1934 erschien das Modell Schwebeklasse mit einer sehr eigenwilligen Stromlinienkarosserie. Auch dieser Typ besaß, wie alle bis dahin gebauten Heckantriebs-DKW, eine selbsttragende Holzkarosserie ohne separaten Stahlrahmen. Erst 1937, mit der Vorstellung des letzten Vierzylinder-DKW, der wieder die Bezeichnung Sonderklasse erhielt, ging man von dieser Bauart ab. Von 1937 bis 1940 hatte das Modell Sonderklasse eine Stahlblechkarosserie und ein Fahrgestell ähnlich dem der Wanderer-Wagen jener Jahre.

Im Gegensatz zu den Frontantriebsmodellen wurde die Sonder- und Schwebeklasse von einem mit zwei Ladepumpen ausgestatteten Vierzylinder-Zweitaktmotor angetrieben, wobei sich die vier Zylinder V-förmig gegenüberstanden. Zur Einführung der DKW Sonderklasse (Typ 1001) hieß es 1933: »Motortechnisch konnte der bisher verwendete V-förmige Vierzylinder beibehalten werden. Seine Leistung wurde inzwischen auf über 26 PS gesteigert, obschon das Hubvolumen mit 1.000 ccm erhalten blieb. Der Vorteil der hier verwendeten Motorbauart ist offenbar. Während Viertaktmotoren üblicherweise nur zirka 20 PS pro Liter Zylinderinhalt besitzen, ist bei der DKW-Sonderklasse eine 30prozentige Mehrleistung verfügbar, die den Besitzer eines derartigen Wagens keinen Pfennig an Steuer oder Versicherung kostet. Nicht unerwähnt soll bleiben, daß der V-förmige Vierzylinder, dessen Impulse sich wie beim Achtzylinder-Viertakt überdecken, noch geräuschloser und geschmeidiger geworden ist und daß er heute 100 km/h Geschwindigkeit erreicht. Das eigentliche Triebwerk ist durch ein modernes Viergangschongetriebe mit Freilauf neuzeitlich umgestaltet.

Das DKW-Modell Sonderklasse 1001 von 1933, als Cabrio-Limousine, wurde von einem Vierzylinder-Zweitaktmotor angetrieben. Bei dem Triebwerk standen sich je zwei Zylinder in V-Form gegenüber.

1937 wurde die DKW Sonderklasse mit moderner Stahlblechkarosserie vorgestellt. Die Abbildung zeigt die Ausführung mit Faltverdeck als Cabrio-Limousine.

Die äußere Erscheinung dieses Wagens übt mit ihrem Radstand von 2.850 mm und einer Spurbreite von 1.120 mm bereits eine ausgesprochene repräsentative Wirkung aus. Ermöglicht wurde der inzwischen vollzogene Umbau durch eine Tieferlegung aller Maschinenteile.

Der Erfolg dieser Bestrebungen ist unumstritten. Die DKW-Sonderklasse hat durch ihren spitz zulaufenden Kühler, ihre niedrige Bauart, ihre gepflegten Konturen und den gedrungenen Abschlußkoffer eine Silhouette erhalten, die den Vergleich mit Wagen doppelten oder dreifachen Preises ohne weiteres verträgt. In technischer Beziehung verdient die neue, patentierte Schwebeachse in erster Linie Erwähnung, weil hier durch Aufhängung des Wagenkastens in seiner Schwerpunktlinie die sonst in Kurven auftretenden seitlichen Kippmomente aufgehoben sind. Dieses konstruktive Detail gestattet es, Kurven mit voller Geschwindigkeit zu befahren, ohne durch seitliches Neigen der Karosserie die geringste Behinderung zu empfinden. Die neue Schwebeachse ist die erstmalige Verwirklichung eines akuten Tagesproblems. DKW erweist sich in diesem Falle als ein Wegbereiter modernen Fahrgestellbaues.«

Der erste Frontantriebswagen, der 1931 von DKW vorgestellt wurde, trug die Typen-Bezeichnung ›Front‹ für Frontantrieb und intern das Kürzel F 1. Diese Typenbezeichnung ist in den laufenden Jahren erfreulicherweise fortgeschrieben worden, so daß bis 1939 insgesamt acht Frontantriebsmodelle entwickelt worden sind, die grundsätzlich mit dem zweitaktenden 18 oder 20 PS leistenden Motor ausgestattet wurden.

Fahrzeuggröße, Ausstattung, Holzkarosserie und Motorleistung bestimmten die Positionierung der DKW-Modelle am Markt, die schon 1933 von der Auto Union als ›Volkswagen‹ bezeichnet wurden. Bei einem Einstiegspreis des günstigsten je von DKW gebauten Modells in Höhe von 1.650 RM konkurrierte dieser Typ vornehmlich mit dem preiswertesten deutschen Auto, dem P 4 von Opel (1.450 RM). Die Preisspanne der unterschiedlichsten DKW-Modelle reichte beispielsweise 1937 von 1.650 RM (DKW Reichsklasse, Zweisitzer) bis zum DKW Front-Luxus-Cabriolet zum Anschaffungspreis von 3.400 RM. Da zwischen dem teuersten DKW-Modell und dem preisgünstigsten Wanderer eine Preisspanne von zirka 500 RM lag, gab es für die DKW-Modelle intern keine Konkurrenzsituation, wie sie bei den beiden anderen Marken – Audi und Wanderer – gegeben war.

Als die 1931 noch selbständigen Zschopauer Motorenwerke ihren frontangetriebenen DKW vorstellten, war das der automobile Durchbruch dieses sächsischen Unternehmens.

Die Kombination von Frontantrieb und Zweitaktmotor war geglückt, so daß aufbauend auf diese Technik der F 2, die Meisterklasse, entwickelt werden konnte.

Der F 2, vorgestellt im Jahr der Auto Union-Gründung, war äußerlich erkenntlich an einem Spitzkühler und einer schräggestellten Windschutzscheibe. Außerdem hatte dieses Modell einen von 2,1 auf 2,6 Meter vergrößerten Radstand, so daß den Insassen wesentlich mehr Platz zur Verfügung stand.

Wohlwollen, aber auch konstruktive Kritik, wurde der Meisterklasse F 2 durch die Fachpresse zuteil: »Langer Radstand und höheres Eigengewicht galten ja seither als Allheilmittel, um einer nicht restlos vollendeten Konstruktion die Wege zur Besserung zu ebnen. Das Auto hat eine lahme Leistung im unteren Drehzahlbereich. Dies hängt mit der Dreikanalbauart zusammen, die eine schlechte Füllung der Zylinder bei niedrigen Drehzahlen bewirkt. Der Wagen muß daher forsch gefahren werden, und dies gibt ihm die typische jugendliche Erscheinung. Hinzu kommt noch, daß der DKW selbst unter den heutigen Verhältnissen reichlich laut ist. Sehr angenehm ist die Lenkung. Auch dieser Umstand trägt zur Sicherheit außerordentlich bei. Der DKW ist in dieser Beziehung kaum zu übertreffen. Die breite Spur in Verbindung mit der ganz tiefen Schwerpunktlage gestattet die verwegenste Fahrweise. Auch hierin äußert sich die typische Eignung des DKW-Wagens für jugendliche und sportlich empfindende Fahrer. Es unterliegt keinem Zweifel, daß es noch weiterer und sehr intensiver Tätigkeit bedürfen wird, um den kleinen DKW-Frontantrieb allseitig so abzurunden, daß seine Funktion in jeder Beziehung den Vergleich mit den Leistungen orthodoxer Kraftwagen verträgt. Vorerst trennt ihn von diesem Ziel ein erhebliches Stück, und wenn nicht ernste motortechnische Erwägungen zugunsten des hier in der Entwicklung begriffenen Typs sprächen, verstünde man die Bemühungen von DKW um die Entwicklung eines völlig außerhalb der üblichen Praxis liegenden Autotyps schwerlich. Aber die große Überlastungsfähigkeit und Anspruchslosigkeit der Maschine, schließlich ihre fabrikatorische Einfachheit, sind allerdings Faktoren, deren Gewicht nicht abgestritten werden kann.«

Zweifellos war es richtig, daß der kleine Zweitaktmotor in dem 640 Kilo schweren Wagen etwas überfordert war, und daß das Zweitaktprinzip insgesamt in Frage gestellt wurde, da ihm eine gewisse Drehmomentschwäche, ein schlechtes Leerlaufverhalten und ein geringes Leistungsniveau nicht abgesprochen werden konnte. Mithin dachte man natürlich schon seit Jahren darüber nach, wie sich die allgemein bekannten Zweitaktschwächen beheben, zumindest aber mildern ließen. Rasmussen und besonders sein Chefkonstrukteur Weber waren von sich aus immer um technische Kultivierung der Antriebsaggregate bemüht.

DKW Meisterklasse 601, Typ F 2 von 1933, mit dem damals sehr beliebten Faltverdeck.

So war es denn auch fast zwangsläufig, daß J. S. Rasmussen 1931 mit einer Dissertation von Herbert Venediger konfrontiert wurde, die sich mit der ›Steigerung der Leistung und Wirtschaftlichkeit von Zweitakt-Vergaser-Fahrzeugmotoren‹ auseinandergesetzt hatte. Grund genug, diesen Mann als Leiter der Entwicklungsabteilung in Zschopau einzusetzen, um theoretische Vorstellungen in die Praxis umzusetzen, um, nach möglicherweise erfolgreichen Experimenten, allgemeingültige und funktionierende Konstruktionsprinzipien festzulegen und zu entwickeln.

Dr. Venediger hatte vor allem die Spülverhältnisse im Zylinder des Zweitaktmotors untersucht und mußte feststellen, daß die sogenannte Umkehrspülung schon über fünf Jahre im Großmaschinenbau verwendet wurde. Im Fahrzeugmotorenbau war sie dagegen noch nicht erprobt worden. Erfinder und Patentinhaber dieses Umkehr-Spülprinzips war Adolf Schnürle. Die Verwertungsrechte besaß die Klöckner-Humboldt-Deutz AG, die älteste Motorenbaufirma Deutschlands, die sich jedoch nur auf eine Verwertung bei Dieselmotoren konzentrierte. Für eine Verwertung bei Vergasermotoren zeigte sie kein Interesse und vergab deshalb die ausschließlichen Verwertungsrechte hierfür an die Auto Union für eine Lizenzgebühr von 1,10 RM pro Motorenzylinder, und zwar unabhängig von seinem Hubvolumen. Das war ein gutes Geschäft!

Die Vorteile dieser Bauart hat Venediger in 10 Punkten folgendermaßen eingeschätzt:

1. Die spezifische Leistungsfähigkeit kann bedeutend gesteigert werden.

2. Infolge des höheren Spülwirkungs- und Ladegrades kann der spezifische Kraftstoffverbrauch erheblich gesenkt werden.

3. Infolge günstigerer Brennraumform, verkleinerter wärmeaufnehmender Kolbenfläche und besserer Zylinderspülung besteht die Möglichkeit höherer Verdichtung.

4. Da der Kolben nun ein flaches Dach und nicht mehr die sogenannte Ablenkernase trägt, wird dadurch seine Masse vermindert und die Drehzahl der Kurbelwelle steigt.

Leider blieb der DKW Sport-Meister von 1933 mit seiner eleganten Horch-Karosserie nur ein Einzelstück.

5. Es entsteht ein geringeres Kolbenlaufspiel und dadurch eine größere Laufruhe.

6. Weil die Kolbenringe frei bleiben, ergeben sich längere Motorlaufzeiten zwischen den Instandsetzungen.

7. Es werden günstigere Lagerbelastungen des Triebwerkes sowie bessere Beschleunigungszeiten erreicht.

8. Es ergibt sich eine größere Elastizität des Motors mit einer geringeren Zahl von Schaltvorgängen.

9. Motor-Langsamlauf und -Leerlauf werden verbessert.

10. Es besteht die Möglichkeit der Hubraumvergrößerung.

Venediger hatte nicht zu viel versprochen. In der Tat kletterte die Leistung des Motors mit Umkehrspülung um 20 Prozent von 15 auf 18 PS, ohne daß der Hubraum vergrößert worden war. Und gleichzeitig waren nun auch die wesentlichsten Nachteile, nämlich die Aussetzer und das sogenannte Viertakten des Motors, eindeutig vermindert worden.

Die guten Erfahrungen, die man mit der Umkehrspülung schon seit Oktober 1932 bei den Motorradmotoren gemacht hatte, erleichterte die Entscheidung, auch die Automobiltriebwerke auf die Umkehrspülung umzustellen. Am 27. Dezember 1932 wurden die ersten 500 Wagen mit der Umkehrspülung zur Serienfertigung freigegeben, die Serie selbst lief allerdings erst am 25. Januar 1933 an.

Die Schnürle-Patente waren für die Auto Union so abgesichert, daß in den dreißiger Jahren nur der sächsische Konzern bei den Zweitaktmotoren über diese Technik verfügen konnte. Es hat wegen der Umkehrspülung und der Patente viele Prozesse gegeben, die alle von der Auto Union gewonnen wurden. Nach dem Zweiten Weltkrieg liefen die Patente aus. Daraufhin wandten praktisch alle Hersteller von Zweitaktmotoren das technisch überzeugende Prinzip der Umkehrspülung an.

Die Auto Union zeigte 1933 ihr neues Programm auf der Berliner Automobilausstellung. Im Mittelpunkt stand ein bildhübsches, zweisitziges DKW-Cabriolet mit Blechkarosserie, das auf den ersten Blick die Handschrift von Horch-Formgebern erkennen ließ. Dieser als Sport-Meister bezeichnete Wagen ist nie in Serie gegangen, weil der hierfür vorgesehene 700-ccm-Motor noch nicht lieferbar war. Erst später wurde dieser auf 20 PS verstärkte Motor in alle Meisterklasse-Modelle eingebaut.

Gleichzeitig mit dem DKW-Sport-Meister wurde der F 2 auch als Modell Reichsklasse vorgestellt. Dieser war der preiswertere Bruder des Modells Meisterklasse. Er wurde vor allem deshalb ins Programm aufgenommen, um mit dem preiswerten 1,0-Liter-Opel konkurrieren zu können. Um den gleichen Preis von 1.990 RM halten zu können, hatten Audi-Techniker die Ausstattung des F 2 kräftig abgespeckt.

Die Fachpresse urteilte über den preiswerten DKW: »Ein für 1.990,00 RM zu erwerbendes Cabriolet mit Rückenkoffer ist immerhin ein Ereignis, das nicht ohne Einfluß auf die Motorisierung Deutschlands bleiben kann.«

Doch in den vertraulichen und nur für den Vorstand bestimmten und von Dr. Carl Hahn unterzeichneten Aktennotizen vom 21.2.1933 kam zum Ausdruck, daß die Auto Union mit dem Ergebnis der Automobilausstellung nicht zufrieden war. Auch gab es am DKW-Programm einiges auszusetzen. Man bemängelte die mit Kunstleder überzogene Holzkarosserie und das Fehlen einer schrägen Tür, zumal alle anderen Automodelle solche hatten. Und schließlich gab es auch Vorurteile gegen den Zweitaktmotor: »Anstatt in den DKW einen Viertaktmotor einzubauen, werden nur Motorrad-Zweitakt-Motoren eingebaut.«

In der Tat gab es an den DKW Frontwagen einige Reklamationen, die sich vor allem auf die Dynastart-Anlage (Anlasser kombiniert mit der Lichtmaschine) bezogen, die als unzuverlässig galt. Immer wieder wurden auch das Aufschaukeln der Karosserie und Geräusche im Fahrzeug vor allem beim 700-ccm-Motor bemängelt.

Noch 1933 folgte der F 3, der allerdings als Fahrzeug nie in Erscheinung getreten ist. Es handelte sich bei dieser Konstruktion lediglich um ein Fahrgestell für besondere Zwecke. Und zwar erwartete man größere Behördenaufträge für Kübelwagen und Phaetons, die ein stärkeres Fahrgestell erfordert hätten. Insgesamt verließen jedoch nur 183 verstärkte F 3-Chassis das Werk.

Der Start in die hohe Qualitätsklasse gelang im März 1934 mit der neuen Meisterklasse (F 4). Das war ein richtiges Auto mit einer völlig neugestalteten Holzkarosserie. Da gab es keine eckigen Formen mehr. Das war rundherum eine formschöne Cabrio-Limousine mit geschwungener Linienführung und breitem Kühler. Die vorderen und hinteren Kotflügel waren heruntergezogen und eine sogenannte Chromsicke, eine hohlgeprägte Leiste, war eine echte Zier für die Flanken des Fahrzeugs. Die Fachpresse erhob fast überschwengliche Lobeshymnen: »Das äußere Gepräge des Wagens wurde in Anlehnung an die Stromlinienform entwickelt, die mit ihrer schrägstehenden Windschutzscheibe und dem gewölbt nach hinten gezogenen Heck dem Wagen den Eindruck großer Länge und Schnittigkeit verleiht. Das ist ein fast an Überfluß grenzender Luxus, den dieses Fahrzeug bietet.« Gemeint war damit unter anderem das neue Instrumentenbrett mit Tachometer, Zeituhr, Ampèremeter und Benzinuhr. Der Vergleich mit dem Cockpit eines Flugzeuges drängte sich auf. Das Armaturenbrett war völlig aus Bakelit gefertigt; denn die Verwendung von Kunststoff galt als besonders elegant. Durch große seitliche Ablagemöglichkeiten und Taschen wurde eine bisher nie gekannte Großräumigkeit geboten. Auch technisch waren Verbesserungen vorgenommen worden, obwohl es bei dem 700-ccm-Motor mit 20 PS blieb: »Das mit einer Eindruck-Zentralschmierung versehene Fahrgestell hat hinten eine auf 1.130 Millimeter verbreiterte Spur und einen auf 2.610 Millimeter verlängerten Achsstand. Größere Räder und Reifen (4,50-17) in Überballon-Abmessung sowie höher gelegte Hinterfedern verleihen dem Wagen deutlich bessere Fahreigenschaften. Die neue Gummilagerung des Motorgetriebeblocks und die verbesserte Auspuffanlage mit Nachschalldämpfer dämpfen das Geräusch stärker.«

Im Sommer 1935 lief in Zwickau der 50.000 DKW Frontwagen vom Band, eine F 5-Limousine.

Die neue Karosserie des F 4 war für die nächsten Jahre richtungweisend. Dennoch blieb dieses Modell nur bis zum Frühjahr 1935 im Programm, während der Typ F 2 parallel dazu als preisgünstiges Modell weiter gefertigt wurde.

Eine völlig neue Rahmenkonstruktion wurde 1935 mit dem Typ F 5 vorgestellt. Hier setzte man die Schwebeachse erstmalig beim Frontantriebswagen ein. Diese Konstruktion war, wie schon erwähnt, seit 1933 bei dem in Spandau produzierten Vierzylinder-DKW mit Heckantrieb, Typ Sonderklasse 1001, erfolgreich angewendet worden. Auf die Schwebeachse hatte sich die Auto Union einen Patentschutz gesichert.

Horch-Stilisten zeichneten die zweisitzige Karosserie des formschönen DKW F 5 Front-Luxus-Cabriolets.

Das Fahrgestell der DKW-Front-Modelle eignete sich auch für den Aufbau zum Liefer- oder Pritschenwagen. Die Abbildung von 1938 zeigt den DKW F 7 mit Pritsche.

»Vordere und hintere Schwebeachse werden bei den DKW-Schwebeklassewagen verwendet, während die leichteren DKW-Frontantriebswagen mit vorderen Einzelradfederung und hinterer Schwebeachse ausgerüstet sind, was für diese Fahrzeuge eine geeignetere Lösung ist.«

Bei der Bezeichnung Schwebeachse bestand jedoch die Gefahr von Mißverständnissen und Fehlinterpretationen. Damit die Händler ihre technisch interessierten Kunden auch korrekt informieren konnten, versandte die Auto Union an die zuständigen Verkäufer eine fundierte und anspruchsvolle Funktionsbeschreibung: »Die Schwebeachse hat weder etwas mit Schweben, noch mit Achsen zu tun, im Gegensatz zur Schwingachse, die eine Radführung bezeichnet, bei der die Achsen Schwingbewegungen ausführen. Sie wurde später zum Sammelbegriff für alle unabhängig abgefederten einzeln geführten Räder. Mit Schwebeachse werden bestimmte Aufhängungen des Wagenkastens bezeichnet, bei denen Vorkehrungen zur Verkleinerung des Neigungsbestrebens in der Kurve getroffen sind.«

Diese Achsenbauart fand sich später auch beim Audi und beim Wanderer wieder. Außerdem stellten die Firmen Maybach und Hansa ähnliche Achsen vor, die von der Fachpresse irrtümlich als Schwebeachsen bezeichnet wurden, jedoch dem Konstruktionsprinzip von DKW nicht entsprachen. Es waren unvollkommene Nachahmungen, die niemals die Qualität der DKW-Konstruktion hatten.

Nicht nur die Presse, sondern auch die Käufer waren sich einig darin, daß die Karosserien der F 5-Modelle zu den schönsten gehörten, die je auf DKW-Fahrgestellen montiert waren. Die Reichsklasse und die Meisterklasse wurden als Cabrio-Limousine oder als Limousine geliefert. Sogar Luxusvarianten wurden angeboten, und zwar entweder als zweisitziges und viersitziges Cabriolet oder als offener Roadster. Die bei Horch entworfenen Karosserien sahen elegant aus und waren reine Prachtstücke. Der sogenannte Einheits-Zweisitzer auf dem alten F 2-Fahrgestell blieb zunächst weiterhin im Programm.

Neben den verschiedenen Personenwagen-Modellen bot DKW auch kleine Lieferwagen an, deren Produktion im November 1935 begann, nachdem die Vorstellung der ersten Versuchsmuster zufrieden verlaufen war. Der geschlossene Aufbau (Pritsche seit November 1938 als Typ F 7) saß auf einem Meisterklasse-Fahrgestell, die Ausstattung entsprach jedoch der preiswerteren Reichsklasse: »Dieses Fahrzeug weist durch den 700-ccm-Motor und das bewährte Fahrgestell mit einzeln gefederten Vorderrädern und hinterer Schwebeachse die gleichen idealen Fahreigenschaften auf wie die DKW-Personenwagen. Für schnelle Transporte kleiner und mittlerer Güter ist der Wagen bei seiner Nutzlast infolge seiner anerkannten Wirtschaftlichkeit ein wertvolles Hilfsmittel, das auch wegen seines guten Aussehens in jeder Weise geeignet ist, für den Geschäftsmann zu werben.«

Wichtigstes und wirksamstes Werbeargument waren die Zuverlässigkeit und die Leistungsfähigkeit der Frontantriebswagen. Dennoch war der Absatz Mitte der dreißiger Jahre nicht zufriedenstellend, denn die Käufer wanderten zur Firma Opel ab, die 1935 ihren Typ P 4 für 1.650 RM (1937 für 1.450 RM) auf den Markt brachte. Scharfes Kalkulieren führte bei der Auto Union zur Einsicht, daß ein Mehrpreis gegenüber dem Opel-Modell von 300 RM nicht mehr gerechtfertigt war und lediglich eine Differenz von 150 RM tragbar sei. Die Auto Union entschloß sich daraufhin, wenn auch zähneknirschend, den Werksabgabepreis zu reduzieren.

1935 lag die DKW-Fertigungsgrenze in der Kapazität des ehemaligen Audi-Werkes bei ungefähr 100 Stück pro Arbeitstag. Das erbrachte pro Monat eine Produktion von 2.400 Wagen. Um das Werk besser auszulasten und die Kosten zu reduzieren, mußte die Fertigung ausgebaut werden.

Es wurden im Audi-Werk 336.442 RM für leistungsfähigere Produktionsanlagen investiert. Das Werk Spandau als Karosserielieferant und das Werk Rößlerstraße in Chemnitz, für die Elektrik zuständig, konnten die Produktionssteigerung ohne irgendwelche Veränderungen verkraften. 180 Wagen pro Tag ließen sich schon im Frühjahr 1936 herstellen und ab Mai sogar 200. Innerhalb eines Jahres war die Produktion um 100 Prozent gesteigert worden, so daß nun auch im Werk Spandau neben den Vierzylindertypen ein Teil der Frontwagen montiert wurde. Die Firmenleitung stellte daraufhin fest: »Die Nachfrage nach DKW-Wagen ist 1936 noch stürmischer geworden. Die 600er Modelle gewinnen bei der heutigen Preisdifferenz gegenüber Opel an Boden, sie sind Opel überlegen. Auch die Meisterklasse zeigt sich den Olympiatypen gleichwertig. Entscheidend ist jedoch die Lieferungsfähigkeit, die unbedingt erhalten bleiben muß.«

Der schnittige DKW Roadster war ein reiner Zweisitzer, der von 1935 bis 1938 gefertigt wurde. Als Antrieb diente ein 20 PS starker Zweitaktmotor mit einem 700 ccm großen Hubraum.

1936 wird das preiswerteste aller Auto Union-DKW-Modelle vorgestellt, ein »Front-Zweisitzer-Cabrio mit 600-ccm-Zweizylinder-Zweitaktmotor für 1.650 RM. Ein Wagen mit allen technischen Vorzügen der bewährten Auto Union-Front-Typen, wie Zentralkastenrahmen, Einzelradfederung vorn, hintere DKW-Schwebeachse, Stoßdämpfer vorn und hinten.«

Als Produktionshemmnis machte sich, besonders bei der Kleinwagenmarke DKW, Mitte der dreißiger Jahre die steigende Materialknappheit bemerkbar. Die entsprechende Aktennotiz vom Mai 1936 vermerkt: »Gegenwärtig liegt zwischen Bestellung und Anlauftermin des Materials acht Wochen Frist. Im Hinblick auf heute verlangte Lieferfristen und Materialschwierigkeiten ist diese Zeitspanne als ungenügend anzusehen. Es besteht ständige Gefahr der Produktionsstockung wegen Materialmangels.«

Ende 1936 wurde ein erneuter Versuch gestartet, eine Stromlinienkarosserie nach Patenten von Jaray auf ein ganz normales Fahrgestell vom Typ F 5 Meisterklasse zu montieren. Das Ziel, durch strömungsgünstige Karosserieformen

Rückschlüsse auf Geschwindigkeit, Kraftstoffverbrauch, Bodenhaftung und Fahrverhalten ziehen zu können, wurde durch entsprechende Versuche im August 1937 erreicht, und die Erwartungen wurden bestätigt: Auf der Autobahn brachte es der 20-PS-Wagen auf eine Geschwindigkeit von 108 km/h und verbrauchte nicht mehr Kraftstoff als ein ganz normaler Meisterklasse-Wagen bei einer Geschwindigkeit von 85 km/h. Trotz dieser günstigen und ermutigenden Ergebnisse kam es nicht zu einem Serienanlauf, denn die Karosserie war – das mußte leider eingesehen werden – viel zu teuer geworden und für den normalen Gebrauch zu unpraktisch. Wichtiger war jedoch die Überlegung, nach welchen Kriterien das Nachfolgemodell vom Typ F 5, der F 6, gebaut werden sollte. Eines war klar: Er mußte besser und preiswerter als sein Vorgänger werden. Diese Leitlinien erhielt das in Chemnitz neu eingerichtete Zentrale Konstruktionsbüro (ZKB), dessen erste Aufgabe die Konstruktion des F 6 war.

Doch die Ergebnisse der ersten Versuchsfahrten ermutigten keineswegs dazu, die Serienreife zu bescheinigen. Die Laufruhe des Motors und die Geräuschentwicklung des Getriebes gaben Anlaß zu Beanstandungen. Als wichtigste Neuerung hatte beim F 6 die Gummifederung an der Hinterachse zu gelten. Sie war allerdings noch nicht ausgereift, zumal sich der Wagen in Kurven viel stärker neigte als ein mit Stahlfeder ausgerüsteter. Wegen der vielen Detailmängel ging der F 6 nie in Serie.

Das Zwickauer DKW-Konstruktionsbüro, höchst ungehalten wegen der Arbeit des Zentralen Konstruktionsbüros in Chemnitz (ZKB), übernahm nun selbst wieder die Initiative. Es erreichte schließlich das vorrangige Entwicklungsziel bei dem Nachfolgetyp (F 7), nämlich eine starke Herabsetzung der Produktionskosten und gleichzeitig eine verbesserte Laufruhe des Fahrzeugs. Reichsklasse und Meisterklasse erhielten ab sofort eine einheitliche Karosserieform, die eine leichte Verbesserung der Platzverhältnisse erlaubte. Zusätzlich flossen eine Reihe von Detailverbesserungen in die Serie des F 7 ein: Der Motor bekam geschlitzte Kolben und einen überarbeiteten Vergaser. Außerdem wurden die Steuerungsschlitze für Ein- und Auslaß optimiert.

Neu in das Programm aufgenommen wurde das Modell Reichsklasse-Spezial in gehobener Ausstattung sowie die Meisterklasse (F 7) als viertürige Limousine. Auch sie wurde in der bewährten Sperrholzweise in Spandau gefertigt.

Von allen DKW-Frontmodellen war der F 7 das erfolgreichste. In seiner etwas über zweijährigen Produktionszeit konnten 100.038 Exemplare ausgeliefert werden. Im Frühjahr 1939, dem Produktionsende dieses Typs, wurden die Materialschwierigkeiten immer deutlicher. Dennoch gab es einen Nachfolgetyp, natürlich wieder als Reichs- und Meisterklasse und auch mit dem bekannten Zweizylinder-Zweitaktmotor, der in Abhängigkeit seines Hubraumes (600 und 700 ccm) nach wie vor 18 oder 20 PS leistete.

Der F 8 unterschied sich äußerlich nur in Details vom Vorgängermodell. So hatte er zur Einstiegsverbesserung schräger gestellte Türen, die Motorhaube hatte zwei übereinanderliegende Reihen von Kühlschlitzen und die Stäbe der Kühlermaske waren jetzt nicht mehr schräg, sondern vertikal angeordnet. Die wesentlichen Veränderungen waren technisch bedingt: Der ovale Doppelkastenrahmen, der eine größere Verwindungssteifigkeit und ver-

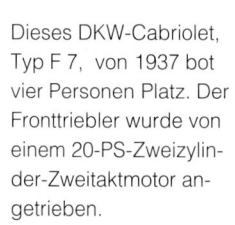

Dieses DKW-Cabriolet, Typ F 7, von 1937 bot vier Personen Platz. Der Fronttriebler wurde von einem 20-PS-Zweizylinder-Zweitaktmotor angetrieben.

besserte Laufruhe mit sich brachte, wurde, wie auch die neue Zahnstangenlenkung, von dem nicht in Serie gegangenen F 6 übernommen. Die Motorlagerung war zur Vermeidung von Schwingungen verbessert worden und auch die Verwendung einer Duplex-Bremse, nach wie vor betätigt über Seilzüge, stellte eine enorme Verbesserung dar.

Der DKW F 8 wurde, ähnlich wie sein Vorgänger, als zwei- und viersitzige Cabrio-Limousine sowie als Limousine jeweils in Reichs- oder Meisterklasse-Ausführung angeboten. Daneben gab es die zwei- oder viersitzigen Luxuscabriolets mit Stahlaufbau sowie einen Liefer- oder Pritschenwagen. Für den Export gab es den F 8 E unter der Bezeichnung ›Meister Super‹ als viersitzige Limousine beziehungsweise Cabrio-Limousine mit Stahlkarosserie, da die kunstlederbezogenen Holzkarosserien den Witterungseinflüssen in manchen Exportländern nicht immer standhielten.

Grundsätzlich wurden die Stahlkarosserien aller Auto Union-Automobile, also auch die der Audi-, Horch- und Wanderer-Wagen, in einer Holz-Stahl-Gemischtbauweise gefertigt. Das Außenblech der Karosserie wurde auf einem Grundgerippe aus Buchenholz befestigt. Die Gründe für diese Bauweise lagen neben einer besseren Geräuschdämpfung in erster Linie darin, daß die Ambi-Budd-Karosseriewerke in Berlin umfangreiche Patente auf die Fertigung von Ganzstahlkarosserien besaßen, die man mit der Holz-Stahl-Gemischtbauweise umging.

Die Produktion des DKW F 8 lief im November 1942 mit einer letzten Serie von 76 Lieferwagen aus, nachdem insgesamt fast 50.000 Exemplare des Typs F 8 gebaut worden waren.

Er bildete allerdings noch nicht den Abschluß der sächsischen DKW-Entwicklungen; denn parallel zu diesem Modell wurde seit 1938 an den F 9 gedacht. Dieses Fahrzeug sollte in seiner Klasse – vor allem auch im Hinblick auf die aufkommende Konkurrenz durch den Volkswagen – neue Maßstäbe in bezug auf Komfort, Geräumigkeit und Leistung bieten. »Mit dem Neubau eines stärkeren und geräumigeren Zweitaktwagens mit Dreizylinder-Motor und Frontantrieb sollte ein dem technischen Fortschritt entsprechendes Fahrzeug geschaffen werden, welches trotz etwas höherer Gestehungskosten durch Leistung und Fahreigenschaften den bisherigen Käuferkreis des DKW Front nicht nur erhalten, sondern noch erweitern sollte.«

Neben einer völligen Überarbeitung des Innenraumes und des Fahrgestells war es vor allem der Dreizylindermotor, der die Hohe Klasse, so die geplante Modellbezeichnung für den neuen DKW, von den bisherigen DKW-Frontmodellen abheben sollte. Der Dreizylinder-Zweitaktmotor leistete bei einem Hubraum von 900 Kubikzentimeter 30 PS. Das Triebwerk bot aufgrund seiner drei Zylinder schwingungstechnisch außerordentliche Vorteile und wurde in bezug auf die Laufeigenschaften mit denen eines Sechszylinder-Viertaktmotors verglichen. Neu für diese DKW-Klasse war auch die Karosserie. Nicht nur, daß sie besonders strömungsgünstig ausfiel, man wollte auch die Holztechnik verlassen und auf Stahlblech übergehen. Die ersten Prototypen des F 9 waren 1939 fertig. Es wurden ausgedehnte Versuche noch bis 1941 mit guten Ergebnissen weitergeführt, so daß einer Serieneinführung nur der Krieg entgegenstand. Vom F 9 sind Versuchsmodelle nach dem Krieg auch im Westen aufgetaucht, unter anderem in Hannover und in England; auch diente dieser Typ als Basis für den Wiederaufbau der Auto Union-Fahrzeugproduktion in Ingolstadt.

1939 waren Versuchswagen des DKW F 9 mit Stahlblechkarosserie und Dreizylinder-Zweitaktmotor fahrbereit. Der Krieg verhinderte den für 1940 geplanten Serienanlauf.

Ein DKW F 7 von 1938 mit Kunststoffkarosserie. Auch diese Auto Union-Neuentwicklung wurde durch den Zweiten Weltkrieg gestoppt.

Der Krieg hat neben dem F 9 auch eine andere DKW-Entwicklung gestoppt, von der sich die Entwicklungsmannschaften in Zwickau und Chemnitz einen revolutionären Durchbruch im Karosseriebau erhofften: Mit dem DKW F 7 und F 8 wurden in Zusammenarbeit mit der Dynamit AG, Troisdorf, einer Tochtergesellschaft der IG Farben, eingehende Versuche zur Entwicklung einer Kunstharzkarosse unternommen. Verwendet wurden Phenolharze mit Papiereinlagen, die unter hohem Druck miteinander verpreßt wurden.

In einer auszugsweise wiedergegebenen technischen Zusammenfassung aus dem Jahr 1944 wird der Stand der Kunststoff-Karosserieentwicklung deutlich: »Anfang Februar 1936 fand die erste Besprechung zwischen Auto Union und der Dynamit AG statt, zu der von der Auto Union die Zeichnung einer Frontwagentür vorgelegt wurde, mit dem Vorschlag, diese Tür aus Schichtmaterial herzustellen.

In einer unter dem Vorsitz von Herrn Dr. Bruhn am 25.9.1936 stattgefundenen Besprechung sichert Herr Dr. Leysieffer zu, daß die Dynamit bezüglich der Verwendung von Kunstharz für den Kraftfahrzeugbau lediglich mit der Auto Union zusammenarbeiten will. Am 4.10.37 besuchten die Herren des Vorstandes der Dynamit unsere Werke Audi und Horch und besichtigten die erste Meisterklasse mit Kunststoffkarosserie.

Im Juli 1937 wurden von der Dynamit Preßteile für drei komplette Karosserien angeliefert. Der Aufbau dieser ersten Karosserien war folgender: Der gesamte Karosserieboden bestand aus Blech. An den Blechboden wurden angesetzt: Zwei Seitenteile, ein Heckteil, zwei vordere Windlaufseitenteile, ein Windscheibenrahmen, zwei Dachteile, zwei Zwischenstücke zur Verbindung des Windscheibenrahmens mit den Seitenteilen oberhalb der Türöffnung sowie zwei Türen. Die Verbindung der Preßteile untereinander erfolgte durch Flansche und Schrauben.

Am 15.9., 28.9. und 10.10.37 wurden die drei ersten Wagen in den Fahrversuch genommen und haben sich bei diesen Versuchen auf schlechtesten Straßen durchaus gut bewährt. Risse zeigten sich im Preßstoff allerdings bei den an die Seitenteile angepreßten Radhausteilen.«

Aufgrund der positiven Testergebnisse hatte die Auto Union eine Presse bestellt, die jedoch wegen des Kriegsausbruches nicht mehr aufgestellt werden konnte. Das Kunststoff-Karosserie-Projekt hat die Auto Union 1,37 Millionen Reichsmark gekostet und ist bis weit in die vierziger Jahre verfolgt worden. Noch 1944 wurde überlegt, wie man nach Kriegsende die Produktion aufziehen sollte.

DKW-MOTORRÄDER VON DER AUTO UNION

Innerhalb der Auto Union hatte die Marke DKW eine gewisse Sonderstellung aufgrund ihres breitgefächerten Programms. Neben den erfolgreichen Frontantriebsautos gab es eine ebenso erfolgreiche Motorrad-Baureihe und verschiedene Zweitakt-Einbauaggregate.

Der entscheidende Impuls für eine Kultivierung des Zweitaktmotors, der Verbesserung der Motorleistung und der Verringerung des Kraftstoffverbrauches gelang 1932 erstmals bei den Motorradmotoren mit der Einführung der Umkehrspülung nach Schnürles Patenten. Das erste DKW-Fahrzeug mit der neuen Schnürle-Umkehrspülung war das Motorradmodell Sport 350. Im Programm hatte DKW Motorräder mit einer Hubraumspanne von 100 bis zu 600 ccm und einem Leistungsspektrum von 2,5 PS bis zu 20 PS. Es gab Ein- und Zweizylinder-Maschinen, wasser- und luftgekühlte. Die konstruktiven Unterschiede der Block, KS, SB, NZ und RT-Modelle lagen vornehmlich in der Motor-Getriebe-Einheit und natürlich beim Rahmen.

Schon auf der ersten von der Auto Union beschickten Berliner Automobil- und Motorradausstellung, 1933, konnte DKW zwei interessante Motorräder vorstellen: »Unter Verzicht auf irgendwelche Experimente und nach gewissenhaften, weitestgehenden Erprobungen bringt DKW als erste Fabrik serienmäßig zwei Modelle mit elektrischem Anlasser (Dynastart-Anlage) heraus. Die Block-200-ccm und die Block-500-ccm. Außer diesen beiden bahnbrechenden Modellen bringt DKW vor allem noch als neue Modelle die Maschinen Block-175-ccm und Sport-350-ccm, die beide die neuen Hochleistungsmotoren mit Umkehrspülung besitzen.

Alle DKW-Motorräder – mit Ausnahme des Modells TM 200 – besitzen die ganz moderne Block-Konstruktion, die ihre unübertreffliche Zuverlässigkeit schon in vielen zehntausenden DKW-Motorrädern unter den schwierigsten Verhältnissen des täglichen Gebrauchs und bei schärfsten Anforderungen in jedem Gelände bewiesen haben. Wie bei Kraftwagen ist der Motor hier mit der Kupplung und dem Getriebe ein einheitliches, sauberes, geschlossenes Maschinenaggregat. Der Hinterradantrieb erfolgt nicht durch Kardan, sondern durch Kette, eine Antriebsart, die hinsichtlich ihrer Weichheit und bewährten Zuverlässigkeit von keiner anderen Konstruktion übertroffen werden kann.

Die DKW-Motorräder haben seit einigen Jahren einen Preßstahlrahmen, der sich dank seiner besonderen Stabilität außerordentlich bewährt. Nur die Rahmen der leichtesten Modelle sind aus Spezialstahlrohr. Sämtliche DKW-Typen besitzen Zünd- beziehungsweise Zündlicht-Anlagen eigener Produktion, die unter Verzicht auf irgendwelchen besonderen Antrieb, wie Ketten, Zahnräder und so weiter, direkt auf der Motor-Kurbelwelle aufgeblockt sind.

Aus dem bisherigen DKW-Produktionsprogramm werden an bewährten Modellen übernommen: Die KM 175 als Block-Zweigang-Maschine, die L 200, ebenfalls als Block-Zweigang-Maschine, jenes Modell, das zu vielen Zehntausenden in aller Welt sich bewährt hat. Ferner die Block 200 in bekannter Ausführung mit drei Gängen, Batteriezündung, 35 Watt-Anlage, Armaturenlenker, Tachometer, Uhr, Stoß- und Steuerungsdämpfer, aufklappbarem rückwärtigem Kotflügel; ein Typ, der im Jahre 1932 den größten Marktanteil sämtlicher in Deutschland zugelassenen steuerfreien Motorräder errang. Dieser Typ wird auch mit 300-

Zwischen 1934 und 1939 war die SB 500 mit 15 PS das leistungsstärkste DKW-Serienmotorrad. Mit Einführung der Umkehrspülung im Jahr 1932 hatte man mit den luftgekühlten Zweizylindermodellen keine thermischen Probleme mehr, so daß die Produktion der wassergekühlten 500- und 600-ccm-Modelle 1933 eingestellt werden konnte.

Die RT 3 PS war das leistungsschwächste DKW-Motorrad. In der Zeit von 1936 bis 1940 wurden von diesem Modell fast 62.000 Exemplare verkauft.

ccm-Motor geliefert. Die wassergekühlte 500-ccm-Maschine ist bekannt durch ihre hervorragende Straßenlage, die einen großen Reisedurchschnitt zu fahren gestattet. Die DKW-Super-Sport-600 ist wohl die kraftvollste Beiwagenmaschine am Markt.«

Die außerordentliche breite DKW-Motorradpalette wird auch bei einem Blick auf das Typenangebot von 1937 deutlich, wobei die dreistelligen Ziffern die Hubraumgröße des Zweitaktmotors angeben: RT 100/3 PS, KS 200/7 PS, SB 200/7 PS, NZ 250/9 PS, NZ 350/11,5 PS, SB 500/15 PS. Neu in diesem Jahr waren die NZ-Modelle, die langfristig die SB-Modelle ablösen sollten. Die NZ-Modelle hatten einen elektrisch geschweißten Zentralkastenrahmen, der eine größere Verwindungssteifigkeit aufwies.

Im gleichen Jahr lief auch die Entwicklung eines ›Volkskrades‹ an, »das sich in dieser Fahrzeugkategorie parallel zum Volkswagen eine breite Käuferschicht erobern soll. Es läßt sich zwar heute noch nicht übersehen, ob hierfür ein Motor von 175 ccm oder 200 ccm zu der Eingliederung in das Typenprogramm der übrigen Industrie paßt.

Für das Fahrgestell war zunächst an eine verbilligte Anpassung an die jetzt laufende Type KS 200 gedacht. Ob aber nicht im Interesse einheitlicher Fabrikation eine Anlehnung an den Zentralkastenrahmen der neuen NZ-Modelle zweckmäßig erscheint, bleibt weiteren Untersuchungen vorbehalten. Verfolgt wird auch eine Fahrgestellkonstruktion mit Kunstharzpreßstoffen. Die Entwürfe dazu sind fertiggestellt, die Anfertigung von Musterrahmen ist wegen der entstehenden Werkzeugkosten bis zum Vorliegen erster Versuchsergebnisse bei Probekarosserien aus diesem Neustoff zurückgestellt.

Das 250er Modell werden wir bereits 1938 mit Hinterradfederung als Sportmodell herausbringen. Über diese Art der Federung liegen bereits gute Erfahrungen in der Rennabteilung vor. Die erweiterte Anbringung bei dem erwähnten Sportmodell ist ein Vorlauf für die Serie, bei der wir dann mit dem Erscheinen der NZ 500 auf Hinterradfederung überzugehen beabsichtigen.«

Das Volksmotorrad wurde dann die 1939 vorgestellte RT 125, ein Meisterstück von Chefkonstrukteur Hermann Weber. Weil sie aufgrund ihrer geringen Leistung von nur 4,75 PS von der Wehrmacht verschmäht wurde, ging sie anfänglich nicht in Serie. Nachdem man jedoch erkannt hatte, daß man mit einem leichten, wendigen Motorrad vor allem auf unwegsamem Gelände besser zurecht kam als mit einem ›schweren Brocken‹, war sie gefragter denn je. Ihren Siegeszug trat sie allerdings erst nach dem Kriege an, nachdem beherzte Auto Union-Männer in Ingolstadt 1949 die Produktion wieder aufnahmen und viele andere Firmen auf der Welt diese gelungene Maschine einfach kopierten.

Um auch unterhalb des Leichtmotorrades breiten Bevölkerungsschichten den motorisierten Einstieg zu erleichtern, wurde ein Fahrrad-Hilfsmotor entwickelt: »Die konstruktiven Vorarbeiten im Werk DKW gehen dahin, nicht ein der Saxonette (von Fichtel & Sachs) oder ähnlichen Erzeugnissen entsprechendes Konkurrenzfabrikat entgegenzustellen. Sie gehen auch nicht dahin, in das Programm der Fahrradfabriken einzudringen. Es wird angestrebt, ein Aggregat herzustellen, das eine Motorisierung bereits laufender Fahrräder ermöglicht. Dies kann nur dann erreicht werden, wenn die Rahmen-Konstruktion auch bei Motorisierung auf Dauer haltbar bleibt. Die Geschwindigkeit soll deshalb nicht viel mehr über der für Fußbetrieb (etwa 25 km/h) liegen, und ein leichter Einbau durch Austausch der Hinterräder möglich sein, was allerdings bei der Vielzahl der Fahrradkonstruktionen keine leichte Aufgabe bedeutet. Wir haben bei unseren Entwürfen nur einen Motor von etwa 35 ccm vorgesehen, und den Schwerpunkt in die Radmitte verlegt.«

Da der kleine Motor im Hinterrad integriert war, ließ sich praktisch jedes Fahrrad durch Austausch des Hinterrades motorisieren. Die Hummel war konstruktiv fertig, nur der Krieg verhinderte die Produktion. Immerhin wollte man in einem zu errichtenden Werk in Chemnitz von der Hummel arbeitstäglich mehrere tausend Stück produzieren.

Innerhalb der Marke Auto Union war es vor allem DKW, die aufgrund der hohen Produktion für eine Verbreitung des Namens Auto Union sorgte: Zwischen 1932 und 1942 wurden rund 290.000 DKW-Automobile und etwa 385.000 Motorräder produziert.

DKW-AGGREGATE FÜR ANDERE FIRMEN

Neben diesen beiden Fahrzeuggruppen hatte DKW ein weiteres Produktions-Standbein, und zwar die Fertigung von Einbau-Motoren. Weil der Zweitaktmotor leicht und unkompliziert war, diente er in vielerlei Gerätschaften und auch in kleinen Fremd-Automobilen als Antriebsaggregat.

Die Tradition der DKW-Einbaumotoren reicht bis in die Gründerjahre der Marke zurück, schließlich begann der Aufstieg der Firma ja mit einem kleinen Zweitakt-Fahrradhilfsmotor.

Trotz der Erfolge bei der Fahrzeug-Produktion hat man den Einbaumotoren auch weiterhin die nötige Aufmerksamkeit gewidmet und die Produktion dieser Aggregate kontinuierlich ausgebaut. Die Einbau-Zweitaktmotoren entsprachen im wesentlichen natürlich den Fahrzeug-Motoren, doch wurden sie auf die speziellen Anwendungsgebiete abgestimmt. Es gab sie bis zu 350 ccm als Einzylindermotor und darüber hinaus mit zwei Zylindern, zudem luft- und wassergekühlt.

Der Zweizylinder-350-ccm-Zweitaktmotor der DKW NZ 350 leistete 11,5 PS.

Die 1938 vorgestellte NZ-Baureihe mit elektrisch geschweißtem Kastenrahmen zählte seinerzeit zu den modernsten Motorradkonstruktionen. Die abgebildete NZ 350 kostete 875,00 Reichsmark.

Eine interessante Entwicklung war der schon in den zwanziger Jahren entwickelte Boxerzweizylinder-Zweitaktmotor, der für den Einbau in Flugzeuge vorgesehen war. Auch die Tatsache, daß Borgward sein erstes motorisiertes Fahrzeug, die Blitzkarre, 1924 mit einem DKW-Motor bestückte, weist auf die frühe Verbreitung der praktischen Einbaumotoren hin.

Unterschieden wurde Mitte der dreißiger Jahre zwischen Universal- und Spezial-Motoren. Die Universal-Motoren (EL 202, EW 301, KL 100) wurden vornehmlich für Schädlingsbekämpfungsspritzen, Gespanngrasmäher, Motorpumpen und Benzin-Elektroaggregate eingesetzt. Die Motoren RL und EW 461 wurden sowohl wasser- als auch luftgekühlt angeboten und fanden Anwendung

DIE MODELLPALETTE DER AUTO UNION

Der wassergekühlte Zweizylinder-Stationärmotor von DKW wurde unter anderem in tragbaren Feuerlöschspritzen verwendet.

Das kleine Framo Stromer Dreirad wurde von einem luftgekühlten 200-ccm-DKW-Einzylindermotor angetrieben, der 6 PS leistete. Das 300 Kilo leichte, steuer- und führerscheinfreie Dreirad erreichte eine Höchstgeschwindigkeit von etwa 60 km/h.

bei kleinen Traktoren, Motormähern, Bodenfräsen und Benzin-Elektroaggregaten. Die wassergekühlten und im Hubraum größeren Motoren ZW 600 und ZW 1.101 waren für Feuerspritzen, Benzin-Elektroaggregate und Bootsmotoren vorgesehen.

Die unterste Stufe der sogenannten Spezialmotoren begann mit dem Typ RT 100. Das war ein Motor mit Ventilator für Kleinlieferdreiräder, motorisierte Kranken- und Invalidenfahrzeuge beziehungsweise Selbstfahrer.

Auch bei den Spezialmaschinen für die Landwirtschaft war der DKW-Motor stark vertreten. Der Typ 300 trieb vor allem Bindemäher, Einachsschlepper, motorisierte Vorderwagen, Düngerstreuer und ähnliche Maschinen an. Darüber hinaus gab es unter anderem auch noch die Motoren TL 200, TL 300 und ZW 600, die vornehmlich für den Einbau in Lieferwagen vorgesehen waren.

Einer der wichtigsten Abnehmer dieser Einbaumotoren war Framo in Hainichen. Diese Firma war von Rasmussen gegründet worden und blieb auch nach dem Zusammenschluß der sächsischen Automobilfirmen zur Auto Union im Privatbesitz von Rasmussen. Mit den Motoren von DKW trieb Framo Transportdreiräder und verschiedene Kleinst-Lieferwagen an.

Von Framo gab es auch Personenwagen-Entwicklungen wie den Stromer, der drei- oder auch vierrädrig ausgeliefert wurde. Allerdings waren diese kleinen, schlichten Modelle am Markt weniger erfolgreich. Der letzte Versuch von Framo, verstärkt im Personenwagengeschäft Fuß zu fassen, wurde mit dem Piccolo gestartet, der natürlich auch von einem DKW-Motor mit einem Hubraum von 200 ccm angetrieben wurde.

Wie eigenartig mitunter die Geschichte verläuft, wird am Beispiel der Marke DKW deutlich. Es waren vor allem ihre Produkte, die den Aufschwung der Marke Auto Union herbeiführten und dafür sorgten, daß der sächsische Firmenverbund hinter Opel in den dreißiger Jahren zum zweitgrößten deutschen Automobilunternehmen avancierte. Nach dem Zweiten Weltkrieg war es wegen der relativ unkomplizierten und dennoch zuverlässigen Technik nahezu selbstverständlich, den Neuanfang in Ingolstadt mit DKW-Produkten zu wagen. Mitte der sechziger Jahre ging die Ära des Zweitaktmotors zu Ende, der Produktname DKW wurde von der Auto Union aufgegeben. An die Stelle von DKW trat der Produktname Audi von jener Firma, die in den dreißiger Jahren nur mit Hilfe von DKW hatte weiterleben können.

LUXUS VON HORCH

Gekrönte und ungekrönte Häupter fuhren, sofern sie es sich leisten konnten, einen Horch. Horch-Automobile zählten zur absoluten automobilen Spitzenklasse: »Horch ist ein Name, der seit langen Jahren geradezu der Begriff für technische Höchstleistungen im Automobilbau geworden ist. Sein überragender Ruf, seine einzigartige Beliebtheit werden durch nichts besser gekennzeichnet als durch großen Anteil, den Horch an den deutschen Kraftwagenzulassungen besitzt. Beinahe jeder zweite im Jahre 1932 in Deutschland zugelassene Personenkraftwagen in den Klassen über 4,2 Liter war ein Horch.«

In den Jahren von 1932 bis 1940 hat es von Horch unter dem Zeichen der Vier Ringe 29 Modelle gegeben, deren Vielfalt durch die verschiedensten Karosserie-Aufbauten und Fahrgestelle um ein Vielfaches gesteigert werden konnte. Für den Antrieb sorgten drei recht unterschiedliche Triebwerke:

- 8-Zylinder-Reihenmotor mit einem Hubraum von 5,0 Liter und einer Leistung von 100 und 120 PS.
- V 8-Motor mit verschiedenen Hubräumen von 3,0 bis 3,8 Liter und Motorleistungen zwischen 70 bis 92 PS.
- V 12-Motor mit einem Hubraum von 6,0 Liter und einer Leistung von 120 PS.

Dem Zwölfzylinder-V-Motor war die kürzeste Produktionszeit beschieden. Das 1931 vorgestellte 6,0-Liter-Triebwerk wurde bereits 1934 wieder aus dem Programm genommen. Dennoch sorgten die mit dem Zwölfzylindermotor bestückten Horch-Modelle aufgrund ihrer Größe und der imposanten Motorhaube für die entsprechende Aufmerksamkeit.

Ein Autotester berichtete damals: »Solange man durch die Stadt fährt, hat er wenig Gelegenheit zu überzeugen. Da imponiert er mehr den anderen, die dieses ungewöhnlich langgestreckte, niedere Sportcabriolet mit der mächtigen Haube an sich vorbeifahren sehen. Selbst im Berliner Westen, wo die Leute doch verwöhnt sind, erregt der Horch 12 Aufsehen.«

Das imposante Horch 670 Sportcabriolet hatte als Antriebsquelle den 120 PS starken V 12-Motor.

Der äußerst nobel ausgestattete Horch heimste auf den Schönheitswettbewerben erste Preise ein, doch war dem von Chefentwickler Fiedler inspirierten Zwölfzylinder-V-Motor auf Dauer kein großer Erfolg beschieden. Der Horch 12 mit den Modellbezeichnungen 600 und 670 brachte es auf ganze 78 Exemplare, was allerdings in der Öffentlichkeit kaum auffiel, da die Modelle mit Achtzylinder-Reihenmotor (500 B und 780 B) in der Karosserie kaum Unterschiede aufwiesen.

Trotz seiner geringen Stückzahlen zählt der Horch 12 auch heute noch zu den berühmtesten deutschen Automodellen. Sicherlich spielt da die Exklusivität eine wesentliche Rolle und auch das in dieser Modellreihe angebotene, bildhübsche und von Hermann Ahrens entworfene und entwickelte Cabriolet.

Bereits bei Gründung der Auto Union war den Verantwortlichen klar, daß die kaum überschaubare Typenvielfalt der Horch-Modelle zugunsten eines gestrafften Typenprogramms reduziert werden mußte. Von den insgesamt 18 Modellen des Jahres 1932 blieben im darauffolgenden Jahr nur noch 10 Modelle im Programm, von denen wiederum einige als Auslaufmodelle nur noch in geringen Stückzahlen gebaut wurden.

Die Hauptsäulen in der Produktion der großen Reihenachtzylinder Horch-Wagen, in der Zeit zwischen 1932 und 1935, bildeten die Modellreihen 500 B, 750 und 780. Allen Modellreihen gemeinsam war der von Fritz Fiedler in Zusammenarbeit mit Werner Strobel und Oskar Siebler überarbei-

DIE MODELLPALETTE DER AUTO UNION

Das Horch 780 Sport-Cabriolet mit Achtzylindermotor sah dem Zwölfzylindermodell sehr ähnlich. Auffälligster Unterschied: Die Ersatzräder waren in den Kotflügeln plaziert.

tete Achtzylinder-Motor, der 1930 eingeführt wurde und die Nachfolge jenes ersten Horch-Achtzylinders antrat, den Paul Daimler konstruiert hatte.

Ende 1933 kamen die Modelle 750 und 780 mit einer leicht überarbeiteten Karosserie auf den Markt. Die modifizierten Modelle führten in der Typbezeichnung zusätzlich den Buchstaben ›B‹.

Während der Horch 750 einen 4,5-Liter-Motor mit 90 PS besaß, wurden die Modelle 500 B und 780 von dem 100 PS starken 5-Liter-Motor angetrieben. Die Pullman-Ausführungen als Limousine oder Cabriolet wurden auf den Fahrgestellen des Horch 500 B oder dem des 750 angeboten. Beide Modelle gab es auch als offene Tourenwagen. Die sportlichste Variante war der Horch 780 als zweitüriges Sportcabriolet oder als ›Sedan-Cabriolet‹ mit vier Türen. Alle drei Horch-Modellreihen boten technisch kaum etwas Neues, sie waren eher Auslaufmodelle.

Große Hoffnung setzte man bei der Auto Union 1933 auf den ›kleinen Horch‹ mit neuem V 8-Motor. Die Entscheidung für die Entwicklung eines kleinen Horch wurde gefaßt, als diese Firma noch selbständig war und aufgrund der allgemein schlechten wirtschaftlichen Lage eine Ausweitung ihres Geschäfts in der Modell-Abrundung nach unten sah. Fertig war dieses Modell, als die Auto Union gegründet wurde, so daß es erstmals auf der Berliner Automobilausstellung 1933 vorgestellt werden konnte.

»Das Werk Horch der Auto Union AG bringt eine aufsehenerregende Neukonstruktion: einen 3-Liter V-Zylinder mit schwebendem Motor (Floating Power), der zu einem bisher nicht für möglich gehaltenen niedrigen Preis die klassische Schönheit und künstlerische Vollendung bietet, wie man sie bei Horch gewöhnt ist. In langwieriger Forschungsarbeit gewonnene Erkenntnisse werden

HORCH

für die Fabrikation praktisch ausgewertet. Der neue V-förmige Achtzylinder mit 3-Liter-Motor und 70-PS-Bremsleistung ist das Ergebnis umfassender Vorbereitungsarbeit. Bei ihm hat auch die letzte Errungenschaft des Motorenbaus, die ›schwebende Aufhängung (Floating Power)‹, Anwendung gefunden. Die V-förmige Motorbauart wurde aus Gründen räumlicher Ersparnis gewählt, denn bei der Schaffung dieses neuen Typs, dessen Elemente nichts Unerprobtes enthalten, wurde mit Bedacht auf größtmögliche Wirtschaftlichkeit Wert gelegt. Der neue Dreiliter-Horch bietet trotz verhältnismäßig geringen Zylinderinhalts seines Motors Geräumigkeit und Fahreigenschaften, die in dieser Klasse ohne Beispiel sind.«

Die Arbeiten für den neuen V 8-Motor hatte der damalige Chefkonstrukteur Fritz Fiedler noch eingeleitet, bevor er unmittelbar nach dem Firmenzusammenschluß die Auto Union verließ und zu BMW ging. Die Entwicklung des kleinen V 8-Motors zur Serienreife übernahm daraufhin Werner Strobel.

Das neue Horch-Modell trug die Bezeichnung 830, wobei die 8 für die Anzahl der Zylinder steht und die 30 auf die Größe des Hubraums hinweist: 3,0 Liter. Ein Urteil aus der Fachpresse: »Der Horch, Typ 830, stellt den gelungenen Versuch dar, die hervorstechenden Merkmale und Vorzüge zweier Wagenklassen in einem Fahrzeug zu vereinigen. Im Preis und in der Betriebswirtschaftlichkeit sollte sich der neue Horch der Gattung der mittelstarken Wagen nähern, dabei aber in Fahreigenschaften, Komfort und Ausführung sich möglichst wenig von den teuren und luxuriösen Großwagen unterscheiden.«

Der Typ 830 fand allerdings nicht sofort den ungeteilten Beifall des Publikums: Aus Kostengründen hatte man es bei den Starrachsen belassen und dem Fahrgestell die Karosserie namens Jupiter aufgesetzt, die von Ambi-Budd bezogen wurde. Das wirkte sich eher verkaufshemmend aus, da Ambi-Budd die gleiche Karosserie an die Firma Adler lieferte, so daß sich der Horch 830 und der Adler Standard rein äußerlich kaum voneinander unterschieden.

Die Karosserie für diesen Horch 830 kam von Ambi-Budd.

Die Geschäftsleitung der Auto Union handelte aufgrund des geringen Publikumsinteresses schnell und stellte Ende 1934 das Modell 830 B vor. Es hatte Einzelradfederung für die Vorderräder und einen auf 3,25 Liter vergrößerten Motor. Insbesondere die neue Vorderachse wurde von der Fachpresse positiv beurteilt: »Durch die achslose Aufhängung der Vorderräder hat die Straßenlage sehr gewonnen. Der Wagen liegt sehr gut auf der Straße und ist auch gegen schlechten Fahrbahnzustand sehr unempfindlich. Die Kurvensicherheit ist unbedingt gegeben. Erfreulicherweise neigt das Fahrzeug infolge seiner weichen Federung nicht im geringsten zum Stuckern, auch ist es frei von Nickschwingungen.«

Im Frühjahr 1935 folgten zwei neue Modelle mit der Bezeichnung 830 BL (Lang) und 830 BK (Kurz). Die Unterschiede der Modelle lagen vor allem in der Länge des Radstands, der beim Modell BL 3,35 Meter maß und beim Modell BK um 15 Zentimeter kürzer war. Gleichzeitig gab es abermals eine Hubraumvergrößerung auf nunmehr 3,5 Liter, so daß der Motor 75 PS leistete.

Grundsätzlich waren natürlich die damals allgemein üblichen Karosserieaufbauten im Angebot. Es gab den ›kleinen Horch‹ als Limousine, offenen Tourenwagen, zwei- und viertüriges Cabriolet, Pullman-Limousine und Pullman-Cabriolet.

Der Horch 830 blieb bis 1940, dem Ende der zivilen Horch-Produktion, im Auto Union-Programm, seit 1937 jedoch nur noch als Modell 830 BL. Mit insgesamt 9.468 Einheiten war die 830er-

Das ist die letzte Ausführung des Horch 830 BL Cabriolet von 1939. In diesem Modell wurde der 92 PS starke 3,8-Liter-V 8-Motor verwendet.

Modellreihe die erfolgreichste in der Horch-Geschichte. Allein 6.124 Fahrzeuge entfielen davon auf das Modell 830 BL, welches damit wiederum zum meist verkauften Einzelmodell der Nobelmarke mit dem gekrönten ›H‹ wurde.

In der zweiten Hälfte der 30er Jahre hatte sich die Auto Union nicht nur innerbetrieblich konsolidiert, auch die Modellpflege zeigte immer deutlicher eine einheitliche Linie.

Unter dem Einfluß des technischen Vorstands William Werner entwickelte die Auto Union eine moderne Karosserielinie, die nicht ganz ohne amerikanische Stileinflüsse war und die erstmals auf der IAA in Berlin 1936 in Form des Wanderer W 51 vorgestellt wurde.

Diese neue Karosserielinie markierte den Beginn einer gewissen Standardisierung im Typenprogramm der Auto Union.

Auf der Berliner Automobilausstellung stand im Frühjahr 1937 das neue Horch-Modell 930 V, welches ebenfalls deutliche Merkmale dieser neuen Karosserielinie besaß. Dieser 930 V sollte als ›kleiner Horch‹ das bisherige Horch-Modell 830 BK ablösen.

Der ›kleine Horch‹ hatte einen auf 3.100 mm verringerten Radstand, um das Fahrzeug-Gesamtgewicht zu reduzieren und damit die Fahrleistungen zu verbessern.

Die Zeitschrift ›Motor-Kritik‹ schrieb anläßlich der Internationalen Automobil- und Motorrad-Ausstellung (IAM A) in Berlin 1937:

»Horch hat die beiden Haupttypen mit V- beziehungsweise Reihen-Achtzylindern weiter auf dem Programm. Ihre Hauptkennzeichen sind bekannt – nur die Fahrgestelle sind zum Teil geändert worden. Aufmerksame Leser der ›M.-K.‹ werden sich vielleicht erinnern, daß wir im vergangenen Jahr gegen die Auto Union den Vorwurf erhoben, daß sie gerade beim Horch-Programm zu viele Abweichungen in der Fahrgestellkonstruktion habe. Direktor Werner, der technische Leiter des Unternehmens, der vor allem für Horch verantwortlich zeichnet, erklärte uns nachträglich, daß das Werk im Wege sei, eine Vereinfachung durchzuführen. Herr Werner hat Wort gehalten, denn jetzt sind sämtliche Horch-Typen – eine Ausnahme macht nur die aus dem Vorjahre beigehaltene preiswerte Pullman-Ausführung, die nach wie vor Starrachsen aufweist – mit dem Kastenrahmen, einzelgefederten Vorderrädern, der hinteren Doppelgelenkachse und Einzelradlenkung ausgerüstet. Es ist erfreulich, daß damit Horch eine völlig klare Linie in die Konstruktion bekommen hat. An Neuerungen sind noch anzuführen, daß für die Pullman-Typen in Sonderausführung, sie tragen das Zeichen 951, ein verlängertes Fahrgestell von 3.795 mm gewählt wurde und daß eine Reihe von neuen Horch-Karosserien für alle Modelle zur Verfügung stehen.«

In der Tat war die Verwendung der aufwendigen Horch-Doppelgelenk-Hinterachse auch bei den kleinen Horch-Typen eine wesentliche Verbesserung, und die Fachpresse lobte allenthalben die daraus resultierende Laufruhe und das gute Fahrverhalten.

Der 3,5-Liter-V 8-Motor war vornehmlich durch eine höhere Verdichtung in seiner Leistung von 75 auf 82 PS gesteigert worden.

Mit einem Gesamtgewicht von 1900 kg erreichte der Horch 930 V eine für damalige Zeiten recht ordentliche Höchstgeschwindigkeit von 125 bis 130 km/h.

Angeboten wurde der Horch 930 V in zwei Grundmodellen: als viertüriger Innenlenker sowie als zweitüriges Sport-Cabriolet. Die Karosserien für beide Typen entstanden in den Horch-Werken. Allerdings erteilte die Auto Union im August 1937 der Firma Gläser in Dresden einen Auftrag über die Entwicklung eines zweisitzigen Spezial-Roadster, der auf der IAA 1938 vorgestellt wurde und in einer kleinen Serie von 30 Stück gebaut wurde.

Sportliche Fahrleistungen konnte dieser Roadster nicht bieten, aber er war ein äußerst attraktiver ›Boulevard-Sportwagen‹.

Als die Auto Union 1938 plante, einen neuen Audi auf den Markt zu bringen, der von einem 75 PS starken 3,2-Liter-Sechszylindermotor angetrieben werden sollte (Audi 920), hielt man es im Sinne einer ausgewogenen Modellpolitik für unerläßlich, den kleinen Horch leistungsmäßig von dem neuen Audi abzusetzen. Ein Unterschied von nur 7 PS in der Motorleistung hätte die Abgrenzung kaum deutlich gemacht. So entschied man sich, ab September 1938, den 92 PS leistenden und für die Wehrmacht entwickelten V 8-Motor auch für die zivilen Horch-Fahrzeuge zu nutzen.

Zur serienmäßigen Ausstattung der V 8-Modelle gehörte auch der Autobahnferngang, der durch einen Zusatzhebel am Kardantunnel eingeschaltet werden konnte: »Bei einer Geschwindigkeit von 130 km/h würde der Motor ohne Ferngang eine Drehzahl von rund 4000 U/min erreichen. Diese Drehzahl als Dauerzustand würde der Motor keinesfalls vertragen können. Der Ferngang läßt den Motor bei dieser Geschwindigkeit nur knapp 3000 U/min machen, und das ist eine Drehzahl, die der Motor ohne die geringste Schwierigkeit stundenlang aushält...«

Insgesamt wurden in der Zeit von Januar 1937 bis Januar 1940 2.058 Wagen vom Typ 930 V in Zwickau gebaut.

Von diesem Horch 930 V als flotter Spezial-Roadster mit Gläser-Karosserie von 1938 wurden insgesamt nur 30 Exemplare verkauft.

Um seinen Ruf in der automobilen Oberklasse als die Nummer Eins zu festigen, präsentierte Horch 1935 die 850er Baureihe (850 = 8 Zylinder, 5 Liter Hubraum), welche die alten Reihenachtzylinder-Modelle 500, 750 und 780 ablösen sollte. Aufgrund ihrer formschönen Karosserien fand die neue Baureihe eine uneingeschränkt positive Beurteilung. Selbstverständlich standen bei den Karosserien wieder sämtliche Varianten zur Verfügung: von den imposanten, siebensitzigen Pullman-Limousinen und Cabriolets bis hin zu einem schnittigen Spezial-Roadster.

Bis Ende der zwanziger Jahre war es noch relativ einfach, bestimmte Entwicklungen und Konstruktionen im Automobilbau einzelnen Personen zuzuordnen. In den 30er Jahren setzte sich jedoch zunehmend die Teamarbeit durch, so daß das Wirken des einzelnen mehr oder weniger anonym blieb. Dies galt gleichwohl für die Mitarbeiter in den Abteilungen für Motoren- und Fahrgestellentwicklung als auch für die Karosseriebauer und Stylisten.

Nachdem Horch-Chefdesigner Hermann Ahrens 1932 zu Daimler-Benz übergewechselt war, wurden die Horch-Karosserien von einem Stylisten-Team entworfen, das anfänglich im Horch-Werk Zwickau, seit 1936 in einer Abteilung des Zentralen Konstruktionsbüros (ZKB) in Chemnitz tätig war. Unter Leitung von Albert Locke haben sich Mitarbeiter wie Günther Mickwausch oder der gelernte

DIE MODELLPALETTE DER AUTO UNION

Eines der elegantesten Horch-Modelle in den dreißiger Jahren überhaupt, das Horch 850 Sport-Cabriolet mit 100 PS 5-Liter-Reihenachtzylindermotor.

Bildhauer Wilhelm Böhm profilieren können. Auch William Werner, als technischer Vorstand und erfolgreicher Hobby-Bildhauer, ließ es sich nicht nehmen, Karosserieentwürfe mitzugestalten.

Die in ihren Proportionen äußerst ansprechende und elegante Karosserie des fünfsitzigen Sportcabriolets Typ 850 (intern 853) machte dieses Fahrzeug zweifellos zum Star der neuen Horch-Reihenachtzylinder-Baureihe. Es wurde erstmals auf der Berliner Automobilausstellung im Frühjahr 1935 präsentiert. Der Zuspruch des Publikums war so überwältigend, daß noch während der Ausstellung über 50 Verkaufsabschlüsse dieses Sportcabriolets getätigt werden konnten. Neben dem Sportcabriolet gab es den Horch 850 in Pullman-Ausführung, als Cabriolet und als Limousine. Eine Sonderausführung der Pullman-Modelle mit umfangreicher Sonderausstattung wurde als Typ 851 angeboten.

Allen Modellen gemeinsam war der 5-Liter-Reihenachtzylinder mit 100 PS. Das Sportcabriolet besaß eine aufwendig konstruierte Doppelgelenk-Hinterachse. Bei den Pullman-Ausführungen 850/851 behielt man die Starrachse bei.

Eine besondere Augenweide war der zweisitzige Spezial-Roadster, der sowohl auf dem Normalfahrgestell des 853 als auch auf einem verkürzten Fahrgestell als Typ 855 angeboten wurde. Die Karosserien dieses attraktiven Zweisitzers, mit einer schier endlos langen Motorhaube, kamen sowohl aus dem Horch-Karosseriebau als auch von der Nobelkarosserie-Firma Erdmann & Rossi in Berlin-Halensee. Sehr oft arbeitete die Auto Union, wie auch viele andere Automobilhersteller in Deutschland, eng mit renommierten Karosseriebaufirmen zusammen, da der eigene Karosseriebau nicht die notwendige Kapazität besaß. Viele der Serienkarosserien, und dies gilt

HORCH

für alle Modelle der vier Auto Union-Marken, stammten von Firmen wie Gläser in Dresden oder Baur in Stuttgart, die sich auf Cabriolet-Karosserien spezialisiert hatten. Andere Firmen wie Reutter in Stuttgart oder Hornig in Meerane lieferten sowohl Limousinen- als auch Cabriolet- und Lieferwagenbauten.

Die unerwartet große Nachfrage nach den neuen Horch-Modellen führte schon bald zu Lieferengpässen, so daß sich die Verkaufsorganisation veranlaßt sah, auf eine Erhöhung der Produktion zu drängen. Man befürchtete die Stornierung bereits erteilter Aufträge und ein Abwandern der Kunden zur Konkurrenz. Der übereilte Versuch, die Fertigung der neuen Horch-Modelle zu forcieren, führte allerdings zu Qualitätseinbrüchen, zumal man bei Horch schnell erkannte, daß die neuen Wagen noch nicht in allen Belangen ausreichend getestet worden waren.

Der gesamte Wagenvorbau neigte zu Schüttelerscheinungen, und die Kunden reklamierten unangenehme Karosseriegeräusche.

In enger Zusammenarbeit mit den Auto Union-Filialen und der Horch-Händlerschaft gelang es, die Mängel auch bei den bereits ausgelieferten Fahrzeugen zu beheben.

1937 wurde die Leistung des 5-Liter-Motors auf 120 PS erhöht. Gleichzeitig erhielten die Pullman-Modelle in Sonderausführung die Doppelgelenk-Hinterachse, wobei die bisherige Modellbezeichnung 851 in 951 abgeändert wurde. Im darauffolgenden Jahr wurde bei den Modellen 853 und 951 der Autobahnferngang eingeführt.

Horch, das waren jene eleganten, teuren Wagen mit majestätischem Habitus, die den Luxus im Automobilbau verkörperten. Hinter den Volants der Sportcabriolets und Roadster sah man viele Prominente aus Film und Sport, die großen Pullman-Modelle dienten als Repräsentationsfahrzeuge in der Wirtschaft und im diplomatischen Dienst. Hohe Wehrmachts-Offiziere ließen sich ebenso gerne in den großen Horchwagen chauffieren wie manch einer der Parteiführer. Für den Normalbürger waren diese Luxusautomobile zu teuer. Die Preisspanne reichte von 7.750 Reichsmark für die Limousine mit V8-Motor bis hin zum Pullman-Cabriolet in Sonderausführung und mit Achtzylinder-Reihenmotor für 20.500 RM beziehungsweise 22.000 RM für den Spezial-Roadster vom Typ 855. Zu diesem Preis bekam man damals auch schon ein Einfamilienheim.

Innerhalb der Auto Union lag der Anteil der Horch-Modelle bei etwa 5 Prozent. Wertmäßig sah die Lage natürlich wesentlich günstiger aus, denn um den gleichen Umsatz zu erzielen, den das teuerste Horch-Modell erwirtschaftete, mußten vom billigsten DKW-Modell insgesamt 13 Stück verkauft werden.

Ein Traum in Holz und Leder, der Innenraum des Horch 853 Sport-Cabriolets von 1937.

Den Horch 5 Liter Spezial-Roadster gab es mit unterschiedlich langen Radständen.

DIE MODELLPALETTE DER AUTO UNION

Die Repräsentations-Limousine schlechthin, der Horch-Pullman, Typ 951.

Horch hatte durch den Verbund der Auto Union endlich eine feste Position im Automobilmarkt erlangt. Die Jahresproduktion stieg in der Zeit von 1932 bis 1938 von knapp 850 Stück auf annähernd das Dreifache. Mit einem großen Festakt im Werk Horch feierte die Auto Union im Juli 1937 die Fertigstellung des 25.000 Horch Achtzylinders seit Einführung dieses Nobel-Automobils im Jahr 1926. Durch die positive Marktentwicklung konnte Horch seinen Marktanteil in der Oberklasse stetig ausbauen, und eine weitere Steigerung der Absatzzahlen schien ohne weiteres erreichbar.

Der Horch V 8 mit Stromlinien-Karosserie wurde 1939 auf der IAA in Berlin vorgestellt. Originell und besonders praktisch: das ausklappbare Waschbecken.

Schon deshalb hatte man sich bei Horch wesentliche Modellerneuerungen für 1940 vorgenommen. Erste Anzeichen der neuen Modellstruktur war der von der Auto Union auf der IAA 1939 vorgestellte Prototyp eines Stromlinienwagens auf Basis des Horch V 8 (Typ 930 S), der moderne Erkenntnisse der Aerodynamik in sich vereinte und die technisch-konstruktiven Errungenschaften der Marke Horch – und damit der Auto Union – zum Ausdruck bringen sollte.

Der Ausbruch des Zweiten Weltkriegs beendete jedoch für immer die Produktion der zivilen Personenwagenmodelle mit dem gekrönten ›H‹. Der letzte Horch-Personenwagen der Auto Union, ein Horch 830 BL, wurde Ostern 1940 ausgeliefert. Nach dem Krieg wurden noch einige Wagen aus Restbeständen im Auftrag der russischen Besatzungstruppen zusammengebaut, darunter sechs Stromlinienwagen des Typs 930 S. In den 50er Jahren lebte der Name Horch noch einmal kurz auf, als man in der DDR einen Sechszylinder-Pkw der gehobenen Mittelklasse unter dem Modellnamen ›Horch-Sachsenring P 240‹ auf den Markt brachte. Danach wurde es still um diesen großen, klangvollen Automobilnamen.

BEWÄHRTES VON WANDERER

Mit dem Einstieg in die Auto Union konnte die Fahrzeugabteilung der Wanderer-Werke dem Gesamtunternehmen sozusagen eine Morgengabe überreichen, denn der von Porsche entwickelte Sechszylinder-Reihenmotor war bereits 1932 in die Produktion eingegangen. Dieses Triebwerk sorgte in verschiedenen Leistungsstufen bis 1938 für die Motorisierung der Wanderer- und Audi-Modelle. Damit wird gleichzeitig die Stellung der Marke Wanderer innerhalb der Auto Union deutlich. Die Modelle lagen in Preis und Ausstattung etwas unterhalb der Audi-Typen, konkurrierten in einigen Bereichen sogar mit ihnen, wie auch mit den Fremdfabrikaten von Mercedes-Benz, BMW, Opel und Stoewer. Innerhalb der Auto Union sah man die Wanderer-Produkte so: »Die Wagen, die seit dieser Zeit das Band des Werkes Siegmar verlassen, tragen zwar zahlenmäßig gesehen durchaus den Charakter eines Großserienprodukts, doch konnte die altbewährte Qualität weiter gesteigert werden. Das Werk Siegmar zählt zu den modernsten Automobilfabriken des Kontinents und ist hinsichtlich seiner großzügigen Anlage, seinen mustergültigen Lichtverhältnissen auch heute noch unübertroffen. Je nach Konjunktur und Saison verlassen 200 bis 600 Wagen monatlich das Werk Siegmar und werben in aller Welt für deutsche Werkmannsarbeit und gediegene Autokultur.

Das Produktionsprogramm des Werkes Siegmar enthält auch im Rahmen der Auto Union AG ausschließlich die strapazierfähigen, mittelstarken Hochleistungs-Gebrauchstypen, deren wichtiger Vorzug es ist, neben fortschrittlichen Fahreigenschaften eine besonders hohe Zuverlässigkeit zu bieten, die jeden einzelnen Wagen zu Kilometerleistungen befähigt, wie sie sonst im Automobilbau zu den Seltenheiten gehören.«

Gegenüber der Marke Audi hatte Wanderer innerhalb der Auto Union den besseren Start und über die Jahre hinweg auch die weitaus besseren Verkaufserfolge. Im Schnitt lag der Wanderer-Marktanteil in Deutschland bei rund 5 Prozent, Audi kam im Mittel nicht über 0,5 Prozent hinaus.

Ihren Höhepunkt erreichten die Wanderer-Verkäufe 1938, als insgesamt 67.000 Automobile mit den Vier Ringen die Werke verließen und Wanderer in Siegmar davon zirka 12.000 produzierte.

Die Wanderer-Modelle in der Zeit von 1933 bis 1939 werden von zwei technisch wesentlichen Merkmalen geprägt: Sie hatten – bis auf eine Ausnahme – grundsätzlich einen vornliegenden Sechszylindermotor, der kombiniert war mit dem konventionellen Heckantrieb. Als Modellbezeichnung trugen sie schon seit 1920 das ›W‹, wobei nicht eindeutig ist, ob es für ›Wagen‹ oder ›Wanderer‹ steht. Mit der Eingliederung der Wanderer-Automobilabteilung in die Auto Union wurden die beiden bereits zur Serienreife entwickelten neuen Wanderer-Typen produziert, die erstmals den von Porsche entwickelten Sechszylinder-Motor besaßen. Die Karosserien der Modelle W 15 und W 17, die 1932 auf den Markt kamen, entsprachen im wesentlichen denen der Vorgängertypen W 10/IV und W 11. Die Karosserien sahen eher bieder aus, doch orientierten sie sich in ihrer Verarbeitung an dem traditionell hohen Qualitätsstandard der Wanderer-Produkte.

Der Wanderer W 15 wurde von einem 35 PS starken 1,7-Liter-Motor angetrieben und als zweitürige Vierfenster-Limousine sowie als zweisitziges Cabriolet mit Gläser-Karosserie angeboten. Der W 17 besaß den größeren Zweiliter-Motor mit 40 PS und konnte als viertürige Sechsfenster-Limousine und ebenfalls als zweitüriges Cabriolet bestellt werden. Zudem gab es ihn noch in einer Lieferwagenausführung mit einem Aufbau der Ka-

Das Wanderer W 17 Cabriolet mit einer Karosserie von Gläser aus Dresden. Die Modelle W 15 und W 17 kamen 1932 mit dem neuen Porsche-Sechszylindermotor auf den Markt.

Der W 21 war die erste Wanderer-Limousine, die 1933 unter der Regie von der Auto Union vorgestellt wurde.

rosseriefirma Hornig in Meerane. Der W 15 als auch der W 17 waren typische Interimsmodelle mit ihrer zwar neuen Technik jedoch der überholten Karosserie. Bis zum Produktionsende 1933 wurden vom W 15 insgesamt 404 und vom W 17 sogar nur 344 Stück produziert.

Zur Berliner Automobilausstellung im Frühjahr 1933 präsentierte sich der neue Wanderer (W 21/W 22) mit den beiden bekannten Porsche-Motoren, jedoch mit neuer Karosserie, die sehr elegant war und für mehrere Jahre das Wanderer-Typenprogramm der Auto Union prägen sollte: »Wanderer beschickt die Berliner Automobilausstellung mit zwei neuen Wagen-Modellen von 35 PS und 40 PS. Beide Wagen gleichen sich in ihrem konstruktiven Aufbau bis auf ihr abweichendes Motorhubvolumen von 1,7- und 2-Liter und ihre Karosserieausstattung. Während der 1,7 Liter mit vierfenstrigem Innenlenker-Aufbau geliefert wird, ist die serienmäßige Ausführung des 2-Liter-Typs sechsfenstrig. Der Zweiliter wird außerdem mit einer sehr eleganten viersitzigen Cabriolet-Karosserie geliefert. Radstand und Spurweite betragen bei beiden Wagen 3.000 mm beziehungsweise 1.350 mm. An diesen neuen Sechszylindern interessiert in besonderem Maße die Schwingachse der Hinterräder, die nach einem neuartigen Prinzip durchgebildet ist.

Die Vorderachse ist normal jedoch breit ausladend, um eine niedrige moderne Erscheinung und eine absolute einwandfreie Straßenlage sicherzustellen. Es ist selbstverständlich, daß der Rahmen dieses Schwingachsenwagens im Hinblick auf die erhöhten Beanspruchungen dieser Bauart durchgebildet wurde.

Der Wanderer-Sechszylinder-Motor gilt unter Fachleuten als eine vollendet schöne und besonders zweckmäßige Konstruktion. Der eigentliche Motorblock besteht aus Silumin, einem Leichtmetall, das bei geringstem Gewicht den auftretenden Beanspruchungen in jeder Weise genügt. Die Zylinderlaufbahnen sind auswechselbar und bestehen aus einem Spezialhartguß, der dank seiner einfachen Formgebung unter Berücksichtigung besonders günstiger Laufeigenschaften gewählt wurde. Ein typischer Vorzug dieser eingesetzten Laufbüchsen besteht darin, daß bei eventuell notwendig werdenden Reparaturen nicht mehr der gesamte Zylinderblock ersetzt werden muß, sondern daß diese Prozedur auf die billige Laufbüchse beschränkt bleiben kann. Das sehr neuzeitliche Getriebe besitzt vier Gänge; die zwei oberen haben schräg verzahnte Räder und sind daher praktisch geräuschlos.

Mit einem Gesamtgewicht von nur 1.200 Kilogramm zeichnen sich die beiden neuen Wanderer-Modelle durch kraftvolle Maschinen und unübertreffliche Fahreigenschaften aus. Sie fügen somit zu der sprichwörtlichen Haltbarkeit älterer Wanderer-Wagen gesteigerten Komfort und Temperament neu hinzu, zwei Momente, die den Gesamteindruck dieser Wagen wohltuend abrunden.«

Der auf 50 PS leistungsgesteigerte Sechszylindermotor mit 2,25-Liter-Hubraum war in diesem Wanderer W 250 Cabriolet eingebaut.

Die Karosserie entsprach dem damaligen Zeitgeschmack und wurde von einer langen Motorhaube geprägt. Man saß in dem Fahrzeug aufrecht und konnte schon aufgrund der stolzen Höhe von 1,64 Meter seinen Hut aufbehalten. Bei der Einführung kostete die Limousine zwischen 4.660 und 5.250 RM, das Cabriolet 6.250 RM.

Vom Wanderer W 21 fanden in der Zeit von 1933 bis 1935 insgesamt 4.651 Fahrzeuge einen Abnehmer. Im gleichen Zeitraum wurden vom Typ W 22 insgesamt 5.796 Exemplare produziert.

1935 kamen vom W 21/W 22 überarbeitete Modelle auf den Markt, die gleichzeitig eine dreistellige Zahlenkombination als Modellcode aufwiesen. Außerdem gab es einen auf 2,3 Liter vergrößerten Motor, der 50 PS leistete.

Das Wanderer-Programm für 1935/36 schlüsselte sich folgendermaßen auf:

W 235	1,7 Liter	35 PS
W 240	2,0 Liter	40 PS
W 245	2,3 Liter	50 PS
W 250	2,3 Liter	50 PS

Das Angebot unterschiedlichster Karosserieausführungen war geradezu verwirrend, wie die folgende Übersicht zeigt. Hier wird deutlich, wie die Auto Union Mitte der 30er Jahre versuchte, mit einer möglichst großen Modellvielfalt den unterschiedlichen Käuferinteressen gerecht zu werden:

W 235	Viertürige Vierfenster-Limousine
	Viertürige Cabrio-Limousine
	Lieferwagen
W 240	Viertürige Vierfenster-Limousine
	Kombinations-Limousine (mit großer Hecktür)
	Zweifenster-Cabriolet
	Offener Tourenwagen (Phaeton)
	Lieferwagen
W 245	Viertürige Vierfenster-Limousine
	Zweifenster-Cabriolet
	Kombinations-Limousine
W 250	Viertürige Sechsfenster-Limousine
	Vierfenster-Cabriolet
	Pullman-Limousine

DIE MODELLPALETTE DER AUTO UNION

Als letzte Weiterentwicklung der Ursprungstypen W 21/W 22 kam 1936 die Modellreihe W 35, W 40, W 45 und W 50 mit dem unveränderten Sechszylindermotor ins Programm. Sie unterschied sich von den Vorgängermodellen im Aussehen kaum, sieht man einmal von dem neu gestalteten Kühlergrill ab. Am Fahrwerk gab es jedoch einige Veränderungen: »Alle Wanderer-Modelle«, verkündet der Pressetext von 1936, »sind jetzt Vollschwingachser. Achslos aufgehängte Vorderräder und die bewährte Schwingachse hinten.« Die achslose Vorderradaufhängung, welche die alte Starrachse ablöste, bestand aus einer unten liegenden Querblattfeder und oberen Dreieckslenkern, die mit einem am Rahmen befestigten Hebelstoßdämpfer verbunden waren.

Mit dem Wanderer Spezial W 51 stellte die Auto Union 1936 ein völlig neues Karosseriedesign vor. Es beeinflußte in den folgenden Jahren auch die Modelle der anderen Automobil-Marken.

Neben den Personenwagen gab es im Wanderer-Programm weiterhin einen Schnellieferwagen sowie eine Wanderer-Kombinations-Limousine, deren Rücksitze sich durch eine rückwärtige Tür bequem herausnehmen ließen, wodurch ein großer Raum zur Gepäck- und Güterförderung frei wurde. In einer letzten Entwicklungsstufe wurde seit Mitte 1936 die Leistung des 2,3-Liter-Motors von 50 auf 55 PS gesteigert. Als Auslauftyp blieb der W 45 bis 1938 im Wanderer-Programm.

Neu ins Programm aufgenommen wurde 1936 auch der Wanderer Spezial W 51 in Limousinen- und Cabriolet-Ausführung: »Mit diesem Modell hat die Auto Union wieder ganz neue Wege zu der künstlerisch zweckmäßigen Wagengestaltung beschritten. Hier wurde eine zweckmäßige Lösung gefunden, die von der Kühlerform über die Haube bis hin zum Wagenheck dem Zuge der modernen aerodynamischen Formgebung folgt, dabei aber auch gleichzeitig die Forderung höchster Ästhetik und äußerster Fahrbequemlichkeit erfüllt. Auch dieses neue Wanderer-Modell ist zweifellos seiner Zeit weit voraus und damit richtungweisend für die allgemeine Entwicklung.« Richtungweisend war der Wanderer W 51 vor allem innerhalb der Auto Union. Seine moderne Karosserie, die deutlich amerikanische Einflüsse zeigte, wurde zum Vorbild einer neuen Fahrzeuggeneration bei der Auto Union, die mit leichten Abänderungen auch bei den Horch-, Audi- und Wanderer-Modellen der späten 30er Jahre verwendet wurde. Angetrieben wurde der W 51 von dem 50 PS leistenden Sechszylinder des Parallelmodells W 50. Wesentlich mehr Leistung, nämlich 85 PS, bot der Wanderer-Sport W 25 K mit Kompressor. »Ein lang gehegter Wunsch der deutschen Sportwagenfahrer geht mit diesem Fahrzeug in Erfüllung: Aus dem in vielen Siegen bewährten Zweiliter-Sechszylinder Wanderer-Geländesport-Modell wurde ein wirkliches Sportfahrzeug mit hoher Spitzenleistung entwickelt. Der Sechszylinder-Hochleistungsmotor erhielt ein zwischen Vergaser und Ansaugrohr organisch eingefügtes Rootsgebläse, Gammasilumin-Gehäuse und Gammasilumin-Zylinderkopf. Seine 85-Brems-PS entsprechen der ungewöhnlichen Literleistung von fast 45 PS, und bei einem Wagengewicht von knapp 1.000 kg einem Leistungsgewicht von etwa 12 kg/PS. Das Fahrwerk besteht aus einem sehr leichten, aber ungemein stabil verschweißten Kastenrahmen, achslos aufgehängten Vorderrädern, Speziallenkung mit geteilter Spurstange. Für die Hinterachse wurde die bei den DKW-Wagen der Auto Union in der Praxis so ungemein bewährte konstruktive Lösung der sogenannten Schwebeachse gewählt.

Eine Spitzengeschwindigkeit von 145 bis 150 km/h, ein ganz hervorragendes Anzugsvermögen und einzigartige Straßenlage kennzeichnen dieses neue Wanderer-Sportmodell.« Und in der Tat, der zweisitzige Roadster mit Kompressormotor zum Preis von 7.500 RM war der Star unter den Wanderer-Modellen auf dem Auto Union-Stand während der Berliner Automobilausstellung und wurde sehr schnell zum Liebling der Herrenfahrer.

Eine neue Fahrzeuggeneration leiteten 1937 die mit neuer Karosserie und Technik ausgestatteten Modelle W 23 und W 24 ein. Kernstück der technischen Erneuerung war ein neuer 2,6-Liter-Sechszylindermotor mit einer Leistung von 62 PS, der seit 1938 in alle großen Wanderer-Modelle eingebaut wurde. Die Vorteile des neuen Motors mit untengesteuerten, stehenden Ventilen lagen in der einfachen Bauart, dem Fortfall von Ventilbetätigungsorganen und der Möglichkeit, verbrennungstechnisch günstigere Brennräume anwenden zu können, die »sich bei der Brennstoff-Entwicklung günstig auswirkten«. Einen weiteren Vorteil bot das

Die sportlich gestylte Armaturentafel des Wanderer W 25 K.

Der Wanderer W 25 K wurde neben dem Roadster auch als Sport-Cabriolet angeboten. Die Karosserie kam von der in Stuttgart ansässigen Firma Baur.

DIE MODELLPALETTE DER AUTO UNION

Baukastenprinzip, so daß sich neben dem Sechszylinder problemlos auch ein Vierzylinder für das Modell W 24 verwirklichen ließ. Dieser hatte dann einen Hubraum von 1,8 Liter und leistete 42 PS.

Neben dem neuen 4- beziehungsweise 6-Zylinder war bei den 37er Modellen auch unter dem Blech technisches Neuland betreten worden, zumal man die von DKW her bekannte Schwebeachse installiert hatte, die sich bereits im Wanderer-Kompressor-Sportwagen W 25 K bewährt hatte.

Um die Herstellungskosten im Konzern zu senken, wurde in jenen Jahren verstärkt darauf geachtet, Gleichteile zu verwenden. Und so blieb es nicht aus, daß auch bei der Karosserie auf einen Einheitstyp hingearbeitet wurde. Ende 1937 kam das Modell W 52 ins Programm, und zwar als Anschlußmodell für den Typ W 51. Der neue W 52 stellte eine Kombination der vorhandenen Modelle W 23 und W 51 dar. Der 2,6-Liter-Seitenventil-Motor stammte vom W 23, während das Fahrgestell dem der älteren Vollschwingachsen-Modelle W 50/W 51 entsprach. Von dem Modell W 23 wurden auch die Werkzeuge für die Karosserieteile genutzt. Ähnliche Bestrebungen zur Vereinheitlichung des Typenprogramms gab es nicht nur innerhalb der einzelnen Marken. So besaß die ebenfalls 1937 vorgestellte neue Ausführung der DKW-Sonderklasse mit dem Ladepumpen-V 4-Zweitaktmotor eine dem Wanderer W 24 ähnliche Karosserie: »In diesem Zusammenhang muß auch noch erwähnt werden, daß das Interesse einer Vereinheitlichung der Fabrikation die Herstellung der Karosserie für den Typ W 24 im Werk Spandau, und zwar in Anlehnung an die Sonderklasse, untersucht wird. Das unterschiedliche Aussehen der Motorhaube oder Kühlerverkleidung, das die Tatsache einheitlicher Karosseriegestaltung gar nicht zum Bewußtsein kommen läßt, sind fabrikatorisch keine Hinderungsgründe. Die Karosserietechnik der bei uns vorliegenden Erfahrungen geben bei Eigenherstellung diesem Wanderer-Automobil-Typ preislich und technisch durch Gewichtsverminderung einen neuen Vorsprung. Wenn sich die Wanderer-Technik zwar nicht in allen Teilen mit der für Frontwagen vereinheitlichen lassen wird, so kann doch erwartet werden, daß beide fabrikatorisch kombiniert werden können.«

1937 wurde zusätzlich der Wanderer W 26 im Marktsegment der oberen Preisklasse von der Auto Union auf den Markt gebracht. Angeboten

Das Wanderer Pullman-Modell W 26 löste den W 50 ab. Die Abbildung zeigt die Ausführung von 1937.

WANDERER

wurde er in erster Linie als Pullman-Limousine zum Preis von 6.500 Reichsmark. Daneben gab es noch eine offene Tourenwagen-Ausführung, die in erster Linie für Behördenzwecke gedacht war. Der W 26 ging mit gleicher Karosserie als Nachfolger der Wanderer W 50 Pullman-Limousine in Produktion. Das Fahrgestell entsprach dem des W 52 mit vorderen und hinteren Schwingachsen und der neuen Generation von Sechszylinder-Seitenventilmotoren mit 62 PS. Ende 1938 erhielt dann auch der W 26 die für die anderen Wanderer-Modelle typische Kühlerfront. Mit den neuen Wanderer-Modellen wurden die Bemühungen der Auto Union deutlich, das Programm zu straffen, um die Herstellungskosten zu senken und um den staatlichen Auflagen zur Typenreduzierung in der deutschen Automobilindustrie zu entsprechen. Noch zwei Jahre zuvor bot das Wanderer-Programm mit 18 unterschiedlichen Modellen eine verwirrende Vielfalt. Inzwischen war dieses Programm auf insgesamt acht Modelle und drei Typen (W 23, W 24, W 26) reduziert worden.

Die Marke Wanderer war für den Auto Union-Konzern eine wichtige und solide Stütze. Mitte 1937 verlängerte die Auto Union den Pachtvertrag über das Wanderer-Automobilwerk mit der Wanderer AG. Die bereits erwähnten Meinungsverschiedenheiten mit der Wanderer AG bezüglich der Namensrechte und der Nutzung der Werksanlagen in Siegmar führten allerdings dazu, daß Dr. Bruhn Ende August 1939, wenige Tage vor Beginn des Zweiten Weltkriegs, in einer Aktennotiz festhielt: »Die Auto Union plant den Neubau einer Fabrik, die das Werk Wanderer-Automobile aufnehmen soll.« Die ständigen Auseinandersetzungen mit der Wanderer AG wollte man auf diese Weise ein für allemal beilegen. Der Krieg verhinderte eine weitere Verfolgung dieses Plans.

In den Jahren von 1932 bis Ende 1939 konnten circa 67.000 Wanderer-Automobile produziert werden. Bei einem Marktanteil von fast fünf Prozent an den Gesamtzulassungen in Deutschland setzte Wanderer mehr Automobile ab als beispielsweise BMW. Daß es nicht mehr waren lag vor allem an dem gehobenen Preissegment (zwischen 3.875 und 8.250 Mark) in dem die Wanderer-Modelle angesiedelt waren. Mit dem Ende der zivilen Personenwagen-Produktion 1940 erlischt auch der traditionsreiche Name ›Wanderer‹ im Automobilbau.

Ende 1940 wurde die zivile Produktion der Wanderer-Modelle eingestellt. Dieser Wanderer W 26 von 1939 bekam noch das Wanderer-›Familiengesicht‹.

KONFLIKTE IN DER FÜHRUNGSSPITZE

KONFLIKTE IN DER FÜHRUNGS- SPITZE

Der gute Start der Auto Union ist zweifellos auf jene Männer zurückzuführen, welche die Zusammenführung intensiv begleitet haben. Aufgrund ihrer gewachsenen Fachkompetenz waren sie in der Lage, trotz der markenspezifischen Unterschiede einen funktionsfähigen Konzern aufzubauen und zu steuern. Im Vorstand der Auto Union harmonierte Dr. Richard Bruhn, zuständig für die Finanzen und die kaufmännische Verwaltung, anfänglich mit dem Techniker und Gründer von DKW, Ingenieur J. S. Rasmussen, ebenso wie mit Klaus Detlof Baron von Oertzen, der schon bei Wanderer im Vorstand war und für den Vertrieb von Fahrzeugen verantwortlich zeichnete. Als stellvertretende Mitglieder des Vorstandes fungierten Dr. Carl Hahn, verantwortlich für den Inlandvertrieb der Zweitaktmodelle und Ingenieur William Werner, verantwortlich für das Programm der Viertakt-Automobile.

Zwei Jahre nach Gründung des Unternehmens treten allerdings innerhalb des Vorstandes Probleme auf, die ihren Höhepunkt im Ausscheiden von Jörgen Skafte Rasmussen aus dem Unternehmen fanden.

Durch eine geschickte Unternehmenspolitik gelang der Auto Union binnen weniger Jahre der Aufstieg zum zweitgrößten deutschen Automobilunternehmen. Zu den führenden Persönlichkeiten der Auto Union gehörte Dr. Carl Hahn (Mitte), der dem Reichsinnenminister Dr. Frick (rechts) auf der Internationalen Automobilausstellung in Berlin 1938 die Technik der beliebten DKW-Modelle erklärt.

Nach dem Ausscheiden von J. S. Rasmussen führte der Techniker William Werner die organisatorische Koordination und technische Konzentration der Auto Union weiter.

Der kaufmännische Leiter der Auto Union, Dr. H. K. Richter, zeichnet von W. Werner dieses Bild: »William Werner, am 7. November 1893 in New York geboren, hatte seine Kindheit in Amerika verbracht, bis seine Eltern nach Deutschland zurückkehrten. Nach technischer Ausbildung und praktischer Tätigkeit in der Borsig AG berief ihn Dr. Strauss als Produktionschef mit Prokura in die Horch AG Zwickau. Zunächst aber schickte er Werner nach den USA zu Chrysler, um dort die neuzeitlichen Fertigungsmethoden im amerikanischen Autobau kennenzulernen, was er, wie er gern erzählte, von der Pike auf in praktischer Mitarbeit am Band praktizierte.

Am 1. Juli 1927 wurde er als ordentliches Mitglied in den Vorstand der Horch-Werke AG berufen. Als Werner 1932 im Vorstand der Auto Union AG stellvertretendes Mitglied wurde, bewies er auch hier seine ausgesprochene Begabung für technische Fertigung und methodische Betriebs-

KONFLIKTE IN DER FÜHRUNGSSPITZE

Dr. William Werner, von 1927 bis 1932 technischer Vorstand der Horch-Werke, wurde 1932 Vorstandsmitglied der Auto Union. Nach dem Ausscheiden von J. S. Rasmussen übernahm er das Technik-Ressort.

William Werner und die Mitarbeiter der Karosserie-Entwicklung Mikwausch (links) und Böhm (Mitte) begutachten das Modell des DKW F 9. In seiner Freizeit (rechts) betätigte sich der Techniker William Werner gern als Bildhauer.

organisation. Sein künstlerisches Hobby war das Modellieren von Kleinplastiken. Diese Begabung prägte die geglückten Karosserieformen der Horch-Werke AG wie auch der Auto Union. Wenn auf diesem Gebiet schon nach wenigen Jahren seiner Führung die Auto Union-Wagen eine unverkennbare, gemeinsame Linie zeigten, so ist das in der Hauptsache dem sicheren Formgefühl William Werners zu danken.

Auch im Detail der technischen Planung und der sinnvollen Arbeitsvorbereitung war seine Arbeit anregend und richtunggebend. Wenn Werner seinem ›Herkommen nach‹ ein ›Viertakter‹ war, so war er doch davon überzeugt, daß im Zweitakter-Prinzip große technische Entwicklungsmöglichkeiten für den Bau volkstümlicher Automobile gegeben waren.

WILLIAM WERNER PROFILIERT SICH

In aufgeschlossenem Zusammenwirken mit seinen technischen Mitarbeitern, deren Wort von ihm aufmerksam gehört wurde und viel Gewicht hatte, schuf Dr. Werner dem Unternehmen ein wirkungsvolles Instrument, das vielfach miteinander verzahnt zu einem einheitlichen Organismus zusammenwuchs. Wenn er – selbst ein Selfmademan und Mann der Praxis – dem Praktiker vor dem akademischen Techniker oft unbewußt den Vorzug gab, so hat unter seiner Leitung die Auto Union nicht etwa den Anschluß an die technische Weiterentwicklung versäumt. Die entscheidenden Arbeitsgebiete Forschung, Konstruktion und technische Entwicklung sind gleich nach der Fusion zentralisiert worden.

1936 bis 1938 wurde in Chemnitz – der Hauptverwaltung gegenüberliegend – ein Gebäudekomplex errichtet, in dem das zentrale Konstruktionsbüro mit den beiden Abteilungen Fahrwerk und Triebwerk arbeitete. Hier war auch die Zentrale Versuchsanstalt (ZVA) eingerichtet, der eine eigene Versuchswerkstatt angegliedert war. Unter der Leitung des bekannten Wissenschaftlers Dr. Endres, später Professor der TH München, wurde in der wissenschaftlichen Abteilung (ZVW) technische Forschung getrieben. In der ZVF (fahrtechnische Abteilung) und der ZVT (technologische Abteilung) wurden die einschlägigen Probleme theoretischer und praktischer Art bearbeitet. Nur die Karosserie-Konstruktion und Entwicklung war im Dachgeschoß der Hauptverwaltung untergebracht, damit Werner sein besonders gepflegtes Arbeitsgebiet möglichst nah unter den Augen hatte.

Der Zweite Weltkrieg hat die Zentralisierung und räumliche Zusammenfassung der Gruppen, welche die geistigen Fundamente für die technische Arbeit schaffen und fördern sollten, nicht mehr zur vollen Auswirkung kommen lassen. Aber es sind auch damals in Zusammenarbeit mit der Patentabteilung und auswärtigen Forschern und Erfindern beachtliche Aufgaben in Angriff genommen worden. Die Entwicklung einer eigenen Bremse hatte schon zu bedeutenden Ergebnissen geführt, bevor sie von einer Spezialfirma übernommen wurde. Auch die Arbeit an einem halb- und vollautomatischen Getriebe war weit gediehen, als der Krieg der Weiterentwicklung ein Ende setzte. Mit der Zusammenfassung der Institute für Forschung und Weiterentwicklung waren Werners Pläne einer weitgehenden Zentralisation im technischen Bereich nicht erschöpft. Ihm schwebte eine einzige, große Produktionsstätte des Unternehmens vor, unter gleichzeitiger Ausweitung der Fertigung in vertikaler Richtung. Er hat während des Krieges eifrig an diesem Projekt gearbeitet. In einem verschlossenen Raum der Hauptverwaltung wurden von einem kleinen Planungsteam die Ideen in Zeichnungen und Modellen projektiert. Auf dem Chemnitzer Flughafen, der, am Stadtrand liegend, schon in der damaligen Zeit für seinen eigentlichen Zweck zu klein war, sollte das groß dimensionierte Werk entstehen. Hier sollten außer den mechanischen und Montage-Werkstätten der gesamte Karosseriebau mit dem entsprechenden Preßwerk errichtet werden.

Der Zweite Weltkrieg hat die Beantwortung der Frage verhindert, ob ein so gewaltiges Projekt auch den gewünschten Beifall seines haushälterisch eingestellten Vorstandskollegen Dr. Bruhn gefunden hätte. Dafür, daß es geschehen wäre, spricht die Tatsache, daß noch während des Krieges eine große Graugußgießerei von den Niles-Werken in Chemnitz gekauft wurde, die gleich nach Ausbau zu einer weitgehend automatisierten Gießerei den Bomben zum Opfer fiel. In derselben Zeit sammelte die Auto Union auf dem Gebiet des Schmiedewesens Erfahrungen, indem sie sich mit 50 Prozent an einem Schmiedewerk in Pirna bei Dresden beteiligte, an dessen Ausbau sich ein eigens für diesen Zweck eingestellter Schmiedefachmann der Auto Union beteiligte.

Es ist für Werners dynamische und zähe Natur kennzeichnend, daß er außer der Leitung des technischen Apparates der Auto Union nicht nur Zeit für so umfangreiche Planungen fand, sondern während des Krieges sein Können besonders auf fertigungstechnischem Gebiet der deutschen Kriegswirtschaft zur Verfügung stellte. William Werner hat für seine Arbeit und sein Können viel Anerkennung gefunden. Die Technische Hochschule Dresden hat ihm am 21. Januar 1941 die Würde eines Doktors der Ingenieurwissenschaften ehrenhalber (Dr.-Ing. h. c.) verliehen. Auch andere Ehrungen, durch Titel und Orden, haben sein öffentliches Wirken belohnt.«

Vornehmlich auch im Zusammenhang mit den im Vorstand aufgetretenen Meinungsverschiedenheiten verließ Dr. Carl Hahn 1934 die Auto Union, um die Leitung einer großen Markenartikelfirma zu übernehmen, wo er jedoch für sein Temperament und seine Arbeitskraft nicht das erwartete Tätigkeitsfeld fand. Für ihn trat Hans Huschke, bis dahin Verkaufsleiter der Berliner Filiale, als stellvertretendes Vorstandsmitglied ein, der jedoch 1938 in den Vorstand der Daimler-Benz AG wechselte.

Am Ufer der Chemnitz hatte die Auto Union ihre Zentrale Versuchsanstalt (ZVA).

KONFLIKTE IN DER FÜHRUNGSSPITZE

Schon 1935 kehrte Dr. Carl Hahn an seinen alten Arbeitsplatz zurück, während Baron von Oertzen aus politischen Gründen als Repräsentant der Auto Union ins Ausland ging (Südafrika und Ostasien). Zur Emigration ins Ausland und den politischen Gründen äußert sich Baron Detlof von Oertzen, 94jährig: »Das, was ich besaß, als ich 1935 Deutschland verließ, haben wir in Chemnitz zusammengepackt und zu einem Spediteur nach Dresden zur Aufbewahrung gegeben. Alle Unterlagen, Fotografien und alles andere an Dokumenten. Ich habe von meinem Hausstand nichts mehr. Nachts, vom 12. zum 13. Februar 1945, ist alles von den Alliierten restlos zerbombt worden. Ich habe nichts mehr aus der damaligen Zeit. Absolut nichts mehr.

Ich war Nationalsozialist, ich war Mitglied der Partei. Ich bin sogar zweimal Mitglied gewesen. Als die mich zum ersten Mal raushaben wollten, das war 1933, wegen der jüdischen Abstammung meiner Frau, da sind meine Arbeiter, nicht ich, meine Arbeiter sind in einem Auto nach München gefahren, um Hitler im Braunen Haus zu sprechen und ihm zu sagen: ›Lassen Sie nicht zu, daß der Oertzen, der unser Chef ist, geht.‹ Die Leute im Braunen Haus haben gesagt: ›Hitler ist nicht hier, er ist in Starnberg. Aber Sie können ihn erwischen, wenn Sie gleich losfahren.‹ Meine Arbeiter haben ihn dann getroffen und ihn in des Wortes wahrstem Sinne ›überfallen‹. Hitler machte gerade eine Frühstückspause am Rande des Straßengrabens. Da kamen die Arbeiter dazu und Hitler sagte: ›Na, na, was ist denn los?‹ Und dann sagten meine Arbeiter: ›Lassen Sie es nicht zu, daß unser Chef aus der Partei rausgeht, denn dann geht er ins Ausland.‹ Hitler hat dann gesagt: ›Ich werde die Sache untersuchen. Sie werden von mir hören.‹ Ich bekam darauf einen Schrieb: ›Ich habe entschieden, daß Sie in der Partei bleiben, Hitler.‹ Der Brief von Adolf Hitler an mich, der ist am 20. Juli 1940 verschwunden, und zwar in der Toilette von einem Hotel. Hitler ging damals mit seinen Truppen nach Holland hinein. Und wir saßen im Hotel ›Des Indes‹ in Batavia in Djakarta, wo ich mit meiner Frau wohnte. Ich wurde abgeholt und von der Polizei verhört. Meine Frau zwei Tage später. Und da hat sie gesagt: ›Ich muß mal auf die Toilette.‹ Allright, haben die gesagt, wir gehen mit. Dann hat sie den Brief in kleine Fetzen gerissen und in das Becken geworfen.«

Kontinuität bestand in der Vorstandsetage der Auto Union von 1938 bis Ende des Krieges 1945, denn Carl Hahn bildete mit dem Initiator und Vorstand des Unternehmens, Richard Bruhn, und dem technischen Vorstand, William Werner, ein funktionsfähiges Triumvirat.

Während man beim Vorstand der Auto Union von Kontinuität sprechen kann, wurde der Aufsichtsrat zwischen Februar und April 1934 grundlegend im nazistischen Sinne verändert. Dennoch waren nicht alle Aufsichtsratsmitglieder Parteigenossen oder, wenn sie Parteigenossen waren, zählten sie nicht unbedingt zu den fanatischen Nationalsozialisten.

WECHSEL IM AUFSICHTSRAT

Bestimmenden Einfluß auf die Wahl der Aufsichtsratsmitglieder haben bei einer Aktiengesellschaft die Kapitaleigner, in diesem Fall der Mehrheitsaktionär, die Sächsische Staatsbank. Die Bank, die wiederum im Besitz des Landes Sachsen war und damit vom Staat kontrolliert wurde, konnte oder wollte sich nicht der neuen politischen Führung versagen und ermöglichte die nazistische Ausrichtung des Aufsichtsrates.

Vorstandsmitglied Baron von Oertzen war ein begeisterter Sportfahrer. 1933 hielt er vor der Belegschaft im Wanderer-Automobilwerk in Siegmar eine Ansprache aus Anlaß der 2.000-Kilometer-Deutschlandfahrt.

AUTO UNION

Nach der Umstrukturierung des ersten Aufsichtsrates der Auto Union, Anfang 1934, waren nur noch Frisch, Horch und Klee verblieben. Förmlich ausgebootet wurden Degenhardt als Stellvertreter und die beiden Vertreter der Staatsbank Dr. Müller und Dr. Bleicher, auch der Horch-Aktionär Dr. Strauss sowie Staatssekretär Gutbrod und die Bürgermeister von Chemnitz und Zwikkau. Dr. Frisch mußte seinen Sessel als Vorsitzender für den Staatsbankpräsidenten Kurt Nebelung räumen.

Die Positionen der neu aufgenommenen Aufsichtsratsmitglieder macht deutlich, inwieweit sie aufgrund ihrer politischen Stellung oder ihrer fachlichen Kompetenz wegen den Posten innehatten.

Staatsbankpräsident Kurt Nebelung, der 1932 von der Darmstädter- und Nationalbank nach Dresden zur Sächsischen Staatsbank gekommen war, war Aufsichtsratsmitglied in neunzehn führenden Konzernen Sachsens.

Carl Krecke war Mitglied des Verwaltungsrates der Deutschen Reichsbahngesellschaft in Berlin, Vorstandsmitglied der Berliner Kraft und Licht AG (BEWAG). Mit soviel Kompetenz ausgestattet, konnte er als stellvertretender Aufsichtsratsvorsitzender eines der mächtigsten Staatsmonopole repräsentieren.

Böhringer, geheimer Landesbaurat aus Rosenberg/Oberpfalz, war Mitglied des Generalrates der deutschen Wirtschaft. Zudem war Böhringer noch Vorsitzender des Präsidiums des Bayerischen Industrieverbandes München und Mitglied des Präsidial- und Vorstandsbeirates des Reichsstandes der Deutschen Industrie, Landesgruppe Bayern und ebenfalls Aufsichtsratsmitglied in neun großen Konzernen, darunter waren die Lokomotivfabrik Krauß-Maffei und und die Süddeutsche Eisenbahngesellschaft. Aufgrund seiner vielfältigen Verbindungen wurde er bald zu einem der mächtigsten Männer im Aufsichtsrat der Auto Union.

W. Loos war der auftragsgemäße, unmittelbare Verbindungs-Sicherungsmann zu den Führungsspitzen der NSDAP. Das war seine einzige Funktion als SS-Standartenführer und Adjutant von Reichsstatthalter Mutschmann.

Bürgermeister Schmidt war ehemaliger Einfahrer und Verkäufer von Wanderer-Wagen. Dem Bürgermeisteramt entsprechend vertrat er die Stadt Chemnitz, vornehmlich jedoch die Interessen der Auto Union gegenüber der Stadt Chemnitz.

Prof. Dr. Nägel war der Beweis dafür, daß mit seiner Entsendung in den Aufsichtsrat der Auto Union die Forschungsmöglichkeiten und -ergebnisse des Staates im Interesse der Auto Union genutzt werden sollten. An der Technischen Hochschule Dresden war er Lehrstuhlinhaber für Verbrennungsmaschinen. Dr. Koppenberg war Aufsichtsratsvorsitzender von Junkers und als Mitglied dieses Gremiums mit Sitz und Stimme unter anderem in der Maximilianshütte und in den Mitteldeutschen Stahlwerken. Er wurde vom Flick-Konzern in den Aufsichtsrat entsandt.

Dr. Wendt wurde vom Krupp-Konzern in das Gremium delegiert. Auch er hatte elf Aufsichtsratsmandate, darunter das der Ilseder Hütte, des Mannesmann-Röhrenwerkes und der Rheinischen Sprengstoff AG.

Das war die Zusammensetzung des Aufsichtsrates der Auto Union bis 1937. Dann schied Frisch aus, und der Minister für Wirtschaft und Arbeit in Sachsen, Lenk, übernahm selbst den Vorsitz. Für die publizistische Präsenz war Kuhdorfer als Pressechef zuständig. Er war Teilnehmer am Hitlerputsch 1923, und sein engster Freund

August Horch (rechts) war von 1932 bis 1945 im Aufsichtsrat der Auto Union. Das Foto zeigt ihn 1933 zusammen mit Ferdinand Porsche (links) und Baron von Oertzen (Mitte) im Gespräch mit dem Reichs-Sportführer von Tschammer und Osten.

war der Reichspressechef Dr. Dietrich. Nach dem mißglückten Putsch setzte Kuhdorfer sich nach Griechenland ab und wurde Leiter der dortigen NSDAP-Auslandsgruppe. Von diesem Zeitpunkt datiert seine Bekanntschaft mit Hermann Göring und Julius Streicher. Als sich die Zeit für ihn politisch beruhigt zu haben schien, kehrte er nach 1933 nach Deutschland zurück und leitete bei Daimler-Benz die Sektion ›Direkte Bearbeitung Auslandspresse‹, die sogenannte literarische Abteilung. Danach ging Kuhdorfer zur Auto Union, um sich entsprechend weiter publizistisch und agitatorisch zu profilieren.

Die überwiegende Mehrheit der Aufsichtsratsmitglieder hatte eine enge Verbindung zum nationalsozialistischen Staat. Diese enge Verzahnung ergab sich dadurch, daß sie Industrielle waren und in entscheidenden Gremien des Staates eine Funktion ausübten. Andere waren ›Diener des Staates‹ und hatten eine exponierte, öffentliche Stellung inne. Staat, Partei, Industrie und Wissenschaft waren als geballte ideologische Kraft im Aufsichtsrat der Auto Union vereint.

Es klingt dennoch zu pauschal, wenn behauptet wird, die Auto Union sei bestrebt gewesen, auch andere leitende Posten durch aktive und einflußreiche Nazis oder durch Beamte höchster staatlicher Institutionen zu besetzen. Es war nicht die Auto Union, es waren jeweils einzelne Personen im Aufsichtsrat, die solche Absichten durchsetzten und ihnen genehme und ideologisch verwandte Leute förderten.

DIE AUTO UNION OHNE RASMUSSEN

Es ist müßig, heute darüber zu diskutieren, was gewesen wäre, wenn... Daß vieles bei der Firmenfusion nicht zu jedermanns Zufriedenheit ablaufen konnte, ergibt sich schon aus der Komplexität des Unternehmens. Und daß viele Dinge bei der Auto Union nicht mehr im Sinne von Jörgen Skafte Rasmussen liefen, ist geradezu zwangsläufig. Schließlich gab es eine neue Führungsspitze bei der Auto Union und Rasmussen war nur noch einer unter anderen.

Bei dem Zusammenschluß der sächsischen Automobilunternehmen zur Auto Union war Jörgen Skafte Rasmussen neben Richard Bruhn die wichtigste treibende Kraft.

Das Zerwürfnis mit dem neuen Führungszirkel der Auto Union findet seinen Höhepunkt im Ausscheiden von J. S. Rasmussen und in einem Prozeß, den er gegen die Auto Union anstrengt. In einem Dokument, das hier auszugsweise wiedergegeben wird, werden aus der Sicht der Banken die Gründe, die zur Fusion der sächsischen Automobilfirmen führten und damit auch das Verhältnis zu Jörgen Skafte Rasmussen deutlich:

»I. Die Wirtschaftskrise der Jahre 1930/32 erreichte in der sächsischen Automobilindustrie im Jahre 1931 einen derartigen Höhepunkt, daß es ohne einschneidende Maßnahmen unmöglich war, diesen wichtigen Zweig der sächsischen Wirtschaft in eine bessere Zukunft zu retten.

Es war schwer vorstellbar, daß angesichts der fortschreitenden Verkehrsentwicklung, der noch mäßigen Automobilisierung Deutschlands und der Bedeutung des Autos für das ganze Leben der Nation nicht eines Tages ein Bedarf wieder einsetzen würde, der die seit dem Jahre 1930 herrschende Übersetzung in der deutschen Automobilindustrie grundlegend wandeln würde.

Immerhin waren schon eine Reihe von Fabriken der Krise zum Opfer gefallen (N.A.G, Brennabor, Röhr) und weitere Zusammenbrüche drohten. In dieser Lage war es nicht leicht, den Optimismus für einschneidende und konstruktive Maßnahmen aufzubringen, die von allen Beteiligten große Opfer forderten, ohne daß das Gelingen eines großzügigen Planes mit Sicherheit vorausgesagt werden konnte. Das Rüstzeug hierzu mußte, abgesehen von der finanztechnischen Planung und der fabrikatorischen Zusammenfassung, darin gesucht werden, alle bisher in der sächsischen Automobilindustrie wirksamen lebendigen Kräfte zu erhalten.

II. Die finanzielle Struktur der sächsischen Autofabriken war derart, daß an den Zschopauer Motorenwerken und über deren Inhaber J. S. Rasmussen, an den Audi-Werken sowie an den Horch-Werken die Sächsische Staatsbank, an den Horch-Werken die Commerzbank, an Audi und Horch die ADCA und an Wanderer die Dresdner Bank allein interessiert waren.

Die Engagements der Banken hatten sich infolge des Fortschritts der Krise zu bedeutender Höhe entwickelt. Es war deshalb eine einschneidende Neukonstruktion erforderlich, um die Fabriken von hemmenden Finanzverhandlungen, die zur ständigen Einrichtung geworden waren, freizumachen und ihnen damit Dispositionsmöglichkeit und Bewegungsfreiheit für die technische Entwicklung wiederzugeben.....

IV. Nachdem nun der Gedanke des fabrikatorischen Zusammenschlusses gegeben war, ergaben sich die Fragen der finanztechnischen Ausgestaltung. Ohne Hilfe des Staates, die nicht nur materiell zu werten war, sondern auch als Leitmotiv Anziehungskraft vermitteln mußte, schien das Projekt nicht durchführbar.....

V. Die Notwendigkeit des Zusammenschlusses wurde durch das Bisherige aufgezeigt, ebenso ein nur zu geringes Bild von der Fülle der Schwierigkeiten vermittelt. Das ganze konnte nur gelingen, wenn es möglich war, die mitwirkenden Kräfte auf wenig Personen zu konzentrieren und eine vertrauensvolle Zusammenarbeit in engster Form zwischen der führenden Bank, die die Staatsbank war und einem führenden Techniker, der über Namen und schöpferische Initiative verfügte und der auch einen so umfangreichen technischen Komplex, wie er hier vorlag, beherrschte, herbeizuführen.

Diese Persönlichkeit war Rasmussen; und die Vertreter der Staatsbank, insbesondere Dr. Müller, hatten das Vertrauen in seine Ideenkraft. Das von ihm aufgestellte Programm ›Zweitaktmotor und Kleinwagen‹ hatte schon in der Vergangenheit den Tendenzen des Marktes richtig Rechnung getragen. Auch schien der Zweitaktmotor wegen seiner Einfachheit und wegen des Umstandes, daß die Techniker ihn vernachlässigten und sich ständig der schon weit fortgeschrittenen Verfeinerung des Viertaktmotors widmeten, Zukunft zu haben. So wurden die Verhandlungen im Einvernehmen und unter aktiver Mitarbeit von Rasmussen weitergetrieben, wobei selbstverständlich nicht alle anderen Kräfte ohne Erwähnung bleiben sollen.

Aber das war nun einmal so: Bei dem Zusammenschluß der sächsischen Werke zur Auto Union konnte auf den Ideenreichtum und auf die freudige Mitarbeit nicht verzichtet werden, und es mußte von vornherein nach Lage der Dinge bewußt das von ihm aufgestellte Programm in den Vordergrund gestellt und zum Rückgrat der neuen großen Gesellschaft gemacht werden.

Es unterliegt auch keinem Zweifel, daß zur Zeit der Gründung der technische Ideengehalt von DKW führend und am lebendigsten war. Horch war in der konservativen Pflege des Großwagens zur Erstarrung gelangt und für sich, das heißt mit seinem Programm, bestimmt nicht lebensfähig. Wanderer war gerade im Begriffe, seine alten guten, aber durch die Entwicklung überholten Konstruktionen zu verlassen und an deren Stelle ein von Dr. Porsche entworfenes Modell zu setzen.

Es lag hier ein Schnitt in der Entwicklung vor, dessen Überwindung in der Zeit der Gründung der Auto Union als besonders schwierig angesehen wurde und der auch bei den Verhandlungen mit Wanderer zu besonderer Vorsicht mahnte.

Die kleinen DKW-Frontwagen wurden im Audi-Werk Zwickau montiert.

So schien das DKW-Programm, das sich immer wieder am anpassungsfähigsten gezeigt hatte, am raschesten die Führung in der Auto Union übernehmen und zur tragenden Basis in der Auto Union werden zu können. Das Erwartete trat ein, die bisherige Entwicklung zeigt, daß DKW über 50 Prozent des Umsatzes und den größten Teil der Gewinne bringt.

VI. Die Unternehmungen von DKW waren zahlreiche. In die Auto Union wurden aus Gründen der automobilistischen Konzentration jedoch nur die Hauptwerke, die der Automobilfabrikation dienten, aufgenommen. Damit sollten jedoch die bestehenden organischen Zusammenhänge nicht zerrissen werden; es war genügend Raum für ein befruchtendes Zusammenarbeiten zwischen Hauptwerk und Nebenwerken auch in der neu erfundenen Konstruktion, in der sich die Besitzverhältnisse weitgehend geändert hatten.

Die Tatsache, daß Rasmussen Inhaber von Nebenwerken blieb und zugleich technischer Leiter der Auto Union war, an der er nun mit einer Minorität beteiligt war, sollte nicht die Folgen eines Zerreißens der alten Beziehungen haben. Vielmehr sollten neue Wege gefunden werden, die ein weiteres intensives Zusammenarbeiten zum Nutzen aller Beteiligten und unbeschadet der veränderten Besitzverhältnisse ermöglichen.

VII. Zur Gründung der Auto Union war, wie schon gesagt, die Mitwirkung des Staates erforderlich und sie wurde auch gegeben. Überdies kam der größte Teil der Aktien in die öffentliche Hand. Man war sich damals darüber klar, daß hierdurch Konkurrenzeinwände zu befürchten waren, man war sich weiter darüber klar, daß es unzweckmäßig war, die kapitalmäßige Verantwortung für ein so großes rein industrielles Unternehmen, das durch den Zwang, dauernd technisch fortschreiten zu müssen, in besonderem Maße der schöpferischen Initiative des Unternehmens bedurfte, nicht der privaten Führung überlassen zu können. Deshalb beschäftigte man sich schon bei der Gründung der Auto Union mit dem Gedanken, in der Zukunft nach Wegen einer Reprivatisierung zu suchen, ausgehend von einer ähnlichen Überzeugung, wie sie heute in den Ideen des Reichsfinanzministeriums zum Ausdruck kommen, soweit sie auf Stärkung des privaten Unternehmers und der vollen privaten Führerverantwortlichkeit und Verminderung des Einflusses der anonymen Gesellschaft zielen. Auch hier spielt die Persönlichkeit von Rasmussen, der mit seinem Lebenswerk auf das innigste verknüpft und Unternehmer durch und durch war, eine Rolle insofern, als es seiner Initiative vielleicht gelingen konnte, in irgendeiner Form den Besitz der öffentlichen Hand an der Auto Union zum geringeren oder größeren Teile abzulösen. Die Automobilindustrie erfordert in besonderem Maße technischen Wagemut. Auf Dauer kann nur ein verantwortungsbewußter Führer, der sich mit allem, was er besitzt, einsetzt, ein Automobilunternehmen gemeinsam mit seiner Gefolgschaft zum Erfolge führen.

VIII. Es unterliegt keinem Zweifel, daß nach Änderung der Vorstandsverhältnisse in der Staatsbank die Sachlage sich grundlegend geändert hat. Die ungeheure Initiative des Führers und Reichskanzlers hat der Automobilindustrie einen Aufschwung gegeben, den sich noch vor zwei Jahren niemand erträumen konnte. In diesem Aufschwung hat sich das Programm der Auto Union, vor allem DKW, erfolgreich erwiesen. Die Verständigung zwischen den Vorstandsmitgliedern, die früher unter der Pflege der Staatsbank stand, ist einem einseitigen Streben zum Opfer gefallen und anscheinend innerhalb des Vorstandes der Auto Union zur Herrschaft gelangt, Rasmussen unbeschadet seiner Verdienste als Gründer von DKW und idealer Träger des DKW-Programms auszuschalten. Sollte das gelingen, so würde die Auto Union endgültig als anonyme Gesellschaft verankert und dann bar der schöpferischen Initiative in nicht allzuferner Zeit von den anderen Automobilfabriken Deutschlands überflügelt werden. Es bleibt noch zu sagen, daß durch die Differenzen auch das Verhältnis von Haupt- und Nebenwerken vor dem endgültigen Bruch steht, womit der Wirtschaft Sachsens und der Arbeitsbeschaffung im Sinne des Führers und Reichskanzlers kaum gedient sein dürfte.«

AUTO UNION

In Bankkreisen, das wird durch dieses Dokument deutlich, setzt man auf Rasmussen. Ohne ihn, so glaubt man, ist der neue sächsische Auto-Konzern nicht lebensfähig. Und obwohl die Banken die Kapitalmehrheit und das eigentliche Sagen bei der Auto Union haben, kommt es aufgrund der neuen politischen Führung und auch aufgrund eines neuen, politisch gefärbten Aufsichtsrates ganz anders.

Jörgen Skafte Rasmussen und Dr. Bruhn, beide Männer großen Formats, haben am Anfang ihrer Zusammenarbeit – daran besteht kein Zweifel – ehrliche Hochachtung voreinander gehabt.

Der geniale, dynamische Techniker Rasmussen schätzte die bedachtsame, klug rechnende, sachlich klare Unternehmerpersönlichkeit Dr. Bruhns, der Schritt für Schritt das Geschaffene sicherte, bevor er sich neuen Aufgaben zuwandte. Freilich waren es grundverschiedene Temperamente, aber gleich starke Persönlichkeiten. Es ist nicht mit letzter Sicherheit zu erkennen, aus welchen Gründen sie schließlich doch nicht zu harmonischer Zusammenarbeit fanden, in einer Zeit, die den beiden sich ergänzenden Naturen gewaltige Aufgaben bot.

Die einfachen, preiswerten DKW-Modelle mit Zweitaktmotor waren die Umsatzbringer des Unternehmens.

Als im November 1933 Rasmussen von einer Amerikareise heimkehrte, glaubte er auf Gegnerschaft und Widerstand im Kreise des Vorstandes zu stoßen. Die sich daraus ergebenden Meinungsverschiedenheiten führten dazu, daß er das Werk, das er vor einem Vierteljahrhundert gegründet und aufgebaut hatte, seit Ende 1933 nicht mehr betrat.

Die tiefste Ursache der schweren, mit harten Mitteln geführten Kontroverse lag wohl darin, daß Rasmussen in Auslegung einer mündlichen Abrede mit dem inzwischen ausgeschiedenen früheren Präsidenten der Sächsischen Staatsbank, Degenhardt, bestrebt war, in das konsolidierte Unternehmen die bis dato nicht übernommenen Teile seines industriellen Besitzes in die Auto Union wieder einzubringen. Dadurch hätte er die Mehrheit der Auto Union gewinnen, sie vielleicht sogar reprivatisieren können. Es war eine Konzeption, die in dieser Epoche auch wirtschaftlich in dem Begriff der ›persönlichen industriellen Führerschaft‹ gestützt wurde.

Ein solcher Plan mußte bei Dr. Bruhn auf härtesten Widerstand stoßen. Die Erweiterung des gut gegliederten Unternehmens hätte seiner Meinung nach für die ruhige Weiterentwicklung der Auto Union ein unübersehbares hohes Risiko gebracht und das Geschaffene gefährdet.

Darüber hinaus waren während Rasmussens Amerikareise einige personelle Entscheidungen ohne Rasmussens Zustimmung getroffen worden, die dieser so nicht mittragen wollte. Auch hatten die anderen Vorstandsmitglieder seine Idee verworfen, in Zusammenarbeit mit den von Rasmussen 1933 gegründeten Erla Eisen- und Flugzeugwerken in das seiner Meinung nach lukrative Luftfahrtgeschäft einzusteigen.

Rasmussens Ideen, sein unternehmerischer Geist, sein schier unerschöpflicher Tatendrang, waren plötzlich nicht mehr gefragt.

All dies waren Mosaiksteine für eine Auseinandersetzung, die zunächst damit endete, daß Rasmussen am 31. Dezember 1934 unter nicht sehr glücklichen Umständen aus dem Vorstand der Auto Union ausschied.

KONFLIKTE IN DER FÜHRUNGSSPITZE

EIN PROZESS GEGEN DIE AUTO UNION

Prozeß-Anlaß waren Widersprüche zwischen den Vorstandsmitgliedern Dr. Bruhn, Baron von Oertzen und Jörgen Skafte Rasmussen. Von Oertzen drückt sehr offen und pauschal seine Antipathie gegen J. S. Rasmussen aus: »Um noch einmal auf Rasmussen zu sprechen zu kommen: Ob er ein genialer Techniker oder besserer Kaufmann war, das ist sehr schwer für mich zu beantworten. Rasmussen hatte eine Nase für alles Wichtige, Richtige. Wenn er roch, daß da was war, dann griff er zu. Das war mit dem Zweitakter genauso.

Irgendwann hat Rasmussen das Werk nicht mehr betreten, nachdem die Auto Union stand, weil er nicht das kriegte, was er wollte. Er wollte der Chef werden vom Ganzen. Und er war vorher am Rande der Pleite. Nachdem nun die Sächsische Staatsbank zusammen mit der Dresdner Bank und der Commerzbank und der Deutschen Bank uns wieder auf die Beine gestellt hatte, da kam er schließlich wieder, etwa nach einem Jahr, und er sagte zu uns: ›Jetzt ist die Zeit gekommen, wo Ihr abtretet, und ich bin der Chef.‹ Da haben wir gesagt: ›Da fragen Sie mal den Aufsichtsrat, was der darüber denkt.‹ Und der Aufsichtsrat dachte darüber genau so wie wir. Und damit hatte es sich.«

Rasmussen glaubte, daß es in der Zeit der Rüstungskonjunktur angebracht war, sowohl die DKW-Werke als auch seinen gesamten Konzern zu reprivatisieren. Es mußte aber damit gerechnet werden, daß die Reichsführung massiv gegen solche Absichten steuern würde, hatte sie doch im Rahmen der geheimen Aufrüstung der Auto Union die Entwicklung kriegsbedeutender Projekte übergeben. Dazu zählten beispielsweise Spezialfahrzeuge und Stationärmotoren für die deutsche Wehrmacht. Den Prozeßakten ist auch zu entnehmen, daß das Reichswehrministerium der Auto Union das Vertrauen ausgesprochen hat und das Luftfahrtministerium den Vorstand wegen seiner positiven politischen Einstellung und charakterlichen Eigenschaften mit einer großen Aufgabe betraut hat.

Die Machthaber des Dritten Reiches strebten eine enge Verzahnung von Industrie und Politik an. Der Vorstand der Auto Union, Carl Hahn, William Werner und Richard Bruhn im Gespräch mit Adolf Hitler anläßlich der Internationalen Automobilausstellung 1938 in Berlin.

In der Führungsspitze gab es Reibereien, Sticheleien, Kompetenzüberschreitungen und jene Art von Querelen, die manchmal auch in der persönlichen Eitelkeit begründet sind. Deshalb war überhaupt nicht daran zu denken, daß man mit Rasmussen zu einer Einigung käme. In solchen Momenten wird nicht mehr danach gefragt, was einer geleistet hat. Da kommen natürlich auch ›Nationalismen‹ ins Spiel. Was lag also näher, den Druck auf Rasmussen mit einem Gutachten der ›NSDAP-Abteilung zur Wahrung der Berufsmoral‹ zu verstärken. Da ist es dann auch ganz nützlich, daß der sogenannte Gutachter namens Schneider einen weisungsberechtigten Vorgesetzten hat: Carl Krecke, stellvertretender Aufsichtsratsvorsitzender der Auto Union.

In einem Brief vom 27.12.1934 des Präsidenten der Sächsischen Staatsbank, Kurt Nebelung, spricht dieser J. S. Rasmussen die Kündigung aus: »Ich habe Ihnen damals die Tätigkeit bis zur Entscheidung der vorerwähnten Parteistelle übermittelt und Ihnen fernerhin mitgeteilt, daß die Angelegenheit im Einverständnis beider Teile der NSDAP, Abteilung zur Wahrung der Berufsmoral, Berlin, übertragen worden sei. Die Entscheidung dieser Stelle sollte nach dem Willen beider Parteien eine endgültige sein und den Rechtsweg ausschließen. Dies habe ich Ihnen mit meinem Schreiben vom 14. Juli dieses Jahres bestätigt. Die Abteilung zur Wahrung der Berufsmoral hat nunmehr über das Ergebnis Ihrer umfangreichen Nachforschungen und Untersuchungen durch Herrn Schneider berichtet, dem die Aufgabe im Rahmen der Abteilung zur Wahrung der Berufsmoral übertragen worden war. Das Gutachten, respektive Urteil, kommt zu dem Ergebnis, daß keinerlei stichhaltiger Grund dafür gefunden werden kann, daß Sie berechtigterweise Ihre Tätigkeit als Vorstandsmitglied versagen können. Das Gutachten schließt darüber hinaus mit der Feststellung, daß das zwischen Ihnen und der Auto Union AG bestehende Vertragsverhältnis nunmehr ohne Einhaltung von Fristen aufzuheben ist.

Der Aufsichtsrat hat das Urteil der Abteilung zur Wahrung der Berufsmoral, der ja wie eingangs meines Schreibens festgestellt, in Übereinstimmung beider Parteien die Entscheidung übertragen worden war, entgegengenommen und einen dem Schlußergebnis des Urteils entsprechenden Beschluß gefaßt.

Ich habe als Vorsitzender des Aufsichtsrates der Auto Union AG die Aufgabe, Ihnen mit Vorstehendem hiervon Kenntnis zu geben, und ich bin nunmehr verpflichtet, dem Aufsichtsrat entsprechend Ihr Ausscheiden aus dem Vorstand der Auto Union AG Zschopau, auch formell und praktisch durchzuführen.

Ich darf noch hinzufügen, daß im Rahmen der Diskussion, die dem Beschluß des Aufsichtsrates voranging, Ihre Verdienste um den Aufbau der DKW-Werke wohl gewürdigt worden sind, daß aber trotzdem aufgrund des von der Abteilung zur Wahrung der Berufsmoral unterbreiteten Materials nebst Begründung dem Aufsichtsrat eine andere Entscheidung pflichtgemäß nicht möglich war.«

J. S. Rasmussen will den Rausschmiß nicht hinnehmen und kontert: »Ihre Zuschrift vom 27.12. habe ich erhalten. Die Richtigkeit des rechtlichen Tatbestandes wird von mir bestritten. Demzufolge erkenne ich die Schlußfolgerung nicht an. Ich erhebe gegen die darin ausgesprochene fristlose Kündigung Widerspruch.

Nach dem von Ihnen gewählten Schritte werden Sie verstehen, daß ich meine Rechte nunmehr auf den mir gesetzlich offenstehenden Wegen wahre. Ich habe deshalb zunächst gemäß Paragraph 56 AOG Mitteilung an den Vertrauensrat der Auto Union AG gelangen lassen, um die Klage bei dem zuständigen Arbeitsgericht einreichen zu können. Es bedarf keines besonderen Hinweises, daß mir peinlich ist, die Vertretung der Gefolgschaft des von mir geschaffenen Werkes mit der Angelegenheit zu befassen. Es bleibt mir jedoch keine andere Möglichkeit. Es liegt bei Ihnen, in der erforderlichen Verhandlung mit dem Vertrauensrat alles zu vermeiden, was zu einer Beunruhigung der Gefolgschaft beitragen könnte. Ich selbst werde dies ebenfalls tun. Sie haben es

Carl Hahn (links) und William Werner (rechts) demonstrieren dem Reichsinnenminister Frick das gläserne Modell eines Wanderer-Motors auf dem IAA-Stand der Auto Union 1938 in Berlin.

KONFLIKTE IN DER FÜHRUNGSSPITZE

Rasmussen besaß die Eisen- und Flugzeugwerke Erla, in denen dieses Flugzeug entstand. Für den Antrieb sorgte ein DKW-Zweizylinder-Zweitaktmotor.

offenbar versehentlich unterlassen, mir das Gutachten beziehungsweise das Urteil der NSDAP, Abteilung zur Wahrung der Berufsmoral, mit Ihrem Schreiben zuzustellen. Sie werden es verständlich finden, daß es mich peinlich berührt, daß Sie vorgeben, ein Urteil vollstrecken zu müssen, das ich weder selbst noch seine Begründung kenne.«

Rasmussen macht durch seinen Wirtschaftsprüfer Jahn eine Anzeige beim Treuhänder der Arbeit. Der behauptet frank und frei, bei der Gründung der Auto Union seien Betrügereien und Steuerhinterziehungen vorgekommen.

Die schmutzige Wäsche, die da gewaschen wird, entwickelte eine Eigendynamik, so daß die ganze Angelegenheit durch Wirtschaftsminister Lenk der Geheimen Staatspolizei übergeben wird. Aber auch hier war alles verunsichert. Die Öffentlichkeit war inzwischen informiert, und beide Parteien riefen ein Schiedsgericht an.

Die NSDAP, sprich Reichsregierung, fühlte sich offensichtlich unwohl. Schließlich konnte man es sich nicht leisten, diesen prominenten Dänen unter so spektakulären Umständen zu schädigen! Immerhin war es ihm zu verdanken, daß die Fahrzeugindustrie in Sachsen im großen Stil aufgebaut werden konnte und vielen Menschen eine berufliche Zukunft eröffnete.

Das Problem kommt auch Hitler zu Ohren, der nichts Eiligeres zu tun hat, als seinen Adjutanten, den Hauptmann Wiedemann, loszuschicken und der Auto Union mitzuteilen, sie solle die Sache mit Rasmussen großzügig regeln.

Hitlers Machtwort hatte nicht sofort die erwünschte Wirkung. Die zähe Rangelei ging noch eine Weile weiter, bis schließlich Reichsjustizminister Dr. Gürtner beauftragt wurde, einen Vergleich herbeizuführen, der dann nach einem mittlerweile vier Jahre dauernden Rechtsstreit zustande kam: Mit einer Zahlung der Auto Union von 1,6 Millionen Reichsmark an Rasmussen trennt sich dieser von der Auto Union.

RASMUSSEN BLEIBT WEITER AKTIV

Das Ausscheiden aus dem Vorstand der Auto Union bedeutet für Rasmussen keineswegs das Ende seiner unternehmerischen Tätigkeit, denn nicht alle Betriebe seines einstigen Firmenimperiums waren 1932 automatisch im Firmenverbund der Auto Union aufgegangen. Bei den Betrieben, die in die Auto Union eingegliedert wurden, handelte es sich um das DKW-Stammwerk in

Zschopau, das DKW-Werk Spandau, die Luma-Werke in Stuttgart, die Leichtmetallgießerei Annaberg sowie die ehemaligen Schüttoff Motorradwerke in Chemnitz.

In Rasmussens Familienbesitz verblieben waren die Frankenberger Motorenwerke (Framo), die 1934 ins benachbarte Hainichen umsiedelten, die Metallwerke Zöblitz, die Prometheus Maschinenfabrik in Berlin, an denen Rasmussen zu 50 Prozent beteiligt war, sowie die Nestler & Breitfeld AG.

Ove Rasmussen: »1932 hat mein Vater nach Gründung der Auto Union das Eisenwerk Erla wieder ins Leben gerufen, das sich in den Räumen der Firma Nestler & Breitfeld befand. Diese sehr große Fabrikanlage war im Besitz der Industrie-Verwertungs-Treuhandgesellschaft (IVT). Wir übernahmen von der IVT die Gebäude, und mein Vater gründete das Eisenwerk Erla. Mein Vater war unternehmungsfreudig, auch in einer Zeit der schlimmsten Krise. Er hat sich nicht sonderlich durch äußere Umstände beeindrucken und in seinen Aktionen hemmen lassen. Vielmehr ist sein angeborener Optimismus die Triebfeder für mitunter auch gewagt erscheinende Initiativen gewesen.

In Erla ging es aufwärts. Da kam eines Tages irgendein Erfinder mit einem DKW und hintendran hing ein Kleinflugzeug. Der Mann fragte meinen Vater: ›Wollen Sie das Flugzeug nicht bauen?‹ Mein Vater hat sofort gesagt: ›Natürlich bau' ich das, und zwar im Eisenwerk Erla.‹ Und dann wurde die Firma 1933 umbenannt in ›Eisen- und Flugzeugwerke Erla‹. Das Werk war zur Herstellung von Flugzeugen völlig ungeeignet. Aber wir hatten eine Modellschreinerei, da konnte man Flugzeuge aus Holz basteln. Dieses Flugzeug war natürlich mit einem DKW-Motor ausgerüstet.«

»Mein Vater«, so erinnert sich Sohn Ove Rasmussen 1988, »suchte nach seiner Entlassung bei der Auto Union, auch wieder Autos zu bauen. Er war davon nicht abzubringen, er wollte es denen in Chemnitz zeigen. Und deshalb wurde ein Auto entwickelt, welches dem Volkswagen zuvorkommen sollte. Der Wunsch zur Entwicklung eines eigenen Volkswagens war ausgelöst worden durch die Situation seiner fristlosen Entlassung.

In Berlin fuhren wir auf den Reichskanzlerplatz, und da ich vorher schon des öfteren in Sachen Automobil in der Reichskanzlei gewesen bin, und zwar beim Adjutanten von Adolf Hitler, besuchte ich auch hier den Hauptmann Wiedemann und sagte zu ihm: ›Herr Wiedemann, da hinten auf dem Reichskanzlerplatz steht mein Vater mit einem sogenannten Volkswagen, den er dem Führer zeigen will.‹

Das war also ein Framo-Wagen, nicht viel größer als der Framo-Piccolo, also kleiner als der Typ DKW-Reichsklasse. Unser Auto war natürlich noch ein Prototyp.

Ganz nervös sauste Wiedemann in seinem Zimmer hin und her. Wenn der Adolf Hitler in dem Moment gekommen wäre, hätte ich gar nicht gewußt, wie ich ihn zu begrüßen gehabt hätte. Ich war ja ein völlig unmilitärischer Mensch. Während der Wiedemann hin- und hersauste, habe ich abgewartet. Dann sagte mir der Hauptmann Wiedemann: ›Wissen Sie was? Gehen Sie vor zum Wagen. Wir schicken Ihnen gleich einen Fachmann.‹ Dann kam der ›Fachmann‹, der war so ungefähr 2,10 Meter groß. Der schaute sich den Wagen an, so von oben. Dann versuchte er, in den Wagen einzusteigen, kam nicht rein und ging weg. Damit war der Fall erledigt. Dieses Auto war der Schwachpunkt im Leben meines Vaters.«

Nach 1935 zog sich J. S. Rasmussen verstärkt aus dem aktiven Geschäftsleben zurück und überließ seinen drei Söhnen die Leitung der Unternehmen. 1938 verließ J. S. Rasmussen mit seiner Frau die Stadt Zschopau und zog nach Sacrow in die Nähe von Berlin, wo er sich auch weiterhin mit der Konstruktion von Automobilen und Motorrädern befaßte. 1948 ging Rasmussen wieder in seine dänische Heimat zurück. Zu seinem 75jährigen Geburtstag, 1953, schenkte ihm die Ingolstädter Auto Union einen DKW-Sonderklasse. Damit wollte die Ingolstädter Geschäftsführung Rasmussens Verdienste um die Förderung des Zweitaktmotors und des Frontantriebs würdigen. Am 14. August 1964, im Alter von 86 Jahren, starb Dr.-Ing. Jörgen Skafte Rasmussen in Kopenhagen.

Der Däne Jörgen Skafte Rasmussen kehrte nach dem Krieg nach Kopenhagen zurück, wo er am 14. August 1964 verstarb.

GRAND MIT VIER RINGEN

DIE GROSSEN RENNERFOLGE DER AUTO UNION

GRAND MIT VIER RINGEN

Die vier sächsischen Automobilfirmen waren vereint, ein neuer Firmenname gefunden. Dennoch war man sich einig, auf die traditionsreichen Marken-Namen nicht verzichten zu können und prägte sie in die Vier Ringe ein. Um den Namen ›Auto Union‹ dennoch möglichst schnell einer breiten Bevölkerungsschicht im In- und Ausland näherzubringen und die Vier Ringe in Verbindung mit dem Automobil zu setzen, bot sich der Einstieg in die Rennszene an, auch wenn damals Daimler-Benz in Deutschland das Renngeschehen beherrschte, der jungen Auto Union das erforderliche Kapital fehlte und entsprechende Rennerfahrungen nicht vorhanden waren.

Wenn man es recht besah, war der Bau von Rennwagen Anfang der dreißiger Jahre in eine Sackgasse geraten. Da bewegte sich entweder nichts mehr oder alles durcheinander. Kleine, schnelle Wagen fuhren gegen wesentlich stärkere und größere Renner. Zwischen 1931 und 1933 gab es keine verbindlichen Reglements, welche Chancengleichheit garantiert hätten. Es war kaum hilfreich, wenn sich die Rennformeln nur darauf beschränkten, Distanzen und Zeiten festzulegen und mehr nicht. Ein Grand-Prix hatte mindestens zehn Stunden zu dauern und man durfte nach einer sogenannten freien Formel fahren. Da konnte sich nun jeder x-beliebige, aller-

Wesentlichen Anteil am schnellen Aufstieg der Auto Union und an der großen Beliebtheit dieser Marke hatten die sportlichen Erfolge der Silberpfeile. Auf den Rennpisten der Welt gewannen die schnittigen Sechzehnzylinder mit den Vier Ringen auf der Haube viele nationale und internationale Automobilrennen.

dings finanzkräftige Konstrukteur mit seinem Rennwagen auf die Piste wagen, wenn er nur davon überzeugt war, daß sein Rennwagen seinen idealen Konstruktionsvorstellungen entsprach.

Die Rennen jener Zeit waren sicherlich packend und spannend, denkt man an die Kämpfe um den Siegeslorbeer der allerdings schon konzeptionell überholten Mercedes SSK gegen die Renner von Alfa Romeo, Bugatti und Maserati. Aber gerade hierbei zeigte sich deutlich, daß unbedingt neue Vorschriften erlassen werden mußten, die sich am allgemeinen Fortschritt orientierten. Solche Orientierungsmarken waren Technik und Sicherheit. Diese waren dann auch die wichtigsten Beratungspunkte des Internationalen Motorsportverbandes (Association Internationale des Automobile Clubs Reconnus, AIACR), der im Oktober 1932 eine Sitzung nach Paris einberief, um über die Verabschiedung einer neuen Formel für Grand-Prix-Rennen zu beraten, die ab 1934 gelten sollte.

Hinsichtlich der Sicherheit sollte in erster Linie ein Limit für Geschwindigkeiten gesetzt werden. Beschlossen wurde unter anderem, daß die Karosserien mindestens 850 mm breit sein sollten, ferner durfte ein Rennwagen, allerdings ohne Kraftstoff, Schmiermittel, Kühlwasser und Reifen, höchstens 750 Kilogramm wiegen. Hingegen blieben alle anderen Konstruktionsmerkmale freigestellt. Das würde genügen, so nahm man an, um gerade durch die Gewichtsbeschränkung eine umfangreiche und ins uferlose gehende Weiterentwicklung zu verhindern.

Die Geburtsstunde der Kompressorwagen, die im Zeichen der Vier Ringe durch ihre sensationellen Höchstleistungen den Namen Auto Union in alle Welt tragen sollten, war noch nicht gekommen. Zunächst mußte entschieden werden, wo ein solcher Rennwagen gebaut werden könnte und wer ihn entwickeln sollte. Bei Null anzufangen mit dem Rennwagenbau und dann nicht einmal sicher zu sein, ob jegliches Risiko ausgeschlossen sein würde, dazu konnte und wollte man sich bei der Auto Union nicht aufraffen. Kann man nicht einen Mann mit Erfahrung ›kaufen‹? Das könnte immerhin wesentlich billiger sein, als selbst Erfahrung zu sammeln und womöglich teuer dafür zu bezahlen. Also entschloß man sich bei der Auto Union, einen solchen Entwicklungsauftrag nach außen zu vergeben, nach Möglichkeit an einen Experten. Wer sollte den neuen Mann für den neuen Rennwagenbau suchen und wer die Karten verteilen? Die Aussagen hierzu sind widersprüchlich.

Bei den Wanderer-Werken saß seinerzeit Baron Klaus Detlof von Oertzen als Vorstandsmitglied, ein Mann mit zahlreichen Auslandsbeziehungen. In einem 1987 mit ihm geführten Gespräch sagt er von sich: »Ich war damals schon bekannt wie ein bunter Hund und trieb mich in der Welt herum. Den Porsche, den habe ich für Wanderer und die Auto Union entdeckt und gewonnen. Der war seit 1923 Chefkonstrukteur bei Daimler-Benz. Den habe ich schon seit 1924 gekannt. Da war ich nämlich als ganz junger Kerl auf Urlaub in Palermo auf Sizilien zum klassischen Rennen in der Targa und der Coppa Florio und habe für Mercedes die Zeit genommen. Porsche lud mich und den Sieger Christian Werner danach zum Siegesessen ein. Der Werner hatte mit einem 120 PS Zweilitervierzylinder-Kompressor, den Porsche entwickelt hatte und in einen einfachen Tourenwagen einbauen ließ, einen tollen Sieg herausgefahren. Wir haben da hin und her gefachsimpelt. Porsche war an und für sich kein guter Kaufmann. Man sagt ihm zwar nach, er sei immer dabei gewesen, wo es Geld zu verdienen gab. Aber so kann man das nicht sagen. Seine Konstruktionen waren finanziell viel zu aufwendig. Ich habe ihm ja die ersten Aufträge für sein Konstruktionsbüro in Stuttgart gegeben, für einen Wanderer 1,7 Liter und einen 2,0 Liter. Jedenfalls habe ich 1930 mit Ferdinand Porsche in Paris zusammengesessen und mit ihm zusammen geträumt, daß wir einen Rennwagen bauen sollten.« Dieser Traum ist Wirklichkeit geworden, allerdings in etwas anderer Weise, als der Baron das geträumt hat. Wirklich geworden ist, daß man mit Ferdinand Porsche in der Tat ein ›As‹ in der Hand hielt. Er war seit 1923 bei der Daimler-Benz AG in Stuttgart-Untertürkheim technischer Direktor. Die gleiche Stellung nahm er seit 1. Januar 1929 bei der Steyr AG ein, dem größten österreichischen Automobilunternehmen. Als 1930 bekannt wurde, daß es zu einer Fusion Steyr-Austro Daimler kommen würde, hat sich Porsche abgesetzt, weil er vermutete, daß dann derartige Veränderungen eintreten könnten, die seine Position und seine Arbeit wohl sehr einengen würden. Er hat seine Stellung bei Steyr aufgegeben und in Stuttgart im Dezember 1930 sein Konstruktionsbüro gegründet: Dr.-Ing. h. c. F. Porsche GmbH für Motoren-, Fahrzeug-, Luft- und Wasserfahrzeugbau. Das war insofern kein Wagnis, als er Ende November zuvor einen Auftrag zur Entwicklung neuer Personenkraftwagen-Modelle von der Firma Wanderer erhalten hatte.

Baron von Oertzen hatte aber nicht nur Porsche kennengelernt, sondern in einem sehr exklusiven Berliner Herrenclub auch den Geschäftsführer der Porsche GmbH, Herrn Adolf Rosenberger. Mit ihm hat der Baron dann seinen Traum vom Rennwagen weiter geträumt. Beide Herren waren sich darüber einig, daß ein bei Wanderer völlig neu entwickelter und dazu noch sehr erfolgreicher Rennwagen größte Werbewirkung besitzen könnte. Auf dem Pariser Automobil-Salon 1931 erteilte Generaldirektor Klee von den Wanderer-Werken dann nach etlichen Vorgesprächen Dr. Porsche offiziell den Auftrag zum Bau eines Wanderer-Rennautos.

DIE GROSSEN RENNERFOLGE DER AUTO UNION

Während Porsche noch an seinen ersten Aufträgen einer neuen Sechszylinder-Modellreihe für die Firma Wanderer arbeitete, hörte er von der neuen Rennformel-Bestimmung der AIACR. Die betrachtete er als eine persönliche Herausforderung, vor allem wegen der zugesicherten konstruktiven Freiheit innerhalb des Limits von 750 Kilogramm. Seine Begeisterung vermochte er auch auf seinen Finanzverwalter Adolf Rosenberger zu übertragen. Sie gingen an die Planung. Inzwischen waren jedoch Veränderungen bei den vier sächsischen Automobilunternehmen eingetreten, die für das Projekt bedeutsam werden sollten und dieses womöglich auf eine breitere Basis stellen würden: Am 29. Juni – rückwirkend zum 1. November 1931 – war die Auto Union AG mit Sitz in Chemnitz gegründet worden, unterstützt von der Sächsischen Staatsbank, die dem neuen Unternehmen eine kräftige Kapitalspritze verpaßt hatte, damit die Fusion von Audi, DKW, Horch und der Automobilabteilung von Wanderer überhaupt möglich wurde.

PORSCHE ENTWICKELT MIT

Mit seinen bisherigen Partnern, den Einzelfirmen, hatte Porsche gute Erfahrungen gemacht. So etwa mit den Horch-Werken. Von ihnen hatte er am 26. März 1931 den Konstruktionsauftrag für eine Schwingachse erhalten, die für die Typen 410 und und 450 vorgesehen war und deren Erprobung noch andauerte. Nicht nur die Horch-Mitarbeiter waren ihm sympathisch gewesen, auch die anderen Einzelunternehmer waren ihm immer intuitiv und risikofreudig erschienen. Die wagten wenigstens etwas und waren funktionstüchtigen Neuerungen, technischem Fortschritt gegenüber aufgeschlossen. Aber damit schien es nun schlagartig vorbei zu sein.

Jetzt standen zwei Persönlichkeiten an der Spitze des Unternehmens, Dr. Bruhn und sein späterer Stellvertreter, der technische Direktor von Horch, William Werner. Deren beider Interesse zielte in der Hauptsache auf maximale rationale Fertigung, ihre peinlich genaue Abrechnung und die größte Transparenz der finanztechnischen Abwicklung. Technisches Raffinement und Exklusivität interessierte sie weniger. Gerade das lag Porsche jedoch am Herzen. Verunsichert wurden er und sein Geschäftsführer Rosenberger, der auch sein Teilhaber war, zusätzlich durch die Bemerkung von Bruhn und Werner, daß vorläufig nicht daran zu denken sei, die noch vorgesehenen Achtzylinder-Wanderer-Typen zu übernehmen. Bis auf weiteres könne man auch nicht an die Serienproduktion der Horch-Schwingachse denken. Und mit dem Rennwagenprojekt sei das so eine Sache. Da wäre man auf Subventionen angewiesen, etwa von den Unternehmen, die das Zubehör lieferten oder von den Automobilclubs. Bedeutete das eine versteckte grundsätzliche Absage? An und für sich war sich Porsche seiner Sache sicher, aber er wußte auch, daß der Rennwagenbau ein unwägbares und risikoreiches Unterfangen war und sehr, sehr viel Geld erforderte.

Ein imposantes Stück Auto Union-Technik: Der 16-Zylinder-Rennwagenmotor. Hier die erste Ausführung von 1934 mit einem Hubraum von 4.358 ccm und einer Leistung von 295 PS.

Woher nehmen und nicht stehlen? fragten sich Porsche und Rosenberger, die beide nicht über das erforderliche Kapital verfügten. Dennoch gründeten beide eine Tochtergesellschaft, die ›Hochleistungsfahrzeugbau GmbH‹ (HFB), die es sich zur Aufgabe machen wollte, das Rennwagenprojekt von der Konstruktion über den Bau bis zur Einsatzreife voranzutreiben und die planmäßige Beteiligung an Rennen zu organisieren.

Für Rosenberger war es relativ einfach, zumindest das Startkapital zu besorgen. Konzeptionelle Vorstellungen für den Rennwagen hatte er ebenfalls parat: 1924/25 hatte er selbst einen Benz-Tropfenwagen gefahren, der von Rumpler inspiriert war. Dieser besaß einen Heckmotor mit Einzelradaufhängung an beiden Achsen. Diese Bauweise sollte auch beim neuen Projekt angewandt werden.

Innerhalb von vier Wochen waren erste Entwürfe auf dem Reißbrett entstanden. Eine Aktennotiz von einer Besprechung, die am 15. November 1932 zwischen Porsche, Rosenberger und einigen Mitarbeitern stattgefunden hatte, nennt folgende wichtige Konstruktionsmerkmale: 16 Zylinder-Motor in V-Anordnung, mit einem Hubraum von 4,36 Litern und einem Roots-Kompressor. Oberingenieur Karl Rabe arbeitete das Gesamtkonzept aus, Josef Kales war für die Motorenkonstruktion verantwortlich. Auf diese beiden engen Mitarbeiter von Porsche war Verlaß.

Die Rennabteilung der Auto Union wurde im Zwickauer Horch-Werk eingerichtet. Hier ein Blick auf die Fahrgestell-Montage.

Im März 1933 lagen die vollständigen Konstruktionszeichnungen vor. Eigentlich hätte man sofort mit der Fertigung beginnen können. Aber die erforderliche breite finanzielle Basis war nicht vorhanden. Wenigstens einen Teil davon hatte man auch von den Spendenaufrufen der beiden Automobilclubs zu erhalten gehofft. Der Allgemeine Deutsche Automobilclub (ADAC) und der Automobilclub von Deutschland (AvD) hatten ihre zahlreichen Mitglieder zu mobilisieren versucht. Leider vergeblich.

Die Situation würde sich zweifellos ändern, wenn Adolf Hitler seine besonders gegenüber den Verantwortlichen der Großindustrie und des Kapitals gemachten Versprechungen einhalten würde. Mit seinem Versprechen von ›neuer Ordnung im Lande‹ verbanden die Repräsentanten von Wirtschaft und Kapital ihre Sehnsüchte nach unternehmerischer Autonomie, Steuerprivilegien und dem Ende der Gewerkschaftsmacht. Das lockte viele in das Lager der Nationalsozialisten. Schon vor seiner Machtübernahme 1933 hatte Hitler verlauten lassen, daß er der deutschen Automobilindustrie unter die Arme greifen würde, daß er dem Automobilsport eine führende Rolle zuzuweisen gedenke, damit Deutschland auch auf diesem Gebiet durch Rennsiege Weltbedeutung erlange.

Manfred von Brauchitsch, bekannter und berühmter Mercedes-Rennwagenfahrer berichtet in seinem Buch ›Ohne Kampf kein Sieg‹, das 1974 in Berlin erschien, von einem privaten Gespräch, das er und Jakob Werlin, Vorstandsmitglied der Daimler-Benz AG, mit Hitler wegen finanzieller Unterstützung für den Rennwagenbau geführt haben. Hitler hatte ihnen zugesichert: »Ihre Firma bekommt das Geld in dem Augenblick, wenn ich an der Macht bin.«

Hitler war am 30. Januar 1933 an die Macht gekommen und proklamierte in seiner Eröffnungsrede zur Berliner Automobilausstellung im Februar sein Programm der Motorisierung:

»Das deutsche Volk soll ein Volk von Kraftfahrern werden!« Sein Propagandaminister Goebbels sorgte für weitere Sprüche: »Freut Euch des Lebens, Freude durch Kraftfahrt, Kraftfahrt ist Leben!«

BARON VON OERTZEN FÜHRT GESPRÄCHE MIT HITLER

Ohne staatliche Unterstützung hätte die Auto Union ihr Rennwagenprojekt nicht verwirklichen können. Mithin war es erforderlich, entsprechende Kontakte aufzunehmen. Baron von Oertzen beschreibt seinen Bittgang recht farbig: »Ich habe auch Adolf Hitler das Geld für die Auto Union-Rennwagen aus der Tasche gezogen. Das war nicht einfach. Wir hatten schon vorher bei verschiedenen Nazigrößen um Unterstützung für den Rennwagenbau nachgefragt. Wir wußten, daß Hitler dabei war, Daimler-Benz Geld zu geben. Das hatten wir irgendwoher mitgekriegt. Aber keiner wollte uns bei Hitler vorlassen. Da bin ich dann zu seinem Stellvertreter Rudolf Heß gegangen. Er und ich waren alte Flugzeugpiloten, und wir kannten uns vom Weltkrieg her. Ich bat Heß, uns einen Termin bei Hitler zu verschaffen. Heß hat das dann für Anfang März 1933 arrangiert. Auf dieses Gespräch habe ich mich gut vorbereitet. Ich erinnerte mich, daß Hitler 1924 aus der Festungshaft von Landsberg mit einem Mercedes abgeholt worden war. Das hat er niemals vergessen, er blieb Mercedes immer treu und fuhr niemals ein anderes Auto. Zu diesem Gespräch nahm ich Dr. Porsche und den Rennfahrer Hans Stuck mit, der war mit Hitler persönlich bekannt und ich nicht. Der sollte zwischen uns vermitteln. Wir kamen also zu dritt. Mit Hitler kam nur sein Sekretär, der hat dann alles aufgeschrieben, was wir miteinander gesprochen haben. Ich erzählte Hitler meine Geschichte und meine Pläne. Er war überhaupt nicht erstaunt und sagte mir, daß ich mir darüber keine Gedanken zu machen brauche. Und ich dachte nur, wie ich vom Reich alles das bekommen könnte, damit ich mit unseren Rennwagen Siege herausfahren könnte. Er dachte aber an militärische Erfolge.

Im Verlauf des Gespräches hat Hitler meinen Wunsch nach einer Kapitalunterstützung für die Auto Union-Rennwagen abschlägig beschieden und am Schluß seiner Ausführungen gesagt: ›Geben Sie sich keine weitere Mühe!‹ Dann habe ich mein Herz in beide Hände genommen und habe zu ihm gesagt: ›Sie wissen Herr Reichskanzler (ich habe ihn niemals Mein Führer genannt), es ist nicht so furchtbar lange her, da wurden Sie aus der Festungshaft mit einem Mercedes in Landsberg abgeholt. Sie sagten, daß Sie wieder mit Ihrer Parteiarbeit anfangen wollten. Die Presse sagte damals zu Ihnen: ›Herr Hitler, geben Sie sich keine Mühe, wir werden niemals wieder auf Sie hören, der Fall ist für Sie erledigt.‹ (Gemeint waren Hitlers politische Bemühungen um die Machterringung). ›Dasselbe sagen Sie jetzt zu mir, ich solle mir keine Mühe geben wegen des Rennwagens, ich solle aufgeben. Aber das tue ich nicht, ich gebe mir sehr wohl Mühe. Das ist meine Pflicht den zehntausend Arbeitern gegenüber.‹ Daß ich solches gesagt habe, das hat mir Hitler übelgenommen. Er hat mich zweimal groß angeschaut, ließ mich nach meiner verbalen Frechheit links liegen und drehte sich Dr. Porsche zu, den er überhaupt zum ersten Mal hier gesehen hatte, und fragte ihn, wie er den Rennwagen bauen wolle. Das war eine lange Diskussion und Hitler war technisch interessiert und hatte auch allerlei Kenntnisse, die man bei ihm nicht vermutet hätte. Dann beendete er das Gespräch und sagte: ›Sie werden von mir hören.‹ Nach drei Tagen hatten wir schon die Erlaubnis, den Rennwagen bauen zu dürfen.

Meine Kollegen und ich haben immer darauf bestanden, daß sich das Reich beim Bau der Wagen beteiligen müsse. Das war mein einziges Bestreben. Hitler hat den Bau unseres Rennwagens unterstützt. Aber das hat er nicht mir zuliebe getan, sondern Porsche zuliebe. Ich hatte Hitler gesagt, daß das Reich uns nicht sofort so viel Geld zu geben brauche, sondern uns nur für jeden Sieg bezahlen sollte. Wer auch immer gewinnen würde, Mercedes oder Auto Union, der sollte einen bestimmten Geldbetrag erhalten und er würde somit helfen, daß Mercedes und die Auto Union ihre sehr teuren Rennteams aufstellen konnten. Und er hat uns dann auch den Segen gegeben: Wir haben einschließlich Prämien 400.000 Mark bekommen. Uns haben die Wagen, die wir gebaut haben, mindestens 10 Millionen gekostet.«

Sicherlich ist das, was der Baron mit 94 Jahren in seine Erinnerung zurückruft, schon ein wenig verklärte Zeitgeschichte. Jedenfalls konnte nach der verbindlichen Subventionierungszusage aus der Reichskanzlei, bei der Hans Stuck aufgrund seiner persönlichen Bekanntschaft mit Hitler eine wesentliche Vermittlerrolle gespielt hat, mit den vorbereitenden Arbeiten für den Rennwagenbau bei der Auto Union begonnen werden. Die vom Baron genannten 400.000 Reichsmark beziehen sich auf den Zeitraum 1933/34 und beinhalten neben der staatlichen Subvention die Siegesprämien für die Rennsaison 1934. Die ursprüngliche Beihilfe für das Jahr 1933 betrug 300.000 Reichsmark. Diese Summe wurde der Auto Union mit Schreiben des Reichsverkehrsministers vom 24. Mai 1933 angekündigt. Zusätzliche 10.000 Reichsmark waren für jeden Grand-Prix-Sieg versprochen und 5.000 Reichsmark als Siegprämie für andere internationale Rennveranstaltungen. Dr. Bruhn äußert sich zufrieden und ironisch zugleich über die nunmehr auch finanzielle ›Gleichschaltung mit unserem hauptsächlichsten Konkurrenten‹.

Aufgrund der Kapitalzusage durch Hitler wird mit Porsche ein Vertrag geschlossen werden, den er sich vermutlich anders erträumt hatte, und die Auto Union kann sich einen Rennstall leisten, wie ihn sich Baron von Oertzen vorgestellt hatte. Dafür wollte er jedenfalls alles tun, was in seinen Möglichkeiten lag. Klaus von Oertzens Erzählungen zufolge hat er wohl bei den Vertragsverhandlungen eine bedeutendere Rolle gespielt, als den Archivunterlagen zu entnehmen ist.

Noch wenige Tage vor dem denkwürdigen Gespräch mit Hitler wurden am 7. 3. 1933 in den Zwickauer Horch-Werken erste Absprachen getroffen, zumeist in organisatorischen und technischen Detailfragen. In Zwickau sollte auch die Renn-Versuchsabteilung eingerichtet werden, weil hier optimale Voraussetzungen für die Herstellung von Spezial-Einzelteilen gegeben waren. Man hatte sich ein hohes Ziel gesetzt: Über den ersten Auto Union-Rennwagen sollte alle Welt staunen.

Robert Eberan von Eberhorst war technischer Leiter der Auto Union-Rennabteilung.

Am 17. März 1933 wurde der Vertrag zwischen der Auto Union AG Chemnitz und der Dr. Porsche GmbH Stuttgart, Herrn Dr. Porsche und der Hochleistungs-Fahrzeugbau GmbH Stuttgart geschlossen und unterzeichnet.

Das war schon eine verschworene und hochkarätige Mannschaft, die in der Versuchsabteilung, die später in Rennabteilung umbenannt wurde, zusammenarbeitete. Dr. Porsche war verantwortlich dafür, im Auftrag der Auto Union den Bau des Rennwagens zu verwirklichen. Er selbst hat keine kompletten Pläne vorgelegt, sondern eine sogenannte Generalkonzeption. Er brachte seine Erfahrungen, seine Kenntnisse mit ein und einen großen Teil seiner Mitarbeiter aus Stuttgart. Dipl.-Ing. Robert Eberan von Eberhorst, Assistent am Institut für das Kraftfahrwesen der Technischen Hochschule Dresden, wurde am 1. Juni 1933 nach Zwickau berufen, um die gesamte Rennabteilung aufzubauen. Zum Werkstattleiter wurde der Fahrzeugbau-Experte Dipl.-Ing. Otto Langsteiner ernannt. Erster Rennleiter wurde Willy Walb, erfolgreicher Rennfahrer des Benz-Tropfenwagens. Seine rechte Hand war der ehemalige Beifahrer von Rudolf Caracciola, Wilhelm Sebastian. Sein ebenfalls diesem Team angehörender Bruder Ludwig wurde später Chefmonteur bei Bernd Rosemeyer. Fritz Matthey gehörte zu den Mechanikern. Er war jahrelang Rennmechaniker von Hans Stuck und sein persönlicher Freund.

Baron von Oertzen schildert die damalige Hierarchie so: »Eberhorst war damals der verlängerte Arm des Konzerns. Am Oberarm, da hing Porsche dran, am Unterarm, also an der Hand, da hing ich dran. Der Eberan von Eberhorst hat sämtliche Rennwagen für die Auto Union gebaut. William Werner hatte anfänglich mit dem Rennwagenbau nichts zu tun. Die Rennabteilung in Zwickau war separat, die war abgeschlossen, da konnte keiner rein und raus.« Die einzelnen Kompetenzen waren so verteilt: Die gesamte Rennabteilung gehörte zum Ressort Propaganda-Presse-Sport (PPS). Diese Werbeabteilung zählte zur Vertriebsorganisation, die für alle vier Automobilmarken im Hauptverwaltungsgebäude der Auto

DIE GROSSEN RENNERFOLGE DER AUTO UNION

Union untergebracht war. Gegen das Wort ›Propaganda‹ erhob das Propagandaministerium von Josef Goebbels Einspruch. Diesen Begriff hatte Goebbels einzig und allein für sich reserviert. Wenn jemand in Deutschland von Propaganda sprach, sollte damit der Sinn von Nationalsozialismus, Drittes Reich, Brauner Kult und Großdeutschland verbunden sein. Solchem Sinn schloß sich die Auto Union nicht an und konnte deshalb leichten Herzens auf Propaganda verzichten. Sie benannte ihre Werbeabteilung um in Werbung-Nachrichten-Sport (WNS).

Chef war der Jurist Dr. Richard Voelter. Er war direkt dem Vorstand beigeordnet. Wenn es um Finanzfragen ging, entschied Dr. Bruhn hierüber, ging es um technische Grundsatzfragen, mußte selbstverständlich die Zustimmung von Direktor Werner eingeholt werden.

Nachdem nun alle Fragen der Verwaltung, der Organisation, der technischen Vorrichtungen und des Personals geklärt und die Rennabteilung nahezu komplett war, konnte der Bau des Rennwagens beginnen. Selbstverständlich ging man mit großem Ernst und ebenso großem Fleiß an die Arbeit, als die ersten Konstruktionszeichnungen aus Stuttgart eintrafen. Zeitweilig mußten zusätzliche Mitarbeiter aus dem Werkzeugbau hinzugezogen werden, um spezielle Aufträge der Rennabteilung auszuführen. Zeitweise waren 130 Personen mit dem Projekt beschäftigt.

Im August 1933 war der erste Motor vollständig montiert, nachdem alle Aggregate und alle Einzelteile die äußerst strengen Tests bestanden hatten. Jedermann fieberte dem ersten Probelauf entgegen. Welche ›Stimme‹ hatte der Motor und welches ›Timbre‹? Die Männer des Motorenbaus waren auch sensible Akustiker; sie konnten sofort hören, ob der Motor gesund war oder nicht. Sie waren davon überzeugt, daß er gesund sein müßte. Und dann war es soweit: Das Sechzehnzylinder-Aggregat wurde mit einem angekuppelten Horch-Serienmotor angeworfen. Dann donnerte der Rennmotor auf, lief sofort rund und drehte zwei Stunden lang, ununterbrochen. Er wäre noch länger gelaufen, doch der Auspuffqualm vernebelte die Werkshalle derartig, daß das Experiment abgebrochen werden mußte. Den Männern in der Werkshalle ist die Puste ausgegangen, nicht aber dem Rennmotor.

Am nächsten Tag kam der Motor auf den Prüfstand. Und er drehte wieder, stundenlang, und zeigte eine erstaunliche Leistung von 200 PS. Mit einer maximalen Drehzahl von 4.500 Umdrehungen in der Minute war das noch nicht einmal so extrem viel. »Das ist ja nicht zu fassen!« soll Ferdinand Porsche geäußert haben, als ihm diese PS-Leistung telefonisch durchgegeben wurde. Nur vier Wochen später konnte die Endmontage des Rennwagens beginnen. Alle übrigen Fahrzeugteile lagen parat. Insgesamt waren es 1.622, die meisten davon wurden im eigenen Werkzeugbau hergestellt für den Typ 22-Rennwagen, wie Porsche ihn bezeichnet hatte.

Das Ergebnis war eine avantgardistische Rennwagenkonzeption. Bei diesem Auto Union-Monoposto (Einsitzer Rennwagen) war der Motor vor der Hinterachse eingebaut. Der Fahrer saß vor dem Motor und hatte nur einen ganz kurzen Vorderwagen vor sich. In diesem befanden sich die Zusatztanks, die später wieder abgeschafft wurden, nachdem der zwischen Fahrersitz und Motor befindliche Kraftstoffbehälter auf ein Fassungs-

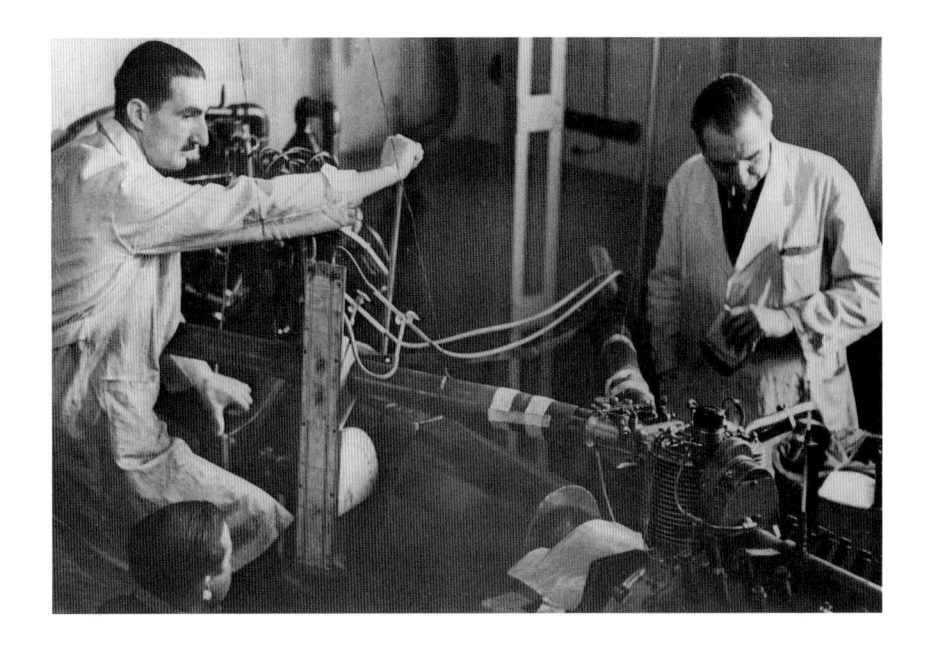

Eberan von Eberhorst, hier beim Motorentest, kam von der Technischen Hochschule Dresden zur Auto Union. Er brachte profundes, theoretisches Wissen auf dem Gebiet der Motorentechnik mit.

341

Die Mitarbeiter der Auto Union-Rennabteilung waren durchweg Meister ihres Fachs. Im Bild Oscar Voigt, der als ›König der Klempner‹ galt. Auf den Fotos ist Voigt gerade dabei, mit gezielten Hammerschlägen eine Kühlermaske für einen Rennwagen zu formen.

vermögen von 210 Liter vergrößert worden war. Im Wagenbug befanden sich der Wasserkühler und der Öltank. Später kam noch ein Ölkühler hinzu. »Der Wagen hat eine hautenge Karosserie«, so wurde der Wagen allgemein gelobt, »und er sieht sehr windschnittig aus«. Dieses Lob war auch vom ästhetischen Gesichtspunkt her gesehen voll berechtigt. Der Einfüllstutzen für den Kraftstoff war der höchste Punkt des Wagens, und die Karosserie floß nach hinten in ein spitzes Heck aus. Der Cockpiteinstieg war so schmal, daß man zum Ein- und Aussteigen das Lenkrad abmontieren mußte. Als erster klemmte sich Willy Walb hinter das Lenkrad – »große Ehre für mich!« – und fuhr den Wagen einige Meter auf dem Werksgelände. Das richtige Kraftstoffgemisch mixten die Experten von Solex und Shell und sorgten für seine optimale Aufbereitung im Vergaser. Die Prüfstände waren ununterbrochen in Betrieb. Dabei wandte Rennleiter Willy Walb einen Trick an, denn es mußte ja unter allen Umständen verhindert werden, daß die Motorleistung des Wagens publik wurde. »Ich kam dann auf einen Trick und gab sowohl dem Tourenanzeiger als auch dem Geschwindigkeitsmesser eine gehörige Plusanzeige...... Mit Genugtuung wurde beobachtet, wie die verschiedenen Ingenieure der Zulieferanten immer aufgrund der angezeigten Tourenzahl, die natürlich falsch war, die Motorleistung errechnen wollten. Sie kamen dabei auf eine solch große Motorleistung, daß sie nur kopfschüttelnd ihren Rechenschieber weglegten, denn es war doch unmöglich, daß dieser kleine sechzehnzylindrige Auto Union-Motor, kurz nach seiner Geburt, Leistungen von vielen 100 PS vollbrachte. Der einzige, der das richtige Übersetzungsverhältnis der Touren- und Tachometer kannte, war ich.«

Die gesamte Mannschaft fieberte dem ersten großangelegten Erprobungstest entgegen. Der Rennwagen sollte auf dem Nürburgring eine Woche lang ab 13. November 1933 Härte- und Dauertests unterzogen werden. Vor der Presse hielt man das geheim. Hans Stuck erinnert sich in seiner Biographie an die ersten Testfahrten: »Die Versuchsfahrten auf der Südschleife des Nürburgrings wurden unter Ausschluß der Öffentlichkeit durchgeführt. Die Strecke wird von SA abgesperrt. Wer versucht, zwischen den Pfosten hindurch einen Blick auf den neuen Wagen zu erhaschen, wird weggedrängt. Wer fotografieren will, läuft Gefahr, seinen Apparat einzubüßen.«

Auf einem dem Horch 830 angekuppelten Hänger verließ der Rennwagen huckepack Zwickau. Der andere Wagentroß zog nach. Kaum, daß man außerhalb von Zwickau war, hielt es Willy Walb nicht länger. Er ließ den Rennwagen abladen und wollte ihn selber auf der Straße in Richtung Nürburgring fahren. Doch vor dem Ziel haben die damaligen Straßenbauer Unebenheiten, Schlaglöcher, Huckel, Kopfsteinpflaster und dergleichen mehr gesetzt. Der Kühler leckte, das Getriebe streikte, die Bremsen versagten. Sie alle hatten am Pflaster in des Wortes wahrster Bedeutung zu sehr ›Anstoß genommen‹. Die erste Straßenfahrt war zu aller großem Entsetzen in der Nähe von Eisenach beendet. Der Wagen wurde wieder auf den Hänger geladen. Das Entsetzen hielt sich in Grenzen, und das eingespielte Monteurteam führte die erste Generalüberholung auf dem Nürburgring schnell durch. Mit geringer Verzögerung wurde der Wagen und das umfangreiche Testprogramm in der Südschleife des Rings gestartet. Walb zwängte sich wieder in das Cockpit, drehte ein paar zahme Runden zum Warmlaufen des Motors, wechselte an der Box die Kerzen, und dann wurde richtig durchgestartet.

Hans Stuck erinnert sich an ein lustiges Erlebnis bei den ersten Versuchsfahrten: »Ich bemängelte die Leistung der Bremsen und bitte Porsche, eine Verbesserung zu versuchen, denn der neue Wagen ist schnell und muß oft scharf gebremst werden. Porsche schaut mich über den Brillenrand an, die Brille sitzt tief unten auf seiner Nase, und sagt trocken, aber bestimmt: ›Herr Stuck, Sie sollen ja nicht bremsen, sondern fahren!‹«

Bei den Versuchsfahrten stellt sich heraus, daß noch Kleinigkeiten geändert werden müssen. Besonders die Wahl der Reibungsstoßdämpfer bereiten Schwierigkeiten. Entweder sind sie zu hart oder zu weich. Bei harter Einstellung und hoher Beanspruchung fressen sie sich fest; bei weicher Einstellung schlägt das Gewicht des Wagens zu stark durch.

Dann die Hiobsbotschaft aus der Rennabteilung in Zwickau: Drei Motoren waren unbrauchbar geworden. In die Zylinder war Wasser eingebrochen. Für die versierten Fachleute war das jedoch kein Problem. Nach der Rückkehr vom Nürburgring würde man die Abdichtung der Zylinderlaufbüchsen gründlich überarbeiten.

Inzwischen waren in der Öffentlichkeit trotz aller Geheimniskrämerei die ersten Gerüchte aufgetaucht: Da soll es einen neuen deutschen Rennwagen geben. Dahinter steckt die Auto Union, und es soll sich um einen Doppel-Achtzylinder von Horch handeln. Gerüchte, die so gänzlich falsch nicht waren.

FAHRVERSUCHE AUF DER AVUS

Am 12. Januar 1934 wurde der silberfarbige Auto Union ›P‹ Sechzehnzylinder-Rennwagen auf der Avus entladen. Als erster fuhr wieder Willy Walb. Er hatte die besten fahrdynamischen Erfahrungen, damals, vom Benz-Tropfenwagen her. Jetzt galt es für Porsche zu beweisen, daß seine Behauptung stimmte: Der Wagen kann mindestens 200 Stundenkilometer Rundendurchschnitt fahren. Der Wagen konnte es mit Hans Stuck am Steuer, ohne große Mühe. Damit war ein wichtiger Punkt in den Vertragsbedingungen zwischen Porsche und der Auto Union erfüllt.

Baron von Oertzen erinnert sich: »Obgleich mich Porsche nicht gerade freundlich behandelt hat, weil ich sagte, daß ich den Auftrag von Hitler bekommen hätte, den Rennwagen zu bauen, so war ich doch schon bei den ersten Fahrten dieses Rennwagens dabei. Ich bin auch auf der Avus gefahren, mit genau dem gleichen Wagen, mit

Hans Stuck am Steuer des Auto Union-Rennwagens auf der Berliner Avus. Die Aufnahme wurde am 12. Januar 1934 gemacht, kurz vor dem Start zur entscheidenden Versuchsfahrt. Ferdinand Porsche, hinter dem Rennwagen (zweiter von links), verfolgt die Start-Vorbereitungen.

dem Stuck nachher seine sieben oder acht Rekorde gefahren hat. Der Großherzog von Mecklenburg und ich, wir standen an der Avus und sahen uns die Versuche von Stuck an. Ich habe ja Stuck immer gedrängt, für die Auto Union zu fahren. Es war für mich ein wunderbares Gefühl, in dem Wagen zu sitzen, mit ihm zu fahren und ihn anzuschauen, den ich schon 1930 in meinem Kopf bewegt hatte. Es war aber ein ganz anderes Gefühl, den Motor nun hinter sich zu haben und nicht wie üblich vorne. In den Kurven war das etwas ganz Besonderes. Aber manchmal war es auch ein unangenehmes Gefühl. Ich habe dann danach auch bei der Aufsichtsratssitzung in Dresden am 28. Februar 1934 mitgeteilt, daß der neue Rennwagen fertig ist, daß wir aber noch einen Trainingswagen und drei weitere Rennwagen bauen würden. Aber der jetzige Wagen ist da noch nicht mit voller Leistung gelaufen. Und die Leute haben regelrecht gestaunt, daß wir damit einen Rekordversuch für den 6. März 1934 auf der Avus angekündigt haben.«

Manfred von Brauchitsch, Werksfahrer von Daimler-Benz, erinnert sich an den ersten, offiziellen Auftritt des Auto Union-Rennwagens: »In diesen Tagen konnten wir auch die lang ersehnte Bekanntschaft mit den neuen Auto Union-Rennwagen machen. Wir waren über diese eigenartige Konstruktion nicht wenig erstaunt. Ganz vorne, fast auf der Vorderachse, nur noch die Kühlerhaube vor sich, saß der Fahrer. Hinter ihm war der Motor. Die Karosserie lief in einem spitzen Schwanz aus.«

Als Stuck an der Box vorfuhr, schlugen die Herzen höher, jetzt war man erst recht motiviert, den Wagen noch weiter zu verbessern und mit ihm womöglich einen Weltrekord herauszufahren. War das Ziel zu hoch gegriffen? Mit dem gegenwärtigen Team wäre es zu schaffen. Und vor allem mit den Fahrern. Die hatte man in Berlin bereits vorgestellt: Hans Stuck, Hermann Prinz zu Leiningen und Ernst-Günther Burggaller. Reservefahrer sollten der Teamleiter Walb und Wilhelm Sebastian sein. Aber sie alle müßten noch ausgiebig Gelegenheit haben, sich einzugewöhnen und zu trainieren. Dafür bot sich die traditionelle Monza-Strecke in Italien an. Da würde man sich mit den neuen Mercedes-Wagen vergleichen können. Für dieses Training wurde extra noch August Momberger verpflichtet. Für den Rekordversuch wurde der Wagen noch ein wenig modifiziert, Stuck sollte ihn fahren mit einem verlängerten und strömungsgünstigeren Heck.

Dieser denkwürdige 6. März 1934 hat eine neue Ära für die Auto Union-Rennwagen und für die Geschichte des Rennsports eingeleitet und die bisher rekordsüchtigen Engländer überflügelt: Gesamtschnitt 217,11 km/h, also Weltrekord und auf der langen Geraden der Avus eine Spitzengeschwindigkeit von zirka 270 Stundenkilometern.

Am 8. März 1934 war der Weltrekordwagen der Auto Union Glanz- und Paradestück der Berliner Automobilausstellung. »Wir hatten uns noch im April 1934 mit Porsche gestritten wegen der Bezeichnung der Rennwagen«, berichtet Baron von Oertzen, »wir wollten seinen Namen nicht verwenden, weil wir ja große Opfer für die Rennabteilung gebracht haben und da war es richtig und recht, daß der Wagen als Auto Union-Rennwagen bekannt wird. Der Porsche hat dann auch zugestimmt.«

Hans Stuck fuhr am 6. März 1934 auf der Berliner Avus im Auto Union-Rennwagen, Typ A mit langem Heck, neue Weltrekorde.

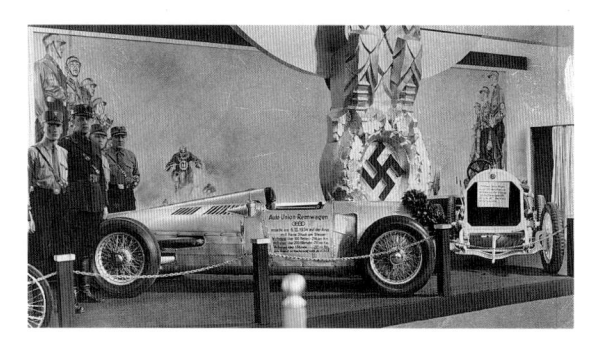

Auf der Berliner Automobilausstellung nutzten die damaligen Machthaber 1934 den hohen Imagewert der Auto Union-Rekordrennwagen für ihre Propagandazwecke.

DIE GROSSEN RENNERFOLGE DER AUTO UNION

WEITERE WELTREKORDE

»Stuck fährt Weltrekorde«, so lautet die Überschrift des Berichts von Ernst Rosemann, der in der Zeitschrift ›Motor und Sport‹ an die Weltrekordfahrten vom 20. Oktober 1934 erinnert: »Stuck hat's wieder einmal geschafft. Von morgens bis abends dauerte die Geschichte zwar, dann hatte er mit seinem Auto Union-Wagen fünf neue deutsche Weltrekorde geschaffen: 50 km/50 Meilen/1 km/1 Meile. Alles mit stehendem Start. Die 100 Meilen, die 200 km und die Stunde hat er sowieso, jetzt ist er achtfacher Weltrekordmann. Und so schloß er das Jahr der größten Erfolge seines Lebens. Sonnabend früh hörte es auf zu regnen in Berlin. Die Avus trocknete ab, und die Sonne lachte. Also los, meinte Willy Walb. Und es ging los. Zuerst sammelte sich alles in der Motorradschleife, ein paar Stunden stand man da umher, hin und wieder fuhr Stuck oder Walb ein paar Kilometer, dann wurde beraten, ausprobiert und wieder beraten. Brennstoff, Kerzen, Reifen, Stromlinienverkleidungen. Die Vorderräder haben Windableiter bekommen, der Rennschwanz ist noch länger und spitzer geworden. Erst wurde ohne, dann mit Limousinenhaube gefahren, mal mit größeren, mal mit kleineren Rädern. Abschub der ganzen Gesellschaft um ein paar Kilometer nach Norden. Strecke abgesperrt, Schaulustige auf die Tribüne verfrachtet, Stoppuhren und Notizblock gezückt. Löbner-Chronometer in Gang gesetzt. Stuck rein in den Wagen, angeschoben, Motor raste, stand vor dem Startband und schoß los wie ein aus dem Lanzierrohr abgelassenes Torpedo. Zuerst über die 100-Kilometer-Strecke, die die 50 km und die 50 Meilen umspannt. Erste Runde schon Sensation: Zeit 5,01 Minuten. Damit hat die Startrunde schon die bisherige Rekordrunde der Avus um sechs Sekunden unterboten. Zweite Runde – phantastische Fahrt – dritte Runde die schnellste. 4 : 44,4 Minuten mit 247,1 km/h Durchschnitt. Ist das ein Tempo. Es ist nicht übertrieben: Auf den Geraden hat das Geschoß eine Geschwindigkeit von sicher 270 km/h erzielt. So was macht man heute eben auf der Avus (und von allen Bahnen nur auf der Avus!). In dieser Runde war der Rekord für die 50 km gefallen. Vierte und fünfte Runde wieder etwas langsamer. Dennoch: In der fünften Runde war auch der 50-Meilen-Rekord unterboten, zwei also waren schon ganz sicher. Sechste Runde – wo bleibt Stuck? Vier Minuten, fünf, sechs? Aus! Aufregung, Wagen fahren entgegen, wo bleibt Stuck? Da kommt er an! Brennstoffmangel, Luft im Steigerohr des Tanks. Pech. Und was ist mit dem 100-km-Rekord? Hans im Glück!

Der Rekord liegt in der Strecke gleich nach Beginn der sechsten Runde. Noch über die Hälfte der sechsten Runde aber hat Stuck geschafft. Nur, man konnte ja nicht zurückrechnen. Glück gehabt, denn am Kilometer 100 stand Fritz Dienemann, Sportkommissar und internationaler Zeitnehmer, Freund aller deutschen Rennfahrer. Der hat sich nur vorsichtshalber dort aufgebaut und tüchtig gestoppt. Die Zeit für die 100 km war also offiziell da. Die Sportkommissare berieten zwar noch, aber Handstoppzeit genügt, elektrische Zeitnahme ist für diesen Rekord nicht international vorgeschrieben. Dritter Weltrekord für heute. Nur noch ein Kilometer und eine Meile. Das ist komplizierter, denn da sind die Bestimmungen viel schärfer. Schon in bezug auf die Strecke, die nicht mehr als ein Prozent Steigung oder Gefälle haben darf. Und dann muß jeder dieser Rekorde hin und zurück gefahren werden, erst das Mittel aus beiden Zeiten gilt als offizielle Fahrzeit. Ein Rekord

Hans Stuck auf der Monza-Rennstrecke. Das Rennen um den Großen Preis von Italien im September 1934 beendete Stuck als Zweiter.

Ferdinand Porsche hilft beim Großen Preis von Italien dem völlig erschöpften Hans Stuck aus dem Rennwagen.

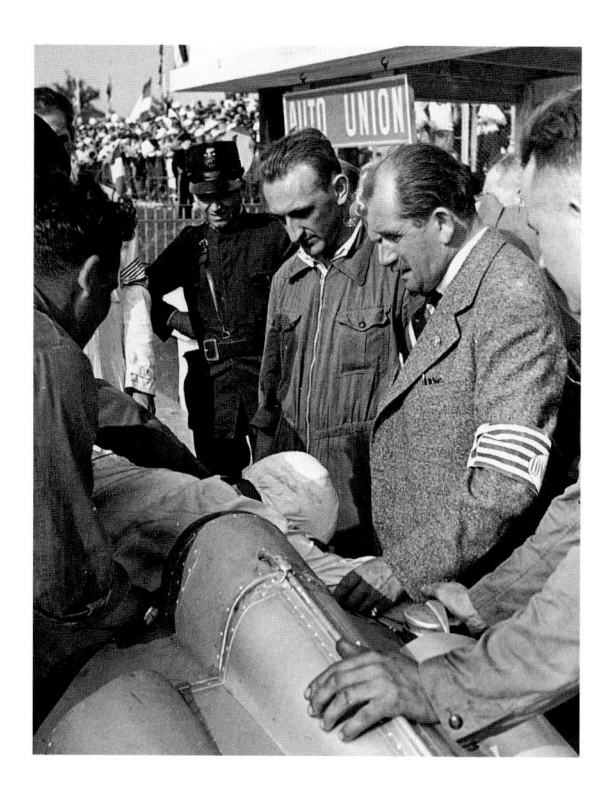

also, der Zeit in Anspruch nimmt. Was tut das, wir stehen schon einen halben Tag, stehen wir auch den anderen halben. Stuck fährt hin und zurück, fährt noch einmal hin und zurück. Dann hat er auf Anhieb auch diese beiden Rekorde. Schon bei der ersten Fahrt. Fünfmal Weltrekord an einem Tage! Das genügte ihm nicht, und am liebsten hätte er dann noch einmal seine soeben aufgestellten Weltbestleistungen unterboten. Mit der Meile versuchte er es auch noch einmal. Es gelang ihm nicht, die Tagestemperatur sank, und die Dunkelheit brach herein. Da war's vorbei. Er hatte es ja auch fürwahr nicht mehr nötig. Sollen sich jetzt andere erst mal bemühen. Hans Stuck ist vom 20. Oktober 1934 ab achtfacher Weltrekordmann. Deutsche Auto Union-Wagen, deutsche Conti-Reifen, deutsche Avus. Grandioser Sieg! Ein Tag der Nation!«

Das erste Rennjahr der Auto Union ist erfolgreich, unerwartet erfolgreich, mit dem auf der Basis von Porsches P-Wagen-Konstruktion gebauten Typ A. Hans Stuck siegte beim Großen Preis von Deutschland auf dem Nürburgring am 15. Juli, ging als Sieger im Großen Preis der Schweiz am 26. August durchs Ziel und trug am 30. September den Siegerkranz beim Großen Preis von Brünn auf dem Masaryk-Ring in der Tschechoslowakei. Daneben konnte er den neuen Auto Union-Rennwagen viermal als Sieger bei den seinerzeit sehr beliebten internationalen Bergrennen ins Ziel bringen. Sehr ermutigt ging man in das zweite Rennjahr mit dem Typ B. Sein Motor war auf 4,9 Liter aufgebohrt und brachte nun 375 PS Leistung gegenüber dem Typ A mit ›nur‹ 295 PS. Beide Rennställe, Auto Union und Mercedes, hatten sich ›aufgerüstet‹, auch mit Fahrern. »Mit Mercedes hatten wir immer ein gutes Verhältnis«, so Baron von Oertzen. »Es wurde mal versucht, sich gegenseitig die Fahrer abzuwerben. Es ist nichts Ernstes daraus geworden. Stuck und Caracciola blieben da, wo sie waren. Keiner hat den Stall gewechselt.« Der Baron spielt dabei auf Versuche an, den erfolgreichen italienischen Rennfahrer Tazio Nuvolari zu verpflichten. Stuck habe da von seinem vertraglich zugesicherten Einspruchsrecht Gebrauch gemacht. Nuvolari wurde nicht verpflichtet. Und dennoch sei Stuck überrumpelt worden, weil sich die Auto Union den Achille Varzi holte. Der war der ärgste Rivale von Nuvolari in Italien. Er hat dann auch sogleich das erste Rennen der Saison in Tunis auf der Rundstrecke Karthago am 5. Mai 1935 für die Auto Union als einziger deutscher Teilnehmer gewonnen. Zum letzten Male fuhr er den Typ A.

Am 12. Mai 1935, auf der Wüsten-Hochgeschwindigkeitspiste, dem Mellaha-Kurs bei Tripolis, fing der Wagen von Hans Stuck plötzlich Feuer. Stuck konnte unverletzt aussteigen. Er wollte eigentlich mit der geschlossenen Rekordkarosserie an den Start gehen und hatte zuerst furchtbar moniert, daß ihm das bei der Wagenabnahme verboten worden war. Aber dieser Entscheidung verdankte er nun sein Leben.

Beim Berliner Avus-Rennen am 26. Mai 1935 belegten Varzi und Stuck den 3. und 4. Platz. Es gab viele Reifenschäden. Die beiden anderen gemeldeten Auto Union-Rennwagen kamen nicht in den Endlauf. Kleiner Trost: Hans Stuck erzielte eine Rekordrunde von 260,5 Stundenkilometern.

Beim Großen Preis von Frankreich, 1935 in Montlhéry, führte Achille Varzi auf dem Auto Union-Rennwagen knapp vor Rudolf Caracciola.

EIN KOMET STEIGT AUF

16. Juni 1935, Eifelrennen auf dem Nürburgring. Dreihunderttausend Zuschauer bejubeln das grandiose Rennen von acht ›silbernen Pfeilen‹ von Auto Union und Mercedes. Beide Teams stellten ihre Nachwuchsfahrer vor. Sie sollten ihre Chance neben den Assen haben. Die Auto Union hatte den erfolgreichen Privatfahrer Paul Pietsch und den fast gänzlich unbekannten Bernd Rosemeyer gemeldet. Für Mercedes startete zum ersten Male Herrmann Lang. Als wir dem alten Herrn Baron, der von sich sagt, er spräche meistens Englisch, das Stichwort Rosemeyer gaben, gerät er ins Schwärmen: »Genau wie den Stuck, so habe ich den Rosemeyer für die Auto Union entdeckt. Der war ja eigentlich erfolgreicher Motorrad-Rennfahrer bei NSU. Den habe ich da abgeworben.

Vierundzwanzig Stunden nach diesem Rennen klingelte bei mir ununterbrochen das Telefon und alle beglückwünschten mich für diesen guten Griff. Der hat ja auch die alten Füchse durch seine intelligente Fahrweise ausgetrickst und war plötzlich an der Spitze und ist nur im letzten Augenblick vom Carratsch (Caracciola) kurz vor der Ziellinie abgefangen worden. Ich habe da sofort gewußt: Aus dem Jungen wird noch was, das wird einmal ein ganz, ganz Großer. Und ich habe mir gesagt: A star was born! Damit habe ich recht behalten!«

Der Baron sollte recht behalten. Solch ein junges Talent mußte aufgebaut werden. Die Auto Union konzentrierte sich voll und ganz auf den Großen Preis von Deutschland am 28. Juli auf dem Nürburgring mit neuen überarbeiteten Sechzehnzylindermotoren. Da wollte man mit der Überlegenheit von Mercedes zumindest gleichgezogen haben, obwohl die Mercedes-Wagen als Favoriten galten. Spannende Positionskämpfe entwickelten sich zwischen Caracciola, Rosemeyer und Stuck. Es ging um den zweiten Platz, denn Manfred von Brauchitsch schien einem sicheren Sieg entgegenzufahren. Es schien nur so. Plötzlich hatte sich Tazio Nuvolari mit seinem roten Alfa Romeo an die Spitze gesetzt. Er gewann überraschend den Großen Preis von Deutschland. Stuck landete sicher auf dem zweiten Platz, Rosemeyer auf dem vierten, von Brauchitsch fiel auf den fünften zurück.

Am 15. August 1935, bei der Coppa Acerbo in Pescara, da gab es wieder einen Auto Union-Doppelsieg. Varzi an der Spitze und Rosemeyer Zweiter. Beim Großen Preis der Schweiz, am 25. August in Bern, da ging es wieder hektisch zu. Ganz klar lag Caracciola von Anfang an in Führung. Nicht für den Bruchteil einer Sekunde ließ er sich von seiner Spitzenposition abdrängen. Wer sollte ihn auch groß bedrängen? Hans Stuck mußte zweimal vor die Boxen fahren. Reifenwechsel! Das kostet Zeit. Er war ungehalten, sein Nervenkostüm flatterte. Ungewohnt bei ihm. Er übergab den Wagen an Pietsch. Rosemeyer, der während der ganzen Runden förmlich zwischen Fagioli und Nuvolari eingeklemmt war, lieferte sich spannende Zweikämpfe mit Nuvolari, trumpfte wieder einmal mit seiner eleganten wie auch waghalsigen Fahrweise auf und mußte sich schließlich doch nur mit dem dritten Platz zufriedengeben.

Keiner der vier gemeldeten Wagen von Mercedes kam am 8. September 1935 beim Großen Preis von Italien in Monza über die Ziellinie. Stuck gewann das Rennen für die Auto Union. Der erst vierundzwanzigjährige Bernd Rosemeyer schied mit seinem Wagen aus, hatte aber genug Nerven, den Wagen von Pietsch zu übernehmen und ihn nur drei Runden später hinter Nuvolari als Dritter ins Ziel zu fahren.

Der Italiener Achille Varzi gehörte 1935 und 1936 zum Rennteam der Auto Union.

Viele der damaligen Rennstrecken verliefen über normale Straßen. Auslaufzonen und Fangzäune waren damals noch weitgehend unbekannt. Das Foto zeigt Achille Varzi 1935 während des Rennens auf der Coppa Acerbo in Pescara.

A STAR IS BORN

Keiner wußte genau, was im Kopf des jungen Bernd vorgeht. Ist er desillusioniert, weil er sich andere Chancen, bessere und größere bei seinen Starts für Auto Union seit seinem sensationellen Erfolg 1935 ausgerechnet hatte? Einige erhellende Notizen und Aussagen über Rosemeyers Persönlichkeit, seinen Typ und seinen Charakter hat Elly Beinhorn in ihrem Buch ›Bernd Rosemeyer – Mein Mann, der Rennfahrer‹ festgehalten.

Auf ihre Frage, wer ihn denn eigentlich auf den Rennwagen losgelassen habe, antwortet Bernd Rosemeyer: »Oh, das ist eine lustige Geschichte. Nach den Versuchsfahrten auf dem Ring bekam ich meinen ersten Vertrag von der Auto Union als Nachwuchsfahrer mit der Zusicherung, unter normalen Verhältnissen in der Saison 1935 ein Rennen fahren zu dürfen, ein möglichst leichtes und nicht zu schnelles. Wie dann das Avusrennen langsam näher kam, hatte ich mir gedacht: Das wäre doch etwas für Vater Rosemeyers Jüngsten. Rennleiter Walb war aber dagegen. Er meinte, da würde ich mir zu schnell den Hals brechen. Nachdem er es ziemlich eindeutig abgelehnt hatte, hab' ich erst über eine Woche lang jeden Tag auf seinen Kalender im Büro geschrieben: Wird Rosemeyer auf der Avus fahren? Aber es ereignete sich nichts. In der letzten Woche vorm Trainingsbeginn hab' ich dann in meiner Not jeden Tag wieder geschrieben: Rosemeyer wird auf der Avus fahren – bis Walb eines Tages wütend ›ja‹ daruntergehauen hat. Du, kannst Du nicht verstehen, daß ich fahren mußte? Ich konnte nicht die ganze Saison verbringen, meinen geliebten Rennwagen immer vor der Nase, und nach ein paar Trainingsrunden wurde ich dann wieder in die Ecke gestellt – nein, so was nicht mit Bernd Rosemeyer.«

Er konnte nicht ahnen, daß ihm seine Sternstunde bei dem Großen Preis von Brünn, dem Masaryk-Rennen, dem letzten der Rennsaison 1935 schlagen sollte. Gleich zweimal. Er wurde strahlender Sieger und lernte in Brünn seine spätere Ehefrau, die Fliegerin Elly Beinhorn kennen.

Die Presse feiert Rosemeyer: »Rosemeyers erster Rennwagensieg. Die Auto Union gewinnt das Masaryk-Rennen vor Nuvolari. Prag, 29. September. Bei herrlichem Wetter und vor 150.000 Zuschauern wurde am Sonntag in der Nähe der mährischen Hauptstadt Brünn der letzte Große Preis von Europa in diesem Jahr, der Große Masaryk-Preis, ausgetragen. Trotz der Abwesenheit der Mercedes-Mannschaft, des glorreichsten Automobilteams in diesem Jahre, endete das Rennen wieder mit einem deutschen Siege. Diesmal war es der jüngste deutsche Fahrer Bernd Rosemeyer auf Auto Union, der die schwierige 29,7 Kilometer lange Rundstrecke 17 mal (497 Kilometer) in neuer Rekordzeit durchfuhr und so glänzende Fahrer wie Nuvolari und Chiron auf die Plätze verwies. Trotz des Ausfalls der beiden anderen Fahrer der Auto Union, Hans Stuck und Varzi, gelang es Rosemeyer, unangefochten von der 11. Runde bis zum Schluß die Spitze zu halten und mit einem Abstand von nahezu 7 Minuten den Italiener Nuvolari auf Alfa Romeo hinter sich zu lassen, der dem auf der gleichen Marke fahrenden Chiron ein erbittertes Rennen lieferte.«

Elly Beinhorn schildert den ersten Grand-Prix-Sieg von Rosemeyer und ihre erste Begegnung mit ihm mit entwaffnender und zugleich charmanter Offenheit: »›Willst Du dem Jungen nicht gratulieren? Es ist sein erster Sieg. Du machst ihm eine Freude damit.‹ Die Frage richtete an mich ein guter alter Bekannter. Mit dem Rennen hatte ich überhaupt nichts zu tun. Ich war eigentlich nur anwesend, da ich abends einen Vortrag vor den deutschen Fliegern in der Tschechoslowakischen Republik zu halten hatte. Der junge, wie es schien nicht unbegabte Nachwuchsfahrer, Bernd Rosemeyer sollte diesen ersten großen Ruhm ganz für sich allein genießen. Außerdem hielt ich es für ganz überflüssig, daß findige Reporter eventuell amüsante Schnappschüsse für die Rennberichte sammeln konnten wie zum Beispiel: Deutsche Fliegerin trifft sich mit neuem Rennfahrerstar in der Tschechoslowakei! Nein, das behagte mir gar nicht. Dieser Rosemeyer mochte sicher ein recht netter, tüchtiger Bursche sein, aber mein Herz oder besser meine Sympathien in diesem Rennen waren außerdem ganz auf seiten des eleganten Hans Stuck gewesen, der während des Rennens so viel Pech gehabt hatte...

Also Rosemeyer hatte gesiegt – mehr oder weniger im Handgalopp –, wie ich im stillen etwas unfreundlich diesem mir unbekannten jungen Mann gegenüber beschloß. Aber immerhin wurde die deutsche Flagge am Siegesmast gehißt. Und nun mußte ich ihm noch gratulieren, weil dem Stuck ein Vogel an den Kopf geflogen war. In der Sekunde, als ich endgültig diese Zumutung ablehnen wollte, entsann ich mich plötzlich, eine wie unbeschreibliche Freude mir bei der Rückkehr von irgendwelchen Flügen der Händedruck Udets, Gronaus oder eines mehr oder weniger prominenten Vertreters eines anderen Sports gemacht hatte.

›Bernd, da ist die Elly Beinhorn; die möchte dir auch gern gratulieren!‹ Bernd fuhr herum. Mit weißen Ringen von der Brille um die Augen, welche die einzig sauberen Stellen in seinem Gesicht darstellten, mit einem riesigen Lorbeerkranz um den Hals, strahlte er mich aus zwei lachenden graublauen Augen unter beinah zusammengewachsenen Brauen an. Herrgott, mußte der Mann eine Freude haben! Der erste große Preis für einen jungen Nachwuchsfahrer. Mir schoß

Bernd Rosemeyer beim Test der Nachwuchsfahrer. 1935 wurde er in das Rennteam der Auto Union übernommen. Beim Avus-Rennen, 1935 in Berlin, startete er das erste Mal für die Auto Union.

GRAND MIT VIER RINGEN

Für die Rennsaison 1935 war der 16-Zylinder-Rennwagen der Auto Union überarbeitet worden. Der knapp 5 Liter große Hubraum ermöglichte eine Leistung von 375 PS. Im Bild die 16-Zylinder-Rennwagen vom Typ B beim Großen Preis von Deutschland, 1935 auf dem Nürburgring.

durch den Kopf, daß Rosemeyer in diesem Augenblick etwas erlebte, was nie wiederkommen würde, mochte er später noch so viele Preise erringen: das einmalige Glücksgefühl des ersten absoluten Sieges. Daß seine Freude auch etwas mit meinem Glückwunsch zu tun haben könnte, auf den Gedanken kam ich in dem Moment wirklich nicht.«

NOCH LIEGT MERCEDES VORN

Trotz Rosemeyers Sieg war die Rennsaison 1935 für die Auto Union nicht zufriedenstellend. Mit seiner Siegesserie hatte Rudolf Caracciola für Mercedes auch noch den erstmals vergebenen Titel des Europameisters erringen können. Siegesbilanz von 1935: 9 zu 5 für Mercedes! Das mußte 1936 anders werden. Der Kampf um Positionen begann.

Man hatte immer schon technische Änderungen und Verbesserungen am Rennwagen projektiert und dies in ausführlichen Besprechungen zwischen Dr. Porsche, Porsche junior, Willy Walb und von Eberan als Anträge am 22. Januar 1935 protokolliert. Darunter stand die Unterschrift des Leiters des Rennabteilung Willy Walb. Am 25. Januar 1935 sind die Wünsche beziehungsweise die Vorschläge modifiziert. Vier neue Wagen sollen gebaut, nur drei alte sollen wieder instandgesetzt werden. Das ist insgesamt relativ kostengünstig zu bewältigen. Das Protokoll über die Entwicklung und Fabrikation der Rennwagen vom 11. März 1935 trägt wieder die Unterschrift von Willy Walb. Seine Position scheint gefestigt zu sein. Aber es wird ihm schwer gemacht, seine Aufgaben zu erfüllen. Es fehlen die benötigten wichtigen Teile, werden verspätet und zum Teil fehlerhaft von den Zulieferfirmen übergeben. Die Fabrikationsabteilung ist überlastet. Dr. Porsche liefert wegen Krankheit die dringend benötigten Konstruktionszeichnungen verspätet ab. Konstruktive Änderungen an der Karosserie

Elly Beinhorn und Bernd Rosemeyer als frisch vermähltes Paar 1936 auf dem Nürburgring.

können ebenfalls nicht rechtzeitig vorgenommen werden, weil der Spezialist ebenfalls zum erforderlichen Zeitpunkt nicht abkömmlich ist. Für die Automobilausstellung sollte ja gerade eine zweite Ausführung des verkleideten Stromlinienwagens ausgestellt werden. Das erste Exemplar war im Vorjahr erfolgreich erprobt worden. Walb bittet Dr. Bruhn und Direktor Werner um entsprechende Unterstützung, damit verabredete Termine eingehalten werden können.

Kein Aufatmen bei Walb, da kommt es zu Schwierigkeiten mit Dr. Voelter. Der empfiehlt nämlich wieder Motorradfahrer für die Rennwagen-Prüfungsfahrten. Walb will aber lieber bereits ausgewiesenen Rennwagenfahrern Erprobungschancen bieten. Knapp zwei Jahre nach seinem Einstieg bei der Auto Union hört er im August 1935, daß die Auto Union mit dem achtunddreißigjährigen Dr. rer. pol. Karl Otto Feuereissen einen Vertrag abgeschlossen habe und dieser schon am 1. September die Rennwagen-Abteilung übernehmen und fürstlich honoriert werden soll. Ein starkes Stück. Noch stärker ist die Tatsache, daß Feuereissen auf seine Mitarbeit gänzlich verzichtete und nunmehr selbst als Rennmanager tätig werden wollte. Walb wurde für andere Werksaufgaben ›freigestellt‹, in Wirklichkeit auf das Abstellgleis geschoben. Aber daß Walb, trotz von Oertzens Zusicherung, dennoch nicht mehr die technische Oberleitung der Rennwagenabteilung behielt, und auch nicht mehr als Gutachter des Vorstandes an allen Rennveranstaltungen teilnehmen sollte, daß mit Datum vom 23.12.35 in einem Schreiben alle diese Versprechungen zunichte gemacht wurden, das alles hat ihn bitter enttäuscht. Versetzung gegen seinen Willen in das Werk Siegmar, um einen Wanderer-Kompressorwagen fertigzustellen. Keine Anerkennung der bisher erbrachten Leistungen. Minderung der Bezüge und keine Beteiligung mehr an Erfolgsprämien. Abstempelung als Sündenbock für Fehler, die eigentlich andere gemacht hatten und schuld haben am mäßigen Abschneiden der Rennmannschaft 1935. Zuviel. Da bleibt nur eines, bei einem solchen Ohnmachtsgefühl: Resignation! Den Kampf um Positionen hat Willy Walb verloren.

Willy Walb (Mitte) und Ferdinand Porsche gratulieren Hans Stuck 1934 zum Sieg beim Großen Preis von Brünn.

Das Jahr 1935 hat es in sich. Auch politisch. Daß man jetzt Briefe beendet ›Mit deutschem Gruß‹, hat sich bei all denjenigen eingebürgert, die es zu verhindern wissen, unter das ›Heil Hitler‹ ihre Unterschrift zu setzen. Hitler stärkt seine Position und setzt am 16. März 1935 seine Unterschrift unter das Gesetz zur Wiedereinführung der Allgemeinen Wehrpflicht und läßt seine Truppen ins Rheinland einmarschieren. Ja, und dann sind für 1936 die Olympischen Spiele in Deutschland in Garmisch-Partenkirchen und Berlin angesagt. Da wird und muß die Auto Union im Zeichen der Vier Ringe in Idealkonkurrenz mit den fünf Ringen der olympischen Idee treten.

Vergangenheitsbewältigung wird in der Rennabteilung von Auto Union betrieben. Nicht im politischen, sondern im sportlichen Sinne. In zahlreichen Besprechungen wird analysiert und resümiert. Man entwickelt Perspektiven für das

Der neue Auto Union-Rennleiter, Dr. Karl Feuereissen (links), im Gespräch mit Eberan von Eberhorst.

Die Auto Union-16-Zylinder-Rennwagen wurden von Saison zu Saison technisch verfeinert. Hier die letzte Version (Typ C) mit dem 520 PS starken 6-Liter-Motor, 1936 auf dem Nürburgring.

Rennjahr 1936. Der Rennwagen-Typ C, die dritte Steigerungsstufe, mußte unbedingt erfolgreich werden. Mit den Rennfahrern, die für die kommende Saison zur Verfügung stehen, muß das möglich sein. Die Rennfahrer haben ihre festen Positionen in der Hierarchie des Rennstalles. Aber die freie Rennformel, die bereitet noch Sorgen.

Auch Bernd Rosemeyer hält im privaten Gespräch mit Elly Beinhorn Rückschau auf ›sein‹ Rennjahr: »Du, ich sage dir, das hättest du sehen sollen in Pescara (15. August), was die an der Box für ein dummes Gesicht gemacht haben, wie ich nach der achten Runde vorbeikam und den ganzen Schwanz von meinem Wagen im Chausseegraben hatte liegen lassen. Onkel Doktor, der Doktor Porsche, hat nachher an der Unfallstelle nachgemessen mit dem Zollstock: Neben der Breite meines Wagens waren an jeder Seite noch gerade zweieinhalb Zentimeter übrig. Du, ich bin dann noch das ganze Rennen zu Ende gefahren und Zweiter geworden. Mir blieb ja gar nichts anderes übrig, als meine Bremsen blockierten und der Wagen aus der Kurve einfach nicht wieder heraus wollte. Zum Glück war da gerade noch der Graben, durch den ich durch und wieder auf die Bahn zurückfegte. Die Stadtväter von Pescara mußten drei neue Chausseesteine, die ich umgelegt hatte, ausspucken. Und dann beim Eifel-Rennen (16. Juni). Der Carratsch hat vielleicht geguckt, wie ich da in der neunten Runde an ihm vorbei war, und die Zuschauer haben so gebrüllt, daß ich es trotz des Krachs, den mein Motor machte, gehört habe. Und dann hat er mich eben am Schluß noch gerade um einen Sekundenbruchteil geschnappt. Wenn mir meine Kerzen nicht gemeckert hätten, dann hätte ich mir da auf dem Nürburgring im Juni schon meinen Ersten geholt. Aber laß nur, im nächsten Jahr wird ja auch wieder gerannt; und dann wird Rosemeyer aber heftig auf die Tube drücken.«

In einem Zeitungsartikel über seine Fahrten ›Im Grand-Prix-Wagen‹ schreibt er: »Unsere Silberpfeile sind mit dem hintenliegenden 16-Zylinder-Motor ein wenig schwieriger durch Kurven zu steuern, als andere Wagen, aber sie haben eine unvergleichlich gute Straßenlage und ein phantastisches Anzugsvermögen, das bisher von keinem Rennwagen übertroffen wurde. Über die Endgeschwindigkeit haben Stucks Weltrekorde kürzlich ja genug gesagt. Ich habe meinen ›Bernd‹ – so heißt mein Rennwagen – sehr gern, genau wie Stuck seinen ›Hans‹ und Varzi seinen ›Achille‹, und wir hoffen, daß wir noch recht oft und lange für Deutschland starten und siegen können.« Oft und lange. Ja, Rosemeyer ist noch oft gestartet und hat auch gesiegt. Dieser eine Teil seines Wunsches ist in Erfüllung gegangen. Der andere Teil leider nicht.

Die Männer der Rennabteilung waren Realisten mit einem gesunden Selbstverständnis und schlichtweg technisch begabt und engagiert, jeder auf seine Weise. Die bange Frage, nachdem nun intensiv analysiert, diskutiert und geplant worden ist: Wird die Rennsaison 1936 die Auto Union-Rennwagen ›auf den Pisten des Sieges‹ sehen? Der Typ C, der neue ›Silberpfeil‹, hatte zwar noch den ›alten‹ Sechzehnzylinder-Motor, aber der war auf 6.005 ccm vergrößert worden. Mit 520 PS war das schon ein gewaltiger Muskelprotz und brachte das nach der immer noch geltenden Rennformel erlaubte Abnahmegewicht von 750 Kilogramm auf die Waage. Mit diesem Wagen konnten Stuck und Rosemeyer besonders gut umgehen. Wenn hin und wieder andere Fahrer Probleme hatten wegen des Heckmotors, so kam diese Bauweise gerade den beiden sehr entgegen, sie beherrschten eine artistisch zu nennende Schleudertechnik. Und für die anderen Fahrer, die sich immer noch ein wenig schwer taten, versuchte man es mit einem Sperrdifferential, denn die eigentliche Schwierigkeit war, den starken Motor in dem vorhandenen Fahrwerk zu beherrschen. Dabei machten oftmals die Reifen nicht mit. Dem Ganzen waren physikalische Grenzen gesetzt. Man war jedoch zuversichtlich, den eindeutigen Vorsprung der ›Silberpfeile‹ von Mercedes aufholen zu können. Mit dem neuen Chef Dr. Feuereissen der Rennabteilung ging es bereits wieder bergan.

ZEHN SIEGE FÜR DIE AUTO UNION

Am 9. April 1936 fährt Hans Stuck den ersten Platz beim Bergrennen bei La Turbie in Südfrankreich heraus. Er wiederholt seinen Sieg vom Vorjahr. Damit das Fahrzeug den hohen Belastungen in den sehr engen Bergkurven standhalten kann, sind an der Hinterachse Zwillingsreifen montiert. Dann, zum ersten Male überhaupt, hat Auto Union auch für den Grand-Prix auf dem Stadtkurs in Monte Carlo am 13. April gemeldet. Bei diesem Rennen hatten sich die Auto Union-Wagen anfangs ganz gut und leicht durch die engen Strecken schlängeln können, und die Fahrer mußten kaum die Gänge wechseln, weil hohe Drehzahlen nicht erforderlich waren. Doch dann war bei der aufkommenden Nässe und den vielen Öllachen die reinste Schleudertechnik gefragt. An der Uferstraße kam es zu einer schlimmen Massenkarambolage. Da konnte Rosemeyer noch so eben ausweichen.

Der Rundfunkreporter: »Stand nach der 20. Runde: Nuvolari, Caracciola, Varzi, Stuck, Vimille. Die restlichen sechs Fahrer folgen mit großem Abstand. Da kommt eben Rosemeyer zu Fuß an die Box zurück. Wir werden ihn auf eine Minute herbitten; für ihn ist das Rennen ja doch zu Ende. Hallo, Rosemeyer! Ist alles gut abgegangen? Was schleppen Sie denn da für einen Riesenpott unterm Arm? ›Och, den hab ich mir als Ersatz für den Preis des Prinzen Rainer von Monaco gleich selbst geholt. Wie ich da in der 13. Runde in das Brückengeländer geschossen bin, kam unter anderem dieser Steintopp von oben. Und der sieht eigentlich, abgesehen vom Material, genau wie der Pokal aus, um den wir hier fahren. Da hab' ich ihn mir zum Trost mitgenommen.‹«

Stand Rosemeyer unter Erfolgsdruck, lastete die Hauptverantwortung des Siegenmüssens ganz allein auf seinen Schultern, nachdem nun auch Paul Pietsch aus persönlichen Gründen dem Rennteam nicht mehr zur Verfügung stand? Weiter zum nächsten Rennen, einige eilige Zeilen an Elly Beinhorn: »Tripolis 5.5.36. ... die Welt steht hier Kopf, denn seit 13 Monaten regnet es zum ersten Mal, und das nicht schlecht. Die Rennstrecke ist ideal und 13,1 km lang. Sehr, sehr schnell; durch Araberdörfer und Palmenhaine. An die Gerüche hier muß man sich auch gewöhnen, sonst wird man ohnmächtig. 8.5.36 ... gerade ist das Training zu Ende; und ich will Dir gleich schreiben, daß ich der Schnellste war und einen

Boxenstopp am Nürburgring. In Sekundenschnelle wurde Rosemeyers Wagen aufgetankt und mit neuen Reifen bestückt.

neuen Rundenrekord aufgestellt habe. Es ging alles wunderbar trotz 40 Grad Bodentemperatur und ekelhaft starkem Wind mit Sandsturm. Wüst, so ein ›Ghibli‹, keine zweihundert Meter konnte man stellenweise sehen. 10.5.36 ... nun zum Rennen, Stuck, Fagioli und ich kamen prima vom Start weg. Schon in der vierten Runde konnte ich dem Hans Stuck weglaufen. Dann war er mal vorn, mal ich. An den Tribünen immer so mit Wagenlänge hintereinander her mit zirka 280 Sachen, wunderbar, und bald hatten wir einen Vorsprung von über einer Minute vor dem übrigen Feld. Nach der zwölften Runde mußten wir beide zu gleicher Zeit Reifen wechseln. Kurz danach konnte ich dann Hans wieder weglaufen und lag an der Spitze. Als ich nach der Kurve wieder Gas geben wollte, ging es nicht mehr. Mist! Ich schaue nach hinten, brennt da doch der ganze Schwanz! Nichts wie halten und raus. Dann habe ich gebuddelt wie ein Maulwurf und mindestens einen Zentner Sand hineingefeuert ... Aus! Und ich hatte doch so fest an einen Sieg geglaubt. Na, ein andermal – ach, und ich konnte noch viel, viel schneller – Pech. Aber immerhin, meine Pferdchen aus meinem Stall haben es geschafft, und ich bin Ehrenmitglied von der tripolitanischen Feuerwehr geworden. Ist auch was.«

Das eine Woche später stattfindende Rennen in Tunis sollte zu einer Hitzeschlacht werden. Rosemeyer hatte nach den ersten Trainingsrunden

Geschwindigkeits-Weltrekorde wurden in den dreißiger Jahren auch auf den neuen Autobahnen gefahren. Am 23./24. März 1936 fuhr Hans Stuck auf der Autobahn Heidelberg-Darmstadt acht Geschwindigkeits-Weltrekorde.

an Elly Beinhorn berichtet, daß die Strecke sehr schnell und wegen des Windes, »den man besser einen Orkan nennen sollte«, sehr gefährlich sei, denn »hinter jedem Haus fliegt man zwei Meter zur Seite. Bei 280 km/h kein Spaß. In der ersten Reihe stehen Varzi und ich, dann Carratsch und Hans. Na, abwarten. – Ja, das ist etwas, was ich unbedingt noch lernen muß, warten! Verdammt noch mal, daß es so schwer sein würde, hätte ich nicht gedacht. Noch ganze vier Tage...«

Die Hitzeschlacht von Tunis am 17. Mai 1936 übersteht nur ein einziger deutscher Wagen: Rudolf Caracciola fährt mit seinem Silberpfeil durchs Ziel. Keiner der Auto Union-Wagen erreichte das Ziel: Wegen des Bruchs der Ölleitung stellt Hans Stuck seinen Wagen ab, Varzi wirbelt es herum, als er von der Strecke abkommt. Sein Wagen überschlägt sich, er bleibt unverletzt. Und Bernd? Er liegt lange Zeit in Führung. Dann fängt sein Wagen Feuer, genau wie in Tripolis eine Woche zuvor. Er kann noch rechtzeitig aussteigen, ihm passiert nichts. Diesmal sind rechtzeitig Helfer zur Stelle, die versuchen, mit Schaumlöschern das Feuer zu bändigen. Der Wagen ist nicht mehr zu retten, er brennt aus. Bei diesem Rennen muß die Auto Union zwei Wagen abschreiben.

Daß Rosemeyer, in Führung liegend, immer wieder Pech hat und dabei noch Glück, daß er lebend davonkommt, das zehrt an seiner Psyche. Er will es zwar nicht wahrhaben und zeigt es nicht nach außen. ›Auf die Tube drücken‹ wollte er, eine Pechsträhne hinderte ihn daran. Sein augenblicklich dünnes Nervenkostüm wird noch weiter arg strapaziert. Am 7. Juni will er beim Großen Preis von Barcelona starten. Beim Training, zwei Tage vorher, versagt die Steuerung seines Wagens. Er baut einen Unfall, verletzt sich am Knie. Mit Schädelbrummen geht er dann doch an den Start, unterkriegen lassen will er sich nicht. Dann hat er einen Defekt am Reservetank, er muß an die Box. Die Reparatur kostet Zeit, viel zu viel Zeit. Er kann nicht mehr zu den Fahrern in der Spitzenposition aufschließen. Enttäuschender fünfter Platz. Nur schnell weg aus Spanien. Da kriselt es gewaltig. Bürgerkrieg. Regierungschef Franco erhält heimlich Unterstützung durch die deutsche Legion Condor. Hauptmann von Moreau fliegt Truppentransporte mit der JU 52 nach Spanien. Die Politik holt die Sportler ein.

Gleich und zudem noch richtig ›geschaltet‹ hat Bernd Rosemeyer beim Internationalen Eifelrennen am 14. Juni 1936 auf dem Nürburgring. Im dichten Nebel führt er einen dramatischen Zweikampf mit Nuvolari und verweist ihn auf Platz Zwei. Aber beim Großen Preis von Budapest am 21. Juni muß er Nuvolari an sich vorbeilassen. Er fährt knappe 14 Sekunden hinter ihm durchs Ziel. 12. Juli, Feldbergrennen. Sieger: Bernd Rosemeyer. Es ist sein Polterabend, und der Sieg sein Hochzeitsgeschenk an die Fliegerin Elly Beinhorn, die er am nächsten Tag heiratet. Beide erklären die 13 zu ihrer Glückszahl.

Glück und Können, beides muß zusammenkommen. Und es kam zusammen beim Großen Preis von Deutschland auf dem Nürburgring am 26. Juli. Nur ein ganz klein wenig Pech. Hasse kommt als Vierter ins Ziel. Sonst hätte es mit dem 1. Platz von Rosemeyer und dem 2. von Stuck einen Dreifachsieg für Auto Union gegeben. Die Silberpfeile von der Auto Union hatten die Silberpfeile von Mercedes hinter sich gelassen. Die ›Pokalmacher‹ hatten wohl auch mit einem Sieg von Mercedes gerechnet: Im Lorbeerkranz ist ein Silberpfeil mit der langen ›Schnauze‹ zu sehen.

Einen Hattrick gibt es am 15. August in Pescara. Rosemeyer auf Platz 1, dahinter sein Freund von Delius und an dritter Stelle Achille Varzi. Auto Union war zur Zeit nicht zu schlagen. Prestigekämpfe nicht nur zwischen den Marken, sondern auch zwischen den Piloten Rosemeyer und Caracciola. Der eine will den anderen unbedingt vom Thron herunterholen, der andere will aber nicht. Gegenseitige Vorwürfe nach dem Rennen wegen Bedrängens, Nicht-überholen-lassens. Der Ehrgeiz hat manchmal harte und ungerechte Worte.

Erneuter Dreifachsieg für die Auto Union beim Großen Preis der Schweiz am 23. August. 1. Rosemeyer, 2. Varzi, 3. Stuck und Hasse hinter Lang (Mercedes) auf dem fünften Platz. Dann letztes internationales Rennen der Saison 1936 auf der Monza-Bahn in Mailand beim Großen Preis von Italien. Mercedes hat nicht gemeldet, und die Italiener rechnen sich einen Sieg aus. Sie haben Heimvorteil. Stuck startet in seiner bekannten und aufregenden Manier. Nur bis zur 13. Runde. Dann kommt er plötzlich von der Strecke ab. Mehrmaliger Überschlag! Für Hans Stuck ist die 13 eine Glückszahl. Nur leichte Verletzungen, sonst nichts. In der gleichen Runde ist Rosemeyer in Führung, hinter ihm Nuvolari, der von Ernst von Delius verfolgt wird. So durchfahren sie das Ziel. Ende der Saison.

Voller Stolz über die erzielten Geschwindigkeitsrekorde präsentierte sich Hans Stuck 1936 mit seinem Rekordwagen.

Auch auf seiner ›Hausstrecke‹, dem Nürburgring, überfuhr Bernd Rosemeyer 1936 die Ziellinie als Erster.

Elly Beinhorn, die Frau des Rennfahrers Bernd Rosemeyer (rechts), war bei den Rennen als engagierte Zuschauerin oft dabei. Links im Bild: Rennfahrer Ernst von Delius.

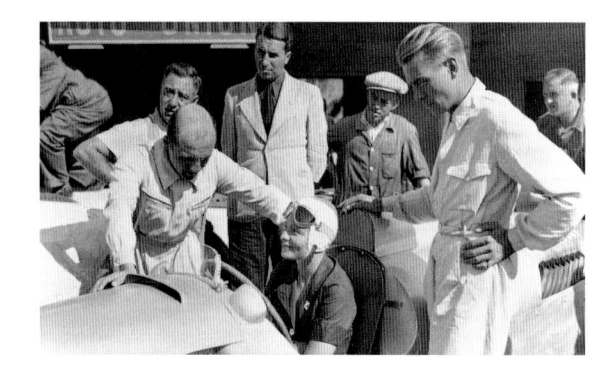

1936 gibt es insgesamt zehn Siege für die Auto Union im Zeichen der Vier Ringe. Davon sieben für Rosemeyer und die Europa- und Bergmeisterschaft für ihn. Prestigezuwachs für die Auto Union im Zeichen der Vier Ringe, Renommee für den NS-Staat, der in diesem Jahr ›die Jugend der Welt zu den Friedensspielen nach Berlin‹ gerufen hatte.

Nur kurz kann der Auto Union-Rennstall auf den Erfolgen ausruhen. Das Rennen um den Großen Preis von Südafrika steht bevor. Man munkelt von einer neuen Rennformel. Deutschem Einfluß war es dann allerdings zu verdanken, daß die 750 kg-Formel um ein Jahr verlängert worden ist. Die neue für die Rennsaison 1938/39 ist bereits beschlossene Sache.

Der sportliche Antrieb für Südafrika ist bei der Auto Union gering, doch müßte sich werbemäßig was herausholen lassen. Dabei sein ist alles! Nur eine kleine Mannschaft mit Ernst von Delius als zweitem Fahrer schifft sich ein. Am Neujahrstag 1937 findet das Rennen statt, die Zeitungen berichten darüber: »Rosemeyer in Südafrika. Rekordjagd des Auto Union-Wagens. ... aller Augen waren auf die beiden Deutschen, Rosemeyer und von Delius auf ihren Conti-bereiften Auto Union-Wagen gerichtet. Was man bei der Zumessung von Vorgaben bereits hatte voraussagen können, traf auch ein: Es gelang Rosemeyer trotz einer Rekordfahrt nicht ganz, die unheimlichen Vorgaben ganz wettzumachen. Während Delius, auch günstig im Rennen liegend, wegen eines Schadens weit von jeder Reparaturstelle weg, aufgab, erkämpfte sich Bernd Rosemeyer den zweiten Platz.« Das ist eine offensichtliche Falschmeldung. Bei dem Durcheinander mit den Vorgaben und Handicaps und nachherigen Zeitaufrechnungen verständlich. Trotz seines Streckenrekords – das begreife einer! – nur der fünfte Platz. Maßlose Enttäuschung!

Bernd Rosemeyer: »Also, das kann ich euch sagen, so viel wie heute hier hab' ich noch in keinem Rennen riskiert, aber die Auto Union soll nicht umsonst zum erstenmal deutsche Rennwagen nach Südafrika geschickt haben, solange Rosemeyer noch pusten kann!« Er wollte niemals mehr in einem Handicap-Rennen fahren. Baron von Oertzen erinnert sich: »Ja, selbstverständlich habe ich ihm damals gratuliert. Der ist ja schneidig gefahren. Ich habe ihm auch gesagt, daß man auch mit Haltung verlieren können muß. Es geht nicht nur um den persönlichen Ruhm. Danach hat er sich dann beruhigt.«

Der Rennwettbewerb geht weiter, am 9. Mai 1937 in Tripolis. Mercedes ist mit Herrmann Lang vorne, vor Rosemeyer, von Delius und Stuck. Abermals vorne ist Lang am 30. Mai beim Internationalen Avusrennen, bei dem erstmals die neu errichtete Steilkurve befahren wird. Dadurch war die Avus zu einem Hochgeschwindigkeitskurs geworden, was den Einsatz der neuen stromlinienverkleideten Rennboliden von Auto Union und Mercedes ermöglichte. Die Plätze 2-4 werden von Auto Union mit Ernst von Delius, Hasse und Ro-

Eifelrennen auf dem Nürburgring 1937: Wieder ist Bernd Rosemeyer auf dem Weg zum Sieg.

semeyer belegt. Dann – endlich – erster Platz für Rosemeyer auf dem Nürburgring im Juni, wieder an einem Dreizehnten. Riesenjubel für Rosemeyer auch beim großen Preis um den Vanderbilt-Cup in New York am 5. Juli 1937. Ernst von Delius belegt für die Auto Union den vierten Platz. Beim Großen Preis von Deutschland am 25. Juli auf dem Nürburgring war er zum letzten Mal dabei. Bis zur 7. Runde. Da ist er bei einer vermuteten Geschwindigkeit von 250 km/h mit dem Mercedes-Wagen von Seaman kollidiert, beide Fahrzeuge hatten sich mehrmals überschlagen. Gebrochenes Nasenbein und Fleischwunden bei Seaman. Bei von Delius hieß es, er habe einen Beinbruch, eine kaputte Lippe und eine Gehirnerschütterung. Er lasse alle schön grüßen aus dem Krankenhaus in Adenau. Bewußte Falschmeldung, um die übrigen Fahrer nicht zu beunruhigen?

Für alle im Rennstall, besonders aber für seine beiden engsten Freunde Bernd und Elly ist die überraschend eintreffende Todesnachricht unfaßbar. Ihm, der zum Fahrerteam der Großen bei der Auto Union aufgeschlossen hatte, widmet man folgenden Nachruf: »In den Morgenstunden des 26. Juli verschied an den Folgen seines Unfalles im Großen Preis von Deutschland 1937 unser Ernst von Delius.«

Das alte Sprichwort, daß das Leben weitergehen müsse, gilt auch für das Rennfahrerleben. Am 1. August 1937 müssen die Kameraden von Ernst von Delius wieder antreten zum Deutschen Bergpreis auf dem Schauinsland bei Freiburg. Hans Stuck siegt, Bernd Rosemeyer belegt den zweiten Platz. Die Freude über den Doppelsieg der Auto Union ist verhalten. Beim Großen Preis von Monaco am 8. August in Monte Carlo ist Mercedes mit Manfred von Brauchitsch vorne. Auf dem zweiten und dritten Platz ebenfalls Mercedes mit Caracciola und Katz. Rosemeyer belegt Platz 4, gefolgt von Zehender auf Platz fünf. Kein erwähnenswertes Rennen, könnte man meinen. Vom Erfolg her gesehen sicherlich nicht. Aber gerade, weil es die Psyche aller stark beanspruchte, und weil es auch die Fahrerkameradschaft auf die Probe stellte, hat es seine tiefen Eindrücke hinterlassen. Elly Beinhorn betont gerade auch die emotionale Seite: »Das Rennen, das seine Schatten schon über die Trainingstage warf, sorgte dafür, daß die Bäume nicht in den Himmel wuchsen. Schon beim Training, wenn einmal zwei Wagen gleichzeitig in die engen Kurven gingen, blieb uns Zuschauern fast das Herz stehen! Ich selbst war ja schon allerlei Kummer in dieser Hinsicht gewöhnt. Aber wenn die Wagen mit einer irrsinnigen Geschwindigkeit durch den Ort am Casino und den Hotels vorbei zwischen den hohen Gebäuden hindurchschossen, das überstieg alles bisher Erlebte. Dazu kam, daß unsere Rennwagen alles andere als in Schuß waren. An jedem Tag gab es irgendwelche Probleme, es war, als wenn der Teufel dahinter gesessen wäre. Sogar Bernds anfängliche Begeisterung war wie weggewischt.

Das Rennen selbst war wieder eine Beanspruchung für die Nerven, die nach allem, was sich kurz vorher abgespielt hatte, beinahe unerträglich war. Schon aus der ersten Runde kam unser Rudi Hasse nicht zurück. Dann erfuhren wir, daß er sich bei der Ausfahrt aus dem Tunnel überschlagen hatte. Wir wurden blaß. Als dann die Nachricht kam, er sei nur ganz leicht verletzt, glaubte keiner

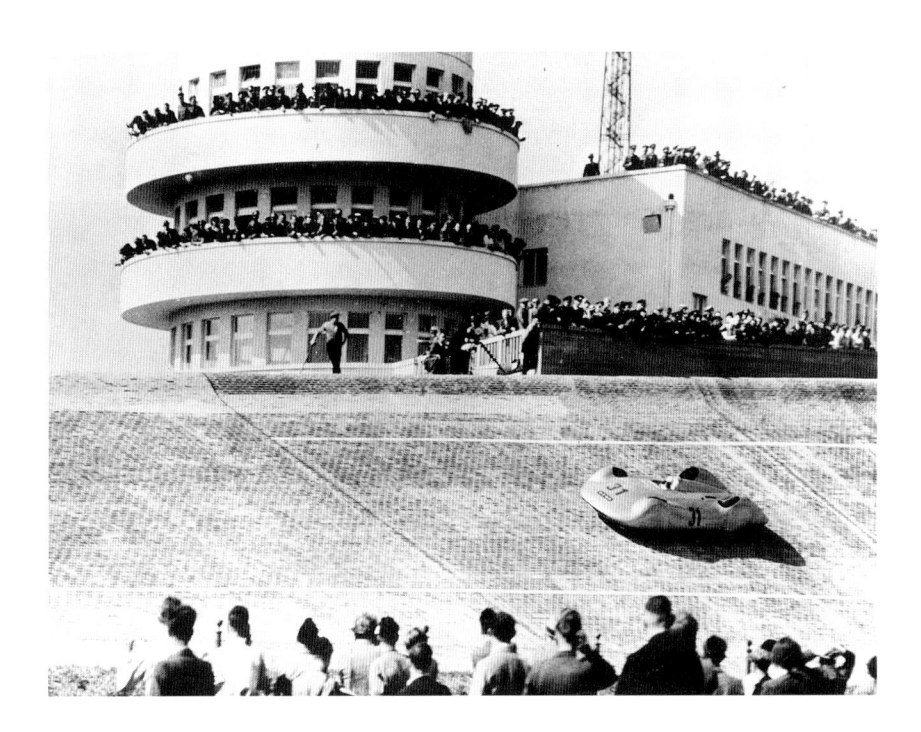

Bernd Rosemeyer mit seinem Stromlinien-Rennwagen in der Avus-Steilkurve.

von uns daran. Im Gegenteil, jeder mußte an Ernst von Delius denken. Erst als wir Hasse nach Beendigung des Rennens quietschvergnügt in seinem Hotelbett antrafen, waren wir beruhigt. Bei uns sollte es weiter schiefgehen. In der 18. Runde schied Bernd, der bis dahin immer in der Spitzengruppe mitgemischt hatte, mit Motorschaden aus. Obwohl es unsportlich ist, muß ich zugeben, daß ich eigentlich ganz glücklich war, als ich ihn zu Fuß und heil wieder bei uns in der Box hatte! Aber keiner konnte sich Bernd Rosemeyer als ›nur Zuschauer‹ vorstellen.«

Hans Stuck, der jetzt als einziger Fahrer von der Auto Union im Rennen war, schien mit den Bremsen Schwierigkeiten zu haben. Bernd Rosemeyer hat genau beobachtet und wollte ihn beim nächsten Boxenstopp fragen, ob er ihn weiterfahren lassen würde. Und genau so kam es. »Hans hielt, seine Bremsen wurden soweit in Ordnung gebracht, und Bernd übernahm den Wagen. Noch einmal wurde er von Stuck abgelöst, fuhr dann aber das Rennen zu Ende. Immerhin wurde die Stuck-Rosemeyer-Union auf diese Weise noch Vierte!«

Rennen reihen sich an Rennen. Nächster Start für die Auto Union-Rennwagen bei der Coppa Acerbo in Pescara am 15. August 1937. Die Presse spricht in ihren Berichten von einem Husarenritt Rosemeyers, der das Glück des Mutigen und Tüchtigen hat. Es ist noch eine Rundfunkreportage mit anschließendem Interview und eine Film-Wochenschau über dieses Rennen erhalten: » ... soeben hören wir telefonisch vom Notdepot, daß Rosemeyers Hinterrad eine halbe Minute vor ihm im Notdepot ankam. Rosemeyer selbst blieb aber wie durch ein Wunder unverletzt und konnte, wie wir hören, mit seinem Wagen sogar auf drei Rädern das Depot erreichen ... Caracciola führte ... Da! Rosemeyer ist wieder im Rennen. Rosemeyer holt auf. Er geht in die letzte Runde. An der Spitze des Feldes rast er dem Ziel entgegen. Bernd Rosemeyer auf Auto Union Sieger in der Coppa Acerbo 1937 ...«

Der Große Preis der Schweiz, der am 22. August 1937 im Bremgartenwald in Bern ausgetragen wurde, hatte seine Sensation: Nuvolari hatte

Ernst von Delius verstarb am 26. Juli 1937 an den Folgen eines Rennunfalles, den er beim Großen Preis von Deutschland erlitt.

Rudolf Hasse startete zwischen 1936 und 1939 insgesamt zwanzigmal für die Auto Union. Sein größter Erfolg war der Sieg beim Großen Preis von Belgien, 1937.

von Alfa Romeo und seiner Sportbehörde die Erlaubnis erhalten, auf einem Auto Union-Wagen starten zu dürfen. Würde er auf diesem Heckmotor-Wagen vorne in der Spitze mitfahren können? Ihm standen nur wenige Trainingsstunden zur Verfügung. Würde er sich so schnell eingewöhnen können? Bernd Rosemeyer muß an der Box vorfahren. Er hatte wieder Schwierigkeiten mit den Bremsen, war in eine Wiese gefahren. Der abgestorbene Motor mußte wieder angeschoben werden. Das hätte nach dem geltenden Reglement Disqualifikation bedeutet. Für seinen Wagen war das Rennen beendet. Aber auch diesmal hält es ihn nicht auf dem Zuschauersitz. »Kinder, haltet Nuvolari an! Er soll mir seinen Wagen geben, denn ich kann ihn doch schneller fahren. Er versteht das. Los, macht schnell.« Nuvolari verstand. In der nächsten Runde kam er vor die Box gefahren und übergab Bernd seinen Wagen: »Wenn ich genau gewußt hätte, was los gewesen ist, hätte ich ihn Bernd schon unterwegs gegeben.« Das Umsteigen auf Nuvolaris Wagen kostete zweieinhalb Minuten. Rosemeyer dreht auf und war am Schluß bis auf 1 Minute 21 Sekunden an den Sieger Caracciola herangekommen und hatte einen beachtlichen fünften Platz herausgefahren.

Beim Großen Preis von Italien in Livorno am 12. September 1937 langte es für Rosemeyer nur zum dritten Platz hinter Caracciola und Lang, und beim Großen Preis von Brünn auf dem Masaryk-Ring belegte er hinter Caracciola und von Brauchitsch ebenfalls den 3. Platz. Wieder einmal verhinderten blockierende Bremsen und ein Raddefekt den Sieg. Auf dem Wagen, mit dem H. P. Müller an den Start gegangen war, fuhr er das Rennen in einer wilden Aufholjagd zu Ende.

Das letzte Rennen der Saison sollte am 2. Oktober 1937 der Große Preis von Donington in England sein. Die Ergebnisse vom Masaryk-Rennen hätten eigentlich eine Absage gerechtfertigt. Wenn sich die Auto Union dennoch zur Teilnahme entschied, war das sicherlich auch eine sportliche Entscheidung. Die rennbegeisterte Öffentlichkeit fieberte geradezu einem erneuten Duell Auto Union/Mercedes-Benz entgegen. Die Fahrer der

Mercedes-Wagen schienen die besseren Trümpfe in der Hand zu haben. Dem Bedenken Rosemeyers, er könne seinen guten Ruf beim ersten Auftreten in England mit einem nicht hundertprozentig intakten Rennwagen aufs Spiel setzen, stellte die Auto Union ein klares »Du mußt!« entgegen. Da gab es keine Diskussion mehr für den Sportsmann, er gehorchte – und gewann.

Elly Beinhorn beschreibt diesen Erfolg: »Er ging als überlegener Sieger vor von Brauchitsch und Caracciola durch das Ziel. Darüber hinaus gewann die Auto Union auch noch den Mannschaftspreis mit Müller und Hasse, die Vierter und Fünfter wurden, da bei Mercedes-Benz Lang und Seaman ausfielen. Ein fürwahr würdiger Abschluß der Rennsaison für Bernd und die Auto Union, und das ausgerechnet in einem Rennen, in dem sich Bernd von Anfang an kaum eine Chance gab.«

REKORDVERSUCHE AUF DER AUTOBAHN

Die Grand-Prix-Saison 1937 war beendet, das Automobil-Sportjahr aber noch nicht. Ein neues Großereignis stand bevor: Bei der ›Frankfurter Rekordwoche‹ auf dem Reichsautobahn-Teilstück Frankfurt-Darmstadt sollten erneut Weltrekordversuche unternommen werden. Das interessante Duell vom 30. Mai 1937 auf der Avus war noch in aller Erinnerung und Auslöser für alle weiteren Geschwindigkeitsvergleiche zwischen Mercedes und Auto Union. Da galt es ja, Revanche zu nehmen für 1936, als Hans Stuck auf einem abgewandelten Grand-Prix-Wagen, dem 6-Liter-Typ C mit verkleideten Radaufhängungen und einer großen Cockpit-Scheibe auf der Reichsautobahn Frankfurt-Heidelberg einige Bestwerte herausgefahren hatte. Aber Caracciola fuhr einen Wagen, der sich als das schnellste Automobil erwies. Dann, am 30. Mai 1937 waren die beiden Konkurrenten mit Stromlinienwagen auf der Berliner Avus angetreten. Die Auto Union brachte sogar zwei völlig neue, stromlinienverkleidete Wagen auf die Piste, die wegen der Mittelmotor-Bauweise eine besonders niedrige Frontpartie aufwiesen. Der Fortschritt in der Anwendung aerodynamischer Erkenntnisse war deutlich zu sehen, dennoch siegte Lang auf Mercedes hauchdünn. Das Geschwindigkeits-Verhältnis Mercedes/Auto Union wurde mit 261,7 zu 261,5 km/h gemessen. Das Avus-Rennen war spektakulär. Die Fahrzeuge, so vermutete man in der Rennsportszene, würden noch weitere Aufgaben zu erfüllen haben. Am 16. Juni standen sie erneut bereit für weitere Weltrekordversuche auf einem abgesperrten Teilstück der Reichsautobahn Frankfurt/Darmstadt. Jedoch fehlte das Rüstzeug, um den absoluten Weltrekord zu erringen. Die hierzu benötigten aufwendigen Spezialfahrzeuge standen nicht zur Verfügung. Wohl aber ein bereits rennerprobter und verplombter Motor aus Rosemeyers Eifel-Siegerwagen. Diese 6.005-ccm-Maschine wurde in den Stromlinienwagen eingebaut. Es ging um den Rekord in der Klasse B von 5.000 bis 8.000-ccm-Hubraum. Bernd Rosemeyer erzielte eine Geschwindigkeit von 389,6 km über eine Meile mit fliegendem Start. Das waren genau 22 Kilometer mehr, als Caracciola ein Jahr zuvor erreicht hatte. Fünf weitere Bestwerte wurden darüber hinaus erzielt. Mit diesen Erfolgen im Rücken konnte die

Letzte Abstimmungsarbeiten an den stromlinienverkleideten Auto Union-Rennwagen 1937 vor dem Start auf der Avus-Rennbahn.

Auto Union getrost zur ›Frankfurter Rekordwoche‹ antreten. Gleich sieben Weltrekorde brach Bernd Rosemeyer in seiner Klasse am ersten Morgen. Sensationell die 406,3 km/h für die Meile und den Kilometer mit fliegendem Start. Für das Team waren die beiden gleichen Distanzen bei stehendem Start von besonderer Bedeutung. Hier ging es in der Tat um absolute Weltbestleistungen für alle Klassen.

Der erste Versuch wurde mit einem Grand-Prix-Wagen vom Typ C unternommen, weil er leichter im Gewicht und kürzer übersetzt war. Für den Meilenrekord stieg Rosemeyer in den vollständig verkleideten Wagen. Das Argument für die Wahl dieses Fahrzeugs war plausibel: Berechnungen von Eberan von Eberhorst hatten ergeben, daß die strömungsgünstige Karosserie von Vorteil für diese Distanz war. Den Beweis lieferte Rosemeyer am nächsten Tag, als er seine eigenen Rekorde auf 188,7 km/h für den Kilometer und 216,4 km/h für die Meile verbesserte. Auf etwa 320 Stundenkilometer Höchstgeschwindigkeit muß er gekommen sein, um diese Geschwindigkeiten zu erreichen. Zwei verschiedene Aggregate hatte die Auto Union für den Rekordversuch mitgebracht: Den Typ R, einen nochmals aufgebohrten 6 Liter-Motor mit 6.329,8 ccm für die Klasse bis 8.000 ccm und einen 4.358-ccm-Motor für die 5-Liter-Klasse. Mercedes war ebenfalls, jedoch erfolglos, an den Start gegangen. Bei Caracciola und Lang hob der Wagen bei etwa 380 km/h mit den Vorderrädern von der Fahrbahn ab. Das waren unangenehme Schrecksekunden! In größter Eile wurde der Rennwagen nach Stuttgart zurück verfrachtet. Ingenieure bemühten sich dort verzweifelt, der Frontpartie eine strömungsgünstigere Form zu geben. Am 28. Oktober war das Fahrzeug wieder einsatzfähig. Jedoch konnten die Fahrer von Mercedes die von der Auto Union erbrachten Leistungen nicht erreichen, weder mit dem Stromlinienfahrzeug noch mit dem für Beschleunigungsversuche präparierten Grand-Prix-Wagen. Insgesamt 15 Rekorde hat Bernd Rosemeyer in den drei Tagen der ›Frankfurter Rekordwoche‹ gefahren und einige davon mehrmals verbessert. Daß jetzt im Ausland Vermutungen akut wurden, die beiden deutschen Grand-Prix-Rivalen würden auch den Angriff auf den absoluten Geschwindigkeitsrekord wagen, war verständlich. Die 512 km/h, die der Engländer Georg Eystons

Bei den Rekordfahrten diente dem Fahrer ein farbig markierter Mittelstreifen auf der Straße als Orientierungshilfe.

DIE GROSSEN RENNERFOLGE DER AUTO UNION

vorgelegt hatte, schienen durchaus in Reichweite deutscher Fahrzeuge zu liegen. Die Vermutung wurde dadurch noch gestärkt, als bekannt wurde, daß auf einem speziell zu präparierenden Teilstück der Reichsautobahn bei Dessau Mercedes-Benz mit einem von Ferdinand Porsche konstruierten sogenannten T 80-Projekt über 500 km/h fahren wollte. Die Ingenieure der Auto Union hielten einen solchen Versuch für utopisch, doch der Führer des NSKK (Major Hühnlein) war Feuer und Flamme. Gezielte Indiskretion, um Unruhe zu stiften, den Rivalen zu verunsichern? Sicherlich ein deutliches Zeichen dafür, daß Mercedes-Benz die Schlappe der ›Frankfurter Rekordwoche‹ noch lange nicht verkraftet hatte. Dem Antrag von Mercedes auf neue Rekordversuche auf der Reichsautobahn gab Korpsführer Hühnlein auf Drängen der Auto Union zunächst nicht statt. Am 27. November 1937 traf die Nachricht ein, daß Mercedes-Benz auf jeden Fall noch vor der im März 1938 stattfindenden Automobilausstellung in Berlin die Gelegenheit erhalten sollte, Revanche zu nehmen und die Erfolge der Auto Union zu überbieten. In Zwickau wurde man sofort wieder aktiv. Auf einer Sitzung am 11. Dezember unter der Leitung von Direktor William Werner wurde beschlossen, dagegen zu halten: Der Rekordwagen wird weiterentwickelt.

Am 28. Januar 1938 war es dann so weit. Schon am frühen Morgen erprobte Caracciola auf der Frankfurter Reichsautobahn den neuen Mercedes-Rekordwagen, nachdem die teilweise mit Rauhreif bedeckte Fahrbahn abgetrocknet war. Er erreichte auf Anhieb 432,7 km/h, also nur 8,32 Sekunden für den fliegenden Kilometer. Blitzschnell war dieses Ergebnis telefonisch nach Chemnitz durchgegeben. Sofort kam die Anweisung: ›Starten‹. Mercedes hatte die Fahrten eingestellt, kurze Zeit später stand der Auto Union-Wagen am Start. Im Nu waren die Wartungsarbeiten beendet, Bernd Rosemeyer startete zu einer Probefahrt. Wie ein Blitz schoß er in Richtung Darmstadt los.

Das Duell der beiden Rivalen Mercedes-Benz und Auto Union wurde fortgesetzt. Vorschriftsmäßige Wendung nach 14 Kilometern. Auf dem

Die Rekordfahrten gingen am Fahrer nicht spurlos vorüber: Sichtlich erschöpft entstieg Bernd Rosemeyer seinem Rennwagen.

Rückweg zum Start erreichte Rosemeyer immerhin knappe 430 km/h. Zu knapp, um Mercedes Paroli bieten zu können. Doch dann kam Wind auf. Und Zweifel: Sollte man den Rekordversuch abbrechen? Doch der ehrgeizige Rosemeyer wollte sofort mit der Rekordfahrt beginnen: Jetzt oder nie! Niemand von der Teamleitung und den

1938, am 28. Januar, wurde der Rekord-Wagen mit Bernd Rosemeyer an die Startlinie geschoben. Rosemeyer startete zu einem Rekordversuch auf der Autobahn bei Langen-Mörfelden. Bei Kilometer 9,2 kam der Wagen von der Fahrbahn ab und überschlug sich mehrmals. Bernd Rosemeyer war auf der Stelle tot.

Durch den starken Aufprall wurde Rosemeyers Rekordwagen total zerstört.

Anwesenden konnte sich gegen ihn durchsetzen. Das Rekordfieber schien alle gepackt zu haben. In rascher Folge melden die Kilometer-Kontrollposten die rasende Durchfahrt von Rosemeyer an den Funkwagen. Dann kommt die Meldung: »Kilometer 9,2. Verunglückt!« Rennleiter Feuereissen und Rennarzt Dr. Gläser springen sofort in das nächststehende Auto und fahren zur Brücke Langen-Mörfelden. Entsetzlich, was sich ihren Augen bot! Teile des Fahrzeugs waren weit verstreut. Das Wagenwrack mit zerfetzter Karosserie lag am Abhang. Und nahe bei ihm Bernd Rosemeyer, ohne erkennbare Verletzung. Vergeblich sind Dr. Gläsers intensive Wiederbelebungsversuche. Der Rennwagen war von einer Windböe erfaßt worden, hatte sich überschlagen und Rosemeyer aus dem Cockpit geschleudert. Genickbruch! Er war auf der Stelle tot. Zwischen den Bäumen einige Menschen, still und barhäuptig, fassungslos.

Die Öffentlichkeit kann es nicht fassen, sie reagiert betroffen. Vorwürfe treffen die Konzernleitung der Auto Union, fahrlässig gehandelt zu haben. Gerüchte gehen um, derartige Unternehmungen künftig zu verbieten. Die Konzernleitung denkt an eine mögliche Schließung der Rennabteilung. Auf jeden Fall mußte die Unglücksursache untersucht werden. Was den Vorwurf der Fahrlässigkeit betraf, so konnte zumindest eines geklärt werden: Auf einem Pressefoto war durch Spiegelungseffekte der Eindruck entstanden, die Haut der Karosserie sei zu dünn und deshalb durch den Wind verformt worden. Tatsächlich hatten die Konstrukteure durch Änderungen an der Karosserie den Luftwiderstands-Beiwert noch einmal drastisch verringern können. Durch die vergrößerten Seitenflächen nahm die Seitenwindempfindlichkeit jedoch erheblich zu. Das war dann auch der eigentliche Grund für den Unfall von Bernd Rosemeyer und kein Fahrfehler. Daß die Karosserie sich nicht verformt hatte, wie das Pressefoto glauben machen wollte, konnte durch einen Versuch bestätigt werden: Die Seitenfläche des Rekordwagens wurde an dem Avus-Wagen von 1937 rekonstruiert. Durch eine variable Aufnahmeposition des Fotografen konnte der Spiegeleffekt am stehenden Fahrzeug wiederholt werden. Also keine Schließung der Auto Union-Rennabteilung. Zuviel war in die Fahrzeuge für die neue Rennsaison investiert worden. Man war sich sicher, im Sinne Bernd Rosemeyers zu handeln, wenn man weiter machte.

Film- und Tondokumente, Erinnerungen an Bernd Rosemeyer, heben die damalige Situation wieder ins Bewußtsein. Sein Chefmonteur Sebastian sagte aus: »Ich selbst hatte Bedenken gegen diese Fahrt, habe auch diesen Wunsch Rosemeyer gegenüber geäußert. Er gab mir eine ganz drastische Antwort, die ich hier nicht geben kann. Aber einen kleinen Teil davon kann ich geben: Ich bin doch nicht dein Schuljunge. Ich muß selbst wissen, was ich zu tun habe. Und das waren die letzten Worte, die ich mit Rosemeyer gesprochen habe.«

Bei böigem Wind wird der Wagen zum Start geschoben. Carlo Wiedmann schildert, was dann auf der nur zweispurigen Autobahn geschah. »An dem denkwürdigen Tag, als auf dieser Strecke die Weltrekordversuche durchgeführt wurden, stand ich als internationaler Zeitnehmer mit meiner Meßgruppe ungefähr vor der Brücke bei km 508. Der Start von Bernd Rosemeyer wurde mir durchgegeben. Kurze Zeit darauf beobachte ich den Wagen, wie er aus der Unterführung herausgeschossen kam,

DIE GROSSEN RENNERFOLGE DER AUTO UNION

schon sehr unruhig, und urplötzlich seine gerade Ideallinie verlor und auf den Grünstreifen zukam. Daraufhin überschlug sich der Wagen mehrere Male. Die Karosserieteile flogen hoch durch die Luft, das Chassis kam im wahnsinnigen Tempo auf uns zu und wie ein Wunder flog es über uns hinweg und blieb an der Böschung liegen.«

Auch Jahrzehnte später bleiben die Gedanken an Bernd Rosemeyer wach. Manfred von Brauchitsch, berühmter Mercedes-Rennfahrer und ständiger Konkurrent von Bernd Rosemeyer, ehemaliger hoher Sportfunktionär der DDR, sagt über Rosemeyer: »Der Bernd hatte mit mir etwas gemeinsam in der Auffassung und in der Wesensart, die notwendig ist, um mit soviel Leichtsinn und soviel Naivität an diese Arbeit heranzugehen, die er ja echt geliebt hat. Was er alles riskiert hat, war nicht ein Haar, sondern war einige Zentimeter zuviel. Und jeder von uns wußte, daß das auf die Dauer nicht gut gehen konnte. Wir haben oft miteinander gesprochen und haben gesagt, dem Bernd können wir eigentlich nur – damit er uns erhalten bleibt – wünschen, daß er mal auf die Schnauze fliegt und sich wenigstens ein Bein, ein paar Rippen und 'nen Arm bricht, daß er 'ne Zeit Ruhe hat, daß er überlegen kann, zu sich kommen kann ...« Er kam nicht zur Ruhe, wollte es nicht, weil er zu umtriebig, zu temperamentvoll war. Von Sachlichkeit geprägt, im Abstand von Jahrzehnten, ist die dokumentierte Aussage seiner Frau Elly Beinhorn. »Ich neige nicht dazu, Bernd auf einen Podest zu stellen, als einen Übermenschen. Das war er nicht. Er konnte sehr, sehr ungeduldig und auch alles andere als freundlich sein. Aber es wurde bei ihm natürlich aufgrund der Leistung weitgehend entschuldigt. Aber im Alltag war das gar nicht so einfach. Eines der großen Ziele für ihn war, als erster Mensch auf einer normalen Strecke, also Autobahn und nicht Salzsee oder Salzwüste, die 400-Kilometergrenze zu überschreiten. Und das ist ihm ja dann bei den beiden Weltrekorden auch gelungen. Aber ich meine, er war sich absolut darüber im klaren, daß jetzt auf der normalen Straße mit den Wagen, wie sie damals waren, die absolute Grenze praktisch erreicht war. Und er wußte genau, daß, wenn das so weiterging, für einen – in diesem Falle war das er – die Katastrophe kommen mußte.« Zu spät, darüber nachzudenken, ob es wirklich zwingend und sinnvoll war, neue Weltrekordversuche zu diesem Zeitpunkt und unter diesen Witterungsbedingungen stattfinden zu lassen.

Was bleibt, ist die Erinnerung an einen ungewöhnlichen Menschen und ein Gedenkstein bei Kilometer 508 auf der Autobahn bei Mörfelden-Langen, der Strecke zwischen Frankfurt-Darmstadt-Heidelberg.

EINE NEUE GENERATION AUTO UNION-RENNWAGEN

Die zweite Generation der Rennwagen von der Auto Union ist mit Verzögerung an den Start gegangen. Die Rekordversuche hatten die Vorbereitungen doch erheblich verzögert. Hinzu kam, daß am 31. Dezember 1937 die 750 kg-Formel ausgelaufen und jetzt eine neue, enger abgefaßte Vorschrift galt. Bei Kompressor-Motoren betrug das Maximum 3.000 ccm und bei den Saugmotoren 4.500 ccm. Die ausländische Konkurrenz atmete erleichtert auf. Nun wurde der nach ihrer Ansicht von den Deutschen in die Höhe getriebene PS-Wettstreit endlich beendet.

Richard Bruhn hielt anläßlich des ersten Todestages von Bernd Rosemeyer eine Gedenkrede. Die Teamkollegen von Bernd Rosemeyer, Hans Stuck und Rudolf Hasse (vorn rechts), nahmen tief bewegt an der Gedenkfeier für einen außergewöhnlichen Rennfahrer teil.

Nach dem tragischen Tod von Bernd Rosemeyer wurde Tazio Nuvolari für das Rennteam der Auto Union verpflichtet.

Der von Eberan von Eberhorst für den Auto Union-Rennwagen, Typ D, konstruierte V 12-Motor hatte einen 3 Liter großen Hubraum und leistete 485 PS.

Bei der Auto Union mußten vor Beginn der neuen Saison organisatorische Änderungen vorgenommen werden. Dr. Porsche stand, da er im größeren Umfang mit staatlichen Aufgaben betraut war, nicht mehr als Konstrukteur und Berater zur Verfügung. Die technische Leitung lag nun in den Händen von Eberan von Eberhorst und Rennleiter Dr. Feuereissen, der zum Sportdirektor ernannt worden war. Der Horch-Entwicklungsingenieur Jakob wurde an seiner Stelle Direktor der Rennabteilung. Das Fahrerteam war durch den Tod von Bernd Rosemeyer erheblich geschwächt. Zu den Stammfahrern H. P. Müller und Rudolf Hasse stieß Christian Kautz vom Mercedes-Team. Von Eberan konnte kein gänzlich neues Fahrzeug konstruieren, dazu fehlte die Zeit. Der neue Wagen, den er schließlich präsentierte, basierte noch grundsätzlich auf einem Porsche-Entwurf. Die Rohrrahmen-Bauweise und die Vorderradaufhängung wurden beibehalten. Hinten wurde eine Doppelgelenkachse nach De-Dion-Bauweise eingebaut. Das Fahrzeug erhielt auch hydraulische Stoßdämpfer. Aber die Reibungsdämpfer an der Hinterachse wurden zusätzlich beibehalten.

Das Antriebsaggregat verfügte nunmehr über 12 Zylinder mit geänderter Ventilsteuerung. Eine zentral angeordnete Nockenwelle war für die Einlaßventilreihen vorgesehen und zwei Nockenwellen für die beiden Auslaßventilreihen. Die beiden äußeren Nockenwellen wurden wiederum von der zentralen Nockenwelle aus angetrieben. Die Zylinderabstände wurden beibehalten, wobei sich die beiden Zylinderreihen in einem Winkel von 60 Grad gegenüberstanden. Das Aggregat drehte bis auf 7.000 U/min. und gab in seiner letzten Version mit Doppelkompressor eine Spitzenleistung von 485 PS ab. An dem neuen Rennwagen waren auch äußerlich Veränderungen festzustellen. Durch den kürzeren Motor und den schmaleren Zentraltank konnte der Fahrersitz weiter zur Wagenmitte verlegt werden. Am auffälligsten waren jedoch die sich unter der Verkleidung befindlichen Seitentanks. Sie waren wegen des erhöhten Treibstoffverbrauchs notwendig und faßten 280 Liter. Diese erste Fahrzeug-Version sah ein wenig plump aus. Die wenig später fertig gewordene zweite Version wirkte dagegen elegant und war auch strömungsgünstiger. Im März 1938 wurden erste Testfahrten mit dem neuen Wagen in Monza unternommen. Der Start der Auto Union-Mannschaft erfolgte aber erst am 3. Juli 1938 beim Großen Preis von Frankreich in Reims. Drei Mercedes mit von Brauchitsch, Caracciola und Lang lagen vorne. Von der Auto Union kein Fahrer in der Spitze. Schon im Training wurde durch einen Unfall der Stromlinienwagen von H. P. Müller zerstört. Hasse und Kautz, die auf umgebauten C-Typen fuhren, fielen während des Rennens aus. Und das drei Wochen vor dem Großen Preis von Deutschland: Die Auto Union verfügte nur noch über zwei einsatzfähige Fahrer, die sich über ihr neues Fahrzeug beklagten. Das sei unfahrbar. Kurzfristig wurde eine Testfahrtserie auf dem Nürburgring anberaumt. Hierzu eingeladen waren Tazio Nuvolari, Louis Chiron, Luigi Fagioli, Nino Farina, Raymond Mays und Hans

DIE GROSSEN RENNERFOLGE DER AUTO UNION

Stuck. Der drehte ein paar exzellente Rekordrunden und wurde spontan wieder in das Auto Union-Team aufgenommen, aus dem er vor einiger Zeit wegen gewisser Querelen entlassen worden war. Auch Tazio Nuvolari, der sich bei Alfa Romeo nicht mehr wohlfühlte, schloß sich der Auto Union an. Ein starkes Fahrerteam. Gerade der sogenannte verlorene und wieder heimgekehrte Sohn Hans Stuck belegte auf dem Nürburgring am 24. Juli 1938 hinter Seaman und Lang/Caracciola den dritten Platz und Nuvolari/H. P. Müller den vierten.

Am 5. August 1938 siegt Hans Stuck beim La Turbie-Bergrennen in Nizza. Vier weitere Bergrennen konnte Stuck in dieser Saison siegreich beenden, darunter der Große Bergpreis von Österreich am Großglockner Ende August 1938. Sozusagen einen Heimsieg verbuchte Tazio Nuvolari auf dem Auto Union-Rennwagen am 11. September 1938 auf der Monza-Bahn beim Großen Preis von Italien.

Die Rennsaison 1938 ist beendet. Mercedes hatte mit neuen Fahrzeugen und neuen Motoren brilliert. Auch die Rennsaison 1939 hatte für Mercedes triumphal begonnen. Sensationell der Mercedes-Sieg am 7. Mai 1939 beim Rennen in Tripolis, das vom Auto Union-Rennteam nicht beschickt war. Beim Internationalen Eifelrennen am 21. Mai auf dem Nürburgring belegte Nuvolari hinter Lang auf Mercedes den zweiten Platz. Für die Auto Union-Fahrer Hasse, Bigalke und Müller blieben die Plätze 5, 6 und 7.

Die Auto Union bleibt Mercedes weiterhin auf den Fersen. Am 26. Juni beim Großen Preis von Belgien belegt Hasse den zweiten Platz hinter Lang. Beim Großen Preis von Frankreich am 9. Juli sind zwei Auto Union-Wagen mit Müller und Meier vorne. Schorsch Meier, der bekannte Motorradfahrer, hat das große Zittern bekommen, als sein Wagen beim Boxenstopp plötzlich in Flammen stand. Müller schafft immerhin den zweiten Platz

Diese herrliche Fahrstudie zeigt Hans Stuck beim Großen Preis von Frankreich in Reims 1939. Den Grand Prix gewann H. P. Müller auf Auto Union.

Vor dem Start zum Großen Preis von Deutschland versammelte sich das Rennteam 1938 zum Gruppenfoto. Von links nach rechts: Tazio Nuvolari, Hans Stuck, Christian Kautz, Rudolf Hasse, Hermann-Paul Müller.

hinter Caracciola beim Nürburgring-Rennen am 23. Juli 1939. Mit dem zweiten Platz mußte sich auch Hans Stuck auf seiner Domäne, dem Bergrennen auf dem Großglockner am 6. August hinter Lang begnügen. Mit dem Großen Preis von Belgrad, dem letzten Rennen der Saison am 3. September 1939, gab es noch einmal einen großen Zweikampf zwischen Mercedes und der Auto Union. Tazio Nuvolari errang den Sieg für das Auto Union-Team aus Zwickau. Das war der letzte Rennkampf für viele lange Jahre. Am 1. September 1939 war der Zweite Weltkrieg ausgebrochen.

Tazio Nuvolari ›fliegt‹ 1939 seinem Sieg beim Großen Preis von Belgrad entgegen. Es war der letzte Auftritt der siegreichen Auto Union-Grand-Prix-Wagen.

Die eindrucksvollen Rennsiege der ›Silberpfeile‹ haben die Auto Union und das Firmenzeichen, die Vier Ringe, weltweit zu einem Symbol für Fortschritt, Technik und Erfolg gemacht. Die Rennerfolge sind natürlich auch auf den Fahrer Bernd Rosemeyer zurückzuführen, der sich für den jungen Firmenverbund als Glücksfall erwies. Dieser begnadete Rennfahrer sorgte durch sein freundliches Auftreten, seine Ausstrahlung, seinen Fahrstil und natürlich durch seine großen Rennsiege für eine schnelle Akzeptanz der Auto Union als Hersteller für preiswerte wie auch für extravagante Automobile.

Noch während der Kriegshandlungen wurden die Auto Union-Rennwagen in stillgelegten Bergwerken bei Zwickau versteckt. Als die Amerikaner Zwickau besetzt hatten, haben verschiedene Mitarbeiter der Auto Union amerikanische Offiziere darauf hingewiesen und gebeten, die Fahrzeuge sicherzustellen, zumal sie aufgrund ihres technologischen Vorsprungs einmalig seien. Die Amerikaner sind auf dieses Angebot nicht eingegangen. Nachdem die Russen in Zwickau eingezogen waren, hat ein Mitarbeiter der Auto Union beobachtet, wie die weltberühmten Rennwagen, von Pferden gezogen, in Richtung Osten abtransportiert wurden.

1989 wird in der Fachpresse berichtet: »Als der Krieg 1945 endete, reisten 16 Grand-Prix-Wagen von Auto Union mit der Eisenbahn dritter Klasse und wie Sardinen zusammengepackt nach Moskau. Dort sollte die Kriegsbeute, zuvor von Technikern eingehend begutachtet, in den Hochofen wandern. Ob es wirklich passierte? Die Antwort weiß wohl nur jenes Auto, von dem sich Victor Kulbergs jetzt auf keinen Fall mehr trennen möchte. Für den symbolischen Kaufpreis von einem Rubel nahm er es mit – und legte damit den Grundstein für das Automobil-Museum in Riga. ... Der schlaue Direktor weiß, was er hat und wie er die Neugier westlicher Oldtimer-Fans schüren kann: ›Irgendwo im Riesenreich versteckt sich ein weiterer 16-Zylinder-Wagen von Auto Union.‹«

GELÄNDE- UND ZUVERLÄSSIGKEITSSPORT IN DEN DREISSIGER JAHREN

Neben dem neuen Engagement im Automobil-Rennsport knüpfte die junge Auto Union bereits 1933 an die Tradition der Langstrecken- und Geländewagenfahrten an, die schon früher von den Einzelmarken beschickt worden waren.

Die Wagen von Audi, Horch und Wanderer von 1933 waren alle mit einer einheitlichen Stromlinienkarosserie versehen. Aus Gewichtsgründen bestand die Karosserie ähnlich der DKW-Automobile aus Holz mit Kunstlederüberzug. In den Audi- und Wanderer-Wagen waren die von Ferdinand Porsche für Wanderer entwickelten Sechszylinder-Motoren installiert. Die Horch-Coupés besaßen den neuen 3-Liter-V8-Motor des Horch 830. Von der Marke DKW gingen sowohl die bewährten 1000er Modelle mit Heckantrieb und Ladepumpenmotor als auch die neuen Modelle mit Frontantrieb an den Start.

Die generalstabsmäßige Planung und Vorbereitung auf die Sporteinsätze zahlte sich aus, denn neben vielen Auszeichnungen sammelte die Auto Union praktische Erfahrungen für das weitere Engagement im Geländesport und in den Zuverlässigkeitsfahrten.

1934 wurde innerhalb der Auto Union eine ›Werksportabteilung‹ unter gemeinschaftlicher Leitung von August Momberger und August Jakob eingerichtet. Momberger war eigentlich für die 34er Saison als Fahrer für den Grand-Prix-Einsatz verpflichtet worden. Nach einigen Starts kam es jedoch zu persönlichen Differenzen mit Rennleiter Willy Walb, so daß Momberger eine neue Aufgabe im Sportbereich übernahm. Den Schwerpunkt der Auto Union-Aktivität im Zuverlässigkeitssport bildeten die Geländefahrten, da ein konkurrenzfähiges Langstreckenfahrzeug in der Modellpalette der Auto Union fehlte.

Der erste Einsatz für die hergerichteten Wagen der ›neuen‹ Werksportabteilung war 1934 für die 2.000-Kilometer-Deutschlandfahrt geplant. Die Auto Union trat wieder mit allen vier Marken und ihren besten Fahrern an. Dazu zählten unter anderem Hans, Ove und Arne Rasmussen auf DKW. Ein spezielles Kontingent an Wettbewerbs-Fahrzeugen wurde der Sturmabteilung (SA) der nationalsozialistischen Partei zur Verfügung gestellt. So auch bei der Alpenfahrt von 1934, bei der zwei Wanderer-Teams angetreten waren. Am Ende des erfolgreichen Jahres plante die Unternehmensführung für das kommende Jahr die Teilnahme am Winterwettbewerb Rottach, der Ostpreußenfahrt, der Drei-Tage-Harzfahrt und der internationalen Alpenfahrt. Als Gag sollten die Audi-Stromlinienwagen der 33/34er Saison drei Damen-Teams zur Verfügung gestellt werden. Vorgesehen war auch, Flieger-As Ernst Udet für die Auto Union starten zu lassen. Dazu kam es dann allerdings nicht.

Die anlaufende Wiederbewaffnung der Wehrmacht um 1935/36 setzte neue Signale für die Automobilindustrie. Denn Siege im sportlichen Bereich waren fast zwangsläufig mit lukrativen Aufträgen von der Wehrmacht verbunden.

Es war für die deutschen Automobilhersteller selbstverständlich, der Wehrmacht sowie den paramilitärischen Verbänden kostenlos Wagen zur Verfügung zu stellen. Aufbau, Pflege und Wartung wurden vom Hersteller übernommen, so daß die kleine Werksportabteilung der Auto Union in jener Zeit voll ausgelastet war.

Die Internationale Alpenfahrt von 1936 wurde mit einem speziell für diese Wettfahrt hergerichteten DKW-Schwebeklasse-Roadster bestritten.

In der 2.000-Kilometer-Deutschlandfahrt wurden diese Horch 830 Spezial-Coupés eingesetzt.

Während für die DKW- und Wanderer-Wagen seit 1934 zweisitzige Geländesportkarosserien entwickelt wurden, setzte die Auto Union bei Horch mehr und mehr auf die Wehrmachts-Kübelwagen. Es wurde ein spezielles Gelände-Fahrwerk entwickelt, und auch die Motorleistung wurde den neuen Anforderungen angepaßt. Eine konstruktive Besonderheit stellten bei den Horch-Kübelwagen die in Fahrzeugmitte drehbar angebrachten Ersatzräder dar. Bevor die Karosserie im Gelände aufsetzen konnte, stützten Ersatzräder diese ab und verhinderten ein Steckenbleiben.

Für 1938 bereitete sich die Auto Union aufgrund des hohen Werbeeffekts intensiv auf die Fernfahrt Berlin – Rom vor. Für diese Fernfahrt mußten leichte, leistungsfähige Spezialwagen für hohe Geschwindigkeiten aufgebaut werden. Die Konstrukteure der Werksportabteilung dachten über Leistungssteigerung durch spezielle Stromlinienkarosserien und die Verwendung von Kompressormotoren nach. Trainiert wurde auf der neuen Reichsautobahn Dresden – Jena. Dank der eingesetzten Stromlinienkarosserien war man mit den erzielten Geschwindigkeiten sehr zufrieden, und auch der Kraftstoffverbrauch war angemessen. Die Fernfahrt Lüttich – Rom – Lüttich bildete die Generalprobe für die Auto Union-Wagen. Während die Wanderer-Wagen ausschieden, erreichten die DKW-Wagen das Ziel. Einige Wochen später wollte die Auto Union bei der Fernfahrt Berlin – Rom erstmals wieder seit 1934 mit allen vier Marken antreten. Doch alle Anstrengungen der Sportabteilungen waren vergebens. Hitlers politische Aggression gegenüber der Tschechoslowakei führte zur Absage der geplanten Fernfahrt.

Für die Fernfahrt Lüttich-Rom-Lüttich wurde dieser Auto Union-Wanderer-Stromlinienwagen aufgebaut.

Trotz der politischen Unsicherheiten wurden noch 1939 in der Werksportabteilung DKW-Fahrgestelle mit 1,5-Liter-Wanderer-Vierzylinder-Motoren ausgerüstet, die man von den Serienmotoren des Wanderer W 24 abgeleitet hatte. Diese Modelle gingen bei der Ostpreußenfahrt als ›Auto Union 1500‹ an den Start. Aufgrund von Lagerschäden wurde das Debüt jedoch zu einem Debakel. Erst bei der Brandenburgischen Geländefahrt bewährten sich die eingeleiteten Änderungen.

Mit Ausbruch des Krieges wurden die Arbeiten in der Werksportabteilung eingestellt. Am 24. August 1939 verfügte die Abteilung noch über fünfzig Fahrzeuge, die sie jedoch in kurzer Zeit an die Wehrmacht abgeben mußte. Dadurch war auch eine für 1940 geplante Teilnahme an der Mille Miglia unmöglich geworden.

DKW-MOTORRÄDER IM RENN- UND GELÄNDESPORT

Solange Rasmussen die DKW-Geschicke leitete, sah er im Renneinsatz immer das Ziel, seriennahe Entwicklungen im Sport einzusetzen, um dadurch wiederum das Ansehen der Produkte zu erhöhen. Mit diesem Anspruch und durch gute Modelle war DKW 1927 zur größten Motorradfabrik der Welt geworden. Die neu formierte Auto Union forcierte ihr motorsportliches Engagement durch professionelleren Einsatz. Es entstand für die Gelände- und Rennmaschinen eine Fabrik in der Fabrik, die alles in einer Hand hatte: von der Konstruktion über die Herstellung und Erprobung bis hin zum Renneinsatz. Zwangsläufig entfernten sich die Modelle der Rennabteilung immer mehr von der Serie.

Schon in den zwanziger Jahren entwickelte DKW für den Rennsport seinen ersten Ladepumpenmotor. Der besondere Clou dieser Konstruktion war ein zusätzlicher, kurzhubiger Kolben im Kurbelgehäuse, der gegenläufig zum Hauptkolben lief und in seiner Funktion als Verdichter das Ansaugvolumen des Motors um etwa 40 Prozent erhöhte. Damit stieg zwar der Kraftstoffverbrauch, aber auch die Leistung. Kenntlich gemacht wur-

Der Wanderer W 50 in der ›Geländesportausführung‹ 1936 auf der Ostpreußenfahrt.

den die DKW-Modelle mit Ladepumpenmotor in der Typenbezeichnung durch die Bezeichnung ›Re‹ (Rennversion), wie zum Beispiel die 175 ARe von 1926.

Während nach 1932, unter der Auto Union, die Schnürle-Umkehrspülung bei den DKW-Serienmaschinen zur Anwendung kam, wurden 1933 die neuen, aufgeladenen Doppelkolben-Sportmodelle URe 175 und 250 präsentiert. Das technische Konzept dieser DKW-Doppelkolbenmotoren ging auf den für kurze Zeit in Zschopau tätigen Schweizer Konstrukteur Arnold Zoller zurück. 1934 erschien in gleicher Konzeption eine 500-ccm Zweizylinder-Doppelkolben-Rennmaschine mit vier Kolben (UL 500), die unter anderem von Bernd Rosemeyer gefahren wurde.

1936 fuhr die DKW-Mannschaft mit ihren aufgeladenen Zweitaktern in allen belegten Klassen den deutschen Meistertitel nach Hause. Kluge gewann in der 250er Klasse, Müller bei den 500ern, Braun in der 600-ccm-Gespannklasse und Kahrmann triumphierte in der 1000er Gespannklasse.

Insbesondere Probleme mit der Einlaßmembran, deren Funktion und Haltbarkeit nur bis 5000 U/min sicher war, führte zur Entwicklung eines Drehschiebermotors, der in der ULD 250 zum Einsatz kam. Diese Maschine bildete seit 1937 den

Die Fahrer Kahrmann und Eder 1937 im Rennen mit dem schweren DKW-Seitenwagengespann, Typ UL 700.

krönenden Abschluß und Höhepunkt der Doppelkolben-Rennmotoren bei der Auto Union. Mit dieser Maschine wurde Ewald Kluge 1937 Europameister und gewann 1938 vier Grand-Prix-Rennen. Dazu kamen zahlreiche Siege bei Bergrennen. Den größten Triumph feierte Kluge jedoch 1938 auf seiner DKW durch den Gewinn der Tourist Trophy auf der Isle of Man. Er war der erste Deutsche, der diesen Titel gewann. Außerdem sicherte sich die Auto Union im gleichen Jahr mit dem Erfolg von Ewald Kluge in der 250er Klasse zwei Siege in der Europameisterschaft.

Auf Basis der DKW UL 500 entstanden DKW-Gespannmaschinen mit 600 ccm und 700 ccm Hubraum. Anfangs wurde für die Beiwagenmaschinen das Fahrgestell der Solomaschine verwendet, seit 1936 setzte die Auto Union ein auf die Bedürfnisse einer Beiwagenmaschine abgestimmtes Fahrgestell ein, welches auf dem Rahmen der geänderten Solo-Maschine von 1936 basierte. Insbesondere war der Unterzug des Doppelrohrrahmens verstärkt worden und reichte bis zur Hinterachse. Damit waren Beiwagen und Maschine zu einer stabilen Einheit zusammengefaßt. Die Motorleistung lag bei über 40 PS und ermöglichte Geschwindigkeiten bis zu 160 km/h. Die DKW-Gespanne wiesen eine technische Besonderheit auf: Das Rad des Seitenwagens bremste mit, was sich im Sporteinsatz als besonders positiv erwies. 1938 wurde wegen vieler, schwerer Unfälle der Gespannsport verboten, so daß sich eine Weiterentwicklung der siegreichen DKW-Gespanne erübrigte. Für 1939 hatte man bei DKW zum Aufladen der Motoren den Einsatz von Kompressoren anstelle der Ladepumpen vorgesehen. Wegen technischer Probleme kam es nur noch vereinzelt zum Einsatz dieser leistungsgesteigerten Rennmaschinen (US 250 und 350).

Bei den Geländesportmaschinen vertraute die Auto Union über viele Jahre auf sorgfältig präparierte Serienmaschinen der Baureihe SB, später RT und NZ. Die für den Geländeeinsatz erforderlichen Veränderungen bestanden in der Regel nur aus einem höhergelegten Auspuff, Fahrwerksver-

DIE GROSSEN RENNERFOLGE DER AUTO UNION

stärkungen sowie Schutzgitter für die Lichtmaschine. Die Fahrer Winkler, Geiß und Kluge gewannen zwar mit speziellen SS 250 Straßenrennmaschinen die 1935 in Deutschland abgehaltene Internationale Sechs-Tage-Fahrt. In den folgenden Jahren konnten die Auto Union-Fahrer jedoch keine Erfolge mehr erringen. Der wenig erfolgreiche Einsatz der Modelle SS 250 und UL 500 im Geländesport machte deutlich, daß nur reinrassige Geländemaschinen Aussicht auf Erfolg hatten. Diese Erkenntnis führte zur Entwicklung der DRS 250, eine Konstruktion, die sich an die Straßenmaschinen anlehnte. Darüber hinaus wurden auch Modelle mit 175-, 350- und 500-ccm-Motor entwickelt. Bis zum Kriegsbeginn blieb die Rennabteilung eine von der Produktion unabhängige Abteilung; am 6 April 1941 wurde sie aufgelöst.

Die allgemeine Aufbruchstimmung Anfang der dreißiger Jahre und der Wunsch, deutlich zu machen, welches technische Potential vorhanden war, sorgte dafür, daß es auch für Motorräder Rekordfahrten gab, an denen selbstverständlich die Auto Union teilnahm.

DKW hatte bereits 1929 eine ARe 175 für Rekordfahrten vorbereitet, doch blieben die Erfolge aus. Walfried Winkler unternahm 1932 mit einer DKW URe 250 weitere Rekord-Versuche in der Nähe von Budapest und erzielte vier neue Weltrekorde auf DKW.

Seit 1933 experimentierte die Motorrad-Rennabteilung der Auto Union mit strömungsgünstigen Verkleidungen, die aber nicht befriedigen konnten. Deshalb gingen die Fahrer Arthur Geiß und Walfried Winkler für ihre erneuten Versuche wiederum bei Budapest nur mit aerodynamisch optimierten Rennmaschinen an den Start. Auf Anhieb verbesserten sie sechs bestehende Weltrekorde. Ihre erstmals verwendeten Stromlinienhelme gehörten von nun an bei allen Rekordfahrten zur Standardausrüstung. 1934 gelang es, die bestehenden Rekorde nochmals zu verbessern. Mit zwei serienmäßigen RT 100 Modellen überboten Geiß, Müller und Winkler auf der Avus in Berlin die bestehenden Bestwerte über 1.500 km, 1.000 Meilen und 24 Stunden.

Ewald Kluge, hier auf einer aufgeladenen URe 250, war einer der erfolgreichsten Rennfahrer der dreißiger Jahre. Sein größter Triumph war 1938 der Sieg der Tourist Trophy auf der Isle of Man.

Auf der Autobahn bei Frankfurt erzielten DKW-Maschinen 1937 bei Rekordfahrten fünf neue Bestleistungen. Während dieser Rekordwoche fuhr die Auto Union auch DKW-Maschinen mit völlig geschlossenen Stromlinienverkleidungen, die der Aerodynamiker Freiherr Koenig-Fachsenfeld entwickelt hatte. Am Heck der verkleideten Solomaschine war eine fußbetätigte Steuereinrichtung angebracht. Zwei nach beiden Seiten ausspreizbare Flügel dienten während der Fahrt zur Stabilisierung. Seitlich ausklappbare Stützräder sorgten zudem dafür, daß der Fahrer kurz vor dem Stillstand der Maschine nicht umkippen konnte. Die Vollverkleidung beeinflußte allerdings das Gleichgewichtsgefühl der Fahrer, so daß auf die konsequente Stromlinienverkleidung, trotz aufwendiger Versuche im Windkanal der Firma Zeppelin in Friedrichshafen, verzichtet werden mußte. Auch der Einsatz von Motoren mit Alkoholbetrieb konnte nicht mehr verwirklicht werden; die sich zuspitzende politische Lage bot nicht das richtige Klima für Rennveranstaltungen und Rekordversuche.

Die sportlichen Erfolge der Auto Union-Rennwagen von 1934 bis 1939

NATIONALE UND INTERNATIONALE AUTOMOBIL-RENNEN

Großer Preis von Deutschland

1934, 15. Juli, Nürburgring, Länge: 570,25 km
1. Stuck	Auto Union	4 h 38 min. 19,1 sec.	122,93 km/h
2. Fagioli	Mercedes-Benz	4 h 40 min. 26,1 sec.	
3. Chiron	Alfa Romeo	4 h 46 min. 32,4 sec.	

1935, 28. Juli, Nürburgring, Länge: 501,8 km
1. Nuvolari	Alfa Romeo	4 h 8 min. 40,2 sec.	121,1 km/h
2. Stuck	Auto Union	4 h 10 min. 18,8 sec.	
3. Caracciola	Mercedes-Benz	4 h 11 min. 3,3 sec.	

1936, 26. Juli, Nürburgring, Länge: 501,8 km
1. Rosemeyer	Auto Union	3 h 48 min. 39,5 sec.	131,65 km/h
2. Stuck	Auto Union	3 h 52 min. 36,2 sec.	
3. Brivio	Alfa Romeo	3 h 57 min. 5 sec.	

1937, 25. Juli, Nürburgring, Länge: 501,82 km
1. Caracciola	Mercedes-Benz:	3 h 46 min. 0,01 sec.	133,2 km/h
2. v. Brauchitsch	Mercedes-Benz	3 h 46 min. 46,3 sec.	
3. Rosemeyer	Auto Union	3 h 47 min. 1,4 sec.	

1938, 24. Juli, Nürburgring, Länge: 501,82 km
1. Seaman	Mercedes-Benz	3 h 51 min. 46,1 sec.	129,8 km/h
2. Caracciola/Lang	Mercedes-Benz	3 h 55 min. 6,1 sec.	
3. Stuck	Auto Union	4 h 0 min. 42,3 sec.	

1939, 23. Juli, Nürburgring, Länge: 501,82 km
1. Caracciola	Mercedes-Benz	4 h 8 min. 41,8 sec.	121,9 km/h
2. Müller	Auto Union	4 h 9 min. 39,6 sec.	
3. Pietsch	Maserati	1 Runde zurück	

Großer Preis von der Schweiz

1934, 26. August, Bern, Länge: 509,6 km
1. Stuck	Auto Union	3 h 37 min. 51,6 sec.	140,35 km/h
2. Momberger	Auto Union	3 h 37 min. 54,4 sec.	
3. Dreyfus	Bugatti	1 Runde zurück	

1935, 25. August, Bern, Länge: 509,6 km
1. Caracciola	Mercedes-Benz	3 h 31 min. 12,2 sec.	144,7 km/h
2. Fagioli	Mercedes-Benz	3 h 31 min. 38 sec.	
3. Rosemeyer	Auto Union	3 h 32 min. 20 sec.	

1936, 23. August, Bern, Länge: 509,6 km
1. Rosemeyer	Auto Union	3 h 9 min. 1 sec.	161,7 km/h
2. Varzi	Auto Union	3 h 9 min. 39 sec.	
3. Stuck	Auto Union	2 Runden zurück	

1937, 22. August, Bern, Länge: 364 km
1. Caracciola	Mercedes-Benz	2 h 17 min. 39,3 sec.	158,6 km/h
2. Lang	Mercedes-Benz	2 h 18 min. 28.7 sec.	
3. v. Brauchitsch	Mercedes-Benz	2 h 18 min. 45,7 sec.	

1938, 21. August, Bern, Länge: 364 km
1. Caracciola	Mercedes-Benz	2 h 32 min. 7,8 sec.	143,56 km/h
2. Seaman	Mercedes-Benz	2 h 32 min. 33,8 sec.	
3. v. Brauchitsch	Mercedes-Benz	2 h 33 min. 11,6 sec.	

1939, 20. August, Bern, Länge: 218,4 km
1. Lang	Mercedes-Benz	1 h 24 min. 47,6 sec.	154,6 km/h
2. Caracciola	Mercedes-Benz	1 h 24 min. 50,7 sec.	
3. v. Brauchitsch	Mercedes-Benz	1 h 25 min. 57,5 sec.	

Großer Preis von Frankreich

1934, 1. Juli, Montlhéry, Länge: 500 km
1. Chiron	Alfa Romeo	3 h 39 min. 14,6 sec.	136,88 km/h
2. Varzi	Alfa Romeo	3 h 42 min. 31,9 sec.	
3. Trossi/Moll	Alfa Romeo	3 h 43 min. 23,8 sec.	

1935, 23. Juni, Montlhéry, Länge: 500 km
1. Caracciola	Mercedes-Benz	4 h 00 min. 54,6 sec.	124,57 km/h
2. v. Brauchitsch	Mercedes-Benz	4 h 00 min. 55,1 sec.	
3. Zehender	Maserati	2 Runden zurück	

1938, 3. Juli, Reims, Länge: 501,12 km
1. v. Brauchitsch	Mercedes-Benz	3 h 04 min. 38,5 sec.	162,76 km/h
2. Caracciola	Mercedes-Benz	3 h 06 min. 19,6 sec.	
3. Lang	Mercedes-Benz	1 Runde zurück	

1939, 9. Juli, Reims, Länge: 399,33 km
1. Müller	Auto Union	2 h 21 min. 11,8 sec.	169,38 km/h
2. Meier	Auto Union	1 Runde zurück	
3. Le Begue	Talbot	3 Runden zurück	

Großer Preis von Italien

1934, 9. September, Monza, Länge: 499,9 km
1. Caracciola/Fagioli	Mercedes-Benz	4 h 45 min. 47 sec.	105,18 km/h
2. Stuck/Leiningen	Auto Union	4 h 47 min. 25 sec.	
3. Trossi/Comotti	Alfa Romeo	2 Runden zurück	

1935, 8. September Monza, Länge: 503,7 km
1. Stuck	Auto Union	3 h 40 min. 09 sec.	138,7 km/h
2. Dreyfus/Nuvolari	Alfa Romeo	3 h 41 min. 50 sec.	
3. Pietsch/Rosemeyer	Auto Union	3 Runden zurück	

1936, 13. September Monza, Länge: 503,7 km
1. Rosemeyer	Auto Union	3 h 43 min. 25 sec.	135,4 km/h
2. Nuvolari	Alfa Romeo	3 h 45 min. 30.6 sec.	
3. v. Delius	Auto Union	3 Runden zurück	

1937, 12. September Livorno, Länge: 361 km
1. Caracciola	Mercedes-Benz	2 h 44 min. 54,4 sec.	131,3 km/h
2. Lang	Mercedes-Benz	2 h 44 min. 54,8 sec.	
3. Rosemeyer	Auto Union	2 h 46 min. 59,4 sec.	

1938, 11. September, Monza, Länge: 419,4 km
1. Nuvolari	Auto Union	2 h 41 min. 39,6 sec.	155,73 km/h
2. Farina	Alfa Romeo	3 Runden zurück	
3. Caracciola/v. Brauchitsch	Mercedes-Benz	3 Runden zurück	

DIE GROSSEN RENNERFOLGE DER AUTO UNION

Großer Preis von Spanien

1934, 23. September, San Sebastian, Länge: 519,5 km

1. Fagioli	Mercedes-Benz	3 h 19 min. 40 sec.	156,3 km/h
2. Caracciola	Mercedes-Benz	3 h 20 min. 23 sec.	
3. Nuvolari	Alfa Romeo	3 h 20 min. 47 sec.	

1935, 22. September, San Sebastian, Länge: 519,5 km

1. Caracciola	Mercedes-Benz	3 h 09 min. 59,4 sec.	164 km/h
2. Fagioli	Mercedes-Benz	3 h 10 min. 42,4 sec.	
3. v. Brauchitsch	Mercedes-Benz	3 h 12 min. 14,2 sec.	

Großer Preis von Brünn

1934, 30. September, Brünn, Masaryk-Ring, Länge: 495,4 km

1. Stuck	Auto Union	3 h 53 min. 27,9 sec.	127,32 km/h
2. Fagioli	Mercedes-Benz	3 h 56 min. 24,5 sec.	
3. Nuvolari	Maserati	3 h 57 min. 14,1 sec.	

1935, 29. September, Brünn, Masaryk-Ring, Länge: 495,4 km

1. Rosemeyer	Auto Union	3 h 44 min. 10,6 sec.	132,6 km/h
2. Nuvolari	Alfa Romeo	3 h 50 min. 48,4 sec.	
3. Chiron	Alfa Romeo	3 h 50 min. 52,8 sec.	

1937, 26. September, Brünn, Masaryk-Ring, Länge: 437,1 km

1. Caracciola	Mercedes-Benz	3 h 09 min. 25,3 sec.	138,4 km/h
2. v. Brauchitsch	Mercedes-Benz	3 h 10 min. 1,7 sec.	
3. Müller/Rosemeyer	Auto Union	3 h 10 min. 7,1 sec.	

Großer Preis von Tunis

1935, 5. Mai, Karthago, Länge: 504 km

1. Varzi	Auto Union	3 h 05 min. 40,2 sec.	162,87 km/h
2. Wimille	Bugatti	3 h 09 min. 29,8 sec.	
3. Erancelin	Maserati	2 Runden zurück	

1936, 17. Mai, Karthago, Länge: 381,4 km

1. Caracciola	Mercedes-Benz	2 h 22 min. 44,6 sec.	160,32 km/h
2. Pintacuda	Alfa Romeo	2 Runden zurück	
3. Wimille	Bugatti	2 Runden zurück	

Großer Preis von Tripolis

1934, 6. Mai, Mellaha, Länge: 525,6 km

1. Varzi	Alfa Romeo	2 h 48 min. 53,8 sec.	186,1 km/h
2. Moll	Alfa Romeo	2 h 48 min. 54,0 sec.	
3. Chiron	Alfa Romeo	2 h 49 min. 7,0 sec.	

1935, 12. Mai, Mellaha, Länge: 525,6 km

1. Caracciola	Mercedes-Benz	2 h 38 min. 47,6 sec.	197,99 km/h
2. Varzi	Auto Union	2 h 39 min. 54,2 sec.	
3. Fagioli	Mercedes-Benz	2 h 41 min. 03,8 sec.	

1936, 10. Mai, Mellaha, Länge: 525,6 km

1. Varzi	Auto Union	2 h 31 min. 25,4 sec.	207,63 km/h
2. Stuck	Auto Union	2 h 31 min. 29,8 sec.	
3. Fagioli	Mercedes-Benz	2 h 33 min. 38,4 sec.	

1937, 9. Mai, Mellaha, Länge: 525,6 km

1. Lang	Mercedes-Benz	2 h 27 min. 57,67 sec.	216,28 km/h
2. Rosemeyer	Auto Union	2 h 28 min. 7,32 sec.	
3. v. Delius	Auto Union	2 h 29 min. 11,85 sec.	

Großer Preis von Monaco

1934, 2. April, Monte Carlo, Länge: 318 km

1. Moll	Alfa Romeo	3 h 31 min. 31,4 sec.	90,20 km/h
2. Chiron	Alfa Romeo	3 h 32 min. 33,4 sec.	
3. Dreyfus	Bugatti	1 Runde zurück	

1935, 22. April, Monte Carlo, Länge: 318 km

1. Fagioli	Mercedes-Benz	3 h 23 min. 49,8 sec.	93,60 km/h
2. Dreyfus	Alfa Romeo	3 h 24 min. 21,3 sec.	
3. Brivio	Alfa Romeo	3 h 24 min. 56,2 sec.	

1936, 13. April, Monte Carlo, Länge: 318 km

1. Caracciola	Mercedes-Benz	3 h 49 min. 20,4 sec.	83,19 km/h
2. Varzi	Auto Union	3 h 51 min. 9,5 sec.	
3. Stuck	Auto Union	1 Runde zurück	

1937, 8. August, Monte Carlo, Länge: 318 km

1. v. Brauchitsch	Mercedes-Benz	3 h 07 min. 23,9 sec.	101,82 km/h
2. Caracciola	Mercedes-Benz	3 h 08 min. 48,2 sec.	
3. Kautz	Mercedes-Benz	2 Runden zurück	

Großer Preis von Budapest

1936, 21. Juni, Budapest, Länge: 250 km

1. Nuvolari	Alfa Romeo	2 h 14 min. 3,0 sec.	111,9 km/h
2. Rosemeyer	Auto Union	2 h 14 min. 17,0 sec.	
3. Varzi	Auto Union	2 Runden zurück	

Großer Preis von Südafrika

1937, 1. Januar, East London, Länge: 340,2 km

1. Fairfield	ERA	2 h 13 min. 37 sec.	143,47 km/h
2. Meyer	Riley	2 h. 34 min. 00 sec.	
3. Chiappini	Riley	2 h 36 min. 48 sec.	

Großer Preis von Kapstadt

1937, 16. Januar, Grosvenor, Länge: 333,9 km

1. v. Delius	Auto Union	2 h 31 min. 14,2 sec.	129,31 km/h
2. Rosemeyer	Auto Union	2 h 31 min. 39,4 sec.	
3. Howe	ERA		

Großer Preis von Rio de Janeiro

1937, 6. Juni, Gavea, Länge: 279,0 km

1. Pintacuda	Alfa Romeo	3 h 22 min. 01 sec.	82,7 km/h
2. Stuck	Auto Union	3 h 22 min. 09 sec.	
3. Brivio	Alfa Romeo	3 h 29 min. 08 sec.	

Großer Preis von Belgien

1935, 14. Juli Spa-Francorchamps, Länge: 505,24 km

1. Caracciola	Mercedes-Benz	3 h 12 min. 31 sec.	157,5 km/h
2. Fagioli/v. Brauchitsch	Mercedes-Benz	3 h 14 min. 8 sec.	
3. Chiron	Alfa Romeo	3 h 14 min. 47 sec.	

1937, 11. Juli, Spa-Francorchamps, Länge: 505,24 km

1. Hasse	Auto Union	3 h 01 min. 22 sec.	167,2 km/h
2. Stuck	Auto Union	3 h 02 min. 04 sec.	
3. Lang	Mercedes-Benz	3 h 04 min. 07 sec.	

1939, 26. Juni, Spa-Francorchamps, Länge: 507.5 km

1. Lang	Mercedes-Benz	3 h 20 min. 21,0 sec.	152,0 km/h
2. Hasse	Auto Union	3 min. 20 min. 37,9 sec.	
3. v. Brauchitsch	Mercedes-Benz	3 h 22 min. 14,0 sec.	

Großer Preis von Donington

1937, 2. Oktober, Donington, Länge: 402,24 km

1. Rosemeyer	Auto Union	3 h 01 min. 2,5 sec.	133,3 km/h
2. v. Brauchitsch	Mercedes-Benz	3 h 01 min. 40,0 sec.	
3. Caracciola	Mercedes-Benz	3 h 02 min. 18,8 sec.	

1938, 22. Oktober, Donington, Länge: 402,24 km

1. Nuvolari	Auto Union	3 h 06 min. 22 sec.	129,5 km/h
2. Lang	Mercedes-Benz	3 h 08 min. 00 sec.	
3. Seaman	Mercedes-Benz	1 Runde zurück	

Großer Preis von Belgrad

1939, 3. September, Belgrad, Länge: 140 km

1. Nuvolari	Auto Union	1 h 04 min. 3,8 sec.	130,7 km/h
2. v. Brauchitsch	Mercedes-Benz	1 h 04 min. 11,4 sec.	
3. Müller	Auto Union	1 h 04 min. 34,4 sec.	

Vanderbilt-Cup

1936, 12. Oktober, New York, Länge: 480 km

1. Nuvolari	Alfa Romeo	4 h 32 min. 44,4 sec.	106,7 km/h
2. Wimille	Bugatti	4 h 41 min. 41,9 sec.	
3. Brivio	Alfa Romeo	4 h 45 min. 44,4 sec.	

1937, 5. Juli, New York, Länge: 482,4 km

1. Rosemeyer	Auto Union	3 h 38 min. 17 sec.	132,87 km/h
2. Seaman	Mercedes-Benz	3 h 39 min. 07 sec.	
3. Mays	Alfa Romeo	3 h 44 min. 57 sec.	

BERGRENNEN

Goßer Bergpreis von Deutschland

1934, 19. August, Schauinsland Freiburg/Br., Länge: 12 km

1. Stuck	Auto Union	8 min 6,6 sec.	88,78 km/h
2. Caracciola	Mercedes-Benz	8 min. 32,5 sec.	
3. v. Delius	Alfa Romeo	8 min. 45,6 sec.	

1935, 1. September, Schauinsland Freiburg/Br., Länge: 12 km

1. Stuck	Auto Union	8 min. 24,1 sec.	85,6 km/h
2. Seaman	ERA	8 min. 25,1 sec.	
3. Mays	ERA	8 min. 36,1 sec.	

1936, 30. August, Schauinsland Freiburg/Br., Länge: 12 km

1. Rosemeyer	Auto Union	7 min. 59,3 sec.	90,1 km/h
2. v. Delius	Auto Union	8 min. 1,9 sec.	
3. Brivio	Alfa Romeo	8 min. 27,6 sec.	

1937, 1. August, Schauinsland Freiburg/Br., Länge: 12 km

1. Stuck	Auto Union	8 min. 11,0 sec.	88,0 km/h
2. Rosemeyer	Auto Union	8 min. 12,8 sec.	
3. Caracciola	Mercedes-Benz	8 min. 17,7 sec.	

Großglockner

1938, 28. August, Länge: 12,6 km

1. Stuck	Auto Union	20 min. 14,5 sec.	74,91 km/h
2. Lang	Mercedes-Benz	20 min. 18,7 sec.	
3. v. Brauchitsch	Mercedes-Benz	20 min. 41,4 sec.	

1939, 6. August, Länge: 12,6 km

1. Lang	Mercedes-Benz	20 min. 7,9 sec.	75,09 km/h
2. Stuck	Auto Union	20 min. 11,5 sec.	
3. Müller	Auto Union	20 min. 30,0 sec.	

Kesselberg

1934, 17. Juni, Kochel-Oberbayern, Länge: 5 km

1. Stuck	Auto Union	3 min. 44,0 sec.	80,4 km/h
2. v. Brauchitsch	Mercedes-Benz	3 min. 49,2 sec.	
3. Pietsch	Alfa Romeo	3 min. 52,2 sec.	

1935, 30. Juni, Kochel-Oberbayern, Länge: 5 km

1. Stuck	Auto Union	3 min. 44,3 sec.	79,96 km/h
2. Zanelli	National Pescara	3 min. 48,2 sec.	
3. Balestrero	Alfa Romeo		

Feldberg

1934, 10. Juni, Länge: 8 km

1. Stuck	Auto Union		147,3 km/h
2. Paul Pietsch	Alfa Romeo		

1935, 6. Oktober, Länge: 12 km

1. Stuck	Auto Union: 6 min. 22,3 sec.		112,9 km/h
2. Kohlrausch	MG: 7 min. 5,3 sec.		
3. Wimmer	Bugatti: 7 min. 12,1 sec.		

1936, 27. September, Länge: 12 km

1. Rosemeyer	Auto Union	6 min. 23,2 sec.	112,7 km/h
2. Mehl	Mercedes-Benz		

Shelsley-Walsh, Großbritannien

1936, 6. Juni, Länge: 0,91 km

1. Mays	ERA	41,6 sec.
2. Baumer, Austin und Fane, Frazer-Nash		42,6 sec.
4. Goodacre	Austin	43,2 sec.
5. Evans, MG Midget und Stuck, Auto Union		45,2 sec.

Klausenpass, Schweiz

1934, 5. August, Länge: 21,5 km

1. Caracciola	Mercedes-Benz	15 min. 22,2 sec.	83,87 km/h
2. Stuck	Auto Union	15 min. 25,4 sec.	
3. Straight	Maserati	16 min. 20,6 sec.	

DIE GROSSEN RENNERFOLGE DER AUTO UNION

Malojapass, Schweiz

1938, 25. September, Länge: 4,8 km

1. Stuck	Auto Union		72,73 km/h

Kahlenberg, Österreich

1939, 11. Juni, Länge: 4,12 km

1. Lang	Mercedes-Benz	4 min. 38,6 sec.	105,3 km/h
2. Müller	Auto Union	4 min. 39,4 sec.	
3. von Brauchitsch	Mercedes-Benz	4 min. 39,7 sec.	

Goßer Bergpreis von Frankreich

1934, 16. September, Mont Ventoux-Avignon, Länge: 21,6 km

1. Stuck	Auto Union	13 min. 38,6 sec.	94,38km/h
2. Straight	Maserati	13 min. 58,8 sec.	
3. Falchetto	Maserati	14 min. 14,4 sec.	

La Turbie, Frankreich

1936, 9. April, Nizza, Länge: 6,3 km

1. Stuck	Auto Union	3 min. 39,8 sec.	103,18 km/h
2. Wimille	Bugatti	3 min. 43,4 sec.	
3. Chambost	Maserati	3 min. 52,8 sec.	

1937, 5. August, Nizza, Länge: 6,3 km

1. Stuck	Auto Union	3 min. 31,6 sec.	107,18 km/h
2. Sommer	Alfa Romeo	3 min. 40,0 sec.	

1938, 5. August, Nizza, Länge: 6,3 km

1. Stuck	Auto Union	3 min. 30,2 sec.	107,89 km/h
2. Dreyfus	Delahaye	3 min. 40,6 sec.	
3. Sommer	Alfa Romeo	3 min. 45,2 sec.	

1939, 13. April, Nizza, Länge: 6,3 km

1. Stuck	Auto Union	3 min. 28,2 sec.	108,92 km/h
2. Wimille	Bugatti		
3. Sommer	Alfa Romeo		

Feleac, Rumänien

1938, 5. Oktober, Cluy-Brasov, Länge: 7 km

1. Stuck	Auto Union		149,18 km/h

INTERNATIONALE RENNEN

Avus-Rennen, Berlin

1934, 27. Mai, Länge: 294,43 km

1. Moll	Alfa Romeo	1 h 26 min. 03 sec.	205,24 km/h
2. Varzi	Alfa Romeo	1 h 27 min. 30 sec.	
3. Momberger	Auto Union	1 h 27 min. 48 sec.	

1935, 26. Mai, Länge: 196,56 km, Finale

1. Fagioli	Mercedes-Benz	49 min. 13,2 sec.	238,5 km/h
2. Chiron	Alfa Romeo	50 min. 48,4 sec.	
3. Varzi	Auto Union	51 min. 27,4 sec.	

1937, 30. Mai, Länge: 156,56 km, Finale

1. Lang	Mercedes-Benz	35 min. 30,2 sec.	261,63 km/h
2. v. Delius	Auto Union	35 min. 32,2 sec.	
3. Hasse	Auto Union	36 min. 6,2 sec.	

Eifelrennen-Nürburgring

1934, 3. Juni, Länge: 347,15 km

1. v. Brauchitsch	Mercedes-Benz	2 h 47 min. 36,0 sec.	122,47 km/h
2. Stuck	Auto Union		
3. Chiron	Alfa Romeo		

1935, 16. Juni, Länge: 250,8 km

1. Caracciola	Mercedes-Benz	2 h 08 min. 02,3 sec.	117,45 km/h
2. Rosemeyer	Auto Union	2 h 08 min. 4,2 sec.	
3. Chiron	Alfa Romeo	2 h 09 min. 34,4 sec.	

1936, 14. Juni, Länge: 228,1 km

1. Rosemeyer	Auto Union	1 h 56 min. 41,2 sec.	117,1 km/h
2. Nuvolari	Alfa Romeo	1 h 58 min. 54,0 sec.	
3. Brivio	Alfa Romeo	1 h 59 min. 30,4 sec.	

1937, 13 Juni, Länge: 228,1 km

1. Rosemeyer	Auto Union	1 h 42 min. 11,5 sec.	113,5 km/h
2. Caracciola	Mercedes-Benz	1 h 43 min. 1,8 sec.	
3. v. Brauchitsch	Mercedes-Benz	1 h 43 min. 56,8 sec.	

1939, 21. Mai, Länge: 228,1 km

1. Lang	Mercedes-Benz	1 h 40 min. 57,1 sec.	135,5 km/h
2. Nuvolari	Auto Union	1 h 41 min. 8,3 sec.	
3. Caracciola	Mercedes-Benz	1 h 41 min. 28,4 sec.	

Coppa Acerbo, Italien

1934, 15. August, Pescara, Länge: 516 km

1. Fagioli	Mercedes-Benz	3 h 58 min. 56,8 sec.	129,57 km/h
2. Nuvolari	Maserati	4 h 03 min. 35,0 sec.	
3. Brivio	Bugatti	4 h 05 min. 7,6 sec.	

1935, 15. August, Pescara, Länge: 516 km

1. Varzi	Auto Union	3 h 43 min. 45,0 sec.	139,4 km/h
2. Rosemeyer	Auto Union	3 h 47 min. 7,0 sec.	
3. Brivio	Alfa Romeo	3 h 52 min. 20,0 sec.	

1936, 15. August, Pescara, Länge: 412,8 km

1. Rosemeyer	Auto Union	2 h 57 min. 4,0 sec.	139,2 km/h
2. v. Delius	Auto Union	3 h 04 min. 18,0 sec.	
3. Varzi	Auto Union	3 h 05 min. 1,3 sec.	

1937, 15. August, Pescara, Länge: 412,8 km

1. Rosemeyer	Auto Union	2 h 55 min. 39,05 sec.	141,0 km/h
2. v. Brauchitsch	Mercedes-Benz	2 h 57 min. 20,9 sec.	
3. Müller	Auto Union	3 h 01 min. 49,86 sec.	

1938, 14. August, Pescara, Länge: 412,8 km

1. Caracciola	Mercedes-Benz	3 h 03 min. 45,6 sec.	134,8 km/h
2. Farina	Alfa Romeo	3 h 07 min. 11,6 sec.	
3. Belmondo	Alfa Romeo	3 h 12 min. 20,7 sec.	

DIE JAHRE IM KRIEG

DIE JAHRE IM KRIEG

Die Jahre von 1939 bis 1945 sind Jahre der Wirrnisse und Katastrophen. Die wenigen uns zur Verfügung stehenden Unterlagen von der Auto Union erlauben keine erschöpfende Beschreibung jener Ereignisse und Vorfälle dieser Zeit.

Die Politisierung des Aufsichtsrates und die Verzahnung mit den Machthabern sorgte schon 1934 dafür, daß die Auto Union als Fertigungsstätte für Wehrmachtsfahrzeuge produktiv wurde. Nur durfte das wegen des noch gültigen Versailler Friedensvertrages nicht in die Öffentlichkeit dringen und deshalb wurde diese Abteilung mit der Bezeichnung ›BZ‹ getarnt. Dahinter verbirgt sich nichts anderes als die Behördenzentrale. Sie war für alle Fragen zuständig, welche die Konstruktion und die Fertigung militärischer Spezialfahrzeuge betrafen. Am 1. Mai 1938 wurde sie mit der Behördenabteilung zusammengelegt, die den Verkauf der Kraftfahrzeuge an die unterschiedlichen Behörden durchführte und diese durch Experten in Angelegenheiten der Sonderausführungen und Erfüllung von Extrawünschen beriet. Die neue Vereinigung hieß Zentrale Behördenabteilung und war – zumindest nach außen hin und auch vom Namen her – zivilen Charakters. In der Praxis vertrat diese Abteilung jedoch zivile und militärische Interessen. Das wurde unter anderem auch durch den technischen Lei-

Seit Mitte der dreißiger Jahre wurden von der Wehrmacht eigene Geländesportmeisterschaften veranstaltet. Diese Veranstaltungen dienten auch dazu, die Geländegängigkeit der verschiedensten Automobile zu testen.

ter, Regierungsbaurat Kracht, deutlich, der Chef der Waffenprüfung sowie der Kraftfahr- und Motorisierungsabteilung des Heereswaffenamtes war. Seine Aufgabe bestand darin, »der Auto Union ein optimales Behördengeschäft zu sichern und in ihrem wie im Interesse des Heeres für die Wehrmacht bestens geeignete Fahrzeuge zu entwickeln«.

DIE POLITIK BEEINFLUSST DAS MODELL-PROGRAMM

Dabei spielen die sogenannten Leihwagen auch eine Rolle. Nutznießer solcher Geschäfte waren unter anderem auch Prominente wie Hermann Göring, der NSKK-Korpsführer Hühnlein, der SA-Stabschef Lutze, NSKK-Gruppenführer Krauss, Obergruppenführer von Killinger und selbstverständlich auch der NSDAP-Gauleiter von Sachsen, Mutschmann. Auch Eva Braun fuhr einen Horch, wie von Gideon Berli aus Tel Aviv 1987 in der Presse berichtet wird, nachdem der Horch-Wagen wieder in der Öffentlichkeit auftauchte: »Als 1941 die letzten Privatwagen beschlagnahmt wurden, schenkte Hitler diesen Horch-Achtzylinder seiner blonden Geliebten.« Hitler selbst bekam auch einen Horch-Wagen geschenkt, doch bevorzugte er in der Öffentlichkeit die Konkurrenzmarke Daimler-Benz.

DIE JAHRE IM KRIEG

Bei einer Wehrmachtsparade 1938 in Berlin war auch der ›Mittlere Einheits-Pkw Kfz 15‹ vertreten: Horch Typ 901.

Bei diesen allgemein üblichen Geschäften darf man nicht den Werbeeffekt und die Konkurrenzsituation gegenüber Daimler-Benz vergessen. Das damalige stellvertretende Vorstandsmitglied der Auto Union und der Verantwortliche für die Verbindung zur NSDAP, Klaus Detlof von Oertzen, erinnert sich: »Die Firma Daimler-Benz erfreute sich besonderer Beziehungen zur Staatsführung. Sie wurden dadurch noch verstärkt, daß der Mercedes-Repräsentant Werlin die Parteigeschäfte besonders pflegte. Er hat es mir gegenüber wiederholt ausgesprochen, daß ihm das Eindringen unserer Auto Union-Wagen durchaus nicht passe und Daimler-Benz ein Anrecht darauf habe, erheblich bevorzugt zu werden.«

Wenn auch das allgemeine Behördengeschäft eher mühsam war, so zeichnete sich doch im Lauf der Jahre eine leicht steigende Tendenz ab, wie die Verkaufsstatistik verdeutlicht:

Lieferungen	Horch	Wanderer
1935/36	226	unbekannt
1936/37	143	622
1937/38	225	820
1938/39	282	1.370

Bei der Marke DKW lief das Behördengeschäft etwas besser, zumal sich die kleinen Frontantriebswagen immer größerer Beliebtheit erfreuten, insbesondere bei der Reichspost. Hinzu kamen eine größere Anzahl von Motorrädern, von denen die Behörden – ohne das Militär – mit 10 Prozent einen recht hohen Anteil an der Produktion abnahmen.

Stärker als die sogenannten Behördengeschäfte nahmen jedoch die Heereslieferungen der Auto Union zu, wie eine Aufstellung zum 31. Oktober 1938 verdeutlicht:

Heeresaufträge:	8.435 Fahrzeuge
Zivilaufträge:	257 Fahrzeuge
Behördenaufträge:	115 Fahrzeuge

Das Heeresgeschäft schien attraktiv und lukrativ zu sein. Die Auto Union mußte kaum finanziell investieren. Die Kosten der von ihr selbst entwickelten Wehrmacht-Spezialfahrzeuge übernahm das Heereswaffenamt, einschließlich der erforderlichen Konstruktionszeichnungen. Da ist es unter solchen Perspektiven verständlich, daß die »enge Zusammenarbeit zwischen Wehrmacht und Auto Union auf konstruktivem Gebiet und die damit im Zusammenhang stehende umfangreiche Fertigung unseren Konzern zu einem der wichtigsten Wehrmachtslieferanten des sächsischen Industriegebietes gemacht hat. Es wird die vornehmste Aufgabe der Auto Union sein, diese ihr gestellten Aufgaben auch in Zukunft mit vollem Nachdruck weiter fortzuführen«.

An derartigen Lieferungen war die Auto Union besonders durch die Marken Horch und Wanderer beteiligt. Zunächst wurden nur serienmäßige Fahrgestelle vom Typ Wanderer W 11 und Horch 830 sowie die entsprechenden Serien-Motoren verwendet. Die Karosserien (Kübelwagen oder offener Tourenwagen) kamen vornehmlich von Gläser/Dresden oder Hornig/Meerane.

Den militärischen Erfordernissen gemäß wurden auch Spezialkonstruktionen im Konstruktionsbüro des Werkes Horch in enger Zusammenarbeit

AUTO UNION

Der Wanderer W 11 als Wehrmachts-Kübelwagen mit Sechszylindermotor aus dem entsprechenden Personenwagenmodell.

Zwischen 1935 und 1943 wurden die Fahrgestelle des leichten Panzerspähwagens Horch Typ 801 in Zwickau gefertigt. Angetrieben wurde dieses Modell von einem im Heck untergebrachten Horch V 8-Motor. Der Panzerspähwagen hatte Allradantrieb und eine abschaltbare Hinterradlenkung.

mit der Wehrmacht entwickelt. Kooperations-Partner war die Kraftfahr- und Motorisierungsabteilung bei der Amtsgruppe für Entwicklung und Prüfung im Heereswaffenamt, deren Chef Baurat Kracht war. Entwickelt wurden geländegängige, mittlere und schwere Personenwagen. Konzipiert wurden auch technisch aufwendige Konstruktionen, wie etwa ein vierradgelenktes Fahrgestell mit Heck-Motor und Allradantrieb, das sich besonders für die Aufbauten von Panzerspähwagen eignete.

Während Wanderer und Horch höhere Stückzahlen von Fahrzeugen für das Militär fertigten, wurden nur wenige DKW-Frontwagen von der Wehrmacht angefordert. Dafür wurden viele der in Zschopau gefertigten Krafträder im Heer eingesetzt. Auch hier fand eine enge Zusammenarbeit in der Entwicklung mit der Wehrmacht statt. Die RT-, SB- und auch die NZ-Modelle wurden intensiv und unter strengsten Bedingungen erprobt. Die Militärs, insbesondere Major von Mühlenfels, der Kommandeur der Kraftfahrzeuglehr- und Versuchsabteilung von der Kraftfahrt-Kampftruppenschule in Wünsdorf, äußert sich in einem Rapport von 1936 sehr zufriedenstellend: »Die bisherigen Versuche, die sich über ein halbes Jahr erstreckten, haben ergeben, daß sich die RT 100 infolge ihrer Leichtigkeit sowie ihrer vorzüglichen motorischen Leistungsfähigkeit gut als Meldemaschine für marschierende Verbände wie Infanterie eignet.«

Das Lob wurde dann jedoch wieder eingeschränkt, weil die Geländegängigkeit der Maschine nicht voll gewährleistet war. Es wurde sogar damit gedroht, alle weiteren Versuche einzustellen, falls es nicht gelingen sollte, die beschriebenen Mängel abzustellen.

Derartige Zusagen waren in der damaligen Zeit kaum einzuhalten, da die Materialengpässe bedrohliche Formen annahmen. Um zumindest auf den wichtigsten Defizitgebieten Alternativen anzubieten, mußten Regierung und Konzernchefs entsprechende Pläne entwickeln:

- Die Gummiproduktion muß durch zusätzliche synthetische Gummierzeugung und Ausweitung der Buna-Kapazitäten und durch Speicherung von Rohstoffen in dafür extra anzulegenden Reservelagern abgesichert beziehungsweise gestützt werden.
- In verstärktem Maße sollen Nicht-Eisenmetalle verwendet und besondere Kunststoffe entwickelt und im Fahrzeugbetrieb erprobt werden.
- Ersatzkraftstoffe sowie Kohle- und Holzgasgeneratoren sollen entwickelt werden, insbesondere soll Flüssiggas als Treibstoff dienen. Extreme Möglichkeiten wie Wasserstoff- und Kohlestaub-Motoren müssen intensiv geprüft werden.

Darüber hinaus gab es Überlegungen, in Sachsen ein drittes Werk für die Produktion von synthetischem Kautschuk (Buna) einzurichten, um dadurch die Produktion eines der wichtigsten Rohstoffe für die Auto Union zu sichern. Noch in der Planungsphase brach der Zweite Weltkrieg aus, der die Auto Union eher unvorbereitet traf, wie auch durch eine Aussage von Dr. Müller aus dem Vorstandssekretariat deutlich wird: »Ende 1938 beziehungsweise Anfang 1939 wurde vom Vorstand der Auto Union AG, Chemnitz, der Beschluß gefaßt, das DKW-Modell F 9 als Ablösung für das Modell F 8 mit einer neuen Blech-Karosserie auszurüsten und den Beginn der Serienproduktion für das Frühjahr 1940 festzulegen. Für die Bestellung der notwendigen Werkzeuge, Vorrichtungen und Materialien wurde dem Einkauf eine Freigabe über insgesamt 12.000 Stück gegeben, die den Produktionsumfang des Jahres 1940 decken sollte. Die Werkzeuge für die großen Karosserie-Preßteile wie Dach, Rückpartie, Vorder- und Hinterkotflügel und so weiter wurden bei der Firma Allgaier in Uhingen in Auftrag gegeben.

Bei Ausbruch des Krieges September 1939 war das Produktionsprogramm der zivilen Fahrzeuge noch lange Monate ungeklärt, und ich erinnere mich, daß die Fertigstellung der Werkzeuge für das Modell F 9 zunächst nicht gestoppt wurde. Als nach Beendigung des Frankreich-Feldzuges im Sommer 1940 ein rasches Kriegsende erwartet wurde und die Wirtschaftsgruppe Fahrzeug-Industrie Berlin die deutschen Automobilfabriken aufforderte, ihre Programme zwecks Ermittlung des Eisen- und Stahlbedarfes für ein

In den ersten Kriegsjahren beschickte die Auto Union noch diverse Automobilausstellungen. Die Abbildung zeigt den Ausstellungsstand von 1940 in der slowakischen Stadt Bratislava (Preßburg).

Friedensprogramm einzureichen, wurde in Anknüpfung an die früheren Diskussionen das Modell F 9 erneut in die Planung aufgenommen und die Anweisung gegeben, die Fertigstellung der Werkzeuge bei den entsprechenden Lieferanten zu beschleunigen. Erst im Spätherbst 1940 wurde bekanntgegeben, daß die Wiederaufnahme der zivilen Fertigung mit Rücksicht auf die Rüstungsaufgaben unmöglich sei, und im Zuge der Totalisierung des Krieges erfolgte 1941 ein strenges Verbot, Arbeitskräfte und Material bei den Lieferwerken oder im eigenen Werk für Friedensaufgaben einzusetzen.«

Von nun ab bestimmte der Krieg das Programm der Auto Union.

DER KRIEG BESTIMMT DAS SCHICKSAL DER AUTO UNION

Rückblickend auf die Kriegsjahre kann man feststellen, daß nichts Atypisches die Auto Union betroffen hat; nichts, was leichter oder schwerer war, als es die meisten deutschen Fabriken in dieser Kriegszeit erfahren mußten.

Sicher ist, daß in den Kriegsjahren nur lückenhafte Notationen gemacht worden sind. Die Buchführung wurde nämlich behördlicherseits aus Angst vor Spionage eingeschränkt. Das damals gängige und plakatierte Sprichwort ›Feind hört mit!‹ fand in der Bürokratie sein Gegenstück: ›Achtung! Feind sieht mit!‹ Private Aufzeichnungen, handschriftlich und ›zum eigenen geschäftlichen Gebrauch‹ verfaßt, stehen zur Verfügung, lassen wenigstens hier und da Einblick in die damalige Situation gewinnen, eröffnen den Blick auf größere Zusammenhänge. Ihnen zufolge treibt die Sorge um die Materialbeschaffung die Bestände in die Höhe. Hier ist im ersten Kriegsjahr ein Höhepunkt erreicht: Den Beständen (ohne Fertigungserzeugnisse), die einen Wert von 45,5 Mio. RM haben, stehen kurzfristige Verbindlichkeiten von 38,6 Mio. RM gegenüber.

Problematisch war anfänglich die Frage, wie die Produktionsstätten aufgrund der neuen, kriegswichtigen Aufgaben ausgelastet werden könnten. Es lag ja noch genügend Material in den Werkshallen und Depots auf Lager, um mit dem laufenden Serienprogramm den gesamten Betrieb in Gang zu halten.

Die DKW-Wagen waren nach wie vor gefragt. Wegen ihrer brennbaren Holzkarosserie blieben sie jedoch ihren Besitzern und wurden nicht, wie andere Fahrzeuge, vom Militär requiriert.

Die Auslieferungsbilanz vom 1.11.1940 bis zum 31.10.1941, der sogenannten Friedensproduktion im Krieg, ergibt, daß in diesem Zeitraum von der Auto Union in monatlich gleichbleibenden Stückzahlen folgende Produkte ausgeliefert worden sind: 33.646 stationäre Motoren, 20.254 Motorräder, jedoch nur 5.111 Kraftwagen aller vier Marken. Immerhin konnten im Geschäftsjahr 1941/42 noch fast 7.000 Krafträder für den zivilen Bedarf und den Export ausgeliefert werden.

Als die Pkw-Montagebänder der meisten anderen Automobilfirmen längst stillgelegt worden waren, rollten 1942 sozusagen als Auskehr noch etwa 1.500 DKW-Liefer- und Pritschenwagen aus dem Werk. Und als die allerletzten 76 Pritschenwagen auf Basis des DKW Front im No-

Der bekannte DKW-Motorrad-Rennfahrer Ewald Kluge war während des Krieges im Fahrversuch der Auto Union tätig. Hier ›tankt‹ er gerade einen DKW F 8, der als Versuchswagen mit Holzgasgenerator lief.

vember 1942 das Zwickauer Montagewerk verließen, konnte dieses Fahrzeugkonzept mit Frontantrieb, Zweitaktmotor und Holzkarosserie auf eine stolze Bilanz zurückblicken: Immerhin waren bis zum Herbst des Jahres 1942 insgesamt 267.350 DKW Front fertiggestellt worden.

Die aufgezwungene Kriegsproduktion stieg steil an und sorgte innerhalb des gesamten Auto Union-Konzerns für entsprechende Umsätze, wie die folgende Statistik verdeutlicht:

Jahr	Umsatz in Mio RM	Rüstungsanteil in Mio. RM.
1939/40	222.604	103.315
1940/41	239.456	133.409
1941/42	266.626	200.425
1942/43	355.491	265.947
1943/44	474.613	428.000

Eine derartige Umsatzsteigerung war sicherlich auch deshalb möglich, weil die Auto Union kurz nach Kriegsbeginn ihre Beziehungen zu den Waffenämtern der Wehrmacht intensiviert hat.

Seit 1942/43 durfte die Auto Union ›nur noch der Rüstung dienlich‹ produzieren. Aufzeichnungen aus der Zeit von 1938 bis 1944 offenbaren, wie schwierig und differenziert sich die Kriegsproduktion in den einzelnen Werken vollzog und daß die Umsätze der Friedensproduktion erst wieder 1942/34 erreicht und zum Teil deutlich überschritten wurden.

DIE WEHRMACHT FORDERT NEUE PRODUKTE

Bereits mit dem Erscheinen des Achtzylinders im Jahr 1926 entwickelte man auf der Basis des Horch 306 in den Horch-Werken einen geländegängigen Personenwagen für die damalige Reichswehr. Als technische Besonderheit besaß dieses Modell eine Doppelhinterachse mit Zwillingsbereifung. Nach Gründung der Auto Union im Jahr 1932 werden die Horch-Typen 770 und 740 (Reihen-Achtzylinder) bis 1934 in Sonderausführung für die Wehrmacht geliefert. Von 1935 bis 1937 lieferte Horch in der leichten Klasse insgesamt 4.514 Kübelwagen des Typs 830 R mit V 8-Motor an die Wehrmacht aus.

Mit dem Aufbau der Wehrmacht gab es seit 1936 Pläne für einen Einheits-Personenwagen, bei dem die herstellenden Automobilfirmen nach exakten Vorgaben des Heereswaffenamtes nur die Endmontage und die Herstellung der Motoren übernahmen.

Horch war von 1937 bis 1943 in der mittleren Klasse (Typ M 901) und zwischen 1939 und 1941 in der schweren Klasse (Typ S 801 und 108) an dem Einheits-Personenwagen beteiligt.

Von dem geländegängigen Personenwagen baute Horch in der mittleren Klasse 27.200 und in der schweren Klasse 7.824 Geländewagen. Unkonventionell war die Geländewagen-Ausführung mit zwei in der Mitte der Karosserie angebrachten Reserverädern, die beim Aufsetzen der Karosserie als drehende Stützräder dienten.

Umsätze in Millionen Reichsmark ohne den internen Werksumsatz von 1938 – 1944

Jahr	DKW in Zschopau	Wanderer in Siegmar	Audi in Zwickau	Horch in Zwickau	DKW in Spandau	Elektrowerke Rösslerstraße	Gesamtumsatz
1938/39	35.277.885	54.363.917	69.579.379	53.401.638	11.501.666	1.045.093	225.169.581
1939/40	27.932.039	48.006.092	23.323.579	55.402.204	7.316.867	1.416.002	163.402.785
1940/41	33.016.847	44.796.210	11.255.191	74.843.289	8.892.831	5.645.894	178.450.264
1941/42	31.034.160	62.120.812	10.310.465	77.462.292	10.144.517	6.716.813	197.789.060
1942/43	40.362.259	93.687.734	11.744.470	82.709.589	27.983.101	8.709.277	265.196.427
1943/44	56.800.000	136.500.000	40.250.000	106.500.000	32.000.000	11.500.000	383.550.000

Der ›mittlere Einheits-Pkw Kfz 15‹ (Horch 901) hatte in der Geländewagen-Ausführung zwei in der Mitte angebrachte Reserveräder, die beim Aufsetzen der Karosserie als Stützräder dienten.

Der schwere Einheits-Personenwagen mit Allradantrieb und dem im Heck eingebauten Horch V 8-Motor wurde zwischen 1936 bis 1943 zur Grundlage eines leichten Panzerspähwagens. Den Panzerspähwagen gab es in verschiedenen Ausführungen, grundsätzlich aber mit Allradantrieb und Allradlenkung, so daß er außerordentlich wendig war. Etwa 2.400 dieser Panzerspähwagen-Fahrgestelle verließen das Werk in Zwickau.

Darüber hinaus produzierte das Werk Horch reines Kriegsgerät wie Gelände-, Schützen- und Funkwagen sowie Aufbauten für die Selbstfahrlafette der 2-cm-Flak. Gefertigt wurden auch Torpedos und Flugzeugteile, Panzermotoren und andere Kriegsgeräte, die in den vorhandenen Unterlagen nicht aufgeführt sind. 1942 wurden in den Werken Horch und Audi monatlich 1.500 Panzermotoren (Typ HL 42, Lizenz Maybach) fertig montiert. 1943 lief im Horch-Werk die Erprobung eines Flammen-Panzerwagens an. Auch arbeitete man noch 1944 an dem sogenannten Kätzchen, einem Aufklärungspanzer.

Erst im dritten Kriegsjahr, 1942, stellte die Auto Union ihren ersten Lastkraftwagen mit der Bezeichnung AU 1500 vor, der jedoch nicht in Serie ging. Es handelte sich um eine Wanderer-Konstruktion, die sich grundlegend von den meisten deutschen Lastwagen-Konstruktionen unterschied, denn der Motor war in das Fahrerhaus integriert. Dadurch entfiel die bisher übliche, lange Motorhaube. Zwei Ausführungen wurden gebaut: Typ S mit Hinterradantrieb und Zwillingsreifen und Typ A mit Allradantrieb, jedoch ohne Zwillingsbereifung. Der Wagen wurde durch einen modifizierten Sechszylinder-Reihenmotor des Wanderer Typ W 23 angetrieben, der letztmalig 1941 vom Band lief. Ebenfalls auf der Basis des Wanderer W 23-Motors wurde in der Zentralen Versuchsanstalt

Die Prototypen des LKW 1500 wurden von der Auto Union während des Krieges im innerbetrieblichen Verkehr verwendet.

DIE JAHRE IM KRIEG

Die Wehrmachts-DKW NZ 350 wurden bis Anfang 1945 in Zschopau gefertigt.

Ein typisches Kriegsprodukt war der im Werk Audi von 1943 bis 1945 in Lizenz gefertigte Steyr 1500 LKW. Angetrieben wurde der LKW von einem luftgekühlten 85 PS leistenden V 8-Motor. Das Fahrerhaus des Steyr 1500 wurde in den letzten Kriegsjahren aufgrund der Materialknappheit aus Holz gefertigt.

(ZVA) seit 1940 ein Motorschlepper mit Holzgasantrieb entwickelt, der jedoch aus verschiedenen Gründen auch nicht über das Prototypenstadium hinauskam.

Nur mühsam lassen sich andere Kriegsproduktionen aus den übriggebliebenen, handschriftlichen Aufzeichnungen herauslesen.

Die Wanderer-Automobilabteilung, die von 1933 bis 1939 etwa 4.000 Wanderer W 11 als Kübelsitzwagen für Heereszwecke lieferte, übernahm 1942 den Bau des sogenannten Raupenschleppers ›Ost‹ (RSO) sowie die Fertigung von Panzerteilen und Panzermotoren (Lizenz Maybach). Produziert wurden auch Lafetten, Kartuschen und Zünder.

Im Werk Audi, in dem bis 1942 noch DKW-Frontwagen montiert wurden und zudem der gesamte Schraubenbedarf der Auto Union gefertigt wurde, entstanden erst gegen Kriegsende Lastkraftwagen der Marke Steyr, Typ 1500 A, mit einem luftgekühlten V 8-Motor.

In jener Zeit wurden zum Zwecke der Rationalisierung von sämtlichen Automobilfirmen in Deutschland vereinheitlichte Produkte in Lizenzfertigungen hergestellt. So produzierte zum Beispiel das Auto Union-Elektrowerk in der Chemnitzer Rösslerstraße unter anderem Magnetzünder in Bosch-Lizenz für Flugzeugmotoren.

Lediglich das DKW-Werk in Zschopau konnte seine alte Produktlinie aufrechterhalten. Produziert wurden in erster Linie die Motorradtypen RT 125 und NZ 350, stationäre Zweitaktmotoren, Stromaggregate, tragbare Funkanlagen, Pumpenanlagen und portable Antriebsquellen.

Bereits 1935 waren unter Leitung der Auto Union AG die Mitteldeutschen Motorenwerke (MIMO) in Taucha bei Leipzig gegründet worden. Diese hundertprozentige Tochtergesellschaft nahm seit 1936 die Lizenzproduktion von Junkers-Flugmotoren auf. Hier spielte sicherlich die enge Verbindung zwischen Dr. Richard Bruhn und den Junkers-Flugzeugwerken in Dessau, wo er vor Gründung der Auto Union einige Jahre im Direktorium tätig war, eine wichtige Rolle. Zudem hatten die Machthaber des Dritten Reiches die deutsche Automobilindustrie seit Mitte der dreißiger Jahre verstärkt in alle Bereiche der Rüstung einbezogen. Moderne Fertigungsanlagen, technisches und organisatorisches Know-how und das große Arbeitskräftepotential sollte nicht nur zivilen Zwecken dienen. Dem Aufbau einer modernen Luftwaffe galt das besondere Augenmerk. Zu diesem Zwecke war von staatlicher Seite die Luftfahrtkontor GmbH in Berlin gegründet worden, die auch den Aufbau der Mitteldeutschen Motorenwerke mitfinanzierte.

Zwischen 1936 und 1945 wurden bei der MIMO in Taucha in erster Linie die Flugzeugmotoren JUMO 205, 211 und 213, die unter anderem in den Junkers-Flugzeugen JU 88 und JU 188 eingesetzt waren, gefertigt. Gegen Ende des Krieges wurden dort auch Kompressoren für die ersten Düsenstrahl-Triebwerke hergestellt.

MITARBEITER IM KRIEG

In den Kriegsjahren steigt die Zahl der Lohnempfänger in den Fabriken stark an. Das ist in erster Linie damit zu erklären, daß bei dem Mangel an Facharbeitern ›Qualität durch Quantität‹ ersetzt werden mußte. Die Auto Union verzeichnete am 1. August 1939 knapp 25.000 Personen als Lohnempfänger, deren Zahl sich bis zum 30. November 1944 auf 48.677 erhöhte. Darunter befanden sich auch etliche Frauen. Sie ersetzten die zur Wehrmacht einberufenen rund 14.055 Männer. Die zum Wehrdienst eingezogenen Männer wurden in der Belegschaftsstatistik der Auto Union weiterhin mit aufgeführt.

Viele von ihnen haben den Krieg nicht überlebt, darunter auch so bekannte Sportler wie Rudolf Hasse oder Ulrich Bigalke, der Nachwuchsfahrer und Rennberichterstatter, der – wie auch sein Rennfahrer-Sportfreund Ernst-Günther Burggaller – als Flieger ein Opfer von Görings ›Luftschlacht um England‹ geworden ist.

In der Gesamt-Bestandsaufnahme der Lohnempfänger am 1.11.1941 werden erstmals auch Ausländer und Kriegsgefangene aufgelistet:

Deutsche Männer	14.388	77,5 %
Deutsche Frauen	3.644	19,6 %
Ausländer und Kriegsgefangene	537	2,9 %
Ausländische Frauen	3	–
Beschäftigte insgesamt	18.572	100,0 %

Die schnelle Zunahme an Kriegsgefangenen unter den Auto Union-Mitarbeitern wird aus der Beschäftigten-Statistik des Jahres 1942 deutlich:

Lohnempfänger	31.10.1942		30.11.1942	
Deutsche Männer	12.785	= 64,1 %	12.858	= 58,5 %
Deutsche Frauen	3.744	= 18,8 %	3.700	= 16,8 %
Ausländer und Kriegsgefangene	3.036	= 15,2 %	4.894	= 22,3 %
Ausländische Frauen	373	= 1,9 %	520	= 2,4 %
Beschäftigte insgesamt:	19.911	= 100,0 %	21.972	= 100,0 %

Im Verlauf der Kriegsjahre werden immer mehr deutsche Männer für den Kriegseinsatz benötigt. Die dadurch entstandenen Lücken in der Belegschaft werden durch Kriegsgefangene aufgefüllt, die keinerlei Lohn bekamen. Der durchschnittliche Stundenlohn (RM) für deutsche ›Gefolgschaftsmitglieder‹ betrug am 31.10.1941:

	Gelernte	Angestellte	Ungelernte	Arbeiterinnen
DKW	1,27	1,25	0,91	0,64
Siegmar	1,16	1,07	0,81	0,52
Audi	0,99	0,90	0,79	0,52
Horch	1,14	1,03	0,79	0,58
Spandau	1,32	1,14	0,85	0,75
Rößlerstraße, Zeitlöhner	1,11	0,90	0,79	0,58
Akkordlohn	1,17	1,07	0,93	0,67

Die letzte den Autoren noch zur Verfügung stehende detaillierte und verbindliche Auflistung der beschäftigten Lohnempfänger ist vom Mai 1943:

	Lohnempfänger	Lehrlinge	Gesamt
Audi	1.324	84	1.408
DKW	3.211	310	3.521
Horch	7.819	313	8.132
Rößlerstr.	1.771	89	1.860
Siegmar	6.233	219	6.452
Spandau	1.594	82	1.676
Verwaltung	722	4	726
Filialen	1.890	220	2.110
DKW-Verkaufsbüro	24	7	31
Behörden-Abteilung	10	–	10
Dt. Kühl- u. Kraft, Scharfenstein	2.380	235	2.615
Mitteld. Motorenwerke MIMO	7.488	215	7.703
Beschäftigte insgesamt:	34.466	1.778	36.244

DIE JAHRE IM KRIEG

Die offiziellen Unterlagen über die Arbeit von Kriegsgefangenen oder von Häftlingen aus Konzentrationslagern für die Auto Union AG scheinen verlorengegangen zu sein. Was dennoch heutzutage an Informationen in der Bundesrepublik Deutschland zu diesem Themenkomplex vorhanden ist, findet sich zumeist in Schriften wieder, die nicht speziell im Zusammenhang mit der Auto Union verfaßt worden sind. Demnach hatte die Auto Union am 30. November 1944 insgesamt 48.677 Mitarbeiter, von denen 14.055 für die Wehrmacht dienstverpflichtet waren. Am gleichen Stichtag waren 9.636 Ausländer und Kriegsgefangene und 1.351 KZ-Häftlinge beschäftigt.

Einige wenige, bruchstückhafte Unterlagen über die bei der Auto Union beschäftigten Kriegsgefangenen und KZ-Häftlinge stammen aus der ehemaligen DDR. Das 1976 in der DDR erschienene Buch ›Automobilbauer einst und jetzt‹ berichtet, daß während des Krieges in den Zwickauer Horch- und Audi-Werken 4.150 ausländische Zwangsarbeiter beschäftigt waren. »Die Sowjetbürger waren in den schlechtesten Baracken untergebracht. Ihre Verpflegung war noch geringer als die der anderen Deportierten. Sie litten besonders unter Schikanen und Terror. Die Mitglieder der illegalen Widerstandsgruppen waren sich wohl bewußt, daß sie ihr Leben einsetzten in diesem schweren Kampf ihrer Aktivität. Sie versuchten, ihre Klassenbrüder solidarisch zu unterstützen. Als dann die ersten sowjetischen Arbeiter im Horch-Werk eintrafen, wurden diese, so gut es ging, mit Informationen von Radio Moskau sowie mit Essen und Kleidung versorgt...

Zu denen, die in den zwölf Jahren Naziherrschaft Widerstand leisteten und dafür ins KZ verschleppt wurden, gehörten: Ernst Buschmann vom Audi-Werk, Fritz Ullrich und Willy Flügel, der im November 1944 hingerichtet wurde. Augenzeugen berichten, daß KZ-Häftlinge auf dem Werksgelände erschossen wurden. Als gegen Kriegsende einige sowjetische Zwangsarbeiter durch einen von ihnen gegrabenen unterirdischen Gang ihre Freiheit erlangen wollten, wurden fünfzehn von ihnen in der Dänkritzer Sandgrube erschossen.«

DIE AUTO UNION IM UNTERGRUND

Die Lage in und um Deutschland wird von Kriegsjahr zu Kriegsjahr immer verworrener und schwieriger; der Ring um Deutschland schließt sich zusehends. Vom 14. bis 24. Januar 1943 haben sich Roosevelt, Churchill und de Gaulle mit ihren jeweiligen militärischen Führern und Außenministern in Casablanca zu einer Konferenz zusammengefunden. Als die Beendigung der Feindseligkeiten diskutiert wurde, erklärt Roosevelt, daß die Vereinigten Nationen nur eine bedingungslose Kapitulation von ihren Gegnern annehmen wollten. Dieses schwerwiegende Wort ›Unconditional Surrender‹, das aus dem amerikanischen Bürgerkrieg stammt, bewirkte bei Churchill Zornesausbrüche, weil es mit ihm nicht abgestimmt war und England festlegte.

In Deutschland hatte es eine andere Wirkung. Für die Goebbels-Propaganda und für die Auffassung Hitlers und anderer fanatischer Verfechter von ›Siegen oder Sterben‹, war es das Schlüsselwort zum totalen Krieg.

Um trotz der erschwerten Bedingungen die Produktion zu sichern, sucht die Auto Union geeignete und vor allem bombensichere Fertigungsstätten. Das Stichwort, welches sozusagen als Geheimtip in jenen Herbst- und Wintermonaten des Jahres 1943 kursiert und zu weiteren Fragen anregt, ist ›Höhle‹. Derartige Stollen gibt es in der näheren Umgebung der Auto Union, und zwar in Hermsdorf-Rehefeld, knapp 60 Kilometer östlich von Chemnitz und etwa 150 Kilometer südöstlich von Chemnitz in Leitmeritz, dem heutigen Litomerice auf dem Gebiet der Tschechoslowakei (heute CSFR).

Theodor Quayzin, Leiter der Bauabteilung der Auto Union und Architekt, nimmt am 22. Dezember 1943 ausführlich und kritisch Stellung zum Für und Wider der Verlagerung wichtiger Produktionsteile der Auto Union. Die Protokolle sind hier auszugsweise wiedergegeben: »Höhle in Hermsdorf-Rehefeld: Es war fast wie eine symbolische Handlung, daß wir in dieses noch im Betrieb befindliche Kalkwerk mit Bergmannsmütze und Gru-

Die durch Luftangriffe verursachten starken Zerstörungen des Werkes führten dazu, wichtige Produktionsbereiche der Auto Union in unterirdische Höhlen zu verlegen. Die Abbildung zeigt die zerstörte Montagehalle für Heeresfahrzeuge im Werk Horch.

benlampen und mit ›Glück auf‹ einfuhren; denn diese Höhle ist eigentlich nur ein zirka 800 Meter langer Bergmannsstollen, der in leichter Neigung in den Berg führt mit einer Breite von zirka 2,0 Meter und einer Höhe von zirka 1,80 bis 1,90 Meter (an einzelnen Stellen etwas höher).

Unmittelbar vor Ort, das heißt vor der Stelle, an der jetzt noch Kalk gebrochen wird, erweitert sich der Stollen zu einem Raum von zirka 12 bis 15 Meter Breite, etwa 20 bis 25 Meter Tiefe und 4 bis 5 Meter Höhe. Doch ist dieser Raum größtenteils durch Schutt, das heißt, durch totes Gestein, das insbesondere beim Kalkbrechen angefallen war und anfällt, ausgefüllt.

Das Wesentliche für die Auto Union aber ist, daß dieser Stollen, und der dahinter liegende, oben genannte, große Raum, außerordentlich feucht ist, und zwar so feucht, daß nicht nur das Wasser ständig von den Wänden und der Decke tropft, sondern daß auch ein besonderer Wassergraben im Stollen selbst erforderlich ist, um das anfallende Wasser abzuleiten. Die zum Ausbau verwandten Stollenhölzer sind deshalb auch stark durch Fäulnis beziehungsweise Feuchtigkeit gekennzeichnet.

Das übereinstimmende Urteil aller Beteiligten geht dahin, daß dieses Kalkwerk, zumal es auch noch in Betrieb ist, für unsere Zwecke vollkommen ungeeignet ist.

›Höhle‹ in Leitmeritz: Die Leitmeritzer ›Höhle‹ gliedert sich in drei große Abschnitte. Der sogenannte Stollen 1 ist außer Betrieb, er steht aber in Verbindung mit Stollen 2, der noch im Betrieb ist. Abseits von diesen beiden miteinander in Verbindung stehenden und gewissermaßen ein System bildenden Stollen liegt ein dritter Stollen, den wir nicht besichtigen konnten, der aber in seiner Art genau derselbe sein soll wie Stollen 1 und 2 und für den auch das nachstehend Gesagte gelten kann:

DIE JAHRE IM KRIEG

Die Filialen der Auto Union wurden während des Krieges für die Instandsetzung von Heeresfahrzeugen herangezogen. Die Filialen wurden, wie diese in Nürnberg, durch Luftangriffe stark beschädigt.

Der unmittelbare Eingang zu Stollen 1 und 2 besteht aus einem voll und gut ausgemauerten Stollengang von zirka 2 Meter Breite und durchschnittlich 2 Meter Höhe. Der Zugang von Stollen 1 hat eine Länge von 60 bis 70 Meter, der Zugang von Stollen 2 von zirka 100 Meter. Nach Durchfahren des Stollens (wir sind in Stollen 2 eingefahren) zeigen sich in einer Art rechteckigem System große, ausgedehnte Hallen, und zwar haben diese miteinander in Verbindung stehenden Hallen durchweg eine Breite von 4 bis 14 Meter und eine Firsthöhe von 4 bis 5 Meter! In allen diesen überraschend schönen Hallen befindet sich eine Schuttablagerung von zirka 1 Meter Höhe, nach deren Beseitigung sich eine Höhe der Hallen von etwa 5 bis 6 Meter ergeben würde. Das Erstaunliche an diesen Hallen aber ist, daß sie vollkommen staubtrocken sind. Sie haben Sommer und Winter eine gleichmäßige Temperatur von +10° C.

Nach Ansicht aller Beteiligten würden sich diese Hallen an und für sich durchaus zur Aufnahme einer Fabrikation eignen. Die Überdeckung beträgt 60 bis 100 Meter. Ein Abbrechen beziehungsweise Herabstürzen von Deckenteilen ist kaum zu erwarten, solche Brüche haben sich nur an 2 oder 3 Stellen gezeigt, und zwar überall da, wo Wasser in geringen Mengen durchgesickert ist. Die Gefahr ist aber als solche nach Ansicht von Herrn Oberbergwerksdirektor Immendorf nicht groß, da etwa gefährdete Stellen durch Abklopfen festgestellt werden können.

Wenn dieses Kalkwerk in der Nähe von Chemnitz liegen würde, wäre es bestimmt längst zu Fabrikationszwecken in Anspruch genommen worden. Um es für unsere Zwecke aber in Gebrauch zu nehmen, sind große, sehr große Voraussetzungen zu erfüllen.

Der Boden der Hallen ist durchweg 1 bis 1,5 Meter hoch angefüllt mit Schuttmassen aus totem Gestein, so daß schätzungsweise 80.000 Kubikmeter weggeschafft werden müßten. Die Neueinlagerung dieser Massen könnte in der Weise vor sich gehen, daß verschiedene der Höhlenräume, die für Fabrikation vielleicht weniger verwendbar wären, mit diesen Schuttmassen ausgefüllt werden. Bei den verhältnismäßig großen dabei zurückzulegenden Wegen eine nicht zu unterschätzende Arbeit, zumal die Massen auch teilweise erst wieder losgebrochen werden müssen, da sie sich ja in der Zwischenzeit festgelagert haben. Jedenfalls ist diese Räumung mit reiner Handarbeit, das heißt ohne Einsatz von Maschinen, in vernünftiger Zeit nicht zu bewältigen.

Für das Kalkwerk beziehungsweise die Gruben ist keinerlei Energieversorgung vorhanden. Das heißt, es müßte der elektrische Strom aus Leitmeritz, das zirka drei Kilometer entfernt liegt, herangeführt werden; denn wir sahen keine Überlandleitung in der Nähe des Kalkwerkes liegen. Ob Leitmeritz selbst so viel Strom, als benötigt wird, abgeben kann, wurde nicht ermittelt. Von seiten der Betriebsleitung des Kalkwerkes wurde die Möglichkeit stark bezweifelt.

Für die Tagesunterbringung der Menschen (Kantinen, Abortanlagen und so weiter) könnte eine der vorhandenen Hallen ausgenützt werden, aber nicht für ein dauerndes Wohnen, da sonst ja die Arbeiter richtige Höhlenbewohner würden. Die Gefolgschaft würde sonst unter wesentlich schlechteren Gesundheitsverhältnissen als ein Bergmann leben. Ein Barackenlager ist also unvermeidbar, seine Größe hängt natürlich von der aufzunehmenden Fabrikation ab. Freie Arbeitskräfte sollen nach Ansicht der Werksleitung des Kalkwerkes in Leitmeritz nicht zur Verfügung stehen. Ob für Angestellte und leitende Herren Wohnung in Leitmeritz zu beschaffen wäre, wurde ebenfalls sehr bezweifelt.

Es ist selbstverständlich, daß auch die Hallen künstliche Beleuchtung (elektrisches Licht) erhalten müssen, was an und für sich, wenn die Stromversorgung gesichert wäre, natürlich keinerlei Schwierigkeiten bereiten würde.

Zusammenfassung: Der überraschend gute erste Eindruck der ›Höhle‹ in Leitmeritz wird durch die Schwierigkeiten, die zur Erschließung beziehungsweise zur Brauchbarmachung für Industriezwecke – wie oben ausgeführt – auftreten, sehr erheblich gedämpft.

Vor allem scheint es uns äußerst zweifelhaft, ob in kurzer Frist die Durchführung der oben angeführten Maßnahmen überhaupt möglich ist. Immerhin ist es wohl wertvoll, die einschlägigen Fragen wirklich zu untersuchen. Unser Vorschlag geht deshalb dahin, eine Sondergruppe, bestehend aus einem Fachmann für Energieversorgung, einem Eisenbahnfachmann, einem Straßenbauer, einem Juristen (wegen Grundstücksfragen), einem Bausachverständigen und selbstverständlich mehreren Maschinen-Planungsfachleuten einige Tage nach Leitmeritz zu entsenden, die an Ort und Stelle ihre Feststellung treffen müßten. Es wird noch bemerkt, daß die Verbindung nach Leitmeritz sehr schwierig ist, da im Winter über das Gebirge weg – wie sich schon jetzt bei der Fahrt gezeigt hat – erhebliche Fahrschwierigkeiten auftreten. Erst nach Prüfung aller Einzelheiten könnte entschieden werden, ob dieses Kalkwerk für unsere Zwecke brauchbar ist, zumal es jetzt auch zum Teil noch in Betrieb ist und man sich auch erst mit der Werksleitung über die von uns in Anspruch zu nehmenden Räume klar werden müßte. Eine Ersparnis würden wir allerdings bestimmt bei Inanspruchnahme der ›Höhlen‹ erzielen, wir brauchen keine Verdunkelung und keine Deckungsgräben.«

Die Zusammenfassung der Aktennotiz zeigt die großen Probleme der Untertageverlagerung auf, doch sieht man auch Ansatzpunkte zur Lö-

Durch Beschuß der Betriebe kam es immer wieder zu Bränden. Um diese schneller löschen zu können, wurde im Frühjahr 1944 in der Auto Union-Filiale in Nürnberg ein Löschteich angelegt.

sung verschiedener technischer Fragen. Diese werden ausführlich mit den betreffenden Sachbearbeitern am 5. und 6. Januar 1944 in der Stadt Leitmeritz anläßlich der Besichtigung der Kalkwerke erörtert.

Architekt Quayzin vermerkt in seiner ausführlichen Aktennotiz vom 7. Januar 1944: »Da diese Fragen nicht ohne Mithilfe des Bürgermeisters von Leitmeritz geklärt werden konnten, habe ich auch diesen aufgesucht. Der Bürgermeister Dr. Nagel war über meinen Besuch offensichtlich erfreut. Er erklärte, daß sowohl er als auch der Leiter der Städtischen Betriebswerke, Herr Ing. Lampel, seit mehreren Jahren auf die Kalkwerke in Leitmeritz bei Berliner Stellen aufmerksam gemacht hätten und daß auch eine ganze Reihe von Herren dagewesen wäre, um sie zu besichtigen, daß er aber dann nie wieder davon gehört habe. Treffend kam diese Enttäuschung in den Worten bei ihm zum Ausdruck: ›Die Ersten, die den Weg in dieses Zimmer gefunden haben, sind Sie.‹ Er versprach weitestgehende Unterstützung, insbesondere auch durch seinen Leiter der Städtischen Betriebswerke, Ing. Lampel, der auch zur Besprechung hinzugezogen wurde.

Herr Ing. Lampel erwies sich als ausgezeichneter Kenner der Verhältnisse, der insbesondere auch mit den technischen Fragen voll vertraut war und außerdem den Vorzug hatte, Kreisamtsleiter für Technik zu sein.

Für die Unterbringung von deutschen und ausländischen Arbeitskräften könnten eventuell die zwei Kasernen in der Stadt vorgesehen werden, die augenblicklich nur mit Genesungskompanien belegt seien. Mit den zuständigen Militärbehörden könne man sicherlich einig werden.

Im Laufe der Unterredung kamen dem Bürgermeister doch gewisse Bedenken, die er zwar nicht direkt äußerte, die aber doch stark durchschimmerten, nämlich die, daß 1. – wenn nach Leitmeritz eine so wichtige Fabrikation verlegt würde – die Stadt allenfalls Luftangriffen ausgesetzt wäre und 2. schien er, vom Standpunkt der Stadt aus, nicht sehr begeistert über die Aufnahme von so viel fremdländischen Arbeitern. Ich bin natürlich auf diese Bedenken gar nicht eingegangen, immerhin ist die anfängliche Begeisterung des Bürgermeisters durch seine eigenen Überlegungen etwas gedämpft worden.«

Eine weitere Aktennotiz zu den ›Höhlen in Leitmeritz‹ vom 5. Februar 1944 präzisiert die noch zu klärenden schwierigen Fragen, unter anderem auch die der Unterbringung der Arbeitskräfte: »Die Menschen könnten in dem Falle problemlos untergebracht werden, wenn die in der Nähe der Kalkwerke liegenden Kasernen zur Verfügung gestellt würden. Hingegen ist die Erstellung von Baracken und Behelfsbauten für mindestens 3.000 bis 4.000 Menschen außerordentlich schwierig.«

Zahlreiche Expertisen kursieren zwischen Ämtern, Behörden, Ausschüssen hin und her. Das kostet Zeit. Am 17. und 18. Februar 1944 findet schließlich in Leitmeritz auf Einladung des Reichs-

Das Fahrgestell für den ›Raupenschlepper Ost‹ wurde im Wanderer-Werk Siegmar hergestellt.

ministeriums für Rüstung und Kriegsproduktion eine Besprechung und Besichtigung der Kalksteinwerke in Leitmeritz statt. Die Niederschrift geht bei der Auto Union am 25. 2. 44 ein und ist mit dem Stempel ›Geheim‹ versehen.

Die Anwesenheitsliste vermerkt die Namen derjenigen Personen, die in den verschiedenen Ressorts der Wehrmacht, Behörden und Industrie verantwortlich tätig sind und den Ausbau der Kalksteinwerke Leitmeritz verantwortlich zu planen und auszuführen haben. Dienststellung und Rang weisen diese Persönlichkeiten als sachkompetent aus. Die Interessen der Auto Union werden durch Betriebsdirektor Wacker (Werk Siegmar, Wanderer), Regierungsbaurat Kracht und Architekt Quayzin wahrgenommen.

In diesen Niederschriften wird auch festgehalten, was unter Tage produziert werden soll: »Nachdem aufgrund der bisherigen Vorbesprechungen seitens der Auto Union festgelegt ist, daß die Fertigung des Panzermotors H. L. 230 komplett in den Kalksteinbruch hineingelegt werden kann, nimmt die Auto Union von den bisherigen Verlagerungsplänen Abstand und bearbeitet lediglich das Projekt H. L. 230. Hierfür wird die ganze nutzbare Grubenfläche von etwa 60.000 Quadratmetern benötigt.

Es ist beabsichtigt, außer der maschinellen Fertigung von Motoren und der Montage, auch Bremsprüfstände sowie Roh- und Fertigteillager und Nebenbetriebe in den Kalksteinbruch einzuplanen. Die Auto Union hat einen vorläufigen Plan über die Belegung der einzelnen Grubenteile bereits vorgelegt, wobei der Hauptstollen IIA als Montagestraße vorgesehen ist.

Vom OKH (Oberkommando des Heeres) wird beschleunigter Ausbau der Kurbelgehäuse- und Zylinderkopfstraße gefordert, um diese einmalige Fertigung unter allen Umständen und schnellstens sicherzustellen. Das OKH fordert hierfür als Einzugstermin Ende Mai 1944.

Immer neue Daten kommen auf den Tisch: Ging man bei der Planung für die Betriebsarbeiter-Unterkunft von zunächst 3.000 bis 4.000 Arbeitern aus, so sind es in diesem Planungsstadium bereits 5.000 bis 6.000 Belegschaftsmitglieder, die für die Fertigung der Panzermotoren einschließlich einer Montage- und Prüfstandsabteilung benötigt werden. Ihre Unterbringung ist nach wie vor fraglich.

Obwohl sich aufgrund der vielen Besprechungen und eingehenden Besichtigungen die Leitmeritzer Höhle als brauchbare Untertage-Produktionsstätte für die Auto Union herauskristallisierte, wurden weitere Stollen auf ihre Brauchbarkeit hin untersucht. Eine entsprechende Aktennotiz von Architekt Quayzin vom 5. Mai 1944 an Dr. Bruhn und Dr. Werner vermerkt unter anderem: »Es handelt sich um außer Betrieb befindliche Steinbrüche (Sandstein im Tagebau), die sich in einem verhältnismäßig schmalen, etwa 2 Kilometer langen Tal befinden und in fast östlicher Richtung vom Dorf Mockethal hinziehen. Das Tal ist von Pirna aus leicht zu erreichen.«

Auch während des Krieges führte die Auto Union auf dem Nürburgring Fahrversuche durch. Werner Geite, Leiter des Fahrversuchs (links), und seine Monteure haben gerade einen 25.000 km Langstreckentest mit dem Horch ›Einheits-Pkw Kfz 15‹ abgeschlossen.

DIE JAHRE IM KRIEG

Nach dem verheerenden Luftangriff vom 7. Oktober 1944 und den dadurch stark in Mitleidenschaft gezogenen Horch-Werkshallen wirkt das heilgebliebene Schild mit der Durchhalteparole geradezu grotesk.

Die unterirdische Verlagerung auch der MIMO (Mitteldeutsche Motorenwerke, Taucha bei Leipzig) war ja schon seit langem geplant. Sie wurde immer wieder ins Gespräch gebracht, wenn entsprechende Höhlen besichtigt worden waren. Dazu zählen die Höhle bei Braunsdorf an der Straße Meißen-Wilsdruff-Tharandt, wo sich die Vereinigten Braunsdorfer Dolomitwerke befanden und auch die Höhle bei Miltitz, an der Straße Nossen-Meißen gelegen.

Die auszugsweise wiedergegebene Aktennotiz vom 30. Mai 1944 macht die Probleme jener Zeit deutlich: »Herr Direktor Koetz brachte Herrn Ministerialrat Haasemann gegenüber betont zum Ausdruck, daß es seiner Ansicht nach zweckmäßig wäre, nicht die eine oder andere Planung für die MIMO vorzulegen, sondern beide gleichzeitig bezüglich ihrer Durchführbarkeit zu untersuchen und auch in Angriff zu nehmen, da ein späterer Ausgleich der Fertigung im einen oder anderen Werk ja ohne weiteres möglich ist. Jetzt komme es vor allem darauf an, so rasch als möglich unter Tage den Betrieb aufnehmen zu können.

Herr Dr. Bruhn unterstrich diese Forderung und Herr Ministerialrat Haasemann nahm diese Ausführungen zur Kenntnis. Er sagte, da diese Auffassung sich auch mit der seinigen decke, vollste Unterstützung in diesem Sinne zu.

Zur Frage des Arbeitseinsatzes gab Herr Dr. Bruhn Herrn Ministerialrat Haasemann Erläuterungen über die Aktion ›Beschaffung italienischer Arbeitskräfte‹, die zunächst allerdings nur für ›Leitmeritz‹ gedacht war, die aber nach Ansicht von Herrn Dr. Bruhn auch auf das neue Projekt ›Herrenleite‹ zu übertragen wäre. Die Ausführung von Dr. Bruhn wurden von Ministerialrat Haasemann mit außerordentlichem Interesse zur Kenntnis genommen.

Im Laufe der ausführlichen Unterredung schälte sich dann der Gedanke heraus, daß – wenn Werk Herrenleite von der Baugruppe Schlamp als durchführbar erklärt würde – auch dieses Projekt von der SS betreut werden müsse, damit zwischen Herrenleite und Leitmeritz eine möglichst wirtschaftliche und schnelle Ergänzung der Arbeitskräfte und Maschinen erfolgen könne. Es wäre dann anzustreben, daß das ›F-Werk‹ (Kiesbogenwerk) von der OT (Organisation Todt) mit entsprechendem Arbeitseinsatz betreut beziehungsweise durchgeführt würde.

Am Freitag, dem 2. Juni 1944 soll, nach Angabe von Ministerialrat Haasemann, in Dresden eine Besprechung bei Herrn Dr. Sellmann stattfinden, in welcher die Frage der unterirdischen Verlagerung der Werke, insbesondere MIMO, nochmals eingehend durchgeführt würde, er versprach, die Auto Union sofort von dem Ergebnis zu benachrichtigen.

Herr Dr. Bruhn brachte die Belegung der ›Höhlen‹ in Braunsdorf, Miltitz und Rabenstein zur Sprache und wies insbesondere darauf hin, daß diese ›Höhlen‹ von der Rüstungsinspektion der Auto Union zugesprochen seien, daß er aber Sorge habe, daß die Vorarbeiten nicht rasch und nachdrücklichst genug betrieben würden. Herr Ministerialrat Haasemann vertrat den Standpunkt, daß – da bei der seinerzeitigen Besichtigung der Höhlen das ›Büro Rümpel‹ im Arbeitsstab ›U‹ bei der OT den Auftrag erhalten habe, die Voruntersuchungen durchzuführen und die entsprechenden Pläne für die Belegung mit der Auto Union auszuarbeiten, es nunmehr Aufgabe der Auto Union sei, an das Büro ›Rümpel‹ heranzutreten, um die Planung so rasch als möglich zu erhalten beziehungsweise zu erfahren, aus welchen Gründen diese noch nicht aufgestellt worden ist.

Dasselbe gilt auch für die Höhle in Miltitz, für die ja überhaupt noch kein endgültiges Gutachten vorliege.

Die Arbeiten bei der Höhle in Rabenstein sind seitens der Auto Union insofern in Angriff genommen worden, als das Auspumpen in die Wege geleitet wurde, damit diese Höhle auf ihre Eignung endgültig untersucht werden kann.«

Von den vielen Höhlen und Stollen, die für die Untertageproduktion von der Auto Union in Betracht gezogen worden waren, blieb die Leitmeritzer Höhle übrig. Gefertigt wurden in den Stollen seit Ende 1944 Panzermotoren, und zwar vornehmlich von KZ-Häftlingen aus dem Konzentrationslager Flossenbürg.

Nach dem Krieg erinnert sich der ehemalige Leiter der Bauabteilung der Auto Union, Theodor Quayzin, an die unterirdische Produktionsstätte und berichtet: »Mit weitgehender Unterstützung des Oberbergamts in Freiberg (Sachsen) wurden 1943 und 44 etwa 25 ›Höhlen‹ und Bergwerksbetriebe in Sachsen und den angrenzenden Landesteilen besichtigt und untersucht. Als Ergebnis blieb übrig, daß ein damals noch in geringem Umfang in Betrieb befindliches Kalkwerk in Leitmeritz an der Elbe (zirka 60 Kilometer Luftlinie süd-östlich von Dresden) in der Tschechoslowakei gut geeignet wäre, um einen umfangreichen Betrieb aufzunehmen. Beim ersten Befahren des alten Kalkwerks ergab sich eine verwirrende Anzahl von Räumen, die zum großen Teil, sogar saalartig, vollkommen trocken waren. Diese Abbaustollen waren weit in den Berg hineingetrieben und hatten eine Überdeckung von 60 bis 100 Meter, waren also vollkommen ›bombensicher‹.

In Verbindung mit den betriebstechnischen Leitern der AU wurden von der Bauabteilung Vorschläge zur Unterbringung eines Betriebs nach teilweise noch erforderlichem Ausbau (Verbindungsgänge neuer Einfahrtstollen, Notausgänge, Lüftungsschächte und so weiter) bearbeitet und anschließend vorbereitende Arbeiten (Wegebau, Baracken, Kabellegung und so weiter) eingeleitet.

Es zeigte sich aber sehr bald, daß die Machtmittel der AU auch nicht annähernd ausreichten, um die erforderlichen Arbeiten rasch durchführen zu können, und so wurde die SS beauftragt, die Leitung der Bauarbeiten und die sonstigen bautechnischen Einrichtungen (Energieversorgung), Wasserführung, Schuttabräumung, Straßen- und Kanalbau und so weiter) zu übernehmen.

Die SS legte unter anderem am Fuße des Berges ein KZ-Lager an (die Häftlinge wurden aus dem nahe gelegenen KZ-Lager Theresienstadt geholt) und ging mit allen ihren sehr weitgehenden Machtmitteln an den Ausbau des jetzt von ihr ganz stillgelegten Kalkwerks. Eine neue, sehr gute Auffahrtstraße, neue Wasserleitungen und Trafostationen wurden angelegt; der Schutt in den Stollen wurde ausgeräumt, die Decken durchweg abgeklopft (wobei es leider durch fallende Gesteinsbrocken mehrere Tote unter den KZ-Häftlingen gab), kurz, die SS schaffte es, daß noch Ende 44 zunächst ein Teilbetrieb, der sich ständig dann erweiterte, aufgenommen werden konnte. Die betriebstechnische Einrichtung blieb dabei in den Händen der AU.

Bei Kriegsende sollen etwa drei Viertel der unterirdischen Hallen, denn von solchen konnte man jetzt sprechen, in Betrieb gewesen sein. Von Luftangriffen auf das Werk ist nichts bekannt geworden. Ob bei Kriegsende, beziehungsweise dem Abzug der SS, die Eingangsstollen gesprengt wurden, ist ebenfalls nicht bekannt geworden; die Möglichkeit liegt nahe. Das ganze Unternehmen hatte das Kennwort ›Elsabe‹.«

Die verwertbaren Berichte über das unterirdische Konzentrationslager ›Richard‹ bei Leitmeritz (heute Litomerice) sind sehr spärlich. In der ehemaligen Artilleriekaserne in Leitmeritz wurde ein Außenlager des KZ Flossenbürg eingerichtet. KZ-Häftlinge aus fast allen europäischen Ländern wurden dorthin transportiert. »Über 14.000 Häftlinge«, so heißt es in einem Bericht der ›Freie Presse‹, DDR, vom 1. Juli 1987, »mußten dort nach dem faschistischen Prinzip – Vernichtung durch Arbeit – in den Stollen und Gängen des unterirdischen Rüstungswerkes der Auto Union schwerste Arbeit verrichten.« Unter dem Decknamen ›Elsabe AG‹ hatte die Auto Union ein Tochterunternehmen gegründet, welches in den unterirdischen Kalksteinbrüchen Panzermotoren fertigte. Die in der DDR-Presse veröffentlichte Anzahl von 14.000 Häftlingen, die für die Auto Union beziehungsweise ›Elsabe‹ gearbeitet haben sollen, dürfte zu hoch angesetzt sein, zumal alle anderen uns bekannten Quellen von 400 bis 500 Häftlingen berichten. Zu diesen Quellen zählt auch ein Bericht eines ehemaligen Elsabe-Häftlings: »Im Oktober/November 1944 wurde unter der Erde die Erzeugung verschiedener Bestandteile für Panzerwagen-Motoren aufgenommen. Sie wurde von der Auto Union, Chemnitz, durchgeführt, vermittels ihres Wanderer-Betriebes in Siegmar, in der Nähe von Chemnitz.

Die Fabrik hatte den Decknamen ›Elsabe‹. Aus Siegmar, Chemnitz und anderen Orten kam der Grundrohstoff: Rohe Eisenabgüsse oder Schmiedestücke, die dann in den Untergrundhallen bearbeitet wurden. Von einer Maschine zur anderen wurden sie mit Transportern oder Kranen übertragen. In drei Erzeugungshallen waren 300 Maschinen eingebaut. Außerdem war hier noch eine ganze Reihe von Werkstätten, Lagern und Materialausgabestellen und Kanzleien. Die bearbeiteten Motorenblocks und Motorenhauben, Kurbelwellen und kleine Gußstücke für die Motorenergänzung stellten die Erzeugnisse der unterirdischen Fabrik dar. Auf dem Eisenbahnumschlagplatz wurden sie in Waggons aufgeladen und abgesandt.

In der Funktion der Meister arbeiteten in der unterirdischen Fabrik Deutsche. Direkt bei den Maschinen die total eingesetzten Arbeiter und Häftlinge aus dem Lager Litomerice, die ein besonderes Kommando bildeten, das ebenfalls als Elsabe bezeichnet wurde.

Vom November 1944 wies das Konzentrationslager Flossenbürg in den Monatsrechnungen für die Häftlingsarbeit zwei Litomericer Kommandos aus: ›Kommando B 5, Lobositz 2‹, das die unterirdische Fabrik ausbaute und das ›Kommando Elsabe, Lobositz 2‹, das an der eigentlichen Erzeugung arbeitete.

Seit Februar 1945 war das Kommando Elsabe in einem gesonderten Block neben dem eigenen Lager untergebracht. Im November 1944 hatte das Kommando Elsabe 50 Häftlinge, im Januar 1945 bereits mehr als 500. Die Erzeugung litt an verschiedenen Störungen. Die Eisenabgüsse, die zur Bearbeitung kamen, waren von schlechter Qualität, sie hatten ›Körner‹, und bei den Maschinen brachen oft die Bohrer.

Die hohe, relative Feuchtigkeit hatte starke Korrosion zur Folge und verursachte oft ›Motorenbrand‹. Es führten zu den schlechten Ergebnissen nicht nur diese Ursachen. Die in der Erzeugung arbeitenden Häftlinge führten absichtliche Sabotagen aus. Jeder vernichtete, was er konnte. Es wurde sehr wenig Gutes von hier abgesandt«;

so erinnert sich B. Lukes, ehemaliger Häftling des Kommandos Elsabe. Bestätigt werden diese Aussagen durch Berichte aus einem gefundenen Notizbuch des Ingenieurs Seifert. Er führte eine Gruppe in den unterirdischen Betrieben an und forderte die Bestrafung eines Häftlinges für die absichtliche Vernichtung von Bestandteilen und Maschinenbeschädigungen. »Um Weihnachten 1944 herum erreichten die Mängel in der Erzeugung ein solches Ausmaß, daß sie die Gestapo in Litomerice untersuchte. Sie führte einige Häftlinge nach Litomerice ab und wollte von ihnen die Ursachen der Störungen in der unterirdischen Fabrik erfahren.

Am Samstag, dem 5. Mai 1945, ging ein Teil der Häftlinge zum letzten Mal in der Untergrundfabrik arbeiten. An diesem Tage fuhren die letzten Zivilarbeiter weg. Am Nachmittag fand im Lager ein gemeinschaftlicher Appell statt. Es erklang nicht das gewohnte ›Achtung! Mützen ab!‹ Der Lagerführer sprach die Häftlinge an: ›Meine Herren, der Krieg ist beendet, Hitler ist tot, das Lager wird aufgelassen, und ihr werdet entlassen.‹ Der erste Drang der ausgehungerten Häftlinge war, sich Essen zu beschaffen, sie stürzten deshalb zur Küche, um dann die Rechnung mit den Führern der Arbeitskommandos (Kapos) zu begleichen. Der bewaffnete Rest der Wacheinheit machte bald wieder Ordnung im Lager. Den Häftlingen wurde bekanntgegeben, daß ihnen Entlassungsscheine ausgestellt und daß sie gruppenweise abgeführt würden. Am 6. Mai wurden die Entlassungen geschrieben. Am 7. Mai wurden die Häftlinge nach und nach über die Litomericer Elb-Brücke geführt und dort freigelassen.«

DIE WIRTSCHAFTLICHE BILANZ

Am 28. Juni 1943 findet in Chemnitz die letzte ordentliche Hauptversammlung unter dem Vorsitz von Präsident Kurt Nebelung von der Sächsischen Staatsbank statt. Beschlossen wird an jenem Tag eine Kapitalaufstockung von 20,3 auf 30,0 Millionen Reichsmark. Weitere Einzelheiten oder gar Beschlüsse sind nicht bekannt.

Nur die Bilanz über das wirtschaftliche Ergebnis zum 31.10.1943 liegt noch vor. Diese Aufstellung ist noch während des Krieges erstellt worden und berücksichtigt die am 31.5.1943 vorgenommene Kapitalerhöhung. Damit wurde das Stammkapital von 14,5 Mio. auf 20,3 Mio. erhöht. Gleichzeitig sollten neue Aktien im Nominalbetrag von 9,7 Mio. herausgegeben werden. Durch diese beiden Maßnahmen wurde das Stammkapital auf 30 Mio. Reichsmark erhöht. Die neuen Aktien über 9,7 Mio. RM konnten jedoch wegen der Einschränkungen durch den Krieg nicht mehr ausgegeben werden. Der Umsatz von 1938/39, dem letzten Friedensjahr, erhöhte sich gegenüber dem Kriegsjahr 1943/44 von 272,7 Mio. RM auf 474,60 Mio. RM. 1943 wird der Gewinn einschließlich des Gewinnvortrages aus dem Vorjahr mit 2,2 Mio. RM ausgewiesen. Am 23. Juni 1944 tagt der Aufsichtsrat und beschließt die letzte Dividenden-Ausschüttung in Höhe von 4,5 Prozent.

1940 war der von der Auto Union entwickelte Prototyp eines Schleppers fertig. Für den Antrieb war der auf Holzgasbetrieb umgestellte Sechszylindermotor vom Wanderer W 23 vorgesehen.

NSU BLEIBT VOM KRIEG NICHT VERSCHONT

NSU ist nicht den Weg der sächsischen Automobilfirmen gegangen, um durch Zusammenschluß gemeinsam stark zu sein. Zwar hat das schwäbische Traditions-Unternehmen mehrmals Anläufe unternommen, wie beispielsweise mit dem Schebera-Konzern, doch entwickelte sich daraus keine Firmen-Ehe, NSU hatte durch diese Verbindung allenfalls Nachteile.

Nach der Rückbesinnung auf die ausschließliche Produktion von Zweirädern blieb NSU auch in den Kriegsjahren auf sich allein gestellt.

Berührungspunkte zu dem sächsischen Automobilunternehmen gab es dennoch, und zwar Ende der dreißiger Jahre, nachdem der Staat darauf drängte, das Fahrzeugprogramm zu normen und möglichst nur noch Einheitstypen zu fertigen.

Die leitenden Herren der miteinander konkurrierenden Kraftfahrzeugfirmen trafen sich in regelmäßigen Abständen in dem von Oberst Schell gebildeten ›Wirtschaftsgruppen-Beirat des Generalbevollmächtigten für das Kraftfahrwesen‹. Schell war am 15. November 1938 durch Hermann Göring eingesetzt worden. Seine Aufgabe war es, alle notwendigen Maßnahmen für die Erzeugung und die Verbesserung der Organisation zu fördern. Außerdem war die äußerste Typenbeschränkung und weitestgehende Normung sowie die einheitliche Ausrichtung und Zielsetzung aller am deutschen Kraftfahrzeugwesen beteiligten Dienststellen von Staat, Partei und Wehrmacht zu gewährleisten. Mitglieder dieses Beirates waren von der Auto Union AG Dr. Richard Bruhn, Dr. Carl Hahn, William Werner sowie Fritz von Falkenhayn von NSU.

DAS NSU-MODELLPROGRAMM IM KRIEG

Selbst die NSU-Fahrräder erhielten ihr kriegsbedingtes Aussehen. Das sogenannte Normrad war sowohl als Herren- wie auch als Damenfahrrad benutzbar. Zwei gerade Rohre stellten die Verbindung zwischen Tretlager und Steuerkopf her. Die blanken Teile des Fahrrades waren ungeschliffen, schwarz und teilweise auch matt verzinkt. Diese Norm setzte sich allerdings nicht durch, denn bald erhielt das Herrenrad wieder sein oberes, waagerechtes Rahmenrohr.

Die NSU-Zeitschrift ›Wir unter uns‹ hat die Kriegsjahre aufgearbeitet und weiß zu berichten: »Das NSU Motorrad-Fabrikationsprogramm umfaßte in der Zeit des Weltkrieges (1939-1945) Typen von 100 bis 600 ccm. Die Neukonstruktionen erfolgten im Rahmen der angeordneten Normungsmaßnahmen und Typisierung und entsprachen der Anordnung des Generalbevollmächtigten für das Kraftfahrwesen. Der NSU-Linie getreu waren alle Modelle als Einzylinder ausgebildet. In den Klassen bis 200 ccm wurden Zweitakt-, darüber hinaus Viertaktmotoren verwendet. Meist waren es die aus den Vorjahren her bekannten Modelle in technischer Verbesserung: So die NSU-Quick, das 100-ccm-Motorfahrrad, und Pony 100, ein Kleinmotorrad. Ein völlig neues Modell war die Ende 1939 vorgestellte 125 ZDB, die das Pony 100 ersetzte. Der Zweitakt-Blockmotor leistete 4 PS und ermöglichte eine Höchstgeschwindigkeit von etwa 70 km/h. Diese Werte waren bisher den 200-ccm-Maschinen vorbehalten. Dreigang-Getriebe, Lichtbatterie-Zündanlage mit Scheinwerfer, Schlußlicht und elektrisches Horn sowie Geschwindigkeitsmesser im Scheinwerfer gehörten zur Ausstattung. Ein 11 Liter fassender Tank und ein neuer Schwingsattel rundeten das Bild dieser Neukonstruktion ab. Mit der nächst größeren NSU 201 ZDB schloß die Serie der Zweitaktmaschinen während der Kriegszeit ab.

Die Viertaktmaschinen bestanden aus der OSL-Reihe mit kopfgesteuertem Motor in den folgenden Modellen:

Modell	Zyl.-Inhalt	Motor	Getriebe	Höchstgeschwindigkeit in km/h
201 OSL	198 ccm	8,5 PS	4-Gang	90-95
251 OSL	242 ccm	10,5 PS	4-Gang	105
351 OSL	346 ccm	18,0 PS	4-Gang	115
501 OSL	494 ccm	22,0 PS	4-Gang	125-130
601 OSL	562 ccm	24,0 PS	4-Gang	130-135

Auch die kopfgesteuerten Modelle wurden weiter verbessert. Als eine der hervorstechendsten Neuerungen ist der im Jahre 1938 eingeführte gekapselte Leichtmetall-Zylinderkopf zu nennen, mit dem man in den folgenden Jahren sämtliche obengesteuerten NSU-Motorräder ausstattete. Bei diesem Zylinderkopf wird der völlig eingekapselte Ventilmechanismus durch Schleuderöl vom unteren Steuergehäuse aus geschmiert und gekühlt, wodurch die Maschinen weitgehend autobahnfest wurden. Auch die Schaltung erfuhr eine Vereinheitlichung. Während in früheren Jahren die NSU-Maschinen mit Hand- oder Fußschaltung geliefert wurden, setzten sich vom Jahre 1938 ab die Fußschaltung wie auch das Vierganggetriebe durch. Die Hinterradkette wurde durchweg eingekapselt, so daß Schmutz und Wasser sie nicht mehr angreifen konnten. Die schwereren Modelle 351 OSL, 501 OSL und 601 OSL waren für den Seitenwagenbetrieb gedacht. Dieser Verwendungsmöglichkeit trug man durch einen geschlossenen Brückenrahmen und in der Konstruktion der Vorderradgabel Rechnung. Bemerkenswert ist außerdem, daß sowohl Vorderrad wie Hinterrad Steckachsen besaßen.

Den Abschluß des NSU-Motorrad-Programms während der Kriegszeit 1939/45 bildete die schon seit 1930 gebaute 601 TS, eine unverwüstliche Tourenmaschine mit Satteltank, die sich sowohl als Solo-Maschine wie auch als Seitenwagengespann in langen Jahren bewährt hatte. Der Vierganggetriebe-Blockmotor leistete 16 PS, so daß die Höchstgeschwindigkeit 105 km/h betrug.«

Die wichtigste und erfolgreichste Konstruktion für das Heer war das zwischen 1937 bis 1939 entwickelte NSU-Kettenkrad Typ HK 101. Dabei handelte es sich um eine kleine, bullige Zugmaschine. HK 101 war die kleinste deutsche Zug-

Das stärkste NSU-Motorrad, Modell 601 OSL mit 24-PS-Motor, wurde gern als Beiwagenmaschine eingesetzt.

maschine der Wehrmacht, die vor allem in den Kämpfen von Afrika beim ›Wüstenfuchs‹ Generalfeldmarschall Rommel eingesetzt wurde. Von weitem sah das Kettenkrad wie ein flacher Panzer aus. In den Jahren von 1940 bis 1948, also über den Zweiten Weltkrieg hinaus, wurden davon 7.813 Stück gebaut. Nach dem Krieg verlangte man vor allem in der Landwirtschaft und im Forstbetrieb nach dieser Sonderkonstruktion.

Nur das Vorderrad, seine Aufhängung in einer Parallelogrammgabel, der Lenker und der Fahrersitz erinnerten an ein Motorrad. Der Aufbau und das Fahrwerk mit den Gleisketten entsprach den großen Halbkettenfahrzeugen, die von der Wehrmacht her bekannt waren. Zwitter nannten die Landser das Kettenkrad, auf das sie sich als ›Mädchen für alles‹ jedoch hundertprozentig verlassen konnten.

Anfänglich wurden Bedenken laut wegen der kümmerlichen Motorradlenkung, doch schlugen diese nach erster Erprobung in Begeisterung um. Die Manövrierfähigkeit war wider Erwarten hervorragend. Der Wendekreis betrug nur drei Meter.

Das sah man dem Fahrzeug nicht an. Durch eine geschickte Ausnutzung aller fahr- und lenkphysikalischen Möglichkeiten wurde bei einem Lenkeinschlag von mehr als 5 Grad gleichzeitig auch die jeweilige Gleiskette abgebremst. Bewegte sich das Fahrzeug auf normalen Straßen, genügte bereits ein knapper Lenkeinschlag des Vorderrades, um genauso gut wie jedes andere vierrädrige Fahrzeug mit Achsschenkellenkung manövrieren zu können.

Drehstäbe federten die an Schwingarmen aufgehängten Lauf- und Leiträder ab und verliehen dem NSU-Kettenkrad eine feste, seitliche Führung und ruhige Straßenlage bei für dieses Fahrzeug hohen Geschwindigkeiten von 80 km/h auf ebener Straße. Das Fahrgeräusch war wegen der dicken Gummipolster auf den Kettengliedern erträglich und bei weitem nicht so laut und störend, wie etwa bei einem Lastkraftwagen mittlerer Stärke. Seine Vorzüge spielte das Kettenkrad vor allem an Steigungen aus. War der Boden fest, überwand es extreme Steigungen. Bei Wasserdurchfahrten bis zu 45 Zentimeter Tiefe behielt der Fahrer

Generalfeldmarschall Rommel bei einer Truppeninspektion in Nordafrika. Im Vordergrund das NSU Kettenkrad Typ HK 101.

trockene Füße. Natürlich war auch das Triebwerk gegen Nässe, Schlamm und Sand sehr gut geschützt. Wo jeder Kübelwagen vor engsten Passagen hätte umkehren müssen, da kam das Kettenkrad wegen seiner Spur von nur 81,6 Zentimeter und einer Gesamtbreite von 100 Zentimeter noch problemlos durch.

Weil NSU wegen der 1932 erfolgten Stillegung des Automobilbaus kein eigenes Aggregat für das Kettenkrad zur Verfügung hatte, wurde der 36 PS starke Motor des bekannten und bewährten 1,5-l-Opel-Olympia verwendet. Dieser Vierzylindermotor war hinter dem Fahrersitz installiert und wurde mit einem Sechsgang-Getriebe kombiniert, welches die Kraft des Motors über ein Differential und über Seitengetriebe auf die beiden Antriebsräder übertrug.

Anfängliche Schwierigkeiten mit dem wassergekühlten Olympia-Motor waren bald behoben. Der Kühler konnte aus konstruktiven Gründen nicht durch den Fahrtwind gekühlt werden. Die süddeutsche Kühlerfabrik Behr konstruierte deshalb eine sogenannte Zwangskühlung mit Gebläse. Das war eine Lüfteranlage mit einem relativ kleinen Wasserkühler. Eine Kühlerklappe regulierte die Temperatur des Kühlerwassers, mit einem Fernthermometer konnte die Temperatur überprüft werden. Die vom Kühler austretende Warmluft ließ sich auch zur Beheizung der Wanne verwenden, in der die Beine des Fahrers steckten.

Wie das NSU-Kettenkrad beurteilt wurde, liest sich in einem enthusiastischen Brief eines Landsers so: »Als wir kürzlich mit unseren Paks (Panzer-Abwehr-Kanonen) vor K. in Stellung gehen sollten, waren unsere geländegängigen ›Protzen‹ nicht in der Lage, die Geschütze über den aufgeweichten Acker zu ziehen. Sie hatten Mühe, sich selbst hindurchzulotsen. Da erschienen als unsere Retter die uns von einer anderen Einheit zur Verfügung gestellten NSU-Kettenkräder. Mit ihren Gleisketten zogen sie nicht nur die Pakgeschütze, sondern auch kastenweise Munition, den Fahrer und drei Mann von der Bedienung über den Acker, als sei das gar nichts. Hut ab vor dem Kettenkrad!«

Neben den eigentlichen NSU-Produkten, den Fahr- und Motorrädern sowie den Bremsnaben, fertigte das Werk an der Sulm auch spezielles Kriegsgerät wie zum Beispiel: Flugzeugaggregate, Teile für Untersee-Boote, Fahrgestelle für Gebirgsgeschütze, ferngesteuerte Sprengstoffträger, Kartuschen, Granaten und Zünder. Detaillierte technische Unterlagen, wie auch Aufzeichnungen über die Anzahl der Beschäftigten in diesem Produktbereich, fehlen.

Die Ausweitung des Fertigungsprogrammes sorgte dafür, daß auch im Ausland, und zwar in Weißwasser (Belá, CSFR) und in Mühlhausen (Elsaß) Zweigbetriebe eingerichtet wurden. In Mühlhausen wurde vor allem das Sechsganggetriebe für das NSU-Kettenkrad hergestellt. Doch schon im Oktober 1944 erfolgte die Rückführung der Produktion nach Neuenstein im Kreis Öhringen. Was in Weißwasser produziert wurde, ließ sich bislang nicht klären. In den Archivunterlagen gibt es nur einen knappen Hinweis auf die dort verwendeten Maschinen und daß sie »Eigentum der Firma Peugeot sind«.

Weil sich der Krieg dramatisch zuspitzte, wurden aus Sicherheitsgründen umfangreiche Verlagerungen von Materialien, Ersatz- und Zubehörteilen in etwa 30 Ortschaften in der näheren Umgebung von Neckarsulm vorgenommen. Auch die Hauptverwaltung verlegte aus diesem Grund die wichtigsten Zweigbüros mit ihren Karteien und Büromaschinen nach Erlenbach, Obereisesheim, Offenau und Duttenberg.

DIE PRODUKTION WIRD AUSGEBAUT

Die Bilanzen des Unternehmens weisen eine positive Aufwärtsentwicklung aus. Das Aktienkapital wird von 3,6 auf 8,0 Millionen Reichsmark aufgestockt, die Dividenden liegen zwischen 6 und 8 Prozent. Der Umsatz erreicht mit fast 53 Millionen Reichsmark 1944 seinen Höchststand, obwohl zu diesem Zeitpunkt die Zweirad-Produktion schon stark eingeschränkt ist. Mithin muß es in den letzten Kriegsjahren zu einer Verlagerung in Richtung Kriegsgerät gekommen sein.

DIE JAHRE IM KRIEG

Massive Zerstörungen hinterließen die Bombenangriffe vom 1. März 1945 auf das NSU-Werk.

Die Produktion ist in den Kriegsjahren voll ausgelastet. Von 1939 bis Anfang 1945 können insgesamt 425.919 Fahrräder und 126.316 Motorräder für die Wehrmacht gefertigt werden. Der hohe Ausstoß ist nur mit mehr Mitarbeitern und neu errichteten Fertigungsstätten möglich.

Die Anzahl der Mitarbeiter hatte sich von 1939, dem ersten Kriegsjahr, mit 3.556 Beschäftigten bis zum Jahr 1944 mit 7.182 Mitarbeitern mehr als verdoppelt: »Die Struktur der NSU-Belegschaft änderte sich immer mehr. Anstelle der eingezogenen Männer wurden Frauen und Mädchen sowie Fremdarbeiter eingesetzt. Auch kriegsgefangene Russen kamen um diese Zeit nach Neckarsulm. Für sie erstellte man bei der NSU-Einfahrbahn ein Ausländerbarackenlager mit allen nötigen Einrichtungen. Vorübergehend fanden auch die Soldaten einer in Neckarzimmern stationierten deutschen Strafkompanie in den Werken Beschäftigung.

Der Höchststand der Kriegsbelegschaft wurde im Jahre 1944 mit 7.182 Personen erreicht, einschließlich der zur Wehrmacht eingezogenen 1.530 Werker und der 1.832 dienstverpflichteten Ausländer.«

Die Entlohnung während der Kriegsjahre erfolgte vorwiegend auf der Grundlage der Akkordverrechnung. Die Löhne zeigten folgende Entwicklung:

Lohndurchschnitt je Stunde				
Jahr		1933 in RM	1939 in RM	1942 in RM
Männer	Akkordlohn	0,62	0,79	1,05
	Zeitlohn	0,59	0,68	0,91
Frauen	Zeitlohn	–	0,59	0,70

»Im Gemeinschaftshaus wurden täglich etwa 1.800 Suppen und 1.600 Mittagessen an die Belegschaft ausgegeben. Die ausländischen Arbeitskräfte erhielten außer dem Mittagessen abends eine Warmverpflegung. Nachtschichter bekamen um 24 Uhr ein Warmessen. Zum Ausgleich des Vitaminmangels erhielt die Belegschaft im Winter täglich Vitamultin-Tabletten; ebenso eine laufende Betreuung bei der Zuteilung von Lang-, Schwer- und Schwerstarbeiter-Zulagekarten sowie bei Anträgen Bezugscheine für Bekleidungsstücke und so weiter.

Die Familien der zum Heeresdienst eingezogenen verheirateten NSU-Werker erhielten neben der staatlichen Familienunterstützung von der Firma eine fortlaufende, nach der Kinderzahl gestufte, freiwillige Beihilfe.

Die Beihilfen machten bis zu 85 Prozent des Nettoverdienstes vor der Einberufung aus. Es wurde als eine Selbstverständlichkeit betrachtet, auch in der Kriegszeit alles zu tun, was auf dem Gebiet der sozialen, gesundheitlichen und kulturellen Betreuung der Gefolgschaft getan werden konnte. Obwohl diese Fürsorge in erster Linie der Stammgefolgschaft galt, wurde sie auch den ausländischen Arbeitskräften in der gebotenen Form zugewendet.

In Würdigung all dieser für Heimat und Front vollbrachten Leistungen erhielten die Werke im Jahre 1943 erstmals die Anerkennung zum sogenannten Kriegs-Muster-Betrieb.«

Zerstörtes NSU-Werksgelände nach einem im März 1945 erfolgten Luftangriff. Getroffen wurden insbesondere: Hauptverwaltung, Finanz- und Reparaturabteilung sowie teilweise das Ersatzteillager.

Produktion	1939	1940	1941	1942	1943	1944	1945
Fahrräder	127.532	78.819	59.001	59.385	60.522	31.838	8.882
Motorräder	57.521	29.207	17.567	12.010	7.994	1.922	98
Bremsnaben	95.000	68.000	53.000	15.000	12.000	4.000	–
Kettenkräder	–	150	400	1.000	2.500	3.500	–
Belegschaft	3.556	4.500	5.300	5.616	6.250	7.182	843
Umsatz in Mio. RM	41,00	33,00	37,5	39,00	49,00	52,3	7,7
Dividende	8 %	8 %	8 %	6 %	6 %	–	
Grundkapital in Mio. RM	3,60	6,00	8,00	8,00	8,00	8,00	8,00

In den letzten Kriegsmonaten war eine geregelte Produktion nicht mehr möglich, 1945 konnten nur noch 98 Motorräder fertiggestellt werden: »Das rastlose Schaffen wurde im Endstadium des Krieges immer und immer wieder von unzähligen Flieger-Alarmen unterbrochen. Die Belegschaft, die anfänglich bei jedem Flieger-Alarm die Luftschutz-Räume aufsuchte, entließ man schließlich in das freie Gelände oder nach Hause, was bei Bomben-Einschlägen größere Sicherheit für den einzelnen Werksangehörigen bot. Es war in den letzten Wochen ein nervenzerreißendes Rennen hin und her. Die Hiobsbotschaften mehrten sich. Bei den besonders schweren Luftangriffen auf Stuttgart und Heilbronn fielen die dortigen NSU-Filialen der Zerstörung anheim; die NSU-Filiale Berlin ging 1945 verloren.«

Am 1. März 1945 zerstören Bomben die Verwaltung und einen Teil des Ersatzteillagers. Ende des Monats wird die Produktion vollständig eingestellt. Im April liegt das Werk für 12 Tage unter Artilleriebeschuß.

Die eigentliche Stunde Null für das Werk Neckarsulm schlägt dann am 13. April 1945. Der Zeitzeuge Arthur Westrup erinnert sich: »Nach einem kurzen Artilleriebeschuß trat plötzlich Stille ein. Es war ein sonniger Morgen, ich wollte mein Büro aufsuchen und ging mutterseelenallein durch die leeren Werkstraßen. Drei Soldaten mit Maschinenpistolen kamen mir entgegen. Da sich ja alle Soldaten in ihren Frontuniformen sehr ähnlich sahen, besonders die der westlichen Alliierten, versuchte ich mich zu vergewissern: ›Are you americans?‹ Die Männer antworteten mit einem breiten ›Yes, Yes‹, nicht einmal unfreundlich. Sie fragten mich, ob deutsche Soldaten hier im Werk seien. Ich antwortete nach bestem Wissen: Nein!«

DIE AUTO UNION IN DER KRISE

DIE AUTO UNION IN DER KRISE

Die Ereignisse des Jahres 1944 signalisieren demjenigen den Untergang der deutschen Industrie, der wachen Auges und klaren Verstandes ist. 1944 ist das Katastrophenjahr für die sächsische Industrie und die Auto Union. Selbst der Reichsstatthalter Mutschmann mußte einsehen, daß er den Mund zu voll genommen hatte, als er lauthals verkündete: »Sachsen ist der Luftschutzkeller des Dritten Reiches!«

Viele, die jahrelang der nationalsozialistischen Weltanschauung mit anhingen, mußten einsehen, daß die Realität ›mit wahrem Feuersturm‹ über alles hinwegfegt und alles zum Verglühen bringt und in Schutt und Asche legt. Bildlich und auch wörtlich genommen.

Der Bombenhagel 1943 und Anfang 1944 hatte dem Auto Union-Werk Spandau mit seinen großen Holzvorräten und der Niederlassung Berlin schwere Schäden zugefügt. Die Produktion ließ sich dennoch unter äußerst erschwerten Bedingungen aufrechterhalten. Das Werk Siegmar (Wanderer), das Panzermotoren produzierte, wurde am hellichten Tage des 9. September 1944 von einem Bombergeschwader vernichtend angegriffen. Genau in dem Moment, als im Werk eine Sitzung mit den Bevollmächtigten für den Panzermotorenbau stattfand. Dr. Bruhn, seine Mitarbeiter und seine Gäste suchten Schutz in einem nahegelegenen Gehöft. Aber gerade das erhielt einen Volltreffer. Dr. Bruhn wurde verschüttet und erlitt schwere Verletzungen, während alle anderen Konferenzteilnehmer mit leichten Blessuren davonkamen. Der Ausfall von Bruhn war ein gewaltiger Schock für die gesamte Auto Union-Belegschaft. Dr. Bruhn mußte für längere Zeit die verantwortungsvolle Leitung der Auto Union auf die Schultern von Dr. Carl Hahn legen, zumal sein anderer Vorstandskollege, Dr. William Werner, mit außerbetrieblichen und kriegswichtigen Aufgaben völlig ausgelastet war. Der psychische Druck dieser Ereignisse wirkte sich nachhaltig auf die gesamte Auto Union und ihren Kreis aus.

Im Oktober 1944 sind die Zwickauer Werke Horch, Audi und ihre Nebenbetriebe zu einem großen Teil durch einen Bombenangriff schwer beschädigt worden. Auch hier konnte die Produktion, wenn auch unter großen Schwierigkeiten, aufrechterhalten werden.

In Unterlagen des amerikanischen Secret Service sind die verschiedentlichen Bombenangriffe der 8 US Air Force aufgrund von Kampf- und Zielfotos detailliert interpretiert worden, wie beispielsweise im Report S. A. 2.813 vom 8. Oktober 1944: Beim Tagesangriff auf Zwickau am 7. Oktober 1944 um 12.39 Uhr waren 118 Flugzeuge mit vollem Geleitschutz beteiligt. Sie haben insgesamt 1.167 Bomben von jeweilig 500 Pfund abgeworfen. Angriffsziele waren die Flugzeug-Reparaturwerkstatt, der Flughafen und die Werksanlagen der Auto Union. 7 Gebäude wurden jeweils ein-

> 1944 ist das Schicksalsjahr der Auto Union. Was 1932 so hoffnungsvoll begann, schien der Krieg für immer auszulöschen. Die Werke der Auto Union wurden durch Luftangriffe stark beschädigt. Die noch brauchbaren Maschinen wurden nach Kriegsende größtenteils als Reparationsleistung in die UdSSR verbracht.

Am 7. Oktober 1944 wurden die Horch-Werke aus der Luft angegriffen. Dabei wurden die Hallen von der Versuchsabteilung stark beschädigt.

zeln auf dem Werksgelände der Auto Union angegriffen, ebenso 3 Lagerhallen. Auf die Magazine wurden 4 oder 5 Angriffe geflogen.

Der Bericht spricht von H. E.-Explosionen (gemeint sind sogenannte Bombenteppiche hochexplosiver Bomben), mit denen die Flugzeug-Reparaturwerkstatt und die westlichen Ecken des Flugplatzes ›zugedeckt‹ wurden. Ebenso wurden weite Teile der Werksanlage der Auto Union mit Bombenteppichen belegt, wodurch gewaltige Brände entstanden. Beobachtet werden von den US-Fliegern jeweils auch zwei Gruppen von 65 Explosionen auf ›nicht identifizierte‹, industrielle Einrichtungen in Zwickau. Es erfolgten Angriffe außerhalb des Werksgeländes und auf Eisenbahnschienen und Nebengleise. Schließlich »wurden 10 H. E.-Explosionen in einem Geschäfts- und Wohnbereich, 500 Yards östlich des Auto Union-Werksgeländes, festgestellt«.

Der ›Immediate Interpretation Report No.K. 3289‹ vom 14. Oktober 1944 nennt als Erfolgsmeldung, daß bei den bisherigen Angriffen auf Zwickau die Auto Union mit ihren Hauptgebäuden am 7. Oktober 1944 »am schwersten getroffen« ist. Im einzelnen werden aufgeführt:
1. Komplexes Gebäude im östlichen Gebiet: 1/6 zerstört.
2. Großes, unidentifizierbares Gebäude: 2/3 zerstört, strukturelle Zerstörung in der nordöstlichen Ecke.
3. Langes, unidentifizierbares Gebäude: ein kleiner Abschnitt zerstört.
4. Mittelgroßes Lagerhaus: nordwestliche Ecke zerstört.
5. Mehrstöckiges Bürogebäude: Dach beschädigt.
6. Langes, unidentifizierbares Gebäude: 1/3 des Daches beschädigt.

Zerstörte Fahrzeuge auf dem Betriebsgelände der Auto Union. Das Foto entstand 1944, unmittelbar nach der Zerstörung.

7. Große, komplexe Arbeitsplätze: kleiner Abschnitt im Nordosten beschädigt.
8. Modernes Gebäude: 3/4 zerstört.
9. Mehrstöckiges Gebäude: kleiner Abschnitt am Westende zerstört.
10. Arbeitsgebäude: kleiner Abschnitt beschädigt.
11. Großes Arbeitsgebäude: Zerstörung am nördlichen Ende und im Zentrum.
12. Großes Arbeitsgebäude: nördliches Ende sehr stark beschädigt.
13. Mittelgroßes, unidentifizierbares Gebäude: kleiner Abschnitt beschädigt.
14. Camp an der Südseite der Fabrik: 1/3 zerstört.

In zwei Nachtangriffen am 5. März 1945 wurde Chemnitz von Bomben schwer getroffen. Kurze Zeit vorher waren Leipzig und Dresden bombardiert worden. Viele Flüchtlinge verbrannten erbarmungslos. Das Auto Union-Werksgelände in der Chemnitzer Kauffahrteistraße und das Elektrowerk in der Rösslerstraße wurden stark beschädigt. Das Verwaltungshauptgebäude blieb unbeschadet stehen. Zwei Monate lang wurde in den Kellern die Verwaltungsarbeit des schwer angeschlagenen Unternehmens abgewickelt.

Am 12., 19. und 23. März 1945 wird Zwickau abermals mit Bombenteppichen zugedeckt. Der ›Interpretation-Report NO. KS. 1.631‹ vom 28. März 1945 beschreibt ausführlich die damalige Situation: »In der Zeit von fünf Monaten seit des letzten detaillierten Reports über die Bombenziele hat ein beträchtlicher Wiederaufbau der gesamten Werksanlagen stattgefunden. Die Auto Union, die beträchtlich beschädigt wurde durch die Angriffe der 8. US Air Force am 7. Oktober 1944, ist, mit wenigen Ausnahmen, wieder vollständig ausgebessert worden. Während im letzten Oktober (1944) annähernd 1/6 der Werkshallen beschädigt wurden, zeigt sich jetzt, daß nur ein geringer Teil nicht ausgebessert worden ist. So sind jetzt wieder 85 bis 90 Prozent des überdachten Geländes intakt.

Die meisten Beschädigungen bestanden, wie die Luftaufnahmen vom Oktober zeigen, aus weggerissenen Dächern, die über weite Flächen zerstreut waren. Alles wurde wieder repariert. Nur in Gebieten, wo schwere Zerstörung sichtbar war, einschließlich der verbogenen Stahlträger, ist der Wiederaufbau immer noch unvollständig, und die Fotos lassen erkennen, daß diese Gebiete in naher Zukunft nicht wieder aufgebaut werden. Eine

Gießerei, die erheblich zerstört wurde, ist ganz abgetragen und die Stelle als Außenlager für Material benutzt worden. Man kann keine individuelle Komponente der Werksanlage mehr erkennen. Sie ist ganz außer Funktion.«

Zu diesen Schlüssen und Interpretationen kommt der Secret Service aufgrund von Berichten der in den Bomberflugzeugen mitfliegenden Kampfbeobachter und der sogenannten Zielfotos, die bei den Angriffen aufgenommen werden. Angefertigt werden auch Erkundungsfotos, die außerhalb der eigentlichen Kampfhandlungen und meistens vor oder nach Angriffen Bombenzielgebiete eingrenzen und optisch beschreiben. Das läßt dann beispielsweise folgende Bildinterpretation zu: »Obwohl kein Dampf und Rauch vom Werksgelände zu sehen ist, gibt es keinen Grund zu glauben, daß die Werksanlage nicht mehr aktiv ist. Auch kann man Leute sehen, die das Werksgelände verlassen. Die Aktivitäten auf dem Werksgelände sind normal, und die kleinen Beschädigungen haben keinen Einfluß auf die Produktion.«

Die Information der strategischen wie auch taktischen Bomberkommandos ist nahezu umfassend und motivierend für die Besatzungen. Die Besatzungen sollen wissen, was sie da bombardieren und wie kriegsentscheidend ihr Einsatz ist. Der Secret Service schöpft alle möglichen Quellen aus. Das sogenannte Plant Area Layout (geschätzter Zeitpunkt des Erscheinens etwa Ende März 1945) informiert: »Das Horch-Werk besteht, mit einer Ausnahme, aus einer großen Anzahl von kleineren Gebäuden, die 265.000 Quadratmeter einnehmen. Das große Gebäude, ungefähr 140 x 970 Fuß, scheint eine andere Konstruktion zu haben als die anderen Gebäude und ist nun die Hauptmontagehalle.

Die Minderheit der kleineren Gebäude könnte als Maschinenlager bezeichnet werden, einige haben Vorrichtungen zum ›Erhitzen‹ (gemeint sind vermutlich die Schmiede und Gießerei).

Das Audi-Werk, im Nordosten der Horch-Werke, nimmt eine Fläche von einigen 170.000 Quadratmetern ein und besteht aus 3 ziemlich großen Gebäuden, 420 x 250 Fuß, 200 x 340 Fuß und 100 x 150 Fuß. Im Osten von diesen sind es mehr oder weniger Mehrzweckgebäude, ein Teil 180 Fuß und eines 250 x 120 Fuß. Es gibt mindestens acht andere mittlere und verschiedene schmalweitige Gebäude.

Exakte Angaben über die Arbeiten, die in den verschiedenen Gebäuden verrichtet werden, gibt es weder von Audi noch von Horch.«

Die Adressaten werden auch über die geschichtliche Entwicklung und die führenden Persönlichkeiten der Auto Union informiert, wenngleich die Angaben nicht immer ganz exakt sind. Die ironisierende Aufforderung: »Wir wären Ihnen dankbar, wenn Sie Herrn XY gelegentlich treffen würden ... «, war von Bombenschützen wörtlich zu nehmen. Das Plant Area Layout zeigte sich als relativ gut informiert: »Die Organisation der Auto Union wurde 1930 von den bereits fusionierten Firmen Horch-Werke AG, Zwickau, Audi-Werke AG, Zwickau, und den Zschopauer Motorenwerken J. S. Rasmussen in Zschopau und Spandau, die Autos, Motorräder und Maschinen unter dem Namen DKW herstellten, gegründet.

Im selben Jahr übernahm die Organisation die Wanderer-Werke, vormals Winklhofer und Jaenicke AG Schönau, mit Werken in Siegmar in der Nähe von Chemnitz, und zog mit der Verwaltung nach Chemnitz. Folgende Werke gehören dazu:

Zschopau: (DKW) Motorräder und leichte Kraftwagen, Spandau: (DKW) leichte Kraftwagen und Karosseriebau, Zwickau: (Horch) Panzerwagen und Panzermotoren, Zwickau: (Audi) wahrscheinlich auch Lastkraftwagen, Schönau: (Audi) Motorräder, Geländewagen, Truppen-Mannschaftswagen, Siegmar: (Wanderer) Maschinenteile und kleine Waffen, Chemnitz: (Auto Union) elektrische Werkstatt, Reparaturen; Annaberg: Gießerei, Stettin: Reparaturwerkstatt.

Horch scheint eine der ersten Werkstätten gewesen zu sein, die Panzerwagen schon vor 1934 hergestellt hat. Geschätzte Kriegsproduktion: Vorläufige Schätzungen ergeben, daß sich die jährliche Produktion der Panzerwagen in der Zeit von 1941 bis 1942 von 500 auf 1.000 steigerte.

Anzahl der Beschäftigten: Obwohl in den zwei Werken Zwickau insgesamt ungefähr 6.000 bis 6.500 Arbeiter beschäftigt waren und vermutlich mehr als die Hälfte davon im Horch-Werk, ist es nicht möglich, die Zahl derjenigen Mitarbeiter zu schätzen, die in der Waffenproduktion arbeiten. Schlüsselpositionen: 1. Dr. Werner, Generaldirektor, 2. Dr. Bruhn.«

Unaufhaltsam deutete sich der Untergang des Dritten Reiches an. Seit Mitte April 1945 lag Chemnitz unter dem Streufeuer schwerer russischer Artillerie. ›Nur nicht den Russen in die Hände fallen‹, das war der heiße Wunsch von vielen Menschen, denen durch Mundpropaganda, aber auch aufgrund von Durchhalteparolen des Reichspropagandaministeriums Angst vor den ›wütenden Kosaken-Horden und den roten Bestien‹ eingeredet wurde. Grauenhafte und menschenvernichtende Erlebnisse, die auch von durchziehenden Flüchtlingen warnend mitgeteilt wurden, ließen das umgehende Gerücht glaubwürdig erscheinen, die Russen würden hinter die Elbe zurückgehen und die Amerikaner würden das Gebiet um Chemnitz und die Stadt selbst besetzen. Mithin wurde in der Öffentlichkeit die Parole verbreitet: ›Durchhalten, sich nicht provozieren lassen und die Stadt Chemnitz kampflos den Amerikanern übergeben!‹

Sich selbst Mut machen, nicht den Kopf verlieren, war das Gebot der Stunde; doch wurde das dem einzelnen recht schwer gemacht, zumal wilde Berichte über das schreckliche Schicksal der von den Russen besetzten Betriebe durch die Stadt kursierten. Konfusion breitete sich überall aus. Die umtriebigen, nervösen und gereizten ausländischen Arbeiter, die ihrer Befreiung entgegensehnten, sorgten für zusätzliche Unruhe in der aufgewühlten Stadt.

Anfang Mai 1945 war es zur schrecklichen Gewißheit geworden, daß die Russen in Chemnitz einmarschieren würden. Für den Vorstand der Auto Union war klar, und es hatte sich schon durch die Untergrundarbeit der sich immer deutlicher bemerkbar machenden Roten Zellen an-

Am 4. März 1944 feierte Dr. Carl Hahn (Mitte) seinen 50. Geburtstag. Unter den zahlreichen Gratulanten Dr. August Horch (hinter C. Hahn) sowie der DKW-Chefkonstrukteur Hermann Weber, Dr. Richard Bruhn und Dr. William Werner (von rechts).

Dr. Hanns Schüler wurde im Mai 1945 kommissarisch zum Vorstandsvorsitzenden der Auto Union ernannt.

gedeutet, daß der Russe eine gewaltige ›Säuberungsaktion‹ durchführen würde. Die authentischen Nachrichten über die Schicksale deutscher Unternehmer in den russisch besetzten Regionen bewogen den Vorstand der Auto Union, Chemnitz zu verlassen.

Mit seinen engsten Mitarbeitern hatte Richard Bruhn schon Anfang des Jahres 1945 darüber diskutiert, ob dem gesamten Unternehmen nicht besser dadurch gedient wäre, wenn sich der Vorstand mit einem kleinen Verwaltungsapparat nach Süddeutschland absetzen würde. Nur nicht den Russen in die Hände fallen! Zuflucht beim Engländer oder Amerikaner suchen! Das war noch das geringere Übel. Konkretes vollzog man jedoch nicht, weil eingesehen wurde, daß ein solcher Schritt ohne die Verlegung der wichtigsten Produktionsstätten wenig sinnvoll sein würde. Eine Verlegung der Produktion war zum damaligen Zeitpunkt auch schlicht illusorisch. Das Schicksal, unaufhaltsam geworden, nahm seinen Lauf.

Am 6. Mai 1945 hatte der Vorstand seine engsten und vertrauenswürdigsten Mitarbeiter zu einer Lagebesprechung in den Sitzungssaal gerufen, nachdem er drei Tage zuvor für 24 Stunden von den Russen festgesetzt worden war. Dr. Bruhn gab zunächst einen Situationsbericht und teilte danach den Vorstandsentschluß mit, daß man sich in Richtung Zwickau absetzen wolle, um sich zu den amerikanischen Linien durchzuschlagen. Allen Mitarbeitern wurde freigestellt, nach eigenem Ermessen entweder vor Ort die weitere Entwicklung abzuwarten oder sich abzusetzen.

Am 7. Mai hat Dr. Bruhn vor seiner Abfahrt mit Dr. Hahn den Mitarbeitern, die sich zum letzten Male zum Abschiednehmen versammelt hatten, eine Liste überreicht, auf der die fünf Namen verzeichnet waren, die der Vorstand als seine Stellvertreter eingesetzt hatte. Drei dieser Stellvertreter waren auf Vorschlag und im Einvernehmen mit dem neuen Betriebsrat eingesetzt. Dieser neue Betriebsrat hatte sich sozusagen in den letzten Stunden des Bestehens der Auto Union aus der sogenannten antifaschistischen Gruppe des Betriebes gebildet. Die ersten drei Stellvertreter waren die Herren Ludwig Hensel, Walter Schmolla und Dr. Hanns Schüler. Die beiden anderen Stellvertreter waren vom Vorstand ohne vorherige Abstimmung mit dem Betriebsrat eingesetzt worden. Es waren dies der Chef des Vorstandssekretariates, Dr. Gerhard Müller, und Dr. Hanns Kurt Richter. Dr. Gerhard Müller verließ jedoch in Begleitung von Dr. Werner Chemnitz.

Der zurückgebliebene Dr. Kurt Richter berichtet: »Ich wurde, als bisheriger Betriebsführer der Arbeitsstätte Hauptverwaltung, von dem neuen Betriebsrat abgelehnt. Obgleich Dr. Schüler mit großem Geschick eine Aussprache zwischen mir und dem kommunistischen Betriebsratsmitglied Magister arrangierte, die Erfolg zu versprechen schien, ist bis zum Verlassen der ›russischen Zone‹ Ende 1947 eine Ausübung des Mandats für mich nicht zu erreichen gewesen.

Die Russen besetzten Chemnitz. Nach kurzer Plünderung normalisierte sich das Leben in der Stadt. Das Verwaltungsgebäude wurde zum Krankenhaus für Geschlechtskranke umgewandelt. Der Vorstand tat seine Arbeit in den entlegenen ehemaligen Büros der Ersatzteilabteilungen. Nach kurzer Festsetzung des gesamten Vorstandes durch die Russen am 3. Mai 1946 blieb der Kollege Walter Schmolla aus völlig unbekannten Gründen bis zum 27. Januar 1950 in russischer Haft. Ich selbst, wahrscheinlich weil ich als Hauptmobbearbeiter für die Aktion ›Verbrannte Erde‹, die ernsthaft nicht vollzogen wurde, verantwortlich war, wurde an drei aufeinanderfolgenden Tagen zur GPU geladen und unverrichteter Dinge wieder heimgeschickt. Und weil ich trotzdem nicht geflohen war, wurde ich am dritten Tage einer Farce von Vernehmung unterzogen und mit der leeren Drohung ›bis auf Wieder-holen‹ in mein Notquartier in der Nähe von Chemnitz entlassen.

Die Werke wurden demontiert. Die Maschinen, ohne Wetterschutz unsachgemäß verpackt, sind, wie das Eisenbahnbegleitpersonal berichtete, in Brest-Litowsk zu Tausenden verkommen. Die Kontrolle der Demontagen ging nach einem ganz primitiven Rezept vor sich, das in Zschopau ebenso wirkungsvoll war wie später im gewarnten Zwikkau: Die russischen Wirtschaftsoffiziere gaben den Werken zunächst ein prächtiges Fertigungsprogramm. Danach sollte der Maschinenplan aufgestellt werden, gegliedert nach vorhandenen und benötigten Maschinen. Das brachte den mißtrauischen Russen lückenlose Kontroll-Listen.

Die Demontagen waren für den ›kleinen Mann‹, der in dem Raub seiner Maschinen die großen Zusammenhänge nicht finden konnte, keine überzeugende Werbung für den Kommunismus. Viele Mitarbeiter aus den technischen Büros sind nach Rußland dienstverpflichtet worden. Nicht alle sind zurückgekehrt. Eine große Zahl von Mitarbeitern in führenden Stellungen ist von den Russen verhaftet worden. Die meisten sind aus den Lagern nicht mehr zurückgekommen oder kurz nach der Rückkehr ihren schweren Leiden erlegen. Besonders groß ist die Zahl der technischen Direktoren und kaufmännischen Werkleiter sowie der Mitarbeiter in kriegswirtschaftlichen Organisationen, die nach dem Krieg in den Lagern ihr Leben verloren haben.

Die alte Auto Union, jenes größte Industrieunternehmen im Freistaat Sachsen, hatte 1945 den Todesstoß erhalten. Die drei Herren des neuen Vorstandes bemühten sich mit Hingabe, Umsicht und Klugheit, Tradition und Ansehen der Auto Union in eine neue Welt hinüberzuretten. Den Bemühungen auf diesem Wege blieb der Erfolg versagt. Am 1. Juli 1948 teilte die Landesregierung Sachsen dem Vorstand mit, daß das Vermögen der Auto Union enteignet sei. Am 17. August 1948 wurde die Firma im Handelsregister Chemnitz gelöscht.«

EPILOG

Dr. Ing. Carl Hahn lenkt den Blick anläßlich eines Presse-Empfangs der Auto Union am 9. September 1958 in Ingolstadt noch einmal dreizehn Jahre zurück in die jüngste Vergangenheit der Auto Union: »Wir waren von der Aufgabe überzeugt, ein Kraftfahrzeugwerk zu sein im Rahmen der deutschen Wirtschaft, das auf dem Gebiet des Kraftfahrzeugwesens eine unerhört große Aufgabe zu erfüllen hat. Ja, während des Krieges, und das sage ich nicht etwa heimlich oder mit einem ›Entschuldigungsbeiwerk‹, haben wir selbstverständlich unsere Pflicht getan und uns in die Kriegswirtschaft eingeschaltet. Noch im Jahre 1945 haben wir an die 46.000 Arbeiter in Sachsen beschäftigt. Wir hatten unsere eigene große Karosseriefabrik. Wir hatten unsere eigene Gießerei, wir hatten eine große Schmiede, eine eigene Werkzeugmaschinenfabrik im Rahmen der Horch-Werke. Wir machten unsere Elektro-Anlagen selber.

Es war uns gelungen, den Begriff Auto Union nicht nur auf Deutschland zu beschränken, sondern wir hatten große Exporterfolge. Wir machten ja pro Tag vor dem Kriege einen Tagesumsatz von einer Million Mark und hatten einen Export von annähernd 50 Millionen Mark. Enorm erleichtert wurde der Export durch unsere großartigen Rennsiege auf DKW und auf den Rennwagen, den Auto Union-Wagen, mit den stolzen Namen eines Bernd Rosemeyer, der uns dazu geholfen hat, oder eines Tazio Nuvolari. Wir waren eine große Firma, eine stolze Firma mit eigener Tradition, mit einem eigenen Geist, mit einem großen Sozialwerk. 1945 war all diese Arbeit beendet. Was wir an Millionen drüben verloren haben, an Zehntausenden von Werkzeugmaschinen und unzerstörbaren Fabrikations-Voraussetzungen, das liegt hinter uns. Innerlich abgeschrieben haben wir es nicht.«

»Wir werden in Glück wiederkommen.« Mancher Mitarbeiter unter dem Zeichen der Vier Ringe wird so gehofft haben. Die Auto Union, das Werk, ist zertrümmert und liegt in Schutt und Asche. Die auto-mobilen Männer, die ›Zirkelstecher‹ von einst, sind zerstreut in alle vier Winde. Dennoch äußert sich ihr zielgerichteter Wille in dem Versprechen: »Wir werden in Glück und in Freiheit wiederkommen. Im Zeichen der Vier Ringe!«

REGISTER

A Achterberg, H. 166
Ackermann, F. 63, 64
Ahrens, H. 157, 158, 305, 309
Alart, W. 264
Amann, A. 64
Arlt, O. 199, 224, 236, 237, 285
Arz, K. 166
Astheimer 273
Austin 100

B Banzhaf, G. 27, 28, 41, 43, 55, 64, 67
Barthold Dr. 259, 279
Bassermann, K. 66
Bauer 125, 126, 127, 133
Bauer, M. 142, 145
Bauhofer, T. 241, 242, 243
Bauklage, R. 224
Baumbach 273
Bäumer 243
Baus, E. 187, 191, 195
Beck 64
Beck, H. 61
Behrens, P. 154
Beinhorn, E. 348, 349, 352, 353, 354, 355, 357, 359, 363
Bendemann Prof. 182
Benkert, R. 166
Benz, E. 194
Benz, K. 22, 23, 65, 115, 116, 122, 123, 131, 184, 194, 283
Bergweiler 117
Beringer, H. 223, 227
Berli v., G. 377
Betzin, G. 141, 142
Bigalke, U. 365, 385
Bismarck v., O. 17, 25
Blau, R. 215, 217, 220, 223
Bleicher Dr., A. 231, 254, 257, 264, 325
Boerner Dr. 258
Boettcher Dr. 257
Böhm Prof. 155
Böhm, W. 310
Böhringer, A. 78, 325
Bonelli, P. 67

Bopp Graf 142, 166
Bosch, R. 46
Böttcher, M. 156
Boy, E. G. 243
Brauchitsch v., M. 338, 344, 347, 348, 357, 358, 359, 363, 364
Braun 369
Braun, E. 377
Braunbeck, G. 141, 194
Breit Dr., J. 258
Bruhn Dr., R. 14, 15, 200, 243, 252, 253, 257, 262, 263, 264, 265, 267, 270, 273, 274, 275, 280, 300, 319, 321, 323, 324, 329, 330, 337, 340, 341, 351, 384, 391, 392, 393, 396, 403, 407, 408
Brüning Dr. 261
Bruschi, R. 67
Bücken, C. 78
Bullus, T. F. 70, 71
Burde 273
Burggaller, E.-G. 344, 385
Buschmann, E. 89, 38

C Caracciola, R. 340, 346, 347, 348, 350, 352, 353, 354, 355, 357, 358, 359, 360, 361, 364, 365, 366
Cavani, B. 212
Chenaux Prof. 59
Chiron, L. 349, 364
Cugnot, N. J. 19

D d'Humbersin Lebon, Ph. 20
Daimler, G. 22, 43, 48, 50, 153, 283
Daimler, P. 152, 153, 155, 156, 306
Danner, R. 75
Daubner 193
Daut, G. 85, 97, 99, 102, 103
Dawson, Ph. 139
Degenhardt, C. G. 257, 264, 325, 329
Delius v., E. 355, 356, 357, 358
Dienemann, F. 345
Diener, P. 223
Dietrich Dr. 261, 326
Dinsmore, G. 139
Dion de, A. 20

Drais v. Sauerborn 28, 29, 31
Drescher Prof., A. 192
Dufour, A. 139

E Eberan v. Eberhorst, R. 340, 350, 360, 364
Ebert, F. 185
Edge 139
Eichler, E. 214
Eisemann 49
Ellin 35
Endres Dr., D. 322
Erdmann 273
Ernst 203, 204
Erzberger, M. 185
Euler, A. 181, 187
Eystons, G. 360

F Fagioli, L. 348, 354, 364
Falk, K. 166
Falkenhayn v., F. 70, 75, 78, 99, 396
Farina, N. 364
Feuereissen Dr., K. O. 351, 353, 362, 364
Fiedler, F. 156, 157, 160, 305, 307
Fietze, K. 166
Figura, P. 223
Fikentscher, F. 133, 149, 165, 167, 177, 179, 183
Fikentscher, P. 133, 149, 165, 194
Fischer, E. 207, 208, 209, 226
Fischer, Ph. M. 29
Fischer v. 23
Flader 214
Fleischmann, H. 79
Florio, V. 139
Flügel, W. 386
Foch 185
Freytag, E. 145
Friedlaender, E. 158
Friedrich 183
Friedrich III. 43
Frisch Dr. W. 252, 258, 263, 264, 325
Frisch W. 102, 103
Fritsch, W. 224

Fröhlich Dr. 258
Frucht Dr. 261
Fürst 274

G Ganß, J. 23, 116
Gehle 233
Gehr, F. 56, 57, 66, 74, 75
Geiger, J. 61, 64
Geiger, M. 47, 48
Geiß, A. 371
Gilbert, H. 192, 193
Gilbert, J. 92
Glanz 219
Gläser Dr. 362
Glöckler, O. 60
Glöckler, W. 48
Graumüller, A. 168, 171, 172
Gröber, F. 25
Gronau 349
Günther 258
Gürtner Dr. 332
Gutbrod 325

H Haasemann 392, 393
Häberle, P. 64
Hadank Prof. 154, 155
Hahn Dr., C. 15, 214, 215, 217, 223, 246, 257, 264, 267, 294, 321, 323, 324, 396, 403, 408, 409
Hasse, R. 355, 356, 357, 358, 359, 364, 365, 385
Haustein, W. 199, 285
Hedrich Dr. 254, 261
Heidepriem 257
Heinold 224
Heinsius 180
Heinzel 60
Hensel, L. 408
Herleb, G. 148
Hermann, W. 274
Hertel, W. 149, 165, 179
Herz, S. B. 116, 126
Herz, W. 79
Heyer 258
Hoffmann 31

Hofmann 182
Hofmann Prof. Dr. 183, 185, 193
Holler, J. 137, 142, 143, 145, 147, 148, 149, 151, 153
Holz, R. 264
Hopkes, H. 223, 224
Horch Dr., A. 15, 22, 23, 29, 89, 115, 116, 117, 118, 119, 120, 121, 122, 123, 124, 125, 126, 127, 128, 129, 130, 131, 132, 133, 134, 135, 136, 137, 138, 139, 142, 143, 144, 145, 146, 147, 148, 151, 153, 158, 159, 165, 166, 167, 168, 169, 170, 171, 172, 173, 175, 176, 177, 178, 179, 180, 181, 182, 183, 184, 185, 186, 187, 190, 191, 192, 193, 194, 195, 196, 197, 199, 200, 201, 278, 325
Horch, H. 115
Horch, K. 115
Horn, E. 187, 195
Hourlier 60
Hühnlein 361, 377
Huschke, H. 323

I Immendorf 388

J Jaenicke, R. A. 33, 34, 35, 36, 101, 102
Jahn 332
Jakob, A. 364, 367
Janecek 84, 99, 106, 249, 271, 272
Johnson, D. 28
Junkers Prof. 265

K Kahrmann 369
Kaiser, K. 166
Kaiser, M. 166
Kales, J. 338
Kathe, A. 133, 145
Katz 357
Kautz, Ch. 364
Kautzsch 261
Keil 183, 258
Keller 203
Kienle, A. 144
Klee, H. 102, 103, 109, 258, 264, 325, 336
Klemperer v., G. 102

Klemperer v., H. 102
Klien 257
Klingenberg Dr. 180, 228
Kluge, E. 369, 370, 371
Koenig-Fachsenfeld v. 242, 371
Koetz 392
Kohler, K. 47
Kohlrausch, B. 242
Komenda, E. 108
Koppenberg Dr. 325
Kracht 377, 379, 391
Kraemer, H. 264
Krapff 122, 123, 127
Kratsch, W. 224
Krause, K. 166
Krecke, C. 325, 330
Krieger 273
Krug 274
Kuhdorfer 325, 326
Kulbergs, V. 366

L Ladenburg, E. 141
Lallement 29
Lampel 390
Lancia, V. 139
Lang, H. 347, 355, 356, 358, 359, 360, 364, 365, 366
Lange, H. 116, 125, 149, 166, 171, 175, 179, 187, 194
Langen, E. 21
Langsteiner, O. 340
Latzmann 252
Lengerke v. 141
Lenk 325, 332
Lenoir, J.-J.-É. 20, 21
Leonhardt, K. 179, 196
Leonhardt, P. 179
Levis 210
Leysieffer Dr. 300
Limbecker, M. 166
Link, M. 48
Locke, A. 309
Loos, W. 325
Löwenstein Dr., A. 153

Löw v. 145
Lukes, B. 395
M Macher, G. 230, 231, 241, 242
Maerckers 96
Magerle 145
Manville, E. 139
Manville, M. 139
Markiewicz 242
Marlin, P. 139
Marx Dr., P. 264
Mathiessen 204, 205
Matthey, F. 340
Maybach, W. 21, 22, 43, 50
Mays, R. 364
Mehlhorn 261
Mehlich, M. 224
Meier, S. 365
Melzer 133
Memmler Prof. 179
Menz, G. 230
Merckens Dr., O. 66, 67
Meyan, P. 139
Meynen Dr., J. 260
Meyrink, G. 213
Michaux, E. 29
Mickwausch, G. 309
Milius 29
Momberger, A. 344, 367
Moore W. W. 70, 79
Morris, W. 100
Morrison 129
Motory 91
Mueller 273
Mühlenfels v. 379
Muhry 172
Müller 369, 371
Müller Dr. 162, 185
Müller Dr., G. 380, 408
Müller Dr., H. 257, 258, 264, 325, 327
Müller, H. P. 358, 359, 364, 365
Mutschmann, M. 261, 325, 377, 403
N Nacke 127
Nagel Dr. 390

Nägel Prof. Dr. 325
Nebelung, K. 325, 331, 395
Neumann, H. 166
Neumann-Neander 154
Neumeyer 142
Niepce, J. N. 28
Nitsche, K. 257, 258, 280
Nuffield 100
Nuvolari, T. 346, 347, 348, 349, 353, 355, 358, 364, 365, 366, 409
O Obruba 171
Oertzen v., K. D. 13, 98, 99, 101, 102, 103, 105, 106, 258, 263, 264, 267, 273, 274, 275, 321, 324, 330, 336, 339, 340, 343, 344, 346, 351, 356, 378
Oetling 179
Ollendorf, H. 238
Opel Dr. v. 183, 185
Opel, F. 141
Opel, H. 139, 141
Opel, W. 141
Ostermayer, G. 258, 280
Österreicher, W. 241, 242, 243
Otto, N. A. 21, 22
P Paffrath 233
Pahner 273
Pape, C. O. 272
Pätzold 220
Paulmann 149, 172
Pester, J. A. 102
Pfänder 50
Philipp 258
Piëch Dr. 106
Pietsch, P. 347, 348, 353
Pittler v. 130
Pöge, W. 141, 142
Porsche Dr., F. 75, 105, 106, 107, 108, 160, 327, 336, 337, 338, 339, 340, 341, 343, 344, 350, 352, 361, 364, 367
Prinz Heinrich von Preußen 48, 141, 142, 145
Prinz Hermann zu Leiningen 344
Prinz Ludwig Ferdinand von Bayern 145

Prinz Rainer von Monaco 353
Q Quayzin, T. 386, 390, 391, 393
R Rabe, K. 338
Ramberg, M. 217
Rampold 190
Rasmussen, A. 367
Rasmussen, H. 223, 367
Rasmussen, J. S. 14, 15, 198, 199, 201, 203, 204, 205, 206, 207, 208, 209, 210, 211, 212, 213, 214, 215, 216, 217, 218, 219, 220, 221, 222, 223, 224, 225, 226, 227, 228, 230, 231, 233, 235, 236, 237, 243, 245, 246, 247, 252, 253, 254, 255, 256, 258, 260, 262, 263, 264, 267, 280, 281, 285, 293, 304, 321, 326, 327, 328, 329, 330, 331, 332, 333, 369
Rasmussen, O. 14, 203, 214, 217, 223, 224, 237, 239, 243, 256, 333, 367
Rebling 131
Reimer, M. 102
Renault, L. 120
Richter Dr., H. K. 265, 321, 408
Richter, E. O. 224
Rickenbacker, E. 198
Riebe 131
Riedler 179
Riesner 208
Rivaz, de l. 20
Rochas, Beau de 21
Rödder 129
Roder, A. 79
Rosemann, E. 345
Rosemeyer, B. 340, 347, 348, 349, 350, 352, 353, 354, 355, 356, 357, 358, 359, 360, 361, 362, 363, 364, 366, 369, 409
Rosenberger, A. 336, 337, 338
Rümelin, G. 64
Rümelin, R. 56, 63, 64
Ruppe, H. 206, 207, 208, 209, 210, 211, 212, 213, 214, 223
Rüttchen 71
S Schacht 276
Schad, Chr. N. 32, 33

Schapiro, J. 64, 65, 66, 67, 73, 74
Scheidemann, Ph. 185
Schell 396
Schippel, H. 102
Schmidt 325
Schmidt, Ch. 25, 26, 27, 41, 43, 48
Schmidt, K. 47, 48, 51
Schmidt-Branden, P. 74
Schmidt Prof., C. 27
Schmitt Dr. 272
Schmitt, J. 274
Schmolla, W. 408
Schneider 37
Schneider 330, 331
Schnürle, A. 272, 293
Schocken 184
Schröder 75
Schuh 224, 236, 237
Schüler Dr., H. 408
Schulz, R. 223
Schulze-Trebbin 60
Schüttoff 224
Schwarz 173
Schwarz, C. 47, 48, 51
Schwarz Dr., G. 56, 57, 66
Scott 210
Seaman 357, 359, 365
Sebastian, W. 340, 344, 362
Seidel 127, 128, 130, 149
Seidel, P. 166
Seifert 395
Seifert, K. 166
Sellmann Dr. 393
Seyfert, A. 102
Siebler, O. 305
Simon 182
Simons, H. 241
Skudlarek 224
Slaby Dr., R. 223, 224, 226, 227, 228, 230
Sonntag 258
Soria, G. 67
Sperling Dr. 196

Spittler 23
Steffen 274
Steiger, R. 104
Steiger, W. 104, 105
Steinhäuser 126, 127, 133
Steudel, H. 233
Stift 172
Stöcker, W. 67
Stoewer, B. 139, 156
Stoll, H. 25, 26, 27
Stöss Dr., R. 133, 134, 139, 141, 142, 143, 145, 147
Strauss Dr., M. 153, 154, 156, 163, 196, 248, 258, 264, 321, 325
Streiff 60
Stresemann Dr., G. 144
Strobel, W. 157, 305, 307
Stuck, H. 339, 340, 342, 343, 344, 345, 346, 347, 348, 349, 352, 353, 354, 355, 356, 357, 358, 359, 365, 366
Stuhlmacher, R. 85, 97, 99, 102, 103, 258

T Thallner, O. 131
Trevithick, R. 19
Trump, F. 272, 274

U Udet, E. 349, 367
Ulderop 273
Ullrich, F. 386
Ulmen 71
Ulrich 272, 273, 274
Utermöhle 122

V Valobra, F. 67
Varzi, A. 346, 348, 349, 352, 353, 354, 355
Venediger Dr., H. 293
Vimille 353
Voelter Dr., R. 289, 341, 351
Vogel Dr. 257
Vogel, W. 139
Vollmer 183
Voss 274

W Wacker 391
Walb, W. 340, 342, 343, 344, 345, 348, 350, 351, 367

Walkenhorst Dr. 289
Walker, S. 32
Weber, H. 215, 216, 293, 302
Wegener, P. 213
Wegmann, H. 224
Weil Dr., B. 66, 74
Weingand 144
Weiß 124, 125
Wendt Dr. 325
Werlin, J. 338, 378
Werner, Ch. 336
Werner, W. 160, 161, 162, 258, 264, 308, 310, 321, 322, 323, 324, 337, 340, 351, 361, 391, 396, 403, 407, 408
Westrup, A. 401
Wiedemann 332, 333
Wiedmann, C. 362
Wilhelm I. 17, 43
Wilhelm II. 43, 185
Willner 31, 32
Wilm 177, 179, 183
Winkler, E. 371
Winklhofer, J. B. 31, 32, 33, 34, 35, 36, 37, 39, 85, 86, 87, 89, 90, 95, 97, 101, 102, 103
Winter 224
Wittig 60
Wohlgemuth 258
Wüllner 71
Wuthenau Dr. 257

Z Zehender 357
Zeidler, L. 27, 43, 45, 55, 56
Zerbst 258
Zimmermann 274
Zintkerzl 91
Zoller, A. 153, 369

HANS-RÜDIGER ETZOLD, 1940 in Norderney geboren, hat in Hamburg Fahrzeugtechnik studiert. Nach dem Studium und einer Praktikantenzeit in einem Zeitschriftenverlag war er zehn Jahre stellvertretender Chefredakteur einer Automobilzeitschrift. Seit 1976 ist er selbständiger Publizist mit den Schwerpunkten Automobiltechnik und Automobilhistorie. 1991 wurde er in Dresden zum Dr. oec. promoviert. Unter seinem Namen sind neben zahlreichen Artikeln in Fach- und Tageszeitungen über 80 Bücher erschienen.

EWALD ROTHER ,1926 in Bochum geboren, hat Pädagogik, Philosophie, Psychologie und Publizistik in Münster studiert. 1957 promovierte er in Münster zum Dr. phil. Nach Lehrtätigkeiten in Dortmund, Oldenburg i.O. und Hannover wurde er 1968 an der PH in Heidelberg Professor für Systematische Pädagogik und Erziehungswissenschaften. Er ist seit 1971 Präsident des Institut International pour l´Education Technologique (Brüssel-Heidelberg e. V.). Vortrags- und Forschungstätigkeit im In- und Ausland mit entsprechenden Publikationen in den Bereichen Publizistik- und Kommunikationswissenschaften, Verkehrspädagogik und -erziehung.

THOMAS ERDMANN, 1952 in Essen geboren, hat Anglistik, Romanistik und Geographie in Bochum und Newport (Süd-Wales) studiert. Nach Lehrtätigkeiten in Großbritannien, Dortmund und Gladbeck kam er 1987 zur AUDI AG, Ingolstadt. Mit zahlreichen Publikationen und Vorträgen zur Audi-Firmengeschichte, der er sich seit Mitte der 70er Jahre widmet, gilt er als kompetenter Firmenhistoriker der AUDI AG.